해방 후 한국 기독교인의 정치활동

이 저서는 2016년 대한민국 교육부와 한국연구재단의 지원을 받아 수행된 연구임(NRF-2016S1A5B8913950).

해방 후 한국 기독교인의 정치활동

초판 1쇄 발행 2018년 8월 31일

엮은이 ㅣ 서울신학대학교 현대기독교역사연구소
펴낸이 ㅣ 윤관백
펴낸곳 ㅣ 도서출판선인

등 록 ㅣ 제5-77호(1998.11.4)
주 소 ㅣ 서울시 마포구 마포대로 4다길 4 곳마루 B/D 1층
전 화 ㅣ 02)718-6252 / 6257   팩스 ㅣ 02)718-6253
E-mail ㅣ sunin72@chol.com
Homepage ㅣ www.suninbook.com

정가 54,000원
ISBN 979-11-6068-202-1 94900
ISBN 979-11-6068-112-3 (세트)

The Political Activities of Korean Christians after Liberation
edited by Institute for the Study of Modern Christianity

Sunin Publishing

Printed in the Republic of Korea
2018

현대 한국사회와 기독교 연구총서 3

해방 후 한국 기독교인의 정치활동

서울신학대학교 현대기독교역사연구소 엮음

|『해방 후 한국 기독교인의 정치활동』을 펴내며 |

종교개혁은 유럽의 정치지형을 근본적으로 변화시켰고, 이것은 신대륙 미국에서 오늘의 민주주의를 가져왔다. 이 같은 기독교의 정치참여는 한국에도 전달되어 오늘의 대한민국을 형성하는데 기여하였다. 한국 기독교는 서재필, 윤치호, 이승만, 김구, 김규식, 조만식과 같은 중요한 정치가들을 배출하였다.

본 연구는 이같은 기본전제 아래 해방공간에서 한국 정치에 기독교가 미친 영향을 연구하고자 한다. 해방공간은 과거 봉건시대와 식민지시대를 거쳐서 민주주의 시대로 이행하는 격변하는 시기였다. 이런 중요한 시기에 한국 기독교가 어떤 역할을 했는가를 살펴보는 것은 매우 중요한 과제이다.

해방 이후 한국 기독교는 서구민주주의를 경험한 거의 유일한 단체였다. 따라서 기독교는 미군정과 대한민국 건국초기에 있어서 매우 중요한 역할을 하였다. 해방 직후 한국 사회에서 기독교인이 차지하는 비율이 전체 인구 가운데서 1%정도 밖에 되지 않았지만 기독교인들이 미군정의 입법의원과 대한민국의 제헌국회에서 차지하는 비율은 각각 20%에서 30%에 이르렀다. 이 비율은 행정부의 고위 관료집단을 보면 더욱 높다. 이것은 해방정국과 대한민국의 건국단계에서 기독교인의 역할이 매우 크다는 것을 보여주는 증거이다.

본 연구는 해방 후 기독교인들이 한국 사회 형성과 정치에 미친 영향을 지역별, 인물별로 살펴보고자 하는 것이다.

첫째, 본 연구는 한국 기독교가 오늘의 대한민국을 형성하는데 어떤 역할을 했는가를 살펴보는 연구이다. 따라서 서구민주주의가 한국에 전달되어 발전되는 과정과 여기에서 기독교인들이 어떤 역할을 했는 가가 중요한 연구주제이다.

둘째, 본 연구는 주로 인물연구이다. 한국 기독교는 본질적으로 정 교분리를 주장하고 있다. 따라서 기독교인들은 공식적으로 정당을 만 들지 않고 개인별로 각자 정당이나 사회단체에 참여해서 활동하였다. 따라서 기독교의 정치참여는 기독교인들이 공식적으로 정당을 만든 것이 아니라 개인별로 각자 정당에 참여해서 활동하였다. 본 연구는 해방공간에서 정치에 참여한 기독교 인물들에 관한 연구이다.

셋째, 본 연구는 지역별 연구이다. 지금까지 한국사나 기독교사의 연구는 주로 중앙에 집중되어 있다. 따라서 본 연구에서는 지금까지 별로 다루어지지 않았던 지방에서 기독교가 어떤 역할을 했는가를 연 구할 것이다. 아울러서 각 지방을 대표하는 인물을 선정했다.

넷째, 본 연구는 아직 본격적으로 연구되지 않은 인물을 선정했다. 해방 후 한국사회에서 가장 영향을 미친 기독교인들은 이승만, 김구, 김규식, 조만식, 함태영, 유재기, 배민수, 김창준, 최문식, 이만규 등이 다. 하지만 이런 인물들은 이미 많이 연구되었으므로 여기에서는 생략 한다.

본 연구는 한국연구재단의 후원을 받아 현대기독교역사연구소가 진 행하고 있는 프로젝트인 '해방 이후의 한국사회의 변화와 기독교의 역 할' 연구의 일부분으로 진행하였다. 또한 한국교회연합이 이 연구의 결과를 종교개혁 500주년 기념 심포지움으로 개최할 수 있도록 적극적 으로 도와주었다. 또한 한국정치외교사학회가 이 심포지엄에 참여하여 함께 학술적인 토론을 할 수 있어서 학문의 폭을 넓힐 수 있었다.
관계된 여러분들에게 깊은 감사드린다.

서울신학대학교 현대기독교역사연구소장
박 명 수

■ Acknowledgement ─────────────────────────────

    이 책에는 다음의 논문이 부분적으로 수정되어 실렸음.

김권정, 「해방 후 동송 박용희의 정치단체 참여와 활동」, 『한국민족운동사연구』
        제95집, 2018.
김동선, 「벽파 김우종의 민족운동과 정국인식」, 『숭실사학』 제39집, 2017.
박명수, 「이윤영 목사와 해방공간의 반탁 · 통일운동」, 『한국기독교와역사』 제
        48호, 2018.
이상규, 「해방전후 윤인구의 경남지역에서의 활동」, 『부경교회사연구』 74호,
        2018.
이은선, 「배은희 목사의 해방 이후 정치활동 연구」, 『한국교회사학회지』 제50집,
        2018.
임희국, 「1945년~1948년 경상북도 대구지역 장로교회 지도자들의 정치참여」,
        『선교와 신학』 제45집, 2018.
장금현, 「해방 후 충남과 대전을 중심으로 한 김창근 목사의 정치활동」, 『성경과
        신학』 제86권, 2018.

| 차 례 |

II부 해방 이후 한국정치와 기독교인

이윤영 목사와 월남 기독교인의 정치활동 　박명수

박용희 목사의 정치참여와 정치단체 　김권정

이규갑 목사의 서울지역 정치활동 　서영석

구연직 목사의 충북지역 정치활동 　이영식

김창근 목사의 충남·대전지역 정치활동 　장금현

백남채 장로의 대구지역 정치활동 　　임희국

윤인구 목사의 경남지역 교육 및 정치활동 　　이상규

조남수 목사의 제주지역 정치활동 　　허명섭

Ⅲ부 전체종합

해방 후 한국 기독교인의 시기별·지역별 정치활동

양쥰석
최현종

I부

개신교의 전통과 민주주의

종교개혁과 기독교의 정치참여

박창훈

1. 시작하는 말

종교개혁은 획일적이지도, 단선적이지도, 그리고 일방적이지도 않았다. 종교개혁은 1,500여년의 기독교 역사를 근본에서부터 다시 시작하기 위한 다양한 활동을 포함하였다. 그리고 종교개혁의 과정에 교회가 놓였던 맥락과 그 구성원들의 이해와 의지에 따라, 개혁, 혁명, 또는 반동 등이 수반되는 정치적인 파장이 뒤따랐다. 다시 말해, 종교개혁은 단순히 영적이거나 종교적인 영역으로 한정해서 생각할 수 없는 사회 전체의 변화를 바라는 총체적인 사건이었으며, 그런 의미에서 활발한 정치적인 참여와 그에 따른 강력한 변화를 초래하였다.

실제로 종교개혁이 발생한 유럽에서는 다양한 종교개혁자들이 있었다. 그들이 각기 다른 상황에서 서로 다른 정치적 입장을 취하기도 했고, 때로는 갈등 관계에 서기도 했지만, 그 다양한 모습은 결국 이전까지의 개인과 국가 그리고 사회 전체를 다시 정립하려는 정치적 문제를 제기하면서, 그 해답을 찾아가는 과정이었다. 그런 의미에서 현대인이 종교개혁 정신을 기억하여 회복하려는 시도는 종교개혁을 하나가 아닌 다양한 종교운동으로 이해하는 것에서 출발해야 한다. 그리고 다양한 종교개혁의 역사를 깨닫는 만큼, 정치참여에 대한 다양한 가능성을 발견할 수 있을 것이다.

이 논문은 마틴 루터와 토마스 뮌처 등의 독일 종교개혁가들, 칼빈의 개혁주의, 그리고 재세례파와 잉글랜드 국교회(성공회)에 이르는 종교개혁의 큰 줄기를 따라, 개신교 주요 교단의 발생배경을 다루면서, 그 정치적 또는 사회적 함의를 드러내고자 한다. 이를 통해, 종교개혁 500주년을 기념하고자 하는 한국 교회가 그 본질에서부터 개혁되는 길을 갈 것을 바라는 소망을 표현할 것이다. 한국의 기독교인들이 어떤 근거와 어떤 선례를 따라 다양한 정치적인 활동에 참여할 수 있는지 그 가능성을 종교개혁가들의 활동에 대한 연구를 통해 제시하고자 하는 것이다.

이 글은 종교개혁을 다양한 변혁사건으로 보면서, 한 인물을 중심으로 사건을 기술하는 방법이 아니라, 종교개혁 이후 여러 교파들의 전반적인 발전 과정에서 일어난 거시적인 정치적 변화를 그 연구대상으로 삼는다. 특히 현대 정치의 관심에서 제기할 수 있는 양심의 자유, 사적 소유, 법치국가, 민주주의, 관용과 약자에 대한 배려 등으로 나누어 종교개혁을 통해 일어난 일련의 변화에 주목하고자 한다. 이 주제들은 다시 개인과 국가와 사회의 영역으로 크게 나누어 볼 수 있을 것이다.

이제까지 종교개혁을 통한 정치적 변화에 주목한 글들은 많았다. 그러나 그 정치적 변화가 현대사회, 특히 한국사회에 주는 함의를 추적한 작업은 드물었다. 있더라도 대개는 종교개혁의 정신을 되새기자는 신학적 차원의 의미만을 살피는 것이었다. 그리고 그 의미의 담지자들은 교회의 울타리 안에 머무는 것이었다. 그런 의미에서 현대 사회의 관점에서 역사적인 사건을 조명하여, 현재 당면한 문제들에 대한 새로운 해결의 실마리를 종교개혁의 흐름 가운데 찾을 수 있기를 기대한다.

2. 종교개혁과 개인

루터는 스스로 당시의 시대를 넘어선 종말의 선지자로 그리고 그 시대를 준비하는 그리스도의 복음을 선포하는 자로 생각하였다. 실제로 루터는 터키 군대가 독일로 진군하는 것을 보면서, "그 때"가 아주 가까웠다고 경고하였으며, 당시 유럽의 혼돈과 불안의 문제의 근원은 중세의 가톨릭을 유지하던 교황이라는 것을 깨닫게 되었다.[1] 특히 면죄부의 판매로까지 나갔던 성례전의 타락에 대하여, 결국 율법에서 요청하는 행위에 의해서가 아니라 오직 그리스도의 은혜로만 구원이 가능하다는 명제를 선명하게 부각시켰다. 이러한 과정에서 교황이 대표하는 교회의 권위가 아니라, 개인적인 양심의 자유를 통한 하나님과의 새로운 관계 정립을 주장하였다. 아울러 이러한 개인적인 윤리의 인정은 사적소유로 대표되는 자본주의 정신과 체제의 발전에 일정 정도 기여하였다.

1) 양심의 자유

종교개혁의 과정을 통해 드러난 가장 두드러진 결과는 개인 양심의

---

[1] 디아메이드 맥크로흐, 이은재와 조상원 역, 『종교개혁의 역사』, CLC, 2011, 202쪽.

자유에 대한 주장이다. 그리고 이에 따른 종교선택의 자유였다. 중세 역사 내내 정치적 부침을 거듭해온 교황과 가톨릭교회에 대하여, 면죄부의 효능에 대해 문제를 제기한 95개조 반박문은 전통이나 권위가 아니라, 그리스도의 복음을 선포하는 것이 교회의 본질적인 임무임을 과감하게 지적하는 것이었다. 그것은 하나님의 은혜로 말미암아 그리스도를 통한 회개만이 죄의 문제를 해결할 수 있다는 것이 그 내용이었다.

> 1조: 우리들의 주님이며 선생이신 예수 그리스도께서" 회개하라.."(마 4:17)고 말씀하셨을 때 그는 신자들의 삶 전체가 회개의 삶이 되어야 할 것을 요구하신다."
> 5조: 교황은 그의 직권 혹은 교회법에 의해 부과된 형벌들 이외에는 어떤 형벌도 용서할 의지나 힘을 가지지 못한다.2)

루터가 교회의 머리는 그리스도임을 표명했을 때, 이는 교황이 교회의 머리가 될 수 없다는 것을 의미하는 것이며,3) 실제로 교황이 루터를 파문했을 때, 루터 역시 자기편에서 교황과 그의 모든 추종자들을 파문했다.4)

1555년 아우구스부르크 조약의 토대가 되었던 아우구스부르크 신앙고백을 1530년 6월 25일 필립 멜란히톤이 황제에게 제출하였는데, 그 가운데 7항에서 "교회"(Of the Church)를, "복음이 정당하고 순수하게 선포되는 곳에서의 모든 신자들의 공동체, 그리고 그 복음에 따라 정

---

2) 폴커 렙핀 편, 공성철 역,『교회와 신학의 역사 원전 III: 종교개혁』, 한국신학연구소, 2017, 93쪽; 또한 김철환, 박일영, 김준현 역, "마르틴 루터의 95개조 논제"(기독교한국루터회)를 비교.
3) 베른하르트 로제, 정병식 역,『마틴 루터의 신학: 역사적, 조직신학적 연구』, 한국신학연구소, 2002, 391쪽.
4) 위의 책, 394쪽.

당하게 집행되는 성례가 집행되는 곳"[5]이라 정의할 때, 이는 가톨릭교
회처럼 가시적인 교회의 일치성만을 추구하지 않겠다는 의지를 볼 수
있다. 결과적으로, 이제 로마 가톨릭만이 아니라 루터파도 종교선택의
대상이 된 것이다. 즉 종교개혁은 1,500년을 유지해온 독점적 교파구
조의 붕괴를 의미했다.

　물론 유럽의 종교개혁은 여러 형태의 재세례파의 종파(sect)적인 교
회론을 통해서, 국가교회의 구조는 서서히 부정되기 시작하였고, 그만
큼 개인의 양심에 따른 신앙(고백)을 통하여, 교회의 구성원을 구성하
는 움직임이 본격화 되었다. 재세례파를 제외한 종파적인 교회들은 여
전히 관주도형이었기 때문이다. 재세례파의 기준이 되는 슐라이타임
신앙고백(The Schleitheim Confession of Faith, 1527년)의 첫 조항인 "세
례"는 다음과 같이 규정하고 있다.

> 세례는 회개와 삶의 변화를 반드시 수반한다는 가르침을 받아들이
> 고, 그리스도를 통해 죄를 용서받기 때문에, 예수 그리스도와 영원
> 히 살고, 그 분의 죽으심과 부활에 참예하기를 소원하는 모든 사람을
> 위해 주어진 것이다. 세례의 의미를 이렇게 이해하고 받겠다고 하는
> 사람이라면 우리에게 신자의 세례를 요청할 수 있다.[6]

　이러한 "신자의 세례"를 강조하는 재세례파의 교회론은 교회 안으로
는 단순히 출생이 아닌 양심의 따른 판단에 의한 입교의 자격을 묻는
강성을 띠는 것이지만, 교회 밖으로는 분명히 양심에 따른 판단만이
종교선택의 기준이 되는 길을 더 크게 열어놓았다.

---

5) http://www.ccel.org/ccel/schaff/creeds3.iii.ii.html (2017년 11월 13일).

6) https://sites.google.com/a/kac.or.kr/kac/anabaptism/testimony/confession/schleith
　eim/seven_articles (2017년 11월 13일).

신대륙 미국에서 1791년의 "헌법 수정조항 1조"에서 국가종교에 대한 반대를 표명하면서, 종교는 국가의 선택이 아닌 개인의 양심에 따른 종교(교파) 선택의 자유가 본격적으로 구현되기 시작했다.

> 의회는 종교의 국교에 관한 것 그로 인해 자유로운 활동을 금지하거나; 언론이나 출판의 자유를 제한하거나; 민중이 평화로운 집회를 갖고 정부로 하여금 고충을 바로잡으라는 청원의 권리를 제한하는 법을 만들지 않는다.[7]

종교개혁을 통해서 일어난 일련의 발전과정은 원래 진정한 교회의 의미와 진정한 신자됨에 대한 질문이었다. 이러한 질문들은 교회 구성원의 개인적인 양심의 판단을 근거로 신앙의 기준을 물어야 한다는 것이었고, 그만큼 국가종교에 의한 제도, 권위, 또는 물리력으로 신앙의 문제를 강요할 수 없다는 사실을 확인하는 과정이었다. 그만큼 종교의 문제를 개인적인 양심의 자유와 그에 따른 판단에 맡기는 정치적인 상대화의 과정이었다.

2) 자본주의의 발전과 사적소유

루터가 그의 논문 "독일의 그리스도인 귀족에게"(1520년)에서, 교황이나 사제만이 아니라 세례를 받은 모든 사람이 동일하게 성별된 사제이며, 감독이며, 교황이라는 자부심을 갖는다고 선언했을 때, 종교나 세속의 구분 없이 직업 자체를 신성하게 바라보는 시야가 확보되었다.

---

[7] https://en.wikipedia.org/wiki/First_Amendment_to_the_United_States_Constitution #Free_exercise_of_religion (2017년 11월 13일).

그러므로 "영적"이라고 불리는 사람들, 즉 사제, 감독, 교황이, 다른 그리스도인들과 다른 것이 아니며, 그들보다 우월한 것도 아닙니다. 그들이 하나님의 말씀과 성례전을 수행하는 자신들의 사역에서만 다를 뿐, 이것도 일시적인 권세입니다. 그들은 사악한 이들을 벌하고 선한 이들을 보호하기 위해 손에 칼과 막대기를 가졌습니다. 수선공, 대장장이, 농부, 각각은 자신들의 직업적 사역이 있지만, 그들도 동일하게 성별된 사제이며 감독입니다. 게다가 모든 사람은 서로에게 자신의 사역을 통하여 이로움을 주고 봉사를 하며, 이런 방식으로 많은 직업들이, 몸의 지체들이 서로 봉사하는 것처럼, 공동체의 물리적이고 정신적인 복지를 도모할 수 있을 것입니다 (고전 12:14-26).[8]

만인사제의 의미는 모든 직업이 신성하다는 의미만이 아니라, 신앙의 경건에서 비롯된 직업윤리가 조성하는 이윤에 대한 시각도 변화시켰다. 칼빈에게 있어 자칫 율법폐기론의 위험으로 인도한다고 하는 선택의 교리도 사실 소명과 선행에 대한 추구로 이어졌다. 선택의 교리가 비윤리적인 삶으로 인도한다고 반대하는 이들을 향하여, 칼빈은 다음과 같이 반론한다.

(그러나) 바울은 우리가 선택된 목적에 대해서 그것은 우리가 거룩하고 흠없는 생활을 하도록 하려는 것이라고 가르친다 (엡 1:4). 만일 선택의 목표가 거룩한 생활에 있다면, 선택을 아무 선행도 하지 않는 구실을 우리에게 준다기보다, 도리어 우리의 마음을 거룩한 생활에 집중하겠다는 열의를 일으키며 자극할 것이다. 구원을 얻기에는 선택으로만 충분하다고 해서 선행을 중지하는 것과 선택을 해 주신 목적인 선의 추구에 몸을 바치는 것, 이 두 가지가 얼마나 서로 다른가를 비교해 보라![9]

---

8) Martin Luther, Three Treatises, Fortress Press, 1966, 15쪽.
9) 존 칼빈, 로고스 번역위원회 역, 『기독교 강요』 3, 로고스, 1991, 539~540쪽.

이렇게 칼빈은 구원의 징표로서 자신의 직업에 근면과 성실함으로 최선을 다하는 삶을 강조하였다. 일반적으로 이윤의 추구나 재산의 증식에 대한 중세의 부정적인 견해는 종교개혁가들에 의해서 재해석되었으며, 막스 베버가 주장하듯이 특히 칼빈의 영향을 받은 청교도의 윤리가 자본주의 정신에 기여한 점은 분명하다.

> (지금까지 말한 것을 요약한다면) 현세적인 프로테스탄트의 금욕은 전력을 다해 재산낭비적 향락에 반대해 왔고 소비, 특히 사치재 소비를 봉쇄해 버렸다. 반면에 이 금욕은 재화획득을 전통주의적인 윤리의 장에서 해방시키는 심리적 결과를 낳았으며, 이익추구를 합법화시켰을 뿐 아니라 (앞서 말한 의미에서) 직접 신의 뜻이라고 간주함으로써 이익추구에 대한 질곡을 뚫고 나왔다. 육욕과 외적 재화에의 집착에 대한 투쟁은 청교도 외에도 퀘이커의 위대한 호교론자인 바클리가 입증했듯이, 합리적 영리활동에 대한 투쟁이 아니라 재산의 비합리적 사용에 대한 투쟁이었다.[10]

종교개혁은 분명히 자본주의 정신과 체제를 통하여 개인적인 소유의 형태를 강화시켰다. 자본주의 정신이 종교개혁의 결과라는 주장이나, 자본주의 경제체제가 종교개혁의 산물이라고 말하는 것은 역사를 지나치게 일반화시키는 것이다. 실제로 종교개혁 이전부터 중요한 자본주의적 경영형태는 있었기 때문이다. 그러나 "자본주의 정신과 체제의 발전과정에 종교적 동기, 그런 의미에서 종교개혁의 영향은 없었는가?"를 묻는 것은 또 다른 질문이다.[11] 베버의 노력을 통해 밝혀진 것처럼, 종교개혁 이후 개신교의 신앙 윤리가 새롭게 시작되는 자본주의

---

10) 막스 베버, 박성수 역, 『프로테스탄티즘의 윤리와 자본주의 정신』, 문예출판사, 2004, 136쪽.
11) 막스 베버, 69~70쪽.

체제에 보다 효과적이었다. 여러 종교개혁 그룹이 "어떤 사회체제가 성경적 이상에 가장 가까운가?"에 대한 논의는 계속해 왔고 다양한 제안과 시도를 해왔지만, 현상적으로 종교개혁을 통해 자본주의가 발전했음을 부정할 수 없을 것이다.

3. 종교개혁과 국가

루터의 종교개혁이 독일인들의 국가의식을 고취했다는 평가는 다분히 현대적인 국가개념을 거꾸로 덮어씌운 반역사적인 주장이 될 수 있다. 루터는 단지 작센지방의 수도사였기 때문이다. 물론 루터에게서 현대 "독일"에 대한 의식을 찾는 것은 어려울지 모르나, 그가 사용하는 언어를 통해 구별되는 통치지역에 대한 의식은 분명했고, 그런 의미에서 루터의 독일어 성경번역은 국가개념의 형성에 기여했다는 평가를 받아야 한다. 그리고 종교개혁은 그 발전과정에서 민족국가의 형성에 밀접한 관계를 갖게 되었고, 그만큼 법치주의와 민주주의 발전에 기여하였다.

1) 법치주의

중세가 허물어지고 종교개혁을 거치면서 교황의 정치적 위상과 의미는 축소되는 과정을 겪었다. 아울러 교황과 함께 그를 옹호하려는 전통적 권위였던 황제에 대항하게 된 개신교(프로테스탄트)는 이제 근대국가 형성에 중요한 역할을 하게 된다. 특히 종교개혁가들 사이에 제기된 세속권력에 대한 다양한 논의는 그만큼 세속권력의 상대적인 성격을 드러냈으며, 이는 교회가 하나님의 의지를 관철하기 위해서 세속권력을 선택할 수 있다는 사실을 실현하는 과정이었다.

"루터는 독일인이었다"는 명제는 너무나 당연하면서도 항상 흥미로운 논란을 불러일으키지만, 그의 독일어 성경번역에서 보듯이, 황제 한 사람의 통치를 대신할, 동일한 언어를 사용하는 정치체제에 대한 기대와 염원은 종교개혁 과정에서 분명하게 표출되었다. 민족이나 국가의 개념은 아직 성숙되지 않았으나, 적어도 지역 통치자에 대한 기대로 인해, 교황의 역할 만큼이나 황제의 역할은 줄어들었다. 그리고 교황의 타락에 대해서, 중세부터 계속되던 "공의회주의"(conciliarism)가 루터에 의해 더 강화된 것과 같이,[12] 황제에 대항하여 "슈말칼덴 동맹"(Schmalkaldischer Bund)이라는 정치적 · 군사적 동맹이 나타났다.

이 과정을 통해 종교개혁가들은 국가가 근거해야 할 법치주의의 근거를 제시했는데, 1530년의 아우구스부르크 신앙고백의 16조는 "공무(세속권력)에 관하여"(Of Civil Affairs)를 다음과 같이 정의하였다.

> 세속권력들에 관하여, 그것들은 시민의 사역이 하나님의 선한 일처럼 정의롭다고 가르친다; 그리스도인들은 공무를 담당하고, 재판에 참석하여, 제국의 법과 현재 적용되는 법들에 따라 사무를 결정하며, 올바른 벌을 내리고, 정당한 전쟁을 수행하여, 병사로서 행동하며, 합법적인 거래와 계약을 하고, 재산을 유지하며, 공무원이 요구할 경우 맹세를 하고, 아내와 결혼을 하거나 혼인관계를 맺을 수 있다. 그것들은 그리스도인들에게 이러한 공무를 금하는 재세례파를 정죄한다. 그것들은 또한 하나님에 대한 두려움이나 믿음이 아니라, 공무를 저버리는 것을 복음의 완전함이라 여기는 자들도 정죄한다. 이는 복음이 마음의 영원한 의로움을 가르치기에 그렇다. 반면에 그것은 국

---

12) 베른하르트 로제, 395~396쪽.

가(commonwealths)의 명령이나 통치를 불허하는 것이 아니라, 하나
님 자신의 계명 즉 우리가 사랑해야 하는 것과 같은 계명처럼, 그러
한 것들을 보호하고 유지할 것을 요구한다. 그러므로 그리스도인들
은 그들이 어떤 죄를 짓도록 명령하는 때는 사람에게가 아니라 하나
님께 복종해야 하기에(행 5:29), 이러한 경우를 제외하면, 그리스도인
들은 그들의 권세자와 법에 반드시 복종해야 한다.[13]

　여기서 "제국의 법과 현재 적용되는 법들에 따라"는 분명히 세속 권
력에 대한 의무와 공무의 근거가 법이어야 한다는 법치주의 정신을 반
영하고 있다. 그 과정에서 루터가 염려하는 또 다른 종교개혁의 줄기
가 있다는 사실도 알 수 있다. 이들은 재세례파들인데, 정부에서의 공
무직 자체를 금지하던 자들이다. 루터는 이들의 지나친 이분법적인 세
계관과 그에 따른 과격한 분리주의를 부정하고 있다. 즉 두 세계 또는
두 왕국을 구별할 수는 없고 두 세계에 함께 속해야 한다는 현실적인
이해가 루터의 생각에 드러난다.

　이제까지 루터는 1524년부터 1526년 사이에 있었던 독일농민전쟁을
지지하지 않았기에, "군주들의 시녀"였다는 비난을 받아왔다.[14] 그러
나 위의 신앙고백에서 보듯, 루터는 정부에 대하여 맹목적인 복종을
의도하지는 않는다. 만약에 정부가 죄를 짓도록 한다면, 예를 들어 신
앙에 어긋나는 행동을 하거나 부당한 전쟁을 일으킬 경우에, 따르지
않을 근거도 있다는 점을 분명히 하고 있다.[15] 세속 정부는 하나님의
정의를 실현시키기 위한 기구일 뿐, 그렇지 않을 경우는 그에 저항할
수 있다. 실제로 루터는 "작센 군주들에게" 보내는 편지에서, 교황의

---

13) http://www.ccel.org/ccel/schaff/creeds3.iii.ii.html (2017년 11월 13일).
14) 우베 시몬-네토, 조미화 역, 『루터와 정치』, CLC, 2017, 71쪽.
15) 롤란드 베이턴, 홍치모와 이훈영 역, 『종교개혁사』, 크리스찬 다이제스트, 2002,
　211쪽.

군사적 지지자인 브라운슈바이크 공작을 체포했을 때, 그를 석방하는 것이 하나님의 뜻에 어긋난다는 자신의 판단을 전하면서, 정치적인 타협을 시도하려는 독일 군주들에게 엄중한 경고를 하였다.16) 단순히 농민을 지지했기에 더 급진적이었고(Thomas Müntzer), 군주들을 지지했기에 더 보수적이었으며(Martin Luther) 그래서 결국 루터가 독일 제 3제국의 형성에 기여하는 신학을 제공했다는 해석은 극복되어야 한다.17) 카터 린드버그가 반론하듯이, 토마스 뮌처는 신정통치라는 중세 시대의 세계관으로 돌아가서 선택된 이들로 통치되는 국가를 생각한 만큼 반동적이었지만, 오히려 루터에게는 개인의 이성과 믿음으로 모든 것을 상대화시키는 급진성이 있었기 때문이었다.18)

특히 루터는 로마서 13장에 대한 해석을 통해, 제대로 기능을 발휘하지 못하는 권력, 타락한 권력에 대하여, "심판자이신 하나님"의 모습을 늘 상기시켰으며, 법과 질서를 유지하기 위해 하나님으로부터 칼을 받은 이들에게 책임을 물었다. 율법과 은혜를 대조하면서, "오직 믿음으로 말미암는 칭의"의 교리를 강조할 때도, 루터는 율법의 3가지 기능, 즉 첫째 죄악된 행동으로부터 사람들을 보호하기 위해 징벌을 강조하고, 둘째, 하나님의 은혜를 구하도록 하며, 마지막 셋째, 하나님을 기쁘시게 할 행동들을 교육한다는 것을 인정하였다. 특히 첫째 기능에 따라 루터는 형사적 처벌을 위한 법의 기능을 강조했다.19)

---

16) Martin Luther, "To the Saxon Princes,"(작센 군주들에게), Gustav K. Wiencke ed., *Luther's Works,* Philadelphia, Fortress Press, 1968, p.251~257.

17) 우베 시몬-네토, 76~79쪽. 이러한 견해는 토마스 뮌처 이후, 프리드리히 엥겔스, 에른스트 트뢸치, 토마스 만, 윌리엄 쉬러 등이다. 특히 쉬러는 『제3제국의 부흥과 멸망』에서 히틀러와 같은 독재자의 등장을 루터의 책임으로 보고 있다.

18) Carter Lindberg, "Theology and politics: Luther the Radical and Müntzer the Reactionary," *Encounter* 37 No. 4, August, 1976, p.361.

19) John Witte, Jr., "Martin Luther's Influence on Legal Reforms and Civil Law,"

2) 민주적 대의제도

루터의 두 왕국론 이후에, 교회와 세속 권력은 항상 두 기관의 본질과 역할에 대한 논의를 중심으로 이루어져 왔다. 그러나 교회와 세속 권력의 관계에 대한 논의를 통해서 양측에서, 적어도 교회내부에서 의사결정 과정에 대한 논의와 실험을 촉진시켰으며, 결국 민주적인 의사결정 과정 및 대의제도가 교회 안에 정착하게 되었다.

로마 가톨릭교회는 기본적으로 봉건적인 형태의 교황을 중심으로 하는 감독제 교회 형태를 따른다. 감독제는 개신교 가운데 잉글랜드 국교회와 미국의 감리교회의 대표적인 교회체제(polity)이다. 이는 감독을 중심으로 위계질서를 강조하는 구조이다. 그러나 칼빈을 통해서 제네바에서 추진된 교회체제는 감독이 없고 국가의 간섭을 받지 않는 목사, 교사, 장로, 집사로 구성된 평신도들의 기능적인 참여로 이루어지는 구조였다. 목사는 설교를 담당하며, 시내 목사회에서 선정하여 시의회에 천거하고 개교회의 동의를 얻어 확정되었다. 장로는 교회의 정치와 치리를 맡았으며, 교사는 가르치는 일을, 집사는 교회의 회계와 구제를 담당하였다. 제네바의 모든 시민이 교인이었으니, 이 체제는 교회만의 체제가 아니라, 도시국가 자체의 정치구조를 반영하는 것이었다.

특히 제네바의 윤리적인 지침을 주기위하여, 평의회(당회, consistory)를 구성했는데, 목사 5인과 장로 12인으로 이루어졌다. 장로는 시의회를 대표하는 사람들이었으며, 1주일에 한 번씩 모여 교회의 규율과 시민의 도덕을 관장하였다. 평의회의 결정은 지도·감독만이 아니라 처

Oxford Research Encyclopedia of Religion, March, 2017, p.7.

벌을 위한 법정에 영향을 주었다. 신정정치를 표방한 칼빈의 교회제도
는 실제로는 제네바를 대의제도를 통해 운영하는 것이었다.[20]

칼빈의 장로제는 이후 잉글랜드 국교회로부터 분리된 청교도들에게
서 더욱 민주적인 발전과정을 겪었다. 목회자가 일반 신도들에 의해서
선택받았으며, 특히 은혜를 입은 신도들은 교회에서 권력을 행사하고,
목회를 하며, 교회의 생활과 예배를 결정하였다. 영국에서 이 청교도
들은 1640년대에 의회의 다수를 이루게 되었으며, 장로제를 통하여 영
국 교회를 보다 철저히 개혁하려고 하였다. 이후 청교도 혁명은 영국
의 왕 찰스 1세를 처형하는 결정을 가져온 아래로부터의 혁명이었으
며, 그만큼 절대군주를 거부하고 공화정을 이루는 정신적인 근거를 청
교도들은 지니고 있었던 것이다.[21]

청교도들의 장로제는 올리버 크롬웰의 집권 이후에 회중제로 바뀌
기 시작했다. 국가종교를 부정하면서, 종교의 자유를 통해 자발적으로
모인 성도들에 의해서 이루어진 교회체제였으며, 이는 장로제보다도
민주화된 형태의 교회체제였다. 즉 신자들의 교회로 이루어진 자발적
인 공동체였다.

종교개혁 이후에 교회체제를 매개로 구현된 정치형태는 민주적인
발전을 겪었고, 이는 국가적인 민주주의의 성숙과 병행하는 과정이었
다. 그런 의미에서 종교개혁은 민주주의의 확장에 일정 정도 기여하였
다. 개혁주의에서 두드러지듯, 종교개혁은 대의제도를 통한 평신도들
의 참여를 확대하였으며, 장로제의 의사결정 과정을 통하여 평신도들
의 참여의 기회는 그만큼 늘어났다. 그리고 민주화 과정은 시민의식의
성장을 통해 구체화 하였으며, 근대 민주주의 국가의 등장으로 꽃을

20) 김기련,『종교개혁사』, 한들출판사, 2011, 299쪽.
21) 앨리스터 맥그라스, 최재건 역,『종교개혁사상』, CLC, 2006, 357쪽.

피웠다. 아울러 이제까지 전통적으로 성례에 의하여 진정한 신자를 구별하던 방식은, 성령의 역사에 대한 개인의 체험과 양심의 판단으로 맡겨지는 만큼 민주화하였으며, 이제는 개인적인 신앙체험, 즉 "확신"이 중요한 자리를 차지하게 되었다.

4. 종교개혁과 사회

1) 똘레랑스(관용)

유럽의 대륙에서는 교파선택의 자유가 통치권자의 권한 아래서 실현되는 관주도형이었고, 이를 통해 양심의 자유의 폭이 넓어지는 결과를 가져왔음을 살폈다. 그러나 영국의 종교개혁은 국교회라는 우산 아래에서 다른 교파에 대한 관용의 폭이 넓어지면서 실현되었고, 그 과정에는 희생과 시간이 걸렸다.

영국의 종교개혁, 특별히 잉글랜드의 종교개혁은 그 발전과정에서 교파간의 이해를 침예하게 드러냈다. 1531년 헨리 8세(1509년-1547년 재위)를 도와 잉글랜드의 종교개혁을 단행한 토마스 크랜머(Thomas Cranmer)를 비롯한 종교개혁가들은 계속해서 잉글랜드 교회의 수장이 국왕임을 천명하면서(Supreme Head Act), 전통적인 교회인 로마 가톨릭과의 관계를 단절했다. 이렇게 시작된 잉글랜드 국교회(the Church of England)는 헨리 8세의 아들 에드워드 6세(1547년-1553년 재위)를 지나면서 비교적 순조롭게 진행되는 듯했으나, 메리여왕(1553년-1558년 재위)의 집권과 함께 로마 가톨릭교회로 돌아가려는 반동, 즉 반종교개혁의 과정을 겪었다.

메리의 죽음과 함께 집권하게 된 엘리자베스 1세(1558년-1603년 재위)는 아버지 헨리 8세의 종교개혁 정책을 다시 추진하였다. 1559년 "수장령"(the Act of Supremacy)은 여왕을 국교의 통치자(governor)로 세워 로마와의 관계를 다시 단절하였다. 그리고 함께 통과된 법안이 "통일령"(the Act of Conformity)이었는데, 이 법은 "공동기도문"(the Book of Common Prayer)을 사용하여 예배를 일치시키려는 시도였으나, 비-국교도(Non-Conformist)를 규정하는 근거가 되었다. 영국 국교회의 비-국교도에 대한 탄압은 로마 가톨릭교회와의 관계를 반영하면서 더욱 거세졌는데, 가장 두드러진 비-국교도가 바로 가톨릭 세력이었기 때문이다. 교황을 위해 전쟁을 벌인 스페인의 무적함대와의 전투 이후 잉글랜드 안의 비-국교도에 대한 정부의 태도는 더욱 악화되었다. 비-국교도는 고향으로 돌아가서, 반경 5마일(8킬로) 이상 이동하는 것이 금지되었다.[22]

스튜어트 왕조 아래서, 오랫동안 비-국교도로 고초를 겪었던 청교도들을 중심으로 한 혁명과 함께 1650년 "통치의 수단"(Instruments of Government)이라는 법령은 신앙에 대한 공적인 선언을 강요하지 않고, 원하는 곳에서 예배를 드릴 수 있는 길이 열렸다. 물론 여기에 로마 가톨릭 교도와 고위 성직자들은 예외였다. 청교도가 주도하는 관용의 범주에서 로마 가톨릭과 국교회는 예외였던 것이다.[23]

그러나 왕정복고와 함께 복원된 국교회는 700여명의 청교도 성직자들을 축출하였고,[24] 다시 회복된 '통일령'과 함께 '비밀집회 방지법'(First

---

[22] 존 무어만, 김진만 역, 『잉글랜드 교회사』 상권, 성공회대학교출판부, 2003, 303쪽.
[23] 존 무어만, 김진만 역, 『잉글랜드 교회사』 하권, 52~53쪽.
[24] 위의 책, 60쪽.

Conventicle Act)과 '5마일법'(5 Mile Act)이 통과 되었다. 전자는 국교회의 예전과 관행 이외의 방식으로 16세 이상의 시민이 종교를 빙자한 집회, 비밀 결사, 모임에 참석하는 것을 금지했고, 후자는 비-국교도 성직자가 시무했던 지역 5마일 이내의 거리에 거주나 방문을 할 수 없게 만들었다.[25] 1670년에는 불법으로 규정되는 종교집회에 참석하는 이들에게 벌금을 부과하는 '비밀집회 방지법'(Second Conventicle Act)이 통과되었다. 종교적 관용과 관련되는 법들은 대체로 완화되는 형태로 유지되다가, 명예혁명 후 첫 입법이었던 관용령(Toleration Act)의 반포와 함께 비-국교도에게 허락하지 않았던 공민권의 제약을 풀어주고, 감독에게 허락을 받는 한 원하는 곳에서 예배를 드릴 수 있게 되었다. 관용령과 함께 종교적인 모임(Religious Society)이 활성화 되었는데, 특히 비-국교도의 모임의 전통은 이후 영국내의 부흥운동과 복음주의 운동의 확산에 기여하였다. 그러나 로마 가톨릭에 대하여는 여전히 제약이 있었다. 이들은 1829년 '가톨릭 해방령'(Catholic Emacipation)을 기다려야 했다.

관용령 이후 보다 근본적인 종교(교파)선택의 자유를 주장하는 움직임 가운데, 부흥운동가로서 메소디스트 운동을 주도했던 존 웨슬리가 있었다. 그는 1748년 "편협한 믿음에 대한 경고"(A Caution against Bigotry)란 설교에서 다음과 같이 주장했다.

> '그가 우리를 따르지 않기 때문에' 직접으로나 간접으로 우리가 그를 방해한다면 우리는 편협하고 고집불통 같은 믿음의 소유자입니다... 이것은 우리 파, 주장, 우리 교회, 우리 신앙심만을 너무 강하게 좋아하는 것이든가, 아니면 너무 강하게 집착하는 것입니다. 그러므로 이

---

25) 위의 책, 64쪽.

가운데서 어느 한 가지라도 너무 좋아하든가, 아니면 너무 강하게 집착한 나머지 이런 구체적인 조건 가운데서 일부 또는 전부가 그와 다르다고 해서 귀신을 좇아내는데도 불구하고 그를 말리는 사람이 있다면 그는 편협한 믿음의 소유자입니다.[26]

존 웨슬리는 관용의 근거로, 우리 인간이 연약함과 부족함으로 인해 완전하게 아는 것이 불가능하기에 종교에 대해 다른 의견을 가질 수밖에 없다는 이유를 밝혔다.[27]

종교개혁 이후 개신교의 역사는 사회적으로 관용(똘레랑스)의 진리를 깨닫는 과정이었다. 특별히 잉글랜드 국교회 내의 소종파(청교도, 메소디스트)들을 통해 비주류 교파들에 대한 배려를 배우기 시작했다. 이 과정이 평화로운 과정은 아니었으나, 그 과정에 있었던 소중한 희생을 통해, 종교적 시각의 차이를 뛰어 넘고자 하는 배려와 관심, 그리고 적극적인 노력이 있었다.

2) 약자의 보호와 여성의 역할

가톨릭이 선행에 대한 일방적인 강조로 인해 면죄부를 판매하는 타락에 이르렀다는 종교개혁가들의 판단과 그에 따른 "오직 믿음으로"라는 교리로 인해, 종교개혁이 상대적으로 사회적 약자들을 돌보는 활동에 대해 무관심했다는 평가가 있다. 그러나 종교개혁가들은 믿음과 선행의 균형을 맞추려는 노력을 기울인 것으로 보아야 한다. 실제로 루터는 유럽에서 자주 희생양으로 몰렸던 유대인을 비롯한 약자들에 대

---

26) 존 웨슬리, 한국웨슬리학회 역, "편협한 믿음에 대한 경고," 『웨슬리 설교전집』 3권, 대학기독교서회, 2006, 54~56쪽.
27) 위의 책, "관용의 정신"(the Catholic Spirit), 63쪽.

한 편견에 반대하는 의견을 직접적으로 표현하였다. 그리스도인의 유대인과의 결혼에 반대하는 로마 가톨릭에 대하여, 루터는 다음과 같이 말했다.

> 결혼은 외적 속세적인 것이며... 내가 이방인, 유대인, 터키인, 이교도들과 먹고 마시고 자고 말 타고 물건을 사러가고 이야기하고 행동하는 것처럼, 나는 그들과 결혼하고 살 수도 있다. 말도 안 되는 금지 조항을 지킬 필요 없다.[28]

이점에서 루터를 인종차별주의자로 보는 시각은 극복되어야 하는데, 그는 그리스도인들에게 유대인들을 형제처럼 대하라고 권면하면서, 만약 그리스도인들이 유대인들을 대하듯이, 유대인들이었던 사도들이 이방인들을 무시했다면, 이방인 중에 아무도 그리스도인이 되지 못했을 것이라고 말하면서, 예수님도 이방인이 아니라 유대인이었음을 상기시켰다.[29]

루터는 세속권력의 존재이유가 바로 하나님의 공의와 사랑이 이 땅에서 실현되도록 돕는 것인데, 이는 사회적인 약자들을 보호하는 것이라는 점을 분명히 상기시키기도 했다. 라이프치히의 한 도미니크 수도사가 유럽을 덮친 흑사병이 루터가 살던 비텐베르크에 급속히 퍼질 때 사람들이 달아나는 것을 비웃자, 루터는 그리스도인 목사는 삯꾼이 아니라 선한목자라는 것을 주지시킨다. 이 때 자신의 종교개혁을 지원하던 선제후 요한이 루터에게 비텐베르크에서 탈출하라고 권면했음에도, 루터는 양떼들의 죽음의 순간 위로와 힘을 주는 목자가 필요하기

---

28) 우베 시몬 네토, 조미화 역, 『루터와 정치』, CLC, 2017, 81쪽에서 재인용
29) 시몬 네토, 위의 책, 81쪽.

때문에, 죽음의 위험에도 불구하고 전염병이 퍼지는 곳에 남아있으라는 그리스도의 명령을 받았다고 선언한다. 그와 같이, 시 당국자들과 이웃에 대하여 책임이 있는 사람들도 도망하지 말아야 하며, 환자를 대신 돌볼 다른 사람이 없다면 이웃도 도망하지 말아야 한다고 주장하면서, 전염병의 퍼짐을 막기 위하여 도시 외곽에 무덤을 만들어야 한다는 현실적인 제안도 하였다.[30]

루터의 영향을 받은 경건주의자들에 의해서 고아원운동이 시작되었고, 잉글랜드의 메소디스트들의 영향으로 시작된 주일학교 운동은 근대식 보통교육의 출발점이 되었다. 특히 자국어로 드리는 예배와 이를 위한 신앙교육은 분명히 신자들의 문맹률을 낮추고, 이들의 참여가 두드러지게 하였으며, 그들의 필요와 요구를 반영하는 방향의 정책과 기구를 갖추게 하였다. 성경의 진리를 복원하고 예수 그리스도를 따르려는 종교개혁은 교회가 어떻게 사회의 주류에 편입하느냐가 아니라, 어떻게 그 사회 주변부의 약자들과 더 가까워지는가에 대한 문제를 늘 제기하였던 것이다. 그런 의미에서 종교개혁의 정신을 계승하려고 한 교파들은 실제로 중심부가 아니라, 주변부에 있던 이들과의 연대를 통해 성장했으며, 그만큼 새로운 시대를 준비하고 있는 이들에게 정신적인 지주가 되었다.

반면, 종교개혁이 여성의 역할을 확대시켰다고 단순하게 주장하기는 힘들다. 중세 가톨릭에서도 여성들의 활동은 존재했고, 대개는 신비주의 전통에서 두드러졌다. 힐데가르트 폰 빙엔(Hildegard von Bingen), 헬프타(Helfta) 수녀원의 묵시가들(12-13세기), 노리치의 줄리안(Julian of Norwich), 시에나의 카테리나(caterina da Siena), 스웨덴의 비르기타

---

[30] Martin Luther, "Whether One May Flee from a Deadly Plague"(치명적인 전염병으로부터 도망해야 할까), *Luther's Works* 43, 113~138쪽.

(Birgitta of Sweden) 등은 중세 가톨릭교회에서 주목할 만한 활동을 한 여성들이다. 그러나 이들은 남성 중심의 가톨릭교회에서 인정받기 위해, 실제로는 자신들의 여성성이라는 정체성을 포기하고, 지나친 금욕과 묵상으로 인간적인 욕구를 끊어야만 했으며 그렇게 영적인 부분에서의 탁월함을 보였다. 종교개혁 이후로 행동에 의한 개인적인 노력이 평가절하 되면서, 여성들이 활동하던 수녀원은 사라졌고, 이제는 "오직 은혜로"라는 교리가 강화되면서 여성들의 활동 영역은 가정(아내와 어머니)과 교회 안으로 축소되는 측면이 있었다.[31]

특히 여성들은 재세례파 순교자들의 30%를 차지했으며, 재세례파에 의해 일어난 뮌스터의 반란이 진압되었을 때에도 1/3은 여성이었다. 이는 종교개혁에 가담한 이들 가운데는 스스로의 신앙적인 판단을 통해 위험을 무릅쓴 여성이 다수 있었다는 증거가 된다.[32] 특히 재세례파처럼, 성령의 사역을 강조할수록 교회 안에서 여성의 사역의 가능성은 더 증대하였다. 실제로 요엘서 2장 29절의 "그 때에 내가 또 영을 남종과 여종에게 부어 줄 것이며"라는 성경구절은 그 교파가 종말론의 성향이 강할수록 그리고 성령운동의 성향이 강할수록 여성들의 지도적인 역할을 인정하는 근거가 되었다. 그만큼 중세봉건 사회의 틀을 유지하고 있는 로마 가톨릭교회의 구조에서 보다는, 신앙양심에 따라 느끼고, 말하고, 행동할 수 있는 교회에서 여성들의 감수성은 더 빛을 발할 수 있었다.

---

31) 키르시 스티예르나, 박경수와 김영란 역, 『여성과 종교개혁』, 대한기독교서회, 2013, 33~35쪽.
32) 시몬 네토, 앞의 책, 36~42쪽.

5. 맺는 말

이제까지 종교개혁은 다양한 형태로 지속되었으며, 그만큼 다양한 정치적인 파장을 가져왔다는 사실을 다루었다. 종교개혁이 하나가 아니라 다수였기에 그 정치적 함의도 크고 다양하였다. 다시 말해, 개인의 영역에서 양심의 자유와 자본주의, 국가의 영역에서 법치주의와 민주주의, 사회의 영역에서 관용과 약자에 대한 배려 그리고 여성의 활동을 확대했다는 것을 증명하려고 하였다. 이 과정에서 함께 얻을 수 있는 결론은 다음과 같다.

첫째, 종교개혁은 진행 중인 사건이다. 이는 단순히 역사 한 시점의 한 사람이나 한 교파의 생각이나 활동이 아니었으며, 그 이후 빅뱅처럼 폭발력 있게 일어난 다양한 사건을 아우르는 개념이다. 다시 말해 종교개혁은 이후의 역사를 포함하는 역사성이 있는 사건이며, 그리고 그런 의미에서 과거만이 아니라, 현재도 이 개혁은 진행되고 있고 진행되어야 할 사건이다(semper reformanda).

둘째, 종교개혁은 우선 교회 안의 타락과 소외와 구태의연함을 극복하여 바꾸려고 삶의 전부를 투여하였던 신앙 공동체 회복운동이었다. 다시 말해, 개혁하려는 교회는 근본적으로 교회의 존재 이유와 그 근거를 묻기에, 단순히 개인적인 신앙 영역만이 아니라, 사회·정치의 전반적인 변화를 일으킨 총체적인 사건이었다. 성경의 진리에 일치하지 않는다면, 언제든지 과거의 전통과 현재의 부조리를 바꾸고자하는 활동이었으며, 그에 대해서는 가족과 목숨과 명예와 재산까지도 포기하는 과업이었다. 그리고 이를 통해 진정한 교회와 진정한 신자의 개념을 실현하고자 했다.

셋째, 개신교인들은 정치적인 의식적 활동을 당연한 것으로 받아들여야 한다. 행여 "비정치, 탈정치"라는 구호로 교회와 세상을 이분법적으로 대하는 소극적이고 수세적인 삶의 태도는 바뀌어야 한다. 실제로 "비정치, 탈정치"라는 말은 정치적인 의도를 교묘하게 은폐하려는 시도로 차용된 경우가 많았다. 인간 육체적인 출생에도 두 사람이 필요했듯이, 인간은 기본적으로 사회적이며 그래서 필연적으로 정치적인 존재들이다. 이것은 교회나 전통이나 교리에도 앞서는 사실이다. 종교개혁의 과정은 그 필연성을 보여준 역사였으며, 그 어떤 세속권력이나 정부에 대해서도 하나님의 공의와 사랑을 요구해야 함을 학습한 과정이었다. 그래서 종교개혁 전통에 서 있는 한국 개신교의 정치참여는 단순한 선택의 문제가 아니라, 포괄적이며 필연적인 활동이 되어야 한다.

마지막으로, 종교개혁은 교회가 항상 정치적 · 사회적 약자의 편에 서야 함을 보여준 사건이다. 교회가 자체의 생존이나 성장에만 집착할 경우, 사회 중심부의 세속적인 가치관으로 향하는 구심력은 더 커졌으며, 그 만큼 타락의 가능성은 증대되었다. 반면 교회가 당면한 사회의 아픔과 고난에 민감할 때는 새롭게 해결이 요청되는 사안에 능동적일 수 있었고, 그만큼 미래지향적인 교회로 변화될 수 있었다. 이제 대중운동으로 성장한 개신교는 집요하게 유혹적인 세속적인 가치관을 극복하여야 하며, 그래서 더 이상 한국 사회의 가십이나 걱정거리가 아니라, 자기희생적인 대안을 제시해야 한다.

현대 한국의 그리스도인들이 보다 적극적으로 사회속의 교회를 생각하고, 정치적인 사건을 바라보며, 각각의 사건 속에서 진지하게 종교적인 의미를 되물어서, 결과적으로 보다 성숙한 사회를 이루는 활동에 참여할 수 있기를 기대한다. 또한 교회의 담을 넘어, 정치에 대한 공통된 관심을 가진 이들과 함께 이러한 과업을 수행할 수 있는 공부와 실천의 지평을 넓힐 수 있기를 소망한다.

〈참고문헌〉

김기련, 『종교개혁사』, 서울: 한들출판사, 2011.
디아메이드 맥크로흐, 『종교개혁의 역사』, 서울: CLC, 2011.
롤란드 베이턴, 『종교개혁사』, 서울: 크리스챤 다이제스트, 2002.
막스 베버, 『프로테스탄티즘의 윤리와 자본주의 정신』, 서울: 문예출판사, 2004.
베른하르트 로제, 『마틴 루터의 신학: 역사적, 조직신학적 연구』, 서울: 한국신학
　　　연구소, 2002.
우베 시몬 네토, 『루터와 정치』, 서울: CLC, 2017.
존 무어만, 『잉글랜드 교회사』 2권, 서울: 성공회대학교 출판부, 2003.
존 웨슬리, 『웨슬리 설교전집』 7권, 서울: 대한기독교서회, 2006.
존 칼빈, 『기독교 강요』 전 4권, 서울: 로고스, 1991.
키르시 스티에르나, 『여성과 종교개혁』, 서울: 대한기독교서회, 2013.
폴커 렙핀 편, 『교회와 신학의 역사 원전 III: 종교개혁』, 서울: 한국신학연구소.

Carter Lindberg, "Theology and politics: Luther the Radical and Müntzer the
　　　Reactionary," Encounter 37 No. 4, August, 1976.
Martin Luther, Three Treatises, Minneapolis: Fortress Press, 1966.
Martin Luther, "Whether one may flee from a deadly plague", Luther's Works:
　　　Devotional Writings, 1989.
John Witte, Jr., "Martin Luther's Influence on Legal Reforms and Civil Law", Oxford
　　　Research Encyclopedia of Religion, 2017.

한국선교 초부터 해방 전까지
한국기독교와 민족·민주운동(1884-1945)

박용규

1. 시작하는 말

한국기독교가 한국사회와 민족, 특별히 민주주의 발전에 미친 영향은 한 마디로 지대하다.[1] 백낙준은 1929년에 숭실대학에서 영문으로 출간한 한국개신교(The History of Protestant Mission in Korea 1832 – 1910)에서 한국에 소개된 기독교를 통해 들어온 서구민주주의가 한국사회에 미친 영향을 이렇게 집약했다. "오늘의 한국은 서양문화와 기독교적 민주주의의 주요 원리 아래서 깨어나고 있다."[2] 이능화도 조선기독교 급외교사(朝鮮基督教 及外交史)에서 한국개신교가 민족정신을 개조시킨 것 중에 민주주의사상 도입을 중요한 항목으로 거론했다.

---

[1] 백락준, 『한국개신교사』, 서울: 연세대학교출판부, 2002, vi.
[2] 위의 책, 2쪽.

"한국개신교는 재래의 악습관을 개변시켰고 민족정신을 개조시켰는데 그 주요한 것을 예거하면 음사(淫祀)의 폐기, 계급의 파제(破除), 여성의 지위향상, 근로정신, 혼상례(婚喪禮)의 종간(從簡), 민주주의 사상의 도입 등이라."[3] 실제로 한국에 파송된 선교사들은 단순히 복음만 전하지 않았다. 복음과 함께 서구의 사상 특히 민주주의 사상을 심어주었다.

한국에 파송된 선교사들은 민주주의가 꽃피웠던 미국, 카나다, 호주에서 파송을 받은 자들이었다. 이들은 민주주의 사회에서 태어나 민주주의 교육을 받았고, 자신들의 의지에 따라 한국에 선교사로 입국하였다. 당시 식민지배와 선교가 밀접한 연계성을 지니며 해외선교가 진행되었던 시대적 상황과는 달리 한국은 일본 식민지배를 받았고, 한국에 파송된 선교사들은 일본이 아닌 다른 나라에서 입국한 자들이었기 때문에 한국의 경우 식민지배와 서구제국주의 선교가 연계되어 진행되지 않았다. 이 말이 한국에 입국한 이들 선교사들이 제국주의적 사고를 갖지 않았다는 의미는 아니다.

1885년까지 한국에 입국한 선교사들, 알렌, 언더우드, 아펜젤러, 스크랜톤, 헤론은 한국인들에게 복음과 함께 민주주의 사상을 심어주는데 중요한 역할을 감당했다. 1884년 9월 20일 입국한 알렌은 오하이오 웨슬리안 대학에서 학부를 마치고 마이애미 의과대학을 졸업하고 중국 선교사를 거쳐 조선에 입국한 선교사였다. 그는 감리교 웨슬리안 대학을 졸업했지만 그가 출석한 교회는 장로교였다. 그의 아내는 그와 함께 웨슬리안대학을 다닌 극소수의 여대생 가운데 한명이었다. 그가 받은 인문주의적 배경, 자유민주주의를 위해 싸운 이탄 알렌(Etthan Allen) 장군의 후예로 알렌은 민주주의가 가치를 높이 간직하고 있던

---

3) 이능화, 朝鮮基督敎 及 外交史, 기독교창문사, 1928, 201~202쪽.

선교사였다. 그의 일기와 편지에는 그가 얼마나 민주주의 가치를 높이 평가하고 소중하게 여겼는가를 보여준다. 이런 민주주의 의식이 일본에 대해 비판적인 시각을 가지게 만든 중요한 요인 가운데 하나였던 것으로 보인다.

언더우드는 영국에서 태어나 미국으로 이주하여 화란개혁교회를 출석하였고, 당시 철저할 정도로 신앙교육이 투철했던 NYU에서 인문학 교육을 받았으며, 대학을 졸업한 후 화란개혁교회(RCA)가 운영하는 뉴브룬스위크신학교에 진학하였다. 1885년 북장로교 선교사로 파송받은 언더우드는 고종과 매우 긴밀한 관계를 유지하였고 그의 아내 릴리어스 호튼 역시 명성왕후의 주치의로 명성왕후의 총애를 한 몸에 받았다. 춘생문 사건 때 언더우드는 고종의 침실을 지키는 일에 앞장섰고, 구국기도회에도 적극 참여했다.

아펜젤러는 프랭클린 마샬대학을 졸업하고 드루신학교를 거쳐 1885년 언더우드와 함께 한국에 입국했다. 그는 대학시절 인문주의적 소양을 습득하고 대학에서 가장 영향력 있는 괴테 문학회 회장으로 활동하며 민주주의 가치를 온 몸으로 배웠다. 아펜젤러는 자유를 찾아 신대륙으로 이주한 독일계 이민자 후손이었고 미국 민주주의 대부 프랭클린의 영향을 강하게 받은 프랭클린 마샬대학에서 민주주의 사상과 중요성을 체득하고 내한하였다. 이 대학은 미국 민주주의 선두에 서서 당시 민주주의 가치를 가장 중요한 교육목표로 삼았던 대학이었다. 그가 설립한 배재학당 학생들이 명성황후 시해 사건 이후 구국기도회에 앞장서고, 그가 설립한 배재학당에서 수많은 민족주의 지도자들이 배출된 것은 결코 우연히 아니다. 이런 면에서 매켄지(F. A. McKenzie)가 한국의 독립운동(Korea's Fight for Freedom)에서 한국에서 선교사들은 "기독교 개척자들이었을 뿐만 아니라 문명의 개척자들이었다"[4]고 말한 것은 전혀 틀린 말이 아니다.

본고에서는 한국개신교 선교가 본격적으로 시작된 1884년부터 1945 년 해방 전까지 한국기독교가 민족운동과 한국민주주의 발전에 결정 적인 영향을 미친 사례들을 집중적으로 살펴보면서 한국개신교와 민 족운동 및 민주주의와의 연관성을 고찰하려고 한다. 미국에서 보여주 듯 기독교는 식민지배의 탈피를 위한 독립운동에 적극적으로 참여하 였고 독립 후 기독교는 나라 사랑에 뿌리를 둔 민족주의(nationalism)와 어우러지며 민주주의가 발전했다. 개화기는 물론 일제 강점기에는 민 족주의와 민주주의가 불가분리의 관계가 있었다는 점에서 본고에서는 이 둘을 분리시키지 않고 연계시켜 기술할 것이다. 한국기독교는 한국 의 민주주의 발전과 민족운동에 절대적인 역할을 감당했다. 한국기독 교와 민주주의 및 민족주의 발달의 관련성을 보여주는 일련의 사건들 을 통해 이를 확인할 수 있다.

2. 춘생문 사건과 구국기도회

1894년 청일전쟁에서 승리한 일제는 "계획했던 흉계대로 조선의 주 권을 완전히 유린하고 친청 정권을 몰아내는 데 성공했다.[5] 일제는 그 해 7월부터 정치, 경제, 재정, 군사, 경찰 등에 이르는 개혁안을 조선 정부에 제시하고 전면적인 개편을 단행했다.[6] 청일전쟁 후 권력의 핵

---

[4] F. A. McKenzie, *Korea's Fight for Freedom,* Fleming H. Revell Co., 1920, p.207.

[5] 韓㳓劤, 韓國通史, 乙酉文化社, 1994, 448쪽.

[6] 왕실을 관부 체계와 일반 행정기관의 체계를 분리시켜 전자를 宮內附 관제로, 후자를 議政府 관제로 만들고, 종래의 관리 임용법인 과거제를 폐지하고 새로

심에서 물러난 민비 일파는 1895년 7월 6일 서울주재 러시아 공사 웨버와 결탁하고 친일 세력을 내각에서 몰아내는 일에 성공했다. 일제의 영향을 받은 박영효, 김가진, 서광식을 추방하고 대신 친러파 세력인 이완용, 이범진을 내각에 합류시키고 일본인이 훈련한 군대마저 해산시켰다.[7] 그러자 그리피스가 밝힌 대로 분노한 일본 공사 미우라 고로우(三浦梧樓)가 1895년 10월 7일 "이른 새벽" 일본 수비대장 구스노세 사찌꼬(楠瀨幸子)와 공모하여 서울에 거주하는 일본인 떠돌이 칼잡이들을 시켜 명성황후를 암살했다.[8] "일본의 수비대의 호위를 받고 입성한 일본인 부랑배들은 황후의 침실에 침입하여 명성황후를 침실에서 끌어내 보물을 모두 약탈하고 칼로 찌른 후 벌거벗기고는 사건을 은폐시키기 위해 시체 위에 기름을 뿌리고 불을 질러 형체를 알아 볼 수 없도록 '잔인하게' 태워 버렸다. 이것이 소위 명성황후 시해사건이다."[9]

일제의 용의주도한 침략정책이 지속되는 가운데 일제는 친청(親淸) 세력의 중심이 되고 있는 명성황후를 일본의 불량배를 동원하여 전격 제거한 것이다. 명성황후 시해와 내정간섭으로 한국인들의 배일감정은 극에 달했다.[10] 명성황후의 시해 사건 이후 한국의 선교사들과 한국교회 가운데 강렬한 충군애국사상에 기초한 애국애족운동이 강하게

운 시험제도를 실시하여 관리의 채용에 있어서 봉건적인 신분 제한이나 승진의 제한을 철폐시켰다. 지방행정체제제도 개편하여 8도 내외주요도시를 부로 고쳐서 전국에 부를 두고 그 밑에 군, 면을 두고 기존의 군현제를 폐지시켰다.

[7] Griffis, *Corea : The Hermit Nation*, p.468.

[8] Griffis, *Corea : The Hermit Nation*, p.468. 그리피스는 명성황후의 시해를 10월 8일이라고 밝히고 있다. William Elliot Griffis, *A Modern Pioneer in Korea : The Life of Henry G. Appenzeller*, Fleming H. Revell., 1912, p.53.

[9] Griffis, *Corea : The Hermit Nation*, p.469 ; F. D. David, *Our Neighbors the Koreans*, Field Afar Press, 1946, p.37; Isabella Bird Bishop, *Korea and Her Neighbours*, p.269~282; Gale, *Korean Sketches*, p.206.

[10] 韓㳓劤, 韓國通史, 473쪽.

일어났다. 1895년 10월 8일의 명성황후 시해사건은 왕실에서 민중에
이르기까지 일본에 대한 한국인들의 배일감정(排日感情)은 극에 달했
다. 고종은 신변의 위협으로부터 보호받기 위해 선교사들에게 도움을
청하였고[11] 윤치호를 비롯한 친서구 인사들과 미국 공사 알렌, 그리고
헐버트 언더우드 등 선교사들이 민비시해 이후 불안에 떨고 있는 고종
을 궁궐 밖으로 이어하려고 했다. 선교사들은 고종의 침실 옆에 있는
왕실도서관에서 번갈아 가면서 불침번을 보았다.[12] 이것이 널리 알려
진 춘생문 사건(春生門事件)이다.

춘생문 사건은 고종으로 하여금 선교사들에 대한 신뢰를 더욱 견고
하게 다져주는 전기가 되었다. 고종황제의 선교사들에 대한 신임은 더
욱 더 두터워졌다. 고종 황제는 언더우드가 발행하는 주간 그리스도
신문 467부를 정기 구독하는 한편, 367명의 관리들 각 사람에게 보냈
고, 10부를 10개의 각 중앙부처에 배부했으며, 그리고 자신도 그리스도
신문을 정기적으로 받았다.[13] 충군(忠君)애국(愛國)사상이 기독교인들
사이에 한층 고취되었고, 교회는 겨레의 아픔에 깊숙이 동참하기 시작
했다. 전쟁 후 수많은 이들이 교회로 찾아들었고 기독교 신앙을 받아
들인 이들이 조국의 미래를 심도 있게 염려하기 시작했다. 그 전형적

---

11) Rhodes, ed., *History of the Korea Mission, PCUSA, Vol. I. 1884−1934*, p.496.
  고종은 새벽 2시 총성이 울렸을 때 "외국인은 어디 있느냐?"고 소리쳤다.

12) Isabella Bird Bishop, *Korea and Her Neighbours*, p.279.

13) Speer, *Missions and Politics in Asia*, p.252. 그리스도 신문은 1897년 4월 1일부
  터 언더우드가 주간으로 발행해 오던 신문으로 감리교 아펜젤러가 1897년 2
  월부터 발행해 오던 죠션크리스도인 회보와 함께 초창기의 대표적인 기독교
  신문이었다. 죠션크리스도인 회보는 2월 1일부터 그 해 12월 1일까지 처음 44
  호는 죠션크리스도인 회보로 발행되다 1897년 12월 8일부터 대한크리스도인
  회보로 명칭이 바뀌었다. 양 신문은 1905년 7월 1일부터 1907년 12월 3일까
  지 그리스도 신문으로 통합 발행되었다. 한영제 편, 한국기독교 정기간행물
  100년, 교문사, 1987, 138쪽.

인 예가 충군애국사상이다. 특히 한국의 젊은이들 가운데 강했다.[14] 1896년 초, 아펜젤러의 배재학당 학생들은 고종이 러시아 공관에서 환어(還御)하는 날 도로에 꽃길을 만들어 환영했다.[15]

기독교 민족애를 노래하는 애국가가 신학월보, 죠션크리스도인회보, 독립신문에 자주 등장했다. 기독교의 민족애 신앙이 교회와 국가의 일체감을 낳았다.[16] 언더우드, 아펜젤러, 벙커, 스크랜튼, 에비슨, 헐버트가 사역하던 서울에서는 이런 현상이 더욱 두드러졌다. 명성황후가 시해를 당한 후 11월 21일 국장일에는 "수많은 외국인들이 국장행렬을 지켜보기 위해 모였고"[17] 교파를 초월하여 수많은 서울 시내 장감 교인들이 정동감리교회에서 추모예배를 드렸다. 이날 설교를 맡은 언더우드는 민족의 위기 앞에 실의에 빠진 교인들에게 기독교 민족애를 불어넣었다.

> 명성황후씌셔 병환이 계셔 텬명(天命)으로 승하ㅎ시고 인산 째를 당ㅎ 엿더래도 나라신민이 되어 사름마다 비감홀 것시여늘 허믈며 역적의

---

14) "와언론," 죠션크리스도인회보, 1권 22호, 1897. 6. 23. 1897년 전후 죠션크리스도인회보는 앞장서서 "만수성절," "대군주 폐하 탄일," "대황제 탄일" 등의 사설을 발표하고 축하행사를 거행하여 충군애국정신을 고취시켜 나갔다. "춤 하ㄴ님의 도를 힝ㅎㄴ 자래야 님군의게도 츙셩ㅎ고 부모의게도 효도ㅎㄴ니, 그런고로 셔국의 기화흔 빅셩들은 제 몸이 죽을지언뎡 님군과 나라를 위ㅎ여 싸홈ㅎ고 전국 인민이 흥샹 일심이 되거니와 하ㄴ님을 셤길 줄 모로ㄴ 빅셩 들은 입으로ㄴ 五倫과 三綱을 말ㅎ되 ㅁ음에ㄴ 즈긔 몸만 생각ㅎㄴ 고로 사름 마다 욕心이오 사름마다 서로 속여 신과 의가 업ㄴ지라."
15) "대균쥬 폐하 환어라," 죠션크리스도인회보, 제 1권 4호, 건양(1897) 3월 3일.
16) 독립신문, 1896. 7. 23. "독립공원 굿게짓고 태극기를 노피달세/ 하ㄴ님께 셩 심긔도 국태평과 민안락을"로 시작되는 상동감리교회의 전신 달성교회에서 불렀던 "달성교회 애국가"는 그 전형적인 예라고 할 수 있다.
17) Clarence Norwood Weems, *Hulbert's History of Korea,* Routledge & Kegan Paul, 1962, p.314.

손에 변란을 당ㅎ심이리오. 우리가 오늘 이곳에 모힘은 황후를 위ㅎ올 쑨 아니라 하ᄂ님씌셔 나라를 도우샤 교회가 흥왕케 ᄒ시기를 원ᄒ다.[18]

황제 탄생일, 국가 기원절, 독립 경축일에 한 곳에 모여 충군애국사상을 고취하는 행사를 가졌다. 1897년 8월 23일 오후 4시 아펜젤러는 "대균쥬폐하 탄일" 경축회에서 마태복음 22장 15-22절로 "사ᄅ마다 하ᄂ님씌 할 직무가 잇고 님군씌 홀 직무"[19]가 있다며 애국사상을 고취히는 설교를 했다. 당시 "태극긔와 십자긔"가 한데 어울린 이와 같은 기독교 애국심(愛國心)은 정상적인 그리스도인이라면 당연한 것이었다. 초기 선교사들과 한국인들에게 교회와 민족은 별개가 아니었다. 이 둘은 늘 깊은 연계성을 지니고 있었다.

3. 독립신문, 독립협회, 기독교민족운동

명성황후 시해사건 이후 춘생문 사건과 구국기도회를 통해 고취된 기독교 민족애는 자주독립정신의 함양으로 이어졌다. 이 일에 앞장선 인물들은 모두 기독교인들이었다. 청일전쟁이 나던 1894년 배재학당을 졸업하고 그 학교 교사로 임명받은 이승만(李承晩), 1887년 언더우드에게 세례를 받고 1892년 언더우드의 신학반을 수료한 홍정후(洪正厚), 미국 밴더빌트대학을 졸업하고 1895년에 귀국해 남감리교를 창설한 윤치호(尹致昊), 그리고 1896년 제 4차 김홍집 내각의 고문으로 초청을 받고 12년 만에 귀국한 서재필(徐載弼)은 대표적인 사례이다. 이

---

18) "나라를 위ᄒ," 죠션크리스도인회보, 제 1권 44호, 광무원년(1897) 12월 1일.
19) "대균쥬 폐하 탄일," 죠션크리스도인회보, 1897. 8. 25.

들은 협성회를 조직하고 민족계몽운동에 앞장섰다. 아펜젤러, 이승만, 윤치호의 기독교 문화 창달과 민족의 독립의식 고취에 고무된 서재필이 이들과 합류했다. 서재필은 유길준의 도움으로 한국정부로부터 5,000환의 원조를 받아 1896년 4월 7일 배재학당 안에 사무실을 두고 독립신문을 창간했다.[20] 독립신문은 처음에 윤치호, 이승만, 주시경 등 배재학당의 교사들이 중심이 되어 시작했다. 최초의 민간 신문 독립신문은 근대 신문의 효시로 독립정신 앙양, 국민계몽, 민주주의 발전, 그리고 기독교 문화 창달 등을 통해 한국의 문화발전에 지대한 공헌을 했다. 독립신문이 이 민족 가운데 근대 민주주의 사상을 고취시킨 공헌은 아무리 강조해도 지나치지 않는다.

독립신문이 계기가 되어 독립협회의 전신 정동클럽이 결성되었다. 독립신문에 관여한 이승만, 윤치호, 홍정후, 남궁억(南宮檍) 등은 정기적인 모임을 갖고 민족계몽운동을 전개했다. 처음 '정동클럽'이라고 부르다가 회원이 증가하면서 '인디펜던스 클럽'(Independence Club)이라 부르고, 후에는 '독립협회'(獨立協會)로 이름을 고쳐 정치단체로 발전했다.[21] 정부요인들과 사회 중견인물들도 합류했다. 자연히 독립협회는 한국 사회와 정치의 중심세력으로 부상했다.[22] 특히 1대 회장 학부대신 이완용이 전라북도 관찰사로 전보된 후 윤치호가 2대 회장에 오르면서 독립협회는 민중계몽운동을 주도했다.[23] 윤치호는 독립협회를

---

[20] F. A. McKenzie, *The Tragedy of Korea,* E. P. Dutton & Co., n.d., p.84.

[21] 헐버트는 독립협회의 생성배경을 소상하게 밝혀 주고 있다. Hulbert, *The Passing of Korea,* p.148~168. 또한 Griffis, *Corea : The Hermit Nation,* p.472를 참고하라. The Independence Club이 조직된 것은 1896년 봄이다. 독립협회의 구성원은 전체가 "한국의 독립뿐만 아니라 사회 및 물질적 발전에 적극적인 관심이 있는 한국인들"이었다.

[22] Griffis, *Corea : The Hermit Nation,* p.472 ; Hulbert, *The Passing of Korea,* p.148 ~168.

민중계몽 단체에서 정치 단체로 전환시켜 정치개혁운동을 전개했다. 독립협회는 지부제도가 있어서 각 도마다 지부가 설치되었는데 어디서나 교회가 중심이 되었고 기독교 지도자들이 그 책임자가 되어 중앙과 호응하여 민중의 계몽과 지방관의 악정을 규탄하는 등 민주정치의 실현에 크게 힘썼다.

1898년 2월 21일 독립협회 회원 135명은 독립관에 모여 윤치호의 제의에 따라 결사적인 구국운동을 서약하고 "밖으로는 외국인 수중의 재정권, 군사권, 인사권을 되찾고, 안으로는 전장법도를 준행하여 국권을 자주(自主)하라"[24]는 요지의 구국상소를 올렸다. 그해 3월 10일 독립협회는 종로 네 거리에서 1만여 명의 민중을 동원하여 만민공동회(萬民共同會)라는 대중 집회를 열었다. "러시아의 군사교관과 재정고문을 즉시 돌려보내고 대한(大韓)의 자주권리를 지키자"[25]는 내용과 외국의 경제침략에 대비, 정부의 재정 정책과 공개재판 등 6개조의 시무책을 결의하고 고종에게 제출했다.

독립협회는 친일정부에 의해 강제 해산당했고 상당수의 지도적 인물들이 투옥되었다. 독립협회는 간부 17명이 검속 투옥되면서 1899년에 강제 해산되었으나 이승만, 홍정후, 남궁억, 윤치호는 이런 박해 속에서도 계속 투쟁했다. 그해 2차로 검속된[26] 이승만은 독립협회에 참여하고 만민공동회에서 자주 강연하고 중추원의 의관의 자리에 올라 독립협회를 이끌었다. 친일정부는 1900년 5월에 군국기무처(軍國機務處)의 회의원, 경무사, 군부대신(軍部大臣), 독립협회 협동회장을 지낸

23) 유영렬, "윤치호," 한국기독교와 역사, 1991. 7, 113쪽.
24) 유영렬, 위의 논문, 113쪽.
25) 유영렬, 위의 논문, 113쪽.
26) 윤치호 일기, 1899. 1. 9.

안동수(安駧秀)와 군국기무처의원, 내아문 참의와 경무사(警務使)를 역임한 권형진(權瀅鎭)을 교수형에 처했다.[27] 이어 1901년에는 신흥우, 윤시용(尹始鏞)이 체포되었고, 독립협회와 정부 관료의 연계성이 드러난 것을 이미 간파하고 있던 친일정권은 그 해 3월, 이원긍(李源兢), 이상재(李商在), 유성준(俞星濬), 홍재기(洪在箕), 김정식(金貞植), 유동근(柳東根), 홍정섭(洪正燮), 안국선(安國善), 이상재의 아들 이승인(李承仁) 등 12인의 정부고관들을 검속 투옥시켰다.[28] 또한 박용만(朴容萬), 정순만(鄭淳萬), 이준(李儁), 이동령(李東寧), 이종일(李鐘一), 안국선(安國善), 김린(金麟), 이승린(李承麟), 강원달도 투옥되었으며, 이들 외에도 상당수가 더 투옥되었다. 1902년 황성신문에 의하면 미결수가 140명이었고, 기결총수가 205명이나 되었다. 1902년 12월 종로 형무소에는 미결, 기결 총 345명이나 수감되어 있었다.

독립협회 지도자들과 기독교의 연계성은 상당수의 회원들이 일제의 탄압으로 투옥 중에 복음을 받아들였다는 점에서도 나타난다. 상당수의 젊은 한국의 지도자들이 투옥 중에 복음을 접했다. 단순한 복음의 수용을 넘어 이들은 옥중에서 기독교서회에서 발행한 기독교 서적들을 통해 서구민주주의와 자유사상을 접했다. 이승만의 옥중선도와 옥중학교,[29] 선교사들과의 만남, 벙커가 전한 복음을 통해 많은 정치범

---

27) 李光麟, 韓國開花史의 諸問題, 219쪽.

28) 李光麟, 韓國開花史의 諸問題, 220쪽 ; 이능화, 朝鮮基督敎及外交史, 朝鮮基督敎彰文社, 1928, 203~204쪽. 투옥된 자들은 당시 정부 고위관직에 있는 자들이었다. 이능화는 법부협판, 이상재는 의정부참관, 유성준은 내무협판, 김정식은 경무사, 이승인은 부여군수, 홍재기는 개성군수, 안국선은 회경군수, 김린은 관직 미상이다.

29) 이승만, "옥중전도," 신학월보, 1903. 5, 185쪽. 1903년 9월 수십 명을 모아 시작한 옥중학교가 반년이 채 못 되는데도 "국문은 다 잘 보고 잘 쓰며 동국력사와 명심보감을 배화 글시 쓰기와 뜻 알기에 어려서부터 배흔 아해들만 못

들이 주님께로 돌아왔다. 또 이승만이 벙커 목사와 성서공회의 후원을 받아 감옥에 개설된 도서관에 기독교서회와 성서공회에서 발간된 종교서적들을 보급하여 성경과 천로역정 등 종교서적을 읽은 이들이 옥중에서 복음을 접하고 그리스도에게로 돌아왔다.[30] 이중 12명이 벙커에 의해 옥중에서 세례를 받았으며, 이들 모두가 출옥하여 연동교회 게일에게서 기독교 진리를 배웠다. 이들 지도자들은 신앙을 받아들인 후 민족적 책임과 사회적 책임의식에 대한 거룩한 소명을 더욱 더 확인하였다. 서울 묘동교회 장로가 된 이원긍, 1906년 국한문신약전서 역간에 큰 공헌을 하고 서울 안국동교회 장로가 된 유성준, 한국 YMCA 창설과 발전에 지대한 공헌을 한 이상재와 신흥우, 일본 동경 한국인 YMCA를 창설하여 일본의 한국유학생 지도자가 된 김정식은 대표적인 예이다. 그 외에도 서울 안국동교회 장로가 된 관찰사 박승봉(朴勝鳳), 묘동교회 장로 성천군수 조종만(趙種萬), 양평교회 목사가 된 왕족 이재형(李載馨)은 교회로 영입되기 시작한 수많은 당대의 지식층을 대변한다. 이것은 관리와 양반 사회에서 기독교를 믿은 최초의 일이 되었다.

하지 아니하며 영어와 일어를 각기 자원대로 가라처 성취함이 가장 속이 되엇스매 외국교사가 시험하여 보고 대단 칭찬하엿스며 산학은 가감승제를 매우 잘 하며 디도와 각국에 유명한 일과 착한 행실을 듯고 감화한 표적은 여러 가진데 다 말할 수" 없을 정도였다. 어른들에게도 "성경말삼과 올흔 도리로 주야 권면" 많은 결실을 얻었다.

30) 이능화, 朝鮮基督敎及外交史, 203~204쪽.

4. 을사늑약과 한일병탄 전후 기독교의 민주, 민족운동

1899년 독립협회가 강제 해산된 뒤에도 한국의 선교사들과 기독교인들은 한국의 독립운동과 민주운동의 구심점이었다. 1904년 러일전쟁에서의 승리 이후 러시아의 영향력을 배제한 후 일제는 1905년 7월 27일 미국과 '가쓰라-테프트'(Katsura-Taft)밀약을 체결하여 일본의 한국지배를 미국으로부터 받아내고 루즈벨트의 중재로 러일간 포츠머스(Portsmouth, New Hampshire)조약을 맺어 러시아로부터도 한국에서의 정치, 군사, 경제상의 특권을 인정받는 데 성공했다.[31] 루즈벨트는 이에 앞서 1905년 3월 29일 한국의 입장에 서서 일본의 침략에 대해 미국이 간섭하여 막아야 한다며 일본에 편향적 시각을 갖고 있던 주한 미국 전권공사 알렌(Horace Allen)의 직위를 갑자기 해임시켰다.[32] 알렌은 일본의 한국지배가 미국의 이익에 반(反)한다며 일관되게 일본의 한국지배를 반대했기 때문에 루즈벨트가 볼 때는 자신의 정책과 맞지 않았다. 최초의 개신교 선교사 알렌은 다른 선교사들과 여러 가지 점에서 대립하는 모습을 보였지만 일관되게 일본의 조선의 신민화를 반대하는 입장을 취했다. 고종이 알렌에게 상당히 의존했다는 사실은 알렌의 일기와 편지를 통해서 확인할 수 있다.

1905년 11월 17일 소위 을사조약으로 알려진 을사늑약, 제 2차 한일

---

31) Latourette, *The Development of Japan*, p.176.

32) Miller, *The New Far East*, p.102~107 ; James S. Gale, *Korea in Transition,* Young People's Missionary Movement of the U.S.A. and Canada, 1909, p.163. 알렌이 1905년 6월 한국을 떠나면서 남긴 말, "나는 한국과 함께 쓰러졌다"는 마지막까지 한국을 변호했던 알렌의 심경을 그대로 읽을 수 있다. 알렌은 본국으로 돌아간 후에도 한국에 대한 자신의 소신을 굽히지 않았다. Horace Allen, "The Awakening of Korea," in *China and the Far East*, George, H. Blakeslee ed., Thomas Y. Crowell & Co., 1910, p.369~390.

협약[33])이 체결되기 이틀 전 고종은 헐버트(H. B. Hulbert)를 루즈벨트에게 특사로 보내 미국의 개입을 요청하려고 했다. 하지만 일본이 미국과 결탁하고 일제의 총칼이 "황제와 대신들을 폭력으로 위협"하는 상황에서는 아무런 소용이 없었다.[34]) 을사늑약 후 일본의 한국지배는 더욱 가속화되었다. 일제는 1907년(光武 11年) 7월 19일, 헤이그에 특사를 파송한 책임을 물어 고종황제에게 양위 조서를 내려 강제로 순종에게 왕위를 이양(27일 황제즉위)시켰다. 1907년 7월 18일, 한국 황제의 퇴위가 발표되자 자강회 동우회, 기독교청년회의 회원을 중심으로 수천 명의 군중이 대시위운동을 전개하여 새 왕궁인 경운궁의 대한문 앞에 꿇어앉아 통곡하며 퇴위 반대성명서를 발표했다. 집회를 해산시키려는 일본 경찰관과 충돌하여 몇 명이 살해되었고, 일본은 보병 51연대를 동원하여 왕궁을 점령한 후[35]) 고종황제의 양위를 반대한 박영효(朴泳孝), 이도재(李道宰), 남정철(南廷哲)을 체포하여 유배시키고, 한국의 여러 외국 공사들을 서울에서 철수시켜 버렸다. 그런 후 한국의 독도(獨島)를 아예 자신들의 조근현(鳥根縣)에 편입시켰다.

---

33) Rhodes, ed., *History of the Korea Mission, PCUSA, Vol. I. 1884-1934*, p.44. 이 조약에는 다음과 같은 5가지 조항이 포함되었다 : 첫째, 일본 정부는 일본 외무성을 통하여 한국의 외교 관계 및 그 쌍무 일체를 감독, 지도하고 외국 재유의 한국민과 그 이익도 일본의 외교 대표자나 영사로 하여금 보호케 한다. 둘째, 한국과 타국 사이의 현존하는 조약의 실행을 완수할 임무를 일본이 맡고, 한국 정부는 일본 정부의 중개를 거치지 않고는 어떠한 국제적 성질을 띤 조약 혹은 약속을 맺지 못하도록 한다. 셋째, 일본 정부의 대표자로서 서울에 1명의 통감을 두어 자유로이 황제를 알현할 권리를 갖게 하고, 각 개항장과 필요한 지방에 통감 지휘 하에 이사관을 두게 한다. 넷째, 일본과 한국 사이에 현존하는 조약 및 약속은 본 협약 조관에 저촉되지 않는 한 그 효력을 가진다. 다섯째, 한국 황실의 안녕과 존엄을 유지할 것을 보증한다.
34) Miller, *The New Far East*, p.107 ; McKenzie, *The Unveiled East*, p.46~48.
35) 吳允台, 韓日基督敎交流史, 115쪽.

이어 일본은 1910년 8월 22일 통감 데라우치 마사타케와 내각 총리 대신 이완용의 조인으로 한일합병 조약을 체결하고 한국을 자신의 속국으로 편입시켰다. 이후 항일저항운동이 전국적으로 일어났다. 오윤태의 지적대로 "1910년 8월 29일, 한일합방 후 독립운동을 한 사람의 대다수는 크리스천"[36]이었고, 비밀결사조직 신민회에 합류한 이들은 무려 12만이나 되었다. 이토 히로부미를 살해한 안중근 의사, 의병들의 대장, 그리고 3·1운동의 민족대표 33인 가운데 16인은 물론이고 독립운동을 전개한 이들 가운데 적지 않은 사람들이 기독교인이었다.

이처럼 기독교인들 가운데 자유사상과 민족적 책임 의식을 가진 이들이 두드러지게 많았던 데는 몇 가지 중요한 요인들이 있었다. 첫째, 선교사들의 신앙교육이다. 1884년에 입국한 알렌 선교사나 선교 초기의 언더우드, 헤론, 아펜젤러, 스크랜튼 같은 외국 선교사들은 청일전쟁과 명성황후 시해, 러일전쟁, 을사조약, 고종 퇴위, 한일합방에 이르는 일제의 대한(對韓) 침략과 만행을 처음부터 제3자의 입장에서 생생하게 목격할 수 있었다.[37] 고등교육, 의료선교, 국민계몽 등 간접선교

---

36) 오윤태, 한일기독교교류사, 173쪽, 191쪽. 이상재, 서재필, 이승만, 안중근, 105인 사건의 중심 인물, 윤치호, 일본의 YMCA를 중심으로 한 유학생들의 대다수, 3·1운동의 민족 대표 33인 중의 16인이 기독교인이었고, 지방의 독립운동의 본거지는 거의 교회였다. 특히 신민회는 국권 회복을 위해 만주 서간도에 무관학교를 세울 만큼 세력이 놀랍게 커졌고, 그 기세를 꺾기 위해 105인 음모사건을 조작한 것이다.

37) 조선 근대사료, 조선 총독부 관계 중요 문서선집, 10 콘도오켄이치(近藤劍一) 편, 만세소요사건 2, 31~34쪽 ; 오윤태, 한일기독교교류사, 193쪽에서 재인용. 1919년 3·1운동이 발생했을 때 한국에 거주하고 있는 외국인의 수는 19,110명이었고 그 중에 중국인은 10,796명으로 전체 90%를 차지했고, 외국인은 미국인 709명, 영국인 238명, 프랑스인 81명, 독일인 51명, 러시아인 17명, 이탈리아인, 노르웨이인 각 1명, 그리스인 9명 등 합 1,143명이었다. 이 중 선교사는 남자가 260명, 여자가 140명 합 400명이었다.

를 통해 황실과 민중의 총애를 동시에 받으며, 사회 전반적인 지지 기반을 구축할 수 있었던 이들 서양선교사들은 단순히 복음만 전하는 것이 아니라 의료, 문학, 교육 전반의 공헌을 통해 은둔의 나라 조선 사람들에게 서양사상과 서양의 민주주의 사상을 자연스럽게 고취시킬 수 있었다. 성서번역은 단순히 복음전달의 수단뿐만 아니라 언문(諺文)이라 하여 사장(死藏)되었던 한글을 지상으로 끌어내어 민중들에게 널리 보급시킴으로써 한글을 명실상부한 민족 언어로 끌어올리는 역할을 하였다. 수많은 서양 서적 번역본들은 믿음의 사람들에게 외국의 사회와 문화 전반에 대한 식견을 넓혀 주었다. 이런 이유 때문에 라토렛이 지적한 것처럼 실제적으로 서양선교사들 특히 미국선교사들은 일본의 한국지배를 달가워하지 않았다. "많은 개신교 선교사들, 특히 미국 선교사들은 일본에 대해 매우 비판적이었다."[38] 일본정부가 한국 개신교인들과 개신교 선교사들에게 차가운 눈총을 보냈던 것도 그 때문이다. 지나치게 정치적인 선교사라는 비판을 받았던 알렌(Horace Allen) 선교사나 헐버트 선교사는 위기에 처한 황실의 입장을 직접적으로 외국에 알리는 중요한 역할을 하였고, 매켄지(F. A. McKenzie)는 한국의 비극(The Tragedy of Korea)을 통해 국내의 정치적 위기와 청일의 만행을 전 세계에 알렸으며, 영국인 베델은 을사조약이 맺어지자 국영문의 대한매일신보에 "이를 통렬히 반박하여 국민 여론을 불러"일으켰고,[39] 통감부가 설치되자 통감부 설치의 부당성을 규탄했다.

둘째, 독립신문, 대한매일신문, 코리아 리파지토리, 그리고 코리아리

---

[38] Kenneth S. Latourett, *A History of the Expansion of Christianity* Vol. 6, Harper & Row, Pub., 1944, p.427 ; Homer B. Hulbert in Korea Review(Philadelphia) vol. 1, No. 7, Sep. 1919, p.2~3.

[39] 한우근, 韓國通史, 501쪽.

뷰 등 선교사들과 기독교인이 중심이 되어 간행한 언론이다. 이들 언론들은 근대서양사상을 소개하고 민족을 계몽하여 현실을 직시하는 가운데 이 민족이 대처해야 할 길을 제시하는 일에 앞장섰다. 국영문 (國英文) 독립신문은 민족의 자주독립을 강조하고, 외국인의 이권 할양에 반대하고, 민권 신장을 위해 투쟁하는 등 한국의 자주독립, 개화, 민권사상의 신장에 중요한 역할을 했다. 독립협회는 시사의 토론, 가두의 연설, 만민공동회 등 언론 집회 활동을 통해 독립의지를 전국으로 저변 확대시켰다. 1905년에 창간된 대한매일신보는 을사조약을 전후로 한국이 일본정부와 일본은행으로부터 1,300만 원을 고리채로 차입하자 1907년에 여러 언론기관과 합동으로 국채보상운동을 벌여 전국적인 국민운동으로 발전시켜 나갔다. 올링거(茂林吉, Franklin Oblinger, 1845-1919), 헐버트(Homer Bezaleel Hulbert, 1863-1949), 아펜젤러가 중심이 되어 1892년부터 격월간으로 간행된 코리아 리파지토리(The Korea Repository), 1906년부터 헐버트에 의해 격월간으로 간행된 코리아 리뷰(Corea Review)는 한국인의 정치, 사회, 문화 전반에 대한 실정을 외국에 소개하고 한국인들이 어떠한 상황에 처했는가를 외국에 알리는 중요한 도구가 되었다. 일제가 독립의식을 고취시키는 독립협회를 친일단체인 황국협회를 통해 해산시키고, 을사조약과 통감부 설치를 반대했던 대한매일신보 주필 베델을 영국으로 강제 출국시킨 것도 그런 맥락이다.

셋째, 수많은 사립학교와 미션스쿨들의 등장이다. 1895년 설립된 흥화학교(興化學校), 1905년 보성학교, 양정, 휘문, 1906년의 진명, 숙명, 중동, 그리고 1907년 평양의 대성학교와 정주의 오산학교 등 청일전쟁 이후 한국인들에 의해 수많은 사립학교들이 설립되었다. 1910년까지 설립된 각급학교의 총 수가 무려 3,000여 개에 달했다.[40] 여기서 교육

받은 이들이 국민계몽운동에 앞장 서는 경우가 많았으며, 항일운동의 지도자들 역시 대부분 이들 학교에서 배출되었다. 그것은 이들 학교가 기성 중국의 경전(經典)이나 사서(四書) 중심의 교육을 지양하고 역사, 지리, 법학, 경제학 등 인문사회과학 전 분야를 가르쳐 새로운 세계관과 국제질서(國際秩序)를 파악할 수 있는 눈을 뜨게 해주었다. 또한 한국의 역사적 현실에 비추어 볼 때 이들 학교에서의 가장 중요한 교육의 목표가 '민족의식 고취'였기 때문에 여기에서 교육을 받은 한국 젊은이들은 민족의식, 역사의식, 국가의식이 고취되지 않을 수 없었다. 천도교에서 설립한 보성법률상업학교, 보성학교, 동덕여학교, 그리고 그들의 기관지 만세보는 친일단체 일진회(一進會)를 공격하는 한편 민족주의 계몽에 앞장섰다. 언제나 한국근대화와 민족계몽을 통한 민족주의 사상의 고취에 가장 크게 기여하였던 것은 기독교였다.[41] 한국인들의 의식변화와 정치, 문화, 계몽운동은 서양의 신교육을 통해서 이루어졌으며 그 일은 미션스쿨이 담당했다. 1885년에 설립된 배재학당, 그 뒤를 이어 설립된 이화학당, 경신학교, 정신여학교, 숭실학교, 숭의여학교 등 선교사들에 의해 서울과 평양에 설립된 미션스쿨은 한국의 젊은이들에게 서양의 민주사상과 기독교 민족의식을 강하게 불어넣었다. 즉 미션스쿨들은 기독교 정신뿐만 아니라 서양역사, 문학을 통해 서양 근대 민주주의 정신을 함양시키고 기독교 정신에 기초한 자유민주주의, 민족주의 사상을 한국의 젊은이들에게 고취시켰다.[42]

한우근의 말대로 미션스쿨들과 "일제의 식민지적 탄압정책의 그늘

---

40) 위의 책, 505쪽.

41) Wagner, Ellasue, *Korea : The Old and the New,* Fleming H. Revell Co., 1931, p.159~160.

42) James E. Fisher, *Democracy and Mission Education in Korea,* Teachers College, Columbia University, 1928, p.14~20.

에서 자라난 종교활동은 무력항쟁이 좌절된 후 민족적 항쟁의 온상이 되었다."[43] 기독교학교들은 언제나 민족운동의 중심이었다.[44] 이 때문에 일제는 새로운 학교령을 공포하여 신민지 교육시책을 강요함은 물론이고, 관공립 보통학교에 일본인 교사를 배치시키고 사립학교 설립을 인가제로 전환시켜 사립학교를 일제의 관할 하에 두면서 학교 설립을 규제하기 시작했다. 그리고 한일합방이 후 미션스쿨에 대해 총독부가 규제를 가하기 시작했다. 일제는 모든 학교들이 등록을 해야 하고, 그 후에 모든 비등록 학교는 문을 닫아야 한다고 선언했다. 총독부가 미션스쿨을 통제하면서 1915년에서 1925년 사이 미션스쿨들은 블레어 선교사의 말대로 "교육위기"를 만났다.[45]

5. 105인 사건과 한국기독교

1911년 발생한 소위 105인 사건으로 알려진 데라우치 총독 살해음모 미수 사건은 일제가 한국의 기독교 세력을 제거하려는 일제의 의도된 기독교 말살계획에서 출발했다. 일제는 한국기독교 세력이 1907년 평양대부흥운동을 통해 한국에서 가장 큰 민족적 기관으로 발돋음하고 민족의식과 민족단결의 구심점으로 자리 잡은 것을 깊이 우려했다. 기독교 신앙을 가진 의식 있는 지도자들은 기독교가 구국 세력이 되기를 기대했다. 금주, 금연, 조혼의 폐습 개혁, 노비 해방, 천민 구호 등 일련의 사회개혁과 국민계몽운동이 기독교를 통해 추진되었다. 사경회

---

43) 한우근, 韓國通史, 510쪽.

44) 백낙준, 韓國改新敎史, 425쪽.

45) William Newton Blair, *Gold in Korea*, 김승태 역, 두란노, 1995, 126쪽.

와 부흥운동, 사회 전반에 대한 개혁운동, 그리고 기독교의 놀라운 성
장은 교회에 영입된 민중들에게 새로운 희망과 민족의식을 불어넣어
주었다.46)

1912년 브라운(Arthur J. Brown)이 한국 105인 음모사건(The Korean
Conspiracy Case)에서 지적한 것처럼 총독부는 자신들이 볼 때 놀라운
성장을 구가하며 민족의 구심점으로, 민족계몽과 사회개혁의 선도자
로서 자리 잡아 가는 교회를 우려하지 않을 수 없었다.47) 일제는 민족
운동이 기독교와 모종의 연대성을 가지면서 발전되고 있다는 의심을
지울 수 없었으며, 그 배후에는 서양 선교사들이 있다고 생각했다. 이
때문에 일제는 오랫동안 한국에서 활동하고 있던 외국 "선교사들과 국
내 그리스도인들을 의심했다."48) 일본정부의 대변인 미도루 코마츠
(Midoru Komatsu)도 선교사들을 향해 "그들은 한국에서 기독교를 확산
시키고 있지만 한국의 주권자, 일본의 이익에는 별반 주의를 기울이지
않고 있다"49)고 불평했다.

---

46) 이와 같은 이유로 선교사들은 한국인들에게 교회가 어떤 정치적인 문제에도
개입하지 않고 순수 종교적인 단체로 남기를 원했던 그 입장 그대로를 일본
당국에 요구했다. 일본이 교회를 일본화시키려고 총독부와 일본 교회 지도자
들을 동원할 때도 "선교사들은 자기들 정부의 지시대로 정치문제에 중립을
지키기로 선언할 수밖에 없었지만 선교사들은 이 한국교회의 일본화를 적극
반항"하였다. F. A. McKenzie, *Korea's Fight for Freedom*, p.212.
47) Arthur Judson Brown, *The Korean Conspiracy Case*, n.p., 1912, p.7.
48) Harry A. Rhodes, ed., *History of the Korea Mission, Presbyterian Church, U.S.A.,
1884-1934*, p.498~499. 선교사들과 한국인 그리스도인들에 대한 일본정부의
의심은 1910년 한일합방, 1912년 105인 사건, 그리고 1919년 독립운동 때 현
시되었다.
49) Samuel Hugh Moffett, *The Christians of Korea*, Friendship Press, 1962, p.66.

> 기독교 전파 사역에 종사하는 동안 미국 선교사들은 학교를 운영하
> 고 문명화가 완전히 되지 않은 한국 백성(the half-civilized people) 가
> 운데 외국 정치 및 사회 사상을 확산시키고 있다. 한국인들 가운데
> 자유의 원리가 개의치 않고 주창되고 있다. ……그 결과 기독교로 회
> 심한 몇몇 회심자들은 급진적인 행동을 할 만큼 무감각하다. ……기
> 독교라는 가면을 쓰고 [그들은] 현재의 혼란을 야기시켜 왔다.[50]

한국인들이 선교사들과 접촉하고 서양교육을 받으면서 사무엘 H. 마펫(Samuel H. Moffett, 마삼락)이 지적한 것처럼 당시 민족주의 감정이 기독교계에서 강하게 발흥하였다. 당시 일반 백성들 가운데 "기독교인이 된다는 것은 곧 애국자가 된다"는 것을 의미했다.

한국개신교의 움직임을 예의 주시하던 일제는 통감부가 설치된 후 한국교회에 더욱 압력을 가하기 시작했다. 일제는 선교사들과 민족의식을 고취시키는 한국교회야말로 자신들의 영구적인 식민지를 구축하는 데 가장 큰 장애물이 된다고 판단하고 선천, 정주, 평양의 교회 지도자들을 말살할 계획을 세웠다. 1899년 독립협회가 강제 해산 당한 뒤 안창호, 전덕기, 이승훈, 안태국, 이동휘 등 기독교 지도자들이 중심이 되어 조직한 신민회를 말살할 계획을 세웠다. 애국사상을 바탕으로 조직된 신민회는 회원의 생명과 재산이 회(會)의 명령에 절대 복종하도록 규정된 강력한 비밀결사로 한국 유일의 독립운동단체였다. 한국의 주도적인 미션스쿨 혹은 민족학교로 알려진 평양 대성학교, 정주 오산학교, 평양 숭실학교와 선천 신성학교는 배일사상이 강한 학교였고, 평양, 정주, 선천교회는 민족운동의 본거지였고 신민회 핵심 지도자들이 이끄는 학교와 교회였다. 이런 이유로 일제는 안창호가 평양에서, 이승훈이 정주에서, 양전백이 선천에서 강력한 민족운동을 전개하

---

[50] Moffett, *The Christians of Korea*, p.66~67.

고 있었기 때문에 기독교 세력을 제거하지 않고는 한국의 통치를 영구화할 수 없다고 판단하였다.[51] 선우훈(鮮于爋)의 증언대로 "데라우찌가 정치를 하기 시작하자, 한국인 애국자와 크리스천에게 큰 타격을 주기 위하여 서둘러서 터무니없는 데라우찌 총독 암살사건이라는 대사건을 조작하고 이것을 사실화할 목적으로 우리들을 심한 고문에 걸고 있는 것이다."[52]

일제는 1910년 12월 29일 데라우찌 총독이 선천을 지나가는 기회를 타서 그를 암살하려는 음모를 계획했다며, 총독암살음모 사선을 날조하여 수많은 교회 지도자들을 체포했다.[53] 선교사들과 윤치호, 영기석, 유동설, 이승훈 등 신민회 간부와 기독교인 600여 명을 포함하여 700여 명을 체포했고 그 가운데 123명을 투옥시켰으며, 증거 조작을 통해 그 중 105인에게 유죄 판결을 내렸다.[54] 이것이 바로 우리에게 널리 알려진 '105인 사건'이다. 기소된 123명 가운데 98명이 기독교인이었는데, 이 중에는 10대 소년들도 있었다.[55] 이들 98명의 교인 중에는 장로교인이 89명, 감리교인이 6명이었으며, 기타 교파가 2명이었다. 89명의 장로교인 가운데는 현직 목회자가 5명, 장로와 집사가 각 8명씩, 각 지교회 평신도 지도자가 10명, 입교인이 42명, 학습교인이 13명이었다.[56] 놀라운 사실은 이들 89명의 장로교인 중에서 단 1명을 제외하고는 선천과 평양의 교회 출신들이었다는 점이다.[57]

---

51) 金良善, 韓國基督教會史研究, 기독교문사, 1971, 104쪽.

52) 金良善, 韓國基督教會史研究, 141쪽에서 재인용.

53) Arthur Judson Brown, *The Korean Conspiracy Case*, p.4~5 ; Carlton Waldo Kendall, *The Truth About Korea*, 1919, p.100.

54) 姜胃祚, 日本 統治下 韓國의 宗教와 政治, 33쪽.

55) 오윤태, 한일기독교교류사, 혜선문화사, 1980, 141쪽.

56) Arthur Judson Brown, T*he Korean Conspiracy Case*, p.13.

57) Brown, *The Korean Conspiracy Case*, p.13.

105인 사건이 처음부터 조작된 것이었기 때문에 한국교회 지도자들과 선교사들이 반정부 음모에 가담했다는 증거를 확보할 수 없는 것은 당연한 일이었다. 한국 주재 미국 선교사들은 이 105인 사건을 통해 일제가 입증될 수 없는 거짓 증거를 가지고 그런 음모를 세워 기독교를 말살하려는 모습을 목도하고 적지 않은 실망을 하게 되었다.[58] 구속된 이들이 유죄선고를 받자 외국 특히 미국에서 강한 항의가 일어났다. 강위조의 말대로 "음모사건(陰謀事件)을 행한 자는 없었던 것이다. 정부는 기독교 지도자들의 음모의 증거를 전혀 얻을 수가 없었다. 한국과 외국의 크리스천들은 이 의제재판(擬制裁判)으로 인하여 일본으로부터 멀어져 갔다."[59] 교회를 해체시키려는 일제의 의도와는 달리 일제의 박해는 오히려 신앙의 공동체에 결집력을 더해 주었다. 마포삼열 선교사가 지적한 것처럼 105인 사건은 "선교사들과 한국교회 지도자들 사이에 더 큰 우정과 동정을 가져다주었던 것이다."[60] 이 사건을 계기로 한국교회는 교파를 초월하여 민족적 결속력을 더욱 견고히 했다. 길선주, 강규찬, 선우훈을 비롯한 105인으로 유죄 언도를 받은 사람들 가운데 상당수가 3·1독립운동에 적극 참여하였다.

6. 1919년 3·1독립운동과 한국기독교

한국의 민주주의와 민족운동과 기독교와의 연관성을 보여주는 가장

---

[58] Charles Allen Clark, *The Korean Church and the Nevius Methods*, p.163.

[59] 姜渭祚, 日本統治下 韓國의 宗敎와 政治, 34쪽.

[60] Samuel A. Moffett, "Missionary Life and Service," *The Fiftieth Anniversary Celebration of the Korea Mission of the Presbyterian Church in the U.S.A., June 30-July 3, 1934*, John D. Wells School, Seoul, Chosen, p.46.

대표적인 사건이 1919년 3월 1일 일어난 3·1독립운동이다. 1919년 3·1운동은 기독교 신앙이 자유 독립에 대한 간절한 염원과 민족운동의 형태로 발로된 그 전형적인 사례이다. 3·1운동에 가담한 사람들 상당수가 개신교인이었다는 사실, 33인의 서명자 중에 거의 태반이 기독교인이었다는 사실, 그리고 그것이 비폭력운동(the nonviolent demonstration) 이었다.[61] 3·1운동 당시 마침 극동을 방문, 현장을 확인한 블랜드(J. O. P. Bland)가 중국, 일본, 그리고 한국(China, Japan, and Korea)에서 지적한 것처럼 3·1운동은 일본의 무단정치에 대한 국민의 분노, 러시아 혁명으로 인한 민족국가의 출현, 윌슨 대통령의 민족자결주의 원칙의 선언에 자극 받아 일어난 한국 민족의 비폭력 독립운동이었다.[62] 그리고 그 위대한 결집력은 "민족 종교와 같은 특징을 지닌, 민족의 자유, 독립의 원동력"[63]이었던 기독교에서 나왔다. 3·1독립운동은 국내는 물론 일본이나 중국 그리고 미국에서 기독교와의 연계성 속에서 진행되었다. 1919년 2월 8일 일본 동경에 유학하고 있던 600명의 한국 유학생들이 동경간다구오가와죠오(東京神田區小川町)에 있는 조선 YMCA회관에 모여 최팔용(崔八鏞)의 사회로 독립운동 회의를 열어 이광수가 기초한 독립선언서와 결의문을 낭독하고 조선의 독립의지를 전 일본에 천명했다.[64] 이광수를 비롯하여 일본 동경에서 독립운동을 추진했던 이들은 대부분이 기독교인이었다. 국내에서도 기독교는 독립운동의 중심축이었다. 기독교 측 16인, 천도교 측 15인 그리고 불교 측 2인, 합 33인이 구성되었고, 그 대표를 손병희가 맡았다. 이처럼 독립운동의 핵심 세력

61) James Huntly Grayson, *Early Buddism and Christianity in Korea*, p.116.
62) J. O. P. Bland, *China Japan and Korea*, Charles Scribner's Sons, 1921, p.197.
63) 도히 아키오, 한국기독교사, 서울: 기독교문사, 1991, 295쪽.
64) 現代史資料, 26, 朝鮮 2, "3·1운동과 재일유학생의 역할", 23-26; 오윤태, 한일기독교교류사, 181쪽에서 재인용.

은 종교 지도자들이었고, 전국적인 연락활동은 남녀 학생들이 맡았다. 한우근의 말대로 일제의 무력 탄압정책으로 모든 사회적 유대가 단절된 가운데서도 "민족의 집단적 보루"는 종교단체와 학생집단이었다.[65]

서울에서 독립운동이 진행되고 있는 같은 시간에 평양, 진남포, 안주와 의주, 선천, 정주 등 전국 곳곳에서 기독교인들이 중심이 되어 독립선언서가 낭독되었고 독립을 염원하는 군중의 만세 소리의 함성이 전국을 뒤덮었다. 평양에서는 숭실학교 교수, 졸업생, 재학생이 주도적인 역할을 담당했다. 시위를 담당한 한 통계에 의하면 전국적으로 3·1운동에 참가한 사람은 총 2,021,448명이었고 시위운동의 모임도 1,542회에 이를 정도로 3·1운동은 한국인들의 독립의지가 전국적으로 결집된 대규모의 독립운동이었다. 시위에 가담한 이들은 농민, 학생, 지식인, 상공업자, 노동자에 이르기까지 다양했고, 직업도 교사, 의사, 회사원, 승려, 목사 등 거의 모든 직업의 사람들이 다 참여했다. 그러나 기독교 지도자들과 기독교인들이 이 운동의 가장 중요한 구심점이었다. 비록 기독교는 그 세력이 그리 크지 않았지만 "대단히 강력하였고, 민족 종교와도 같은 힘을 지니고 지식인이나 민중 깊숙이 영향을 주었다."[66] 김양선이 지적한 대로 "서울, 평양, 진남포, 원산, 개성, 안주, 정주, 선천, 의주 등 제 1회 만세 시위처가 모두 기독교회가 중심이 되었고, 그 뒤를 이어 전국적으로 번진 만세시위 역시 대부분 교회를 중심으로 일어났다."[67]

---

65) 한우근, 韓國通史, 528쪽.

66) 도히 아키오, 일본기독교사, 기독교문사, 1991, 281쪽.

67) 김양선, 韓國基督教史研究, 115쪽. 함태영 목사가 체포된 뒤 3월 12일 서울 안동교회 김백원 목사, 서울 승동교회 차상진 목사, 정주교회 장로 조형균, 의주교회 문일평 집사가 중심이 되어 독립을 청원하는 애원서를 조선총독부에 제출하고 서울에서 만세시위를 벌였고, 그 해 4월 중순에는 평양 남산현교회

적지 않은 선교사들도 3 · 1독립운동에 참여하였다. 평양에 주재하던 몇몇 선교사들은 예정된 장소에 사람들이 가득 차 있고 선교회가 운영하는 학교의 거의 모든 학생들과 많은 공립학교 학생들이 그곳에 있는 것을 보았다.[68] 하이야 한복을 입은 군중들 가운데 검은 양복을 입은 선교사들이 동참했다는 것은 주동자들로 오해받을 수 있는 일이었지만 그런데도 이들이 기꺼이 3 · 1독립운동 시위 현장에 참석한 것이다. 연희전문학교 교수 벡커(Arthur L. Becker, 白雅德, 1879-1978), 세브란스 의전 스코필드(Frank W. Scofield, 石虎弼, 1889-1970) 박사, 숭실전문학교 교수 모우리(Eli M. Mowry, 牟義理, 1880-1970) 선교사 모두 3 · 1독립운동에 적극협력했다. 3 · 1독립운동에 협력한 사람들은 이들만 아니었다. 김양선에 따르면 동양선교회 선교사 토마스 선교사, 선천 신성중학교 교장 매큔(G. S. McCune, 윤산온), 숭실전문교장 마펫, 서울 감리교 선교사 노블(W. A. Noble, 魯普乙), 빌링스(邊永瑞), 중국 상해 YMCA 총무 질레트(P. L. Gillett, 吉禮泰)와 피서 모두 3 · 1독립운동에 적극적으로 참여하였다.[69]

한국 주재 외국 선교사들은 선교사 회의를 열고 '폭동'과 '수안(遂安), 맹산(孟山), 안주(安州), 반석(班石), 강서(江西)에서의 잔학행위', '구락서(具洛書)라는 젊은이의 죽음', '제암리 학살사건, 대구의 잔학행위, 각 촌락에서의 무차별 학살사건, 방화 및 부녀자를 벌거벗긴 사건', '선교사의 집을 수색한 사건과 기독교 박해사건' 등 12개 조항의 한국인들에 대한 일본인들의 잔학행위를 기록에 넣어 미국기독교연합회 동양관계위원회에 보고했다.[70] 장로교회 해외선교부는 미국기독교연

이규갑 목사, 공주감리교회 현석칠 목사, 서울장로교회 박용희(朴容羲), 의주교회 장붕 장로가 중심이 되어 서울에서 임시정부를 조직했다.

[68] Carlton Waldo Kendall, *The Truth About Korea*, p.28.

[69] 김양선, 韓國基督敎史硏究, 118쪽. Cf. 이영헌, 한국기독교사, 157쪽.

합회 동양문제연구회를 설치하여 한국의 상황(The Korean Situation)이라는 책자로 만들어 전 세계에 일본의 만행을 알렸으며,[71] 미국 내 42개 신구교 교파는 한국독립을 위해 매일 1회 이상 기도하였고다. 미국교회연합회도 주미 일본대사에게 일본의 만행에 대한 강력한 항의서를 제출하고 윌슨 대통령에게 한국독립에 대한 건의서를 제출하였다.[72]

3·1독립운동 이후 민족운동의 구심점에 선 세력 역시 기독교였다. 다만 3·1독립운동 이전에는 정치적인 독립을 염두에 두었지만 이후에는 한국인들 가운데 민족의식을 고취하고 사회계몽운동을 전개하는 방향으로 수정되었다. 일제는 외관상으로는 조선일보 동아일보 창간, 사범학교육성, 해외유학장려 등 소위 문화정치를 표방하면서 이면에는 젊은이 해체작업을 용의주도하게 진행하고 한국의 기독교 세력을 일제의 통제하에 두려는 음모를 꾀하였다. 50만불을 들여 홍등가를 만들고 18만 2천불을 들여 아편재배를 총독부가 주관하였고, 총독부 예산의 3분의 1이 주초에서 나올만큼 술담배가 만연했다.

일본은 3·1운동 이후 '일본동화정책'에 순응하는 한국교회로 만들기 위해 소위 '신종교정책'을 사용하기 시작했다. 그 핵심은 신종교정책이란 한국교회를 움직이는 중심축을 미국 선교사로부터 일본인에게로 이동시키려는 계획이었다. 어용종교인 일본조합교회를 한국에 침투시켜 한국교회를 분열시키고 장차 한국교회를 조합교회와 합병시켜 단일교회를 만들어 일본의 신민화정책을 추진하겠다는 야심이었다. 그것은 1919년 6월 하세가와 총독의 종교정책에 대한 의견서에 잘 나타나 있다.

---

70) 오윤태, 한일기독교교류사, 195쪽.
71) J.O.P. Bland, *China, Japan, and Korea,* Charles Scribner's Sons, 1921, p.194~195.
72) 김양선, 韓國基督敎史硏究, 118쪽.

"미국 선교사 중에는 포교의 수단으로서의 자유와 친미주의(親美主義)를 고취하는 자 있어 장래 통치상 장해될 우려가 많다. 그러므로 종교의 교권을 외인에 장악시키는 것은 매우 위험하므로 앞으로 교권을 일본인 또는 한국인으로 장악케 할 필요가 있다. 당국으로서도 이를 간취하고 연내 조합교회의 조선 선교사업을 방조(幇助)하여 다소의 효과를 거두고 있다. 앞으로 더욱 이것을 방조하여 포교의 확장을 도모함은 권의(權宜)의 방법으로서 필요하다고 인정한다."[73]

일제는 1921년 9월 1일, 일본의 회중교회로부터 주선회중교회를 독립시키고 조선조합교회를 앞세운 미국 선교사의 리더십에서 일본인 리더십으로 이첩하는 정책을 착수했다.

표면적으로 종교정책을 전환했을 뿐 한국교회 말살정책은 실제적으로는 변화가 없었다. 오히려 포교규칙 개정을 통해 제도적으로 한국교회의 교세를 위축시키려는 후속작업을 강행했다.[74]

일제의 문화정치 그 이면에 가리어진 일제의 용의주도한 일본의 계략을 일찍이 간파한 이들은 서양선교사들과 한국교회 지도자들이었다. 선교사들과 한국교회가 사회계몽운동, 절제운동, 금연금주운동, 청소년운동, YMCA, YWCA를 통해 젊은이들에게 민족적 책임의식을 불어넣고 백성들을 깨우는 노력을 지속했던 것도 그런 이유에서였다. 조

---

73) 現代史 資料, 朝鮮 三. 一 運動, 500쪽 ; 김양선, 韓國基督敎史硏究, 117쪽에서 재인용.

74) 3·1운동이 일어난 이듬해인 1920년 4월 7일 조선총독부령 제 59호 개정포교규칙이 발표되었는데 그것은 한국교회를 탄압하기 위한 법적 장치였다. 제 2조에는 "포교자는 자격을 증명한 문서 및 이력서를 첨부하여 조선총독에게 제출할 것", 제 9조에는 "교회당 및 설교 강의소를 설립코자 할 때에는 규정된 서류를 갖추어 조선 총독에게 제출할 것", 제 12조에는 "조선 총독은 교회당에서 안녕 질서를 문란시킬 우려가 있는 일이 있다고 인정할 때에는 그 사용의 정지 또는 금지를 명할 수 있다"는 내용을 명문화했다. 3·1운동과 같은 반일운동을 사전에 봉쇄하겠다는 정부의 의지를 그대로 반영한 것이다.

만식을 중심으로 한 물산장려운동은 기독교민족운동의 중요한 사례라고 할 수 있다. 한국교회는 정부 없는 그 시대 사회와 민족을 선도하는 구심점으로 존재했다.

7. 맺는 말

한국에 파송된 선교사들은 청교도 전통에서 훈련 받은 선교사들이 었고. 서구의 민주주의 사상을 어릴 때부터 접하고 그런 분위기 속에서 신앙교육과 대학교육을 받은 이들이었다. 서양선교사들이 설립한 미션스쿨 커리큘럼을 통해 그의 삶을 통해 그들과 접촉을 통해 한국교회는 서양의 근대사상 특별히 서구 민주주의를 직간접으로 접할 수 있었다. 일제의 신민화 정책이 노골화되고 청일전쟁과 러일전쟁을 통해 일제의 식민지배가 강화되고, 명성황후 시해와 고종황제의 강제 퇴위, 105인 사건과 3·1독립운동 때 일제의 만행을 목도하면서 선교사들은 한국인들과 호흡을 같이하며 그들에게 민족의식과 민주사상을 불어넣었다.

지금까지 고찰한 대로 춘생문 사건과 구국기도회, 독립협회와 독립신문, 신민회와 105인 사건, 그리고 3·1독립운동은 한국기독교와 민주주의 혹은 민족운동과의 연계성을 선명하게 보여주는 대표적인 사례들이다. 본 연구를 통해 우리는 몇 가지 사실을 도출할 수 있다.

첫째, 필자가 다양한 자료들을 통해 피력한 대로 한국에서 일어난 일련의 민족독립운동 혹은 민주화운동에서 한국교회는 너무도 지대한 영향을 미쳤다는 사실이다.

둘째, 한국에 파송된 선교사들은 일제의 압력과 박해 가운데서도 기독교 신앙만 전달한 것이 아니라 미션스쿨의 설립과 복음전도를 통해 단순히 복음만 전하지 않고 서구사상과 서구 자유민주주의를 접할 수 있도록 다양한 도전을 주었다.

셋째, 초기 한국의 선교사들은 한국인들에게 기독교 신앙과 애국사상이 별개가 아니라는 사실을 교육했고, 그 결과 한국교회 안에 기독교 민족운동이 강하게 일어났다. 특히 청일전쟁 이후 명성황후 시해사건부터 1919년 3·1독립운동까지 그 같은 민족운동은 한국교회를 특징 짓는 매우 중요한 요소였다.

넷째, 이 같은 민족운동은 선천의 신성학교, 평양의 숭실학교, 서울의 배재학당과 같은 미션스쿨에서 더욱 강하게 일어났으며, 그 같은 현상은 한국의 미션스쿨은 서양교육을 통해 서양 선교사들을 통해 서양의 민주사상을 접한 한국인들에 더욱 강하게 나타났다.

이승만, 이상재, 서재필, 윤치호를 비롯한 초기 한국교회 지도자들의 민족의식은 서양선교사들과 미션스쿨의 서양교육의 영향이라는 사실을 부인할 수 없다. 3·1독립운동 이후 사회계몽운동 역시 기독교가 중심이 되어 전개했고, 당시 물산장려운동, 국채보상운동, 청소년운동, 금연금주운동을 비롯한 일련의 사회계몽운동을 통해 한국교회는 사회와 민족을 선도하는 구심점으로 존재할 수 있었다.

〈참고문헌〉

『독립신문』
『죠션크리스도인 회보』
『윤치호 일기』

김양선, 韓國基督敎史硏究, 基督敎文社, 1971.
도히 아키오, 한국기독교사, 서울: 기독교문사 1991.
백낙준,『韓國改新敎史』, 서울: 연세대학교출판부, 1995.
오윤태, 한일기독교교류사, 혜선출판사, 1980.
李光麟,『韓國開花史의 諸問題』, 서울: 일조각, 1986.
이능화,『朝鮮基督敎 及 外交史』, 경성: 기독교창문사, 1928.
한우근,『韓國通史』, 서울: 乙酉文化社, 1994.

Arthur Judson Brown, The Korean Conspiracy Case, 1912.
Bishop, Isabella Bird, Korea and Her Neighbours-A Narrative of Travel, with an
        Account of the Recent Vicissitudes and Present Position of the Country,
        Read Books Ltd, 2013.
Carlton Waldo Kendall, The Truth About Korea, San Francisco, 1919.
F. Λ. McKenzie, Korea's Fight for Freedom, New York : Fleming H. Revell Co., 1920.
Griffis, Corea : The Hermit Nation.
James E. Fisher, Democracy and Mission Education in Korea, New York : Teachers
        College, Columbia University, 1928.
John P. Bland, China Japan and Korea, New York : Charles Scribner's Sons, 1921.
Latourette, Kenneth Scott. The development of Japan. Macmillan, 1918.
Samuel Hugh Moffett, The Christians of Korea, New York : Friendship Press, 1962.
Wagner, Ellasue, Korea : The Old and the New, New York : Fleming H. Revell Co.,
        1931.

II부
해방 이후 한국정치와 기독교인

이윤영 목사와 월남 기독교인의 정치활동

박명수

1. 시작하는 말

대한민국은 해방 공간에서 좌우익의 치열한 투쟁의 결과 우익이 승리함으로 세워진 나라이다. 해방 직후 38선 이북은 일찍이 소련의 영향권 아래서 강제로 공산화되어 갔지만 남한은 정치적인 자유가 허용되었기 때문에 좌익과 우익이 심각한 투쟁을 하였다. 여기에서 우익이 이길 수 있었던 것은 우선 미국이 남한이 공산화되는 것을 막으려했고, 많은 사람들이 새로운 나라의 이념으로 소련의 공산주의 보다는 미국의 민주주의를 선호했기 때문이다.[1] 소련의 공산화정책에 맞서

---

[1] 일반적으로 해방 직후에 좌익이 많았다고 주장되어지고 있다. 하지만 하지가 맥아더에게 보낸 보고서에 의하면 "본관이 관찰한 바에 따라 본인은 한국인들이 기본적으로 공산주의를 지지하거나 원하지 않을 뿐만이 아니라 한국인들의 대다수는 실제로 민족주의자들이라고 믿게 되었습니다."고 기록하고 있다. "존 R. 하지 중장이 동경주둔 더글라스 맥아더 육군대장에게"(1945. 11. 2) : 미국무성, 김국태(역), 『해방 3년과 미국 I』, 돌베개, 1984, 120쪽.

남한에 민주국가를 건설하려는 생각을 가진 사람들 가운데는 종교적으로 기독교인들이 많이 있었다.2) 이것은 서구의 민주주의가 기독교를 통로로 해서 한반도에 등장했기 때문이다.

해방 공간에서 민주정부수립을 위해서 많은 기독교인들이 노력을 하였다. 그 중에 대표적인 인물이 남한에서는 이승만, 김구, 김규식이며, 북한지역에서는 조만식이었고, 이들은 평신도였다. 하지만 이런 기독교 평신도 외에도 성직자로서 민주정부 수립에 노력한 사람들이 있다. 대표적인 인물이 이윤영, 함태영, 이규갑, 박용희, 배은희, 이남규 등이다.

필자는 이들 가운데서도 이윤영은 매우 중요한 인물이라고 생각한다. 이윤영은 해방 후 북한에서 조만식이 만든 조선민주당의 부당수였으며, 월남하여 이승만과 함께 건국운동에 매진하다가 1948년 5·10선거에서 제헌 국회의원이 되었고, 이승만에 의해서 초대 국무총리로 지명되었으나 선출되지는 못했다. 또한 이윤영은 북한 지역의 감리교를 대표하는 인물이었고, 월남해서도 감리교의 재건운동에도 상당한 영향력을 발휘했다.3) 또한 1948년 5월 31일 제헌국회에서 이승만의 요청으로 대표기도를 하였다. 한국 기독교는 이윤영의 기도를 대한민국이 기독교 정신으로 세워진 나라라는 것을 상징한다고 생각한다.

이윤영의 활동은 신문기사를 검색해 보아도 잘 알 수 있다. 해방 이후 정치에 참여한 대표적인 목사들에 관한 기사를 국사편찬위원회의

---

2) "재한국 정치고문(베닝호프)이 국무장관에게[서울]"(1945. 9. 29) : 미국무성, 김국태(역), 『해방 3년과 미국 I』, 69~74쪽.

3) 이윤영, 『백사 이윤영 회고록』, 사초, 1984, 146~148쪽. 이윤영은 해방 직후 서북감리교를 대표하는 인물로 평가되었고, 월남해서는 감리교의 재건위원회에서 감리교의 감독으로 추대되었으나 사양했다. 김양선, 『한국기독교해방십년사』, 대한예수교장로회총회교육부, 1956, 54쪽.

"자료대한민국사"4)에서 검색해 보면, 함태영 58회, 이윤영 241회, 배은희 131회, 이남규 61회, 박용희 74회, 이규갑 46회로 나타난다. 자료대한민국사는 1945년 해방부터 1952년 7월 까지 약 7년 동안의 주요 신문기사를 정리한 것이다. 여기에 의하면 해방 후 기독교성직자들 가운데 이윤영에 대한 기사 검색회수가 가장 많은 것으로 나타나고 있다.

해방 후 대한민국 정부 수립에 미친 기독교의 역할을 연구하기 위해서는 이윤영을 살펴보는 일은 중요하다고 생각한다. 그는 이북 피란민과 기독교를 대표하는 인물이었을 뿐만이 아니라 이승만의 측근에서 그를 도와서 대한민국 정부수립을 할 수 있게 한 인물이다. 그럼에도 불구하고 현재까지 이윤영에 관한 본격적인 연구는 진행되어 있지 않다.5) 단지 박명수가 이윤영과 5 · 10선거, 초대국회의원선거과정, 그리고 국무총리 서리 임명과정에 대해서 다루고 있다.6)

본 연구는 이윤영의 월남이전 북한지역에서의 민족운동을 간단히 소개한 다음에, 월남 이후 조선민주당과 민족통일총본부를 중심으로 반탁, 통일운동을 본격적으로 살펴보려고 한다. 이윤영은 같이 월남한 동료들과 함께 조선민주당을 서울로 이전하고, 북한에 남아있던 조만식을 다시 정계에 복귀시켜 남북통일을 이루려 했으며, 또한 이들과 함께 이승만을 도와서 민족통일총본부를 만들어 반공 · 반탁운동을 추진하여 결국에는 남한에서만이라도 민주정부를 세우려고 했다. 이윤영은 이것을 남한의 단독정부라고 하지 않고, 통일민주국가로 나가기

---

4) 국사편찬위원회 한국사데이터베이스 자료대한민국사 항목(http://db.history.go.kr/item/level.do?itemId=dh).

5) 이윤영에 대한 간략한 소개는『한국민족문화대백과사전』이윤영 항목에 기술되어 있으며, 그의 생애는 인터뷰 형식으로 이윤영, "내가 겪은 20세기,"『경향신문』, 1972년 7월 27일자에 소개되어 있다.

6) 박명수,『조만식과 해방 후 한국정치』, 북 코리아, 2016.

위한 첫 단계라고 이해했다.

본 논문은 지면관계상 연구범위를 해방에서 1947년 가을까지로 제한한다. 이 시기에 임시정부를 수립해서 신탁통치를 하자는 미소공위가 결렬되고, 한국문제를 UN으로 이관하였다. 그 후 한국사회는 총선거 체재로 전환되고, 이제는 미소공위가 아니라 UN임시위원회가 활동하게 된다. 이 기간의 이윤영의 활동에 대해서는 별도의 연구가 필요하다고 본다.

이윤영은 자신의 회고록, 『백사 이윤영 회고록』을 남겼다. 이 회고록은 자료에 의해서 집필된 것이 아니라 기억에 의존한 것이기에 상당한 부분 확인이 필요하지만 이윤영의 활동에 대한 개괄적인 모습을 보여 준다. 필자의 이 연구를 위해서 가장 중요한 것은 이윤영에 관한 신문기사이다. 이윤영은 조선민주당, 이북인대회, 민족통일총본부, 임시정부수립대책위원회와 같은 많은 단체에서 활동했기 때문에 여기에 관련된 기사도 상당히 있다. 아울러서 필자는 미국 국립문서보관소에서 이윤영의 월남과 웨드마이어 사절단에 관한 자료를 찾아서 본 연구에 활용하였다.

2. 월남 이전의 이윤영 목사와 서북의 기독교 민족운동

한국 기독교가 일찍이 서북지역에서 뿌리를 내렸다는 사실은 잘 알려져 있다. 원래 만주에 진출해 있던 서북상인들이 복음을 받아들이면서 시작된 서북기독교는 1890년대 초 장로교와 감리교가 평양을 주요 선교대상으로 삼음으로서 본격화되었다. 그러나 처음에 서북지역은 기독교에 대해서 호의적이 아니었다. 하지만 청일전쟁이 지나가면서 평양사람들은 서구문명의 위력을 알게 되었고, 그 결과 한반도에서 기독교를 가장 적극적으로 받아들이는 지역이 되었다.

서북지역의 기독교는 주로 장로교를 중심으로 발전하여 왔다. 평양에는 세계에서 제일 큰 장로교선교부가 자리를 잡고 있었고, 장로교교역자를 양성하는 평양신학교와 한국의 대표적인 기독교고등교육기관인 숭실전문학교가 자리잡고 있었다. 이와 더불어서 평양의 시민운동도 장로교를 중심으로 발전하였다. 그 대표적인 인물이 조만식이었다. 조만식은 평양의 산정현교회의 장로였고, 이곳에는 조만식과 더불어서 김동원, 오윤선과 같은 민족지도자들이 있었다. 이들은 해방 직후 평양사회의 중심적인 인물들이었다.

하지만 장로교 못지않게 감리교도 중요하다. 교세에 있어서 장로교만은 못하지만 평양의 기독교를 설명하는데 있어서 감리교도 매우 중요하다. 특별히 남산현교회는 서북지역의 제일 큰 감리교였을 뿐만이 아니라 이곳을 중심으로 기독교 학교와 병원 등이 자리 잡고 있었다. 남산현교회는 한 때 이윤영 목사가 담임하였고, 박현숙, 홍기주 등 해방 후에 남북한에서 중요하게 활동한 인물들이 이 교회에 출석하였다.

이윤영 목사가 해방 후에 중요한 역할을 할 수 있었던 것은 그가 일제 강점기 민족의식을 갖고 활동했기 때문이다. 이윤영은 1890년 평북 연변에서 태어나 미국 감리교가 세운 숭덕중학교와 평양숭실사범을 수료하고,[7] 서울의 감리교신학교를 졸업하였다. 그는 지역교회에서 목회하면서 운산 광동중학교와 평남 순천 일신보통학교에서 교장을

---

7) 이윤영은 자서전에서 여러 차례(22쪽, 101쪽, 358쪽) 숭실사범을 수료했다고 언급하고 있다. 하지만 숭실대학교의 역사서에 의하면 숭실사범은 존재하지 않는다. (숭실대학교 12년사 편찬위원회, 『민족과 함께한 숭실 120년』, 숭실대학교, 2017 참조) 이 숭실사범이 숭실대학, 혹은 숭실전문학교의 오기인지, 아니면 다른 학교인지는 확실하지 않다.

지냈다. 평남 순천에 있을 때 3·1운동이 일어났고, 이 때 자신의 지역에서 독립운동을 주도하다가 평양 감옥에서 1년 징역을 살았다. 이 때 조만식을 만나게 되었다.

그 뒤 이윤영은 황해도 백천교회에서 목회활동을 계속하였다. 1927년 이윤영은 곧 이어 진남포지역 감리사 겸 신흥리교회 담임으로 활동하였다. 1930년 12월 미감리교회와 남감리교가 연합했는데, 이윤영은 원래 미감리교에 속했던 사람으로 1931년 6월 남감리교의 중심지인 개성지역 감리사 겸 북부교회담임이 되었다. 개성은 남감리교의 중심으로 많은 기독교학교가 있었다.[8] 이후 이윤영은 1934년에 평양지역 감리사로 서북지역 감리교의 대표적인 교회인 평양 남산현교회의 담임이 되었다.[9] 당시 이윤영은 평양 광성중학교를 설립하였고, 평양 정의여고와 요한성경학교, 성림여자성경학교를 설립하고 이사장이 되었다. 이윤영은 당시 서북지역을 대표하는 감리교 목사로서 감리교 총회에서도 적극적으로 활동하였다.

1939년 당시 감리교 감독이었던 김종우가 돌연 사망하면서 같은 해 9월에 감독선거가 있었는데, 이 때 이윤영 목사는 감독에 출마하였다. 1차에서 이윤영은 가장 많은 표를 얻었으나 결국 2/3를 얻지 못하고,

---

8) 당시 이 지역에는 남감리교의 윔스 선교사가 활동하고 있었다(이윤영, 『백사 이윤영 회고록』, 68쪽). 윔스 선교사의 아들 클라렌스 윔스는 미군정의 중요한 인물이었다. 하지만 클라렌스 윔스와 이윤영이 특별한 관계가 있는 지는 밝혀져 있지 않았다. 윔스는 오히려 좌우합작을 지지하는 미군정의 인사였으며, 이윤영은 이승만과 같이 우익의 입장을 지지하고 있었다. 윔스에 관해서는 김동선, "미군정기 미국선교사 2세와 한국정치세력의 형성-윌리엄스(George Zur Williams)와 윔스(Clarence N. Weems Jr.)를 중심으로-,"「한국민족운동사연구」91호, 한국민족운동사학회, 2017 참조.

9) 남산현교회가 평양 기독교와 서북 감리교에서 차지하는 위치에 대해서는 이덕주, "평양 남산현교회의 역사,"「평양지역 감리교의 역사와 한국교회」, 한국기독교역사학회 학술심포지엄 자료집, 2014를 참조할 것.

재투표에서 정춘수 목사가 감독이 되었다. 정춘수는 당시 총독부의 조
일기독교통합운동에 발맞추어 혁신교단이라는 기치를 내걸고 한국의
감리교와 일본의 감리교의 통합운동을 추진하였다. 일본은 이 문제를
본격적으로 다루기 위해서 1940년 일본 요코하마에 있는 가마쿠라에
서 일본인들과 모임을 가졌다. 당시 한국대표는 윤치호, 신흥우, 양주
삼, 이윤영, 유형기, 정춘수, 김영섭이었다. 이 모임에서 한국과 일본의
감리교를 통합하는데 가장 강력하게 반대한 사람이 바로 이윤영이었
다. 결과적으로 이 회의는 실패로 끝나고 말았다.[10]

　이윤영은 결국 일본과 정춘수 감독의 눈 밖에 나게 되었다. 그가 일
본의 시책에 반대했기 때문이다. 총리원은 이윤영에게 남산현교회를
떠나 신의주로 갈 것을 요청하였고, 이윤영은 여기에 불복하였다. 결
국 이윤영은 파송불복이라는 이유로 감리교목사직에서 파면되었다.
결국 그는 남산현교회의 사택을 떠날 수밖에 없었고, 신자들이 마련해
준 집으로 이사해야 했다. 그 뒤 이윤영은 매우 어려운 생활을 할 수
밖에 없었다. 미국으로 귀국하는 문요한 선교사가 도움을 주었으나 그
것이 오래 갈 수는 없었다. 결국 이윤영은 공장의 감독으로 일하기도
하였고, 그의 딸은 일본인회사에서 취직하여 생활비를 보탰다.[11] 이렇
게 해서 이윤영은 일제 말 일본정책에 반대하다가 고난을 받은 감리교
의 대표적인 인사가 된 것이다.

　해방은 이윤영의 삶을 바꾸어 놓았다. 해방이 되자 이윤영의 집에는
사람들이 모여들기 시작하였다. 사람들은 해방을 환영하기 위해서 태
극기를 그리고자 했으나 태극기를 구할 수 없었다. 그래서 이윤영은

---

10) 이윤영, 『백사 이윤영 회고록』, 88~90쪽; 이윤영, "내가 겪은 20세기: 백사 이
　　윤영," 『경향신문』, 1972년 7월 27일.
11) 이윤영, 『백사 이윤영 회고록』, 93~100쪽.

자신의 숭실사범학교의 졸업장에 있던 태극기를 본으로 삼아 태극기를 만들어 대한독립만세를 불렀다.

해방을 맞이하여 평양의 교계는 과거의 잘못을 회개하고, 새롭게 출발하고자 했다. 이런 새 출발을 위하여 평양의 감리교회들은 이윤영 목사를 초청하여 중앙교회에서 5일 동안 부흥집회를 하였다. 이윤영은 여기에서 자신이 서부연회장으로 추대되었다고 말한다.[12]

해방 후 평양의 주인공은 조만식이었다. 조만식은 몇몇 민족주의자들과 함께 평남건국준비위원회를 만들었다. 평남건준은 해방 이후 아직 소련군이 진주하기 전 약 보름 간 평양을 민주적으로 잘 관리하였다. 서울 여운형의 건준과는 달리 조만식의 건준은 임정법통론을 받아들이고 있으며, 여기에는 평양의 기독교인 민족주의자들이 중심이 되고 여기에 한두 명의 공산주의자들이 가담하였다. 평남 건국준비위원회의 핵심인물은 산정현교회와 남산현교회 출신의 신자들이었다. 건준위원들 가운데 산정현교회의 신자는 조만식, 김동원, 오윤선이었고, 남산현교회 출신은 이윤영, 홍기주, 박현숙이었다. 이 외에도 여러 명의 기독교인들이 포진하고 있었다. 이윤영은 평남 건준의 지방부장으로 "지방조직과 지도"를 맡았다.[13] 아마도 교회를 중심으로 기존 조직을 활용하였다고 생각한다. 평남 건준은 해방 직후 혼란스러운 상황을 잘 극복하였다.

8월 26일 소련군은 평양에 진주하였고, 28일 이들은 즉각적으로 건

---

12) 이윤영, 『백사 이윤영 회고록』, 103쪽. 그러나 윤춘병은 서부연회가 정식으로 시작된 것은 1946년 10월이라고 주장한다. 만일 윤춘병의 주장이 옳다면 이윤영이 말하는 서부연회는 정식으로 서부연회를 조직하기 이전의 단계를 말할 것이다. 여기에 대한 논쟁은 한국기독교역사연구소 북한교회사집필위원회, 『북한 교회사』, 한국기독교역사연구소, 1999, 361쪽 각주 45번 참조.

13) 이윤영, 『백사 이윤영 회고록』, 104쪽.

준의 개편에 착수하였다. 소련군은 좌우가 공동으로 정권을 가져야 한
다면서 좌우가 1:1의 구도가 되게 만들었고, 정책적이라고 하여 공산
당원 2명을 추가하였다. 그래서 원래 한 두명에 불과했던 공산당이 이
제 반절이 넘는 수를 갖게 되었다. 사실 이것은 공산당의 전형적인 방
법이다. 그들이 추구하는 것은 프롤레타리아 선취권 확립이다. 다시
말하면 투표에서 자신들이 이길 수 있는 제도적인 장치를 마련하는 일
이다.

　소련군은 그 다음에 조직의 명칭을 바꾸기를 원했다. 소련군은 인민
위원회라는 용어를 사용하기를 원했고, 건준측은 정치위원회라고 하
자고 했다. 결국은 인민정치위원회라는 명칭으로 바꾸었다. 이윤영은
이렇게 설명한다.

> 밤을 세워가며 회의를 하였다. 회의는 명칭부터 정하기로 하고 토론
> 이 시작되었는데, 건준측은 평남정치위원회로, 공산측은 평남인민정
> 치위원회[인민위원회로 하자고 하였다. 서로 주장이 대립되어 강경
> 히 맞서 결국 표결을 하게 되었다. 건준 측에서는 정책적이라하여 위
> 원 멤버에다 공산당원 2인을 넣어 주었기 때문에 투표결과 공산측
> 17, 건준 측 13이었다. 결국 평남인민정치위원회로 되니 회명부터 공
> 산색채로 표시되었다.14)

　평남인민정치위원회의 위원장은 조만식, 부위원장은 공산당 현준혁,
건준측 오윤선이었다. 조만식과 현준혁은 서로 통하는 인물이었다. 하
지만 현준혁이 피살되고 강경파였던 장시우가 부위원장이 되었다. 이

---

14) 이윤영, 『백사 이윤영 회고록』, 107쪽. 공산측이 인민정치위원회로 하자고 했
　　다는 것은 오기인 것 같다. 여기에 대한 자세한 설명은 박명수, 『조만식과 해
　　방 후 한국정치』, 60~62쪽 참조.

렇게 되자 사사건건 좌우가 대립되게 되었다. 결국 오윤선도 사표를 내고 말았다. 오윤선이 사표를 낸 자리에 이윤영이 들어갔다. 이윤영은 이제 조만식과 함께 좌익과 싸우는 인물이 된 것이다. 하지만 대세는 이미 기울어져있었다. 소련군의 배경을 갖고 있는 공산당들은 인민정치위원회를 주도해 나갔다.

이런 상황 가운데 조만식은 새로운 시도를 하였다. 그것은 조선민주당의 창당이다. 원래 조선민주당의 창당은 소련군이 권유했다. 소련군은 공산당만으로는 북한사회를 지배할 수 없다고 생각했다. 당시 북한사회에서 공산당의 세력은 너무나 미미했다. 따라서 조만식으로 하여금 조선민주당을 만들고, 조선민주당을 통하여 북한의 중산층 계급을 장악하려고 한 것이다. 조만식은 이것을 잘 알고 있었고, 또한 한반도의 북쪽에 당을 만든다는 것은 분단을 촉진시킨다고 생각했다. 그래서 소련군의 제안을 거부하였다. 그러나 소련은 김일성을 내세워 조만식을 설득하였다. 처음에는 부정적이던 조만식은 입장을 바꾸어서 민족주의 세력을 결집시키기 위해서 조선민주당을 창당하는 쪽으로 방향을 바꾸었다. 그리하여 1945년 11월 3일 조선민주당이 창당되었다.

조선민주당은 민족주의자들이 중심이 되지만 김일성의 공산당도 여기에 참가하였다. 그리하여 당수엔 조만식, 부당수에는 민족주의 진영에선 이윤영, 공산당 측에서는 최용건이 선출되었다. 이윤영이 조선민주당의 부당수로 선출된 것은 자연스러운 일이다. 왜냐하면 그는 북조선의 중심정치단체인 평남인민정치위원회의 부위원장이었고, 당시 북한 시민사회의 핵심인 기독교, 특히 감리교의 중심인물이었기 때문이다. 하지만 공산당 최용건이 참여한 것에 대해서는 의아해 할 부분이 있다. 이미 위에서 지적했듯 조선민주당은 공산측의 제안으로 시작되었고, 처음에는 김일성이 참여하기로 했지만 마지막에 김일성 대신에 최용건이 참여한 것이다. 이윤영에 의하면 최용건은 투표로 선출된 것이 아니라 소련과의 관계를 위해서 정책적으로 받아들인 것이다.[15] 최용건은 오산학교에서 조만식의 제자였다. 이윤영은 조선민주당은 "민주공화국이라는 깃발아래 공산당과 협력하는 것이 목적"이라고 말했다.[16]

조만식의 조선민주당 창당은 성공적이었다. 당시 북한에는 소련군에 대한 실망이 대단했고, 공산당은 인기가 없었다. 잘 알려져 있듯이 소련은 북한에 와서 갖은 행패를 부렸다. 부녀자들을 농락하고, 시계와 같은 물건을 빼앗아 가고, 식량을 탈취해 갔다. 처음에는 해방군이라고 환영했던 사람들의 민심도 싸늘하게 식어져 갔고, 오히려 소련군의 등장을 알리는 깡통을 집집마다 달아 놓고 경계하였다. 이런 가운데 공산당들은 설치기 시작하였다. 공산당들은 일본에게서 빼앗은 적산물품들을 나누어 주면서 공산당 조직에 가담할 것을 요청하였다.[17] 갑자기 공산당인사로 둔갑한 좌파들은 일반인들 앞에서 오만하게 행동했다.

이런 상황에서 조선민주당의 창당은 북한 사람들의 마음을 잡기에 충분하였다. 조선민주당은 기독교조직을 통해서 확산되었다. 특히 평안도 지역의 기독교조직은 조선민주당을 중요한 대안으로 생각하였다. 조선민주당은 창당한 지 2-3개월 만에 약 50만의 당원을 확보했다고 주장한다. 비록 이 같은 숫자가 다소 과장되었다고 할지라도 당시 북조선의 공산당원 숫자가 4,530명에 불과하다는 사실을 생각하면 조선민주당의 당세는 엄청난 것이라고 말할 수 있다.[18] 이윤영은 조선민

---

15) 이윤영, 『백사 이윤영 회고록』, 114쪽.
16) "Intelligence Summary Nothern Korea(1 December 1945)," p.3.
17) 이윤영, 『백사 이윤영 회고록』, 106쪽.
18) 사와 마사히코, 「해방 후 북한지역의 기독교」, 『해방 후 북한교회사』, 다산글방, 1992, 37쪽.

주당의 확산에 대해서 다음과 같이 설명했다. "당은 욱일승천의 기세로 팔방에 전파되어 조직되었다. 기독교, 상가, 일반인 등 공산당이 아닌 사람들이 대거 입당하였다. 진남포, 겸이포, 사리원, 황주, 영변 등지에서 시당, 군당을 조직하였다. 거의 물끓듯하였다."[19] 이 같은 조선민주당의 성장은 곳곳에서 민주당과 공산당의 마찰로 이어졌다. 특히 평북 영변지역, 황해도 전지역, 그리고 함남 단천지역 등에서 이 같은 대결은 심했다.[20]

이같이 조선민주당이 상승세를 타고 있을 때, 조만식과 조선민주당의 운명을 바꿀 사건이 일어났다. 그것은 1945년 12월 말 소련의 모스크바에서 열린 미국, 영국, 소련 외상회의에서 한국을 5년 동안 신탁통치하기로 결정했다는 것이다. 이 사건은 해방이 곧 독립이라고 생각하던 한국 사람들에게는 엄청난 충격이었다. 그래서 신탁통치 소식을 들은 한국인들은 거의 모두가 반탁을 주장하였다. 이것은 북한의 조만식도 마찬가지였다.

소련은 조만식에게 신탁통치안을 받아들이도록 설득했다. 하지만 조만식은 이윤영과 밤새 논의할 결과 소련군의 제안을 거부해 버렸다. 이들은 신탁통치는 결국 "소련을 주인격"으로 만들 것이며, 조선은 영구히 "공산 노예가 되고 결국은 망할 것이라"는 결론에 도달하여 이 두 사람은 결사반대할 것을 약속하였다.[21] 이것은 조만식의 연금을 가져

---

19) 이윤영, 『백사 이윤영 회고록』, 114~115쪽.
20) 이윤영, 『백사 이윤영 회고록』, 116쪽.
21) 이윤영, 『백사 이윤영 회고록』, 117쪽. 해방 직후 북한의 기독교인들은 처음에는 소련에 대해서 온건한 입장을 가졌지만 북한 주민에 대한 소련군의 만행을 보면서 소련과 공산주의에 대해서 적대감을 가졌다. 한경직도 처음에는 기독교민주사회당을 만들어서 정치를 하려고 했지만 얼마가지 않아서 이것을 포기하고 월남하였다. Soviet Political Activity in Northern Korea (October 1, 1945) 740.00119. Control (Korea) / p.10~145의 첨부 자료 참조.

왔고, 결국에 가서는 조만식과 그의 세력이 조선민주당에서 축출되도록 만들었다. 결국 소련은 조만식을 조선민주당에서 축출시켜 버렸고, 홍기주와 최용건을 중심으로 한 새로운 세력으로 하여금 조선민주당을 주도하도록 한 것이다. 이 새로운 조선민주당은 완전히 조선공산당의 통일전선의 일환으로서 활동했다. 조만식의 연금과 함께 이윤영도 같은 운명에 처하게 되는 것이다. 조만식은 평양의 고려호텔에 연금되었고, 이윤영은 자택에 연금되었다.

3. 이윤영의 월남과 38선 철폐국민대회

해방정국에서 신탁통치는 가장 뜨거운 논쟁점이었다. 이 문제를 다루기 위해서 시작된 모스크바 회의는 먼저 민주적인 임시정부를 만들고, 그 다음에 신탁통치를 하는 것이었다. 따라서 중요한 것은 누가 임시정부를 준비하는 모임에 참여할 것인가 하는 것이었다. 여기에서 주도권을 쥐는 쪽이 앞으로 한반도의 운명을 주도할 것이었다. 미국과 소련은 각각 자신에게 유리한 방향으로 정국을 이끌어 가려고 했다. 소련은 신탁통치를 받아들이는 사람들만 미소공위에 참여시켜 임시정부를 만들어야 한다고 주장했다. 사실 소련은 북한에서는 모든 사람이 신탁을 찬성한다고 주장하였으므로 북한대표는 일사분란하게 소련 측의 입장을 대변할 수 있게 된 것이다. 하지만 여기에 비해서 남한에서는 강력하게 반탁운동이 일어나고 있으므로, 소련 측의 주장에 의하면 이들은 임시정부 준비에 참여할 수 없는 것이다. 여기에서 미국이 제시한 것은 민주주의는 표현의 자유가 있기 때문에 신탁에 반대한다고 해서 미소공위에 참여하지 못하게 하는 것은 정당하지 않다는 것이다.

미국은 표현의 자유를 내세우고 있는 것이다.

이 당시 미군정의 정치고문이 이승만의 친구인 굿펠로우(Preston M. Goodfellow)였다. 그는 북한사회에 신탁통치를 찬성하지 않는 사람이 있다는 것을 알리는 것은 매우 중요하다고 생각했다. 사실 북한에는 조만식과 같은 강력한 반탁주의자들이 있음에도 불구하고 소련은 이것을 숨기고 있었다. 따라서 굿펠로우는 이승만에게 조만식에게 사람을 보내서 반탁의 입장을 서명 받아 오라고 요청하였다. 이승만은 김구와 이 사실을 상의하였고, 자신의 비서이며, 북한 출신 기독교인인 김욱을 북한에 보내서 조만식을 만나게 했다.[22] 김욱은 조만식을 만나서 이승만과 김구의 제안을 전했다. 하지만 조만식은 자신은 연금상태에 있는 사람이기 때문에 자신의 서명을 받는 것보다는 부위원장인 이윤영의 서명을 받는 것이 좋겠다고 말했다. 그래서 김욱은 이윤영을 만났고, 이윤영으로부터 1월 19일자로 된 신탁통치를 반대한다는 서신과 해방 이후 북한의 상황을 기록한 보고서를 받아 가지고 월남하였다.

이윤영은 하지에게 보내는 편지에서 조만식과 자신은 분명하게 신탁통치를 반대한다는 사실을 밝혔다.

> 하-지 중장에게
> 우리들의 연합국에 대한 감사한 뜻은 영원히 불변이다. 또한 우리는 연합국을 신뢰하고 있다. 이곳 민주당과 기독교신도들은 우리들의 영원한 자유를 사랑하고 있다.
> 하지 장군이나 러-취, 아놀드 장군의 방송은 주의하여 듣고 있다. 조선문제가 복되게 해결되기를 민주당과 기독교인들은 금식하며 기도

---

22) 김욱, 『이승만, 김구, 조만식, 그리고 나』, 리앤리 하우스, 2004, 173~284쪽. 이승만은 특별히 기독교인 가운데서 밀사를 찾았는데, 이것은 조만식과 같은 기독교인이라는 공감대를 확인하기 위해서 였던 것 같다.

중에 있다. 그리고 장군 말쌈 중에 각자의 직장을 지키라는 말씀은 그대로 지키고 싶으나 마음대로 지킬 수 없는 것이 유감이다. 나는 속히 장군을 만나볼 영광을 받기를 갈망하고 있다.

그리고 여기서 민주당과 기독교신도들이 신탁통치반대에 대해서 단결하고 있으니 이외의 어떠한 선전일지라도 거짓이라는 것을 알아야 한다. 우리들이 평안남도 인민위원장을 사퇴하게 된 원인은 공산당과 주둔 소련군사령관으로부터 신탁통치를 지지하는 결의를 강요당한 것에 있다. 이 결의짓는 일이 일반백성에게 지대한 영향을 미친다는 것을 아는 고로 결의 짓는 때까지 일할 수 없다는 것이다. 금번 미소사령관 회의에 있어서 38도 이북의 백성의 민의를 정찰할 기회를 얻기를 기다리고 있다. 여기에 대한 우리들의 의사를 자유스럽게 발표하는[할 수 없는] 고통을 유감스럽게 생각하는 바이다.

1946년 1월 19일
민주당 부당수
평양지방 기독서부연합회 회장
이윤영[23]

이 서신에서 이윤영은 먼저 연합군에게 보내는 민주당과 북한 기독교인들의 지지를 표명하고 있으며, 다음으로 민주당과 북한 기독교인들은 분명한 반탁의 입장을 갖고 있기 때문에 거짓 선전에 속지 말아야 하며, 마지막으로 미소공의회가 북한의 민의를 정확하게 파악하여 달라고 부탁한다. 이것은 분명히 북한은 모두 찬탁이라고 하는 소련의 선전에 대한 반박인 것이다.

이윤영은 1946년 1월 19일 하지에게 보내는 반탁결의서와 함께 북한의 상황을 설명하는 보고서를 보냈는데, 그 내용은 다음과 같다.

---

[23] "왜정보다 극심, 서북동포 독립절규," 『대동신문』 1946년 2월 1일. 이윤영, 『백사 이윤영 회고록』, 359쪽의 백사 이윤영연보에 의하면 평양지방 기독서부연합회장이 아니라 대한감리회서부연합장이라고 되어 있다.

북한에서 보내는 보고서
38선 북쪽의 현재 상황

1. 공산주의자들을 제외하고 북한 사람들은 이승만 박사, 임시정부, 그리고 그 주석인 김구 선생에 대한 암묵적인 신뢰와 믿음을 갖고 있다.
2. 이승만 박사와 김구 선생에 대한 공산당의 악선전은 명백하게 공산주의에 대한 역효과를 가져오고 있다.
3. 사람들이 이 박사와 김구 선생에게 큰 믿음을 갖고 있기 때문에 공산당 선전물들은 이 두지도자들을 공격함으로서 사람들의 생각을 혼돈하게 만들려는 목적을 갖고 있다.
4. 북한의 전체 기독교인들은 조선민주당과 협력하고 있다는 사실을 마음속에 새길 필요가 있다. 이것은 왜 내가 조선민주당의 부당수가 되었는가를 설명하는 이유 가운데 하나이다.
5. 나는 북한에 있는 우리 국민들은 이승만 박사의 연설과 라디오 방송의 한 마디 한 마디를 진실된 복음으로 귀를 기울이고 있다는 것을 알리고 싶다.
6. 사람들은 이 박사와 김구 선생이 분명하게 개인적인 야망을 갖고 있지 않다는 것을 알고 있기 때문에 공산당들의 악선전은 정확하게 공산주의자들이 기대하는 것과는 정반대의 결과를 가져온다.
7. 이것은 매우 중요하다. 우리는 적절한 때를 기다리고 있다.
8. 우리는 우리가 외부에서 무력을 통하여 얼마나 많은 공격을 받을지 모르지만 우리의 본래적인 목표와 목적은 결코 변하지 않을 것이라는 사실을 우리의 모든 사람들이 알기를 원한다.
9. 독립된 코리아의 건설을 위하여 조만식 선생과 나는 항상 한 마음이다.

이윤영(사인)
조선민주당 부당수
평양 서북기독교연합회 회장
1946년 1월 19일[24]

김욱으로부터 이 문서를 받아든 이승만은 이것을 언론에 공표하였다. 이윤영의 서신은 남한의 보수신문인『대동신문』2월 1일자에 다음과 같은 설명과 함께 게재되었다.

> 최근 이북의 민정을 전하려 내사(來事)하는 인사가 하루에도 많은 수에 오르는데, 모 임무로 평양에서 입경한 젊은 청년이 전하여 주는 소식은 날로 압박이 극심해 가고 태극기만 들면 망국의 족이라 하고, 애국가를 부르면 어떠한 죄명이라도 부쳐서 감금한다. 대중은 왜정 이상의 압정으로 원한과 비탄으로 지낸다 하고, 그들 동포의 호소를 미군사령관 하지 중장과 이 박사에게 전달해 달라는 부탁을 받고 38도선을 무사히 통과하여 그 원문을 전하였다는데 메시지와 결의문은 다음과 같다.[25]

이 서한은 곧 바로 당시 열리고 있던 미소공위 예비회담에서 북한에 신탁통치를 반대하고 있는 증거로서 제출되었다.[26]

아울러서 이윤영은 기독교와 민주당의 결의문을 전한다. 먼저 평양의 기독교도들은 "1, 우리는 연합국의 원조는 감사히 받는다. 2, 신탁제도는 절대 반대한다. 3, 건국에는 적극적으로 협력한다."고 밝히고 있다. 여기에서 기독교인들은 신탁통치에 대해서는 반대하지만 미군정의 건국방침에는 협조한다는 입장을 밝히고 있는 것이다. 다음으로

---

24) RG 59, Box 78 "Eyewitness Report of 38°", Report No. 6. 그러나『대동신문』, 1946년 2월 1일자에는 위의 내용이 이승만 박사에게 보내는 편지의 형식으로 소개되었다.

25) "왜정보다 극심, 서북동포 독립절규,"『대동신문』, 1946년 2월 1일. 이윤영은 자신의 서한에 대한 기사가 각 신문에 대대적으로 보도되었다고 말하고 있으나(이윤영,『백사 이윤영 회고록』, 121쪽), 필자가 확인한 것은 대동신문 기사뿐이다.

26) 김욱,『이승만, 김구, 그리고 나』, 73~284쪽; 이윤영,『백사 이윤영 회고록』, 121~127쪽.

민주당은 "1, 우리는 조선의 완전독립을 요구한다. 2, 신탁통치는 불찬성이다. 3, 여기에 대한 내용과 정황을 자세히 알기까지는 침묵을 지킨다."고 밝힌다. 이것은 조선민주장의 입장과 일치하는 것이다. 신탁통치는 반대하지만 아직 다른 문제에 대해서는 상황을 더욱 파악해야 한다는 것이다.[27]

2월 1일자로 『대동신문』에 보도된 이윤영의 서한은 북한에도 알려졌다. 이 신문 내용이 평북 정주에 알려지게 되었고, 조선민주낭 간부 임태정이 이것을 알고 이윤영에게 알려 주었고, 당 차원에서 이 문제를 논의하였다. 조만식은 이윤영에게 월남할 것을 권유하였고, 그래서 1946년 2월 7일, 당시 조만식의 월남을 추진하려고 북한에 왔던 반공청년 박갑덕, 김석순과 함께 평양을 떠나 2월 11일 서울에 도착하였고, 부인과 가족은 그 해 4월에 월남하였다.[28]

이윤영이 월남해서 가장 먼저 한 일은 서북청년들과 함께 38선 철폐대회를 개최한 것이었다. 서북청년들을 월남하여 많은 사람들에게 북한실정을 알리고 38선 철폐를 외치게 되었다. 여기에 중심적인 역할을 한 사람들이 문봉제와 채기은이었다. 이들은 이윤영을 위원장으로, 대동신문사장 이종영의 도움을 얻어 3월 5일 성동중학교 교정에서 '38선 철폐요구국민대회'를 열었다. 당시 미국과 소련은 미소공위를 앞두고 있었다. 이런 상황에서 북한에서 월남한 실향민들이 모여서 한국의 민족을 분단시키고, 경제를 파탄시킬 뿐만이 아니라 자주독립을 방해하는 38선 철폐를 요구한 것이다. 이들은 "38 이북의 민족적 양심이 있는 동포 전체의 이름으로 그 의사와 결의를 대표 표명할 필요가 있다는 결론"을 내리게 되었다.[29] 그리고 서울에 와 있는 월남 인사들과 단체

---

27) "왜정보다 극심, 서북동포 독립절규," 『대동신문』, 1946년 2월 1일.

28) "내가 겪은 20세기: 백사 이윤영," 『경향신문』, 1972년 7월 27일.

들은 모두 참석할 것을 독려하였다. 아마도 이 모임은 월남 피란민들이 처음으로 행한 집단적인 정치활동이 될 것이다.

이 대회는 태극기 게양과 애국가 합창으로 시작하였다. 이어서 이윤영은 개회사에서 "38선의 문제를 해결하기 전 우리의 완전 독립은 가망이 없다. 우리는 이 대회를 기점으로 38선 철폐국민운동을 전국적으로 전개하려고 한다."고 선언하였다.[30] 그 뒤 이승만, 김구의 축사를 조소앙이 대독하였고, 이어서 북한의 실정을 보고하는 순서가 있었고 마지막으로 결의문 낭독이 있었다. 결의문은 첫째로 38선은 연합군이 일본군의 무장해제를 위해서 작전상 만들었던 것임으로, 이제 무장해제가 끝난 시점에서 더 이상 존재할 필요가 없다. 따라서 3천만의 이름으로 연합군과 연합군 사령관, 그리고 미소공위에 38선을 철폐하여 달라고 요청하는 것이다. 둘째로는 현재의 북한 상황이 진정한 민의를 무시하고 진정한 지도자를 갖지 못하고 임시인민위원회를 만들어서 조국을 외국에게 팔아먹는 지경에 이르렀다는 것이다. 따라서 "조선의 혈통과 민족적 양심을 가진 3천만 동포의 이름으로 대한민국대표민주의원을 지지한다"는 것이다.[31] 북한에서 월남한 피란민들은 한반도에서 정통성을 가진 기관은 북한의 임시인민위원회가 아니라 남한의 대

---

29) "38선 철폐 요구 국민대회," 『대동신문』, 1946년 3월 4일.

30) "민족의 총의로 38선 철폐를 요구하자," 『동아일보』, 1946년 3월 6일.

31) "민족의 총의로 38선 철폐를 요구하자," 『동아일보』, 1946년 3월 6일. 소련은 미소공위에 대비하기 위하여 2월 8일 북조선임시인민위원회를 만들었고, 미군은 이승만·김구와 협력하여 2월 14일 남조선대표민주의원을 만들었다. 정용욱은 "미군정은 모스크바 결정이후의 상황 변화에 맞추어 민주의원을 새로이 미소공위 협의대표기관으로 자리매김하였다."고 주장하였다. 정용욱, 『해방 전후 미국의 대한정책』, 서울대학교출판부, 2003, 220쪽. 이 단체는 미군정의 자문기관으로 출발하였지만 점점 남조선의 대표적인 민간 대표기관으로 발전시킬 계획이었다. 그러나 이 계획은 소련이 협의의 대상으로 인정하지 않기 때문에 실패로 돌아갔다.

한민국대표민주의원이라고 선언한 것이다.

이 국민대회는 대성황을 이루었다. 약 2만 명이 참석한 이 대회는 북한의 실정과 조만식 연금 사실을 알리며 대회를 마친 다음에는 종로에서 광화문, 서대문, 서울역, 남대문을 도는 대대적인 시가행진을 하였다. 특별히 이들은 "때려라! 부셔라! 삼팔선!, 때려라! 부셔라! 공산당!"을 외치면서 소련대사관 앞에 가서 강력하게 북한의 학정에 대해서 항의하였다.[32] 이것은 곧 열리게 되는 미소공위를 향하여 38선의 철폐를 강력하게 요구하는 것이다.

미군정은 이런 국민대회의 요구에 대하여 일각에서 38선이 얄타회담에서 결정되었다는 일각의 의혹을 부정하고, 38선은 군사적 목적으로 만들어졌다는 입장을 재확인하는 한편 이북인들의 주장처럼 이제 일본군의 무장해제가 이루어졌으므로 38선은 당연히 폐지되어야 하며 곧 열릴 미소공위에서 이 문제가 해결되기를 원한다는 성명을 발표하였다.[33] 일련의 이런 집회를 통하여 이윤영은 남한사회에서 북한 피란민과 기독교인을 대표하는 인물로 부각되었다.

4. 제1차 미소공동위원회와 조선민주당의 이전

1946년 봄 한반도에서 가장 중요한 일은 미소공위 참석 자격을 둘러싼 논쟁이었을 것이다. 모스크바 결정의 제 1단계는 미소공위가 정당

---

[32] 문봉제, "삼팔선철폐요구국민대회,"「북한」6, 1972년, 280~283쪽.
[33] "조선의 38선은 완전히 군사적 목적,"『대동신문』, 1946년 3월 7일. 미국은 1946년 1월 열린 미소공위 임시 위원회에서 이미 일본군의 무장해제가 이루어졌으므로 38선은 철폐되어야 한다고 주장하였다.

및 사회단체들을 초청하여 민주적 임시정부를 만드는 것이었다. 따라서 미군과 소련군은 각각 남북한에서 각 정당대표와 사회단체를 초청하였다. 조만식과 조선민주당에 있어서 가장 중요한 것은 이 모임에 참여할 수 있는가 없는가 하는 것이다. 만일 조만식이 이 모임에 참여할 수 있으면 그는 앞으로 새로운 정부의 중요 멤버가 될 수 있는 것이며, 그렇지 못하면 정계의 무대에서 사라지게 될 것이다. 이것은 미군정에도 중요한 것이다. 만일 조만식이 북한을 대표해서 미소공위에 참여할 수 있으면 조만식은 북한사회를 대표하여 공산당과는 다른 목소리를 낼 수 있고, 따라서 정국은 새로운 국면으로 들어갈 수 있을 것이다.

조만식과 조선민주당은 모스크바 결정의 임시정부 수립과 신탁통치 문제를 분리해서 생각하였다. 신탁통치 문제가 가장 극렬하게 부상하던 1946년 1월 조만식은 하지에게 밀사를 보내서 여기에 대한 조언을 부탁하였다. 하지는 임시정부를 위한 협의에는 찬성하지만 신탁통치 문제에 대해서는 침묵하라는 조언을 하였다. 조만식은 이 노선을 따랐다.[34] 이런 점에서 조선민주당은 이 문제에 대해서 이승만 보다는 한민당이나 김규식과 비슷한 입장을 갖고 있는 것이다.

여기에서 일차적으로 문제가 되는 것은 소련이 신탁통치를 반대하는 정당 및 단체는 미소공위에 참가할 수 없다고 주장하는 것이다. 미국은 여기에 대해서 민주주의의 원칙인 표현의 자유를 주장하였다. 여기에서 소련이 정의하는 민주주의와 미국이 주장하는 민주주의는 다르다. 소련이 주장하는 "진정한 민주주의"는 공산주의이며, 따라서 공산주의가 주도하는 정책을 반대하는 세력은 친일·반동으로 몰아 반

---

[34] 여기에 대한 자세한 논의는 박명수, 『조만식과 해방 후 한국정치』 참조.

혁명분자, 혹은 빈민주주의자로 낙인을 찍는 것이지만 미국이 주장하는 민주주의란 개인의 자유와 표현의 자유를 소중하게 생각하는 것이다. 여기에서 미소간의 첨예한 갈등이 일어났다.[35]

하지는 이 문제를 풀기 위하여 4월 17일 소위 5호 공동성명을 발표하였는데, 그 내용은 미소공위에 참여하기를 원하는 정당이나 단체는 모스크바결정의 목적을 지지하고 이를 실현하기 위하여 협력한다는 서약을 해야 한다고 되어 있다. 하지만 여기에는 신탁통치문제는 빠져 있다. 여기에 대해서 민족주의 세력들은 다 찬성을 하였다. 조선민주당의 입장은 처음부터 신탁통치는 반대하지만 임시정부 수립에는 찬성한다는 것이었다. 다시 말하면 임시정부 수립문제와 신탁통치를 분리해서 다루는 것이다. 이렇게 함으로써 조선민주당은 조만식을 연금상태에서 해방시켜서 다시 정계무대에 복귀시키기를 원했던 것이다.

1947년 4월 27일 미소공위는 본격적으로 미소공위에 참가할 수 있는 정당 및 단체를 심사하기 시작하였다. 여기에서 미군측은 소련 측에서 제시하는 명단을 보고, 두 가지를 크게 지적하였다. 하나는 조선민주당의 대표인 조만식이 왜 명단에 없는가 하는 점이고, 다른 하나는 북한의 가장 큰 종교단체인 기독교가 여기에 왜 참여하지 않는가 하는 점이다.[36] 사실 미국 측은 이 점을 분명하게 인식하고 있었다. 미 국무성은 이미 4월 23일자로 세계 주요 외교관에게 보내는 지령에 "좌익 정당들을 제외한 소련지역의 모든 세력들이 배재되었거나 억압당하고

---

[35] 이미 1946년 1월 주소(駐蘇) 미국대리대사 케넌은 미 국무장관에게 소련이 말하는 민주단체에는 이승만과 김구의 단체들을 제외시킨 것이라는 입장을 밝히고 있다. "주소 대리대사(케넌)가 국무장관에게(모스크바, 1946년 1월 25일)" : 미국무성, 김국태(역), 『해방 3년과 미국 I』, 204~205쪽.

[36] Minutes of Meeting of Subcommission # 1, 27 April 1946; 정용욱·이길상(편), 『해방 전후의 미국 대한정책사 자료집 9』, 다락방, 1995, 358~366쪽.

있다는 점"을 부각시켜야 한다고 지적하고 있다.[37] 다시 말하면 미군
정은 소련점령지역의 우익세력이 미소공위에 참가하지 못하고 있다는
점을 부각시키면서 협상의 조건을 유리하게 만들기를 원했던 것 같다.
하지만 소련 측은 조만식은 이미 조선민주당의 당수직을 사임했기 때
문에 정당대표가 될 수 없다는 것이다. 미국측은 여기에 대해서 당수
직 사임이 정당한 절차를 거치지 않았기 때문에 무효라고 주장했지만
소련은 이것을 받아들이지 않았다.[38]

이 같은 상황에서 조선민주당의 남한 이전이 이루어진 것이다. 사실
조만식의 신탁통치 반대 이후 조선민주당의 주요인사들은 박해를 받
게 되었고, 결국 조만식을 제외한 중요한 인물들이 1월에서 3월 사이
에서 거의 다 월남하였다. 여기에는 창당을 준비했지만 창당이전에 월
남한 한근조와 그 후 1946년 1월 이후 이종현, 이윤영, 김병연, 박현숙
등 중요인사들이 포함되어 있었다. 따라서 이들은 조선민주당의 이전
을 논의하였고, 평양에서 메리야스 공장을 하던 오경숙의 배려로 종로
구 내수동에서 조그만 사무실을 마련하였다.[39] 그러던 차에 조만식이
북한대표로 미소공위에 참여할 수 있는 가능성이 희박하여지자 조선
민주당을 남한으로 이전하여 조만식을 대표로 만들어 미소공위에 참
여시키려고 한 것이다. 그리하여 4월 25일 남조선당국에 정당등록을
하였다. 조만식이 당수이고, 이윤영은 부당수였다.[40] 삼일 후 한민당

---

37) "국무장관 대리가 특정외교관들에게(워싱턴, 1946년 4월 23일)" : 김국태(역),
『해방 3년과 미국 I』, 255쪽.

38) Minute of Meeting of Subcommission # 1, 1 May 1946; 정용욱·이길상(편),『해
방 전후의 미국 대한정책사 자료집 9』, 366~368쪽. 여기에 대한 자세한 논의
는 박명수,『조만식과 해방이후 한국정치』, 216~219쪽 참조.

39) 김내영,『조국을 구원할 자는 오직 너와 나로다: 애국지사 김병연의 삶』, 쿰란
출판사, 2011, 218쪽. 오경숙은 평양에서 조만식과 함께 물산장려운동을 했던
재력가로서 해방 이전에 월남하여 서울에 거주하였다.

3층에 조선민주당 사무실을 마련하고 사무를 시작하였다.[41]

이윤영은 담화문에서 자신의 입장을 이렇게 밝히고 있다. 조선민주당은 "서북조선의 유일한 민족주의 정당"으로서 북조선 민중의 절대적인 지지를 받았지만 모스크바 삼상회의 결정사항인 신탁통치를 민족적인 양심으로 받아들일 수 없었으며, 이것으로 소련의 박해를 받게 되었다. 하지만 본래 조선민주당은 북한만을 대상으로 하는 정당이 아니라 적당한 시기에 서울로 이전할 기회를 찾고 있었으며, 자신들을 둘러싼 객관적인 정세가 서울에 본부를 이전하도록 만들었다. 조선민주당은 민족의 통일과 자주독립을 위하여 서북조선의 진정한 민의를 가지고 민주의원을 비롯하여 여러 단체와 우호적으로 협력하고자 하였으며, 비록 신탁통치는 반대하지만 임시정부, 혹은 과도정부 수립을 추진하는 하지의 5호 명령을 지지하고 있었다. 그리고 "지난 27일 하지 중장의 성명에 더욱 명확하게 된 바 신탁과는 무관한 조선에 민주주의적 과도정부 수립을 위하여 성의있게 도우려고 회의를 계속하고 있는

---

40) 실제적으로 이윤영이 조선민주당에서 어느 정도의 영향력을 가졌는가는 알 수 없다. 하지만 이승만은 이윤영을 조만식의 대리인으로 생각했고, 그런 이유로 한민당의 김성수를 양보시켜 종로에서 국회의원에 출마하여 당선시켰고, 더 나아가서 국무총리 후보로 추천하였다. 여기에 대한 자세한 내용은 박명수, 『조만식과 해방 후 한국정치』, 289~302쪽.

41) "조선민주당 부당수 이윤영, 동당의 서울이전에 관해 담화발표,"「동아일보」 1946년 4월 30일. 조선민주당의 창당목적은 북한의 우익활동을 돕기 위한 것이었다. 미군정은 월남한 조선민주당 인사들은 당분간 남한의 정치에 대해서 관여하지 않을 것이라고 말하고 있다. 이들은 남한의 각 정당에 속하기 보다는 오히려 서울에 본부를 만들어서 북한의 우익들을 도와 북한의 민주화와 통일을 꾀하기를 원했다. 이들은 여러 통로를 통해서 북한의 조만식과 직접 연락을 하고 있으며, 아마도 이런 이유에서 여전히 조만식을 조선민주당의 당수로 모시고 있었던 것 같다. 미군정은 조만식이야말로 북한에서 공산정권에 대한 우익의 레지스탕스의 매우 중요한 심볼이라고 평가하고 있다(G-2 Weekly Summary # 33(May 1, 1946)).

미소공동위원회에 감사한다."[42]고 하였다.

5월 1일 미국 측은 다시금 소련에게 조만식 문제를 제기하였다. 미국은 조만식은 남한에서 조선민주당의 대표로 등록되었으며, 따라서 남한에서 조선민주당의 대표로서 임시정부설립을 위한 대표로서 받아들여질 수 있는가를 물었다. 여기에 대해서 소련은 조만식은 현재 북한에 있으며, 남한의 조선민주당은 정당한 정당이 아니라 정치적인 계략일 뿐이라고 답했다.[43] 우리는 여기에서 이윤영과 미군 당국은 조만식의 정치적인 재개를 위하여 노력하고 있음을 알 수 있다.

그러나 그럼에도 불구하고 미소공위는 결렬되었다. 그것은 제5호 성명에 대한 하지의 해석에 소련 측이 이의를 달았기 때문이다. 소련 측은 5호 성명은 모스크바 결의문의 핵심인 신탁통치가 포함되어야 하며, 5호 성명에 대한 서명은 이것을 포함해야 한다고 주장했기 때문이다. 다시 말하면 소련은 5호 성명의 서약에 신탁통치 찬성의사가 들어가 있지 않으면 그것은 무효라는 것이다. 이런 입장을 민족주의자들이 받아들일 수 없었다.

이렇게 미소공위의 정당 및 사회단체 참여를 둘러싸고 미소간의 의견 차이가 좁혀지지 않자 미국은 위의 문제는 뒤로 하고, 38선 철폐문제를 제기하였다. 미국 측은 원래부터 소련에 남북이 중앙집권화된 하나의 민간행정부를 가져야 하고, 그러기 위해서는 38선을 철폐해야 한

---

[42] "조선민주당 부당수 이윤영, 동당의 서울이전에 관해 담화발표,"『동아일보』, 1946년 4월 30일. 그러나 실제로 조선민주당이 서약서에 서약을 한 것은 1946년 5월 3일이며, 당수는 조만식, 대표자는 부당수 이윤영으로 되어 있다. 선언선 전문은 우남이승만문서편찬위원회(편),『이화장소장 우남이승만문서 동문편 제14권 - 건국기 문서 2』, 중앙일보사 연세대학교현대한국학연구소, 1998, 433쪽에 수록되어 있다.

[43] Minutes of Meeting of Subcommission # 1(1 May 1946); 정용욱·이길상(편),『해방 전후의 미국 대한정책사 자료집 9』, 380~381쪽.

다고 주장하였다.[44] 여기에 대해서 소련 측은 논의를 거절하였다.[45] 이렇게 되자 미국 측은 더 이상 소련과 상의할 의제가 없기 때문에 무기휴회로 들어가자고 제안했다. 결국 미소공위는 5월 10일 무기휴회로 들어가고 소련 측 대표는 평양으로 돌아갔다.

미소공위의 실패는 조선민주당으로서는 매우 실망스러운 일이었다. 왜냐하면 미소공위가 열려야 38선 철폐를 포함한 통일문제가 논의될 것이며, 통일에 대한 희망을 가질 수 있기 때문이다. 그리하여 이윤영은 조선민주당 부당수로서 "미소공동위원회의 무기휴회상태에 대하여 민중의 소리는 크고, 더욱 북조선에서는 이를 거의 실망시하여 남천(南遷)할 생각뿐이라 하니 이 어떤 역사적 비극인가? 연합국은 조선독립의 역사적 역할을 유종의 미로 시급히 노력하여 주기를 바란다."[46]며 미소공위에 대한 희망을 피력하였다. 조선민주당이 남한의 다른 우익정당보다 더욱 미소공위에 대해서 기대할 수밖에 없는 상황이었다. 북한사람들에게 미소공위의 실패는 통일의 희망을 사라지게 하는 것이며, 따라서 많은 사람들이 월남하고 있으므로, 이런 일이 발생하지 않게 하기 위해서 미소공위가 노력을 해달라는 것이다.

---

44) 일본이 패망한 다음 최초로 미 국무성이 일본 맥아더 사령부에게 보낸 지침은 다음과 같다. "국무성으로서는 민간행정업무가 일본군의 항복이 종료된 후에 현실적이 되며, 그 때 까지는 민간행정업무는 통합되어야 하고, 그러므로 한국이 하나의 중앙집권화된 행정구역이 될 것이라고 믿는다."("합동참모부에 보내는 비망록 초안", SWNCC 176 시리즈, 워싱톤 일자 미상, 42~43쪽; 미국 국무성, 김국태 역 『해방 3년과 미국 I: 미국의 대한 정책』, 돌베게, 1984, 43쪽. 여기에 대해서는 박명수, "'중앙집권화된 행정부'와 한반도의 분단 - 해방 전후 미국의 대한정책에 대한 재고찰," 「역사와 실학」 62호(2017년) 참조.

45) "38선 철폐 소련 거부," 『대동신문』, 1946년 5월 10일.

46) "조선민주당 부당수 이윤영, 미소공위 부기휴회 정판사 사건 등에 대해 담화," 『동아일보』, 1946년 6월 8일.

1946년 5월 제1차 미소공의회가 실패로 돌아갔고, 결국은 기대했던 임시정부 구성과 38선 철폐도 이루어지지 못했다. 여기에 대한 사람들의 분노는 대단했다. 제 1차 미소공위에서 소련은 반탁운동을 한 인사들을 임시정부에서 배재하려고 했고,[47] 여기에 미국은 표현의 자유를 내세워 여기에 반대했다. 1946년 4월 미군정의 여론조사에 의하면 77%의 사람들은 반탁운동가들을 배제하려는 소련의 주장에 반대했고, 제 1차 미소공위 결렬 후에는 69%의 사람들이 미소공위 실패의 책임은 소련에 있다고 보았다.[48] 따라서 1946년 5월 12일 대한독립촉성국민회를 중심으로 서울운동장에서 독립전취국민대회를 개최하였다. 이 대회는 즉각적인 독립, 38선의 철폐, 자율적인 정부수립을 주장하였다. 이 대회는 서울운동장이 부족할 정도로 많은 사람들이 운집하였다.[49]

---

[47] 일부 학자들은 미군도 1945년 11월 랭던 구상을 통해서 이승만과 김구로 하여금 통합고문회의를 만들고, 이후 명목상의 한국행정부를 설치하며, 38선이 철폐된다면 북한까지 이 조치를 확대해 나간다는 계획을 가지고 있었기 때문에 임시정부 구성에 있어서 미군도 우익중심의 배타적인 태도를 갖고 있지 않았는가 의심하는 것 같다. (참조, General of the Army Douglas MacArthur to the Chief of Staff (Marshall) (Tokyo, 5 November, 1945). 하지만 1945년 11월 초 이승만은 조만식에게 편지를 보내서 이승만, 김구, 조만식, 김일성 네 사람으로 구성된 중앙정부 수립을 준비하자고 제안했다. 조만식은 이 사실을 김일성에게 말했으나 김일성은 이것을 거절하였다. 여기에 대한 자세한 내용은 전현수, "소련군의 북한진주와 대북한 정책,"『한국독립운동사연구』9, 1995, 363쪽 참조.

[48] "Public reaction to the communique #5 issued by the Joint Soviet-American Commission" (20 April 1946), "Reaction to the news of the adjournment of the joint commission" (14 May 1946);『미군정기 정보자료집 2』, 425~426쪽, 423~433쪽.

[49] 참가인원에 대해서『동아일보』는 10만, 미군정 보고서는 35,000~50,000명으로 보고하고 있으며, 집회는 대성공이라고 평가하였다(『동아일보』, 1946년 5월 12일자; G-2 Weekly Summary # 35(May 15, 1946)). 이 독립전취국민대회에 적극적으로 참여하여 활동한 사람이 바로 김규식과 강원용이다. 김규식은 이 대회에서 연설을 하였고, 강원용은 기독교청년연합회를 대표하여 독립전취에 대한 의사표시를 하였다.

여기에 이윤영을 중심으로 하는 조선민주당도 참여하였다.

이 대회의 하이라이트는 조선민주당의 백남홍과 흥남비료회사 최고위원인 유철의 북한실정 보고였다. 백남홍은 북한에서 진행되는 종교와 언론의 자유에 대한 박해를 설명했고, 유철은 북한에서 학생들의 반소운동과 소련군의 물자 약탈에 대해서 설명했다.[50] 이 같은 북한실정보고는 수많은 참석자들을 격분하게 만들었고, 그 결과 대회 후에 소련대사관, 공산당본부, 좌익신문들을 찾아가서 강력하게 항의하게 만들었다. 이 같은 집회를 통해서 월남민들은 남한의 우익 세력의 중심으로 부상하게 되는 것이다.

독립촉성국민회의와는 별도로 같은 달 5월 21일에는 38선 철폐를 위한 서북인대회가 열렸다. 이 대회는 당시 조선일보사장인 방응모를 의장으로 진행되었는데, 이 모임에는 5월 14일 월남한 김태성의 연설이 있었다. 김태성은 5월 1일 평양에서 대규모의 메이데이 행사가 시작되었는데 앞에서 "북조선인민위원회 만세," "김일성만세"를 선창함에도 불구하고 뒤 따르던 학생들은 아무런 반응이 없다가 누군가가 대한독립만세를 부르자 태극기를 흔들면서 천지를 진동시켰다고 한다.[51] 이 당시 월남민들의 북한실정보고대회는 가장 강력한 반소·반공운동이었을 것이다.

5. 이승만과 이윤영: 민족통일총본부의 활동

월남한 이윤영에게 제일 먼저 손을 내민 사람은 33인 중 한 사람이

---

50) "파멸의 위기, 끊어라 교수의 38선," 『동아일보』, 1946년 5월 13일.
51) "우리의 혈맥 막는 자 누구?," 『동아일보』, 1946년 5월 22일.

며, 감리교목사였단 오하영이었다. 이윤영이 월남했다는 소식을 듣고 같은 감리교목사인 오하영이 찾아 온 것이다. 당시 오하영은 1946년 2월 만들어진 독립촉성국민회의의 부위원장으로 이 단체를 실질적으로 운영하고 있었다.[52] 오하영은 이윤영에게 독립촉성국민회의 사무총장 직을 맡아 달라고 요청하였다. 하지만 이윤영은 남한의 정세도 잘 알지 못하거니와 독촉국민회에 대해서도 잘 파악하지 못하였으므로 거부하였다. 그 후에도 오하영은 여러 차례 참여를 권면하였지만 이윤영은 거절하였다.[53]

우리가 앞에서 살펴 본 것과 같이 이윤영의 월남은 이승만과 깊은 관계가 있다. 뿐만 아니라 이승만은 북한에서도 영향력이 있었다. 조만식도 종종 남한에서 들려오는 이승만의 방송을 들었다.[54] 이윤영은 월남하면서 앞으로의 일을 조만식과 상의하였다. 조만식은 이윤영에게 "남국으로 가면 누구보다도 최대의 애국자이신 이승만 박사와 굳게 손잡으시오."라고 말했다.[55] 이윤영은 월남해서 김욱을 데리고 이승만

---

52) 이은선, "대한독립촉성국민회와 기독교," 서울신학대학교 현대기독교역사연구소(편) 『해방공간과 기독교』, 선인, 2017, 169~175쪽.

53) 이윤영, 『백사 이윤영 회고록』, 128쪽.

54) 조만식의 생질인 김신옥(대전 대성학교 이사장)에 의하면 그가 북한을 탈출하기 전 조만식을 만났는데 그는 김신옥에게 이승만의 방송연설이 있으니 듣고 가라고 했다고 한다(김신옥, 『행함으로 믿음을 온전하게 하라』, 도서출판 대장간, 2010, 119쪽.)

55) 조영암, 『고당 조만식』, 정치신문사, 1953, 71~72쪽. 월남인들 가운데 흥사단 출신이 많이 있고, 이들 가운데 반이승만로선을 걸었던 사람들이 많이 있었다. 그 가운데 대표적인 인물이 최능진이었다. 그러나 동시에 조만식의 측근 가운데 백현숙, 이종현등은 친 이승만 계열로서 활동하였다. 김병연의 경우 흥사단 활동을 계속했는데도 불구하고, 이윤영의 천거로 초대 내각의 총무처 장이 되었다. 따라서 월남인들의 정치성향은 매우 복잡했다고 보여진다. 흥사단 계열이었던 김동원의 경우 이윤영이 1950년 부통령으로 출마했을 때 가장 강력하게 반대했다. 이윤영, 『백사 이윤영 회고록』, 157쪽.

을 만났다. 이윤영은 "수차 논의한 끝에 나는 이 박사를 적극 보조하기
로 하였다."고 기록하고 있다. 이윤영은 이승만에게 개인적으로 보낸
밀서를 왜 신문에 발표하게 했느냐고 물었다. 여기에 대해서 이승만은
"그만한 글을 보내는 사람이면 생명을 내놓고 했을 것이라고 생각하였
다."고 대답하였다.56) 필자의 판단으로는 이윤영과 이승만은 이 같은
인연으로 인하여 깊은 동지 관계로 발달하였다고 생각한다. 물론 이것
은 상호대등한 관계를 의미하는 것은 아니다. 이윤영은 이승만의 정치
노선을 충실히 따랐다.

　제1차 미소공위의 실패 후에 독립촉성국민회의를 중심으로 많은 우
익단체들이 모여서 자주독립과 38선 철폐를 위한 독립전취국민대회를
열다 보니 이런 단체들을 연합할 필요가 생겼다. 그 후에도 이 단체들
은 연합하여 박헌영을 중심으로 하는 공산당의 위폐사건에 공동으로
대처하였다. 이런 활동을 위해서 1946년 6월 초에 이승만과 김구 두 지
도자의 허락을 받아 전국애국단체연합위원회를 구성하였다.57)

　이윤영은 해방정국을 국민대회전성시대라고 불렀다. 아마도 서울운
동장에서 열린 38선 철폐대회 후에 이윤영은 직간접으로 많은 국민대
회에 참여하여 활동한 것 같다. 특별히 이윤영은 북한 월남인들을 대
표하는 위치에 있기 때문에 이들과 함께 각종단체를 만들고 국민대회
에 참여했으며, 아울러서 이북 출신 여러 단체들의 연합체인 이북애국
단체연합회의 회장으로 추대되었다.58)

　6월 3일 이승만은 유명한 정읍발언을 하였다. 정읍발언의 핵심은 미
소공위가 무기휴회로 들어갔기 때문에 남한만이라도 "임시정부, 혹은

---

56) 이윤영, 『백사 이윤영 회고록』, 126~127쪽.
57) "독립전취에 총 궐기," 『동아일보』, 1946년 6월 2일.
58) 이윤영, 『백사 이윤영 회고록』, 130쪽.

위원회" 같은 것을 세워야 한다는 것과 이것이 민족통일을 위한 것으
로 발전해야 하기 때문에 민족통일기관을 만들어야 한다는 것이다.[59]
사실 여기에서 이승만은 단독정부라는 말을 사용하지 않고, 오히려 통
일에 대해서 더 강조했다. 하지만 좌익에서는 이 말이 단독정부를 의
미하는 것이라고 해석하고 이승만에 대해서 강력하게 비난했다.

여기에 대해서 조선민주당의 이윤영은 38선 철폐와 자율적 임시정
부를 추구해 온 이승만을 좌익이 의도적으로 왜곡해서 "통일을 분열시
키느니, 정권 야망으로 북조선을 떼어 버리고 남조선단독정부를 수립
하느니 하고 악선전"을 하고 있다고 하면서 "공위재개의 소망이 끊어
진다면 우리 손으로 무슨 조직체라도 있어야 한다는 것을 하필 남조선
단독정부라고 할 필요가 있는가?"라고 좌익을 비판하고 있다. 그러면
서 좌익은 현재 북조선에 만들어진 임시인민위원회에 대해서는 찬성
하고 있는가를 묻고, 이들은 지난 5월 19일 각도군면대회를 열고 앞으
로 만들어진 임시정부에는 이승만 박사와 김구 선생을 제외하자고 결
의했는데, 이런 행동은 바로 무엇인가 하는 것이다.[60]

이승만은 오래 전부터 민족의 통일을 주관할 단체를 만들기를 원했
다. 그리고 그 결실이 6월 29일 민족통일총본부였다. 원래 이승만은
독립촉성국민회의의 총재로 추대되었지만 취임을 승락하지 않았다.
이승만은 이름뿐인 총재는 원하지 않았다. 따라서 자신이 총재로 취임
하면 실질적으로 독촉국민회의를 이끌기를 원했고, 이것을 위해서 민
족통일총본부를 만든 것이었다. 독촉국민회의가 여러 세력들의 연합
체라면 민족통일총본부는 이승만의 민족 통일 운동을 총지휘하는 이
승만의 친위부대였다. 이윤영은 여기에 가담하였다.

---

59) "이승만, 남조선 단정설에 관해 기자회견," 『서울신문』, 1946년 6월 6일.
60) "저열천박한 선동음모," 『대동신문』, 1946년 6월 8일.

하지만 민족통일총본부는 독촉국민회를 포함해서 이승만을 지지하
는 우익의 연합단체의 성격도 갖고 있다. 또한 민족통일총본부가 만들
어지자 7월 15일 전국 애국단체 총연합회에서 먼저 민족통일총본부와
함께 행동할 것을 선언하였다.[61] 이와 함께 대한독립노동총연맹, 한국
농민총연맹, 독립촉성애국부인회, 대한독립촉성전국청년총연맹 등이
가담해 있다. 다시 말하면 민족통일총본부는 일반 대중조직인 독촉국
민회와 노동자, 농민, 부인, 청년으로 조직된 각종 우익단체들의 총 지
휘본부였던 것이다.[62] 이승만은 독촉국민회를 조직적으로 장악하지
못한 상황에서 자신에게 충성하는 방계 우익세력을 민족통일총본부에
참여시킴으로서 한편으로는 독촉국민회를 견제하고, 다른 한편으로는
독촉국민회에서 자신들의 세력을 강화시켰던 것 같다.

이 단체의 총재는 이승만, 부총재는 김구, 그리고 이윤영은 김병로,
김상덕과 함께 정경부에 속했다.[63] 정경부는 민족통일총본부의 핵심
부서였다. 8월 조직개편에는 이윤영은 단독으로 정경부장이 되었고,
서북청년회의 문봉제는 정경부원으로 민족통일총본부에서 이윤영을
도왔다. 이윤영이 이렇게 이승만의 측근으로서 활동하게 된 데에는 서
북청년회의 도움이 절대적이었고, 이윤영은 이제 이승만의 최 측근으
로서 건국운동의 중심에 서게 되었다. 또한 북한에서 이윤영과 함께
활동했던 박현숙도 부녀부장이 되었다.[64] 이윤영은 자신의 자서전에

---

61) "전국 애국단체 대표자대회," 『동아일보』, 1946년 7월 19일. 원래 애국단체대
   표자대회는 민통과 통합하고 단체를 해산한다고 했으나 해산하지 않고 계속
   민통과 협력하면서 활동하였다.
62) 신복룡(편), 『한국분단사자료집 VI』, 서울: 원주문화사, 1991, 282~283쪽. 위의
   각 정당에 관한 개괄적인 내용은 위의 책의 해당항목을 참조.
63) "이승만, 민족통일총본부 설치 발표," 『서울신문』, 1946년 6월 30일.
64) 이윤영, 『백사 이윤영의 회고록』, 130쪽; 이상훈, "해방 후 대한독립촉성국민
   회의 국가건설운동," 「학림」 30호, 연세대학교 사학연구회, 2009, 31쪽.

서 민족통일총본부의 정경부장 겸 상임위원이라고 소개하고 있는데, 상임위원이란 이 단체를 총괄하는 위치가 아닌가 생각한다.[65]

이윤영은 민족통일총본부에 대해서 이렇게 말하고 있다. "한편 이 박사에 의해서 한국민족의 중심 세력체를 형성하기 위하여 조직된 단체로 해방 직후 많은 역할을 하며 건국에 이바지한 단체가 바로 민족통일총본부이다. ― 동 사무실은 창덕궁 앞 국악원 건물을 전체로 사용하여 각부별로 사무실을 배정하고, 매일 최고위원들이 회의를 하였다. 그 때 그 때 일어나는 문제에 대하여 의론하여 처리하였다. 이승만 박사도 거의 출석하였다."[66] 이 때부터 이윤영은 조선민주당 당무와 함께 민족통일총본부에 매일 출근하였다. "매일같이 민통본부 사무실을 거쳐 조선민주당 사무실에 출근하였다. 즉 창덕궁으로 갔다가 태평로 동아일보사 1층으로 도보로 출근한 것이다. 엄동이나 지리한 장마에도 거의 개근이었다. 회고건대, 그 때의 성의와 그 열은 자찬해도 좋다고 생각한다."[67]

독촉의 조직 개편 후 8·15 광복절을 맞이했는데, 이승만은 민족통일총본부를 통하여 민족통일과 자주독립에 대한 성명을 발표했다. 그리고 이것을 위해서 일치단결이 중요하다는 것을 강조하며, 이것이 이루어질 때 자주독립과 38선 철폐가 이루어질 것이라고 주장하였다.[68] 하지만 일반대중들은 이승만으로부터 보다 분명한 메시지를 듣기를 원했다. 이승만은 8월 19일 여기에 대해서 성명을 발표하고, 현재는 정부를 수립하는 일보다 통일을 이룩하는 일이 먼저라고 주장하였다.[69]

---

65) 이윤영, 『백사 이윤영의 회고록』, 359쪽.

66) 이윤영, 『백사 이윤영 회고록』, 130~131쪽.

67) 이윤영, 『백사 이윤영 회고록』, 131~132쪽.

68) "민족통일총본부, 민족통일과 자주독립에 관한 성명서 발표," 『조선일보』, 1946년 8월 15일.

그리고 8월 29일 이승만은 애국단체협의회와 국치 기념국민대회를 열고 다시금 자신의 입장을 밝혔다. "나는 아무것도 바라는 것이 없다. 오직 자나 깨나 민족의 통일뿐이다."고 주장했다.[70]

이같이 민족통일총본부에서 애국단체협의회와 함께 국치기념국민대회를 열고 있을 때, 신익희는 소위 이승만을 주석으로, 김구를 부주석으로하는 쿠데타를 계획하고 있었고, 이것이 문제가 되어 신익희는 독촉국민회의의 부위원장 자리를 물러나게 되었다.[71] 이런 상황에서 이승만은 주로 민족통일총본부를 중심으로 활동하게 되고, 이윤영은 점차 민족통일총본부의 중심인물로서 등장하기 시작한다. 1946년 10월 22일 뉴욕 타임즈의 논설위원인 헤일리가 한국을 방문하게 되었는데, 그 행사를 민주의원과 민통본부가 공동으로 개최하였다. 이 때 민주의원의 대표로는 김규식이 환영사를 했고, 민통본부를 대표해서는 이윤영이 환영사를 했다. 이것은 이윤영이 이승만의 대리인 격이라는 사실을 말해 주는 것이다. 이 모임에서 헤일리는 "맑시즘은 좋으나 소련은 사실 독재주의에 불과하다는 것", "미국과 조선은 다같이 자유를 중요하게 생각하므로 서구식민주제도가 설치되어야 한다는 것"을 강조하였다.[72]

1946년 가을 이승만은 과도입법의원 선거에 전념하였고, 그 결과 우익세력이 과도입법의원의 절대다수로 당선되었다. 하지만 하지는 김

---

[69] "이승만 기자회견서 민족통일의 시급성 강조," 『동아일보』, 1946년 8월 20일.

[70] "8·29 국치일기념 국민대회 개최," 『조선일보』, 1946년 8월 29일.

[71] 도진순, 『한국민족주의와 남북관계』, 서울대학교출판부, 1998, 105~107쪽. ; United States Armed Forces in Korea, 『주한미군사 : History of the United States Armed Forces in Korea 2』, 돌베개, 1988, 220~231쪽.

[72] "민주의원과 민족통일총본부 주최, 미 신문기자 환영회 개최," 『서울신문』, 1946년 10월 24일.

규식의 좌우합작을 지원하기 위해서 중도적인 인사를 관선으로 해서 대거 입법의원에 진출시켰다. 이것은 이승만을 분노하게 만들었다. 이승만은 단지 하지와 상대해서 정국을 이끌어 가기보다는 직접 미국에 가서 UN과 미국을 상대로 신탁통치 폐지와 조선의 독립을 주장하기로 결심하였다. 하지만 이것을 위해서는 대대적인 지원이 필요했다.

그래서 민족통일총본부는 11월 29일 한국민족대표외교후원회를 조직하였다. 한국민족대표외교후원회는 위원장에 조소앙, 부위원장에 신익희, 이윤영이었고, 방응모, 김성수, 엄항섭, 이범석 등이 부장으로 일하였다. 이 조직은 이승만의 대미외교를 돕기 위한 범 우익조직으로 남한의 우익정치에서 이윤영이 차지하는 비중을 말해준다고 할 수 있다. 이승만은 12월 7일에 열린 외교사절 파견 국민대회에서 선언문을 낭독했고, 개회사는 신익희, 취지 설명은 조소앙, 축사는 김구와 조성환이었다. 이 대회는 "조국의 완전 해방, 즉시 독립"과 외교적인 발언권을 획득하여 "남북이 완전 통일한 완전독립"을 추구하였다.[73] 이윤영이 실질적으로 얼마나 모금에 참여했는지는 확실하지 않다. 그러나 이윤영은 분명하게 이승만의 최측근이었던 것이다.

이승만은 1946년 말 미국으로 떠났다. 이런 사이에 1947년 1월 대대적인 제2의 반탁운동이 일어났고, 이승만이 없는 사이에 김구가 우익의 지도자가 되었다. 이런 상황에서 김구는 다양한 우익세력을 통합해서 자신의 영향 하에 두려고 하였다. 김구는 이승만 계열의 민족통일총본부와 독립촉진국민회의, 그리고 자신이 주도하는 비상국민회의를 하나로 만들려는 것이었다. 이승만이 없는 사이에 김구가 주도권을 장

---

73) "외교사절파견 국민대회 7일 개최예정," 『동아일보』, 1946년 12월 7일. 이승만의 대미외교모금에 관해서는 정병준, 『우남 이승만 연구』, 역사비평사, 2005, 601~605쪽 참조.

악하려는 것이다. 여기에 대해서 이윤영은 이승만이 없는 상황에서 이승만 진영이 김구에게 합병되지 않도록 노력했다. 이윤영은 당시 미국의 이승만에게 전보를 보냈고, 그 내용은 "우리 임원들은 '그런 행동이' 현재 우리의 국민운동에 도움이 되지 않기 때문에 반대하여, 이 문제는 이 박사가 귀국한 다음에 해결될 수 있는 과제인지를 묻고 있다. 즉각적으로 답변해 달라."고 되어 있다.[74] 이런 상황 가운데서 이승만 세력의 중심역할을 한 사람이 바로 이윤영이었던 것이다. 또한 이윤영과 함께 독촉지방조직을 지킨 인물은 배은희였다. 배은희는 장로교목사로서 이윤영과 함께 이승만의 측근으로서 활동했다.[75]

이윤영은 분명하게 이승만 측근의 중심으로 부상하였다. 이승만이 1947년 4월 21일 귀국하였을 때, 이승만의 인기는 절정이었다. 1947년 3월 12일 미국 대통령 투르만은 소위 트루만 독트린을 통하여 소련과의 대결정책을 선언했으며, 이것은 지금까지 소련과의 타협이 아니라 대결을 주장한 이승만의 입장을 미국이 받아들인 것으로 이해했기 때문이다. 그래서 이승만의 귀국환영대회가 4월 23일 창덕궁에서 진행되었고, 여기에는 김구, 김규식이 참여했다. 이윤영은 이 자리에서 명제세와 함께 이승만의 성과를 축하하는 연설을 하였다.[76]

이승만은 독촉국민회의를 통하여 자신의 정치적 활동을 해 왔다. 그런데 이승만이 대미외교를 위해 미국으로 가 있을 동안 독촉의 총재인 이승만은 부총재였던 김구에게 권한을 넘겨주었고, 김구는 독촉본부

74) G-2 Periodic Report # 436(22 January 1947).
75) 배은희, 『나는 왜 싸웠나?』, 일한도서출판위원회, 1955, 56~64쪽. 해방 후 배은희의 활동에 관해서는 이은선, "배은희의 건국활동," 『종교개혁 500주년 기념 특별심포지움 - 해방후 한국정치와 기독교인』, 서울신학대학교 현대기독교역사연구소 발표논문집, 2017 참조.
76) 『동아일보』, 1947년 4월 25일.

를 한독당 본부인 운현궁으로 옮기고 자신들의 세력을 중심으로 이 단체를 자기의 조직으로 만들려고 했다.[77] 물론 이윤영과 배은희는 여기에 반대하였지만 1947년 3월 1일을 기하여 독촉국민회의는 김구의 국민의회와 손을 잡고 임정법통론에 근거한 임정수립을 선포하였다.[78] 하지만 이승만은 이것을 거부하였고, 미군정도 이것을 거부하였다.

이 문제는 이승만의 귀국과 더불어서 다시 논쟁점이 되었다. 그리하여 독촉국민회의 부총재인 김구와 위원장 조성환을 비롯한 임원들은 여기에 대한 책임을 지고 사퇴를 하게 되었고, 임정법통론을 버리고 보통선거법을 통한 총선을 주장하게 되었으며, 한독당 건물에 있던 사무실도 창덕궁 앞에 있는 민족통일총본부로 옮겨왔다. 김구의 사퇴는 반려되었지만 그의 영향력은 약화되었다. 아울러서 독촉국민회를 실질적으로 이끌던 조성환은 위원장에서 물러났다. 이것은 독촉국민회의가 민족통일총본부를 중심으로 재편된다는 것을 의미한다.[79]

이렇게 해서 새로운 위원장에는 오세창, 부위원장에는 명제세, 백남훈이었다.[80] 하지만 오세창은 이미 나이가 많아 활발하게 활동할 수 있는 상황은 아니었다. 약 한달 후에는 이 같은 기존 조직에다 감찰위원장 이윤영을 보완했다.[81] 감찰위원장은 단체의 기강을 바로 잡는 위치를 말한다. 1947년 5월 독촉국민회와 민족통일총본부는 통합하였다.[82] 이윤영은 그 후 독촉 부위원장으로 선출되었다. 따라서 이윤영

---

77) 배은희, 『나는 왜 싸웠나?』, 57~58쪽.

78) 여기에 대한 자세한 연구는 박명수, "1947년 3·1절에 나타난 임정법통론과 인민혁명에 대한 미군정의 대응," 「정치외교사 논총」 39-1호, 2017, 61~68쪽 참조.

79) "독촉 전국대표자대회 2일째," 『경향신문』, 1947년 4월 23일.

80) "독촉위원장에 오세창씨 추천," 『동아일보』, 1947년 4월 24일.

81) "독촉국민회의 각 부서 변경," 『동아일보』, 1947년 5월 20일.

82) 신복룡(편), 『한국분단사자료집 VI』, 원주문화사, 1991, 283쪽.

은 이제 독촉국민회의 중요한 인물로 등장하는 것이다. 이제 이승만은 자신의 친위대를 통해서 독촉국민회의를 이끌어 가게 되는 것이다.[83]

6. 좌우 합작운동과 이윤영의 조선민주당

미군정은 미소공위가 실패로 돌아가자 좌우합작을 통하여 소련의 협조를 얻어 내려고 하였다. 일부학자들은 미국은 1차 미소공위가 실패로 돌아갔을 때 남한 만의 단독정부를 구상했으며, 여기에 대해서 굿펠로우와 이승만 사이에도 깊은 대화가 오갔다고 주장한다.[84] 하지만 미 국무성은 한반도의 문제는 소련의 협력이 없이는 가능하지 않다는 것을 인식하고 단정수립보다는 좌우합작을 통해서 한반도에 통일된 정부를 만들려고 하였다.[85] 이렇게 해서 미군정은 온건 우익인 김규식과 온건 좌익인 여운형을 내 세워서 좌우합작을 진행하려고 하였다. 여기에 대해서 대부분의 정당은 찬성을 표하였다. 조선민주당도 기본적으로 찬성이었다. 이윤영은 여기에 대해서 좌우 합작은 남한에서만 이루어져서는 안 되고, 독립을 전제로 해야 하며, 남북을 일관한 합작이어야 한다고 밝혔다. 그는 진정한 좌우합작이 이루어지려면 남북을 통해서 민주주의적 애국자가 석방되어 민족의 미래를 위해서 논의할

---

83) 이상훈, "해방 후 대한민국독립촉성국민회의의 건국활동," 46쪽.
84) 여기에 대한 자세한 논의는 도진순, 『한국민족주의와 남북문제』, 86~87쪽 참조.
85) 1945년 6월 6일자 미국무성문서는 미소공위의 휴회 이후 미국의 정치 방향을 명백하게 보여 준다. 이것은 좌우합작을 통하여 소련의 협조를 이끌어 내는 한편, 다른 한편으로는 입법의원을 만들어서 한국에 독립된 정부를 만들 준비를 한다는 것이다. "국무성 점령지구담당 차관보(힐드링)가 육군성 작전처에 보내는 비망록(워싱톤, 1945. 6. 6)" : 김국태(역), 『해방 3년과 미국 I』, 292~299쪽.

수 있어야 한다는 점을 강조하였다.86) 여기에서 이윤영이 말하고자 하는
것은 조만식과 같은 북한의 민족지도자가 석방되어 논의에 참여하지 않
으면 진정한 좌우합작이라고 할 수 없다는 것이다. 따라서 좌우합작은
남한 만이 아니라 북한에서도 좌우합작이 이루어져야 한다는 것이다.

이 같은 주장은 상당한 열매를 거두었다. 1946년 10월 4일 지루한 논
의 끝에 좌우합작 7원칙을 발표하였는데, 제1항은 "조선의 민주독립을
보장한 3상회의의 결정에 의해 남·북을 통한 좌우합작으로 민주주의
임시정부를 수립할 것"이라고 되어 있다. 원래 좌파의 제안에는 "북조
선민주주의민족전선과 직접 회담하여 전국적인 행동통일을 기할 것"이
라고 되어 있다. 여기서 북조선민주주의민족전선이라는 것은 공산주의
의 통일전선이다. 그러나 여기에 "남북을 통한 좌우합작으로"라는 내용
은 북한의 우익, 특히 조만식을 포함하라는 내용은 것이다. 또한 제5항
에는 "남북을 통해 현 정권에서 검거된 정치운동자의 석방에 노력하고"
라고 되어 있다. 이것 역시 조만식의 석방을 전제로 한 것이라고 생각
한다. 조선민주당의 입장이 반영되었다고 말 할 수 있다. 또한 미군정
도 조만식을 통해서 남북의 좌우합작문제를 해결해 보려고 했다.87)

이렇게 남한에서 좌우합작을 통해서 통일에 대한 논의가 진행되는
동안 미군정에서도 미소공위의 재개를 위해서 주한미군 정치고문단의
일원인 번스를 평양에 파견해서 직접 소련당국과 협상하도록 했다. 그
리하여 번스는 10월 5일 평양에서 조만식을 만났고, 여기에서 조만식
은 아무런 입장을 말하지 않았지만 번스는 조만식에게 한국의 국가를
건설하는데 있어서 미소와 협력해 달라는 요청을 하였다.88) 한반도에

86) "좌우합작 선결조선에 대한 각계의 의견,"『동아일보』, 1946년 7월 16일.
87) 여기에 대한 자세한 논의는 박명수,『조만식과 해방 후 한국정치』, 237~238쪽
참조.

서는 좌우 합작의 기운이 돌고 있었다.

조선민주당은 이 같은 좌우합작을 지지하면서 북한의 우익세력이 정국 논의에 참여해야 한다고 주장하였다. 10월 10일 조선민주당은 좌우합작에 대해서 다음과 같은 견해를 표명하였다. "대망의 좌우 합작은 독립과정에 있어서 일대 진척이다. 남북을 통한 좌우합작으로 민주주의적 임시정부를 수립하는 것이 좋다. 그런데 북의 우측으로 본당을 대표하는 조만식 씨를 넣지 않으면 좌우합작의 의의가 없다."[89] 진정한 좌우합작은 북측의 우익을 대표하는 조만식이 없으면 가능하지 않다는 것이다. 아울러서 조선민주당은 삼상회의가 주장하는 임정수립과 그리고 현재 미군정에서 추진하고 있는 입법의원을 지지하고 있었다. 당시 좌익은 입법의원을 반대하고 있었다. 그 이유는 입법의원의 설립은 남한에 어떤 형태로든지 정부가 만들어지는 과정을 가져오고, 결국은 남한에서 좌익의 입지를 축소하게 만들기 때문이다. 조선민주당은 입법의원을 통해서 남한에 강력한 민주정부가 세워지기를 소망했다.

조선민주당은 1945년 11월 3일 북한 평양에서 시작되었다. 1946년 4월 남한에서 조선민주당을 재건했지만 여전히 11월 3일은 조선민주당 창당일이다. 월남한 조선민주당 인물들은 창당 1주년을 앞두고 당의 진로를 놓고 고민하였다. 그리해서 10월 26일 당 전체회의를 열고 방향을 정립하기로 하였다.[90]

---

88) "Report of the Visit of Arthur C. Bunce with Chancellor Balasanov in Pyeongyang,"
: 정용욱·이길상(편),『해방 전후의 미국 대한정책사 자료집 9』, 519쪽; 박명수,『조만식과 해방 후 한국정치』, 231~236쪽.

89) "조선민주당, 좌우합작·입법기관 설립 문제등에 대한 입장표명,"『조선일보』, 1946년 10월 10일.

90) "지난 4월 당본부를 서울에 설치한 조선민주당은 망명정당이라는 특수한 환경 하에 서북을 대표하여 활약하던 중 창립 1주년을 앞두고 기념식 준비와 아울러 긴박한 국내외 정세에 처한 특수정당으로서 강력한 발전책을 토의하

그런데 조선민주당 창당 1주년 행사는 11월 3일에 열리지 못하고 13일에 열리게 되었다. 그 이유는 알려져 있지 않지만 아마도 11월 3일에 북조선에서 북조선인민위원회 투표가 있었기 때문이 아닌가 생각된다. 한 때 북한 정치의 주역이었던 조선민주당이 정작 자신들이 참여할 수 없는 선거를 지켜본다는 것은 괴로운 일이었을 것이다. 그러나 13일에 열린 창립 1주년 기념식은 조선민주당 서울시당 결성식과 함께 열렸다. 종로 YMCA에서 이종현의 사회로 시작된 이 모임은 부당수 이윤형의 개회사, 김병연의 정세보고, 이승만, 김구와 하지와 러치를 대리한 인물들이 참여하여 축사를 하였다.[91]

이미 위에서 언급한 것처럼, 조선민주당은 미군정의 과도입법의원 설립을 찬성하였다. 1946년 여름과 가을에 있어서 미군정의 가장 중요한 일은 과도입법의원을 설립하는 것이었다. 복잡한 과정을 거쳐서 10월 말에 선거가 이루어졌고 여기에서 절대다수의 우익이 당선되었다. 여기에 대해서 김규식은 불만을 나타냈고, 하지는 관선의원을 임명하여 중간파가 어느 정도 활동할 수 있도록 도와주었다. 이렇게 해서 1946년 12월 12일 과도입법의원이 개원되었다.

남한에서 과도입법의원을 설립한 김규식은 북한을 향하여 통일을 위해서 논의하자고 제안하였다. 김규식은 개회사에서 "지금 미리 말하기는 어렵습니다만 불일내에 아마 좌우합작위원으로서 특히 대표를 한 두 사람 파견해서 북쪽에 있는 우리 사람의 기관이든지, 인민위원회라든지 그런 것을 지배하는 책임을 가진 몇 분에게 소통해서 접수할 수도 있습니다."라고 밝혔다.[92] 여기에서 말하는 "북쪽에 있는 우리 사

고자 26일 오후 1시 동당 회의실에서 당 전체위원회를 열기로 하였다."("조선민주당, 당 전체 위원회, 26일 개최 예정,"『조선일보』, 1946년 10월 28일). 하지만 이 모임이 26일에 실제로 열렸는지는 확인되지 않고 있다.
91) "조선민주당 1주년 기념식,"『동아일보』, 1946년 11월 14일.

람의 기관"이 무엇을 말하는지 분명하지 않다. 하지만 통일논의는 좌
우합작에서 출발하고 있는데, 이것은 남한 만이 아니라 북한에서도 이
루어져야 하며, 따라서 입법의원의 북한 대표와의 논의는 인민위원회
외에도 다른 세력이 존재함을 말하는 것이다. 김규식은 "초보적인 이
과도입법의원은 가급적 最速期限內에 좌우는 물론 남북과 연합 혹은
연결된 총선거에 의한 입법기구로써 임시정부를 수립하려고 한다."고
말하였다.[93]

이런 김규식의 제안을 남한에서 과도입법의원의 대표성을 인정하지
않는 민주주의민족전선으로서는 받아들일 수 없는 것이다. 이들은 남
조선인민의 진정한 대표는 해방 직후 만들어진 조선인민위원회라고
주장하였다.[94] 이와 함께 조선민주당에서도 김규식에 대해서 반박하
였다. 조선민주당은 북한의 인민위원회를 인정할 수 없으며, 더욱이
그 폭정을 "민주개혁에 열심 노력 운운"하는 것은 도저히 이해할 수 없
다고 반박하였다.[95] 북조선인민위원회에 의해서 쫓겨난 조선민주당으
로서는 그들을 파트너로 삼으려는 과도 입법의원의 주장을 반박할 수
밖에 없는 것이다. 하지만 조선민주당은 김규식과 함께 좌우합작은 남
한에서만이 아니라 북한에서도 이루어져야 한다는 입장을 공유하고
있다. 그렇게 할 때 조만식이 다시금 정치무대에 복귀할 수 있으며, 남
북대화에서 우익이 유리한 고지를 차지할 수 있기 때문이다.

---

92) 「남조선과도입법의원 속기록 제2호」(1946년 12월 12일) : 여강출판사(편), 『남
조선과도입법의원 속기록 1』, 여강출판사, 1984.

93) "입법의원의장 김규식, 동 의원의 제반문제에 대해 기자회견," 『동아일보』,
1946년 12월 22일.

94) "민전 사무국, 입법의원의장 김규식의 기자회견 내용 반박," 『서울신문』,
1946년 12월 25일.

95) "조선민주당, 입법의원에서 북조선에 보내는 메시지에 관해 비난 성명," 『경
향신문』, 1946년 12월 27일; G-2 Weekly Summary #68(3 January 1947).

하지만 조선민주당이 남북한을 아우르는 좌우합작을 주장한다고 해
도 본질적으로 신탁통치를 반대하는 입장에 있는 것은 사실이다. 1947
년 초 미군은 같은 해 3월에 열릴 예정인 제2차 모스크바 3상회의를
앞두고 다시 미소공위를 재개하려고 하였다. 이것을 위해서 소련군대
표 치스챠코프와 미군대표 하지 사이의 서신이 오갔다. 하지만 하지가
발표한 핵심 내용은 미소공위의 참가자격은 진정으로 신탁통치에 찬
성해야 한다는 것이다.[96] 과거 미군이 5호 성명을 제시하면서 넓은 의
미로 모스크바 삼상회의를 찬성해야 한다는 조건과 비교해 볼 때 이것
은 상당히 소련 측의 입장을 받아들인 것이다. 여기에 대해서 많은 우
익세력들은 분명한 반대의 입장을 갖게 되었다. 하지의 서신에 의하면
우익들은 반탁의 입장을 포기해야 미소공위에 참여할 수 있는 것이다.

이윤영의 조선민주당이 여기에 반대할 것은 자명한 일이다. 그리하
여 조선민주당은 다른 우익정당과 함께 과거 1946년 4월 미소공위 제
5호 성명에 서명한 것을 취소하였다. 그리고 이런 것을 찬성하는 방향
으로 정국을 이끌어 가려는 좌우합작운동에 대해서 분명한 반대의 입
장을 표명하였다.[97] 이것이 김구가 주도한 소위 제2의 반탁운동이다.
이 운동은 1월 26일 반탁독립투쟁위원회를 결성하였고, 위원장에 김
구, 부위원장에 조소앙, 김성수, 지도위원에 이윤영도 포함되었다. 이
윤영은 이 모임에서 상당한 역할을 하였다. 1947년 2월 3일에 반탁대
표들은 하지와 면담하였는데, 대표는 조소앙, 이윤영, 이진 3인이었다.
또한 2월 14일 반탁독립투쟁위원회 주최 반탁 궐기대회가 열렸는데,
이윤영은 사회, 김구는 훈화를 하였다. 이 모임에서 "남북통일된 국가

---

[96] 여기에 대한 자세한 내용은 박명수, "제2의 반탁운동과 1947년 초의 한국의
정치 지형," 「숭실사학」 참조.
[97] "우익진영, 반탁운동에 관한 협의회 개최," 『조선일보』, 1947년 1월 18일.

를 완성하기 위하여 현 단계에 적합한 과도적 독립정부를 서울에 수립
할 것"을 결의하였다.[98]

7. 제2차 미소공동위원회와 이윤영: 이북인대회, 조선민주당, 그리고 임시정부수립대책위원회

1947년 5월은 제2차 미소공위를 앞두고 한반도의 정치권이 요동치
는 시기였다. 1946년 5월 제1차 미소공위가 실패로 돌아간 다음 오래
동안 이 회의의 재개를 놓고 미소간에 실랑이가 벌어졌다. 결국 1947
년 미국 국무장관 마샬과 소련 외상 몰로토프 사이의 서신교환으로
1947년 5월 21일 제2차 미소공위가 열리게 되었다. 마샬은 표현의 자
유에 대해서 강력히 주장하였고, 여기에 대해서 몰로토프는 명백한 의
사를 표시하지 않았다. 이런 모호한 상황을 앞두고 5월 6일 재경 이북
인들이 조선민주당 당사에 모여서 이북인대회를 열기로 결정하였고,
위원장은 이윤영이었다.[99] 이들의 근본적인 입장은 이승만과는 달리
미소공위의 재개를 지지하는 것이었다.

원래 5월 18일 남조선이북인대회를 개최하기로 하였지만 미군정 당
국은 제2차 미소공위를 앞두고 각종 집회를 금지하였다. 그래서 이들은
5월 23일 이윤영, 설의식, 함상훈의 이름으로 연합국에 보내는 호소문

---

98) "반탁독립투쟁위원회 주최 반탁독립궐기대회 개최,"『서울신문』, 1947년 2
월 15일.

99) "재경 이북출신 인사들이 이북인대회를 위해 준비위원 부서 결정,"『동아일보』,
1947년 5월 11일. 이 모임의 조직은 다음과 같다. 위원장: 이윤영, 부위원장:
설의식, 함상훈, 총무부장: 김병연, 선전부장 강인택, 재무부장: 김형수, 동원
부장: 이창환, 위원: 이종현 외 52인, 고문: 최동오, 원세훈, 백남훈 외 8인.

을 발표하였다. 그 내용은 38선으로 인해서 월남인들이 겪는 말 할 수 없는 고통과 이것을 해결하기 위한 유일한 방책인 "남북통일의 완전한 자주독립"을 이룩해 줄 것을 요청하는 것이었다. 아울러서 이번에 재개될 미소공위는 "발언의 자유"를 보장해 줄 것과 이런 자유의 회복은 망명이라는 월남정치인들의 한을 해결해 줄 것을 믿는다는 것이다.[100]

호소문과 더불어 이들은 다음과 같은 결의문을 제정하여 현 시국에 관한 자신들이 입장을 발표하였다.[101]

1) 이념의 所守와 발언의 자유가 보장되어 재개되는 共委의 성공을 바라며 동시에 남북통일의 자주독립을 指□하는 그 노력에 협력 추진하기를 기약한다.
2) 북조선의 실정과 진상에 側한 민의의 반영을 위하여 이북에 現住하는 양심적 동포의 발언을 구하며 아울러 이남에 망명한 우리도 또한 북을 대변할 권리와 의무가 있음을 주장한다.
3) 민의의 전면적 발양을 위하여 구상되는 남조선 행정체제의 강화는 지지하나 自家를 자진하여 구분함과 같은 단정상태의 요소는 절대로 배격한다.
4) 남북일체의 이념을 구상화하는 일단계로서 북을 대변할 우리의 발언이 포섭되어야 할 것을 주장한다.
5) 물심양면으로 받은 우리 이북인의 현하 苦情은 대체로 망명적 처지임에 특별한 처우가 있어야 할 것을 동포애적 기조로 요청한다.
6) 우리는 동병상련의 의리와 정의로서 남하동포의 민생문제에 대한 해결을 위하여 자치적 방도를 모색하자.

위의 내용은 당시 월남 이북인의 의사가 잘 반영되었다. 이들은 우선 미소공위의 성공을 기원하며, 미소공위가 자유민주주의의 이념을

---

100) "남조선 이북인대회, 연합국에 보내는 호소문," 『서울신문』, 1947년 5월 24일.
101) "재남이북인대회, 공위에 際한 결의 내용," 『동아일보』, 1947년 5월 29일.

무시하지 않고, 표현의 자유를 보장해야 하며, 월남인의 의사표명의 기회가 주어져야 할 것과 과도정부의 수립은 지지하나 단정은 반대하며, 월남인의 처지를 고려해 줄 것 등을 요구하고 있다.

미소공위가 재개되어 막 활동하고 있던 5월 27일 오후 늦게 조만식은 하지에게 밀사를 통해서 미소공위에 대한 자신의 입장을 밝혔다. 그것은 현재 북한에서는 미소공위 재개로 인해서 자신들이 원하는 대로 조선을 통일시키고, 임시정부를 세울 수 있다고 생각하는 상황인데 비해서 남한은 미국 측의 정신적인 후원자인 이승만이 오히려 미소공위의 진행을 방해하고 있는 것이 아닌가 하는 점이다. "조만식은 이승만 박사의 행동이 미소공위 사업의 진전을 방해할 것을 우려한다. 그는 미국대표단을 정신적으로 후원하는 우익세력이 미소공동위원회에 참여하지 않는 것을 유감으로 생각한다."고 밝히고 아울러서 미소공위가 서울에서 북조선 지도자와 협의할 것인지에 대해서 알기를 원한다고 말하고 있다.[102] 이것은 조만식이 미소공위에 참가하고 싶다는 것을 표현한 것이라고 본다.

1947년 6월 이윤영은 한편으로는 이북인대회를 통해서 미소공위에 대비하고, 다른 한편으로는 미소공위에 참가하는 우익인사들을 모아서 의견의 통일을 기하고자 하였다. 당시 좌익과 중도파들은 원래부터 미소공위에 참여를 기정사실화하였기 때문에 미소공위에 임하는 준비를 하였지만 우익은 원래 미소공위 재개를 반대하였기 때문에 여기에 대해서 제대로 준비하지 못했다. 하지만 현실적으로 한민당, 조민당

---

[102] 미소공위문서철, Roll no. 6, "이묘묵이 하지에게(1947년 5월 27일)"; 박명수, 『조만식과 해방 후 한국 정치』, 252쪽 참조. 위의 책에는 제2차 미소공위에 조만식을 참가시키는 문제를 놓고 이루어진 논쟁에 대해서 자세히 설명하고 있다.

등 많은 단체들이 미소공위에 참여를 하고 있기 때문에 비록 우파가 대부분 반탁과 미소공위 반대의 입장에 서있는 것은 사실이지만 그럼에도 불구하고 미소공위의 협의과정에서 의견의 통일을 할 필요가 있었다. 그래서 6월 16일 발기인대회를 열고 19일 임시정부수립대책위원회를 만들었다.[103] 여기에는 위에서 언급한 한민당, 조민당을 포함한 독촉 부인회, 대한 노총 등 20여개의 단체들이 참여하였다. 이윤영은 이 모임의 대표로 활동하게 되었고, 미소공위에서 이 대회를 대표한 발언자로 선정되었다.[104]

미소공위 미국 측은 조만식을 협의대표로 선정하기를 원했다. 그리하여 6월 23일 남측의 정당·단체의 명단을 확정하는 과정에 조만식을 남한에 있는 조선민주당의 대표로 포함시켜 놓았다. 아마도 소련이 조만식을 북한지역의 대표로 포함시키지 않을 것이라는 계산에서 였을 것이다. 같은 날 서울에서는 반탁독립투쟁위원회가 주도하는 대규모의 반탁시위가 벌어졌고, 여기에서는 소련당국에 북한에 연금되어 있는 조만식의 석방을 요구했다. 이어서 미소공위의 미국측 대표들은 6월 30일 평양에 도착하였고, 이곳에서 미국측 대표 브라운은 조만식을 특별 면담하였다. 브라운은 조만식에게 미소공위에 조선민주당의 대표로 지명되었다는 사실을 알려주고, 만일 소련이 허락한다면 서울로 와서 여기에 참여할 의향이 있는지를 물었다. 여기에 대해서 조만식은 "그것은 내가 희망해 왔던 것이며, 그것 외에는 다른 바람이 없다."고

---

[103] "우익 참가파 임정대책위," 『동아일보』, 1947년 6월 18일.

[104] "공위참가 각 정당 사회단체 발언대표자 선정," 『조선일보』, 1947년 6월 25일. 처음에는 위원장은 공석이었고, 이윤영이 부위원장이었으며, 사무실은 반탁운동과 맥을 함께 한다는 의미에서 민통본부에 두었다("신탁은 절대배격," 『동아일보』, 1947년 6월 20일). 하지만 이윤영은 실질적으로 이 단체의 대표가 되었다(『경향신문』, 1947년 8월 9일).

말했다.105) 하지만 소련당국은 이것을 허락하지 않았고, 미소공위를 통한 조만식의 재기는 이루어지지 않았다.

한민당과 조민당의 주도로 세워진 임시정부수립대책위원회에서는 점차 대부분의 우익단체들을 포함하게 되었고, 이들은 당시 미소공위가 각 정당 및 단체들에게 제시한 질문에 일치된 답을 제시하기로 하였다. 이것은 우익의 통일을 기하여 미소공위에서 밀리지 않으려는 방책이었다. 이 위원회는 근본대책은 공통으로 하고, 각 당과 단체의 특별한 입장은 각각 자신의 입장에서 의견을 제시하기로 하였다. 이들의 공통입장이란 남북통일대통령은 총선거로 할 것을 제안하는 것이었고, 아울러서 토지개혁방안도 첨부되었다.106)

7월 6일자 동아일보의 보도에 의하면 미소공위에 참가할 단체들은 많지만 결국에는 세 가지 입장으로 정리되고 있었다. 하나는 임시정부준비대책위를 중심으로 하는 우익과 민족주의민주전선을 중심으로 하는 좌익, 그리고 시국대책협의회라는 이름의 중간파였다. 우익의 입장은 새로 세워지는 나라의 국호는 대한민국, 남북 총선거로 대통령선출을 골자로 하고 있었고, 좌익의 입장은 국호는 조선인민공화국이며, 임시정부의 관료는 총선거를 배제하고, 공위의 결정으로 하자는 것이며, 중간파는 분명한 의사가 결정되지 못하고 있었다.107) 여기에서 알 수 있는 것은 우익은 대중들의 지지를 확신하고 있었다는 것이다.

원래 모호한 상황에서 시작된 제2차 미소공위는 결국 이전과 같은 문제로 난관에 부딪히게 되었다. 그것은 소련이 임시정부준비대책위

---

105) "Interview with Cho, Man Sik - 1947. 7. 1 at Pyongyang," : 정용욱·이길상(편), 『해방 전후의 미국 대한정책사 자료집 9』, 661~662쪽. 여기에 대한 자세한 내용은 박명수, 『조만식과 해방 후 한국 정치』 참조.

106) "우익진영 행동통일, 임정은 총선거로," 『동아일보』, 1947년 7월 3일.

107) "내용은 3파 분립, 정부는 총선거? 임명?," 『동아일보』, 1947년 7월 6일.

에 속해있는 우익단체들이 신탁통치를 반대하는 단체이므로 이들을
미소공위에 수용할 수 없다는 것이다. 다시 말하면 임시정부준비대책
위원회는 대부분 반탁운동단체에 속해 있으므로 이들이 미소공위를
지지한다는 말을 믿을 수 없다는 것이다.

여기에 대해서 7월 28일 임정대책위원회는 대표 이윤영의 이름으로
미소공위 수석대표에게 서한을 보냈다. 이 서한에 의하면 표현의 자유
는 이미 마샬과 몰로토프 사이에 약속된 사항이며, 반탁투쟁위원회는
회원 단체에게 공위 참여 여부에 대해서 자유의사에 맡겼고, 미소공위
의 일단계의 임무는 임시정부 수립이기 때문에 우리는 여기에 적극 협
력할 것이며, 2단계에 있어서 만일 한국의 주권을 침해할 일이 있으면
여기에 대해서 강력하게 반대할 것이라고 밝히고 있다.[108]

결국 8월 5일 소련측 대표 스티코프는 임정수립대책위원회에 속한
단체들을 소환하여 이들의 진의를 확인해야 한다고 주장하였다. 여기
에 대해서 8월 9일 미국 측은 모든 단체는 미소공위에 와서 질문을 받
게 되어있으므로 이들만 특별하게 미리 소환하여 조사할 필요는 없다
고 주장하였다.[109] 하지만 미국 측 대표 브라운은 보다 거시적인 측면

---

108) "임정수립대책위원회, 미소 양측에 공한 발송," 『조선일보』, 1947년 8월 9일.
　　여기에 참가한 단체는 다음과 같다: 臨政樹立對策協議會 代表 李允榮, 朝鮮民主
　　黨 代表 李允榮, 韓國民主黨 代表 張德秀, 大衆黨 代表 沈의性, 天道敎輔國黨 代表
　　孫在基, 己未獨立宣言記念會 代表 柳鴻, 青年朝鮮總同盟 代表 柳珍山, 韓國軍事普
　　及協會 代表 徐廷禧, 全國女性團體總聯盟 代表 黃愛德, 獨立促成愛國婦人會 代表
　　朴承浩, 光復會 代表 崔允東, 大韓獨立勞動總聯盟 代表 錢鎭漢, 韓國光復青年會 代
　　表 薛澤龍, 韓國青年會 代表 崔興朝, 朝鮮青年黨中央本部 代表 李瑄根.

109) "소 15개 정당 질문제안, 불필요로 미거부," 『동아일보』, 1947년 8월 9일. 좌
　　익에서는 이 문제를 해결하기 위하여 민전단체들로 구성된 구국대책위원회
　　를 만들고, 그 이름으로 한민당과 반탁그룹들은 5호 성명에 사인하고 들어
　　와서 신탁통치를 반대하고, 미소공위를 무력화시키려고 하기 때문에 임정대
　　책위 산하단체를 협의대상에서 제외해야 한다고 주장하였다. 여기에 대해서

에서 소련측의 부당함을 밝히고 있다. 첫 번째 문제는 모스크바협정을 지지하는 문제인데, 미국측은 넓은 의미에서 모스크바 협정에 반대하지 않으면 그런 범주 안에서 표현의 자유를 존중할 것을 미소 양국사이에 합의했다는 것이다. 여기에 따르면 현재 신탁통치를 반대하는 것은 임시정부 수립을 통해서 민주정부를 세운다는 근본적인 원칙에서 크게 벗어나는 것이 아니므로 수용해야 하는데, 소련은 이것을 무시했다는 것이다. 두 번째 문제는 모스크바 협정의 신탁이라는 용어가 물론 일제의 신탁과는 본질적으로 다르지만 40여년 동안 독립을 추구해온 조선사람들에게는 이것이 문제가 될 수 있는 것이며, 여기에 대해서 의구심을 가질 수 있는 것이다. 그럼에도 불구하고 이것을 핑계로 반탁을 하는 사람들을 제외시켜 버리는 것은 반탁을 주장하는 대부분의 사람들로 하여금 자신의 조국 문제에 전연 관여하지 못하게 하는 것이라는 것이다.110)

이것은 오랫동안 우익진영이 듣기를 원했던 것이다. 먼저 이윤영이 대표로 있는 임정대책위원회는 이런 브라운 성명에 대해서 "감사와 신뢰"를 보낸다고 말했다. 조선민주당도 브라운의 성명에 대해서 "美蘇共委에 관한 브라운 少將의 성명에 대하여 朝鮮 민족은 자부심있는 민족이요 그러므로써 완전한 자주독립을 갈망하는 동시에 원조 후원의 한계가 명시되지 않은 莫府協定의 신탁제도가 주권의 침해를 齎來할

한민당은 성명을 발표하고, 이것은 우익세력을 제거하고, 자기들만의 세력으로 미소공위를 운영하여, 결국은 인민공화국을 만들려는 계략이라고 강력하게 비판하였다("한민당 성명,"『동아일보』, 1947년 7월 30일).
110) "브라운, 공위 협상문제에 대한 입장 표명,"『조선일보』, 1947년 8월 10일. 영락교회도 이 발표가 한국인의 반탁정신을 바로 이해한 것이라고 언급하며, 기독교적 양심과 민족적 정의감으로 적극 지지한다고 입장을 표명하였다(『동아일보』, 1947년 8월 10일).

까 위구하여 이를 반대하는 것은 지극히 당연한 것이요 反託鬪委 관계 단체를 共委 협의대상에서 제외할 이유가 성립되지 않는다고 지적한 것은 우리 민족의 진의와 여론의 정확을 得한 것이며 국제정의의 표시 이다."라는 요지의 정견을 표시하였다.111)

여기에 대해서 소련측 대표 스티코프는 8월 14일 반박하는 성명을 발표하였다. 그 내용은 첫째, 신탁통치반대는 지엽적인 문제가 아니 며, 미소 공위의 본질에 관한 문제임으로 여기에 대해서 반대하는 것 은 바로 미소공위 자체를 반대하는 것이라는 것이다. 그럼에도 불구하 고 미국이 이들을 옹호하는 것은 미소공위의 책임있는 당사자로서 취 할 행동이 아니다. 둘째로, 모스크바 결정은 조선을 독립국가로 만드 는 국제간의 약속임으로 만일 이들 때문에 이 협상이 결렬된다면 그들 은 조선의 수많은 민주인사들로부터 비난을 받을 것이라는 것이다.112) 우리는 브라운과 스티코프의 논쟁을 통해서 이제 미소공위는 결렬의 수순을 밟고 있다는 것을 알 수 있다.

이런 가운데 8월 20일 스티코프는 미국에 대한 비난의 화살을 다른 방향으로 돌렸다. 미소공위가 진행되는 도중에 미군정은 남한의 좌익 단체들을 체포 구금하고, 이것은 미소공위를 진행하기 어려운 분위기 로 이끌어 간다는 것이다. 여기에 대해서 미군측은 미소공위는 내정에 간섭할 권리가 없으며, 단지 미래의 조선정부의 형태를 논의할 수 있 을 뿐이라는 것이라고 반박하였다.113) 또한 조선민주당은 스티코프의 입장에 대해서 강력하게 반박하였다. 8월 25일 발표한 성명의 내용은

---

111) 『조선일보』, 1947년 8월 14일.
112) "쉬티코프, 반탁진영의 협의대상문제에 관한 성명," 『조선일보』, 1947년 8월 16일.
113) "쉬티코프 남조선의 좌익검거에 대한 성명," 『조선일보』, 1947년 8월 23일.

남한의 좌익단체들은 남한 사회를 파괴하려는 세력들이며, 이들을 무죄석방 시키려는 불순한 시도라고 비판하고 있으며, "북조선에서는 무고한 曺晩植 선생을 2개년에 걸쳐 유폐하고 민족진영에 속하는 일절 정당 사회단체들을 이유없이 근절적으로 탄압하고 있는 비민주주의 현실을 쉬 중장은 모른체 하였다."고 지적한다.[114)

임정대책위원회도 스티코프의 성명에 대한 비난에 동참하였다. 스티코프는 미소공위의 결렬의 책임을 미국에 돌리려고 한다면서, 근본적인 문제는 소련이 이런 저런 이유를 내세워서 "우익정당단체를 제외시켜 민전만으로 임정을 수립하려는 의도를 가졌기 때문"이라고 비판하였다. 또한 "당초 의사발표의 자유와 광범한 정당 사회단체의 참여하에 임정을 수립하자 함은 마샬·몰로토프 양국 외상 사이에 합의되어 共委가 재개된 것인데 반탁사실 유무를 소환 심문하자 운운함은 양외상 의사에 위반될 뿐 아니라 共委사업을 원만히 진행케 할 성의를 의심케 하는 바이다. 況 남조선일대를 폭동으로써 파괴하려는 좌익일당의 검거를 共委사업의 결렬환경을 造出하였다 함은 적반하장격이다."고 지적하였다.[115) 이로써 미소공위는 결렬되었고, 임정대책협의회가 목적하는 바는 성취된 것이다.

1947년 8월 말 미국대통령 특사인 웨드마이어 장군이 중국을 방문하고, 이어서 한국을 방문하였다. 방문의 목적은 한국의 정치적, 경제적, 사회적 상황을 객관적으로 파악하여 미국의 조선정책에 반영하고자 함이다. 특별히 트루만독트린의 선언 이후, 소위 마샬플랜이라고 불리는 미국의 지원정책을 구체화하기 위해서 필요한 방문이었다. 이 방문

---

114) "조선민주당, 공위 소련측대표 성명을 반박하는 성명서 발표," 『동아일보』, 1947년 8월 26일.
115) "임시정부수립대책협의회, 쉬티코프 성명 반박," 『동아일보』, 1947년 8월 28일.

은 미소공위가 실패로 끝나고 미국의 대한정책이 소련과의 합의를 통한 정부수립에서 UN을 통한 정부수립으로 방향을 전환하는 시점에서 이루어지고 있었다.[116]

웨드마이어 사절단은 한국에 와서 다양한 계층을 만나기를 원했다. 하지만 당시 좌익은 검거대상으로 지목되어 있기 때문에 면담할 수 없었고, 주로 중도인사와 우익인사들을 만나게 되었다. 여기에는 이승만, 김구, 김규식 외에도 많은 기독교인들이 포함되어 있었다. 이윤영, 배은희, 한경직 외에도 김활란, 고황경과 같은 여성인사들도 있었다. 이윤영은 조선민주당, 배은희는 민족대표자위원회, 한경직은 북조선 기독교인을 대표해서 웨드마이어 사절단과 만났다.

이윤영은 1947년 8월 30일 김병연, 백남홍, 이종현등과 함께 웨드마이어 사절단을 만났다. 이윤영은 사절단에게 현재 한국사회의 가장 큰 문제는 한국인의 생활 향상이라고 언급하면서 4가지 제안을 하였다. "첫째, 한국은 한국사회의 근본적인 발전을 위해서 과학적인 교육을 받은 전문인력이 필요하며, 이것을 위해서 미국유학의 기회를 달라. 둘째, 현재 소련의 선전은 매우 위협적이며, 따라서 미국이 보다 적극적인 행동을 하지 않으면 한국의 상황에서 새로운 길을 찾기란 어려울 것이다. 셋째, 우리는 소련측으로부터 아무것도 기대하지 않기 때문에 총선을 즉각 실시해야 하며, 이것을 위해서 법을 마련하고, 현 정부에서 공산주의자들을 축출하고, 아직 결단하지 못한 중간파 사람들을 올바른 길로 인도해야 한다. 미국은 우익을 지원해야 하며, 만일 이런 제반 조처가 이루어지지 않는다면 총선의 승리는 보장될 수 없다. 넷째, 북한에서 내려온 수많은 피란민이 있는데, 과도정부가 이들에게 적절

---

116) 여기에 대한 전반적인 설명은 정용욱, 『해방 전후 미국의 대한정책』, 433~437쪽 참조.

한 도움을 주지 않는다면 남한이 북한보다 살기 좋은 곳이라는 것을
설명할 수 없다."[117]

8. 총선준비와 이윤영

1947년 가을은 해방 공간 3년에서 완전히 새로운 시대이다. 지리한
미소공위는 실패로 귀결되었고, 따라서 임시정부 수립이나 신탁문제
가 주요이슈가 아니라 앞으로 어떻게 새로운 정부를 수립할 것인가가
핵심이슈가 되었다. 그리고 이것을 다루는 장소는 이제 미소공위가 아
니라 UN이 되었다.

이런 상황에서 이윤영은 9월 9일자 『조선일보』에 조선문제를 UN에
상정하는 문제에 대해서 자신의 견해를 밝혔다. 이윤영은 통일조선을
건설하기 위해서 남북을 전체를 아우르는 선거를 하는 것이 원칙이지
만 현 단계에서는 대내외에 책임을 질 수 있는 민의를 대표할 수 있는
기관이 남조선만이라도 먼저 생겨야 한다고 주장하였다. 이것은 이윤
영이 이승만의 입장을 정확히 대변해 주고 있다. 이윤영은 이것이 "결
코 남북을 양분하는 것이 아니고, 통일조선 건설을 위한 필연적 단계"
라고 주장한다.[118] 이것은 오래 동안 이승만의 주장을 단독정부라고
주장하는 좌익의 입장을 반박하는 것이다.

이런 새로운 상황에 대처하기 위해서 이승만은 자신의 조직을 재정

---

[117] RG 59, Box 3. "Talk with Vice President, Chosun Democratic Party. Mr. Lee,
Yun Yong." 이윤영 일행은 웨드마이어 사절단이 북한의 현 상황을 잘 이해
할 수 있도록 "Actual Conditions Existing in North Korea Prepared from
Reports"를 제출하였으나 필자는 이 문서를 찾을 수 없었다.

[118] "조선문제 UN상정에 관한 각계의 견해," 『조선일보』, 1947년 9월 9일.

비하기 시작하였다. 필자는 이미 1947년 4월부터 독촉국민회의가 민족통일총본부와 통합해 나간다는 사실을 지적하였다. 그래서 독촉국민회의의 사무실을 민통사무실에 두었고, 민통의 주요인물인 이윤영이 감찰위원장으로 독촉에 관여하게 되었다. 사실 독촉에는 이승만의 중요한 측근으로서 배은희가 활약하고 있었다. 배은희는 1946년 제2회 기독교남부대회에서 대회장으로 선출된 대표적인 기독교 목사였다. 당시 기독교남부대회는 남한의 기독교를 대표하는 기관이었다. 그는 처음부터 독촉에 관여하고 있었고, 이승만의 도미 중에 김구세력으로부터 독촉을 지키는데 최선을 다했다. 이윤영은 민통본부에서, 배은희는 독촉에서 각각 이승만의 최측근역할을 했다고 말할 수 있다.

　이 같은 이 두 사람의 활동은 특별히 제2차 미소공의회 가운데 더욱 활약이 두드러졌다. 이윤영이 임시정부수립대책위원회를 통해서 미소공위 내에서 활약했다면 배은희는 민족대표자대회를 만들어서 반탁운동에 앞장섰던 것이다. 배은희는 당시 각 정당과 단체가 진정한 민족의 대표가 되지 못한다고 판단하여 전국에서 200명의 민족대표를 선출하여 이들의 이름으로 반탁운동을 하였다.[119] 민족대표들은 정당이나 단체의 대표가 아니며, 따라서 미소공위의 협의대상이 되지 않으므로 당당하게 반탁운동을 할 수 있게 된 것이다. 만일 정당 및 사회단체가 반탁운동을 하게 되면 소련측은 이것을 빌미로 해서 미소공위에 참여를 배제하려고 할 것이다. 그러므로 이윤영이 미소공위에 참여하는 단체들을 통해서 주어진 틀 안에서 활동을 했다면 배은희는 틀 밖에서 반탁운동을 전개했던 것이다. 결국 이승만은 이윤영과 배은희 두 사람

---

[119] 이은선, "배은희의 건국활동," 「종교개혁 500주년 기념 특별심포지움, 해방 후 한국정치와 기독교인」, 서울신학대학교 현대기독교역사연구소 발표자료집, 2017.

을 통해서 자신의 뜻을 관철할 수 있었던 것이다.

미소공위가 실패로 끝나고 이제 총선을 준비해야 하는 중대한 시점에서 이승만은 독촉을 재정비했다. 이승만은 10월 3일에서 7일까지 5일간에 걸친 회의에서 중앙 간부를 강화하기로 하고, "현하 급박하는 시국에 대처하기 위하여 기존에 2명이었던 부위원장을 약간명으로 개정하고, 기존의 명제세, 백남훈 외에 신익희, 이윤영, 배은희 3명을 추가하였다. 신익희는 원래 부위원장이었던 인물이었으며, 이윤영과 배은희는 새롭게 선임되었다.[120] 이승만은 이윤영과 배은희를 통해서 독촉을 보다 친정체재로 만들려고 했던 것 같다. 이렇게 독촉국민회의가 친정체재로 바뀌면서 민족통일총본부는 유명무실해져버린 것 같다.

이 새로운 집행부가 해야 할 첫 번째 과제는 UN에 이관된 한반도의 문제를 파괴하려는 소련과 남로당의 음모를 분쇄하는 것이었다. 그래서 10월 12일 남산에서 "국제 음모 규탄 및 총선거 촉진국민대회"를 개최하고, "소련의 침략과 파괴적임을 세계에 폭로함과 동시에 3,000만 민족은 소련의 지배하에 들어가라는 남로당의 매국적인 행동을 천하에 규탄한다."는 결의안을 채택하였다.[121] 이승만과 그의 측근들은 끊임없이 공산정부를 세우려는 좌익의 음모와 싸워야 했던 것이다.

새로운 집행부의 두 번째 과제는 미군정을 연장시키고, 독립정부를 세우는 일을 지연시키려는 음모를 막는 것이었다. 위에서 언급한 남산대회 중에 당시 민정장관 안재홍에 대한 사임요구안이 제출되었는데, 그 이유는 김규식과 안재홍이 군정연장 청원서를 미군정에 제출했다는 것이다. 물론 당사자들은 이것을 부인했지만 이승만은 좌우합작그룹을 지지하는 미군의 음모가 아닐까 의심하였다. 이승만과 독촉국민회의는

---

[120] "독촉, 전국 대표자대회의 주요결의사항," 『경향신문』, 1947년 10월 9일.
[121] "국제 음모 규탄 및 총선거 촉진국민대회," 『조선일보』, 1947년 10월 12일.

더 이상 미군정 연장을 있어서는 안된다고 강력하게 비판하였다.[122]

 총선거를 앞두고 정치적으로 가장 중요하고도 어려웠던 일은 우익의 단결이었다. 임정법통론을 주장하는 김구와 보통선거를 통한 정부수립을 주장하는 이승만은 계속 협력과 갈등을 반복하였다. 1947년 초 이승만의 방미 기간 동안에 양 진영 사이에는 상당한 갈등이 있었다. 하지만 제2차 미소공위가 열리면서 신탁통치의 가능성이 생기자 양측은 갈등을 봉합하고, 여기에 맞서서 싸웠다. 하지만 다시 이 문제가 정리되고 정부수립을 앞두고 총선정국에 들어서자 다시금 양측의 갈등은 깊어져 가고 있었다. 하지만 이승만은 어떻게 해서든지 이 둘을 하나로 묶어 보려고 노력했다. 하지만 이 같은 노력은 실패로 돌아가고 말았다.

 이렇게 본격적으로 총선체제가 진행됨에 따라서 이윤영이 주도했던 임시정부수립대책위원회는 1948년 1월 한국독립정부수립대책위원회로 명칭을 바꾸고, 외교진영을 확대하고, 재정대책을 강화하기로 결정했다. 이 단체를 통하여 UN한국위원단을 맞이하여 총선에 대한 논의를 하기로 결정하였다. 이윤영과 박승호가 회장이며, 장면이 외교부장, 오윤환 총무부장, 황태문 재정부장, 김준연 연구부장, 유진산 연락부장, 함상훈 선전부장으로 발표 되었다. 이윤영은 대한민국을 준비하는 세력의 중심으로 부상하고 있었다.[123]

 본격적으로 총선체재를 갖추면서 독립촉성국민회의가 다시 정비를 하게 되었다. 이윤영은 1948년 3월에 열린 독촉국민회의 전국대표자대

122) 여기에 대한 자세한 논의는 손세일, 『이승만과 김구 7』, 조선뉴스프레스, 2015, 71~85쪽 참조.
123) "임시정부수립대책협의회, 한국독립정부수립대책협의회로 개칭," 『동아일보』, 1948년 1월 22일.

회에서 총재 이승만, 위원장 오세창, 부위원장 이윤영, 신익희, 이청천, 명제세, 배은희를 선출하였다.[124] 이미 오세창은 원로로 은퇴상태였기 때문에 독촉국민회의는 부위원장을 중심으로 운영될 수밖에 없었다. 이윤영은 그 핵심인물이었다. 이제 독립촉성국민회의에는 김구의 임정봉대파도, 김규식의 좌우합작파도 사라지고, 이승만의 총선을 통한 독립정부지자자들만 남게 되었다. 이들을 중심으로 전국을 재구성하여 앞으로 총선에 출마할 수 있는 인물을 배출하게 되었다. 아울러서 독촉국민회의는 국민계몽운동에도 열을 내서 왜 남한에 자유민주국가가 세워져야 하는 지 대중들에게 교육을 하였다. 그 결과 55명의 국회의원을 배출함으로 무소속을 제외하고 가장 많이 국회의원을 배출하여 대한민국 수립의 주체세력이 되었다.[125]

9. 맺는 말

우리는 이상에서 해방 후 이윤영의 반탁·통일운동에 대해서 살펴보았다. 이윤영은 서북지역의 대표적인 감리교회인 남산현교회 담임목사를 지낸 인물로서 삼일운동에 참여했고, 일제 말에는 일본의 종교정책에 반대해서 목사직을 잃기도 하였다. 해방 후 이윤영은 조만식과 함께 평남건국준비위원회를 만들고, 이어서 평남인민정치위원회 부위원장, 조선민주당 부당수를 지내면서 조만식과 함께 북한지역의 대표적인 민족주의자로 부상되었다. 이것은 그가 북한 기독교를 대표하는 인물이었기 때문이었다. 그러나 소련의 신탁통치에 반대하여 가택 연

---

124) "독촉국민회, 제 6차 대표자회의 개최," 『경향신문』, 1948년 3월 18일.
125) 이상훈, "해방 후 대한민국독립촉성국민회의의 건국활동," 61~64쪽.

금되었다가 미군과 이승만·김구에게 반탁서신을 보낸 것이 알려져 월남하게 되었다.

1946년 2월 월남한 이윤영은 남한에서 월남민과 북한 기독교의 대표자로서 활동하게 되었다. 이윤영은 남한 사회에서 조만식을 대리하는 인물로서 주목을 받았고, 각종 월남민단체와 행서에서 월남민을 대표하는 위치에 있게 되었다. 월남민들이 가장 중요하게 생각하는 것은 첫째로 북한실정을 남한에 정확하게 알리는 것이었고, 둘째는 38선을 철폐하여 통일을 이룩하는 것이며, 셋째는 월남한 이북인들을 돕는 일이었다. 이윤영은 월남민의 대표로서 이런 일들을 위해서 노력했다.

이윤영은 북한의 조선민주당이 소련군의 지배아래 들어갔기 때문에 월남한 다른 조만식의 측근들과 함께 조선민주당을 서울로 이전하고, 그 대표자로 활동하였다. 서울의 조선민주당은 이남에 조직된 월남인들의 정당이며, 이남에서 조만식의 입장을 대변하는 단체였다. 조선민주당은 이승만과 같이 철저한 반공과 반탁을 외쳤지만 이승만과 달리 미소공위의 임시정부에 관한 논의에는 참여하고 있었고, 좌우합작을 주장하는 중간파에 대해서는 남한만의 좌우합작이 아니라 북한에서도 좌우합작을 인정해서 북한 우익의 대표적인 인사인 조만식을 정치에 복귀시킬 것을 요구하기도 하였다.

월남한 이윤영은 남한에서 이승만과 손을 잡고 우익 세력의 중심에서 활동하였다. 이윤영은 이승만의 친위단체인 민족통일총본부에 가담하여 중심인물이 되었다. 특히 1947년 1월 김구가 이승만의 우익세력을 자신의 세력아래 두려고 했을 때 이윤영은 배은희와 함께 이것을 막았고, 1947년 5월에 재개된 제2차 미소공위에서 우익단체들의 연합체인 임시정부수립대책위원회의 대표로서 미소공위에서 이승만의 입장을 대변하는 인물이 되었다. 이런 공로로 이윤영은 해방정국의 가장 큰 단체인 독립촉성국민회의의 부위원장이 되었다.

이윤영은 월남한 이북인으로서 원칙적으로 38선의 철폐와 남북통일 정부를 지지하지만, 현실적으로 이것이 소련의 반대로 어렵기 때문에 우선 보통선거를 통해서 남한에 독립정부를 세우고, 이 독립정부를 근거로 해서 남북통일을 추구해야 한다는 이승만의 입장을 적극적으로 지지했다. 좌익은 이런 이승만의 주장을 남북을 분단시키는 단독정부 수립이라고 비판했지만 이윤영은 북한이 이미 임시인민위원회를 만들어 남북을 분단시킨 상황에서 남한의 자유민주주의를 지키고, 민주적인 통일을 위해서는 가장 현실적인 입장이라고 반박하였다.

이승만은 이윤영을 조만식을 대리하여 북한을 대표하는 인물로 이해했으며, 따라서 이윤영을 우익의 각종 단체의 핵심요직에 등용하였다. 이윤영은 이승만의 핵심조직이었던 민족통일총본부의 중심인물이며, 이승만과 함께 대한민국 수립에 결정적인 공헌을 한 독촉국민회의의 핵심인물이었다. 이런 점에서 이윤영을 대표로 하는 월남인과 월남 기독교인들은 이승만의 대한민국 수립에 중요한 기여를 했다고 말 할 수 있다.

〈참고문헌〉

1. 미군문서

김국태(역), 『해방 3년과 미국 I』, 돌베개, 1984.

신복룡(편), 『한국분단사자료집 VI』, 원주문화사, 1991.

여강출판사(편), 『남조선과도입법의원 속기록 1』, 여강출판사, 1984.

정용욱·이길상(편), 『해방 전후의 미국 대한정책사 자료집 9』, 다락방, 1995.

United States Armed Forces in Korea, 『주한미군사 : History of the United States Armed Forces in Korea 2』, 돌베개, 1988.

RG 59, Box 3, 78, National Archives and Recorded Administration.

Intelligence Summary Northern Korea.

G-2 Weekly Summary.

G-2 Periodic Report.

2. 신문·잡지 자료

『경향신문』, 『대동신문』, 『동아일보』, 『서울신문』, 『조선일보』.

문봉제, "삼팔선철폐요구국민대회," 「북한 6」 1972년.

3. 회고록

김신옥, 『행함으로 믿음을 온전하게 하라』, 도서출판대장간, 2010.

김 욱, 『이승만, 김구, 그리고 나』, 리앤리하우스, 2004.

배은희, 『나는 왜 싸웠나?』, 일한도서출판위원회, 1955.

이윤영, 『백사 이윤영 회고록』, 사초, 1984.

4. 단행본

김내영, 『조국을 구원할 자는 오직 너와 나로다: 애국지사 김병연의 삶』, 쿰란출판사, 2011.

김양선, 『한국기독교해방 십년사』, 대한예수교장로회총회교육부, 1956.

도진순, 『한국민족주의와 남북관계』, 서울대학교출판부, 1998.

박명수, 『조만식과 해방 후 한국정치』, 북코리아, 2016.

사와 마사히코, "해방 후 북한지역의 기독교," 『해방 후 북한교회사』, 다산글방, 1992.

손세일,『이승만과 김구 7』, 조선뉴스프레스, 2015.
우남이승만문서편찬위원회(편),『이화장소장 우남이승만문서 동문편 제14권 - 건국기 문서 2』, 중앙일보사·연세대학교현대한국학연구소, 1998.
정병준,『우남 이승만 연구』, 역사비평사, 2005.
정용욱,『해방 전후 미국의 대한정책』, 서울대학교출판부, 2003.
조영암,『고당 조만식』, 정치신문사, 1953.

5. 논문
김동선, "미군정기 미국선교사 2세와 한국정치세력의 형성-윌리엄스(George Zur Williams)와 윔스(Clarence N. Weems Jr.)를 중심으로-,"「한국민족운동사연구」91호, 한국민족운동사학회, 2017.
박명수, "'중앙집권화된 행정부'와 한반도의 분단 - 해방 전후 미국의 대한정책에 대한 재고찰,"「역사와 실학」62호, 2017.
_____, "1947년 3·1절에 나타난 임정법통론과 인민혁명에 대한 미군정의 대응,"「정치외교사 논총」39-1호, 2017.
이은선, "대한독립촉성국민회와 기독교," 서울신학대학교 현대기독교역사연구소(편),『해방공간과 기독교』, 선인, 2017.
_____, "배은희의 건국활동,"『종교개혁 500주년 기념 특별심포지움, 해방후 한국정치와 기독교인』, 서울신학대학교 현대기독교역사연구소 발표논문집, 2017.
이상훈, "해방 후 대한민국독립촉성국민회의의 건국활동,"「학림」30호, 연세대학교 사학연구회, 2009.

6. 웹사이트
국사편찬위원회 한국사데이터베이스 자료대한민국사 항목
    (http://db.history.go.kr/item/level.do?itemId=dh)

박용희 목사의 정치참여와 정치단체

김권정

1. 시작하는 말

해방 후 다수의 기독교인들이 민족 지도자에 위치하며 국가 건설에 참여하였다. 19세기말 한국사회의 정치세력으로 등장한 이래, 많은 기독교인들이 식민지 상태에서 민족주의 세력의 주요 기반으로 민족운동을 전개했다는 점에서, 해방 이후 기독교인들이 민족국가 건설에 적극 참여하는 것은 자연스러운 일이었다.[1] 기독교인들은 해방 이후 급변하는 정치상황 속에서 안으로는 일제 탄압으로 와해된 교회 조직을 재건하고, 밖으로는 새로운 국가건설운동에 나섰다.

해방 후 기독교인들은 개인적 이상과 경험, 사회경제적 배경, 상호간의 이해관계, 그리고 소속 정치세력의 노선 차이 등의 다양한 편차에도 불구하고, 시대와 역사 과제에 부응하며 대한민국 수립과정에서 중요한 역할을 담당하였다. 이승만(李承晩), 김구(金九), 김규식(金奎

---

1) 김권정, 『한국기독교민족운동론과 민족운동』, 국학자료원, 2015 참조.

植) 등 이외에도 많은 기독교인들이 나름대로 국가건설운동에 노력했는데, 그 중의 한 사람이 바로 동송(東松) 박용희(朴容羲, 1884~1959) 목사이다.

그러나 한국기독교계 및 민족·사회운동에 큰 비중을 차지하고 있음에도 불구하고 그에 대한 연구는 미흡한 실정이다. 통천 3·1운동[2] 및 순천노회 사건[3] 등의 관련성을 다루거나 1920~30년대 기독교 민족운동을 다루면서 중요한 인물 정도로 언급하며, 해방 이후 정치 분야에서 활동하였다는 점을 서술하는 정도이다.[4] 최근 그에 대해 해방 이후 부분을 포함한 연구가 진행되었으나, 여전히 목회 차원의 서술에 그치고 있다.[5]

더욱 놀라운 것은 박용희가 해방정국에서 중도우파[6] 대표적 인물인 민세(民世) 안재홍(安在鴻)과 함께 정치적 행보를 끝까지 했음에도 불구하고 일반 역사학계의 주목을 전혀 받지 못했다는 점이다.

---

[2] 전정희, 「경기도 김포 월곶과 십자가 정신 박용희 목사」, 『국민일보』 2017년 8월 11일자.

[3] 김승태, 「1940년대 일제의 종교탄압과 한국교회의 대응」, 『한국기독교역사연구소소식지』, 1992, 11~20쪽 참조.

[4] 杜門洞如是觀生, 「敎界人物評論其七, 朴容羲論」, 『새가정』, 1949.10, 37~40쪽. 이 글에서는 해방정국 당시 종교지도자 박용희의 정치사회적 명성에 대해 간략하게 소개하고 있다.

[5] 이선호, 「박용희(朴容羲)의 신앙과 사역에 대한 연구」, 『피어선신학논단』 3, 평택대학교 피어선기념성경연구원, 2014.8, 89~114쪽.

[6] 서중석, 「해방정국의 중도파 정치세력을 어떻게 볼 것인가」, 『한국민족운동사연구』 39, 한국민족운동사학회, 2004, 6쪽. 해방정국에서 극우와 극좌를 비판하며 민족노선을 지향하며 형성된 정치 정치세력이 중도파 정치세력이다. 당시 이들을 중간파라고 부르기도 하였다. 여기에서는 중도파로 통일해서 부른다. 이들은 우익과 좌익에 속해 있었는데, 상대 세력을 인정하지 않는 극우나 극좌를 비판하며 민족통일국가건설을 지향하는 정치노선을 걸은 중도 우파(김규식 등)와 중도 좌파(여운형 등)로 구분해 볼 수 있을 것이다.

그런데 필자가 보기에 여기에는 나름의 이유가 있다고 생각된다. 그것은 연구자들이 이승만, 김구, 김규식, 안재홍 등에 비해 그가 상대적으로 정치적 위상이 낮다고 여겼기 때문이며, 조직 활동가의 성격이 강했던 그가 후대 연구자들이 분석하고 연구할 수 있는 글이나 자료를 거의 남기지 않았던 것도 그 원인으로 보인다. 또한 해방정국에서 기존의 인물 연구가 주로 명망성 있는 인물들에 초점을 맞추고 진행된 것도 작용한 것으로 생각된다.

이런 문제의식에서 필자는 해방 이후 대한민국 수립 전까지 민세 안재홍과 함께 중도우파의 인물로 활동한 박용희의 정치활동에 주목할 필요가 있다고 본다. 그는 기독교 목회자의 신분으로 일제하 기독교민족운동의 연장선상에서 해방 후 직면한 시대적 과제에 부응하고자 했다는 점에서 의미가 있다. 이는 오늘날 여전히 '민족통일 국가수립'이란 목표를 추구하는 상황에서 역사적으로 조명 받을 가치가 충분하다고 판단된다.

2. 해방 후 국민당과 기독신민회 결성

1) 해방 이전 박용희의 민족운동의 참여

해방 후 박용희가 중도우파로 자리매김하며 정당 정치에 참여하는데, 해방 이전 그의 활동과 위상이 크게 영향을 미치고 있다고 생각된다. 이를 살펴보면 다음과 같다.

먼저, 해방 이전 그는 서울지역을 대표하는 기독교계 지도자였다는 점이다. 1883년 12월 11일 서울 안암동에서 금군(禁軍) 출신 박홍근(朴

弘根)의 둘째아들로 태어났다.[7] 그의 나이 9세에 아버지가 억울한 누명으로 돌아가시자, 동숭동으로 이사하여 살게 되었다. 그는 1907년 집에서 가까운 연동교회에서 온 가족이 교회를 다니게 되면서 기독교 신앙생활을 하기 시작하였다. 1908년 겨울에는 성결교 무교정교회의 부흥회에 참석하였다가 종교적 큰 감화를 받기도 하였다.[8]

박용희는 1910년 외국선교사의 추천을 받아 평양에 위치한 장로교 평양신학교에 입학하였다. 2년간 신학공부를 하던 중 그는 일본에 가서 공부할 기회를 얻게 되었다. 1912년 일본 도쿄에서 성결교 계통의 성서학원에서 공부하게 되었는데, 갑작스러운 건강악화로 2년 만에 국내로 돌아와야만 했다.[9] 곧 건강을 회복한 그는 교역자 순회전도 활동에 나섰다. 1910년대 후반 서울 묘동교회를 비롯하여 강화, 김포 등지에서 활발하게 활약한 대표적 전도자 중의 한 명이었다.

3·1운동에서는 이상재와 박승봉의 지원 아래 3·1운동에 깊게 관여하여 민족대표 33인에 버금가는 역할을 담당하였다. 그는 민족대표 33인이 체포되었을 것을 준비하는 '2진'으로 참여하였다. 3·1운동 당시 김포 월곶 만세시위를 주도적으로 조직하기도 하였다.[10] 3·1운동 직후 상해로 나가 활동하던 그는 1921년 초 국내에 다시 들어왔고, 장로교 교역자로 다시 활동하기 시작하였다.[11]

1921년 9월부터는 경기도 안성읍교회 전도사로 목회를 시작하였고,

---

[7] 그의 출생지역에 대해서는 일반적으로 경기도 안성에서 태어난 것으로 알려져 있으나, 그의 딸이 직접 쓴 글에서는 박용희가 서울 안암동에서 출생한 것으로 나온다. (박정숙, 『萬歲魂』, 에프 커뮤니케이션즈, 2001, 362쪽.)
[8] 이명직, 『성결교회약사』, 성결교회출판사, 1927, 52~53쪽.
[9] 박정숙, 위의 글, 363쪽.
[10] 전정희, 「경기도 김포 월곶과 십자가 정신 박용희 목사」, 재인용.
[11] 박정숙, 『만세혼』, 433~439쪽.

1925년에는 장로교 목사안수를 받았다. 1928년 9월에는 서울지역 대표적 장로교회인 승동교회의 담임목사로 부임하여 1935년경까지 목회활동을 하였다. 1927~28년에는 경기노회장을 역임하는 등 대표적인 기호지역(畿湖地域) 교회 지도자로 자리매김하였다.[12] 특히 1930년대 전반 승동교회를 담임하며 평민목회를 추구하던 그는 교회 내 왕족 출신 명예목사 이재형 목사와 대립하기도 하였고, 지역적 당파성을 강하게 드러내던 서북기독교계 지도자들과 갈등 및 충돌을 빚기도 하였다.[13] 함태영, 전필순 목사 등과 함께 장로교 경성노회에서 분리하여 京中老會를 새로 조직하는 등 자연스럽게 서울지역을 거점으로 하는 기호계 기독교계의 대표적 인물이 되었다.

다음으로 주목되는 점은 그가 사회현실에 대한 보수적인 태도를 지닌 한국교회 분위기 속에서 교회와 사회개혁을 주장하며 적극적으로 실천한 인물이었다는 것이다.

3·1운동에 적극 참여한 경력을 지닌 그는 유교적 가치를 존중하며, 교회가 사회개혁에 중요한 역할을 해야 한다는 것에 깊이 공감하고 있었다. 그는 교회가 개인과 사회를 구원하고 각 민족 각 나라를 구원하며, 이를 통해 하나님나라를 완성시키는 곳으로 인식하였고, 이 일에 적극 참여하는 것이 기독교인들의 사명이라고 보았다.[14] 1929년에는 장감연합기관인 '조선예수교연합공의회' 회장이 되어 초교파적인 연합운동의 중심에서 그의 지도력을 발휘하였다. 교회 내부의 학교 및 기관 운영 문제로 갈등을 빚고 있는 문제해결을 위해 장로교단의 화해위원으로 활동하기도 하였다.

---

12) 대한예수교장로회 승동교회, 『승동교회 백년사』, 189~191쪽.
13) 대한예수교장로회 승동교회, 『승동교회 백년사』, 191~195쪽.
14) 朴容義, 「敎會의 意義」, 『基督申報』, 1934년 11월 21일자.

그는 1930년대 전반 한국교회 신앙 형식화와 현실유리 현상, 이를 유지하려는 보수적 선교사들의 고압적 자세를 비판하며, '사회복음'(社會福音)을 주장한 적극신앙단(積極信仰團)에 주도적으로 참여하였다.[15] 이 단체는 한국기독교의 개혁에 동의하는 장로교와 감리교 인물들이 주도했는데, 당시 '관념적인 천국주의'만 부르짖는 기독교의 소극적 태도를 비판하고 시대에 뒤떨어지지 않고 부합하는 적극적인 태도를 지닌 기독교로 전환해야 할 것과 이것을 위해 체계적인 기독교 개혁단체의 필요성을 주장하였다. 그는 한국교회의 신앙 현실이 갖는 피안적이고 관념적인 소극적 태도를 비판하며 현실 참여적 모습을 지향한 '적극신앙선언 5개항'과 '생활개선을 위한 21개조'에 적극 동의하였다.

이런 모습은 그가 한국교회의 보수적 목회자와 다른 개혁적 이념과 방향을 소유한 인물이었음을 단적으로 보여준다. 현실 문제 해결에 뛰어들어 이를 담당해야 한다는 책임의식은 해방 후 정치 활동에 큰 영향을 미쳤을 것으로 보인다.

끝으로 박용희는 일제하 한국기독교의 대표적인 '기독교민족운동가'라는 점이었다. 1919년 당시 한국기독교계 대표적 원로인 이상재와 박승봉의 후원아래 3·1운동에 참여한 그는 민족대표 33인 명단에 들어가지 못했다. 그것은 두 가지 역할을 담당해야 했기 때문이다. 그것은 3·1운동이란 대사건의 '재정조달'이라는 막중한 사명을 수행한 것이었고, 다른 하나는 3·1운동에 이어 서울에서 이른바 '한성임시정부'(漢城臨時政府)을 조직하고 이를 선포하는 기독교측 대표라는 역할 때문이었다.[16] 이로 인해 그는 일제의 체포를 피해 중국으로 일정기간

15) 김권정, 「1930년대 전반 적극신앙운동에 관한 연구」, 『한국민족운동사연구』 35, 한국민족운동사학회, 2003 참조.
16) 고정휴, 「세칭 한성정부의 조직 주체와 선포경위에 대한 검토」, 『한국사연구』

피신해야 하였고, 상해 임시정부에서 독립운동가들과 교류하기도 하였다.

1927년에는 민족주의와 사회주의자들이 연합하여 민족모순의 해결을 목적으로 창립된 신간회(新幹會)에 적극 참여하였다.[17] 당시 이상재가 주장했듯이, 신간회에 참여한 기독교인들 대부분은 민족주의가 사회주의의 '근원'(根源)이고, 사회주의가 민족주의의 '지류'(支流)로 둘다 없어서 안 될 중요한 요소로 인식하며 민족 모순의 해결을 위해 민족주의와 사회주의 협동의 필요성을 누구보다 강하게 인식하고 있었다.[18] 박용희 역시 이런 인식에 동감하고 신간회운동에 참여한 것으로 보인다. 그는 안성 자신의 집에서 지회 설립준비회를 개최하고, 1927년 11월 안성지회를 설립하였으며, 초대 지회장으로 선출되는 등 신간회 안성지회 설립에 주도적 역할을 담당하였다.[19]

이 같이 그가 국내 민족운동에 목사의 신분으로 참여하다보니 일본 경찰의 감시를 받는 것은 어쩌면 자연스러운 일이었다. 그의 YMCA 활동에 대해 일본 경찰이 감시보고서를 작성하는 등 그는 일제의 주요한 감시 대상자였다.[20] 1931년에는 만주에서 일어난 '만보산사건'으로 국내 반중국인 배척운동이 일어나자, 그는 한국인과 중국인 사이의 갈등과 충돌을 해결하는 중재위원으로 활동하기도 하였다.[21]

97, 1997, 167~201쪽 참조.

17) 김권정, 「기독교세력의 신간회 참여와 활동」, 『한국민족운동사연구』 25, 2000 참조.

18) 이상재, 「청년이여(四)」, 『청년』, 1926년 5월호, 2쪽.

19) 「신간회 안성지회, 설립대회 개최」, 『동아일보』 1927년 11월 16일자.

20) 京城鍾路警察署, 「(中央基督敎靑年會) 集會狀況報告」, 『思想에 관한 情報綴 1』, 京鍾警高秘 제12134호, 1931. 3.

21) 안교성, 「1930년대 한중관계에 관한 한 소고: 기독교를 중심으로」, 『한국기독교와 역사』 43, 한국기독교역사연구소, 2015. 9, 205~231쪽.

일제 말기 박용희는 전남 순천교회 담임을 하면서 순천노회장을 역임하였는데, 일제의 신사참배 강요에 맞선 거부투쟁에 적극 참여하였다.[22] 당시 선교사들이 추방되고 노회가 강제 해산당하는 현실에서 신사참배를 거부한 목회자들이 체포되어 고통을 당하였다. 박용희도 역시 1940년 10월에 체포되어 모진 고문을 받았고, 1942년 9월 3년형을 선고받고 해방직전까지 옥고를 치러야만 했다. 1944년 11월 26일 광주형무소에서 형기를 마치고 석방되었다.[23] 신사참배거부운동은 단순이 종교적 저항이 아니라 민족의식을 고취하고 일제의 폭압적 탄압에 맞선 투쟁이라는 점에서 민족운동이란 성격을 그대로 지니고 있다고 볼 수 있을 것이다.

그는 기독교 목회자였음에도 불구하고, 해방직후 민족운동가로 대중의 존경을 받는 명망가 중의 한 사람이 되었다. 당시 국내외 상당수 민족운동가들이 일제 말기의 친일 행위로 해방 직후 대중의 비난을 받으며 활동이 위축되었다. 이런 현실에서 해방직후 박용희는 3·1운동과 신간회운동, 그리고 신사참배거부투쟁의 중심에서 조직을 결성하고 이끌어 가는 지도자로, 결코 친일로 일탈하지 않으며 일관되게 독립운동가로서 그 명맥을 잃지 않았다는 명망성을 갖고 있던 것이다. 이것은 해방직후 정남북의 분할과 정치변동이 맞물리면서 그가 국내 정치현실에서 거물급 정치지도자로 자리 잡는데 결정적 배경이 된 것으로 보인다.

---

22) 김승태, 위의 글 참조.
23) 박정숙, 『만세혼』, 484쪽.

2) 국민당 결성과 독립촉성중앙협의회

8·15 해방 직후 우익진영에서는 일제하 민족운동에서 대표적 명망성을 지닌 민족주의자들을 중심으로 정치단체 결성의 움직임이 일어났다. 여기에는 급변하는 정치상황 뿐만 아니라 이에 빠르게 대처한 좌익세력의 행보도 중요한 영향을 미쳤다.[24) 그것은 해방직전 조직된 건국준비위원회가 얼마 되지 않아 조선공산당 중심의 좌익세력이 단체 주도권을 장악하는 일이 일어났기 때문이다. 그러자 미군 진주 이전에 좌익세력이 국내 정치적 주도권을 가질 수 있다는 위기감이 우익세력을 중심으로 조성되었고, 이에 대응하여 정치단체 결성에 적극 나서게 된 것이다.

일제하 민족운동세력 중의 하나인 기독교세력 역시 기독교 조직을 기반으로 정치단체를 결성하거나 동시에 연합적 정치단체에 참여함으로써 정치 환경에 조직적으로 대응하기 시작하였다.[25) 조선공산당을 중심으로 하는 좌익세력의 적극적인 정치 움직임이 이어지자, 민족주의세력은 정치단체를 결성하며 정치세력의 재집결을 모색하였다.

박용희는 1945년 9월 5일 서울 정동교회에서 기독교계 인사들과 함께 '민주국가 건설'을 표방하면서 사회민주당(社會民主黨)을 조직하였다.[26) 이 정당은 위원장 박용희, 총무부장 강준표, 재무부장 박용래, 선전부장 최동 등 기독교계 인물들의 주도로 결성되었다.[27) 이 때 참

---

24) 윤덕영, 「1945년 한국민주당 초기 조직의 성격과 주한미군정 활용」, 『역사와 현실』 80, 한국사연구회, 2011, 252~256쪽.

25) 김권정, 『한국기독교민족운동론과 민족운동』, 27~33쪽.

26) 『매일신보』 1945년 9월 19일자.

27) 강준표는 해방이전 동아일보 기자와 지국장을 지낸 언론인 출신이었고, 박용래는 일본 지바대학교(千葉大學校) 의대 박사학위 출신의 의사출신이었으며,

여한 인물들은 향후 박용희와 함께 국민당, 독립촉성중앙협의회, 기독신민회 등을 조직하는데 핵심적 역할을 담당하였다. 이 단체는 기독교인들이 중심이 되어 창당되었음에도 시민적 참여를 유도하기 위해 기독교적 색채가 희석된 강령을 내놓았던 것이다.[28] 여기에서는 국민의 인권과 기회가 균등히 보장되는 건전한 민주국가의 건설을 지향하고 있음을 알 수 있다. 사회민주당의 조직은 그가 해방직후 목회 현장보다 정치일선에 직접 나서서 정치운동에 나서게 되는 신호탄이 되었다.

그는 얼마 안 있어 한국민주당(이하 한민당) 결성에 자신의 이름을 올렸다. 한민당 창립은 당시 조직적인 구심이나 사상, 또는 정치노선을 가지고 조직된 정당이라기보다 좌익세력의 국내 정치 주도권 장악에 맞선 민족주의 진영의 세력 결집이란 대응성격에서 출발한 정당의 성격이 강했다. 상당수의 기독교인들이 한민당에 참여하였다.[29] 이런 상황에서 해방 당시 60세였던 박용희도 기독교계 원로 지도자로 참여한 것으로 보인다.

9월 6일 개최된 한민당 발기회에 참여한 그는 조사부 임원으로 선출되었다. 9월 8일에는 발표된 한민당 발기인에 이름을 올렸다. 한민당은 민족적 대동단결을 목표로 대한민국임시정부를 절대로 지지한다는 결의를 선언하였다.[30] 한민당은 미군의 진주를 앞두고 조선공산당 중

최동 역시 세브란스의전의 의사출신 등으로 해방정국에서 정치사회활동을 활발히 전개한 인물들이었다.

[28] 강령을 살펴보면, 크게 "① 인권을 존중하며 국민의 기회를 균등하게 하여 민주국가의 건전한 발전을 기한다. ② 정치경제문화상 발전을 발양하여 국민생활의 양성을 기한다. ③ 산업의 다각적 급속 발전을 도모하여 국민생활의 향상을 기한다" 등이었다.

[29] 박태균, 「해방 직후 한국민주당 구성원의 성격과 조직개편」, 『국사관논총』 58, 국사편찬위원회, 1994, 94~99쪽.

[30] 『매일신보』, 1945년 9월 9일자.

심의 인민공화국에 대응하면서 동시에 미군의 진주에 대비하며 송진우, 김성수 등을 주축으로 대한민국임시정부 지지를 내세우며 해방직후 민족주의 진영의 최대 정당으로 등장하였다.

박용희는 한민당 참여와 거의 동시기에 국민당 결성에도 주도적으로 참여하였다.[31] 그는 정당 난립으로 인한 정치적 혼란을 해결하기 위해 사회민주당을 비롯한 여타 정당과 통합하기로 추진하였다. 그는 9월 24일 안재홍의 조선국민당[32], 명제세의 공화당, 그리고 자유당, 동지회, 근우동맹 등 6개 정당 및 사회단체 대표 39명과 함께 국민당(國民黨)을 주도적으로 창립하였다. 9월 29일 중앙집행위원회를 개최한 국민당은 103명의 집행위원을 선정하고 부서를 정하며 선언문과 정강정책을 발표하였다. 박용희는 명제세와 함께 부집행위원장에, 집행위원장에는 안재홍이 선임되었다.

박용희와 안재홍, 명제세는 모두 해방 이전 기호지역을 기반으로 일제에 투쟁한 독립운동의 경험이 있었고, 민족협동전선으로 추진된 신간회운동에 참여한 바가 있었다. 안재홍은 서울을 중심으로 활동하며 YMCA 활동을 통해 함태영·전필순 등 기호계 기독교계 인물들과 친밀한 관계를 광범위하게 유지하며 이들이 주도한 흥업구락부운동에도 적극 참여한 바가 있었다. 명제세는 조선물산장려회와 조선민흥회에서 기독교인들과 활동한 경험이 있었다. 박용희는 1920년대 후반 기호

---

31) 해방직후 당시 일제시기에 억눌렸던 정치적 열망이 터져 나오며 많은 정치 및 사회단체가 결성되었고, 명망성 있는 인물들이 2~3개 정치사회 단체에 자신의 이름을 올리는 경우가 흔한 현상이었다.

32) 당시 건국준비위원회(이하 건준) 부위원장으로 활동하던 안재홍은 좌익세력이 건준 주도권을 장악하자 탈퇴하여 9월 1일 조선국민당을 발족시켰다. 그는 좌익세력의 독선을 비판하고, 좌익정부수립에 분명한 반대의사를 표명하며 이에 대응하여 정치단체를 조직한 것이었다.

계 대표적인 목회자로 자리를 잡으며 함태영·전필순 등과 기독교 개혁운동의 중심에서 활약하였다.

이처럼 국민당을 주도한 이들은 서울지역을 거점으로 활동하며 독립운동을 하다가 일제의 탄압을 받으며 대중의 존경을 받는 명망성을 지녔으며, 신간회운동을 통해 사회주의자들과의 협동 경험을 갖고 있다는 공통점이 존재하였다.

그런데 여기서 주목되는 것은 그가 국민당 조직 이후 그의 이름이 한민당에서 거의 나오지 않는다는 점이다. 한민당 내에서 일체의 부서에서 그 이름이 전혀 나오지 않는다. 이것은 해방직후 정치참여의 논리가 어디에 초점이 있는가를 분명하게 보여준다. 당시 국민당은 한민당과 같은 민족주의 중심의 우익정당이었으나, 추구하는 방향에서는 차이가 있었기 때문이다. 한민당이 좌익세력의 반대운동의 일환으로 출발한 반면에, 국민당은 처음부터 극좌나 극우를 넘어서 민족통일 국가건설을 위해 정치세력의 통합을 주장하는 중도적 정치 이념을 내세웠기 때문이다. 즉 국민당은 민족통일 독립국가건설을 지향하는 자신들의 목적과 의도에 유사하다면 어떤 정당과도 협력하겠다는 유연한 태도를 공개적으로 표명하고 있었다.33) 또한 한민당에 친일인사가 많았던 것도 그 이유가 되었던 것으로 보인다. 당시 한민당 지방지부의 조직이 '친일파정당'이라는 오명 때문에 조직 결성이 쉽지 않았을 정도였다.34) 이는 항일 민족지도자의 명망성을 지닌 그가 참석하기에는 거부감도 작용하였던 것이다.

이런 차원에서 국민당은 정권쟁취를 목적으로 하는 정당과 달리 자

---

33) 오영섭, 「해방 후 민세 안재홍의 민족협동운동」, 『태동고전연구』 제15집, 1998, 206쪽.
34) 심지연, 『한국민주당연구 II』, 222쪽, 229쪽.

주독립국가 건설을 목표로 하는 투쟁단체임을 밝히고, 대한민국 임시정부를 절대 지지하며[35], 신민족주의와 신민주주의 정치사상에 기초한 민족통일 독립국가 건설을 선언하였다. 이를 위한 정치세력의 대동단결을 주장하며 국력을 통합하여 새로운 민주주의 국가를 건설을 강조하였다.[36] 이처럼 국민당은 박용희를 비롯한 중도파 정치인들의 중도적 정치적 이념과 방향을 잘 보여주었다.

한편, 해방 직후 설립된 정당의 난립과 혼란은 새로운 국가건설을 위해 저해요인이었다. 정당 난립을 우려하는 정치세력 사이에서 정당 통합의 필요성이 제기되기 시작하였다. 국민당은 정당 통합을 목표로 하는 정치활동을 본격적으로 추진하였다. 특히 이승만 및 임시정부 요인의 귀국은 정당 통합의 주요한 계기로 작용하였다.

먼저 이승만은 해방 이후 귀국하기도 전에 여운형과 김구와 함께 중요한 지도자 위치에 있었을 뿐 아니라 인민공화국 및 한민당 등의 지도자로 요청받을 정도로 대중적인 대대적 지지를 받았다. 국민당을 비롯한 정당들은 10월 17~18일 이승만을 중심으로 민족통일을 모색하기로 결의하였다. 10월 23일 50여 개 정당 및 사회단체 대표 200여 명이 독립촉성중앙협의회(獨立促成中央協議會, 이하 독촉중협) 출범에 합의하였다.[37] 독립국가 건설을 위한 정당과 단체를 통합하여 하나의 민의대표기관으로 삼고자 하였다.

---

35)『매일신보』, 1945년 9월 24일자. 안재홍은 좌익세력의 인민공화국을 반대하며, 이미 임시정부 형태로 조직된 대한민국 임시정부를 지지하는 것이 정식정부를 수립하는 현실적인 길로 보았다. 그는 임시정부가 국제사회에서 승인받은 과도 정부의 자격으로 집권하여 국내외 역량을 보완 보강하고, 새로운 국가건설을 추진하여 정식정부로 발전시킬 것을 주장하였다.

36)『자유신문』, 1945년 10월 17일자.

37)『매일신보』, 1945년 10월 25일자.

이 과정에서 박용희는 국민당의 임원으로 독촉중앙협회에 참여하였으나, 본격적으로 활동하기 시작한 것은 1945년 11월 23일 김구, 김규식 등 대한민국 임시정부 요인들이 환국을 준비를 시작하면서였다.[38] 1945년 11월 9일 '임시정부영수환영전국환영회'(臨時政府領袖歡迎全國歡迎會)의 개최가 결정되었는데,[39] 이 조직에서 그는 연락부에 소속하여 활동하였다.

3) 조선기독교 남부대회와 기독신민회 활동

박용희는 국민당의 임원을 유지하면서도 기독교계 차원에서 조직적인 국가건설운동을 전개하였다. 당시 기독교계는 임시정부 요인의 환국 이전까지 이렇다 할 움직임이 없었다. 상당수 기독교인들이 주요한 정치세력으로 국가건설의 정치 활동에 개별적으로 활발히 참여하고 있었으나, 기독교계는 단체나 조직차원에서 조용한 분위기였다. 우남 이승만이 귀국하여 활동하면서 '기독교도들만이 소극적인 태도를 취하는 이유를 알 수 없다'라고 말할 정도였다.[40] 여기에는 일제말기 교회 지도자들의 친일협력으로 정치적 부담감이 크게 작용한 것으로 생각된다.[41]

해방정국에서 기독교계의 과제는 무엇보다 무너진 교회를 재건하고 훼손된 신앙을 회복하는 것이었다. 이와 더불어 새로운 나라를 세우는 일에 기독교계가 적극 참여하고 기독교 지도자들을 지원하여 기독교

---

38) 『서울신문』, 1945년 11월 24일자.
39) 『중앙신문』, 1945년 11월 10일자.
40) 『자유신문』, 1945년 11월 20일자.
41) 김권정, 「해방후 기독교세력의 동향과 대한민국 건국운동」, 『대한민국 건국과 기독교』, 북코리아, 2014, 30쪽.

적 가치를 실현시킬 수 있는 기독교적 나라를 세우는 것이었다.[42]

이런 점에서 박용희는 '임정요인의 환국'과 '남부대회 개최'를 계기로 기독교계 활동 조직 결성에 구체적으로 나서기 시작하였다.

1945년 11월 27~30일 개최된 '조선기독교 남부대회'(이하 남부대회)가 개최되었다.[43] 이 단체는 일제 말 '종교통합책'으로 강제 조직된 '일본조선기독교단'의 조직을 그대로 이어받은 것으로 해방직후 한국교회 유일한 전국적 조직이었다.

이는 북한 소군정 아래 공산세력이 권력을 장악해 나가고 미군정 아래 공산세력이 영향력을 넓혀가는 상황에서 기독교계에 정치적 위기감을 배경으로 추진되었다. 이 과정에서 비록 일제 강압에 의해 조직되었으나 교파를 초월하여 하나의 조직을 이룬 상태에서 한국교회 장래와 정치적으로 현실에 대응하기 위해 기독교의 통합조직이 필요하다는 현실적 요구에서 등장한 것이었다.

남부대회에서는 여러 사업 항목이 결의되었는데, 그 중에는 조선독립촉성을 위해 3일간 금식 기도할 것과 대한민국 임시정부를 절대로 지지한다는 것, 그리고 38도선 문제와 조선 완전 자주독립키 위하야 미국교인에게 여론을 환기할 것과 트루먼 대통령에 진정할 것 등이 있었다.[44] 이는 이 단체가 해방정국을 주도할 이승만, 김구, 김규식 등 기독교 지도자들을 적극 지원하고 새로운 국가건설운동에 해방 이전 조직이 그대로 유지하는 것이 현실이며, 효율적이라고 파악하고 있다는 점을 잘 보여준다고 생각된다.

---

42) 김권정, 「해방후 기독교세력의 동향과 대한민국 건국운동」, 38~39쪽.

43) 『기독교공보』, 1946년 1월 17일자.

44) 한국기독교역사학회, 『한국기독교와 역사 Ⅲ』, 한국기독교역사연구소, 2009, 16쪽.

이런 기독교계의 분위기 속에서 박용희는 남부대회에 임원단으로
참여하지 않았다. 그것은 하나의 기독교 전국단체를 결성하고 새로운
국가건설운동에 참여하자는 슬로건에도 불구하고 남부대회의 성격을
두고 논란이 일었기 때문이다. 이 단체는 일제가 강제로 조직한 단체
일 뿐 아니라 이를 주도한 인물들 중 일부가 일제에 협력한 친일경험
이 갖고 있다는 것이었다. 일제 말 투옥당한 항일경험을 지닌 박용희
는 대단히 부담스러울 수밖에 없었을 것이다. 이것이 그가 남부대회에
참여하지 않은 배경으로 작용하였을 것으로 생각된다.[45]

박용희는 새로운 시대에 걸맞는 기독교 혁신단체의 성격을 지닌 새
로운 단체 결성을 추진하였다. 여기에는 박용희와 함께 사회민주당 조
직을 주도한 인물들과 박용래, 최동 등 새 인물이 참여하였다. 이외에
1930년대 전반 적극신앙운동을 함께 전개한 김영섭, 최석주, 김수철,
김영주 등 기독교계 진보적 인물들이 가세한 형태였다. 이들 대부분은
조직된 해방정국에서 중도 우파 정치노선을 지녔던 인물들이기도 하
였다.

드디어 1945년 12월 1일 기독신민회(基督新民會)를 새롭게 조직하고
나섰다.[46] 이 자리에서는 임시정부 지지를 결의하고 임원을 선출하였

---

45) 이런 사례는 이규갑에서도 찾아 볼 수 있다. 일제하 기독교 민족운동가 중에
   대표적인 인물인 이규갑 목사는 남부대회에 참여한 인물들과 다른 단체에서
   함께 적극 활동했으나 여기에는 결코 임원급으로 참여하거나 이를 긍정적으
   로 보지 않았다. 해방직후 북한지역 교회 대표들이 참석할 수 없는 상황에서
   남한 지역 교회 대표만이 모인 1945년 9월 8일 남부대회에서 감리교재건을
   선언하고 퇴장하는 사건을 주도하였다. 이어 이듬해 4월에 다시 열린 대회에
   서는 교파 환원을 주도하기도 하였다. 그는 일제가 강제로 만든 친일단체를
   그 어떤 명분으로도 받아들일 수 없었던 것이다.
46) 기독신민회 창립명단은 다음과 같다. 회장: 박용희, 부회장: 강태희·최동, 비
   서: 최석주, 총무국장: 박용래, 전도국장: 방훈, 신생국장: 박용준, 문교국장:
   김영섭, 공제국장: 김수철, 외교국장: 김영주, 조사국장: 김춘배, 재무국장: 신

다. 교회는 교파나 교회정치를 초월하여 전 조선민족의 정신생활과 물질생활의 향상을 위하여 우선 교회를 토대로 하고 헌신적인 활동을 개시하기로 했는데 결의문 내용은 다음과 같다.[47)

　一. 우리는 모든 정치행동에 직접 간여치 않으나 조국광복의 현단계
　　에 있어서 左의 2항을 결의한다.
　一. 우리는 金九주석을 수반으로 한 대한임시정부를 절대 지지하며
　　대업완성을 위하여 십자가의 정신으로 헌신할 것
　一. 우리는 현존 교회의 발전과 전국적으로 억압 폐쇄된 교회들의 재
　　건을 위하여 적극 노력할 것

　기독신민회는 기독교를 표방한 단체라는 점에서 직접적인 정치행동과 구별된다는 점을 강조하면서도 김구를 지도자로 하는 임시정부를 절대 지지하며 자주적 독립국가 건설이라는 대업을 기독교적 가치를 기초로 실현시킬 것을 주장하였다. 이는 이 단체가 자주적 독립국가건설을 지향하는 민족적 양심과 종교적 양심을 결합한 실천운동의 전개를 목적으로 결성되었음을 잘 보여준다. 또한 기독교 교파와 교회 정치를 초월하여 단순히 종교단체에 그치지 않고 기독교의 정치참여의 한계를 극복하며 기독교인들이 새로운 국가 건설에 적극 동참하겠다는 방향성의 선언이기도 하였다.[48) 즉 박용희는 기독신민회를 통해 해방정국 한국교회의 분열상을 하나로 결집하고, 그 모아진 역량으로 그리스도의 정신을 정치사회적으로 구현하여, 십자가의 건국이념을 현실 정책에 반영시키려는 목표를 추구한 것이다.

　창균, 조직국장: 류재기 등이었다.
47) 『동아일보』, 1945년 12월 5일자.
48) 연규홍, 「해방 정국과 기독교 건국운동」, 『한국교회사학회회지』 14, 2004 참조.

박용희가 단체 첫 사업으로 추진한 것은 협동조합 창립이었다.[49] 해방 이후 정치적 자유는 주어졌으나, 한국사회의 가장 시급한 문제가 일제 수탈과 착취로 인한 경제적 빈곤과 궁핍이었다. 그래서 "생활은 경제적 토대를 안정시키고 새로운 경제적 이념을 세워야 한다"는 차원에서 협동조합 사업을 시작한 것이다. 다음해 9월에 발표한 글에서도 "현금과 같은 경제적으로 혼란한 시대에 기독적 양심에서 출발한 기독교 경제윤리의 확립을 기대해 마지않습니다. 이와 동시에 그리스도 애를 경제생활에서 구현해 보자는 것이 협동조합운동의 출발점입니다"라고 주장하였다.[50]

12월 26일 새문안교회에서 조직국장 유재기를 중심으로 우리 생활의 경제적 토대를 구축하기 위해 협동조합을 창립하는 한편, 경기도 경상남북도 전라남북도 등지에 단체 지부를 조직하기도 하였다. 유재기는 일제하 농우회사건으로 투옥된 경력이 있는 인물로 협동조합운동의 이론과 실천을 겸비한 한국기독교계이 대표적인 협동조합 이론과 실천을 겸비한 협동조합 전문가였다.[51]

이와 함께 그는 남부대회를 주도한 김관식, 함태영, 김용주, 김종대 등과 함께 독립촉성기독교중앙협의회(獨立促成基督敎中央協議會)를 조직하였다.[52] 함태영이 위원장, 박용희는 부위원장으로 취임하였다. 이를 통해 이들은 임시정부의 절대 지지를 선언하며, "조국의 완전한 자주독립을 촉성"하고, "단결을 견고히 하며 민족통일을 기"한다는 강

---

49) 『자유신문』, 1945년 12월 22일자.

50) 「기독신민회에 대하야 동지제위께 고함」, 『해방후 북한교회사: 연구·증언·자료』, 다산글방, 1992, 460~462쪽.

51) 김권정, 「해방 후 유재기의 국가건설운동과 농촌운동」, 『한국민족운동사연구』, 한국민족운동사학회, 2012참조.

52) 『기독교공보』, 1946년 1월 17일자.

령을 만들었다. 이런 차원에서 12월 30일에는 대종교·불교천도교유교 천주교 등 종교단체와 조선독립촉성 종교단체연합대회 등을 주도적으로 개최하기도 하였다. 이는 남부대회가 기독교계 조직기반으로 새롭게 결성된 단체로 출발되었음을 알 수 있다.

이처럼 박용희는 해방직후 사회민주당을 결성하여 정치활동을 시작하였고, 국민당과 통합하여 중도적 정치노선을 지향하였다. 해방 후 혼란스러운 정당의 난립을 해결하고 민족역량의 결집시키기 위해 정당통합운동을 주도적으로 전개하였다. 독립촉성협의회에 참여하였고, 해외 이승만과 임시정부 요인들의 귀국을 계기로 일어난 기독교계 단체 결성에 적극 참여하여 기독신민회를 주도적으로 조직하였다. 이후 기독신민회는 박용희 등 중도우파 세력의 기독교계내 지지기반으로 중요한 역할을 하기도 하였다.

3. 좌우합작운동과 민족통일정당운동

1) 신탁통치문제 대응과 우익정당통합운동

1945년 12월 말에 국내에 알려진 신탁통치문제는 해방정국에 엄청난 파장을 몰고 왔다. 1945년 12월 16~26일 소련 모스크바에서 미국과 영국, 소련의 외무장관이 참석한 가운데 모스크바 3상회의가 개최되었다.[53] 이 자리에서 발표된 협정문 중 6항은 4개 조문으로 구성되었고, 한반도의 신탁통치 실시에 따른 구체적 내용들이 들어 있었다. 즉 민주주의 원칙 아래 한반도에 독립국가 건설을 위해 먼저 임시정부를 수

---

53) 『서울신문』, 1948년 12월 18일자, 19일자.

립하고, 이를 원조하기 위해 미소공동위원회(이하 미소공위)를 설치하며, 임시정부와 협의하여 미국·영국·소련·중국이 최고 5년간 공동관리(신탁통치)할 것 등이었다.

그러나 신탁통치안에 대해 우익세력은 즉각 반대를 선언하고 나섰다. 우익정치세력 중 김구의 임시정부세력이 가장 먼저 이 문제를 대응하기 시작하였고, 박용희와 국민당은 여기에 주도적으로 참여하였다.

1945년 12월 31일 임시정부가 신탁통치반대국민총동원위원회(信託統治反對國民總動員委員會, 이하 반탁총동원위원회)를 조직하였다.[54] 안재홍은 이 단체의 부위원장 겸 중앙위원으로, 박용희는 상임위원회 총무부장으로 선임되어 활동하였다.[55] 이들은, 탁치반대의 승리를 거둘 때까지 파업을 계속하자는 강경론자들의 요구를 누그러뜨리며, 지방과 해외 일본에 대표들을 파견하여 상호연락을 통해 탁치반대 공동전선을 펴기로 하는 등 반탁운동을 주도하였다.

또한 이들은 임정 및 공산당 임원진에게 반탁운동을 좌우합작 차원에서 전개할 것으로 제안하고 이에 대한 동의를 받은 상태였다. 그러나 처음에 탁치반대운동에 동조하던 좌익이 박헌영의 북한 평양을 다녀온 뒤인 1946년 1월 초부터 '모스크바3상회의 결의사상 전폭지지'를 선언하며 사실상 '찬탁'의 태도를 보이기 시작한 것이다.[56] 이런 입장 전환은 좌우합작 차원에서 반탁운동을 전개하려던 안재홍·박용희 등에게 큰 실망감을 안겨주었다. 이는 향후 이들이 공산당의 극좌노선을 비판하는 태도로 돌아서게 하는 원인이 되었다.

---

54) 『자유신문』, 1946년 12월 31일자.

55) 『서울신문』, 1946년 1월 1일자.

56) 공산당의 입장 변화는 소련의 지시뿐만 아니라 한반도에 수립된 임시정부가 차후 협의하여 신탁통치를 거부할 수 있는 탄력성이 있다는 당파적 입장도 작용하고 있었다.

물론 분위기에서도 1946년 1월 6일 국민당·인민당·한민당·공산당 등 4개 정당대표와 임정대표들이 신탁통치문제로 비롯된 좌우분열현상을 완화시키며 협동의 길을 모색하기 시작하였다. 그 결과로 나온 것이 '4당 코뮤니케'가 발표되었다.[57] 그러나 공산당 쪽에서 4개당이 마치 신탁통치안을 전면 지지한 것처럼 선전하자, 큰 성과를 도출하지 못하고 결국 유야무야 되고 말았다.

1946년 초부터 국내 정치세력권에서는 정당 협동을 통해 과도정부 수립방안이 논의되기 시작하였다. 여기에는 좌우합작의 필요성을 갖고 있던 미군정의 움직임에 영향을 받기도 하였다. 국민당의 안재홍은 김구의 임시정부에 이승만의 독촉중앙협의회를 중심으로 각 정당의 당세를 고려해 위원을 인선하고 과도정권 수립을 위한 비상국민회의를 개최하고자 제안하였다.[58]

이에 호응한 임시정부가 1945년 1월 21일 18개 단체 대표를 중심으로 '비상정치회의 주비회의'(非常政治會議 籌備會議)를 조직하였다.[59] 여기에 독촉중협이 합류하면서 '민족의 총의(總意)를 통일에 집결시켜 민주주의적 정치노선을 지향'하는 '비상국민회의'(非常國民會議)로 개칭·확대되었다. 이 단체에서는 과도정권 수립에 최고정무위원 설치하되 이승만과 김구에게 그 인원과 선정을 건의한다는 것을 결의하였고, 참석하지 않은 인민당·공산당·독립동맹 등과 참가를 교섭한다는 건의안을 통과시켰다. 여기에는 국민당 지도자로 안재홍이 전형위원 및 정무위원, 박용희가 청원징계위원으로 참여하였다.[60]

57) 『조선일보』, 1946년 1월 9일자.
58) 安在鴻, 「民政長官을 辭任하고」, 『選集』 2, 267~269쪽.
59) 『조선일보』, 1946년 1월 21일자.
60) 『조선일보』, 1946년 2월 14일자.

이에 따라 이승만·김구는 과도정부 수립을 위한 최고정무위원 28명의 명단을 발표하였는데, 박용희는 이의식, 안재홍 등과 선임되었다.[61] 이들은 비상국민회의를 의회기관으로 만들고, 최고정무위원회를 과도정부 수립을 위한 기관 등으로 발전시키고자 하였다. 즉 이들은 임정법통론에 근거하여 임시정부를 비상국민회의를 통해 직접적인 과도정부로 지지하는 운동을 전개하고자 계획한 것이다.

그런데 당초 발표와 다르게 비상국민회의는 이들의 의도와 다르게 '남조선대한국민대표민주의원'(이하 민주의원)으로 변경되고 말았다.[62] 이는 한국인의 독자적 독립기구를 인정하지 않으려는 미군정과 이에 충돌하지 않으려는 이승만과의 '정치적 타협'에서 비롯되었다. 그것도 계획과 달리 민주의원은 군정청 법령에 규정되지 않은 미군정 '자문기관'에 그치고 말았다.[63]

이것은 결과적으로 비상국민회의를 주도한 임시정부의 정치적 주도권에 타격을 입힌 반면 미군정에게는 당시 한국 정치현실에 깊이 개입할 수 있는 계기를 제공하였다. 미군정은 민주의원을 통해 한국인의 의사를 파악하여 미군정 정책에 반영하거나 미소공동위에서 한반도에서 수립할 임시정부의 형태를 참고할 만한 모델을 현실적으로 추진할 수 있는 기반이 되었던 것이다.

물론 이에 반발하여 안재홍·박용희는 민주의원이 단순한 자문위원이 아니라 미군정과 '합작'하는 대등한 '주체'이며, 과도정부 수립의 주체가 '민주의원'이라고 강력하게 주장하기도 하였다.[64] 그러나 미군정

---

61) 『조선일보』, 1946년 2월 14일자.

62) 『동아일보』, 1946년 2월 14일자.

63) 여기에는 비상국민회의 정무위원이 민주의원으로 바뀌는데 미군정 특별고문인 굿펠로우가 깊이 개입되어 있었고, 그는 이것에 대해 이승만과 깊이 협의한 결과인 것으로 알려져 있다.

의 의도에 따라 민주의원이 자문기구화가 된 상황에서 더 이상 이를 통해 임시정부를 과도정부로 수립하려는 계획은 추진할 수 없게 되었다.

이에 박용희는 안재홍·이의식 등과 더불어 이 운동을 정당운동의 형태로 전환하고자 하였다. 임시정부 역시 자신들이 주도할 수 있는 의회기관 조직에 실패하자, 한독당을 강화하면서 반탁운동을 전개하는 방향으로 정책을 전환하고자 하였다.

이런 차원에서 안재홍·박용희가 이끌던 국민당과 함께 한독당, 신한민족당 등 3당의 지도자들이 모여 우익정당 통합문제를 논의하기 시작하였다.[65] 국민당은 1946년 3월 20일 한독당과의 합당을 위해 발전적 해소를 단행한다는 결의문을 발표하였다. 22일에는 한독당과 국민당의 합당선언문이 발표되었다.[66] 한독당과 국민당이 우익정당 통합을 전제로 합당을 선언하자, 한민당도 우익정당 통합에 참여 의사를 밝혔다. 이렇게 국민당, 한독당, 한민당, 신한민족당이 우익진영 전체의 정당 통합을 논의하기 시작한 것이었다. 이 과정에서 한민당과 신한민족당 내에서 통합에 대한 반대 견해가 도출되자, 한독당은 이승만의 참여를 종용하기도 하였다.

그 결과 1946년 4월 20일 국민당과 신한민족당이 한국독립당(이하 한독당)에 합당하는 형태로 3당 통합이 이루어졌다.[67] 통합과정에 마지막 단계에서 빠진 한민당을 제외하고 한독당·국민당·신한민족당의 우익정당통합운동에서 나름의 성과를 올렸다. 한독당은 통합·확대의 정신을 살려 새롭게 임원들이 재편되었다. 중앙집행위원장 김구,

---

64) 김인식, 「안재홍의 중도우파 노선과 민족국가건설운동」, 『한국민족운동사연구』 39, 한국민족운동사학회, 2004, 39쪽.
65) 『朝鮮日報』, 1946년 4월 5일자.
66) 『동아일보』, 1946년 4월 20일자.
67) 『조선일보』, 1946년 4월 20일자.

부위원장 조소앙, 안재홍은 중앙상무위원과 훈련부장, 명제세는 중앙
상무위원과 미곡대책위원장, 박용희는 중앙상무위원 및 문화위원회
위원장에 임명되었다.[68]

이처럼 박용희는 국민당 안재홍 등과 함께 반탁운동의 선두에서 서
서 활약하였고, 미소동위위원회가 추진되자, 민족 역량을 결집하여 신
탁통치반대 의지를 관철시키고자 하였다. 그는 우익정당 통합차원에
서 국민당과 신한민족당을 한독당에 통합시키는데 주도적 역할을 담
당하였다.

2) 과도입법위원 활동과 미소공동위원회

1945년 12월 말 모스크바3상회의에서 신탁통치안이 발표되면서 한
반도의 임시정부 수립과 이를 원조하기 위한 미소 양국 간의 공동위원
회 설치가 제시되었다. 제1차 미소공동위원회가 1946년 3월 20일 서울
에서 개최되었다.[69] 그러나 회담은 순조롭게 진행되지 못했다. 임시정
부 수립을 위해 협의 대상이 될 정당과 사회단체의 범위를 둘러싼 견
해 차이를 해결하지 못하였고, 결국 5월 6일 제1차 미소공동위원회는
결렬되고 말았다.[70]

그런데 당시 북한지역이 소련군의 강력한 영향력에 공산 정치세력
으로 빠르게 통합되어 간 것에 비해, 남한지역은 미군정이 신탁통치의
추진을 위한 정치적 지지 기반을 확보하는데 어려움을 겪고 있었다.
이런 상황에 민족통일국수립이 어려워질 수 있다는 위기의식이 대두

---

68) 『동아일보』, 1946년 4월 23일자.
69) 『서울신문』, 1946년 3월 20일자.
70) 『동아일보』, 1946년 5월 11일자.

되면서, 여운형·김규식·안재홍 등은 본격적으로 중도파를 형성하고 좌우합작운동을 본격화하기 시작하였다.[71] 이들은 기본적으로 좌우익 찬탁·반탁이란 극한 대립을 넘어서 '신탁통치 안에서 민족통일국가를 건설하자'는 제3의 방향에 공감하는 세력이었다.

한반도 신탁통치안이 알려지자 박용희는 안재홍과 함께 신탁통치를 반대하며 반탁운동 선두에서 활약하였다. 그런데 이들의 반탁운동은 얼마가지 못했다. 그것은 이들이 모스크바 3상회의 결정사항이 국내에 제대로 알려지고 이를 상세하게 살펴보고 난 뒤에 한반도를 둘러싼 국제정세를 고려한 결과 한반도 '통일의 방안'임을 확인하였기 때문이었다. 박용희와 안재홍 등은 반탁운동에서 전환하여 모스크바 3상회의 결정 사항에 대한 기대감을 갖기 시작하였다.

안재홍은 '민공협동'[72]을 통해 좌우합작을 성사시킨 다음 미소공동위에서 제출할 안건을 작성하는 과정에 한민족의 단결된 의지를 반영시켜야 한다고 주장하였다. 즉 모스크바3상회의 결정사항 수용이 곧 신탁통치 허용이 아니며, 좌우합작으로 임시정부를 수립하고 난 뒤에 한민족의 신탁통치 반대 의지를 충분히 관철시킬 수 있는 기회가 얼마든지 있을 수 있다고 파악한 것이다. 이런 생각에도 불구하고, 이들이 제1차 미소공동위에 참가하여 활동을 하기에는 시간적으로 짧았고, 반탁 분위기가 심각한 상황에서 직접 행동으로 옮기기에는 어려움이 클 수밖에 없었다.

제1차 미소공동위가 결렬 이후 박용희는 기독교계 조직 기반 확대에 나섰다. 그가 이끌던 기독신민회가 1946년 9월 3일 조선기독교 남

---

71) 이만규, 『여운형투쟁사』, 총문각, 1946, 263~271쪽.
72) 민공협동이란 민족주의계와 공산주의계가 사심없이 합심협력하여 민족통일국가를 건설하자는 주장이다.

부대회의 후신이자, 기독교연합체인 '조선기독교연합회'에 가입하여 활동하였다. 이를 배경으로 발표된 「기독신민회에 대하야 동지제위에게 고함」[73]이란 글에서는 기독신민회 구성원들에게 단체의 재정비와 분발을 촉구하며 협조와 단결 속에 새로운 국가건설 매진을 촉구하였다. 이 글에서는 기독신민회 존재 이유가 파벌과 종파, 성별, 계급정당 등을 초월해 그리스도인의 '대동합동체'(大同合同體)로 존립하는데 있다고 파악하고, 계급투쟁과 같은 유혈 참극을 피하는 등 뇨는 문제를 해결하기 위한 정치훈련의 필요성을 제기하여 기독신민회가 기독교계 중도파 조직의 구심점의 역할이라는 점을 상징적으로 보여주었다.

이와 함께 박용희는 1946년 10월 결성된 '기독교흥국형제단'(基督敎興國兄弟團, 이하 흥국형제단)에 참여하였다.[74] 이 단체는 기독신민회에도 참여한 바 있는 유재기 주도로 조직되었는데, 기독교 정신으로 국가 건설과 부흥을 목표로 하였다. 기독교계 원로인 함태영을 비롯하여 정치사회운동에 적극 참여하던 실천적 기독교인이 다수 참여하였다.

이들은 주로 청소년기에 3·1운동을 경험하고 1920~30년대 유학과정을 거쳐 국내에서 사회개혁운동을 펼친 기독교인들이었다. 지역적으로는 해방이전부터 서울에 정착하며 활동한 함경도 출신들[75]이 많았다. 교파적으로는 주로 평양신학교 출신 함태영을 비롯한 장로교 출신 목회자들이 대부분이었다.

특별히 여기서 주목되는 것은 국외지역으로 일본지역 출신들이 압도적으로 많았다는 점이다. 이들은 당시 한국보다 자유로운 분위기 속

---

73) 「기독신민회에 대하야 동지제위게 고함」, 1946년 9월 20일자.
74) 김권정, 「해방 후 유재기의 국가건설운동과 농촌운동」, 『한국민족운동사연구』 71, 한국민족운동사학회, 2012, 265쪽.
75) 그들은 함태영, 송창준, 김재준, 김영수, 황재경, 조민형, 박현명, 정훈 등이었다.

에서 기독교 사회의식과 사회참여를 강조하는 사회복음을 쉽게 접할 수 있었다. 또 해방 후에도 적극적인 정치사회개혁운동에 직접 나서고 있었다. 이들이 중심이 일제 말부터 해방 후까지 서구신학에서 벗어난 한국적 신학의 수립을 목표로 하는 조선신학원운동을 전개하기도 하였다.[76] 이처럼 박용희가 흥국형제단에 적극 참여하였는데, 흥국형제단이 단순히 기독교 단체를 넘어서 다양한 실천운동을 전개하던 기독교 정치사회세력의 거점 역할을 하고 있었음을 잘 보여준다.

한편 1947년에 들어 미소공위의 속개를 위한 시도가 이루어졌다. 1월 11일 미소 양군 사령관이 미소공위의 재개를 위한 서한 내용을 공개하였다.[77] 반탁노선에 선 우익 정치세력들은 반탁론을 다시 제기하면서 탁치문제를 계기로 정국의 주도권을 장악하고자 하였다. 임시정부의 김구는 반탁을 추진하기 위한 통일기관으로 1월 24일 우익 42개 단체를 망라한 '반탁독립투쟁위원회(이하 반탁투위)'를 발족시켰다. 위원장은 김구였고, 부위원장은 조소앙·김성수였다. 박용희는 지도위원에 선임되었다.[78] 반탁투위가 3·1절 기간을 계기로 반탁주간을 정하여 대대적인 반탁시위를 준비하였다. 임시정부의 김구는 반탁시위를 통해 독자적 세력의 확장을 시도하였다.

그러나 박용희는 반탁투위에 임원으로 참가했으나, 당시 상황을 관망하며 대대적인 반탁노선에 일정한 거리를 유지하고 있었다. 먼저 미국이 1947년 2~3월 사이에 대한정책(對韓政策)을 재점검한 후, 소련과의 협상 재개를 선택한 배경에서 비롯되었다. 미국과 소련이 미소공위

---

76) 이에 대해서는 이장식, 「조선신학원 설립의 역사적 의의」, 『신학연구』 22, 한신대학교 한신신학연구소, 1980을 참조할 것.
77) 『동아일보』, 1947년 1월 12일자.
78) 『동아일보』, 1947년 1월 24일자.

재개를 본격 준비하였고, 5월 21일에 제2차 미소공위 재개가 결정되었기 때문이다. 반탁노선의 격렬한 투쟁과 달리 미소 양국의 회의에 대한 의지가 컸다는 점은 극우와 극좌를 넘어 민족통일국가 수립을 지향하는 중도우파 입장에서는 대단히 고무적인 일이었다.

또한 박용희는 2월 15일 과도입법의원[79] 보궐선거에서 당선되어 활동하게 되었다는 점도 영향을 미쳤다. 좌우합작위원회의 추천을 받은 그는 과도입법의원 관선의원 보궐선거에서 과도입법의원에 신출되었다.[80] 미소공동위에 참가해야 한다는 생각을 갖고 있었으나, 한독당의 임원으로 불가피하게 반탁투위에 참여했던 그는 과도입법의원 활동을 명분으로 일정정도 거리를 둘 수 있게 된 것이다.

박용희는 과도입법의원 활동 중 주목되는 것 중 하나는 부일협력자 처리와 관련된 것이다. [81] 특별조례수정안을 놓고 입법의원들 간에 물러설 수 없는 격렬한 논쟁이 이어졌다. 그것은 부일협력자 처벌과 관련된 문제가 개입되어 있었기 때문이었다. 그는 부일협력자 민족반역자 처단에 관한 특별조례수정안 심의 과정에서 법안 내용이 너무 가혹하므로 다시 수정할 것을 주장하였다.[82]

---

[79] 1946년 5월 6일 제1차 미소공동위원회가 무기 휴회되자 미군정은 중도파 좌우 지도자들에게 좌우합작운동을 적극 지원하는 한편, 이들을 중심으로 과도입법의원을 구성하고 8월 24일 '남조선과도입법의원'을 설립하였다. 입법의원은 모스크바3상회의 약속에 따라 통일임시정부가 수립될 때까지 정치적·경제적·사회적 개혁의 기초로 사용될 법령 초안을 작성하는 임무를 갖고 있었다. 1946년 12월 12일 57명의 의원이 참여한 가운데 개원식이 거행되었다.

[80] 입법의원은 민선의원 45명을 간접선거로 선출하고 관선의원 45명은 미군정이 임명하였는데, 관선의원 중 5명이 의원 취임을 거부하였다.

[81] 『동아일보』, 1947년 4월 30일자.

[82] 『동아일보』, 1947년 4월 30일자.

이런 태도는 엄벌주의 및 준열한 처벌 등을 요구하는 다른 입법위원들과 차이가 나는 점이었다. 즉 그는 국가를 세우는 과정에서 감정에 흐르는 처단만이 능사가 아님을 강조하며 법령 내용이 너무 가혹하여 민심이반의 사태가 일어날 수 있음을 지적한 것이다. 그 자신이 일제 말 순천노회 사건으로 투옥생활을 한 그였으나 해방이후 '사회통합'이란 차원에서 '친일'(親日)이란 죄에 대해서 엄벌에 처하되, 사람에 대해서는 최대한 포용력을 발휘하여야 한다는 인식을 갖고 있었음을 알 수 있다.

한편, 1947년 5월에 들어 제2차 미소공동위 재개와 참가 문제를 둘러싸고 미소공위 참가를 주장하는 박용희 · 안재홍 등 중도 우파세력은 반탁세력과 물러설 수 없는 대립이 불가피해졌다. 이 무렵부터 박용희는 한독당내 국민당계열의 실질적인 리더역할을 하였다. 그것은 안재홍이 1947년 2월 미군정 민정장관에 취임함에 따라 그가 한독당내 국민당계열을 이끌게 되었기 때문이다.

한독당 내에 임정계열과 국민당계열과의 갈등은 통합과정에서부터 불거진 문제였다. 통합 당시 세력이 열세인 임정계가 강세인 국민당계를 제치고 당권을 장악한 것이다.[83] 이는 내부적으로 당권을 둘러싸고 국민당계열과 임정계열의 크고 작은 갈등이 계속되는 원인이 되었다. 통합 이후 주도권을 놓고 소모적인 잦은 충돌은 국민당계열과 한독당계열의 정치노선의 차이들이 작동하면서 더욱 확대되었다.[84]

---

[83] 대부분은 세력이 강한 쪽이 당권을 장악하기 마련이고 그래야 조직의 안정감을 가질 수 있음에도 불구하고, 통합이후 세력이 약한 임정계열이 당권을 차지함에 따라 조직의 불안감이 계속되었다. 세력이 강했던 국민당계열이 통합이란 대의명분에 급급한 나머지 통합 후 당권을 세력이 약한 임정계열에 그대로 내어준 것은 정치적 판단미스로 평가할 수 있을 것이다. 그것은 결국 국민당계열과 신한민족당계열이 탈당하는 1차적 원인이 되었다.

[84] 한독당내 임정계열은 과도입법의원 참여를 임정의 법통성을 부정하는 것으로 이해하였고, 입법의원 활동에 대해 부정적으로 인식하였다.

한독당내 가장 큰 문제는 신탁통치문제와 미군정 참여문제였다.[85] 당내 갈등은 제2차 미·소공동위원회를 앞두고 더욱 심화되었다. 모스크바 3상회의 결정서 지지를 이유로 권태석·김일청 등이 제명되었다. 또한 5월 21일 미·소공위 개막에 따라 안재홍·박용희 등 한독당내 국민당계열의 미소공위 참가 요구가 당권을 장악한 임정계에 의해 보류되었다.

이에 미소공위 참가를 요구하는 박용희 등 89명은 "국제협의의 전위적인 진지한 건설과업만이 참으로 해방과 독립완수의 대업을 신속히 쟁취하고 민족파멸의 위난을 구급하며, 독립쟁취를 목표로 한 국제협의 때문에 미소공위에의 협의와 지지는 결정적으로 필요한 조건이 된다"고 주장하며, 미소공위의 참가를 강력히 요구하였다.[86]

이런 요구와 달리 한독당 중앙상무위원회에서는 이들 중 55명을 제명처분하고 이들을 감찰위원회에 회부하였고, 6월 19일에는 안재홍·박용희 등 국민당계열 37명과 신한민족당계 9명을 제명, 처분하였다.[87] 한독당 국민당계열은 신한국민당으로 새롭게 발족하였고, 신한민족당계 민주파는 민주한독당 등으로 발족하여, 양 당이 제2차 미소공동위원회에 참가하기로 하였다.

3) 민주독립당 활동과 정당통합운동

1947년 5월 21일 재개된 제2차 미소공동위는 한국인의 희망과 다른 방향으로 나아갔다.[88] 제1차 때와 마찬가지로 미소공위는 임시정부

---

85) 오영섭, 앞의 글, 212쪽.
86) 『서울신문』, 1947년 6월 3일자.
87) 『동아일보』, 『조선일보』, 1947년 6월 21일자.

수립을 협의할 정당과 사회단체의 자격문제로 더 이상 진전을 이루지 못하였다. 제2차 미소공동위는 7월 들어 교착상태에 빠졌고, 8월 들어 균열을 보이더니 9월 17일 미국이 한국문제를 유엔으로 넘긴 뒤, 10월 21일 완전히 결렬되고 말았다. 미국과 소련은 제2차 미소공동위를 통해 협상하는 듯한 태도를 보였으나, 곧 합의 도출에 실패하고 말았다. 9월 미국은 한국 문제를 유엔에 넘기기로 결정하였는데, 유엔이 미국의 영향력 아래 있기 때문에 한국문제를 유엔에 가져가는 것이 유리하다고 판단했다.

이런 정치상황에 대응하여 박용희는 민족국가의 독립을 목표로 자주적 민족통일을 지향하는 '정당통합운동'을 주도적으로 전개하기 시작하였다. 여기에는 좌우합작에 참여한 중도파들이 정당통합운동에 적극 참여하였다. 제2차 미소공동위가 침체될 조짐을 보이자 박용희는 안재홍과 함께, 좌우합작운동의 우익세력을 정치세력화하기 위해 활동하였다. 그는 극좌와 극우를 넘어선 민족통일 국가건설이라는 정치이념을 실현시키기 위해서는 정당을 기반으로 하는 독자적인 정치세력이 무엇보다 필요하다는 것을 잘 알고 있었다.

박용희는 1947년 9월 안재홍, 홍명희, 김병로, 김호 등과 함께 모여 중도세력의 결집하여 새로운 정당을 결성하자는 데 의견을 같이 하였다. 9월 7일 홍명희 등과 함께 '우리 민족의 유일한 목표가 민족국가 독립이며, 그 절대적 사명을 위해 소이(小異)를 버리고 대동(大同)을 취하여, 민족독립을 위해 함께 나아가자'라는 성명서를 발표하였다.[89] 이를 기초로 하여 그는 민주통일당, 민중동맹, 신진당, 건민회 등과 정당통합운동에 적극 나섰다.[90]

---

88) 『서울신문』, 『동아일보』, 1947년 5월 22일자.

89) 『경향신문』, 1947년 9월 9일자.

각 당에서는 연락준비위원을 선출하고, 홍명희를 중심으로 발기인회를 구성하여 정당통합을 추진하기 시작하였다.[91] 10월 20일 민주통일당·신한국민당·민중동맹·신진당 등 5개 정당이 통합하여 중도파 세력의 결집체로서 민주독립당(民主獨立黨)이 창당되었다.[92] 모든 세력이 참여한 것은 아니었으나, 당시 명망있는 중도적 인사들이 대부분 참여함으로써 민주독립당은 중도파를 이끌 수 있는 대표적 정당으로 대두하였다.

박용희는 이극로 등과 더불어 의장에 선출되었고,[93] 10월 31에는 중앙집행위원회에서 상무중앙집행위원으로 선임되었다. 이 날 홍명희가 당 대표에 취임하였다.[94] 홍명희는 민주독립당이 '자주적 민족통일'을 최우선의 과제로 삼겠다고 밝혔다. 민주독립당은 선거권 만 20세 이상 피선거권 만25세 이상(남녀동등), 언론 집회 등 모든 자유권 확립, 토지개혁, 근대산업의 확립, 중요경제기관의 국가경영 및 국가관리 등의 정책 초안을 발표하였다.[95]

이와 함께 민주독립당은 유엔의 남북한 전국 총선거를 환영하며, 유엔한국임시위원단 파견에 대비하여 '각정당협의회'(各政黨協議會)를 주도적으로 조직하였다.[96] 여기에는 한독당, 근로인민당, 인민공화당, 민주한독당, 민중동맹, 신진당, 조선공화당, 보국당, 조선민주당, 민주독립당, 사회인민당 등의 정당이 참여하였다. 이 단체는 유엔에서 미

---

90) 『한성일보』, 1947년 9월 9일자.
91) 『조선일보』, 1947년 9월 9일자.
92) 『동아일보』, 1947년 10월 20일자.
93) 『동아일보』, 『조선일보』, 1947년 10월 21일자.
94) 『서울신문』, 『경향신문』, 1947년 11월 01일자.
95) 『조선일보』, 1947년 9월 24일자.
96) 『조선일보』, 『경향신문』, 1947년 11월 6일, 7일자.

국과 소련의 의견대립으로 독립 실현이 우려되는 가운데 곧 방문할 유엔한국임시위원단에 대해 협조적 자세를 유지하면서 동시에 남북정계 요인의 회담·미소양군철퇴촉진·독립을 위한 남북 총선거실시 등을 주장하기 위해서 결성된 것이었다. 각정당협의회는 4개의 방략을 설정하고 활동하였다.

이와 함께 민주독립당은 그 해 12월 근로인민당·민중동맹·사회민주당·천도교청우당 등 중도좌파 세력과 연합하여 '민족자주연맹'(民族自主聯盟)을 주도적으로 결성하였다.[97] 이 단체에 다양한 정당 사회단체 인사들이 참여하였는데, 민족주의계열의 인사들이 주를 이루었다. 민족자주연맹은 유엔의 남북한 총선거를 환영하며 남북한 총선거 실시를 통한 자주적 독립국가 건설을 지향하였다.

한편 11월 14일 유엔총회는 유엔한국임시위원단(이하 유엔위원단)을 한국에 파견할 결의안을 통과시켰다. 1948년 1월 22일 유엔 소련대표가 유엔위원단의 입북을 거부하였다. 소련이 위원단의 38선 이북 지역 입북을 거부함으로써 유엔 총회가 결의한 전체 남북선거는 무산되고 말았다. 위원단은 선거를 남한지역에서만 실시할 것인가에 대한 심의과정에서 이견이 드러나면서 결론을 끌어내기 어려운 상황이었다. 그러나 1948년 2월 28일 유엔 소총회는 유엔임시위원단이 '접근 가능한' 남한지역만의 총선거 실시를 결의하였다.

이 무렵 국내 과도입법의원들은 소군정의 반대로 유엔위원단의 북한 입국이 좌절되자, '남한지역만'의 총선거를 촉진하는 결의안 상정을 추진하게 되었다. 1948년 2월 23일 과도입법의원 서상일 의원 외 관민양 선거의원 43명이 서명하여 유엔에 '우선' 가능한 지역에서 유엔 감시 아래에 선거를 치룰 수 있게 해달라는 '촉진결의안'을 본회의에 상

---

97) 『동아일보』, 1947년 12월 23일자.

정하여 통과시켰다.[98] 이에 박용희 등 24명 관선의원은 반발하고 총퇴진을 결의하면서 "이 안의 통과는 남북분할과 민족분열을 항구화하여 천추만대에 한을 남길 것"이라는 비판과 함께 자리를 물러났다. 박용희는 과도입법의원으로 남한 단독선거를 실시하자는 촉진결의안에 반발하여 입법의원을 사퇴하였다.

그러나 박용희는, 앞서 살펴보았듯이, 안재홍처럼 5·10 총선거를 결과적으로 수용한 것으로 보인다. 이는 그와 정치적 동지인 안재홍의 言行을 통해서도 간접적으로 확인된다. 당시 안재홍은 남북한 총선거에 의한 통일민족국가의 건설이라는 최선책이 불가능하다면, 남한에서라도 민주적 절차를 통해 민주정부를 수립해야 한다는 현실적인 차선책을 받아들였다.[99] 그는 민족통일국가의 수립이 미국과 소련의 협조가 있어야 가능하다고 보았고, 그 협조가 깨진 상태에서 소련측이 유엔위원단의 북한 입국을 거부하는 상태에서 남북한 총선거가 현실적으로 불가능하다고 보았다.[100]

또 안재홍은 남북협상이 북한 공산세력의 전략에 이용당할 수 있다는 점에서 거리를 두었고, 미국과 소련의 협조가 완전히 결렬된 상태에서 남북협상의 시기도 이미 지났다고 보았다. 유엔 감시아래 실시된 5·10총선거를 통해 수립된 대한민국에 대해 부정하면서 북한에 동조, 월북, 잔류한 홍명희 등에 극도의 부정적인 인식을 드러냈다.[101] 그는 미군정 및 5·10 총선거 반대, 이승만 정권 비판 등을 할 수 있어도 월북하여 공산정권에 참여하는 행위를 도저히 수긍할 수 없는 행위라고

---

98) 『동아일보』, 『조선일보』, 1948년 2월 23일자.
99) 김인식, 「대한민국정부수립과 안재홍」, 『동양정치사상사』 8권 1호, 한국동양정치사상사학회, 2009. 3, 15~16쪽.
100) 오영섭, 「해방 후 민세 안재홍의 민공협동운동 연구」, 35쪽.
101) 김인식, 「대한민국정부수립과 안재홍」, 17쪽.

보았다. 그는 비록 문제가 있다고 하더라도 유엔의 결의에 따라 민주적 절차를 통해 성립된 민주주의 정부가 적법한 정부라고 보았기 때문이다.

이런 차원에서 대한민국 정부수립 직후인 1948년 8월 25일 박용희가 주도적으로 참여한 민주독립당과 기독신민회 등이 포함된 통일독립촉진회의 25개 단체는 북한 공산세력이 일방적으로 선포한 제2차 남북협상에 자신들의 대표를 파견한 적이 없다는 점을 분명히 밝혔다. 이와 함께 박용회와 안재홍은 374명의 민주독립당원의 이름으로 '민주독립당' 창당이념이 진보 민족주의자들을 총집결하는데 있었다는 점을 상기키면서, "일부 당 간부가 북조선 선거를 계기로 당 노선과 배치되는 길을 걷고 있으므로 …… 부득이 민주독립당으로부터 이탈할 것을 결정"하였다고 발표하고 탈당하였다.[102] 이로써 이들은 북한 공산정권과는 공식적으로 선을 그었다.

이처럼 박용희는 안재홍처럼 5·10총선거라는 민주주의 절차를 통한 대한민국 정부수립을 적법한 정부로 받아들였다. 북한의 거부로 선거가 남한지역에서만 이루어질 수밖에 없는 불가피한 현실과 동시에 대한민국 정부수립이 구체화되어 가는 상황에서 안재홍처럼 이를 현실로 수용하는 현실인식을 하고 있었던 것으로 보인다.[103]

한편, 1948년 대한민국 정부수립 이후 박용희는 안재홍과 함께 정부 여당에 대응한 통합운동을 주도적으로 전개하였다. 민독당을 탈퇴한 박용희와 안재홍은 한독당 및 민독당과 전혀 다른 새로운 단체를 준비하고자 하였다.

---

102) 『한성일보』, 1948년 9월 24일자.
103) 이후 그의 모습이 보이지 않다가 대한민국 정부수립이후 나타났다. 1948년 6월경 그가 서울 영등포교회의 담임목사 청빙을 받고 목회자로 활동을 시작한 것도 영향을 미쳤을 것으로 생각된다.

민주역량의 총 집결체로서 1948년 11월 12일 구락부 형태의 신생회 (新生會)준비 발기회를 개최하였다. 안재홍·박용희는 정치, 경제, 문화 등외 다방면으로 연구를 목적으로 구락부형태로 준비하여 오던 중 조직을 공개적으로 발표한 것이었다. 신생활 구국을 표방하는 신생운동을 전개하였다. 1949년 1월 5일에는 신생회의 전라북도지부 및 전주지부 결성 준비위원회를 조직하기도 하였다.[104] 1950년에는 그 자신이 제2대 국회의원 선거에 출마하기도 하였다.

그러나 박용희는 1948년 여름경부터 영등포교회 담임목사를 맡기 시작하면서 정치현장에서 멀어지기 시작하였다. 6·25전쟁 중 일어난 한국장로교회의 분열 상황이 심각하였다.[105] 그는 정치현실을 완전히 떠나 기독교계 목회자의 자리로 다시 돌아왔다. 그 때 그의 나이는 목회 현장을 물러날 60대 후반이었다.

박용희는 1950년대 초 촉발된 대한예수교장로회 내 세력 갈등 속에서 진보적 기독교 신학을 지향하던 김재준(金在俊) 목사를 지지하는 기독교장로회(기장) 측을 지지하였다. 평생 기독교 신앙인으로 교회가 사회, 민족을 위해 책임감을 가져야 한다는 것을 몸소 보여준 그가 기장 측을 지지한 것은 너무도 자연스러운 일이었다. 그는 함태영 목사와 함께 기장 측 원로그룹을 형성하고 목회 마지막을 한국교회 갱신과 개혁을 부르짖는 기장 측의 젊은 목회자들을 보호하는 '방패막이' 역할을 하였다. 그는 신앙의 가치를 기초로 민족을 위해 살았던 것처럼 인생의 마지막을 교회 개혁을 위한 '버팀목'의 역할을 담당하였다.

이처럼 박용희는 1953년부터 1956년까지 한국신학대학교 이사장 및 대한기독교장로회 총회장을 역임하였다. 이어 1959년 5월 16일 사망하

---

104) 『한성일보』, 1948년 11월 13일자.
105) 한국기독교역사학회 편, 『한국기독교의 역사 Ⅲ』, 86~89쪽.

였다. 이 민족의 자유와 평화, 통일을 위한 노력으로 1977년에는 건국
포장, 1990년에 애국장을 포상 받았다.

4. 맺는 말

해방직후 박용희는 기독교 목회자이면서 대표적인 독립운동가 중의
한 명으로 대중의 존경을 받는 인물이었다. 그는 3·1운동과 신간회운
동, 그리고 신사참배 거부투쟁의 중심에서 조직을 결성하고 이끌어 가
는 지도자로, 일관되게 독립운동가로서 그 명맥을 잃지 않았다는 명망
성을 갖고 있었다. 이것은 해방직후 그가 국내 정치현실에서 거물급
정치지도자로 자리 잡는데 배경이 되었다.

해방 직후 그는 사회민주당을 결성하여 정치활동을 시작하였고, 국
민당과 통합하여 중도적 정치노선을 지향하였다. 해방 후 혼란스러운
정당의 난립을 해결하고 민족역량의 결집시키기 위해 정당통합운동을
주도적으로 전개하였다. 독립촉성협의회에 참여하였고, 해외 이승만
과 임시정부 요인들의 귀국을 계기로 일어난 기독교계 단체 결성에 적
극 참여하여 기독신민회를 주도적으로 조직하였다. 이후 기독신민회
는 박용희 등 중도우파 세력의 기독교계 내 지지기반으로 중요한 역할
을 하기도 하였다.

신탁통치안이 알려지면서 그는 안재홍 등과 함께 반탁운동의 선두
에서 서서 활약하였다. 좌우합작을 통해 임시정부를 수립하기 위한 미
소공동위위원회가 추진되자, 그는 민족적 역량을 결집하여 신탁통치
반대 의지를 관철시키고자 하였다. 우익정당통합차원에서 국민당과
신한민족당이 통합이란 대의명분에 입각하여 임정계가 주도하던 한독

당과 통합하는데 주도적 역할을 담당하기도 하였다.

그런데 처음에 신탁통치안이 알려졌을 때, 박용희는 안재홍과 같이 반탁운동에 나섰으나 모스크바3상회의 결정사항을 제대로 알게 되면서 태도가 전환되었다. 그것은 결정사항이 한반도 통일의 방안이 될 수 있다는 생각을 갖게 되었기 때문이다. 그는 제1차 미소공동위원회 활동이 결렬되자, 기독교계 조직 기반 확대에 나섰다. 기독신민회가 '조선기독교연합회'에 가입하여 적극 활동하였다.

제2차 미소공동위원회가 속개되자, 반탁운동에 일정한 거리를 유지하던 그는 미소공동위원회의 참여 문제로 결국 임정계와 충돌하였다. 한독당의 제명 처분을 받은 한독당내 국민당계열은 신한국민당을 조직하였다. 이후 한반도의 분단 위기감이 깊어지자, 민족통일을 지향하는 정당통합운동을 전개하였다. 그는 중도파 세력의 결집체인 민주독립당 창당을 주도하였다. 그러나 1948년 남한만의 5·10총선거가 구체화되자, 공산정권을 인정할 수 없었던 박용희는 현실로 인정하는 차선의 태도를 보였다. 정부 수립 이후 목회현장 잠시 복귀했던 그는 한국기독교장로회의 든든한 버팀목의 역할을 감당하였다.

이처럼 박용희는 기독교 목사 신분으로 정치활동을 통해 기독교적 가치를 실현하고자 하였다. 그는 교회가 개인 뿐 아니라 사회와 민족과 국가의 고난을 해결하기 위해 노력할 때 그 존재의의가 있다고 보았다. 이런 문제의식에서 그는 해방 직후부터 중간파 계열의 국민당을 중심으로 새로운 국가건설운동을 추진한 것이다. 좌우의 극단을 넘어 끝임 없이 통합과 갱신을 지향하며 자신을 헌신한 실천적인 그의 삶은 한국근현대사 속에서 찾아보기 힘들다는 점에서 시간이 갈수록 그 의미가 커질 수 있을 것이다.

〈참고문헌〉

『청년』, 『매일신보』, 『동아일보』, 『자유신문』, 『서울신문』, 『중앙신문』, 『자유신문』,
『기독교공보』, 『조선일보』, 『한성일보』

고정휴, 「세칭 한성정부의 조직 주체와 선포경위에 대한 검토」, 『한국사연구』
97, 1997.

김권정, 「해방 후 유재기의 국가건설운동과 농촌운동」, 『한국민족운동사연구』,
한국민족운동사학회, 2012.

_____, 「1930년대 전반 적극신앙운동에 관한 연구」, 『한국민족운동사연구』 35,
2003.

_____, 「기독교세력의 신간회 참여와 활동」, 『한국민족운동사연구』 25, 2000.

_____, 「해방후 기독교세력의 동향과 대한민국 건국운동」, 『대한민국 건국과
기독교』, 북코리아, 2014.

_____, 『한국기독교민족운동론과 민족운동』, 국학자료원, 2015.

김승태, 「1940년대 일제의 종교탄압과 한국교회의 대응」, 『한국기독교역사연구
소소식지』, 1992.

대한예수교장로회 승동교회, 『승동교회 백년사』, 1993.

杜門洞如是觀生, 「敎界人物評論其七, 朴容羲論」, 『새가정』 제10집, 1949, 37~40쪽.

朴容羲, 「敎會의 意義」, 『基督申報』, 1934년 11월 21일자.

박정숙, 『萬歲魂』, 에프 커뮤니케이션즈, 2001.

박태균, 「해방 직후 한국민주당 구성원의 성격과 조직개편」, 『국사관논총』 58,
국사편찬위원회, 1994.

서중석, 「해방정국의 중도파 정치세력을 어떻게 볼 것인가」, 『한국민족운동사연
구』 39, 한국민족운동사학회, 2004.

안교성, 「1930년대 한중관계에 관한 한 소고: 기독교를 중심으로」, 『한국기독교
와 역사』 43, 한국기독교역사연구소, 2015. 9.

연규홍, 「해방 정국과 기독교 건국운동」, 『한국교회사학회회지』 14, 2004.

오영섭, 「해방 후 민세 안재홍의 민족협동운동」, 『태동고전연구』 제15집, 1998.

윤덕영, 「1945년 한국민주당 초기 조직의 성격과 주한미군정 활용」, 『역사와 현
실』 80, 한국사연구회, 2011.

이만규, 『여운형투쟁사』, 총문각, 1946.

이명직, 『성결교회약사』, 성결교회출판사, 1927.

이선호, 「박용희(朴容羲)의 신앙과 사역에 대한 연구」, 『피어선신학논단』, 2014. 8.
한국기독교역사학회, 『한국기독교와 역사 Ⅲ』, 한국기독교역사연구소, 2009.

이규갑 목사의 서울지역 정치활동

서영석

1. 시작하는 말

 1945년 8월 15일 해방 이후 한국은 완전한 독립 국가를 이루지 못하고 미국과 소련으로 나뉘어 남북한 분할 통치가 되는 상태를 맞이하였다. 1945년 8월 미국을 중심한 연합군이 일본에게 승리한 이후 우리의 의지에 상관없이 한반도 남반부는 미군정 지배 체제에 들어갔다.[1] 해방을 맞은 지도자들은 이제 어떠한 나라를 만들어야 하는가에 대한 과제를 가지고 의견을 내고 조직을 만들고 활동하기 시작하였다. 새로운 국가건설이라는 과제 앞에 다양한 정치세력이 등장해 본격적인 움직임이 일어나기 시작했다. 한편 해방 이후 한국교회는 우선 일제의 탄압으로 무너진 교회를 재건하는 일이 급선무였고 한편으로는 국가건설운동에 참여하여 새로운 정부를 수립하는데 참여하는 것이었다. 해방 이후 일제 탄압으로 교회를 떠나 숨어 있었거나 고통을 받던 교회

---

[1] 정용석,『미국의 대한정책』, 일조각, 1976, 113~115쪽.

의 지도자들이 교회 재건에 앞장섰지만 교회의 대결과 분열현상이 나타났다. 국가적 측면에서도 시급한 일제 잔재청산보다는 민주주의와 공산주의 사이의 사상적인 대결이 전국적으로 나타났다. 해방 후 기독교 세력은 정치 및 사회단체를 조직하여 건국운동에 참여하기 시작했다. 그리고 대한민국 정부가 수립되면서 남한은 민주주의를 국가의 정체성으로 삼았다.

이러한 과정 가운데 대한민국 정부가 건국되는 시기에 기독교인들이 많은 역할을 하였다. 이 시기에 기독교 지도자들이 등장하여 건국초기에 정국을 이끄는데 적지 않은 영향을 미쳤다. 특히 이규갑은 대표적인 기독교계 인물로서 기독교 성직자이지만 해방 후 정치 활동에 관여하여 적지 않은 역할을 하였다. 이 글에서는 이규갑의 해방 후 활동과 특히 정치 참여 부분에 대해서 논하려 한다. 그간 이규갑 연구에 관하여는 이규갑의 '한성정부' 수립에 관련된 연구 이외에 해방 후 생애와 활동에 대해 본격적인 연구가 되어있지 못했다.[2] 그의 단편적인 회고를 제외하고 자료가 거의 남아있지 않기에 그와 관련된 연구에 한계가 따른다. 이규갑에 대한 자료는 추영수의 『구원의 횃불』에 실린 「이규갑 선생」[3]이 있고 이규갑이 1969년 4월호에 『신동아』에 기고한 「한성정부 수립의 전말」[4]이라는 증언기록이 있다. 자료의 한계[5]에도

---

2) 고정휴, 「대한민국임시정부의 통합정부수립운동에 대한 재검토」, 『한국근현대사연구』 13, 한국근현대사학회, 2006. 6; 정병준, 「1919년 이승만의 임정 대통령 자임과 "漢城政府" 법통론」, 『한국독립운동사연구』 16, 독립기념관 한국독립운동사연구소, 2001. 8; 한시준, 「한성정부의 수립과 洪震」, 『한국근현대사연구』 27, 한국근현대사학회, 2003. 12; 尹大遠, 「임시정부법통론의 역사적 연원과 의미」, 『역사교육』 110, 역사교육연구회, 2009, 김승태, 「일제강점기 이규갑·이애라 부부의 민족운동」, 『한국독립운동사연구』 50, 2015, 79~114쪽.
3) 추영수, 「이규갑 선생」, 『구원의 횃불』, 중앙여중·고교, 1971, 375~387쪽.
4) 이규갑, 「한성정부 수립의 전말」, 『신동아』, 1969년 4월호.

불구하고 본 연구는 해방 후 비중있는 기독교 성직자중의 한 사람인 이규갑의 역할과 정치활동의 행적을 찾아보면서 함께 서울지역에서의 정치 및 기독교세력의 활동을 논하려 한다.

2. 이규갑의 생애와 활동

1) 이규갑의 해방 이전의 활동과 독립운동

이규갑은 1888년 11월 5일 충남 아산군 인주면 공세리에서 아버지 이도희와 어머니 박안나 사이에 2남으로 출생하였다. 이규갑은 충무공의 9대 손이었다. 그의 어머니는 사서삼경을 공부하신 분으로 가정에서 자녀들을 잘 가르쳤으며 애국심이 강한 분이었다. 1905년 을사조약이 체결되자 부인으로는 처음으로 상소를 올렸고 "의족을 일으키라"고 역설함으로 포도대장이 이에 감동되어 고종에게 상소한 일도 있었다. 아버지는 무과에 급제하여 무관 첨지를 하였고 1897년에는 전라남도 화순 군수를 지내고 1902년 별세를 하였다. 이규갑은 조상으로부터 물려받은 애국정신, 어머니의 충정어린 교훈, 객지에 나가 독립운동에 여념이 없는 형님의 망명생활, 그리고 눈앞에 벌어진 청일전쟁의 비참함 등이 훗날 일생을 목사이면서 독립운동가로 사는 원인이 되었다. 형 이규풍도 역시 무과에 급제하여 대한제국 무관으로 활동하다가 1907년 국권회복을 위해 연해주로 건너가 의병활동을 전개하였다.[6]

---

5) 이규갑의 일기, 서신, 설교 및 저서를 찾기 힘들지만 국사편찬위원회의 "자료 대한민국사"에 보면 이규갑이 46회 검색되어 기사에 나타나고 이규갑의 국회의원 재직시 국회본회의록에서 그의 발언에 나타난다.

6) 김기승·천경석, 「이순신 후손의 항일독립운동」, 『이순신연구논총』 제15호, 순

1900년 13세 때 부친을 여의고 가정을 돌보다가 앞으로 나라를 위해 크게 일하려고 결심하여 시골을 떠나 상경하여, 공부를 하여 1906년 한성사범학교를 졸업하였다. 그러나 격동의 시대를 살면서 교육가로만 머물 수는 없었다.[7] 1907년에 일제는 헤이그 밀사사건을 구실로 고종을 퇴위시키고 한일협약을 조인케 하여 군대를 해산시켰다. 그러자 전국적으로 의병운동이 일어났는데 이때 이규갑은 강단을 뒤로하고 충남 홍주의병에 참가하여 운양관으로 활약하였고, 1909년부터 다시 교육일선에 투신하여 후배양성에 힘쓰던 중 1910년 일본 헌병대에 체포되어 감옥생활을 하다가 한일합방 특사로 출감되었다. 이규갑은 1911년 학교로 돌아가지 못하고 지하운동으로 "신조선당"을 조직하고 항일운동을 전개하였다.

한편 감리교 협성신학교에 들어가 수학하다가 일본 유학의 길을 떠나 와세다대학 정치과에서 공부하였다. 귀국 후 공주 영명학교 교감으로 재학하였고,[8] 지하운동에도 참여하는 한편 직산 예성학교를 설립하여 영세한 아동의 교육에 헌신하며 애국 이념을 가르치다가 비밀결사사건으로 일본 헌병에 검속되어 공주형무소에서 옥고를 치렀다.[9] 1912년 이규갑은, 공주 영명여학교에서 재직 중 이화학당을 졸업하고 그 학교에서 교편을 잡고 있던 이애라(1894~1921)와 만나 결혼하였다.[10] 또한 1917년 공주에서 여자야학교를 설립하여 아내와 함께 교육

천향대학교 이순신연구소, 2011, 327쪽.

7) 김승태, "일제 강점기 이규갑·이애라 부부의 민족운동,"『한국독립운동사 연구』 50, 2015, 82쪽.

8) 이규갑, 「한성정부 수립의 전말」,『신동아』, 1969년 4월호.

9) 추영수, 「이규갑 선생」,『구원의 횃불』, 중앙여중·고교, 1971, 376~377쪽.

10) Olga P. Shaffer, "Kong Ju Day School", *The Korea Mission Field*, August, 1912, 236쪽.

활동에 힘썼다.[11] 한편 1917년 평양으로 가서 교직에 종사하던 중 신
홍식, 길선주, 안세항 등과 함께 독립운동 평양 대표로 선출되었다. 그
는 1919년 2월 상경하여 기미년 독립선언 거사 준비에 참여하였다.
1919년 3월 1일 만세 시위 후 3월 초순부터 숨어 지내면서 임시정부수
립에 전력을 다하였다.[12] 이규갑은 독립운동을 조직화하여 임시정부
를 수립하고 이를 국내외에 알리면 당장은 아니더라도 후일에 독립운
동의 구심점이 되리라고 생각하였다.[13] 이로써 이규갑은 홍면희와 함
께 '한성정부'수립의 주역으로서의 역할을 담당하였다. 그리고 그 해 4
월 2일 인천 만국공원에서 13도 대표자 국민대회를 개최하고 한성정부
를 조직하였다. 그는 대표자회의의 한 사람으로 선출되었다. 또한 그
는 경성독립단 본부 특파원으로 그 해 4월 10일 상해에 밀파되어 임시
정부 수립에 참여한 후 4월 13일 임시의정원 충청도의원, 5월 5일 상해
대한민국청년단 서무부장 및 비밀부장을 역임하였다. 그 해 7월 8일
제5회 의정원의회에서 상임위원회 청년위원에 피선되었고 7월 19일
임시의정원 충청도 의원으로 재선되어 국채통칙 및 공채발행조례를
통과시키는 등 임정 육성에 진력하였으며 이후로는 러시아 국경지대
에서 독립군 양성에 헌신하였다.

한편 그의 부인 이애라도 평양경찰서에 수감되어 있다가 풀려나와
이규갑의 부탁대로 전북, 충남, 수원 등지에 산재해 있는 여성들로 하여
금 지하독립운동 부인회를 조직하도록 돕는 임무를 맡았는데, 1920년
수원 · 공주 · 아산 등지를 순회하면서 부인회를 조직하고 활동하다가
상경하였다. 이애라는 아현동으로 향하던 중 일본 헌병에 체포당하면

---

11) 『매일신보』, 1918년 2월 9일, 「공주 여자야학교 상황」.
12) 이규갑, 「한성정부 수립의 전말」, 『신동아』, 1969년 4월호, 176쪽.
13) 이규갑, 「한성정부 수립의 전말」, 『신동아』, 1969년 4월호, 176쪽.

서 백일 된 아이는 길바닥에 내동댕이쳐진 채 투옥되었고 아이는 숨지
고 말았다. 1921년 석방되어 천안 양대여학교에서 교사로 재직하다가,
남편 이규갑을 찾아 30명 가까운 가족과 함께 연해주로 향하던 중 함
경도 경흥 옹기항에서 다시 체포되어, 악독한 고문 끝에 사경에 이르
러 석방되어 간신히 블라디보스토크까지는 갔으나 남편을 못 만난 채
별세하였다.[14]

　　그 후 이규갑은 귀국하여 목회를 시작하였는데 1922년 미감리회에
서 협동회원으로서 집사목사 안수를 받았고 1930년에 장로목사 안수
를 받아 활동하였다.[15] 10여 년 간 블라디보스토크와 만주에서 목회
및 교육과 독립운동에 헌신했다. 1925년 이규갑은 블라디보스토크에
있는 애국동지 김낙권의 장녀 김애일라와 재혼했다. 김애일라 역시
3.1운동 때 투옥되었다가 1921년 가출옥한 인물이었다. 1926년 이규갑
은 국내로 귀국하였는데 당시에는 좌우합작에 의한 민족협동전선의
최고기관인 신간회가 조직되어 활동하고 있었다. 신간회는 우리 민족
의 정치적 독립과 경제적 해방, 자치운동의 부인, 타협적 개량주의 운
동의 배격, 민족의 총단결, 민족적 권익의 실현을 지향하면서 일제 지
배하에서 자치를 이루는 것을 목표로 한 자치운동이었다.[16] 신간회가
본부를 서울에 두고 전국 각지에 지회가 설치되었는데 이규갑은 안재
홍, 조병옥, 홍명희, 허헌 등과 함께 신간회 경동지회 설립에 참여하였
다.[17] 그 후 경동지회의 집행위원장에 취임하여 활약하였고 여러 번

---

14) 김기승·천경석, 「이순신 후손의 항일독립운동」, 『이순신연구논총』 제15호, 순
　　천향대학교 이순신연구소, 2011, 87~88쪽.

15) 『기독교조선감리회 동부 중부 서부 제2연회 연합연회회록』, 1932, 28쪽.

16) 신용하, 『신간회의 민족운동』, 독립기념관 한국독립운동사연구소, 2007, 49~58쪽.

17) 이규갑은 신간회 경동지회 설립의 사회와 개회사를 맡는 등 주도적인 역할을
　　하였다. 「신간회 경동지회 설립 총회의 건」, 東京警高秘 제 1208호, 1929.6.17.,

일본헌병에 체포되어 옥고를 겪었다. 신간회의 해산 이후에 이규갑은
1928년부터 1931년까지 돈암·월곡·우이동·창동교회에서 시무했고,
1933년에는 광희문교회, 1935년에는 동부연회에 소속되어 의정부교회
담임목사로 봉직하였다. 특히 양주구역에 담임하면서 구역 내의 어려
운 가정들을 돌보는 등 목회에 전념하였다.[18] 일제 말인 1938년 기독
교 탄압으로 검속당해 평양감옥에 수감되는 등 전후 36차례 검거되었
다.[19] 이규갑은 목회자였지만 일제의 감시와 탄압으로 순탄한 목회활
동을 하기 힘들었고 민족의 해방에 대해 의지를 굽히지 않았고 일제에
항거하는 목회자였다. 이처럼 이규갑은 감리교회의 일부 지도자들이
친일 노선을 걸은 것과는 달리 친일 협력하지 않았고 해방 후 감리교
회의 재건운동을 일으키는 지도자가 될 정도로 민족과 교회에 존경을
받는 인물로 부각되어 있었다.

2) 해방 이후 이규갑의 기독교계의 활동

1945년 8월 15일 해방이 되자 교회지도자들은 교회와 나라를 다시
세우는 일에 관심을 가졌다. 특히 무너진 한국교회를 세우는 일이 무
엇보다 시급하였다. 왜냐하면 이미 1945년 7월 일본의 강압적인 종교
통합정책으로 인해 일본기독교조선교단으로 한국교회가 흡수되었기
때문이다.[20] 해방 후 먼저 한국교회의 조직에 움직임을 보인 쪽은 친
일세력이었다. 이 교단에 관여했던 목회자들은 해방이 되자 조선기독

동대문경찰서장의 보고.

[18] 『매일신보』, 1939년 2월 19일, 「뜨거운 隣人愛」.

[19] 한국감리교회사학회편, 『한국감리교회를 세운 사람들』, 에이멘출판사, 1988,
116쪽.

[20] 이덕주·서영석·김홍수, 『한국감리교회역사』, 도서출판 kmc, 2017, 344쪽.

교단으로 바꾸고 그 조직을 계속 유지하면서 기득권을 유지하려 하였다. 그들은 결국 1945년 9월 8일 38선으로 막혀서 북측의 교회 대표들이 참석할 수 없을 것이란 이유 때문에 우선 남쪽만의 교회 대표들로 구성된 남부대회를 소집했다.[21) 그러나 새문안교회에서 소집된 이 모임은 개회 벽두에 변홍규, 이규갑 목사 등을 중심으로 수십 명의 감리교 대표자들이 감리교 재건을 선언하고 퇴장함으로써 소란을 빚었다.[22] 이때 퇴장한 감리교 목사들은 후에 재건파로 불리우는 감리교 재건측의 주요 지도자들이 된다. 하지만 이때 그 자리를 계속 지킨 감리교 목사들도 상당수 있었다. 이들은 장로교 목사들과 협의하여 교단 체제의 존속을 논의했다. 그들은 그해 11월 27일부터 30일까지 정동제일교회에서 재차 모임을 열었다. 그때 정식 명칭인 조선기독교남부대회가 생겨났다. 남부대회는 먼저 단일교회를 유지하여 비록 일제에 의해 강압적으로 형성되기는 했으나 그동안 교파별로 나뉘어 불필요한 경쟁과 마찰을 경험했던 만큼 하나가 된 교회 조직을 만들겠다는 의도가 있었다.[23] 또한 해방 이후 해외에서 귀환하는 기독교 지도자들인 이승만 · 김구 · 김규식 등을 통하여 기독교적 정권 창출의 기회를 삼아 이를 위해 단합된 기독교의 힘을 보여주기 위해서 단일 교회 조직이 필요하다는 의도를 가지고 있었다.[24] 하지만 시급한 일제 잔재청산과 왜곡된 역사에 대한 심판이 당시 과제였기에 이들의 입장이 쉽게 받아들여지지 않았다. 그러므로 남부대회의 활동이 한계를 보였고 1946년 4월 30일부터 5월 20일까지 정동제일교회에서 열린 제2회 남부대회를 계기

---

21) 김양선, 『韓國基督敎解放十年史』, 大韓예수敎長老會總會 宗敎敎育部, 1956, 50쪽.
22) 위의 책, 50~51쪽.
23) 김춘배『筆苑半百年』, 성문학사, 1977, 123쪽.
24) 김양선, 앞의 책, 50쪽.

로 교파 환원을 받아들이기에 이르렀다.[25] 결국 단일 교회 정치 조직의 꿈을 갖고 출발했던 남부대회는 시작한 지 1년 만에 실패로 끝났다.

한편 감리교 재건을 선언하고 퇴장했던 변홍규, 이규갑, 김광우 등 감리교 목사들은 남부대회가 주도하는 교회 조직 움직임에 강한 불만을 갖게 되었다. 일제 말기 혁신교단 측에 의해 제명되거나 추방당한 피해자들이 소위 '재건파'였기에 가해자 측이었던 이들이 회개 및 자숙하지 않고 교권을 장악하려는 태도를 받아들일 수 없었다. 그러므로 이들은 1945년 11월말 남부대회가 폐회된 직후 변홍규, 이규갑 등이 주도한 감리교 저항 세력들 60여명이 동대문 교회에 모여 '감리교 동부·중부연회 재건 위원회'를 구성하였다.[26] 위원장은 이규갑, 부위원장은 변홍규였다. 이들은 일제의 잔재를 없애고 "교회를 다시 세워야 한다"는 주장을 하며 소위 '재건파'로 부르며 선명한 입장을 표명하였다. 이들은 두 연회의 재건연회를 1946년 1월에 소집하기로 했다. 그러나 감리교내의 남부대회 측의 태도에 변화가 보이지 않자 마침내 1946년 4월 5일 중부·동부 연합연회를 소집하여 85명의 참석자가 모인 가운데 변홍규 목사가 교장으로 있던 냉천동 감리교신학교에서 연회가 열렸다.[27] 이규갑 목사가 사회를 보고 김광우 목사가 서기로 선출된 이 연합연회는 재건위원회가 회의 주도권을 장악하고 회의를 진행시켰다. 이 연회에는 남부대회 측의 인사들도 참석하고 있었는데 이규갑 목사는 이 모임을 '연회'로 규정하려 하였으나 남부대회 측 인사들의 반대로 뜻을 이루지 못하다가 결국 남부대회 측 인사들은 회의장을 퇴장하였다. 이로써 '재건위원회'측 인사들만 남아 나머지 회의 처리는

---

25) 『朝鮮基督敎南部大會 第二回議順序』, 1946. 4, 30~52쪽.
26) 유동식, 『한국감리교회의 역사』, 기독교대한감리회, 1994, 702쪽.
27) 『基督敎朝鮮監理會 中部·東部年會 會錄』, 1946. 7, 7쪽.

일사천리로 진행되었다. 정식 연회 조직이 선언되었고 중부연회장에
이규갑, 동부연회장에 변홍규가 각각 선출되었으며 연회 서기에는 김
영렬, 라사행 등이 각각 선출되었다.[28] 이로써 소위 '재건파'로 불리는
감리교 연회조직이 구성되었다. 이들은 재건 연회에서 다음과 같은 선
언문을 채택하여 감리교 신앙 전통회복의 의지를 밝혔다.

> 1) 1930年 以來 倭人의 強壓政策下에서 우리 教會가 內政干涉을 當
>   한 것은 事實이다. 그로 因하여 行政이나 規定된 것은 一切 此를
>   否認함.
> 2) 期間에 倭人의 干涉으로 因하야 召集되지 못하였던 基督教朝鮮監
>   理會 中部年會 東部年會는 至今에 召集된 것을 玆에 宣言함.
> 3) 今番에 基督教朝鮮監理會에 屬한 牧師들과 各區域에서 選任한 信
>   徒代表들로 構成한 中部年會 東部年會는 基督教朝鮮監理會의 法
>   的 相續者요 新組織體가 아님을 玆에 宣言함.
> 4) 하나님의 豊盛하신 恩惠와 祝福이 至今 再建되는 基督教朝鮮監理
>   會에 臨하시기를 祝願함.[29]

이 연합 연회는 1939년 10월 임시 총회에서 선출된 정춘수 감독 이
후 해방되기까지의 감리교 역사를 비정통적인 것으로 정리하려는 의
지의 가지고 있었고 감리교의 역사적 정통성을 가진 법적 상속자임을
선언하였다.

'재건파'가 1947년 1월의 '남조선 총회'를 거부하고 1년 후 독자적인
연회와 총회를 구성하자 '복흥파'에서도 재건파에 대한 비판과 함께 대
응책을 세웠다. 1946년 4월 7일 수표교교회에서 감리교 수습대책위원
회를 조직하고 "교회 복흥방침"을 발표하였다. 여기에서 '복흥파'라는

---

28) 위의 책, 9쪽.
29) 위의 책, 14쪽.

용어가 나왔다. '복흥파'는 총회에서 강태희 목사를 감독으로 세우고 '재건파' 총회가 끝난 직후 이들 '재건파' 인사들에 대한 법적 조처를 취하였다. 즉, 1948년 1월 30일에 열린 총리원 이사회 및 감리사 연석회의는 총리원 이사였던 전효배, 이규갑, 장석영 등을 제적시키고 대신 신공숙, 엄재희, 김희운 등으로 대체시키는 등 강력한 대응 조치를 취하였다. 이로서 결국 두 파가 상대편을 비난하게 되었고 교회분열이 일어났다.

이후 양측의 폭로와 비난전은 거의 1년 동안 진행되었다. 재건파는 '친일파 숙청'이라는 명분에서는 앞섰지만 교회 정치의 경제적, 정치적 배경이 되는 교회 담임에서 절대 약세를 면치 못한 '소수파'의 한계를 가지고 있었고, 반면에 다수를 점한 복흥파는 각종 회의와 조직에서 다수결에 의한 '민주주의식 결의'를 통하여 일을 처리함으로 '합법적'이란 명분을 얻기는 하였지만 친일파 숙청이라는 당시 시대적 흐름에서 교회 안팎으로부터 '친일파 집단'이란 부정적 비난을 피할 수 없었다. 이규갑은 독립운동을 한 인물로서 감리교를 다시 세우려는 목적으로 재건파의 중심인물로서 감리교회를 치리해 나갔다. 결국 미 감리교회 선교사들의 양측의 화해의 촉구로 인해 1949년 4월 26일 정동제일교회에서 개최된 감리교 통합 연합연회와 통합 총회에서 김유순목사를 감독으로 선출하고 새로운 통합된 감리교를 출발 시켰다.[30]

3) 이규갑 목사와 해방이후 교회의 창립

해방 후 이규갑은 감리교 목사로서 서울에서 교회 설립과 목회에 힘

---

30) 이덕주·서영석·김홍수, 『한국감리교회역사』, 도서출판 kmc, 2017, 347쪽.

을 기울였다. 창천교회사의 기록에 보면 1945년 3월 17일부터 1946년 11월 30일까지 창천교회 담임목사로 목회를 하였다.[31] 또한 그는 1945년 11월 냉천동의 감리교신학교의 부속 사택에서 월남한 교인들을 중심으로 한 냉천동감리교회(서대문감리교회)를 설립하고 1946년 6월까지 교회를 창립한 초대목사로 활동한 것으로 알려져 있다.[32] 해방 후 정국이 혼란한 상황가운데 남산교회를 창립하였다. 남산교회의 시작은 일제 당국으로부터 온갖 핍박과 탄압을 받아서 옥고를 치루었던 이규갑 목사로부터이다. 이규갑 목사는 서울에 있던 일본인 교회의 담임자였던 사메지마 목사로부터 협의 끝에 교회 대지와 건물을 인수하여 1945년 12월 2일(주일)에 남산교회를 창립하였다. 교회로 인수한 건물과 대지는 일본인 소유였기에 적산으로 취급되어 절차를 밟아 남산교회의 교회 명의로 등록되었다. 결국 일본인 교회 예배당이었던 적산건물을 접수하고 매입하여 감리교단의 유지재단에 등록시키는 일을 이규갑 목사가 맡은 것이다.[33] 남산교회는 중구 회현동에 소재하였고 이북에서 월남한 교인들을 권면해 처음부터 평양의 남산현교회와 비슷한 교회를 서울의 남산에 세우고자 했고 이름을 남산교회라 지었다.[34] 결국 평양 남산현교회의 역사와 전통을 이어받는다는 의미에서 남산현교회에 출석하였거나 남산현교회와 관련된 월남한 교역자들과 교인들이 서울의 남산교회로 주로 모이게 되었다.

---

[31] 김명구·이상섭·박구병,『창천교회 100년사』, 기독교대한감리회 창천교회, 2006, 496쪽.

[32] 조이제, "해방 후 평양 감리교인의 월남과 재건",「한국기독교역사학회 학술 심포지엄 발표문」, 2014, 201쪽.

[33] 구두회, "평양에서 남하해 서울에 남산교회를 세운 핵심인물 네 분의 소개",「남산소식」, 2010, 95~96쪽.

[34] 이덕주,『서울연회사 II』, 기독교 대한감리회 서울연회, 2009, 49쪽.

남산교회 창립 후 약 3년간은 정부 및 사회단체가 좌우익으로 나뉘어 대립하고 있었고 심지어 이들은 서울 거리에서도 격돌하는 등 사회질서가 어지러운 형편이었다. 앞서서도 밝힌 것처럼 해방이 되자 교계에도 일제시절 부일협력하던 친일교계 인물들과 일제에 항거하다 옥고를 치루고 희생당한 인사들 사이에 대립과 충돌이 일어나게 되었다. 이규갑 목사를 중심으로 창립된 남산교회는 일제 말기에 기독교의 탄압으로 감리교회에서 목사직을 파면당하거나 면직당한 인사들이 있었다. 이들은 북한에서 38도선을 넘어 월남한 이윤영, 정일형, 정달빈, 박동선 목사 등이 교회 재건에 뜻을 같이하여 도왔으며 남산교회 본처 목사로 있으면서 교회 창립에 힘을 실었다.[35] 그 중에서도 정일형 목사는 서울에 남산교회를 설립하는데 큰 역할을 하였다. 정일형은 평안남도 진남포 출신으로 평양에서 목회하였고 미국으로 건너가 박사학위를 받아 귀국하였고 감리교신학교 교수로 재직 중 친일교단 반대의 이유로 옥고를 치룬 인물로서 해방 직후 월남하여 미군청정에 인사행정처장과 물자행정처장으로 근무하였다.[36] 정일형은 대한민국의 관료와 정치인으로 정계에서 활동한 대표적인 기독교 인물이다. 정일형은 교회 설립을 위해 예배당 건물을 이규갑 목사가 인수하도록 주선하는 일을 하였다. 또한 평신도 중에서도 평양의 남산현교회의 박현숙, 양요한, 김경섭, 김덕윤, 문선호 장로 등이 남산교회의 장로로서 교회 창립에 협조하며 교회발전에 크게 공헌하였다.

1948년 12월 6일 강태희목사의 후임으로 남산교회의 담임자로 부임하였다.[37] 그리고 1949년 5월 정동제일교회에서 열린 기독교대한감리

---

35) 이성삼, 『남산교회 50년사』, 기독교대한감리회 남산교회, 1996, 182쪽.
36) 정일형, 『오직 한길로』, 을지서적, 1991, 95~119쪽.
37) 조이제, "해방 후 평양 감리교인의 월남과 재건", 「한국기독교역사학회 학술

회 통합 중부·동부 연합연회에서 이규갑 목사를 담임자로 파송하였
다.[38] 하지만 1950년 5월 30일에 치러진 제2대 국회의원 선거에 국민
당 소속으로 충남 아산 선거구에 입후보하여 국회의원으로 당선되었
다.[39] 이규갑 목사가 국회의원으로 당선되어 정계에 입문하게 되었기
에 남산교회의 특별파송으로 되어있던 변홍규 목사가 담임목사를 맡
아 시무하게 되었다.[40] 이처럼 이규갑은 해방 후 짧은 시간이지만 서
울에서 교회 재건과 설립 활동을 활발히 전개하였는데 그 이유는 감리
교회 지도자들 가운데서 그의 위상이 컸기 때문이다.

3. 해방 이후의 이규갑의 건국 활동과 서울지역의 기독교

1) 건국준비위원회와 이규갑

1945년 8월 초 일본의 패배가 확실해지자 조선총독 아베 노부유키는
한국에 있는 일본인들의 생명과 재산을 보호해주고 이들의 안정적인
귀환 대책을 위해 협상 대상자로 한국의 민족지도자들을 찾았다. 조선
총독부는 여운형, 송진우, 안재홍 등과 각각 치안유지 교섭을 벌였다.
이때 건국준비를 위한 민족의 대표기관과 정치세력 형성의 필요성을
느끼고 있던 여운형이 이들의 의사에 긍정적으로 반응함으로써 협상
이 이루어지게 되었다.[41] 이처럼 해방 무렵의 정국은 여운형을 중심으

심포지엄 발표문」, 2014, 201쪽.
[38] 「기독교대한감리회 통합 중부·동부 연합연회회록」, 1949, 17쪽.
[39] 조종현, 『議政 30年史料(制憲國會 第10代 國會)』, 國會圖書館(1983), 13쪽.
[40] 「기독교대한감리회 통합 중부·동부 연합연회회록」, 1950, 20~21쪽.
[41] 이완범, "해방 직후 국내 정치 세력과 미국과의 관계", 『해방 전후사의 재인

로 좌파가 선점하면서 주도했다. 이에 따라 1944년 8월 10일 비밀리에 '건국동맹'이 조직되었고 1945년 8월 15일 광복절 날 조선건국준비위원회를 발족하였다. 위원장에 여운형, 부위원장에 안재홍, 허헌, 총무부장에 최근우, 재무부장에 이규갑, 조직부장에 정백, 선전부장에 조동호, 무경부장에 권태석 등이 인선되었다. 이처럼 건국준비위원회는 1945년 8월 15일부터 9월 7일까지의 시기에 여운형 등이 주축으로 일본으로부터 행정권을 인수받기 위하여 만든 조직이다. 결국 건국준비위원회는 일제가 물러가는 상황에서 건국을 준비하는 조직이었고 줄여서 건준이라고도 불렀다.

여운형은 이에 앞서 조선총독부 엔도 정무총감과 정치경제범 석방 및 3개월간의 식량확보, 건국을 위한 정치활동에 대한 불간섭, 학생훈련과 청년조직에 대한 불간섭, 노동자의 건설사업협력 등 5개항을 조건으로 치안권을 인수했다.[42] 여운형은 해방 전에 조직한 조선건국동맹을 중심으로, 그리고 일제의 항복직후 석방된 정치범과 민족주의자들과 더불어 건국을 준비해 나갔다. 여운형과 그의 측근 인사들은 8월 15일 오후에 조직의 기본 틀을 마련하고, 17일에 여운형을 위원장, 안재홍을 부위원장으로 하는 건국준비위원회의 조직을 완료하였다. 건준은 8월 17일 제1차 부서 결성을 하여 위원장 여운형, 부위원장 안재홍, 총무부장 최근우, 재무부장 이규갑, 조직부장 정백, 선전부장 조동호, 무경부장 권대석 등을 임명했다. 산하단체로는 치안확보를 위한 건국치안대, 식량확보와 보급을 위한 식량대책위원회가 결성되어 활동했다. 중앙조직 간부들은 처음에는 대체로 여운형, 조동호, 최근우 등의 조선건국동맹 계열, 안재홍, 이규갑, 권태석 등의 신간회 계열, 정

식』, 책세상, 2006, 62~63쪽.
42) 『매일신보』, 1945년 8월 17일자.

백 등의 장안파 조선공산당 계열 등으로 구성되었다. 건준은 다양하게 분산되어 있던 정치세력들을 한 곳으로 규합함으로써, 국가건설을 위한 좌우균형의 연합전선을 형성하여 건국을 준비하고 정부수립의 기반으로 삼으려 했던 것이다. 그러나 조직 개편에 따라 점차적으로 조선건국동맹 계열과 장안파 조선공산당 계열이 강화되었고, 신간회 계열이 이탈하여 좌파가 강화되었다.

8월 16일 여운형은 휘문중학교 교정에서, 안재홍은 경성방송을 통해 치안권 인수와 건국준비위원회(건준)의 결성을 알리는 연설을 했다. 이 연설에서는 경위대(警衛隊)와 정규군 편성, 식량확보, 통화 및 물가안정, 정치범 석방 등이 언급되었다. 이어 8월 26일에는 건국사업의 방향을 나타내는 선언과 강령을 발표하였다. 강령의 구체적 내용은 다음과 같다. "첫째, 우리는 완전한 독립국가의 건설을 기한다. 둘째, 우리는 전 민족의 정치적·사회적 기본요구를 실현할 수 있는 민주주의정권의 수립을 기한다. 셋째, 우리는 일시적 과도기에 있어서 국내 질서를 자주적으로 유지하여 대중생활의 확보를 기한다".[43]

건국준비위원회의 조직과 활동에 대한 일반 국민들의 지지가 급격히 확산되자, 여운형은 건국준비위원회의 조직을 확대 정비하였다. 8월 31일, 건국준비위원회는 12부 1국의 체제를 갖추어 준정부적인 조직으로 개편되었다. 이어 건국준비위원회의 조직은 지방에서도 활발히 진행되어, 8월 말에는 건국준비위원회 지방지부라는 명칭을 가진 조직이 전국적으로 145개에 이르렀다.[44] 지방에서도 건준 지부들이 중앙조직의 지시 아래, 또는 독자적으로 결성되어 지방의 치안을 관장했다. 건국준비위원회의 조직과 영향력은 확대, 강화되었으나, 전국유지

---

43) 송남헌,『한국현대정치사』제1권, 성문각, 1980, 71~72쪽.
44) 안종철,『광주 전남 지방현대사 연구』, 한울출판사, 1991, 19쪽.

자대회의 문제, 건국준비위원회 조직과 운영상의 문제에서 여운형과 안재홍 간에 견해 차이가 나타남으로써 균열을 보이기 시작하였다. 이러한 건준 내부에서 좌우 대립이 격화되어 건준은 사실상 정부로서의 기능을 하는 데는 한계가 있었다. 시간이 지나면서 건준이 지나치게 좌익진보세력으로 조직되자 민족주의계 인사들이 이에 반발하여 탈퇴하였다. 부위원장 안재홍도 탈퇴하여 9월 1일 조선국민당을 창당하였다. 또한 정백, 고경흠 등의 간부들은 위원회의 승인 없이 경성지부를 결성하였다. 9월 4일 위원회 전체회의가 열려 집행위원회 개편을 단행하였고 9월 6일에는 600여 명으로 구성된 전국인민대표자회의를 소집하였다. 경기여자중학교에서 열린 이 회의에서 '조선인민공화국임시조직법안'이 통과된 뒤 조선인민공화국 수립을 발표하였다. 이렇게 되자, 초기와는 달리 좌익세력이 건국준비위원회를 주도하게 되었으며, 건국준비위원회는 결국 조선공산당의 영향하에 놓이게 되었다.

해방 후 최초의 좌우결집체였던 건준에 기독교인들이 참여하였다. 중앙조직에 이규갑을 비롯한 이용설, 이만규등이 참여하였지만 기독교세력은 약했다. 하지만 지방조직에 있어서는 기독교를 바탕으로한 민족주의 세력이 참여해 강력한 영향력을 미쳤다.[45] 미군이 진주하기 전까지 전국 도단위 책임자가 8명이 기독교인이었다는 사실은 지방조직에는 다수의 기독교인이 건준에 참여해 활발한 활동을 했음을 보여준다. 건준안에서 기독교인들의 활동 중 눈여겨 볼만한 인물이 이규갑이다. 이규갑은 안재홍의 측근 인사로서 건준에서 재정부장을 맡아 활동하였다. 앞서서도 언급했듯이 해방 후 그는 기독교계의 대표적인 인물중의 하나이다. 그는 감리교의 지도자로서 민족운동에 앞장서며 항

---

45) 박명수, 「해방 후 건국준비위원회와 기독교의 역할」, 『대한민국 건국과 기독교』, 박명수, 안교성, 김권정 외 엮음, 북코리아, 2014, 101~104쪽.

일활동을 해왔던 인물이다. 해방 후에도 이규갑은 감리교의 최고 비중 있는 지도자로서 교회 재건운동에 참여하고 일제잔재 청산에 앞장서 며 친일파에 대해 강경한 입장을 가지고 있었다. 건준 활동 시 재정부 장인 이규갑은 친일 행적과에 관련된 인물에 대해서 강경한 태도를 보임으로써 여운형과 갈등을 일으킬 정도로 친일 문제에 단호했다.[46) 또한 이규갑은 여운형 중심의 건준 운영을 반대하면서 비판하였다.[47) 결국 이규갑은 건준이 인민공화국을 만드는 것을 반대하였고 건준 초기에 활동했을 뿐 좌익이 건준을 주도하면서부터는 건준과 관계를 끊게되었다.

2) 기독교세력의 서울지역에서의 정치활동과 이규갑

앞서서 밝혔듯이 1945년 해방이 곧 독립으로 연결되지 못하였고 한반도가 남북한 분할됨으로 인해 미국과 소련군이 진주하는 상황으로이어졌다. 결국 남한에서는 군정이 실시되었고 불완전한 국내 상황속에서 '국가 건설' 문제가 시대의 과제가 되었다. 해방 직후 기독교세력은 정치사회단체를 결성함으로 조직적으로 활동하며 건국운동에 참여하기 시작하였다. 해방 후 논의점은 누가, 어떻게, 어떤 내용의 국가를

---

46) 당시 건준 활동 시 유명한 친일파 박춘금이 이규갑을 찾아와 건국 준비자금으로 쓰라고 돈 보따리를 내놓았다, 이규갑은 돈 보따리를 집어던지며 신성한 건국 준비에 친일파들이 바치는 돈을 쓸 수 없다고 단호히 거절하였다. 그돈은 결국 몽양 여운형에게 갔는데 왜 들어오는 돈을 박차느냐는 힐문에 이규갑은 몽양 선생 안경에 티가 묻었으니 닦으시오. 친일파 돈을 몰수해 쓸 수있어도 무슨 기부금 주는 식으로 주는 더러운 돈을 신성한 건국 사업에 쓸수 없다고 맞받아쳤다. 당시 주위의 몽양의 추종자들이 분격하였고 결국 이 때문에 이규갑은 몽양 추종자들에 의해 테러를 당해 임병헌씨 집에서 치료를받아야만 했다.

47) 정상윤, "건준 천하 20일", 「월간중앙」 1-5, 1968, 115~116쪽.

건설할 것인지에 대한 것이었다. 또한 어떤 체제 선택할지, 정부의 형
태나 제도 내용은 어떻게 수립할 것인지도 중요한 문제였다. 결국 어
떤 세력이 국가건설의 주도적 역할을 담당할 것인지가 관심 대상이었
다. 이러한 급박한 정치상황 가운데 '국가건설'이란 과제가 등이 해방
정국의 가장 큰 이슈였고 일제 잔재청산의 시대적 과제는 정부수립 이
후로 넘어가는 상황이 되었다.

　기독교가 한국사회에 수용된 이후부터 기독교인의 사회참여에 대해
적극적이었다. 기독교인들 가운데 정치·사회운동 세력이 형성되어 19
세기 말부터 독립협회운동 및 근대 민족의식 고취에 힘썼다. 한국의
기독교는 민족운동에 적극 참여 하면서 일제에 대항해 다양한 국권회
복운동을 전개해 나갔으며 임시정부 활동에 적극적이었으며 독립과
새로운 국가건설을 갈망해왔다. 한국기독교는 일찍이 기독교를 통한
사회변화와 문명화의 의지를 가지고 있었고, 기독교적 가치를 실천하
려는 노력을 하고 있었다. 게다가 기독교가 가지고 있는 전국적 조직
망 및 교회와 학교, 기관 등 풍부한 자산이 있었고, 기독교의 조직이
국외에도 연계되어 있어 해방 후의 국가건설에 선도할 수 있는 위치를
가질 수 있었다. 이처럼 한국교회는 교회와 학교, 사회단체 등을 통해
훈련받은 인물이나 조직이 있어 해방 정국에서도 국가건설에 참여할
수 있었다. 미군정에서도 한인 지도자들이 필요로 했는데 서구 및 미
국사회 경험과 이해를 가지고 있거나, 미국 유학을 다녀온 인물들처럼
기독교 인사들이 대거 미군정 참여하였고, 통역관 역할을 하거나 군정
관료로 등용되었다.

　해방이 되자 남한 내에서 정치단체에 기독교인들이 참여하거나 기
독교 사회단체임을 나타내면서 활동하기도 하였다. 가장 먼저 조직된
단체는 조선건국준비위원회의 창립이었다. 여운형의 좌익세력과 민족

주의 우익세력의 안재홍, 기독교계 목사 이규갑 등 여러 인사들이 참여하였다. 지역 건준에서는 기독교인들이 적극 참여하여 지역 건준을 조직하고 운영하였다. 앞서서 밝힌 것처럼 해방과 함께 자유를 찾은 이규갑은 좌우합작으로 조직된 건국준비위원회의 재무부장으로 취임하여 건국준비사업을 도왔지만 건국준비위원회의 내부 좌우 갈등으로 인해 건준활동을 지속하지 않았다. 이규갑이 해방 후에 목회활동을 하며 기독교 재건에 활발한 움직임을 보이면서도 정치활동에도 계속 참여하게 된다.

우익진영의 세력도 1945년 9월 16일 한국민주당을 창당하여 집단지도체제로 운영하면서 기독교인들이 대거 참여하여 활동하였다.[48] 여성들이 주도하는 사회정치단체인 '한국애국부인회'와 '조선여자국민당' 등이 창당되어 활동하였다. 또한 1945년 9월 5일 서울 정동교회에서 박용희를 중심으로 한 기독교인들 주도로 사회민주당 결성하였다.[49] 또한 한독당의 이대위, 오택관, 이남규, 대한국민당의 배은희, 조선민족당의 당수인 오화영이 모두 목사 신분으로 정당 활동에 적극 가담하였다.[50] 1945년 10월 17일 이승만 귀국하면서 난립된 정당의 통합을 요구하며 10월 23일 한민당, 국민당, 조선파공산당이 중심이 된 '독립촉성중앙협의회'를 결성하였다.[51] 이승만은 처음에 좌파까지 아우르는 정당통합운동으로 추진되었으나, 11월 말에 이르면서 인민당과 공산당이 이탈하여 우파 중심의 세력이 되었다.[52] 또한 기독교계는 공산

---

48) 이인, 『반세기의 증언』, 명지대학교출판부, 1974, 150~153쪽.

49) 『매일신보』, 1945년 9월 19일자.

50) 김권정, 「해방 후 기독교 세력의 동향과 대한민국 건국운동」, 『성결교회와 신학』 제31호, 2014, 66쪽.

51) 『매일신보』, 1945년 10월 25일자.

52) 도진순, 「1945-1946년 미국의 대한정책과 우익진영의 변화」, 『역사와 현실』 7,

주의 세력이 확장되어가는 상황에 대한 위기의식을 가지고 임정요인
들의 귀국을 계기로 1945년 11월 27-30일에 '조선기독교 남부대회'[53]
개최를 열고 기독교 정치인들이 기독교적 국가 재건의 구상을 밝히며
임시정부 요인들을 환영했다.[54] 해방정국의 세 영수 이승만·김구·
김규식 등이 참석하여 기독교 정신을 토대로 국가재건을 하며 새로운
나라를 만들자고 하였다. 조선기독교 남부대회는 대회장 김관식을 비
롯한 김영섭, 김종대, 김영주, 최거덕, 이규갑, 신공숙, 함태영 등의 주요
인사들이 주도하며 이끌어갔다. 하지만 앞서서 언급한 바와 같이 남부
대회는 의견의 차이로 인해 소기의 목적을 달성하지는 못했다.

해방 이후 대부분의 한국교회와 교인들은 반공주의 입장에서 자유
민주주의 실현을 주장하였다. 한국교회는 일제강점기에 공산주의에
대해 경험하면서 공산주의가 개인의 자유와 인권에 대해 폭력을 허용
하며, 현실적으로 억압 및 말살 한다는 점에서 부정적으로 이해하였
다. 그러므로 공산주의 맞서 자유 민주국가를 건설하는 것은 시대적
소명이요 민족구원 지름길이라고 확신하였다. 이처럼 해방 후 기독교
세력이 국가건설을 위해 자유민주주의를 지향하고 건국운동을 전개해
나가면서 반공주의에 대한 입장은 심화되어갔다.[55] 이규갑은 블라디
보스톡에서 독립운동을 하던 30대에 이미 공산당의 진면목을 경험하

1992, 349쪽.

53) 해방 전 1945년 7월 19일 일제의 종교 통합책으로 결성된 「일본기독교조선교
단」이 비록 일제에 의해 조직되었으나 해방 이후 교파 초월의 단일교단으로
유지하자는 의미로 해방 후 한국교회의 전국조직으로 '조선기독교 남부대회'
를 개최하였고, 이 세력들은 해방 후 정치 상황에서 주도적 역할을 할 정치인
들을 지원하고 후원하였다.

54) 이덕주·서영석·김흥수, 『한국감리교회역사』, 도서출판 kmc, 2017, 359쪽.

55) 허명섭, 「한국기독교와 대한민국의 건국」, 『한국근대화와 기독교의 역할』, 현
대기독교역사연구소 편, 두란노 아카데미, 2011, 331~337쪽.

곧 공산당과는 절대 공존할 수 없음을 깨달았고[56] 반공의 입장을 강력히 견지해 나갔다. 이규갑은 공산주의 침투를 경계하면서 『스파이 추격』이란 책의 머리말을 쓸 정도로 반공정신을 다음과 같이 강조하였다.

> 자고로 인류사회에는 전쟁이 끊임 없었으며, 전쟁에는 반드시 간첩 작전이 부수되었다. 오늘날 동 서양 진영의 냉전에도 공산당들의 세계 정복을 위한 음모는 가진 방법을 다하는 중, 특히 치렬한 간첩 작전을 전개하고 있는데, 근래에는 기독교내에까지 공존 운운하는 교묘한 술책을 가지고 지성인들을 마취시켜가며 침투하고 있다. 인류의 적이며, 강도와 같은 공산당과 타협할 수 없음은 중언할 여지가 없는 일이나, 순진한 기독교인은 자기 생각만 가지고 안심하고 있다가는 공산당의 술책에 넘어갈 우려가 없지 않다. 이런 때를 당해서 간첩에 대한 전반에 긍하여 과학적이고 상세한 부분에 대하여 산 체험을 기록한 이 책은 38선을 경계로 하고 각양 각층의 침투를 받고 있는 대한민국에는 크게 도움이 된다고 본다. 특히 우리 국민들은 이 책을 반드시 습득하여, 공산 간첩의 사회 침투에 대한 충분한 지식을 가지고 완전히 막아내야 한다.[57]

대표적인 월남 기독교 지도자인 한경직도 공산주의의 침투와 침략을 막아내기 위해서는 민주주의가 확립되어야 하며 기독교인의 애국적인 역할이 필요하다고 보았다. 그러므로 한경직은 참다운 민주주의를 이루기 위해서는 반드시 기독교 정신이 필요하다는 확신을 가지고 있었다. 그는 우리가 새 나라의 건설을 목전에 두고 있는데 건설할 새 나라는 반드시 민주주의 국가여야 한다고 역설한다.[58]

1946년 2월 6일 독촉중협 선전총본부에서 지방지부대표회의를 열고

---

56) 이민휘, 『돌풍의 사나이 이민휘 '외길'』, 도서출판 한민족, 2002, 85쪽.
57) 방수영 엮음, 『스파이 추격』, 敬天愛人社, 1959, 1쪽.
58) 한경직, 「건국과 기독교」, 『설교전집』 1권, 106쪽.

이승만과 김구의 통합의견에 따라 양 기구의 통합을 만장일치로 결정
하였다.59) 양 기구를 통합하여 독촉국민회가 조직되었는데 이 기구는
국민전체가 참여하는 국민운동의 방식으로 진행하고자 하였고 따라서
독촉국민회에는 이 방식을 추구하는 우파세력들은 누구나 참여할 수
있었다.60) 당시 자주독립을 달성하기 위해 반탁운동을 전개하고 있었
으므로, 이 조직에 당시에 임정을 지지하는 다양한 기독교 인물들이
참여하였다. 개칭된 독촉국민회에는 함태영, 오화영, 김관식, 이규갑,
배은희, 최태용, 유재기 등 목회자 및 기독교 지도자들이 참여하였
다.61) 고문에 천도교의 권동진, 유교의 김창숙과 함께 기독교의 함태
영, 오하영, 조만식이 참여하여, 5명의 고문 가운데 3명이 기독교인이
었다. 기독교 고문 3명 가운데 함태영은 기호계, 오하영은 서북계, 조
만식은 북한기독교를 대표하여 선출되었다.62) 독촉국민회에 18명으로
구성된 참여(자문위원) 가운데 김관식목사, 김여식, 이규갑, 배은희목
사 등 4명이 참여63)하였던 점도 기독교인의 영향력이 있었음을 보여
주는 것이다. 김여식, 이규갑, 배은희 등은 일제시대부터 기독교민족
운동에 가담했던 경력을 바탕으로 독촉국민회에 가담하여 건국활동을
전개하였다. 독촉국민회에 참여한 기독교인들은 이승만과의 협력 과
정에서 세력분화가 이루어졌다. 오하영과 이갑성, 이규갑을 중심으로
하는 세력들은 초기에는 이승만 지지세력으로 독립촉성회에 참여했으

---

59) 『조선일보』, 1946년 2월 8일자.

60) 『조선일보』, 1946년 2월 8일자.

61) 강인철, 『한국기독교회와 국가시민사회, 1945~1960』, 한국기독교역사연구소,
1996, 216쪽.

62) 이은선, 「대한독립촉성국민회와 기독교」, 『韓國敎會史學會誌』 第46輯, 2017, 294쪽.

63) 김흥수, 「해방정국과 기독교 건국운동 상」, 『크리스천투데이』, 2009년 3월 6
일자.

나, 오하영은 점차 좌우합작을 주장하면서 이승만 지지 세력에서 이탈하였다.

위에서 살펴본 것처럼 한국 기독교세력은 현실정치에 적극적으로 뛰어들어 건국운동을 이끌었다. 조선기독교청년동맹, 기독신민회, 독립촉성기독교중앙협의회, 그리스도교연맹, 기독교민주동맹 등은 해방정국에서 결성된 기독교사회단체들로 모두 교회 재건 및 국가 건설을 목표로 했다. 기독교세력은 당시 우파의 최대 결집체인 한국민주당에도 주도적으로 참여했다. 유각경, 임영신 등 기독교 여성 지도자들도 정당 및 사회단체 결성을 주도했다. 사회민주당, 한독당, 대한국민당, 조선민족당, 신한민족당 등도 개신교인들이 주도했거나 적극 참여했던 정당들이었다. 이렇게 해서 해방정국 가운데 결성된 기독교 단체들은 저마다 기독교적 국가건설론에 대해 강력히 주장하였다.

건준활동에 이어 이규갑은 1945년 12월 민족주의 정당들이 모여 합동한 신한민족당에 참가하여 이갑성과 함께 주도적인 활동을 펼쳤다.[64] 신한민족당은 1945년 12월 14일 이갑성(李甲成)을 중심으로 한 정당통일기성회와 김여식을 중심으로 한 정당합동준비위원회가 합류하여 만든 단체로 서울기독청년회(YMCA)회관에서 결성되었다. 신한민족당의 정강은 민족민주주의적 자주독립국가의 건설, 전민족의 단결, 부강한 민족국가 건설을 위한 국가계획경제의 수립, 반민족적인 일체사상의 배격, 세계평화에 기여할 것 등으로 수립하여 민족진영의 국가건설을 도모하려 하였다. 광복 이후 우후죽순 격으로 난립한 정당과 정치단체들이 존재했지만 그들 각자의 독자적 존립의의를 상실하게 되자 이들은 각 정당통일전선 혹은 정당통합운동의 형태로 나타나

---

64) 김수자, 「해방정국 이승만의 대동단결론과 단체통합운동」, 『이승만과 대한민국 건국』, 연세대학교출판부, 2011. 3.

게 되었는데, 그 결과 22개 정당의 합동으로 결성된 신한민족당이 민족진영의 대표하는 정당으로 활동하게 되었다. 정당의 통합이라는 의미도 있지만 이규갑, 이갑성이 주도하면서 결성되었기에 오화영, 정인과, 계병호, 김선량, 백남훈 등의 기독교계 지도자들이 참여하였다.[65] 초대 부서의 구성은 총무 이용, 이규갑, 김여식, 김석영, 박근실, 김호찬, 정재하 등이었고 각 부서장은 각각 2명씩으로 구성되었다. 그러나 이 신한민족당은 1946년 4월 18일 한독당, 국민당, 신한민족당의 3당 합당을 통해 한국독립당으로 통합되었다.

또한 이규갑은 대한국민당과 연관되어 당 창립에 기여했다. 대한국민당은 제헌국회 당시 이승만 대통령을 지지하는 세력이 만든 정당이다. 1948년 대한민국 정부가 수립되고 이승만 정부와 민주국민당 간의 갈등이 노출되면서 당의 필요성을 느끼게 되었다. 1949년 11월 12일 당시 원내에서 다수를 차지한 민주국민당이 반이승만운동을 전개하고 대통령중심제에서 내각책임제로 하기 위한 개헌안을 제출, 통과시키려 하자 이에 대항하기 위하여 이승만 지지세력인 신정회, 대한노농당, 일민구락부 소속 의원들이 중심이 되어서 이승만이 내세운 일민주의(一民主義) 구현을 당시(黨是)로 하여 1949년 11월 12일 발족하였다. 이규갑은 윤치영 등과 당 창건에 주도적인 역할을 하고 당의 고문으로 참가했으며 이후 최고위원으로 선출되었다.[66] 1947년 5월 기독교건국 전도단을 창립되는데 단장에 장석영, 부단장에 이규갑 목사가 선출되

---

65) 『자유신문』, 1945년 12월 15일자.

66) 조직은 최고위원 윤치영(尹致暎)·이인(李仁), 고문 이규갑(李奎甲)·이범승(李範昇)·임영신(任永信), 총무부장 신상학(辛相學), 조직부장 김훈(金薰), 훈련부장 권박영(權博英), 기획부장 정영삼(鄭永參), 선전부장 최운교(崔雲敎), 재정부장 이우세(李友世), 조사부장 양철호(梁鐵鎬), 노동부장 유홍렬(柳鴻烈), 청년부장 남윤상(南潤商) 등이었다.

어 활동하였다.[67] 또한 이규갑은 전국적인 실천 도덕 강조모임인 신강회를 창립하여 부위원장으로 일했다.[68] 해방 후 이규갑이 정치·사회계에서 눈에 띄는 활약을 하지만 제헌의회의 국회의원 명단에 보이지 않는다. 이규갑은 해방 후 기독교지도자 중에 가장 활발히 활동하던 비중이 있었던 인물이었는데 처음 정부수립이 이루어질 때 국회의원으로 참여치 못하였다. 그 이유는 이규갑이 비록 해방 후 여러 정당운동과 건국의 준비 등 대한민국 수립에 있어서 주도적으로 참여하였더라도 기독교성직자(목사)로서 교회를 맡아 목회하고 있는 상황이라 선뜻 정치계에 뛰어들기가 쉽지 않았으리라 판단된다.

3) 1950년 이후의 이규갑의 활동

이규갑은 제1대 국회의원 선거에 출마하지 않았지만, 1950년 5월 30일 치뤄진 제2대 국회의원 아산지역구에 출마하여 국회의원에 당선되었다.[69] 이때부터 이규갑은 일선 목회에서 물러서고 정계에서 활약하게 된다. 이규갑은 국회 회의에서 수 십차례 발언을 하며 활발한 의정활동을 펼쳤다. 이규갑은 국회 내에서 문교사회분과 위원장을 맡아 일했다. 1950년 6.25 전쟁 당시에는 의용군 참모와 대한결사단 단장으로 구국운동에 힘썼다.[70] 같은 해 대한국민당 최고위원으로 활약하였고, 그 후 여러 사회단체의 지도자로서 애국활동과 반공투쟁 등의 많은 활동을 하였다. 1952년 순국선열유가족 위원장, 1956년 충국열사기념사

---

[67] 「기독교건국전도단 가두 농촌 등에 파견」, 『경향신문』, 1945년 5월 27일자.
[68] 「신강회 창립」, 『동아일보』, 1946년 2월 1일자.
[69] 한국감리교회 사학회편, 『한국감리교회를 세운 사람들』, 115쪽.
[70] 조형렬 편저, 『한국 근현대 아산사람들』, 순천향대학교 아산연구소, 2014, 215쪽.

업회 회장, 1959년 대한기독교반공위원회 위원장 등을 역임한 뒤, 1963년 5월 동지회 의장 및 민주공화당 고문으로 추대되었으며 국민외교협의회 이사장을 역임했다.[71] 1964년부터 별세할 때까지 공화당 총재 고문으로 있었고 1969년 중앙여자중·고등학교가 주최한 '3·1운동 지도자 찬하회'에서 찬하 및 표창을 받았다. 이규갑은 제2대 국회의원직만 수행하고 재선에 실패하였지만 여전히 독립투사로서 인정받으며 교계와 정치계의 존경받는 원로였기에 여러 활동이나 단체의 대표 및 고문을 맡았고, 독립운동가들을 추존하기 위한 많은 사업에 참여하였다. 특히 이규갑은 이동녕 선생 장례 예배의 사회를 맡았고[72], 김구의 국민장 때 상무위원을 맡았고 경교장에서 거행된 장의예배의 사회를 맡기도 했다.[73] 이외에도 순국열사유가족 위원장, 충국열사기념사업회 회장, 광복선열추모회 회장, 민족정기수호회 회장 등을 맡아 활동하였다. 1970년 3월 20일 83세를 일기로 작고하였다. 그의 장례는 사회장으로 1970년 3월 26일 숭의여학교 교정에서 많은 인사들과 추모객이 모인 가운데 거행되었고, 유해는 아산군 영인면 선영에 안장되었다.[74]

4. 맺는 말

해방이 되자 남한 내에서 정치단체에 기독교인들이 참여하거나 기독교 사회단체임을 나타내면서 활동하기도 하였다. 기독교인들의 활

71) 위의 책, 215쪽.
72) 「조국광복의 내 땅에 고이 잠드소서」, 『동아일보』, 1948년 9월 23일자.
73) 「정든 집 떠나기 전」, 『동아일보』, 1949년 7월 6일자.
74) 「독립투사 이규갑옹 사회장 엄수」, 『동아일보』, 1970년 3월 26일자.

동 중 눈여겨 볼만한 인물이 이규갑이다. 해방 직후 가장 먼저 조직된 단체는 조선건국준비위원회였는데 이규갑은 건준에서 재정부장을 맡아 활동하였다. 그는 감리교회의 지도자로서 민족운동에 앞장서며 항일활동을 해왔던 인물이다. 해방 후에도 이규갑은 감리교회의 교회 재건운동에 참여하였고 일제잔재 청산에 앞장서며 친일파에 대해 강경한 입장을 가지고 있었다. 이규갑은 해방 후 건준 구성되어 활동 할 때부터 기독교 성직자로서 비중있는 인물로서 기독교를 대표하여 새로운 국가 건설에 앞장서 참여하였다. 이규갑이 해방 후에 교회를 설립하는 등 목회활동을 하며 기독교 재건에 활발한 움직임을 보이면서도 정치활동에도 계속 참여하게 되었다. 해방이후 대부분의 한국교회와 교인들은 반공주의 입장에서 자유 민주주의 실현을 주장하였다. 그러므로 공산주의 맞서 자유 민주국가를 건설하는 것은 시대적 소명이요 민족구원 지름길이라고 확신하였다. 해방 후 이규갑은 친일청산 및 역사에 대한 정리보다 대한민국 건국에 있어서 자유 민주주의 체제를 가지고 반공의 입장을 견지해 나갔다. 해방 공간에 수많은 정당이 출현하였고 기독교세력들이 참가한 단체 및 정당이 다수였는데 이규갑은 이러한 정당 활동에 주도적으로 참여하였다. 건준활동에 이어 이규갑은 1945년 12월 민족주의 정당들이 모여 합동한 신한민족당에 참가하여 이갑성과 함께 주도적인 활동을 펼쳤다. 또한 이규갑은 개칭된 독촉국민회에 당시 유력한 목회자 및 기독교 지도자들과 함께 참여하였고 독촉국민회에 자문위원의 한 사람으로 활약하였다. 이는 해방 공간에서 기독교인의 영향력이 컷음을 보여주는 것이다. 다수의 기독교 지도자들은 일제시대부터의 기독교 민족운동에 가담했던 경력을 바탕으로 독촉국민회에 가담하여 건국활동을 전개하였던 것이다. 뿐만 아니라 이규갑은 제헌국회 당시 이승만 대통령을 지지하는 세력이 만든 정당대한국민당과 연관되어 당 창립에 기여했다. 이규갑은 윤치영 등과 당 창건에 주도적인 역할을 하고 당의 고문으로 참가했으며 이후 최고위원으로 선출되었다. 이는 이규갑이 당시 기독교계와 국민의 신망을 받고 있음을 나타내주는 것이라 할 수 있다. 이규갑은 정치인이나 목사이기 이전에 독립투사였다. 그는 성격이 꼿꼿해 별명이 '대나무'였다.[75] 그는 활동하면서 절대 불의와 타협하지 않았고 자녀들에게 늘 "소신껏 정의롭게 살라"는 교훈은 심어주었다.[76] 그리고 그는 기독교 신앙을 가지고 일생 의롭게 살았고 검소한 생활로 청빈하게 살았다. 그가 건국운동에 참여한 부분이나 1950년 제2대 국회의원에 당선되어 의정활동을 펼친 것은 기독교세력이 해방 이후 한국 사회나 정치에 있어서 적지 않은 역할을 했음을 보여주는 것이다.

---

75) 이민휘, 『돌풍의 사나이 이민휘 '외길'』, 도서출판 한민족, 2002, 84쪽.
76) 위의 책, 85쪽.

206 해방 후 한국 기독교인의 정치활동

〈참고문헌〉

『경향신문』, 『동아일보』, 『매일신보』, 『자유신문』

구두회, "평양에서 남하해 서울에 남산교회를 세운 핵심인물 네 분의 소개," 「남산소식」, 2010.

김춘배, 『筆苑半百年』, 성문학사, 1977.

김기승·천경석, 「이순신 후손의 항일독립운동」, 『이순신연구논총』, 제15호, 순천향대학교 이순신연구소, 2011.

김명구·이상섭·박구병, 『창천교회 100년사』, 기독교대한감리회 창천교회, 2006.

김수자, 「해방정국 이승만의 대동단결론과 단체통합운동」, 『이승만과 대한민국건국』, 연세대학교출판부, 2010.

김승태, "일제 강점기 이규갑·이애라 부부의 민족운동," 『한국독립운동사 연구』, 2015.

김양선, 『韓國基督敎解放十年史』, 大韓예수敎長老會總會 宗敎敎育部, 1956.

김흥수, 「해방정국과 기독교 건국운동 상」, 『크리스천투데이』, 2009.

도진순, 「1945-1946년 미국의 대한정책과 우익진영의 변화」, 『역사와 현실』 1992.

신용하, 『신간회의 민족운동』, 독립기념관 한국독립운동사연구소, 2007.

안종철, 『광주 전남 지방현대사 연구』, 한울출판사, 1991.

유동식, 『한국감리교회의 역사』, 기독교대한감리회, 1994.

이민휘, 『돌풍의 사나이 이민휘 '외길'』, 도서출판 한민족, 2002.

이은선, 「대한독립촉성국민회와 기독교」, 『韓國敎會史學會誌』, 第46輯, 2017.

이완범, "해방 직후 국내 정치 세력과 미국과의 관계", 『해방 전후사의 재인식』, 책세상, 2006.

정병준, 「1919년 이승만의 임정 대통령 자임과 "漢城政府" 법통론」, 『한국독립운동사연구』 16, 독립기념관 한국독립운동사연구소, 2001.

정용석, 『미국의 대한정책』, 일조각, 1976.

정일형, 『오직 한길로』, 을지서적, 1991.

조형렬 편, 『한국 근현대 아산사람들』, 순천향대학교 아산연구소, 2014.

추영수, 「이규갑 선생」, 『구원의 햇불』 중앙여중·고교, 1971.

한경직, 「건국과 기독교」, 『설교전집』 1권 106.

한국감리교회사학회 편, 『한국감리교회를 세운 사람들』, 에이멘출판사, 1988.

한시준, 「한성정부의 수립과 洪震」, 『한국근현대사연구』 27, 한국근현대사학회, 2003.

허명섭,「한국기독교와 대한민국의 건국」,『한국근대화와 기독교의 역할』, 현대
　　기독교역사연구소 편, 두란노 아카데미, 2011.

Olga P. Shaffer, "Kong Ju Day School", *The Korea Mission Field*, August, 1912.

구연직 목사의 충북지역 정치활동

이영식

1. 시작하는 말

오직 하나님의 은혜로, 영적으로 척박한 이 땅에 저항할 수 없는 복음이 들어왔고, 포로된 자를 자유케 하신 하나님께서 일제의 폭압으로부터 이 민족을 해방시켜 주셨다. 빼앗긴 들에 다시 봄은 찾아왔고, 얼었던 한강물은 다시 흘렀다. 신사참배에 저항하여 순교를 당하고 차가운 감옥에서 옥고를 치렀던 선진들의 기도가, 망국 조국의 독립을 위해 몸을 던지며 소리쳤던 선각자들의 외침이 하늘에 사무쳤던 것이다. 자주독립을 염원했던 이승만은 그의 『독립정신』에서 다음과 같이 그 심정을 토로했다.

> 누구에게나 똑 같은 권리가 있듯이 모든 나라도 같은 권리를 가지고 있다. 한 나라가 자주와 독립의 소중함을 모르고 다른 나라에 보호를 요청하거나 다른 나라의 도움에 의지하려는 것은 팔다리가 없는 사람과 같다. 팔다리가 없는 사람이 어떻게 홀로 서서 스스로를 보호할

수 있겠는가. 다른 사람이 붙들어 주면 일어났다가 놓으면 도로 쓰러
지며, 다른 사람이 먹여주면 살고 그렇지 않으면 죽을 것이다...
동포들이여! 잠도 깨고 꿈도 깨어 개명하여 어서 빨리 우리들의 권리
를 되찾아 외국 사람들로부터 당하는 수모를 막아보세, 보세! 보세!
하여보세! 함께 일들 하여보세![1]

이승만이 한성감옥에 갇힌 5년이 되는 해인 1904년, 조국이 처해 있
던 상황에 절박한 심정을 글로 피력한 것이다.[2]

1945년 8월 15일 광복은 온 국민에게 자유를 가져왔지만, 동시에 그
동안에 있어왔던 이념적 갈등과 분쟁은 더욱 거세게 소용돌이쳤다. 해
방정국의 상황에서 소련은 북한에 8월에 진주했고, 미군은 9월 초에
인천을 통해 들어왔다. 국가건설 과정에 공산주의와 자유민주주의, 좌
익과 민족주의 우익의 대립은 첨예화되었다. 건국준비위원회, 조선공
산당, 임정계열, 독립촉성중앙협의회와 한민당 등 커다란 물줄기로 뚜
렷해지면서도 정파들이 난립하는 혼란한 정국으로 전개되었다. 주지
하는 바대로 당시 공산주의자들과 좌익이 북한만이 아니라, 남한에 널
리 퍼져 있었다. 한 마디로 당시의 상황은 한반도가 신탁이냐 반탁이
냐, 공산화가 되느냐 자유민주주의가 되느냐 등의 심각한 민족적 국면
에 처해 있었다. 그럼에도 불구하고 우익계열의 결집과 대응으로 남한
단독정부라도 자유민주주의공화국이 출범한 것은 다행한 일이 아닐
수 없다.

그렇다면 당시 청주를 중심으로 한 충북지역의 상황은 어땠을까? 부
르스 커밍스(Bruce Cumings)에 의하면, 미군이 진주했을 당시 충남의
거의 모든 군과 충북 10개 군 중 7개 군에 인민위원회가 있었다. 다시

---

[1] 이승만, 『독립정신』, 김충남·김효선 풀어씀, 동서문화사, 2010, 64~65쪽.
[2] 유영익, 『건국대통령 이승만』, 일조각, 2013, 24~25쪽.

말하자면, 청원, 진천, 음성, 충주, 제천, 단양, 괴산, 보은, 옥천, 영동군 중에서 청원, 충주, 보은, 단양, 옥천, 영동군에 인민위원회가 설치가 되었고, 제천, 옥천, 영동만이 통치기능을 수행한 지역들이지만 그것도 미약했다고 보고 있다. 따라서 "미 점령하에서 충청도는 남한에서 가장 질서 있고 통치하기 쉬운 도가 되었다"[3]고 했고, "영동군을 빼놓고는 아마도 충북이 한국 전체에서 가장 보수적인 도일 것이라"[4]라고 평가 했다. 미군보고서에서도 충북을 "남한에서 우익이 가장 우세한 도"[5]라 고 표현했다. 이런 점에서 당시 지방에서 좌익세력이 강세였다는 주장 에 대해, 오히려 우익이 우위에 있었다는 박명수 교수의 지적은 옳다.[6]

우익이 우세했다는 것은 그만큼 그들의 활동이 왕성했다는 것을 말 해주는 것이기도 하다. 충북의 우익은 기독교인들과 지방의 유력한 유 지들로 구성되었다. 이들 가운데 지도자가 바로 청주읍교회(청주제일 교회) 담임인 구연직 목사였다. 그는 미군정 충북 고문위원회의 고문 이었고, 치안유지회 대표였으며, 독립촉성중앙회 및 국민회의 충북지 부장의 역할을 감당했다. 이로써 그는 혼란의 정국에 국민의 안정을 도모했고, 나라가 자유민주주의 길로 나아가는데 기독교인으로서의 소중한 시대적 역할을 했다고 본다. 그렇다면 구체적으로 그 시대적 상황은 어떠했는지, 그런 가운데 어떤 일들을 실천해 나갔는지, 이에 대한 좀 더 심도있는 검토가 필요하리라 본다.

---

3) Bruce Cumings(브루스 커밍스), *The Origins of The Korean War*『한국전쟁의 기원』김자동 역, 일월서각, 1986, 416, 420쪽.
4) Bruce Cumings(브루스 커밍스), *The Origins of The Korean War*『한국전쟁의 기원』, 419쪽.
5) ≪충주 미군방첩대 보고≫(1946년 10월 10일). Bruce Cumings(브루스 커밍 스), *The Origins of The Korean War*『한국전쟁의 기원』, 421쪽에서 재인용.
6) 박명수, 「해방 후 건국준비위원회와 기독교의 역할」, 박명수 외 공저, 『대한 민국 건국과 기독교』, 북코리아, 2014 참조.

　따라서 본 소고에서는 범위로서 충북지역의 전체를 조명하기보다는 구연직 목사가 활동했던 청주지역을 중심으로 하여 충북지역을 보게 될 것이다. 시기적으로 해빙정국, 해방 직후의 상황을 살펴보게 될 것이다.

　내용으로는 먼저 초기 충북기독교의 역사와 현장을 잠시 고찰하는 것이 앞으로의 논의의 전개를 위하여 좀 더 효과적이리라 본다. 따라서 첫째, 충북기독교의 시작과 청주읍교회(청주제일교회)를 살펴보고자 한다. 청주제일교회는 구연직 목사가 부임하여 23년간을 시무하면서 해방정국에 있어서의 그의 활동의 본거지이기도 하기 때문이다. 둘째, 우리의 논의의 초점은 해방정국이지만, 이 시기의 우익이 등장하기까지는 일제강점기에 우익의 맹아(萌芽)가 있었다는 것을 간과할 수 없다. 따라서 청주지역 우익청년들 즉, 김태희를 중심으로 청주제일교회 청년들이 주도적으로 이끌어갔던 청주청년회 활동을 살펴보게 될 것이다.

　셋째, 구연직 목사의 입교 및 신학입문과 청주제일교회에서의 목회활동을 살펴보게 될 것이다. 넷째, 광복 직후에 구연직 목사의 활동을 본격적으로 살펴보게 될 것이다. 여기서는 건준의 상황, 치안유지회 및 미군정고문, 대한독립촉성중앙회 및 독촉국민회 지방조직과 구연직 충북지부장의 활동, 그리고 반탁운동에 관해서도 보게 될 것이다. 다섯째, 구연직 목사의 독촉국민회 충북지부와 당시 왕성하게 활약했던 우익반공청년단체들의 관계, 당시 첨예하게 대립하고 있었던 좌익청년단과 우익청년단 간의 주요 사건들도 간략하나마 보고자 한다. 여섯째, 교육입국을 주장했던 구연직 목사의 국가건설을 위한 또 하나의 비전이라 할 수 있는 세광학원 설립과 그 발전을 살펴보게 될 것이다.

2. 충북기독교의 시작과 청주읍교회(청주제일교회)

1) 충북기독교의 시작

1900년 10월 3일, 충북 청주군 신대리(현 청주시 흥덕구 신대동)의 주막에서 예기치 않은 '예수 찬미가'가 울려 퍼지고 있었다. 『충북선교 100주년 충청노회사』에 의하면, "사람이 가장 많이 모이는 주막 위에 십자가와 태극기를 달고 청년 건달, 술주정뱅이 20여명이 막걸리 사발을 돌리며 소리 높여 찬송가를 부른 것이 충북 기독교의 효시"라고 했다.[7] 신대리에서 행상을 하던 오천보와 문성심이 당시 경기도 죽산 둔병으로 장사 갔다가 사경회에 참석하여 예수를 믿기로 결심하고 집에 돌아와 예배를 드리기 시작했다.[8]

『조선예수교장로회 사기』 상권은 1901년 신대리교회 설립에 대해 다음과 같이 기록하고 있다. "청주군 신대리교회가 성립하다. 본리인 오천보 문성심 오삼근 등이 죽산군 둔병리 사경회에서 문도하고 귀가 전도하니 신자 초진하야 교회가 설립되니라."[9] 처음에는 오천보(오재규) 집에서 예배를 드리다가 보다 넓은 주막에서 예배를 드리자는 제안에 주막에 십자가와 태극기를 걸고 예배를 드리기 시작했다. 그러다 1901년 말에 민노아(F. S. Miller, 1866-1937) 선교사가 그곳에 방문한 이후에 오천보 집에서 예배를 드리게 되었다.[10] 이후 주의 복음은 점차 보은군 북면과 회북면, 괴산군 청천면과 괴산읍 그리고 상주군 화북면

---

7) 충청노회사 편찬위원회, 『충북선교 100주년 충청노회사』, 한국장로교출판사, 2000, 42쪽.

8) 위의 책, 42쪽.

9) 차재명 편, 『조선예수교장로회 사기』 상권, 조선기독교창문사, 1928, 94쪽.

10) 이덕주, 『충청도 선비들의 믿음 이야기』, 도서출판 진흥, 2006, 32~33쪽.

등지로 확산되어 교회가 설립되게 되었다.[11]

한국에 개신교가 들어오기 전에 충북과 청주는 가톨릭의 중심지였다. 1866년 병인박해를 통해서 이 지역 많은 천주교인들이 순교를 했는데, 이후 그 근처에 개신교 교회가 세워지게 된 것이다.[12] 먼저 감리교회와 침례교 선교사들이 활동 한 때도 있었지만, 민노아 선교사의 활동을 통해 미국 북장로교 선교부가 이곳을 본격적으로 담당하게 되었다. 그는 1889년 피츠버그대학을 거쳐, 1892년에 유니온 신학교를 졸업했다. 이어서 1892년 11월 15일에 북장로교 선교사로 내한했다. 그리고 1893년부터 예수교 학당(언더우드학당)의 책임을 맡게 되면서 민노아학당으로 개명하기도 했고,[13] 이어 청주지역으로 내려온 것이다.[14] 따라서 "1900년 이후 경기 남부지역 선교를 맡게 된 밀러 선교사와 전도인 김홍경의 여행길이 차령산맥을 넘어 충청도 땅까지 연장되었다."[15] 당시 선교지 분할 정책으로 충청북도 북부지역인 진천, 음성, 충주, 청풍, 제천, 영춘은 미감리회 선교구역으로, 청주를 중심으로 문의, 회인, 옥천, 영동, 황간, 청산, 청안, 연풍, 괴산으로 이어지는 남부지역은 북장로회 구역으로 확정되었다.[16]

---

11) 차재명 편, 『조선예수교장로회 사기』 상권, 100~101쪽.

12) Harry A. Rhodes, *History of The Korea Mission Presbyterian Church U.S.A* (1884-1934), Vol. 1. Chosun Missions, Presbyterian Church, USA., 1934, p.300.

13) 김승태·박혜진, 『내한 선교사 총람(1884-1984)』, 한국기독교역사연구소, 1994, 377쪽.

14) Harry A. Rhodes, *History of The Korea Mission Presbyterian Church U.S.A* (1884-1934), pp.300~301.

15) 충청노회사 편찬위원회, 『충북선교 100주년 충청노회사』, 50~51쪽.

16) 위의 책, 51쪽.

2) 민노아 선교사의 선교활동과 청주읍교회(청주제일교회)

민노아 선교사는 1900년부터 청주지역을 방문하여 답사하였다. 특히 청주의 큰 장터를 찾아가 살펴보기도 했다. 충청북도 선교기지 개설을 위한 선교부의 노력은 1902년에 구체화되기 시작했다. 선교지 부지를 1904년 10월에 매입하였고, 청주읍교회를 설립하게 되었다. 이어서 1905년 6월에 민노아 선교사의 가족들이 김흥경 장로와 함께 청주로 옮겨왔고, 1908년 8월 1일 북장로회 청주 선교지부는 공식적으로 개설되었다.[17) 민노아 선교사는 청주읍교회를 중심으로 복음전파에 힘을 쏟았다. 그는 수많은 전도지를 제작하여 장날이 되면 이곳저곳에서 "예수님을 믿으라" 하면서 전도지를 배포했다. 장터에서도 그는 "다 술마시지 마시오! 담배 피우지 마시오! 예수 믿고 천당가시오!"라고 했다.[18)

청주읍교회는 민노아 선교사가 청주에서 활동을 개시하면서 설립되었다. 『조선예수교장로회 사기』 상권은 청주읍교회의 설립을 다음과 같이 기록하고 있다.

청주읍교회가 성립하다. 선시에 감리파 선교사 서원보가 당지에 래하야 전도함으로 천행균과 여인 김나오미가 밋엇고 지시하야 장로파 선교사 민노아와 장로 김흥경이 당지에 래하야 주의 복음을 협력전도 한 결과로 유망한 청년 중 김원배, 방흥근, 이영균, 김재호, 이범준 등이 귀주신교 후로 본읍 남문 내에 예배당을 설치하니 교회가 성립되야 점차 흥왕하더라.[19)

---

17) Harry A. Rhodes, *History of The Korea Mission Presbyterian Church U.S.A* (1884-1934), pp.301~302.
18) 충청노회사 편찬위원회, 『충북선교 100주년 충청노회사』, 54~55쪽.
19) 차재명 편, 『조선예수교장로회 사기』 상권, 111쪽.

이와 같은 청주읍교회 창립은 앞으로 청주읍교회의 청년들이 청주
지역 및 충북지역에 복음전도 만이 아니라, 주권을 잃은 서글픈 시대
의 사회계몽과 이어지는 해방정국에 크게 기여하게 되는 그 시작을 알
리는 것이기도 했다. 1906년(병오년)의 청주 대홍수 때에는 제방이 무
너져서 400여 채의 집이 유실되었고, 40여명이 익사하는 일이 벌어졌
다. 이때 민노아 선교사는 직접 물에 뛰어 들어 물에 빠진 사람들을 많
이 구해냈다고 한다. 또한 200여명의 이재민을 선교부 구내에 수용하
여 그들이 집으로 돌아 갈 수 있을 때까지, 숙식을 제공해주었다.[20] 이
렇게 민노아 선교사와 청주읍교회 성도들의 사회와 이웃에 대한 따뜻
한 사랑은 지역사회가 기독교에 대한 좋은 인식을 갖도록 했으며 결과
적으로 청주읍교회 성장발전에도 기여했던 것이다.

3) 충북 최초 조직교회 청주읍교회(청주제일교회)

청주읍교회는 날로 성장발전하게 되었다. 1907년 평균 출석자 수가
200명으로 늘어났고, 1909년에는 350명의 성도들이 작은 건물을 가득
메웠다. 이렇게 되자, 1913년에는 찾아드는 교인들을 수용하기 위해서
새로운 교회당을 건축하기에 이르렀다.[21] 1909년은 청주읍교회 뿐만
아니라, 충북기독교 역사상 의미 있는 해이기도 했다. 그동안 평양신
학교 학생이자 청주읍교회 조사였던 박정찬이 1909년 장로로 장립을

---

[20] 한국기독교장로회 충북노회, 「이쾌재 목사(청주제일교회 담임 목사)와 대전
극동방송과의 1995년 7월~8월 4회 걸친 대담」,『충북교회사료집』, 청주: 동해
출판사, 1998, 428~429쪽에서 재인용. 현재 이쾌재 목사는 청주제일교회 명예
목사이다.

[21] Harry A. Rhodes, *History of The Korea Mission Presbyterian Church U.S.A*
(1884-1934), pp.305~306.

받고 당회가 구성되어 청주읍교회는 충북 최초의 조직교회가 되었던 것이다.[22] 이듬해 그는 평양신학교를 졸업하여 청주읍교회 담임목사로 부임하게 되었다.[23]

청주읍교회는 사경회를 통해서 교인들의 신앙을 진작시켰으며, 교육사업과 의료 활동도 왕성하게 펼쳐 나갔다.[24] 1915년의 통계에 의하면 장년 교인이 372명, 주일학교 학생수가 330명이었다고 한다. 그 사이에 청주읍교회는 청남학교와 청신여학교를 운영했고, 복음전도에 힘을 써서 묵방리교회와 화죽교회(1906년), 덕천교회(1909)를 세우고, 부인전도회(1913년), 청년전도부(1918), 남자전도회(1919년) 등을 조직하여 문의(1919년), 쌍수(1919년), 외천(1921년), 노계(1921년), 부강(1921년), 탐리(1921년), 황청(1921년) 등에 복음을 전파하여 교회를 세웠다. 1934년에는 교회창립 30주년 기념행사로 청주제2교회(현, 청주중앙교회 전신)를 분립시키면서, 청주읍교회는 청주제일교회로 불리게 되었다. 또한 1940년에는 대전지역의 첫 장로교회인 대전제일교회를 개척하였다.[25] 이처럼 청주읍교회는 충북지역 최초의 조직교회 및 모교회로서의 역할을 했던 것이다. 아울러 김태희, 장덕수 등 일제강점기에 민족운동을 통해 독립의식을 고취시켰던 인물들이 많았다.

---

22) 전순동, 『충북기독교100년사』, 충북기독교 선교100주년기념사업회 역사편찬위원회, 2002, 142~145쪽.

23) Harry A. Rhodes, *History of The Korea Mission Presbyterian Church U.S.A* (1884-1934), p.306; 곽안련, 『장로교회사전휘집』, 조선야소교서회, 1935, 224쪽.

24) Harry A. Rhodes, *History of The Korea Mission Presbyterian Church U.S.A* (1884-1934), pp.380~312.

25) 한국기독교장로회 충북노회, 『충북교회사료집』, 436~437쪽, 518쪽; 이덕주, 『충청도 선비들의 믿음 이야기』, 51쪽.

3. 충북 민족주의 운동(우파)의 맹아(萌芽), 청주청년회

1) 창립배경과 주요 활동

부르스 커밍스(Bruce Comings)가 "영동군을 빼놓고는 아마도 충북이 한국 전체에서 가장 보수적인 도일 것이라"[26]라고 평가 한 바와 같이, 그만큼 이 지역이 민족주의 운동(우파)의 활약이 컸다는 말이기도 하다. 해방정국에 청주와 충북지역에 있어서 좌익보다 우파가 훨씬 우세했던 것은 일제 강점기의 청주청년회를 근간으로 하는 민족주의 운동의 영향도 큰 몫을 했다고 볼 수 있다. 그리고 그 중심에 청주제일교회 기독교 청년들이 귀중한 역량을 발휘했다는 것은 주목할만하다.

3.1 독립운동 이후 민중의 이름으로 민중을 더 혼란케 했던 사회주의, 여과되지 않은 자유라는 이름의 방임, 그리고 성경을 지성의 유희로 전락시키려 했던 자유주의 신학이 한반도에 들이닥쳤다.[27] 그러나 기독교를 중심으로 민족운동의 또 다른 흐름인 청년운동이 발흥되어 망국의 시대에 민족과 사회에 뛰어 들어가 물산장려운동, 공창제 폐지운동, 금주 · 단연 운동, 노동야학 운동, 강연과 토론회 등의 계몽활동 등을 통한 사회변혁을 전개해 나갔다.[28]

청주에서는 1920년에 '청주청년회'가 조직되어 수난당하는 겨레와 사회를 끌어안고 민족의 역량을 배양하는데 힘썼다. 청주 청년들이 단체를 이루어 교육과 계몽을 통해서 지역사회를 섬겼을 뿐만 아니라,[29]

---

26) Bruce Cumings, *The Origins of The Korean War*『한국전쟁의 기원』, 419쪽.

27) 이영식, 「한국장로교회와 복음의 대 민족적 책임(1984-1945)」, 「총신대학교 박사논문」, 2014, 161쪽.

28) 위의 논문, 133~200쪽.

29) 전순동, 「일제강점기 청주청년회의 활동과 그 의의」, 『인문학지』 제29집, 2004,

민족주의 운동을 통해 좌익세력이 이 지역에 영향력을 미치지 못하도록 하였고, 그를 위해 적극적인 활동들을 펼쳐나갔다. 청주청년회는 1920년 6월 19일 앵좌극장에서 조직되었다.[30) 민족의식을 가진 지역 유지들의 발기대회와 지도하에 다수의 지방 청년들이 참여함으로서 창립되었다. 전순동 교수에 의하면, 그 조직의 인적 배경 가운데는 "김태희, 민대식, 김종원, 정규택 등과 같은 구한말 또는 1910년 한일 합방 이후 애국 계몽운동을 해오던 선각자들의 존재"[31)]가 크게 영향을 미쳤다는 것이다. 청주청년회는 1920년 6월 12일 공립보통학교에서 민대식을 비롯한 19명이 발기총회로 모였고, 6월 19일 창립총회를 열었다.[32) 당시 청주청년회취지서는 '원대한 꿈'과 '고상한 비전'을 지역 청년들에게 제시했다. 그리고 청년들의 개성 신장과 민족의 역량배양 등을 그 목적으로 하고 있고, 품성향상, 지성계발, 체육장려, 풍속개량 등을 4대 강령으로 채택하여 이를 바탕으로 사회변혁을 힘써 실천하고자 했다.[33) 주목할만한 것은 청주청년회 창립과 그 발전에 있어서 김태희를 비롯한 청주읍교회 교인들이 주도적인 역할을 했다는 것이다.[34)]

청주청년회는 강연부, 교육부, 체육부, 교풍부가 있었고, 활동으로는 강연회 및 토론회, 축구야구 등 체육활동, 교육 계몽운동 및 문화 활동,

37쪽.

30) 전순동, 위의 논문, 11쪽.

31) 전순동, 위의 논문, 39쪽.

32) "청주청년회 조직,"『동아일보』, 1920년 5월 30일자; "청주청년발기총회,"『동아일보』, 1920년 6월 18일자; 전순동, 「일제 강점기 청주청년회의 성립과 그 배경,"」 11~16쪽.

33) "청주청년회 조직,"『동아일보』, 1920년 5월 30일자; "청주청년발기총회,"『동아일보』, 1920년 6월 18일자; 전순동, 「일제강점기 청주청년회의 활동과 그 의의」, 39쪽.

34) 전순동, 위의 논문, 34쪽.

망선루 복원을 위한 시민운동과 기관지『호성(湖聲)』발간 등의 활동을
했다.35) 청주청년회와 청주기독청년회가 청남학교에서 함께 토론회 및
여러 활동들을 실행해나갔다. 당시 청주청년회에 청남학교 출신 및 청
주읍교회 기독교청년들이 대거 참여하여 중심적인 역할을 했다.36)

2) 청주지역 우파의 맹아

청주청년회는 초기부터 청주읍교회(청주제일교회) 교인들이 주도하
였으며, 청년회가 모이는 장소 역시 청주읍교회 구내에 있는 망선루와
김태희를 비롯한 청주읍교회 교인들이 세운 청남학교였다. 청주청년
회의 부회장과 회장을 역임한 김태희는 청주읍교회 장로였고, 청남학
교 교감이었다.37) 그는 독립운동가, 교육사업가로서 1904년 11월에 방
흥근, 김원배 등과 함께 청남학교(광남학교)를 세웠다. 그리고 민족교
육을 통한 애국계몽운동을 통해 국가독립을 준비하였고, 대동청년단
에 가입하여 활동하였다.38) 또한 1919년 3.1독립운동, 상해임시 정부
의 충북 참사로 활약했다. 1937년 5월 26일 그는 주님의 품에 안겼고,
정부는 1963년 건국훈장 애족장을 추서했다.39)

청주청년회의 창립총회(1920년 6월 19일)에 임원으로는 회장 유세

---

35) 전순동,「일제강점기 청주청년회의 활동과 그 의의」, 37~78쪽.

36) 전순동·최동준,『기독교와 충북근대교육 -일제 강점기 청주지방을 중심으로-』,
    동해출판사, 2003.

37) 청주문화원,『청주의 역사와 사람들』, 청주문화원, 2009, 338쪽.

38) 전순동,「일제 강점기 청주청년회의 성립과 그 배경」, 7쪽.

39) 청주문화원 편,『청주의 역사와 사람들』, 청주문화원, 2009, 338쪽; 청주시지
    출판위원회,『청주시지(淸州市誌)』, 한국문화재보호협회 청주시지부, 1976, 19~
    20쪽; 청원군지 편찬위원회 편,『청원군지』하권, 청원군지편찬위원회, 2006,
    814~815쪽.

면, 부회장 김태희, 총무 김영식·김희철·김종원, 그리고 평의원과 각 부 부장으로 구성되었다.[40] 여기서 부회장 김태희, 총무 김영식과 김 종원, 서무부장 김영식, 강연부장 김종원, 간사 임성록과 김응삼, 평의 원 이동현·임성록·김정현 등이 청주읍교회 인물 이었다.[41] 또한 제 2회 총회(1921년 10월 1일)에서는 회장 김태희를 비롯하여 서기 최창 남, 강연부장 이호재, 체육부장 이동현, 교풍부장 김정현, 간사 박경학, 평의원 김정현, 임성록, 이창재, 김응삼 등이 청주읍교회 교인이었다. 이 외에도 집행위원으로서 이형재, 임주순 등이 기독교인들이었다.[42] 또한 광복 후에 청주를 중심으로 구연직 목사와 함께 치안유지회를 이 끌었던 이명구 의사도 당시 청주청년회에서 활약을 했다.[43] 이들을 중 심으로 하여 청주청년회는 민족주의 우파 노선을 지향했다.

서울의 청년연합회는 민족주의 계열과 사회주의 계열의 두 계파의 갈등 속에서 공존하고 있었다. 그러다가 사회주의 노선 청년들이 탈퇴 하여, 결국 1924년 4월 21일 조선청년총동맹을 결성하였다. 1920년대 전반기의 사회운동에 있어서 사회주의 세력이 점차 확대되어 갔다.[44] 그러나 청주지역은 민족주의 계열이 사회변혁운동을 주도해 나가고

40) "청주청년창립총회"『동아일보』, 1920년 6월 24일자.
41) 전순동, 「일제 강점기 청주청년회의 성립과 그 배경」, 28~30쪽; 전순동,『충북 기독교 100년사』, 충북기독교선교100주년기념사업회, 2002 참조; 이충호, 「해 방직후 청주지역 우익세력의 형성과 활동」, 「한국교원대학교 대학원 석사학 위논문(2013)」, 8쪽.
42) "청주청년회총회,"『동아일보』, 1921년 10월 6일자; 전순동, 「일제 강점기 청 주청년회의 성립과 그 배경」, 27~31쪽.
43) 청주청년회 집행위원 자료(1924년 1월 28일 작성)가 망선루에서 발견되었다 고 한다. 전순동, 「일제 강점기 청주청년회의 성립과 그 배경」, 28쪽.
44) 안건호, 「1920년 전반기 청년운동의 전개」,『한국근현대청년운동사』, 풀빛, 1995, 70~76쪽; 김준엽·김창순,『한국공산주의운동사』2, 청계연구소, 1986, 108~116쪽. 이충호, 「해방직후 청주지역 우익세력의 형성과 활동」, 9쪽에서 재인용.

있었다. 그리고 1924년까지 초기 지도자인 김태희 · 유세면 · 정규택 등
이 주축으로 하여 지역유지들과 함께 충북교육진전기성회를 조직하고
민립대학발기인 구성 등 사회문화운동을 전개해 나갔나.[45] 1927년에
는 강령이 개정되고, 새로운 인물들이 임원으로 구성되었다. 노동야학
경비 마련을 위해 연극 공연도 하고, 일제에 의해 압수를 당했지만 기
관지『호성』도 발간하였다.[46] 그러나 "혁신된 청주청년회를 주도하였
던 인물들은 사회주의 활동을 했거나 노동 · 농민운동에 관여한 전력
이 없었다"[47]고 한다.

청주지역 청년운동의 민족주의 성향은 신간회 창립으로 이어갔다.
서울에서의 신간회는 1927년 2월 15일 창립대회를 가졌고,[48] 청주 신
간회 지회는 1927년 12월 22일에 설립되었는데, 충청남북도의 기자단
의 촉성결의와『조선일보』청주지국 기자들을 중심으로 앵좌극장에서
출범하였다.[49] 그리고 청주청년회 회원들이 신간회에 참여했으며, 임
원으로도 상당수 선정되었다. 설립대회는 임시 의장인 김태희의 사회
로 진행되었고, 1927년 12월 29일에는 제 2회 간사회를 열어, 본부 대
회에 출석시킬 대표로 김태희와 신영우를 선출 하였다.[50] 1928년 12월
22일 제 2회 정기대회에서 지회장 김태희, 부회장 이석영이 선출되었
다.[51] 신간회 임원이나 회원들 가운데는 청주읍교회 및 청남학교 관련

---

45)『동아일보』, 1921년 5월 4일자 및 1923년 1월 20일자.
46)『동아일보』, 1927년 7월 20일자 및 8월 8일자.
47) 이충호,「해방직후 청주지역 우익세력의 형성과 활동」, 11쪽.
48) 한국기독교역사학회 편,『한국기독교의 역사』II, 기독교문사, 2014, 214~215쪽.
49)『동아일보』, 1927년 11월 24일자;『동아일보』, 1927년 12월 25일자.
50) 김동군,「기독교의 충북지역 활동-일제 강점기를 중심으로-」,「청주대학교 교
육대학원 석사학위 논문(2002)」, 25쪽.
51)『동아일보』, 1927년 12월 25일자.

인물들이 다수를 점했다.[52] 이처럼 신간회 청주지회는 민족주의 우파적 경향으로 나아갔으며 이러한 성향은 1920년대 청주지역 사회운동의 성격을 보여주고 있는 것이다.[53]

이처럼 일제 강점기 청주청년회의 활동은 해방정국의 충북지역 민족주의 우익 활동에 있어서의 맹아(萌芽)였다고 할 수 있다. 따라서 "남한의 우익 세력은 해방 직후 좌익에 비해 절대적인 열세였으나 미군정기를 거치면서 조직력을 회복"[54]했다고 하는 주장은 맞지 않다.

4. 구연직 목사와 청주제일교회 목회활동

1) 구연직의 출생과 성장

영남(英南) 구연직(具然直, 1891-1967) 목사는 1891년 8월 13일(음 7월 9일), 충남 부여군 임천면 두곡리 23번지에서 아버지 구송식과 어머니 임씨의 장남으로 출생했다.[55] 능성(陵城) 구씨로서 당시 명문으로 알려진 가문으로 엄한 부모의 슬하에서 교육을 받고 자랐다. 또한 구연직은 어려서부터 배움에 대한 의지가 강했고, 한학에 전념하여 사서삼

---

52) 전순동, 「일제 강점기 청주청년회의 성립과 그 배경」,;『동아일보』, 1927년 12월 23일자, 1928년 12월 3일자, 8월 16일자.

53) 이충호, 「해방직후 청주지역 우익세력의 형성과 활동」, 14쪽.

54) 이상훈, 「해방 후 대한독립촉성국민회의 국가건설운동 연구」, 『학림』 제30집, 2쪽.

55) 전순동, 『충북기독교 100년사』, 1900-2000, 707쪽; 그런데 출생지에 대해서는 약간의 차이가 있다. 『충북노회사료집』에서는 충남 부여군 세도면 산사리라고 하고 있다. 한국기독교장로회 충북노회, 『충북노회사료집』, 440쪽; 또한 장병일은 충남 부여군 동두면 동두리라고 하고 있다. 장병일, 「생각은 먼데 인생은 짧고 -구연직 목사편-"」『기독교사상』 9(7), 1965. 7, 92쪽.

경을 통달했다. 그래서 길을 가다가도 송덕비나 묘비를 보면 그냥 지나가지 않고, 비문을 줄줄 내리 읽고 해석할 정도였다고 한다. 그는 1906년 16세에 동년배인 부인 백경애 씨와 결혼하여 슬하에 4녀를 두었다. 그러나 아들이 없어 사촌 동생의 아들을 양자로 맞아 대를 이었다.[56]

장병일은 소년 구연직이 "사서오경은 물론, 특히 병법에 관계된 병서를 많이 독파했다"는 것을 언급하면서 민종식 의병장에게도 도우려고 찾아갔다고 주장한다.[57] 장병일의 말에 의하면, 1905년 러일전쟁에서 일본군이 승전하면서 그들은 여러 가지 핑계로 지방까지 들이닥쳐서 조선 백성들의 막대한 재산을 탈취해갔다. 이때 구연직의 부친이 재산을 지키기 위해서 성을 쌓고 청년들을 고용하여 그들을 막으려 했으나 일본군의 총 앞에 방어진이 쉽게 무너졌고, 구연직은 자신의 병법도 무력하다는 것을 알게 되었다. 그런 와중에 당시 민종식 대장이 홍주성에서 의병들을 모집한다는 소문을 들었고, 의병 중에 사촌형의 소개로 의병대장이 구연직의 병법을 요청하게 되었다는 것이다. 그러나 구연직은 의병군대에 가서 훈련되지 않은 의병들의 모습에 실망하고, "이런 의병과 방법으로는 성사하기 어렵습니다"라는 말을 남기고 돌아와 버렸다는 것이다.[58] 이것이 사실이라면 소년 구연직은 한학만이 아니라 병서에도 조예가 깊었다는 것을 알 수 있다.

1910년 8월 29일은 그야말로 우리 민족 역사상 가장 치욕적인 날이었다. 경술국치(庚戌國恥)의 날, 주권과 나라를 빼앗긴 조국의 지사들을 비롯하여 조선백성들은 울분을 금치 못했다. 김수배 목사에 의하

---

56) 김수배, 「영남 구연직 목사: 민족교육과 전형적인 목회자」, 『충북노회사료집』, 466쪽; 전순동, 『충북기독교 100년사』, 1900-2000, 707쪽.
57) 장병일, 「생각은 먼데 인생은 짧고 -구연직 목사편-」, 93쪽.
58) 위의 글, 93쪽.

면,[59] 이때 약관 20세가 된 구연직은 울분을 터뜨리며 새로운 진로를
모색하게 되었다.

> 약관(弱冠) 20세에 국운이 기울고 한일합방이 되매 식음을 전폐하고
> 울분을 터뜨렸으며 나라를 구하는 길은 오직 후학을 양성하는데 있다
> 고 통감하고 서천군 종촌면 석촌리 석촌장로교회에서 설립한 만동학
> 교의 훈도로 재직하면서 제자를 양성하고 민족의식을 고취시켰다.[60]

청년 구연직은 조국 몰락에 울분만을 터뜨리고 있었던 것이 아니라,
나라를 구하는 길은 후학을 양성하여 힘을 기르는데 있다는 것을 인식
하고 제자들을 양성하며 민족의식을 고취시켰다.

2) 기독교 신앙과 초기 목회활동

청년 구연직은 석촌교회에서 설립한 만동학교에서 교사 생활을 하
던 중 예수 그리스도를 영접하고 입교하였다.[61] 그러나 장병일에 의하
면, 미션스쿨이기 때문에 표면적으로는 들어내지 못했지만, 처음에 학
교에 들어가서 교편을 잡은 뒤에 일본은 땅을 빼앗고, 미국의 기독교는
정신을 뺏는다는 점에서 반미(反美) 감정도 있었다는 것이다.[62] 그러나
하나님의 저항할 수 없는 은혜가 그에게 임하므로 그는 예수 그리스도
를 믿고 그리스도인이 되었다. 복음을 접한 그는 이제 기독교 정신에
입각하여 학교와 교회에서 일꾼들을 양성했다. 그의 철저한 신앙생활

---

59) 김수배 목사는 한국기독교장로회 증경총회장이기도 하다(제76회 총회장).
  http://www.prok.org/.
60) 김수배, 「영남 구연직 목사: 민족교육과 전형적인 목회자」, 467쪽.
61) 전순동, 『충북기독교 100년사』, 1900-2000, 708쪽.
62) 장병일, 「생각은 먼데 인생은 짧고 -구연직 목사편-」, 94쪽.

은 타인의 모범이 되었고, 주일학교에서의 지도력도 탁월했다.[63] 이어서 그는 일제의 폭압아래서 암울하고 절망 가운데 있는 백성들에게 희망과 용기를 줄 수 있는 길은 복음을 전파하는 목회자의 길이라는 것을 인식하게 되었다. 드디어 그는 당시 서천, 보령, 부여지방까지 관할하고 있던 전북노회 전도사로 발탁되어 충남지방 순회 전도사로 활약하게 되었고, 이후 이리중앙교회와 금암교회에서도 사역을 감당했다.[64]

당시 이리중앙교회에서 사역을 하고 있을 때, 그는 지역유지와 함께 고아원을 설립하였다. 다음은『동아일보』1935년 1월 18일과 1937년 6월 16일자 보도 내용이다.

이리고아원 동정음악회
전북 이리중앙교회의 전도사로 있는 구연직씨의 고심으로 된 고아원에서는 동정음악회를 오는 19일 밤 이리좌에서 개최하게 되었다는데 악사는 전주 신흥학교와 이리교회 찬양대며 이리 유치원생들의 연합 출연이 잇으리라하며 지방 인사들의 만은 동정을 바란다 한다.[65]

이리고아원 확장 맹활동
무의탁한 고아들을 거두어 주고저하는 거룩한 의미 아래 탄생한 이리고아원! 이는 4년 전 가을에 유지 장창열 구연직 양씨의 발의로써 고고의 성을 발하야 이리주정 중앙예배당 부근에 모옥 수간을 세우고 거리에 방황하는 불상한 어린 무리를 수용 구제 하얏든 것이 그 시초이었다 한다... 원장 김용출, 총무 유남식, 고문 김병수, 구연직[66]

---

63) 전순동,『충북기독교 100년사』, 1900-2000, 708쪽.
64)『전북노회 제 26회 노회록』, 1932년 5월 31일. 김수배, 「영남 구연직 목사: 민족교육과 전형적인 목회자」, 467쪽; 전순동,『충북기독교 100년사』, 1900-2000, 708쪽.
65)『동아일보』, 1935년 1월 18일자.
66)『동아일보』, 1937년 6월 16일자.

구연직은 오갈 데 없어서 거리에서 방황하는 아이들을 모아 고아원을 시작하였으며 적극적이고 활발한 섬김을 통해서 그리스도의 사랑을 지역사회에 실천해 갔다. 또한 그 당시 이리중앙교회와 금암교회를 섬기면서 성경지식이 부족하다는 것을 깨닫고 "전주성경학교에서 한 겨울 동안 공부하게 되었다. 이 성경학교에서 공부하는 동안 여러모로 생각이 착잡했다. 그것은 교역생활을 위하여 신학교로 진출하자니 자신이 생기지 않았고, 그만 두자니 무엇인가 보이지 않는 손길에 잡히어 용이하지 않았다. 그리하여 때로는 양자택일의 기로에서 잠을 이루지 못한 적도 한 두 번이 아니었다."[67] 그러나 선교사와 주변의 신앙인들의 꾸준한 권면을 받아들여 신학교를 가기로 했다.

그는 본격적인 목회자로서의 길을 가고자 평양신학교에 입학하여 1936년에 졸업하였다. 졸업하면서 그동안 신학생의 신분으로 학업을 진행하면서 방학 때만이 아니라 틈틈이 섬겨왔던 전북 익산의 황등교회와 동련교회에 동시에 위임목사 및 담임목사로 부임하여 시무하게 되었다. 당시 배요한(John Benjamin Vail) 선교사가 양(兩) 교회의 당회장 및 담임 목사로 시무하였지만, 그의 선교구역은 넓었으므로 사역의 무게감이 상당히 많았던 것이 사실이었다.[68] 이런 차에 구연직 전도사가 신학교를 졸업한다는 소식을 듣고 양 교회 모두 환영을 했다. 당시 『동련교회 당회록』 제 2권은 다음과 같이 기록하고 있다.

> 1936년 4월 1일에 동련교회와 황등교회 양 당회가 기성의원에 회집하야 회장의 기도로 개회한 후 신학졸업생 구연직 씨를 양 교회의 배요한 목사와 동사 위임 목사로 청빙키로 결의하고 래 주일에 공동의회를 소집하야 노회에 수속 청원하기로 결의하다.[69]

---

67) 장병일, 「생각은 먼데 인생은 짧고 -구연직 목사편-"」, 94쪽.
68) 김수진, 『황등교회 60년사』, 황등교회60년사 발간위원회, 쿰란출판사, 1989, 81쪽.

두 교회에서 절대적인 지지를 얻은 그의 청빙은 1936년 5월 5일 제 30회 전북노회에서 허락되었다. "신학졸업생인 이우석과 구연직은 신학졸업생 시취강도"를 통하여 강도사 인허를 받게 되었고, "동련괴 횡등 양 교회에서 강도사 구연직 씨를 배요한 목사 동사 위임 목사로 청빙 건은 목사 임직 후 허락키로 하고 임직식을 배요한 공성모 장화일 3씨에게 위임하기로" 하였다.[70] 이우석과 구연직의 목사 안수식은 바로 당해 노회 장소에서 거행되었다.

일은 상당히 빠른 속도로 진행되었다. 황등교회에서는 1936년 5월 31일 마지막 주일 오후 4시에 위임식을 거행하기로 하였다.[71] 그가 부임하면서, 1936년 3월 15일부터 착공하여 그동안 진행해 오던 황등교회 52평의 예배당 신축도 은혜 중에 잘 마쳐서, 1936년 7월 5일에 입당예배를 그리고 이어서 헌당예배를 1936년 10월 25일에 드릴 수 있었다.[72] 구연직 목사는 그동안 황등교회와 동련교회를 열심히 시무하다가 1938년 10월 31일 전북노회 제 32회 제 2차 임시노회에서 황등, 동련 양 교회의 시무 사임과 충청노회로 이명이 허락되었다.[73] 그리고 일주일 뒤인 1938년 11월 7일 송별회와 11월 8일 다과회를 마지막으로 청주제일교회에 청빙 받아 부임하게 되었다.[74]

---

69) 『동련교회 당회록』 제 2권, 2쪽. 김수진, 『황등교회 60년사』, 81쪽에서 재인용.

70) 『전북노회 제 30회 노회록』, 1936년 5월 5일.

71) 김수진, 『황등교회 60년사』, 82쪽.

72) 위의 책, 83쪽, 85쪽.

73) 『전북노회 제 32회 제 2차 임시 노회록』, 1938년 10월 31일.

74) 김수진, 『황등교회 60년사』, 96쪽.

3) 청주제일교회에서의 목회 활동

황등교회와 동련교회에서 시무하던 중 1938년 여름, 청주제일교회에서 개최된 도사경회에 구연직 목사는 주 강사로 초빙되어 집회를 인도한 것이 계기가 되어, 그해 11월에 청주제일교회 담임 목사로 부임하였다. 그는 "단구이면서도 우렁찬 목소리와 호소력있는 연설, 풍부한 동양사 지식 등으로 그의 설교는 항상 청중을 사로 잡았"다고 한다.[75] 이에 청주제일교회 성도들은 많은 은혜를 받았고 구연직 목사를 담임 목사로 청빙하게 된 것이다. 청주제일교회 최동준 원로장로는 그 당시의 상황을 다음과 같이 회고했다. "황등교회에서 당회장으로 시무하시면서 그분의 영성, 그분의 목회, 그분의 인격이 널리 알려져서 구연직 목사님이라는 이름이 전국 장로교, 충청도 남한까지 이름이 알려졌습니다.... 그래서 초청되어 청주제일교회에서 부흥회를 인도하셨습니다.... 당회장을 물색하던 시간이 오래 걸렸습니다."[76]

당시 청주제일교회는 전임 박상건 목사가 신사참배를 반대하였는데, 일제에 의한 화를 피하기 위해 만주로 망명하여 공석 중이었다.[77] 1930년대에 들어와서 일제는 한국교회에 더욱 강도 높게 신사참배를 강요했다. 처음에는 주로 미션스쿨에 강요를 했고, 차츰 교회를 압박해 왔다. 천주교, 감리교, 안식교, 성결교, 구세군, 성공회 등 대부분 교단들이 신사참배 강요에 굴복하게 되었다. 천주교는 처음에는 반대하

---

75) 한국기독교장로회 충북노회, 『충북노회사료집』, 440쪽.

76) ≪최동준 장로 통화인터뷰≫, 2017년 10월 26일 오후 5시~6시경. 최동준 장로(87세)는 청주제일교회 원로장로서 충북기독교역사연구회를 조직하고 20년 간 회장으로 섬겨왔다. 세광중학교와 세광고등학교 교장을 역임했다. 1945년 해방 때 그는 당시 청주중학교(청주고등학교 전신) 2학년이었다.

77) 이진호 기자, 「애국 애족의 전통 이어온 충북지역의 어머니교회 -청주제일교회-」, 『새가정』, 제47권 통권 511호, 2000년 4월호, 66쪽.

였지만, 1936년 5월 신사에 참배해도 좋다는 훈령을 내린바 있고, 감리
교도 1936년 6월 양주삼 총리사가 총독부 초청 좌담회에서 일제의 입
장을 수용하기로 했다. 그동안 신사참배를 반대하고 투쟁해왔던 조선
예수교장로회도 1938년 제 27차 총회에서 신사참배를 총회적으로 가
결하고 말았다.[78] 일제는 이 결의를 이용하여 각 노회 및 교회를 더욱
폭압으로 몰아갔다. 그럼에도 불구하고 주기철, 이기선, 한상동, 주남
선, 박관준, 손명복, 이인재, 손양원과 같은 하나님의 사람들이 조직적
으로 혹은 개인적으로 목숨을 걸고 신사참배에 저항했다.[79]

당시 청주제일교회에서는 박상건 목사, 손현수 장로, 이종만 집사,
이한상 집사 등이 신사참배를 반대하다가 어려움을 당했다. 박상건 목
사는 1937년 피검되어 일경으로부터 "신사참배를 하든지 아니면 청주
를 떠나라"는 협박을 받으며 가석방되었는데, 밤중에 만주로 망명하여
중국과 만주 등지에서 목회를 하였다.[80] 일제는 청주제일교회가 신사
참배를 반대한다면, 교회의 문을 봉쇄하겠다고 위협을 했고, 장병일에
의하면, "제직회에서는 신사참배를 하나의 국가적인 행사와 의식으로
간주하기로 하여 박 목사와는 반대 결의를 하고 말았다."[81] 다시 말해
서 신사참배를 하나의 국민의례 정도로 간주하여 수용하기로 하였다
는 것이다. 이러한 고통의 시대에 박상건 목사 후임으로 부임한 구연
직 목사는 신사참배를 수용하기로 한 "제직회의 결정을 따르기로 했

---

78) 한국기독교역사학회편, 『한국기독교의 역사』 II, 기독교문사, 2014, 269쪽.

79) 이영식, 「한국장로교회와 복음의 대민족적 책임(1984-1945)」, 「총신대학교 박
사논문(2014)」, 218~240쪽.

80) 한국기독교장로회 충북노회, 『충북노회사료집』, 440쪽; 이진호 기자, 「애국
애족의 전통 이어온 충북지역의 어머니교회 -청주제일교회-」, 『새가정』 제47권
통권 511호, 2000년 4월호, 66쪽.

81) 장병일, 「생각은 먼데 인생은 짧고 -구연직 목사편-」, 95쪽.

다. 무엇보다도 예배만이라도 볼 수 있도록 하자는 것이 구 목사의 태도였다."[82]

일제는 한국교단들과 산하 교회들이 신사참배를 하는 것으로 만족하지 않았다. 각 교단과 각 교회도 강제로 통합하였고 모든 교단을 일본기독교라는 명칭아래 있게 했다. 그것은 민족말살정책의 일환이기도 했다. 그래서 1943년 5월 7일 조선예수교장로회 총회대신 일본기독교 조선교단 혹은 일본기독교 조선장로교단으로, 노회는 교구로, 노회장은 교구장으로 격하 시켰다.[83] 따라서 기존의 충북노회와 군산노회의 충남지역을 병합하여 충북 청주에서 모여 일본기독교 조선장로교단 충청교구회가 조직되었다. 이때 교구장을 구연직 목사와 이춘원 목사가 맡게 되었다.[84] 구연직 목사의 이런 모습을 비판하는 견해가 있는 반면에, 그와 관련하여 전순동 교수는 다음과 같이 밝히고 있다.

청주제일교회에 부임한 그는 일제의 신사참배 강요와 탄압으로 교회가 고통을 겪고, 거기에 담임 목사마저 공석이라 어려움에 처해 있던 교회에 활력을 불어넣었다. 당시 전쟁으로 인한 징용·징집이 한창이고, 물자도 부족하며, 신앙박해도 심하던 그 때에, 교회당을 건축한다는 것은 여러 가지로 어려운 일이었지만, 새로 부임한 구연직 목사는 비장한 각오로 1939년부터 교회당 신축을 서둘러 1940년에 마침내 아름다운 교회당을 완공시켰다. 그러나 공사도중, 일제 당국의 간섭과 방해로, 종탑을 설계보다 9척이나 낮추어야 했고, 교회 종도 강제로 빼앗겼으며, 교인 3명이 부여신궁 공사에 강제로 동원되기도 하는 등 가슴 아픈 일을 겪어야 했다. 구연직 목사는 이와 같이 내선

---

82) 위의 책, 96쪽.
83) 박용규, 『한국기독교회사』 2권, 생명의말씀사, 2004, 786~787쪽.
84) 충청노회사 편찬위원회, 『충북선교 100주년 충청노회사』, 한국장로교출판사, 2000, 138~139쪽.

일체(內鮮─體)를 표방한 일제의 동화정책으로 한국인에 대한 수탈과 억압이 막바지에 이르던 어려운 시기를 극복하느라 갖가지 수모와 시련을 겪지 않을 수 없었다.[85]

구연직 목사가 청주제일교회에 부임하여 첫 번째로 감당해야 할 임무는 환난의 시대 상당한 기간 목회자마저 없이 신앙생활 해왔던 교회 성도들의 분산되고 불안한 마음을 추스르는 것이었다. 또한 전임자인 박상건 목사가 준비하다가 망명으로 인해 중단된 교회당을 신축하는 것이었다. 구연직 목사는 서둘러서 교회당 건축을 1939년 10월 13일 착공하여 벽돌로 된 500석 규모의 2층 예배당을 3만 3천원을 들여서 1940년에 준공했다. 이덕주 교수는 "예배당 2층 전면 중앙에 예서체로 '청주제일교회예배당'이라 새긴 돌판 9개가 아치형으로 부착되어 있는데 글씨가 부드러우면서도 힘이 있다. 청주 명필로 꼽히던 오의근 장로의 글씨다"라고 했다.[86]

청주제일교회는 그동안 묵방교회, 화죽교회 등 주변에 많은 교회를 개척하여 왔는데, 구연직 목사는 이러한 전통을 잘 계승하여, 그의 시무기간에 용암교회, 외평교회, 청주 북문교회, 남산교회 등을 개척하고 자립하도록 보조하였다. 그리고 대전제일교회를 개척하고 건축비를 보조했다.[87] 그는 또한 노회와 총회에서도 두각을 나타내어 회장직을 역임하기도 했다. 1946년 5월 14일 충북노회가 속리산에서 개최될 당시 초대 노회장에 피선되었다. 그 후 2대, 5대, 6대, 7대, 8대, 9대 모두

---

85) 전순동, 『충북기독교 100년사』, 1900-2000, 708쪽. 전순동 교수는 전 충북대교수이다.

86) 이덕주, 『충청도 선비들의 믿음 이야기』, 도서출판 진흥, 2006, 51~52쪽; 한국기독교장로회 충북노회, 『충북노회사료집』, 440쪽.

87) 김수배, 「영남 구연직 목사: 민족교육과 전형적인 목회자」, 468쪽.

7선 노회장을 역임하였다. 그리고 1957년 5월 24일에는 제 42회 기장측
총회장으로 피선되었다. 김수배 목사는 "영남은 민족교육자, 전형적인
목회자, 영감의 부흥사, 해박한 한학자, 진보적 신학 사상가, 애국자로
교계와 사회에 지보적(至寶的) 존재였다"고 평가했다.[88] 구연직 목사
는 1961년까지 청주제일교회에서 23년간 목회를 했고, 1967년 12월 3일
향년 71세의 일기로 세상을 떠났다.

5. 구연직 목사의 해방정국 활동

1) 구연직 목사와 치안유지회

1945년 8월 15일 광복의 날, 일제는 한반도에서의 폭력적 지배의 종
말을 맞게 되었다. 한국인들에게 신사참배를 강요했고, 강제 징용과
징병, 종군위안부 등 비인간적 만행을 저질렀으며, 내선일체와 일선동
조론을 내세워 한국어 사용금지, 창씨개명, 황국신민서사 제창 등 민
족말살 정책을 감행했던 일제는 처절하게 무너지고 말았다.[89] 급기야
는 '현인신'이라고 자신과 그의 국민들이 공인했던 그 일본왕은 히로시
마와 나가사키에 원자탄을 맞은 다음에야 자신은 신이 아니라 인간이
라는 것을 자백했다.

전운의 종말을 조금 일찍 감지했던 총독부는 법과 질서 속에서 자국
민인 일본인들이 무사히 한국을 떠나는 것이 무엇보다 중요한 과제였
다. 따라서 그들이 먼저 8월 9일에 접촉한 지도적인 인물은 송진우였

---

88) 위의 글, 469쪽.
89) 변태섭, 『한국사통론』, 삼영사, 1993, 516쪽.

다. 일제는 여러 조건을 제시했지만, 송진우는 거절했다.[90] 이후 그의 친구 김준연도 송진우의 참여 없이는 할 수 없다고 했다. 부득이 일제 관리들은 여운형에게 관심이 쏠렸다. 이미 치안유지를 부탁해오리라는 것을 알고 있었던 여운형은 8월 15일 새벽에 총독부 정무총감 엔도 류사쿠(遠藤柳作)를 만난 자리에서 그들의 제안을 수락했다. 엔도는 여운형에게 "일본은 패배했습니다. 이것은 오늘 아니면 내일 중에 발표됩니다. 그때 우리는 치안유지를 해야 합니다. 이제부터 우리의 생명은 당신 손에 달려 있습니다"[91]라고 했다. 여운형은 여기서 정치범 및 경제범 석방과 3개월의 식량확보 등 다섯 개 항(項)의 동의를 받아냈다.[92]

여운형은 안재홍의 도움을 받아 조선건국준비위원회(CPKI, 건준)를 조직했다. 박명수 교수에 의하면, "여운형은 좌익의 성향을 갖고 있지만, 좌우를 포괄하려는 생각을 갖고 있는 중도좌파의 인물이었다."[93]

---

[90] Bruce Cumings(브루스 커밍스), *The Origins of The Korean War* 『한국전쟁의 기원』, 김자동 역, 일월서각, 2001, 109쪽; 한민당 창당 멤버였으며, 해방정국에 청주에서 한민당 중심인물로 활동한 홍원길은 송진우가 두 번이나 거절을 했다고 한다. 홍원길, 『청곡회고록』, 태양출판사, 1978, 92쪽.

[91] Bruce Cumings(브루스 커밍스), *The Origins of The Korean War* 『한국전쟁의 기원』, 110쪽.

[92] 다섯 개 항은 1) 전국에 걸쳐 정치 및 경제적 죄목의 수감자를 즉시 석방할 것, 2) 금후 3개월간의 식량을 비축하도록 보장할 것, 3) 한국의 치안유지나 독립을 위한 행동에 절대로 간섭하지 않을 것, 4) 학생과 청년의 훈련에 절대로 간여하지 말 것, 5) 노동자와 농민의 훈련에 절대로 간여하지 말 것 등이다. 브루스 커밍스, 『한국전쟁의 기원』, 110쪽.

[93] 박명수, 「해방 후 건국준비위원회와 기독교의 역할」, 53쪽; 브루스 커밍스는 다음과 같이 여운형에 대해 말했다: "여운형은 아시아의 혁명가로서 참으로 훌륭한 경력을 지니고 있었다. 그는 1914년에 중국으로 건너가 1919년의 임시정부 수립에 참여했다. 1921년에는 모스크바의 '동양무산자대회'에 김규식 및 기타 한인 30명과 함께 참가하여 그곳에서 레닌과 트로츠키를 만났다. 북벌 중 국민당의 선전원으로 활약하면서 손문과 모택동을 만났다 한다. 1919년

그리고 "안재홍은 『조선일보』 계열의 중도우파에 해당하는 사람으로 해방이후 한국사회에서는 민족주의자들이 이끌고, 좌파가 여기에 따라오는 연합전선을 형성해야 한다고 주장하였다"[94]라고 말했다. 여운형에 대하여 당시 미군정청 관리였던 로빈슨(Richard D. Robinson)도 같은 견해를 갖고 있었다.[95] 아무튼 조선건국준비위원회(이후 건준으로 약칭)는 계동에 사무실을 두었고, 새벽부터 문화, 사상, 경제 및 교육계의 명사들이 줄지어 오고 갔다. 건준이 시작되고 8월 말에 이르러 지방 지부가 145개에 달하게 되었다. 그러나 건준은 송진우의 불참, 석방된 정치범 및 경제범들 중에 합류한 사람들이 있어서 "과격한 색채"를 띠게 되었다.[96] 정치범들 가운데는 일제 때 공산당활동을 했던 사람들이 많았는데, 이들은 박헌형을 주축으로 공산당(재건파)을 재건하고 이들이 또한 건준에 가입하게 되어 건준은 더욱 좌익화되었다.[97] 이종구는 이 상황을 다음과 같이 말한다.

에 상해에서 일인 첩자에게 잡혀 대전형무소에서 5년간 복역했다. 동생 여운홍은 일본의 압력에 굴복했으나 그는 끝까지 일본의 압박을 견뎌냈다. 그는 언제나 공산주의자와 협력하였으며 마르크스주의를 '훌륭한 구상'이라고 표현했으나 공산당에 가입하거나 유물론에 심취하지는 않았다. 그는 웅변가였으며 카리스마적 존재였다." Bruce Cumings(브루스 커밍스), *The Origins of The Korean War* 『한국전쟁의 기원』, 111쪽 각주 참조.

94) 박명수, 「해방 후 건국준비위원회와 기독교의 역할」, 53쪽.

95) 정용욱에 의하면, 당시 미 군정청 관리(1947년 5월 16일 현재)와 미 육군사령부 군사관으로 재직했던 로빈슨(Richard D. Robinson)은 워싱턴 대학, 하버드 대학교 대학원을 졸업하고 한국에서 대위로 재대하고 관리와 군사관으로 봉직했던 인물이다. 그는 좌익을 극좌파, 즉 '좌익'혹은 공산주의자와 온건(중도)좌파로 나누었고, 온건(중도)좌파의 대표적인 인물을 여운형으로 꼽았다. 그는 또한 여운형은 마르크스주의를 신봉하지만, 전체주의를 믿지 않는 인물로 보고 있었다. 정용욱, 『미군정 자료 연구』, 선인, 2004, 188~189쪽.

96) Bruce Cumings(브루스 커밍스), *The Origins of The Korean War* 『한국전쟁의 기원』, 112~113쪽.

97) 박명수, 「해방후 건국준비위원회와 기독교의 역할」, 54쪽.

좌익 세력 내부에서도 세력변화가 일어났는데, 불과 며칠 사이에 건
준의 실세가 여운형에서 골수 공산주의자 박헌영으로 넘어간 것이
다. 8.15 이전 일제의 감시를 피해 지방에 숨어있던 박헌영은 광복소
식을 듣자 재빨리 서울에 올라와 소련공사를 만났으며, 그의 지도에
따라 9월 11일 조선공산당을 재건했다. 그리고 여운형을 압박하여 정
부를 참칭한 '인민공화국'을 조속히 수립할 것을 합의했던 것이다.[98]

건준은 좌파적 단체가 되었고, 인천에 상륙한 미군이 서울에 도착하
기 2일 전인 9월 6일, "좌익이 장악한 치안대 본부가 있었던 경기여고
강당에서 건준의 이름으로 전국 인민대표자대회가 개최되었고, 여기
서 조선인민공화국 수립이 선포되었다."[99] 따라서 지방 건준은 인민공
화국의 지방 조직인 인민위원회로 개편되었다. 아주 적은 경우에만 건
준 지방 지부들이 이러한 개편에 반대하고 건준의 명칭을 그대로 유지
하거나 한국민주당 같은 타정치 단체에 합류하거나, 아니면 10월에 가
서 신생 인민당에 합류하였다.[100] 이렇게 되자 한국사회는 좌익이 주
도하는 형국이 되었다. 그러나 미군정은 인민공화국을 인정하지 않았
으며 안재홍을 비롯한 우익세력은 인민공화국이 설립되기 전에 건준
을 탈퇴하게 되었다.[101]

여운형이 치안유지를 맡기로 하면서 총독부에 제안했던 조건 중에
정치 및 경제사범에 대한 석방이 청주 및 충북지역에도 그대로 실행이
되었다. 그리고 중앙에서 건준이 출범하면서 충북지방에 그 지부가 설
립되었다. 1945년 8월 17일에 건준에서 파견되어온 여운형의 동생 여

---

98) 이종구, 『건국대통령 이승만』, 글벗사, 2005, 59쪽.

99) 위의 책, 59쪽.

100) Bruce Cumings(브루스 커밍스), *The Origins of The Korean War*『한국전쟁의 기원』, 348쪽.

101) 박명수, 「해방후 건국준비위원회와 기독교의 역할」, 60쪽.

운일의[102] 요청에 따라 청주 형무소에 수감되어 있던 청치 및 사상범들 50여명이 석방되었다. 좌익청년들은 일부 출옥한 사람들과 함께 충청북도자치위원회를 결성하였다.[103] 『충청북도지(忠淸北道誌)』(1975)는 다음과 같이 기록하고 있다.

정안립을 중심으로 김의연, 조인상 등이 지하운동을 하던 중 일본의 급속한 항복을 알게 되자(단파장치로) 표면공작으로 전화, 13, 14일에 걸쳐 일본의 무조건 항복을 동지 간에 연락하였다... 이어 충청북도자치위원회가 구성되고 위원장에 김의연, 총무에 조인상을 밀고, 고문에 정안립을 추대하여 각 부서가 짜여 지매 청녕각에서 각자의 정견발표도 행하여졌다. 위원 중 몇 명은 건국준비를 위해 상경했다.[104]

정안립, 김의연, 조인상 등이 단파장치로 광복이전에 일본의 항복을 감지하고 있었고, 이들을 중심으로 하여 충북자치위원회(이후 자치위원회로 칭함)의 책임자 및 지도적인 역할을 하게 되었다는 것이다.[105] 자치위원회는 8월 17일 오후에 중앙공원 청녕각(淸寧閣)에서 출옥자

---

102) 여운일은 여운형의 사촌동생이며, 독립운동가이다. 1900년경 이근우가 민족운동을 염두에 두고 강릉시 운정동에 동진학교를 세웠는데, 이 학교에서 교편을 잡기도 했다.
https://ko.wikipedia.org/wiki/%EC%97%AC%EC%9A%B4%ED%99%8D
(2017년 10월 20일 확인)
http://terms.naver.com/entry.nhn?docId=2574711&cid=51890&categoryId=53707
(2017년 10월 20일 확인)

103) 이승우, 『도정(道政) 반세기』, 충청리뷰사, 1996; 충북개발연구원, 『충북100년』, 충청북도, 1997, 159쪽; 박명림, 「지방에서의 한국전쟁 (1)-충북(1945-1953)」, 『아세아연구』40(2), 1972. 12, 132쪽. 그러나 이충호는 정안립이 파견된 것으로 보고 있다. 이충호, 「해방 직후 청주지역 우익 세력의 형성과 활동」, 「한국교원대학교 대학원 석사학위논문 (2013년 2월)」, 17쪽.

104) 충청북도지 편찬위원회, 『충청북도지(忠淸北道誌)』, 청주문화원, 1975, 210쪽.

105) 이충호, 「해방 직후 청주지역 우익 세력의 형성과 활동」, 17쪽.

환영식을 겸한 민중대회를 개최하였다. 그리고 다음날 홍봉희, 안철수, 김우현을 중심으로 15명 정도의 자치위원회 청년들이 당시 충북도지사였던 정교원을 찾아가서 정권을 넘겨 줄 것을 요구했다. 그러나 도지사는 중앙에서 그러한 지시를 받은 바 없고, 미군이 청주에 진주할 때까지 넘겨줄 수 없다고 거절하였는데, 그들은 일단 별다른 물리적 충돌 없이 돌아갔다.106)

김수배 목사는 이때의 일을 구연직 목사와 관련하여 다음과 같이 기록하고 있다.

> 1945년 8월 15일 해방이 되던 날 청주제일교회에서는 영남[구연직 목사의 회]의 고증을 받아 청년들이 철야하면서 태극기를 만든 후 이튿날 청주교도소에 수감되었던 정치범을 비롯하여 잡범들 200여명을 초청하여 환영회를 열고 소리 높여 독립만세를 불렀다.107)

광복의 기쁨으로 교회에서 청년들과 태극기를 만들었고, 정치범이나 잡범들 모두를 초청하여 환영회를 열고 독립만세를 불렀다는 것이다. 이와 관련하여 당시 청주중학교 2학년이었던 최동준 장로의 목격담의 주요 내용은 다음과 같다.

> 학교를 갔더니 일본 교장이 분위기가 달랐다. 청주시내를 지나오다 보니까 일본 사람들은 가게를 닫고 있어 다른 때와 분위기가 달랐다. 집에 가는 길에 거쳐 가야 하는 청주제일교회를 들렀는데, 장로님, 청년들이 목사관에서 있었다. 거기서 해방되었다는 말을 들었다. 대책을 강구하고 있었다. 무정부 상태가 되니까. ... 청주 교도소에는

---

106) 이충호, 「해방 직후 청주지역 우익 세력의 형성과 활동」, 18쪽; 박명림, 「지방에서의 한국전쟁(1)-충북(1945-1953)」.
107) 김수배, 「영남 구연직 목사」, 『충북노회사료집』, 469쪽.

손양원 목사님이 수감되어 있었다. 해방되던 그 이튿날 16일 제일교
회 청년들이 형무소 소장과 연락하여 형무소에 수감된 죄수들을 석
방하도록 요청했다. 그들 가운데는 사상범으로 수용되어 있었던 좌
익 급진파, 민족주의자 사상범들, 교회 지도자격인 분들, 그리고 손
양원 목사님이 있었는데, 그들을 교회로 모셔 와서, 여신도들이 재봉
틀로 시내 유지들이 기증한 광목 옷감을 의복으로 만들어서 죄수복
을 벗기고 새로운 옷을 지어 입히고 식사를 제공하였고, 가실 분들을
위해서 교회에서 주무시게 하고 청주의 유지들이 돈을 내고해서 고
향으로 돌려보냈다. 손양원 목사님은 청주에서 조치원까지 트럭을
대절해서 모시고 여비를 드려서 가시게 했다.[108]

　여기서 알 수 있는 것은 당시 출옥한 인물들이 좌익 급진파, 민족주
의 인물들, 그리고 손양원 목사와 같은 교회 지도자들이 포함되어 있
다는 점이다. 무엇보다 손양원 목사의 출옥 당시의 한 장면을 여기서
접하게 된다.[109] 아무튼 구연직 목사와 청주제일교회는 사상과 이념을
묻지 않고 그동안 고생했던 이들을 따뜻하게 맞이하고 여러 편의를 제
공했던 것이다.

　또한 이와 함께 청주제일교회 구연직 목사와 의사 이명구를 중심으
로 하여 이 지역 유지들은 이명구의 집에서 치안유지회의 결성을 논의
했고, 구연직 목사를 대표로 선출하였다. 그래서 이충호에 의하면 "8월
19일 자치위원회가 치안유지회에 결합하는 방식으로 두 단체가 통합

---

108)　≪최동준 장로 통화 인터뷰≫, 2017년 10월 26일.
109)　이처럼 당시 출옥한 인물들을 청주제일교회로 초대한 것은 분명한 것으로
　　　보인다. 특히 손양원 목사 등이 출옥한 날은 8월 17일로 보아야 할 것이다.
　　　손양원 목사의 장녀인 손동희 권사는 그의 저술에서 그의 부친의 청주감옥
　　　출옥일을 8월 17일로 하고 있다. 단지 당시 그의 부친이 푸른 죄수복을 그대
　　　로 입고 자신이 있는 고아원으로 찾아왔다고 기록한 점은 최동준 장로의 회
　　　고담과 차이를 보인다. 손동희, 『나의 아버지』, 아가페북스, 2014, 171~173쪽.

되었는데, 통합된 치안유지회는 지역 유지들이 주도하였다"고 한다.110)
그리고 통합된 치안유지회는 목총으로 무장한 보안대를 설치하였다.
구연직 목사와 이명구 의사 등의 우익계 인물들의 활동이 적극적으로
구현되고 있었다. 해방정국의 역사의 현장에 있었고, 당시 청주 제1중
학교 학생이던 이승우는 다음과 같이 회고하며 정리했다.

> 건국준비위원회 충북지방 조직을 주관한 일부 인사들이 충청북도 자
> 치위원회를 조직하여 정교원 지사실로 찾아가서 행정권을 넘겨주도
> 록 요구했으나 미군이 청주에 진주할 때까지는 넘겨줄 수 없다고 완
> 곡히 거절당했다고 한다. 오히려 적지 않은 지역 인사들은 읍 공회당
> (현 통신공사 자리. 구 청주읍사무소 2층)에 모여 당면한 급선무가
> 우선 치안유지라는 공감대를 형성하고 충청북도 치안유지회를 조직,
> 덕망과 인격이 훌륭했던 구연직 제일교회 목사를 위원장으로 추대하
> 여 경찰관서에 남아 있던 조선인 경찰관들과 협조하여 관내 치안유
> 지에 진력했던 사연이 전해지기도 한다.111)

우리는 여기서 치안유지회의 창설의 긴급성과 필요성을 발견할 수
있으며, 무엇보다 구연직 목사가 당시 청주 및 충북지역에서 "덕망과
인격이 훌륭했던" 목사로 알려져 있었던 것은 주목할 만하다. 또한『청
주근세60년사화』도 당시 좌익계가 주도하는 자치위원회는 도지사를
만나 행정권을 인수받으려고 기도했지만, "대부분의 인사들은 공회당
(구읍사무소 2층)에 모여 당면한 문제가 우선 치안유지라고 보고 충청
북도치안유지회를 조직하여 구연직(구연직=당시 제일교회 목사)을 위
원장으로 하는 많은 인사들이 한국인 경찰관들과 협력하여 치안유지
에 전력을 경주하였다"112)라고 했다. 아무튼 해방정국의 혼란한 상황

---

110) 이충호, 「해방 직후 청주지역 우익 세력의 형성과 활동」, 18쪽.
111) 이승우, 『도정(道政) 반세기』, 16~17쪽.

에 구연직 목사는 청주 및 충북지역의 영향력 있는 지도적인 인물로 활약을 했다는 것이다.

당시 충북의 치안상태 역시 전국적인 분위기와 다를 바 없었다. 해방의 흥분은 일제에 대한 분노의 분출로 나타나기도 했다. 8월 16일 북일 주재소 순사부장이 주민들에 의해 타살되었고,[113] 괴산군 장연면의 일제시대 노무 및 병사를 담당했던 서기는 피해 유가족을 비롯한 면민들로부터 몰매를 맞고 절명하고 말았다. 이처럼 막바지 국면에 있던 일제 경찰의 치안유지 능력은 붕괴되어 갔다. 가장 불안에 떨었던 자들은 그동안 폭압을 일삼았던 일본인들이었다. 뿐만 아니라, 제국주의 권력의 몰락만큼 그 공백은 상당히 커서 일반 한국 국민들에게도 무질서와 혼란 그리고 불안을 초래했다.[114]

당시 청주지역 우익청년 단체인 '쇠고리 동지회'에서 활동한 바 있는 김홍설은 다음과 같은 내용을 자신의 수기에 기록했다.

1945년 8월 15일, 드디어 일본은 무조건 항복을 선언하고... 한민족은 조국 광복의 날을 맞이하게 되었다... 그 감격과 환희는 순간이고 국내는 무정부 상태에서 날이 갈수록 혼란과 갈등만 가중해 가고 경향 각지에서는 사회단체가 우후죽순처럼 난립하여 저마다의 주장을 고집하므로 국론은 사분오열되어 소위 군웅할거시대를 연상케 했다. 구국이란 미명하에 패망 일본인의 재산을 강탈하는 것을 일삼는 단체가 있는가 하면 심지어는 동족의 재산까지도 약탈하는 행위를 서

---

112) 청주근세 60년사화편찬위원회, 『청주근세60년사화』, 청주근세 60년사화편찬위원회, 1985, 300쪽.
113) 홍원길은 "청주경찰서 북일주재소 수석(首席) 김진백(金鎭伯)이 해방되던 날 면민에게 피살"되었다고 기록했다. 홍원길, 『청곡회고록』, 95쪽.
114) 충북개발연구원, 『충북100년』, 충청북도, 1997, 160쪽; 박명림, 「지방에서의 한국전쟁(1)-충북(1945-1953)」, 132~133쪽.

승지 않았다... 설상가상격으로 지하활동으로부터 해방과 동시에 표면화 된 공산당원들은 불원 소련군이 이곳까지 진주하여 한국에 공산국가를 수립하고 농지를 농민에게 무상 분배한다는 등의 유언비어를 유포하여 무지한 국민을 선동하며 혼란에 더욱 부채질을 가하고 있었다. 그러나 누구도 이런 것들을 통제하거나 제재할 힘은 없었다.[115]

이때 청주지역 기독교인들과 유지들은 이런 상황을 관망하지 않고 충청북도 치안유지회를 조직하여 관내 치안유지에 나름대로 진력했던 것이다. 물론 9월 미군이 청주에 진주하면서 치안유지는 새로운 국면을 맞게 되었지만, 누구든 선뜻 나서지 못한 무정부와 혼란의 상황에서 그리고 좌익의 선동과 급진적인 활동이 거침없이 이뤄지고 있는 위기의 시기에, 구연직 목사를 중심으로 한 청주지역 우익들의 활동은 그들의 성과를 떠나서 해방정국의 민주한국을 건설하는 데 중요한 역사적 주류를 형성했다고 하겠다.

전순동 교수는 광복직후 구연직 목사의 모습과 활동에 대해 다음과 같이 기록하고 있다.

8.15 해방 후 사회가 무정부 상태에 빠져 혼란을 거듭하고 있을 때, 구 목사는 애국·애족의 정신으로 청주지역 사회의 질서를 유지하는 것과 올바른 시민 정신을 고취하는 것에 노력했다. 그는 교회의 청년들에게 태극기를 올바로 그려 계양하도록 지도하고, 해방의 기쁨에 들떠 중앙공원에 모여든 청주 시민들에게 공원 2층 누각에서 강연을 통해 삶의 올바른 방향을 제시하여 주었다. 또한 그는 미군정 자문과 독립촉성회 충북지부장 등으로 활약하며 국가 발전에도 많은 공헌을 했다.[116]

---

115) 이승우, 『도정(道政) 반세기』, 18쪽에서 재인용.
116) 전순동, 『충북기독교 100년사』, 709쪽.

무정부 상태에서 구연직 목사는 애국애족의 정신으로 청주지역의 질서를 유지하고 올바른 시민정신을 고취시키는데 노력했으며, 해방으로 기뻐 몰려드는 시민들에게 삶의 올바른 방향을 제시 했다는 것이다.

2) 충북 미군정 고문 구연직 목사

이상훈은 "남한의 우익 세력은 해방직후 좌익에 비해 절대적인 열세였으나 미군정기를 거치면서 조직력을 회복하고, 결국은 좌익의 대중적 기반을 탈취함으로써 남한 자본주의 국가 수립운동을 전개하였다"[117]라고 했다. 그러나 이 견해가 잘 못되어 있음을 지금까지 논의한 청주와 충북지역의 정치상황에서 어느 정도 감지할 수 있다. 박명수 교수도 해방정국에서 결코 좌익이 우세라고 말할 수 없다고 지적하고, 서울지역은 좌익이 우세했지만 송진우 등이 불참한 상태였고, 함북은 소련이 진주해 있음과 동시에 함남과 경남은 우익이 강한 지역이라고 말한다. 경기와 경북 그리고 황해의 경우 좌우의 세력이 비등하였고, 오히려 우익 강세지역은 평북, 평남, 강원, 충북, 전북, 전남 등을 꼽을 수 있다고 피력한다. 그리고 최소한 지방에서의 기독교인의 역할이 주요 요인이라고 한다.[118] 따라서 결코 해방정국에 좌익이 대세라고 한 지적은 옳지 않다.

소련은 1945년 8월 21일 두만강을 넘어 24일에 평양에 들어온 후, 27일에는 강원도 38선 인근에 도착했다. 이종구에 의하면, 하지중장과 미 육군 24군 소속 제 7사단 3만여 명은 일본의 항복 선언에 맞추어서 오키나와를 출발하여 9월 6일 인천에 상륙했으며, 소련군의 평양입성

---

117) 이상훈, 「해방 후 대한독립총성국민회의 국가건설 운동」, 『학림』 제30집, 2쪽.
118) 박명수, 「해방 후 건국준비위원회와 기독교의 역할」, 92~93쪽.

에 비해 보름이나 늦은 9월 8일 서울에 진주하였다.[119] 미군은 한국에 대한 인식이 상당히 부족하였다. 이종구는 다음과 같이 미군이 진주한 이후의 정황을 밝히고 있다.

> [미군이] 서울에 진주한 후에도 '인민공화국'은 인정하지 않았지만, 지방에 활거하며 실질적 통치권을 행사하고 있는 각 지방 인민위원회를 해산시키기 위해 서두르는 모습을 보이지는 않았다. 재빨리 북한 전역을 장악한 소련군의 태도와는 너무도 비교되는 모습이었다. 이것이 화근이 되어 각 지방(특히 남쪽)에는 공산주의 조직이 든든히 뿌리를 내리게 되었고 이후 그들이 지방에 활거하며 각종 폭동을 일으키고 산으로 들어가 빨치산 투쟁을 벌였던 것이다.[120]

해방 후 그리고 미군정이 시작되고 있는 상황에도 정국은 혼란 가운데 있었고, 공산주의 조직 및 좌익들의 활동은 점점 더 노골적으로 과격화되고 있음을 말해주고 있다.

한편 충청북도 청주에 미군이 들어 온 것은 1945년 9월 11일이었다. 그리고 우암산에 있던 신사(神社)는 폭탄투척으로 전소되었다.[121] 미군은 도행정권을 접수함으로서 역사적인 미군정이 시작되었다. 도청에는 태극기와 성조기가 나란히 바람에 나부끼고 있었다. 9월 14일 하지 중장의 군정 시정방침이 발표되고 19일에는 군정청이라는 공식 명칭이 선언되었다. 초대 군정장관은 아놀드(Archibold V. Arnold) 소장이었으며 1945년 12월 중순까지 과도적으로 군정청을 관리하다가 러취(Archer L. Lerch) 소장이 뒤를 이어갔다.[122] 충북도청은 10월 하순 경에

---

119) 이종구, 『건국대통령 이승만』, 61~64쪽.
120) 위의 책, 65쪽.
121) 충청북도지 편찬위원회, 『충청북도지(忠淸北道誌)』, 404쪽.
122) 정용욱, 『미군정자료연구』, 119~124쪽.

미군정 체제가 잡혀가다가 11월 초에 군정청이 본격적으로 활동하기 시작했다.[123] 충북에는 35(청주), 49(영동), 67(충주) 군정중대가 배치되었다. 11월 8일 세니트(Ray C. Senate) 중령이 도군정장관을 담당하다가 이어서 후임으로 1946년 2월에 머피(Murphy) 중령이 임명되었다. 도군정은 치안업무를 주로 담당하였다. 무엇보다 "최초의 주요 업무는 지방정치와 행정을 자문할 고문위원회를 구성하는 일이었다. 미군 진주 후 충북 각지에서는 한민당의 실력자 김도연이 주도해서 고문회의를 만들었다."[124]

충청북도 고문회는 대다수 우익 인물들로 구성되었는데, 17명의 도군정 고문 중 5명은 도군정 장관이 임명하였고, 11명은 10개 군에서 선출하였다. 인민위원회 활동을 한 인물도 2명 포함되었다. 고문회가 충북군정의 주요 요직 임명에 큰 역할을 하였다.[125] 혼란과 격변의 시대에, 미군정이 아직 이 지방에 대한 인식이 부족한 상태에서 충북을 운영하는데 고문회가 중요한 역할을 하였다. 이때 구연직 목사가 충북 군정장관 고문직을 맡게 되었던 것이다. 미군정의 최초의 충북도지사는 윤하영 목사로서 1946년 2월 15일 선임되었다.[126] 그는 평양신학교와 미국 프린스턴 신학교를 졸업하고, 신의주 제1교회에서 목회를 하였고, 예수교장로회 총회장을 역임하였으며, 한경직 목사와 함께 공산주의에 맞서 기독교 사회민주당을 결성했다. 그는 1945년 10월 초에 한경직 목사와 함께 월남하여 미군정 충북도지사로 부임한 것이다.[127]

---

123) 이승우, 『도정반세기』, 22~23쪽.
124) 충북개발연구원, 『충북100년』, 167~169쪽.
125) 『주한미군정사』 3, 222~223쪽. 이충호, 「해방 직후 청주지역 우익 세력의 형성과 활동」, 19쪽에서 재인용.
126) 한국기독교장로회, 『충북노회사료집』, 441쪽; 이승우, 『도정반세기』, 23~24쪽.
127) 박용규, 『한국기독교회사』 2권, 생명의말씀사, 2004, 562쪽, 753쪽, 807쪽,

『충청노회사』는 윤하영 목사가 부임하게 된 계기로 충북도군정의 고
문으로서의 구연직 목사의 역할이 있었다고 기록하고 있다.

> 청주에는 제일교회, 외덕교회를 비롯하여 장로교회가 터를 굳히고
> 있었지만 북부지역인 음성, 충주, 제천, 단양에서의 장로교의 교세는
> 불모지와 같은 상태였다. 이러한 지역에 교회가 설립되기까지는 월
> 남한 성도들의 노고를 잊을 수 없다. 또한 이들의 개척에 도움을 줄
> 수 있었던 것은 1948년 8월 5일부터 1949년 1월 28일부까지 초대 충
> 북도지사로 부임한 윤하영 목사의 협조를 들 수 있다. 그는 1939년
> 제 28회 예수교장로회 총회장을 지냈던 분으로 윤하영 목사가 청주
> 에 오기까지는 청주제일교회 구연직 목사가 군정 고문으로 있었고,
> 성공회의 김대현 신부가 군정 장관 고문으로 윤 목사를 충청북도 지
> 사로 추천하였던 것이다.[128]

윤하영 목사가 충북도지사로 부임하게 된 것도 구연직 목사와 김대
현 신부의 역할이 있었다는 것이다. 이와 관련하여 장병일도 다음과
같이 기록하고 있다.

> 구 목사는... 해방이 된 후에는 한때 청주 미군정 고문관으로 활약했
> 으며, 윤하영 목사를 충북 도지사로 추천하여 시무케 하여 기독교 정
> 신에 입각한 선정을 지향했었다고 한다. 그 후 계속하여 국민회 충북
> 지부장으로 추대되어 사회적 봉사를 위하여 선두에 섰으며, 시의원
> 으로도 몇 년간 시무하는 등, 충북사회를 주름잡던 왕년의 투사이기
> 도 했다. 해방 이후 어느 지역이나 지방에 있어서도 목사는 말 잘하
> 기로 이름났지만, 구 목사의 능변과 성실도 한때 청주 사회에 자자하
> 여 사회봉사와 참여에 좋은 본보기가 되었다는 얘기다.[129]

809쪽, 844쪽, 846쪽.
128) 충청노회사 편찬위원회 편, 『충북선교 100주년, 충청노회사』, 166~167쪽.
129) 장병일, 「생각은 먼데 인생은 짧고」, 96쪽.

소련이 3.8이북에 점령하고 있었고, 남한에는 공산당과 좌익이 여전히 활개를 치고 있는 상황에서 이미 북한에서 공산주의와 맞서 조선사회민주당을 조직한 바 있던 도지사 윤하영 목사, 그리고 미군정 고문으로 활약했던 구연직 목사는 청주와 충북의 앞으로의 국가건설에 있어서 사상적 흐름에 중요한 역할을 했다고 사료된다.

3) 독립촉성중앙협의회(국민회) 충북지부장 구연직 목사

송진우는 건준과 인공세력을 비판하며 비 좌익계 민족주의자들을 결집하여, 김성수, 김준연, 안동원 등과 함께 1945년 9월 4일 발기인 총회를 갖고 9월 16일 '한국민주당'(한민당)을 창당했다. 이종구는 건준과 인공세력을 "일제와 협조하고 한반도를 자신의 위성국으로 만들려는 소련의 획책에 앞잡이 노릇을 하는 반민족적 외세 의존세력이었다"[130]라고 평가했다. 당시 한민당 창당에 참여했고 청주에서 활약했던 홍원길은 "9월 6일 한국민주당 발기 선언문이 오백 명 발기인 명단과 함께 발표되었다. 이날은 경기여고 강당에서 인민공화국이 선포되던 날이었던 때인지라 발기 선언문은 건준의 반동을 신랄하게 규탄한 것이었다"라고 했다.[131]

한편 이승만은 조국 광복의 소식을 접하고 환국을 서두르고 있었다. 미 국방성은 여행허가서를 발급해 주었으나, 미 국무성으로서는 이승만이 입국한다는 것은 소련과의 협의를 통한 한국 문제에 있어서 걸림돌의 역할을 할 수 있었기 때문에, 여러 핑계를 대며 비자를 발급하지 않았다. 결국 당시 동경에 있던 맥아더 사령관과 직접 통화를 하여 군

---

130) 이종구, 『건국대통령 이승만』, 68쪽.
131) 홍원길, 『청곡회고록』, 96쪽.

용기를 타고 동경에 도착했고, 군용기를 타고 1945년 10월 16일 조국에 돌아왔다. 개인자격으로 입국하여 기자 회견을 통해서 "나는 평민 개인의 자격으로 환국하였으며 독립을 위해 초당적으로 대동단결하자"[132]라고 했다. 그는 우익 한민당 인사들, 좌익과 중도파 인사들, 그리고 이후 박헌영까지도 만나서 시종일관 전민족의 대동단결을 강조했다. 이에 대한 결실이 있게 되는데, 이승만 박사가 10월 23일 각 정당대표 2명씩 200여명이 모인 가운데 '조선독립촉성중앙협의회' 결성을 제한했는데 만장일치로 가결되었다. 이때 이승만은 회장으로 추대되었다. 11월 2일 제 1차 회의에서 이승만은 1) 조선 즉시 독립, 2) 38선의 철폐, 3) 신탁통치 절대반대 등의 3원칙을 천명했다. 그러나 공산당 지도자 박헌영은 강하게 이의를 제기했다.[133] 결국 박헌영을 중심으로 한 공산당계열과 여운형을 중심으로 한 인민당계열은 참가를 거부하거나, 11월 말경에는 독립촉성중앙협의회(이후 '독촉중협'으로 지칭함)로부터 탈퇴하였다.[134] 독촉중협에 정치 단체와 함께 기독교 인물들이 적극적으로 참여하였다. 기독교는 1945년 11월 27일부터 30일까지 정동제일교회에서 '조선기독교 남부대회'를 개최하였고, 조선독립촉성을 위해 3일간 금식기도를 하였다.[135] 그리고 독립촉성기독교중앙협의회를 조직하여 독촉중협에 참가하였다. 이관운, 배은희, 신흥우, 오하영, 이갑성, 구영숙, 김활란 등 기독교인물들이 중앙에서 왕성하게 활동을 했다.[136]

독촉중협은 중앙에서 만이 아니라, 지방지부를 조직하고 대중적 기

---

132) 이종구, 『건국대통령 이승만』, 70쪽.

133) 위의 책, 71~74쪽.

134) 이상훈, 「해방 후 대한독립촉성국민회의 국가건설 운동」, 7쪽.

135) 박용규, 『한국기독교회사』 2권, 831쪽.

136) 이상훈, 「해방 후 대한독립촉성국민회의 국가건설 운동」, 16~18쪽.

반을 확보해 나갔다. 당시 다른 우익 세력이 지방조직에 대한 관심을 기울이지 못하고 있는 상황에서, 이승만과 독촉중협은 대중 및 지방조직의 중요성을 깊이 인식하고 있었다. 독촉중협의 선전총본부는 좌익 세력이 침투해 있는 지역을 확보하고 미조직 단계에 있는 곳에 지부를 조직하기 위하여 남한 각 군에 위원 40명을 파견하여 지방지부를 조직하기 시작하여 1946년 1월 10일 현재 전국의 약 80개의 지부를 설치할 수 있었다.[137]

　충북지역은 1946년 1월 초에 독촉중협의 충북지부가 결성되었다. 구연직 목사는 독촉중협에 처음부터 활동을 한 것으로 보인다. 그리고 2월 6일에 독촉중협의 도지부 대표자 대회가 열렸는데 당시 『동아일보』 1946년 2월 7일자 신문은 다음과 같이 밝히고 있다. "독립촉성중앙협의회 각 도대표회의는 6일 하오 3시부터 중앙예배당에서 이중환씨 사회로 시작되었다. 이날 함남대표 문무술 씨를 비롯하야 각도 대표 2명식 참석한 가운데 본회가 해방 이후 각도 지부에서 거둔 성과를 보고하고 또 압흐로 거러 나아갈 방침을 강화하기로 결정하였다."[138] 당시 충북에는 장응두와 김병수가 대표로 참석하였다.

　　장응두 · 김병수(충북), 남천우 · 조등근(충남), 배은희 · 유직량(전북),
　　주형옥 · 김영학(전남), 정운표 · 장대희(경북), 김철수 · 최석봉(경남),
　　이한구 · 이충복(함북), 이성준 · 채규항(함남)[139]

　구연직과 장응두 · 김병수는 충북지역 독립촉성중앙협의회의 중심 인물들이었고, 이 지역 우익을 이끌어 가고 있었다. 이때, 김구를 중심

---

137) 위의 논문, 20쪽.
138) "독립촉진에 가일편 독촉지방대표회의결의," 『동아일보』, 1946년 2월 7일자.
139) 『조선일보』, 1946년 2월 8일자.

으로 한 반탁총동원 위원회와 이승만을 중심으로 한 독촉중협의 선전
총본부가 무조건 통합하는 것으로 하였고, 1946년 1월 27일 독촉중협
의 각 도지부장에게 대표 2명씩을 파견할 것을 요청하여 2월 5일 결의
한 대로 2월 8일 대한독립촉성국민회(이하 독촉국민회로 지칭함)가 정
식으로 발족되었다.140) 2월 5일에는 구연직 목사와 장응두가 참석하였
다.141) 당시 독촉국민회 충북지부의 임원 및 대표를 보면 다음과 같다.

대한독립촉성국민회 충북지부(도 · 군) 현황

독촉국민회 충북지부 임원	독촉국민회 군지부 대표	독촉국민회 주요 인물
도지부장: 구연직 부위원장: 조대연, 송종옥 총무부장: 장응두 선전부장: 홍순복 조직부장: 박종원 청년부장: 박기운	청주: 구연직 · 장응두 · 박기운 청원: 홍순옥 충주: 조대연 보은: 조용국 영동: 김장환 음성: 이선상 제천: 황철승 괴산: 정승호	김병수 김탁 김동환 한정구 최동옥 김명직 연병호 김중목

※ 자료출처: 서재권 미간행 유고, 『국민운동사』. 이상훈, "해방후 대한독립촉성
국민회의 국가건설 운동," 41쪽에서 재인용; 『충청북도지』, 401쪽;
『청주근세60년사화』, 303쪽; 『충북 100년』, 161쪽.

여기서 독촉 국민회 충청북도 도 지부장에 구연직 목사가 활약하고
있음을 확인할 수 있다. 당시 도지부에서 군지부를 조직하는 하향식
조직이 일반적이라는 주장에 의하면, 충청북도의 각 지부의 임원 및
대표 선임에 있어서 구연직 목사의 역할이 컸으리라 본다.142) 총무부

---

140) "국민운동에 추진력," 『조선일보』, 1946년 2월 21일자.
141) 서재권, 미간행유고 『국민운동사』 제9분책, 이상훈, 「해방 후 대한독립총성
국민회의 국가건설 운동」, 20쪽에서 재인용.

장이었던 장응두는 충북 청원 출신으로『동아일보』청주지국 기자로
활동했고, 김병수는 충남 연기 출신으로 청년회를 조직하고 3.1 독립
운동에 참여하기도 했다. 조대연은 충북 도평의원, 충주군 엄정면장을
역임했다. 박기운은 광복 후 청주치안대, 태극청년회에서 활동, 독촉
국민회 충북도지부 청년국장, 대동청년단 충북도단 부단장을 역임했
다. 홍순복은 전북의 고등보통학교에서 교원을 지내고 광복이후 한국
독립당 청주지부 선전부장을 맡기도 했다.[143]

독촉국민회는 지방 조직의 관리와 확장에 초기부터 일관되게 심혈
을 기울여 왔다. 독촉국민회는 1946년 3월 13일 공고하고 1946년 4월
10일~11일 이틀간 제1회 전국도부군지부장회의를 개최하였다.『동아
일보』1946년 4월 11일자는 다음과 같이 보도했다.

> 대한독립촉성국민회 10일 전체 회의를 개최 기관에서
> 조선의 잔로를 선명히 하고저 제 1회 전국도부군지부장회의를 10일
> 상오 10시 부터 종로기독교청년회관에서 개최하였다. 이날 회의는 각
> 도부군지부장 88명과 초청객 무려 500여명이 모인 가운데 오화영 씨
> 사회로 시작되어 식순에 의하여 순국지사에 대한 묵상을 드린... 김구
> 총리는 "독립은 우리의 힘으로가 아니면 안된다. 먼저 지방에서부터
> 뭉처 끌어오르는 민의를 토대로 해야 한다"는 훈시가 있었다.[144]

이때 각 도 대표의 지방 정세보고가 있었는데 구연직 목사는 충북대
표로서 보고했다. 당시 각 지방 대표는 다음과 같다.

---

142) 서재권, 미간행유고『국민운동사』. 이상훈,「해방 후 대한독립총성국민회의
　　국가건설 운동」, 41쪽에서 재인용.
143) 이충호,「해방 직후 청주지역 우익 세력의 형성과 활동」, 31~32쪽.
144) "대한독립촉성국민회 10일 전체 회의를 개최 기관에서,"『동아일보』, 1946년
　　4월 11일자.

강원 심상준, 충북 구연직, 충남 남천우, 전북 배은희, 전남 이남규, 경북 김하승, 경남 김철수[145]

이런 가운데 독촉국민회의는 민족의 대동단결과 독촉국민회운동의 취지를 알리기 위해서 지방에 순회연설을 하기 시작했다. 『동아일보』 1946년 3월 29일자 기사는 청주와 대전에서도 강연회가 있다는 것을 알리고 있다.

> 대한독립촉성국민회에서는 국민운동 주지와 민족 사상확립을 위하야 27일 하오 2시 부터 종로 기독교청년회관에서 오하영씨 외 수씨의 지국 대강연회가 있고 계속하야 지방 순강대를 아레와 갓치 파견하기로 되었다.
> 청주 29일, 대전 30일 김천 31일, 거창 4월 1일, 가조 4월 3일[146]

이처럼 독촉국민회는 청주를 비롯한 지방순회 강연을 통해 국민들에게 파고들어가 그 영향력을 점차 더 확대해 나갔다. 또한 이러한 시도는 지방에서의 좌익과 우익의 긴장관계가 상존하고 있는 상황에서 민족주의 우익 세력에 힘을 실어주었다. 이것은 이승만의 1946년 4월~6월에 진행된 남부지방순회강연을 통해서 더욱 증폭되었다.[147]

특기할 사항은 이승만 박사가 6월 3일 정읍을 거쳐 청주에 방문했다는 것이다. 정읍에서 그는 "이제 우리는 무기 휴회된 미·소 공위가 재개될 기색도 보이지 않으며, 통일정부를 고대하나 여의케 되지 않으니

---

145) 서재권, 미간행유고 『국민운동사』 제 11분책. 이상훈, 「해방 후 대한독립촉성국민회의 국가건설 운동」, 27쪽에서 재인용.
146) "대한독립촉성국민회에서 순회강연," 『동아일보』, 1946년 3월 29일자.
147) 김수자, 「해방정국 이승만의 대동단결론과 단체통합 운동」, 『이승만과 대한민국 건국』, 최상오·홍선표 외 공저, 연세대학교 출판부, 2010, 22쪽.

우리는 남방만이라도 임시정부 혹은 위원회 가튼 것을 조직하야 38이 북에서 소련이 철퇴하도록 세계 공론에 호소하여야 될 것이니 여러분도 결심하여야 될 것이다"[148]라는 소위 '정읍발언'을 한 바 있다. 이승만 박사는 정읍을 거쳐 6월 8일 청주에 방문하여 강연을 하고 하루 숙박을 하였다. 방문 당일 우천 속에서도 그는 대대적인 환영을 받았고 수많은 사람들이 그에게 몰려들었다. 이 지역 우익 인사들이 총집합하여 '이승만 박사 환영회'가 준비되었고, 행사가 끝나고 이승만은 숙소에서 우익 단체 대표들과 만났다.[149] 최동준 장로에 의하면, "이 박사는 교회에 오시지 못했고" 당시 청주에 있는 "명성황후의 친족 민씨네 별장에서 1박을 했다"는 것이다. 이때, 많은 사람들과 긴밀한 대화는 하지는 못하고, 구연직 목사를 제일 먼저 만났고, 구연직 목사를 비롯해서 2~3명 정도만을 별도로 면담하였다고 한다.[150] 이때, 또한 대한독립촉성국민회 여성위원들과 '민씨네 별장'에서 사진을 함께 찍었다고 한다.[151] 홍원길에 의하면, "이 박사 내외분은 문화동에 위치한 민(閔)구관별장(舊官別莊)에서 일박(一泊)하고 떠날 때까지 경찰과 우익 청년들로부터 철야경호를 받았으며 이에 감동한 이 박사는 우익인사 청년들과 숙소 정원에서 밝은 표정으로 기념촬영도 하였었다. 당시 본정통에 있던 반도사진관 주인은 「쇼인도우」에다 이 기념사진을 전시하였다"[152]는 것이다. 그러나 "좌익분자들은 공공연히... 비방하는 바

람에 사진은 바로 걸어 들여야만 했었다"[153]고 한다. 최동준 장로에 의하면, 이후에도 "이승만 박사가 구연직 목사를 충북의 대표적인 인사로 알고 수시로 자문을 구했고 의견을 전달했다"[154]는 것이다. 이와 같은 이승만의 청주 방문은 구연직 목사를 중심으로 한 우익인사들의 결집을 더욱 강화하는 계기가 되었고, 조직 확대의 기회가 되기도 했다.

이승만의 지방순회에 대해서 이상훈에 의하면, "이를 통해 동회의 회원 수와 말단 지부조직이 급격히 증가하였을 뿐만 아니라 서울에서는 동(洞)회장들을 중심으로 각 구 지부가 조직되었고, 각 지방에서는 읍·면지부 뿐만 아니라, 각 정(町)과 동·리 단위에 까지 지부조직이 결성됨으로써 우익세력의 대중적 기반이 말단 행정단위에까지 확대가 되었다"[155]고 한다. 아울러 회원수도 급격히 증가했다는 것이다. 김보영에 의하면, 1946년 4월 1일 현재, 독촉국민회 지회는 전국 104개, 회원수는 전국 1,003,804명으로 증가되었다. 충북은 9개 지회로 다른 도에 비해 적지만, 그러나 회원수는 181,263명으로서 전국에서 충남(205,959명) 다음으로 많이 가입하고 있었다.[156]

이처럼 우익연합단체로서 독촉국민회의 전국적 규모는 대단했다. 그것은 독촉국민회 자체 변화를 촉진하는 원인이기도 했다. 김수자에 의하면, 1946년 10월 현재 남한 내 700만의 회원을 가지고 있었다고 한다. 회원 수의 정확도 여부는 차지하고라도, 실질적으로 지방에서는 가장 영향력있는 최대의 조직이었음에 틀림없다. 그러나 방대한 단체

---

152) 홍원길, 『정곡회고록』, 146쪽.
153) 위의 책, 146쪽.
154) ≪최동준 장로와의 통화 인터뷰≫ 2차, 2017년 10월 28일.
155) 이상훈, 「해방 후 대한독립총성국민회의 국가건설 운동」, 43쪽.
156) 김보영, 「대한독립촉성국민회의 조직과 활동」, 「한양대학교 석사학위논문(1994. 2)」, 31쪽.

이기에 구조적으로 취약점도 있었다.[157] 이와 함께 미국과 소련에 대한 관계 그리고 이승만 자신의 정치노선을 고려할 때, 협력해줄 좀 더 체계적이고 단결된 조직이 필요했다. 이승만은 1946년 6월 민족통일총본부를 설치하였다. 독촉 각 도 대표회의에 참석한 이승만은 국민운동을 총지휘하며 중앙에서 결정된 내용이 전민족에게 철저히 전달되기 위하여 민족통일총본부를 설치할 것을 제안했으며 만장일치로 가결되었다.[158] 민족통일 총본부에 무게 중심이 옮겨갔다. 따라서 조직이 개편되어 충북에 민족통일총본부 충북도지부장에는 구연직 목사가 맡게 되었고, 독립촉성국민회 충북도지부장에는 장응두가 맡게 되었다. 어쨌든 충북은 구연직 목사의 지도력하에 우익단체의 활동이 활발하게 전개되고 있었다.

구연직과 장응두 등이 이끌고 있던 청주 독촉국민회의 활동은 대중집회와 강연회 등을 통해서 긴급한 국가적 정치적 정황을 일반 지역민들에게 알렸고, 뿐만 아니라 자체의 회원들의 결속과 함께 조직의 확대를 의도했다. 1946년 1월 16일 예비회담부터 시작된 제 1차 미·소공동위원회 회담이 신탁통치안에 대한 문제에 진전을 보지 못하고 5월 6일 무기 휴회에 들어갔다. 좌익 및 공산주의자들의 찬탁과 민족우익 진영을 중심으로 한 일반국민들의 반탁의 입장은 첨예화 되었다.[159] 좌익 및 공산당과는 달리 한민당, 임정의 한독당 그리고 독촉중협은 반탁운동을 전개해 나갔다.[160] 독촉국민회는 반탁집회를 전국 각처에서 개최하였다. 청주에서도 독촉국민회를 중심으로 신탁통치를 반대

157) 김수자, 「해방정국 이승만의 대동단결론과 단체통합 운동」, 24쪽.
158) 위의 논문, 25쪽.
159) 이종구, 『건국대통령 이승만』, 85~87쪽.
160) 김행선, 『해방정국 청년운동사』, 선인, 2004, 192~193쪽.

하는 집회가 열렸다. 『동아일보』 1946년 1월 18일 신문은 다음과 같이
보도했다.

> 충북의 반탁열(反託熱)
> 지난 13일 오후 2시부터는 12일 한양의 전국대회에 보조를 마쳐 4만
> 읍 시민이 또 다시 궐기하야 청수정 장터에서 반탁시위 대회를 개최
> 하고 식수 질서 잇는 일대 시위행렬도 하야 반탁운동에 기세를 드노
> 피엿다.161)

　보도내용에는 언급이 없지만, 독촉국민회와 우익단체가 주도적인
역할을 했을 것으로 여겨진다. 그리고 1946년 5월 15일에 무심천 광장
에서 독촉국민회 청년연맹이 주최하여 독립전취도민대회가 대대적으
로 개최되었다. 이때 『동아일보』 1946년 5월 20일자 신문은 3만 명이
참석한 것으로 보도했다.

> 충북도민대회 성황
> [청주] 대한독립촉성 충북청년련맹 주최 독립전취도민대회는 지난 15
> 일 청주무심천 강변 대광장에서 무려 3만 명의 군중 참집하에 성대
> 히 거행하였다.162)

　당시 독촉국민회 산하 및 협력 청년단체로서 대한독립촉성국민회청
년단과 대한독립촉성전국청년총동맹, 대한독립촉성애국부인회, 대한
독립촉성노동총연맹 등이 있었고, 1945년 12월 21일에 대한독립촉성전
국청년총연맹(이후 독촉청년연맹)이 결성되었다.163) 따라서 충북에는

---

161) 『동아일보』, 1946년 1월 18일자.
162) "충북도민대회성황," 『동아일보』, 1946년 5월 20일자.
163) 김보영, 「대한독립촉성국민회의 조직과 활동」, 33~37쪽.

독촉충북청년연맹이 활동하고 있었던 것이다.

또한 1947년 6월 23일에 중앙에서 이승만과 김구가 공동으로 대대적인 반탁집회를 주도해 나갔다. 이러한 상황은 청주에도 그대로 전개되었다.[164] 6월 23일에 청주운동장에서 독촉국민회 충북지부가 주도하여 반탁집회가 열렸는데, 이때 각 가정에 1명씩 자발적으로 동참하도록 하여 국가 미래에 대한 풀뿌리 민심을 표출하기도 했다.[165] 최동준 장로는 청주 반탁운동과 관련하여 다음과 같이 회상했다.

> 반탁시위 최전방에 서신 분이 구연직 목사였다. 반탁운동을 주도적으로 지도했다. 그분이야 단에 서서 하면 몇 백 명 군중들이 넋을 잃고 들었다. 그 정도로 유명했다. 반탁운동 때, 강연의 첫 구절을 아직도 기억하고 있다. 그 첫 번 말이 "스탈린 군이여 자네가 우리 대한민국을 갖다가 남북으로 이렇게 나누고 신탁통치를 한다고 하는데"라고 하면서 강연을 시작했다. 대중 강연은 그분을 따라갈 사람이 없다. 명설교를 했고 대중강연을 잘했다. 우리나라에서 몇 번째 가지 않는다. 백골단과 쇠고리동지회는 우리교회 청년들로 구성되었다. 좌우익 충돌이 심할 때, 사택에서 주무시지도 못하고, 예배당 종각 3층에서 주무시고 테러를 당할까봐 우리교회 청년들 애국청년들이 밑에서 경호를 하며 보호를 하기도 했다.[166]

구연직 목사의 탁월하고 호소력 있는 강연에 청주시민들은 경청을 했고 그들은 신탁통치 반대운동에 적극 동참을 하게 되었다. 그러나 구연직 목사는 좌익의 테러의 위험이 있어서 우익 청년들의 보호를 받으면서, 사택이 아닌 교회에서 잠을 자야만 했다.

---

164) 도진순, 『한국민족주의와 남북관계』, 서울대출판부, 1997, 153~154쪽.
165) 이충호, 「해방 직후 청주지역 우익 세력의 형성과 활동」, 35쪽.
166) ≪최동준 장로와의 통화 인터뷰≫ 2차, 2017년 10월 28일.

또한 강연회는 꾸준히 개최되었는데, 앞서 1946년 3월 29일 독촉국
민회의 순회 청주강연회가 있었고, "1947년 8월 25일~9월 10일까지 독
촉국민회 충북지부 여성부 주최로 '독립 획득의 길'이란 주제의 연속
강연회가 열렸다. 그 외에 제 2차 미소공동위원회에서 반탁단체를 협
의 대상에 포함 여부를 둘러싼 논란이 있었던 1946년 7월에는 충북 각
지를 돌며 반탁 청원서에 서명을 받는 등 신탁통치 반대 운동에도 적
극 나섰다."[167]

6. 구연직의 독촉국민회 청년대와 충북지역 우익청년단체

1) 충북지역 독촉국민회 청년대와 우익청년단체

청주읍교회 김태희 등을 중심으로 일제하 청주지역 청년운동이 좌
익으로 흐르지 않고 앞으로의 민족주의 우익 운동의 맹아(萌芽)였다
면, 광복 후 혼란한 정국에서 구연직, 장응두와 같은 독촉국민회 지도
자들과 회원들, 기독교청년들과 우익 청년단체는 남한이라도 자유민
주주의공화국이라는 결실을 맺는데 귀중한 협력을 해냈다. 국가 건설
에 있어서 이들 한 사람 한 사람의 역할이 너무도 귀중한 시대였다. 물
론 여기에 구연직 목사를 중심으로 한 독촉국민회 충북지부가 구심적
역할을 하였다. 기독교청년들이라고 해서 다른 우익청년단에 활동하
지 않는 것은 아니다. 그들은 하나의 목표로 서로 중첩되거나 협력하
며 긴박한 해방정국에서 활동했다.

---

167) 이충호, 「해방 직후 청주지역 우익 세력의 형성과 활동」, 35쪽.

① 독촉국민회 충북지부 청년대

독촉국민회 충북지부는 다른 청년단의 구심적 역할을 하였지만, 그 자체 지부 내에 청년대가 조직되어 있었다. 『청주근세60년사화』는 다음과 같이 기록하고 있다.

> 구연직(具然直)을 중심으로 김철(金柝), 김동환(金東煥), 홍순복(洪淳福), 장응두(張應斗)... 등 지도층 인물을 규합하여 우익진영의 총지도력을 형성하고 국민의 진로와 질서유지에 노력하는 한편 반공운동의 기간적 역할을 담당하여 혼란을 틈타 각지에서 선동·폭행을 자행(恣行)하면서 적화야욕에 광분하는 공산당을 타도하기 위하여 지부 내에 차근호(車根鎬)·김완배(金完培) 등을 중심으로 한 청년대를 조직하여 선봉적 역할을 담당케 하고 이 목적달성을 위하여 각지의 반공청년단체 및 모든 우익단체의 활동의 구심적 역할을 다하게 하였다.[168]

독촉국민회 지부 내에 차근호, 김완배 등과 같은 청년들을 중심으로 청년대를 조직하여 선봉적 역할을 담당하게 했다는 것이다. 이로써 독촉국민회 충북지부와 지부 내 청년대는 각지의 반공청년단체 및 우익단체의 구심적 역할을 했다는 것이다.

② 백골단

백골단은 청주제일교회 청년들인 홍정흠, 권태윤, 홍이식 등을 중심으로 한 "기독교 계통의 열성 반공 청년 조직으로, 공산당에 위협을 주던 존재였다. 청주제일교회의 홍정흠을 단장으로 하고 있었으며, 기독교 청년들이 가담하여 좌익 테러분자들을 타개하는데 큰 역할을 했다.

---

[168] 청주근세 60년사화편찬위원회, 『청주근세60년사화』, 303쪽.

이들이 1946년 4월 5일에 좌익계 조선민주여성(여맹) 충북지부 결성대회를 저지한 사건은 유명하다."[169] 백골단이 1946년 4월 5일에 좌익계 조선민주여성동맹(여맹) 충북지부 결성대회를 저지한 사건이 있었다. 조선민주여성동맹이 청주극장에서 대회를 한다는 소식을 들은 백골단의 청년들은 이 대회를 저지하기 위해서 붉은 물감을 준비하여 이층 관람석에서 아래로 쏟아 부어 참석한 500여 여성동맹원이 놀라서 밖으로 뛰쳐나가게 함으로서 대회가 무산되었다.[170] 그 외에도 1946년 6월 15일 삼충사 좌익 거점 분쇄사건, 그리고 같은 달 대규모 적색시위 진압 등 청주지역에서 일어난 좌익 세력저지 사건에 늘 참여하여 중심적인 역할을 실천해나갔다.[171] 여기서 홍정흠 단장은 어릴적 소열도(T. Stanley Soltau) 선교사로부터 유아세례를 받았고, 청남학교에 입학하여 재학 중에 1936년 일제의 신사참배 강요에 적극 반대하여 투옥되었고 퇴학처분을 받은 바 있다. 이후 청주제일교회에서 기독교반공청년단체인 백골단을 조직하여 활동하였고, 이어서 신학을 하여 청주제일교회 교육목사로 시작하여 목회자의 길을 갔다. 그리고 세광학원 교목과 이사장을 역임하였으며, 1970·80년대 민주화 운동에 앞장서기도 했다.[172]

③ 쇠고리동지회(Iron Chain)

이봉복, 김용식, 김홍설, 오인탁, 이재석 등 다섯 사람이 뜻을 모아 쇠고리 동지회를 조직하였다. 당시 해방 직후 혼란기를 틈타 좌익계는 온갖 감언이설과 허위 선전으로 수단과 방법을 가리지 않고 국민을 선

---

169) 전순동, 『충북기독교 100년사』, 408쪽.
170) 위의 책, 408쪽.
171) 위의 책, 800쪽.
172) 세광학원 50년사 편찬위원회, 『세광학원50년사』, 세광학원, 2005, 535~547쪽; 전순동, 『충북기독교 100년사』, 800쪽.

동하고 있었다. 쇠고리동지회는 좌익에 대항하여 국민을 올바른 방향으로 계도하고자 했다.[173] 처음에는 은밀히 벽보나 전단을 붙이며 계도하다가 조직의 확대 필요성을 절감하고 건설청년단으로 재개편했다. 서재조, 전만식, 이태희, 전종섭, 정태릉 등으로 재정비하여 좌익에 대항했다. 쇠고리동지회는 신탁통치 반대 성명을 내고 시민궐기대회를 개최했고, 연합국에 보내는 메시지를 채택하였으며, 신탁통치 반대 결의를 위한 시가행진도 거행했다. 또한 쇠고리동지회는 좌익의 폭동을 진압하는데 앞장섰다. 즉 부강태극기 모독사건, 1.7청주습격사건, 청산폭동사건, 이월폭동사건 외에도 많은 사건을 진압하는데 힘썼다. 그리고 반공투쟁만이 아니라, 국민계도 및 구호활동을 진행했으며, 1947년 이청천 장군이 주도하는 우익청년단인 대동청년단과 통합했다.[174] 쇠고리동지회에 이태희를 비롯한 청주제일교회 청년들이 다수 활동하고 있었다.[175] 청년 시절부터 활발한 사회활동을 한 이태희는 아버지 이상필 장로(청주제일교회)와 함께 세광학교 설립에 크게 기여했으며, 세광고등학교 초대 교장을 역임했다.[176]

④ 협력 우익청년단체들

기독교반공청년단체와 함께 자생적 우익반공청년단체가 활발하게 활동하고 있었다. 청년조선총동맹청주지부, 태극청년단, 유학생동맹충북지부, 대한노동연맹청주지부, 전국학생연맹충북지부, 건설청년단, 북부청년단, 대동청년단 충북도단부, 민족청년단충북도단부, 조선청소

---

173) 청주근세 60년사화편찬위원회, 『청주근세60년사화』, 306쪽.
174) 청주근세 60년사화편찬위원회, 『청주근세60년사화』, 307쪽.
175) ≪최동준 장로 통화 인터뷰≫ 2차, 2017년 10월 28일.
176) 세광학원 50년사 편찬위원회, 『세광학원50년사』, 57~59쪽.

년군충북총연대 등이 왕성하게 활동을 하였다. 다음 표에 간략하게나
마 그 명칭과 주요 활동을 언급하려 한다.

충북지역 협력 우익(반공)청년단[177]

단체명	대표적 활동
청년조선총동맹청주지부	김철과 이어서 서병두가 단장으로 추대되었다. 이학구, 박계택 등이 중심이 되어 반공청년들을 규합, 청년단체 중 가장 열렬한 행동파로 "좌익타도에 첨병적 역할"을 하였고, 뒤에 대동청년단에 통합되었다.
태극청년단	청주에서 활동, 박기운, 이명하가 주도 함. 특유의 점조직과 "신출귀몰"한 행동으로 좌익에 맞섰고, 대동청년단에 통합되었다.
유학생동맹충북지부	김규환, 김명환, 이은전 등을 중심으로 강연회를 통하여 반공의식을 고취하였다.
대한노동연맹청주지부	공산당은 노동자를 위한다는 감언이설로 선동하여 전국노동자평의회를 조직하여 파괴와 파업 등을 행할 때, 김철 등을 중심으로 결성하여 건전한 노동운동을 펼쳐나갔다.
전국학생연맹충북지부	재학 중인 학생들, 이종찬, 이장직 등이 주축으로 결성하여 학원 적화를 기도하는 공산당의 지령에 침투한 적색학생세력과 대결하였다.
건설청년단	김용식을 단장으로 하고 서재조, 전만식 등이 중심이 되어, 청주의 반공청년단으로 방대한 조직망을 가졌고, 쇠고리청년단으로 발전하였다.
북부청년단	공산당이 종업원이 수백명이 넘는 대마공장을 점거하여 노동운동의 거점을 기도하여 근로자들을 선동하고 파괴와 파업을 획책했다. 이에 당시 공장 직원 조수석을 중심으로 결성하여 공산세력과 맞섰다.
애국부인회	독립촉성국민회 부녀부에서 발전적으로 출발한 우익진영의 부녀단체로서 좌익의 여성동맹에 대항하며, 부녀계몽활동을 펼쳐나갔다. 임순도, 조윤순 등이 추축으로 조직하였다.
대동청년단충북도단부	이청천 장군이 중국에서 환국한 것을 계기로 1946년 9월 21일 국내 청년단체를 통합하여 대동청년단을 결성하였고, 충북도단장 민영복, 부단장에 박기운 · 서병두 등을 중심으로 조직되었다.

민족청년단 충북도단부	이범석 장군이 영도하는 비정치, 비군사를 표방하는 단체로서 충북도단장에 허광, 청주시단장에 곽창수가 활약했다.
조선청소년군 충북총연대	봉사와 수양을 목적으로 설립되었으며, 충북에서는 홍순권, 송경호 등이 중심으로 조직되었다.

※ 자료 출처:『청주근세60년사화』, 303~309쪽;『충북 100년』, 161~162쪽.

　이처럼 전국적 혼란정국에 백골단, 쇠고리동지회 외에도 충북지역에 우익청년단이 좌익계열의 활동들에 맞섰고, 지역민들을 계도하여 공산당의 허위선전으로부터 보호하였으며, 비상시국에 국민의 힘을 올바른 방향으로 결집하는데 큰 공헌을 했다. 통합된 대동청년단은 강연회와 영화 상영을 통해 교육활동을 전개해 나갔으며, 좌익들에게도 교육하여 20%정도가 전향했다고 한다.[178] 이러한 청년단체의 열의에 찬 활동들은 중앙과 지방의 우익의 중심부에 큰 버팀목이 되어 주었다. 따라서 구연직 목사의 독촉국민회 충북지부를 구심점으로 하여 자생적 기독(반공)청년단 및 우익(반공)청년단이 서로 협력하여 해방 후 위기의 시기에 자유민주주의 대한민국의 국가건설에 귀중한 역할을 하였던 것이다.

2) 좌익세력의 활동, 우익청년단의 대응

① 해방 직후 충북좌익세력의 근황

　좌익계는 충청북도 도인민위원회를 비롯하여 각 시와 군에 인민위원회가 있었다. 그리고 남조선민주주의민족전선(민전) 충북지부, 남조

---

177) 청주근세 60년사화편찬위원회,『청주근세60년사화』, 303~309쪽; 충북개발연구원,『충북 100년』, 161~162쪽.
178) 이충호,「해방 직후 청주지역 우익 세력의 형성과 활동」, 47~48쪽.

선로동당 충북도당 및 각 시당, 군당, 면당 등이 있었다.[179] 『충북 100
년』은 충북에 조직된 인민위원회가 처음엔 "좌파 일색은 아니었으나
좌경화하였다"고 말하면서, "1945년 11월 20일 제 1차 전국인민위원회
대표자대회가 서울 천도교 대강당에서 열렸을 때 충북의 대표자들도
참석하였다"고[180] 다음과 같이 명단을 열거했다.

충청북도: 조준하 · 노서호 · 장준 · 김종우, 청주시: 신형석 · 홍봉희 · 소철영 ·
이상목, 보은군: 남철우 · 송철헌, 옥천군: 김성근 · 김하진, 영동군: 손욱현 · 김
태수, 진천군: 정규철 · 홍가근, 충주군: 유장렬 · 정윤희, 괴산군: 박일양 · 정태
빈, 제천군: 강해철 · 성면식, 청주군: 신형식 · 김영식 · 노재형[181]

※ 자료출처: 『충북 100년』, 162~163쪽.

『충북 100년』은 "이들이 해방 직후 충북의 좌익을 대표하는 인물들
이었다. 하지만 이 때는 좌우익 대립이 그리 심각하지 않았기 때문에
이념 색체가 분명하지 않은 지역 정치 조직의 대표도 있었을 것이
다"[182]라고 했다. 그러나 이충호는 1945년 11월 20일 제 1차 전국인민
위원회 대표자 회의에 참여한 대표들과 이후 관련 조직에 참여한 인물
들이 "해방 이후 충북과 청주지역의 좌익 활동을 주도해 온 인물들이
라고 할 수 있다"[183]고 했다.

1946년 2월 15일 서울에서 민주주의민족전선이 결성되었는데, 『충청
북도지』와 『청주근세60년사화』는 청주 및 충북에서 조직적인 좌익단
체로서 행동통일기관으로서 발족한 민주주의민족전선 충북도책 장준,

---

179) 박명림, 「지방에서의 한국전쟁 (1): 충북, 1945-1953」, 3~4쪽.
180) 충북개발연구원, 『충북 100년』, 162~163쪽.
181) 위의 책, 162~163쪽.
182) 위의 책, 163쪽.
183) 이충호, 「해방 직후 청주지역 우익 세력의 형성과 활동」, 21쪽.

부책 김학준을 비롯하여 많은 사람들이 관여하고 있었다고 지적한다. 거기에는 경찰이나 도청에 소속된 사람들도 있었다고 한다. 참여 인물들 명단은 다음과 같다.[184]

민주주의민족전선 충북도책 장준, 부책 김학준
이치구(도청 노동과장), 김상수(청주시 인민위원장), 송창섭(노동당중앙위원), 박용출(남로당 충북감찰위원), 노서호(노동당중앙위원), 노재형·재복 형제(민주청년동맹시책 및 동지사책임자), 박인섭(남로당 도조직책), 우종범, 엄철진(도청), 김영선(도청), 최동식, 김희정(와세다대출신), 김상주, 박상목(생필품조합이사), 홍봉희(석유판매사업), 서태원(제사공장 관리인), 조윤식(제사공장 교육책임자), 박동희, 장석범(민청위원장), 임상순, 남정구(청원군 인민위원장), 신장식, 박종호(강외 적화운동총책), 윤도수

※ 자료출처: 『충청북도지』, 403쪽; 『청주근세 60년사화』, 309쪽.

『충청북도지』와 『청주근세 60년사화』에 의하면, 좌익계에서는 중앙공원내의 도서관을 점거하여 동지사(同志社)란 간판을 내걸고 불온서적의 공급처와 모의장소로 이용하였으며, 또한 청주관(淸州館)을 강점하여 '충청북도 인민위원회'라는 간판을 달고 그들의 본거지로 삼았다. 그리고 일본인들이 경영하던 인쇄소를 빼앗아 그들의 선전물을 인쇄하고, 또한 일본인 소유 건물을 차지하여 민전회관으로 사용했다. 또한 삼충사(三忠祠)를 점거하여 회합장소로 혹은 무기저장소로 사용하면서 전략적으로 우익 인사에 테러행위를 감행했다.[185] 당시 "해평의원장 정태성, 인혜의원장 안완택, 청주 김외과의원장 김익제, 조창숙(당시 세무서장처), 서태원(제사공장 관리인) 등이 자금책으로 활동하

---

184) 충청북도지편찬위원회, 『충청북도지』, 403쪽; 청주근세 60년사화편찬위원회, 『청주근세60년사화』, 309~310쪽.
185) 충청북도지편찬위원회, 『충청북도지』, 403쪽; 청주근세 60년사화편찬위원회, 『청주근세60년사화』, 309~310쪽.

였다."[186] 좌익 세력은 청주경찰서에 근무하던 "친좌익계의 이모, 안모, 오모 등의 직접·간접적인 비호를 받기도 했었으며, 그들은 충북도경에까지 침투하여 과장급에서도 좌익을 옹호하고 그들에게 협력하는 일까지 있었다."[187] 국민의 생명과 재산을 보호하고 국가의 안녕질서를 책임져야 할 경찰과 충북의 행정의 중심부인 도청까지 좌익이 파고들어갔다는 것은 그 당시 시국의 상황이 얼마나 심각했는지를 잘 설명해 주고 있다.

② 좌익청년단의 폭동, 우익청년단의 대응

좌익계열 청년들의 과격 활동은 매우 위협적이었고, 폭동은 심각한 상태로 전개되었다. 이에 우익청년들은 하나가 되어 위험을 무릅쓰고 그들을 저지했다. 대표적인 몇 사례만 들어보면 다음과 같다.

가. 부강 태극기 모독 사건 : 1946년 1월 1일, 청원군 부용면 부강리에 있는 신탁통치반대 부용면 위원회(후에 독립촉성국민회) 사무실에 좌익계열 청년들이 난입하여 송종옥을 비롯한 민주진영 인사들을 구타하고 기물을 파괴하고 사무실에 게양된 태극기를 끌어내려 짓밟는 등 폭력을 자행했다. 이에 청주 우익계 청년들이 트럭 15대에 승차하고 찾아가 진압시켰다.[188]

나. 1.7사건 : 1946년 1월 7일 좌익계 지도자들이 재산을 분배해준다

---

186) 청주근세 60년사화편찬위원회, 『청주근세60년사화』, 310쪽.
187) 위의 책, 310쪽.
188) 충청북도지편찬위원회, 『충청북도지』, 405~406쪽; 청주근세 60년사화편찬위원회, 『청주근세60년사화』, 311쪽.

는 감언이설로 청주시 주변 청원군 일대의 군중을 선동해 강외·오창 방면으로부터 청주시내로 진격해 들어왔다. 선두에서 좌익 지도자들은 "적기를 높이 들고 적기가를 부르며" 진격해왔다. 당황한 우익진영에서는 청년들을 모아 저지하려 했지만, 중과부적으로 성과를 거두지 못했다. 한편 좌익과 군중들이 동지사에 집결하여 대오를 정비하고 있을 때, 우익청년단체가 연합하여 이를 급습하였다. 좌익의 동원 인력이 무려 1천여 명이 되었고, 압수된 곡괭이 쇠시랑 몽둥이만도 두 트럭이 넘었다한다.[189]

다. 청산폭동사건 : 충북에 있는 좌우익 진영의 판도를 가름하는 중요한 대결이기도 했다. 1946년 9월 2일 옥천군 청산지서를 급습한 공산당계열들은 지서를 점거하고 '조선민주청년동맹'이라는 간판을 내걸었다. 이에 항거하는 우익청년 청년회원(계몽대원) 2명이 좌익에게 잔인하게 살해당하는 사건이 일어났다. 이렇게 되자 청주에 있는 우익계 청년들이 연합체를 구성하여 13대 트럭을 타고 현지 주민과 합동하여 수습하였다. 이때 출동한 청년들은 백골단의 홍정흠, 통일결사대 박기운·조수석, 청년조선총동맹 서병두와 동료들, 쇠고리동지회의 이태희와 전종섭·김용식·차근호·나호기 등 많은 인물들이 참가하였다. 좌익 '조선민주청년동맹'의 배후인물은 송득현으로 당시 청산국민학교 교장직에 있었으며 남로당의 거물급 인물이었다.[190]

---

189) 충청북도지편찬위원회, 『충청북도지』, 406쪽; 청주근세 60년사화편찬위원회, 『청주근세60년사화』, 312쪽.
190) 충청북도지편찬위원회, 『충청북도지』, 406~407쪽; 청주근세 60년사화편찬위원회, 『청주근세60년사화』, 313~314쪽.

라. 이월폭동사건(梨月暴動事件) : 1946년 8월 15일 전후해서 진천읍
과 이월면 소재 국민회지부, 우익청년단지부 사무실이 좌익계로부
터 연속적인 피습과 폭행을 당했다. 8월 29일, 좌익보다 숫적으로 열
세인 진천 우익청년단의 요청을 받은 충주청년단원과 서북청년단원
을 김기철이 인솔하여 진천으로 출동했는데, 그러나 그 지리에 밝은
좌익계들이 도중에 매복하여 기습을 감행해 왔으므로 일단 음성으
로 철수했다. 그 과정에 두 명의 우익청년들은 그 모습을 알아 볼
수 없을 정도로 처참하게 살해되어 산기슭 밭두렁에 버려져 있었다.
이때, 청주반공청년단에게 구원을 요청하여 7대의 트럭에 약 250명
이 출동하였다. 약 1주일간이 걸려 진압되었는데, 당시 홍정흠 등이
앞장섰다.191)

마. 서병두 피살사건 : 당시 대동청년단 충청북도단부(단장 민영복,
부단장 서병두 · 박기운)가 "대공투쟁에 가장 활약이 컸기 때문에 공
산당들은 가장 반공적인 인물인 부단장 서병두를 암살하기로 계획
했다." 서병두는 청주제1보통학교를 졸업했으며, 청주건육공장에 근
무했던 인물인데, 단원을 가장한 최시동에 의해서 1947년 4월 4일
권총으로 피살당했다. 최시동은 빈농에 태어나 머슴살이를 하다가
좌익에 가담하여 월북하여 훈련을 수료하고, 충북지구 빨치산 침투
책을 맡아 철저하게 위장하여 서병두를 암살 한 것이다. 최시동은 5
개월 만에 검거되었다.192)

---

191) 충청북도지편찬위원회, 『충청북도지』, 407쪽; 청주근세 60년사화편찬위원회,
  『청주근세60년사화』, 314~317쪽.
192) 충청북도지편찬위원회, 『충청북도지』, 407~408쪽; 청주근세 60년사화편찬위
  원회, 『청주근세60년사화』, 317~320쪽.

바. 삼충사(三忠祠) 좌익거점 분쇄사건 : 청주시 수동에 있던 삼충사
는 좌익분자들의 회의장이나 흉기 및 무기 은닉장소로 사용되어 왔
다. 우익계는 이것을 방치할 수 없어 간혹 이곳을 습격해 왔다. 1946
년 6월 15일에는 좌익계에서 청주에 대규모 암살대를 파견하였다는
정보에 따라 우익에서는 500명을 긴급소집 삼충사를 포위하여 맹공
을 퍼부었다. 여기에 백골단의 홍정흠, 태극청년단의 박기운, 국민
회의 차근호 등이 참가하였다.[193]

사. 대규모 적색시위 분쇄사건 : 1946년 6월 하순에 청주지역에서 모
든 좌익계열이 총집결하여 최대 규모의 시위집회를 계획하고 있다
는 정보가 접수되었다. 공산당은 학생들을 선동하고 무지한 농민들
에게 토지를 무상으로 분배해준다고 군중 10만을 동원해서 무심천
에 모이게 하여 대군중의 힘으로 청주를 쓰러버릴 계획을 갖고 있었
다. 모든 우익진영의 단체와 청년 학생들이 이를 결사적으로 막으려
고 6월 23일 모든 도로를 차단하고 그들의 진입을 막고 분산시키는
데 주력하였다. 이런 과정에서 수많은 충돌과 격투가 벌어졌다. 이
때, 백골단의 홍정흠을 비롯하여 조수석, 최동옥, 민종식 등이 앞장
섰다.[194]

이처럼 사회혼란이 말할 수 없이 가중되고 있던 시기에, "공산당의
조직 확대를 저지하고 사회불의를 바로 잡고 질서유지에 감연히 앞장

---

193) 충청북도지편찬위원회, 『충청북도지』, 409~410쪽; 청주근세 60년사화편찬위
    원회, 『청주근세60년사화』, 322~323쪽.
194) 충청북도지편찬위원회, 『충청북도지』, 409쪽; 청주근세 60년사화편찬위원회,
    『청주근세60년사화』, 323~324쪽.

선 우익진영 사회단체의 공헌은 결코 적은 것이 아니었다."[195] 아울러 청주제일교회 홍정흠을 비롯한 백골단의 역할도 주목할 만하다.

7. 구연직의 국가건설을 위한 또 하나의 비전: 세광학원 설립

1) 설립 배경

교육은 구연직 목사에게서 국가건설을 위한 또 하나의 비전이라 할 수 있겠다. 김수배 목사는 구연직 목사의 민족교육에 대해 다음과 같이 기록했다. "약관 20세에 국운이 기울고 한일합병이 되매 식음을 전폐하고 울분을 터뜨렸으며 나라를 구하는 길은 오직 후학을 양성하는 데 있다고 통감하고 서천군 종천면 석촌리 석촌장로교회에서 설립한 만동학교의 훈도로 재직하면서 제자를 양성하고 민족의식을 고취시켰다."[196] 이 표현에 의하면, 청년 구연직은 나라를 구하는 길이 후학을 양성하는 데 있다고 생각했고, 그는 그것을 실천에 옮겼다. 1941년에는 일제의 탄압으로 선교사들이 철수한 후 부례선 기념관에서 수업해 오던 청주고등성경학교가 문을 닫게 되자, 구연직 목사는 청주제일교회로 이전시켜 새롭게 출발하여 기독교 인재를 양성하기도 했다.[197]

구연직 목사의 인재양성의 꿈은 해방 후에 꽃을 피웠다고 여겨진다. 그는 평소 청주지역에 기독교 계통의 중등학교가 없음을 안타깝게 여기던 차에 해방이 되면서 그 일에 앞장서게 되었고, 1949년에 명문 세

---

195) 청주근세 60년사화편찬위원회, 『청주근세60년사화』, 316~317쪽.
196) 김수배, 「영남 구연직 목사: 민족교육과 전형적인 목회자」, 『충북노회 사료집』, 467쪽.
197) 위의 글, 469쪽.

광중학교와 이어서 1953년에는 세광고등학교를 설립하였다. 그는 재
단법인 세광학원의 초대 이사장으로서 기독교 정신에 입각하여 학교
를 운영하고 인재양성을 통해 교육입국, 국가건설에 일조하고자 했
다.[198] 『세광학원 50년사』는 세광중학교 출범과 관련하여 다음과 같이
기록하고 있다.

> 영남[구연직 목사]의 회의 교육적 사명은 투철하였고 중단 없는 필생
> 의 사업이었다. 교육을 통한 영남의 애국의식은 세광학원이나 청주
> 제일교회의 설교 시간을 통해 전파되었다. 그는 모세의 해방운동, 사
> 무엘의 건국이념, 에스더의 구국기도, 예레미야의 애국애족을 역설
> 하여 학생과 교인들에게 강렬한 민족의식을 고취시켰다.[199]

그 배경을 좀 더 살펴보면, 해방 전 청주지역에 기독교 계통의 중등
학교가 세워지지 않았다. 그러나 해방 후 국가 건설과정에서 교육의
수요가 커지고 있을 때, 청주에서 세광학원이 세워진 것이다. 평소에
중등학교에 관심이 많았던 청주제일교회 구연직 목사와 이상필 장로
는 다른 모든 도에 기독교계 중등학교가 있는데 충북에만 그런 학교가
없음을 안타까워하면서, 기독교 중등기관 설립을 추진했다.[200] 구연직
목사의 교육에 대한 비전으로 시작되었는데, "교계 · 정계 · 사회 분야
의 상징적 중심인물이 구연직 목사였다면 이상필 장로는 재정적인 차
원에서, 홍청흠 장로[당시는 집사]는 행정적 차원에서 서로 보조를 맞
춘 황금 트리오였던 셈"[201]이었다. 구연직 목사는 우선 청주제일교회

---

198) 전순동, 『충북기독교 100년사』, 709쪽.
199) 세광학원50년사 편찬위원회, 『세광학원 50년사』, 39쪽.
200) 전순동·최동준, 「해방 후의 기독교 교육기관- 세광학원」, 『기독교와 충북근
  대교육』, 동해출판사, 2003, 253쪽.
201) 세광학원50년사 편찬위원회, 『세광학원 50년사』, 32쪽.

당회를 열고 당회원들과 협의하여 1947년 충북노회로부터 허락을 받았다. 이어서 그 해 8월 30일 청주제일교회에서 구연직 목사의 사회로 '기독교 학교 설립기성총회'가 개최되었다. 회장에 당시 노회장이던 구연직 목사가 선출되었고, 그때 이상필 장로가 자신의 전답을 출연했다.[202] 1949년 7월 27일 세광중학교(6학급에 300명)의 설립인가를 얻었고, 그해 9월 15일 망선루에서 개교했다. 1학년 2학급 100명이 청주제일교회 구내에 있던 망선루에서 감격적인 개교예배를 드렸다. 초대 교장에는 김성실 목사가 부임했다.[203]

2) 학교설립 이념과 발전

'세광'(世光)이라는 이름은 마태복음 5장 14절의 "너희는 세상의 빛이라"라는 말씀에 따라 지어졌다.[204] 세광학원은 기독교 정신의 바탕 위에 "바른 품성을 도야하고 교회와 사회에 유익한 중견 인물을 육성하는 데에 목적을 두고" 있으며, "교육이념은 '사랑, 믿음, 정의'를 배우고 실천하는 지성인 육성"에 있다. 이후 1953년 세광고등학교가 애국인, 실력인, 과학인, 생활인, 민주인, 신앙인 육성이라는 목표로 설립되었다.[205] 애국인은 "애국애족하고 애향애교하며 정의를 실현하는 자질을 기른다"라는 의미를 함축하고 있다. 이후 세광학원은 점차 발전하여, "고등학교 3층 후관(1971), 중학교 4층 본관(1975), 강당 겸 예배실(1977), 별관(1985) 등을 신축하고 학급수도 크게 증가하여 중학교 24학

---

202) 충청노회사 편찬위원회 편,『충북선교 100주년, 충청노회사』, 159쪽.
203) 전순동·최동준,「해방 후의 기독교 교육기관 - 세광학원」, 254쪽.
204) 세광학원50년사 편찬위원회,『세광학원 50년사』, 37쪽.
205) 전순동·최동준,「해방 후의 기독교 교육기관 - 세광학원」, 254~255쪽.

급, 고등학교 30학급에 총 3천여 명의 학생과 100여명의 교직원이 있는 큰 중·고등학교로 성장했다." 고등학교 초대 교장은 청주제일교회 이상필 장로의 장남인 이태희 장로였다.

이태희 교장은 야구부를 신설하였다. 세광고등학교는 야구의 명문고로 성장했다. 그동안 황금사자기 우승(1982년), 대통령배 준우승(1983년) 이후에도 좋은 성적을 꾸준히 냈다.[206] 또한 2010년에는 교육과학기술부 지정 '과학중점학교'로 선정되었고, '고교교육력제고 시범학교', '사학경영평가 최우수 학교'로 3년 연속으로 선정되었다. 참고로 2017년 2월 10일 제 62회 졸업에는 368명이 졸업했다(누계 21,212명).[207] 이사장으로는 초대 구연직, 2대 김재준, 3대 홍청흠, 4대 강정애, 8대 이쾌재 등 이었고, 교장으로는 세광중학교는 초대 김성실, 2대 김동철 등이었고, 고등학교는 초대 이태희, 2대 이동철, 조선출 등이었다.[208] 청주제일교회의 그동안의 후원이 큰 힘이 되기도 했다.

세광학원의 설립은 "다른 선교부 지역과는 달리 순수한 이 지역 기독교인의 노력에 의해 이루어졌다는 데에 커다란 의의가 있다." 초기 한국 내한 선교사들이 척박한 상황에서 미션스쿨을 설립하고 그리스도의 복음의 토대위에서 한국인다운 한국인, 보다 낳은 한국인으로 양성하고자 했다.[209] 아울러 기독교 인재를 양성하여 그들이 한국독립과 건국을 위해서 지성과 재능을 발휘하도록 했다. 우리의 기독교 자랑스

---

206) http://www.ilyosisa.co.kr/news/articleView.html?idxno=129158. 2017년 8월 23일 검색.

207) http://skhs.hs.kr/index.jsp?SCODE=S0000000728&mnu=M001. 2017년 8월 23일 검색.

208) 전순동,『충북기독교 100년사』, 621쪽.

209) Mary F. Scranton, The Gospel in All Lands for 1888, p.373. 백낙준,『한국개신교사(1832-1910)』, 서울: 연세대출판부, 1993, 135쪽에서 재인용.

런 선진들 가운데, 고향에 교회를 세웠던 도산 안창호가 대성학교를 세우고, 정주교회 이승훈 장로가 오산학교를 세워 인재를 양성하고 조국 광복을 준비했다. 그런 점에서 구연직 목사를 중심으로 해방 직후 설립된 세광학원 역시 국가건설과 그 발전에 중요한 역할을 했다고 하겠다.

8. 맺는 말

이상에서 해방정국에 있어서 충북기독교의 활동을 구연직 목사를 중심으로 살펴보았다. 우리는 지금까지의 논의에서 다음과 같은 몇 가지의 사실을 확인할 수 있었다.

첫째, 충북의 기독교(개신교)는 1900년 10월 3일에 청주군 신대리 신대리교회가 설립됨으로 시작되었다고 한다면, 청주읍교회(청주제일교회)는 충북지역의 최초의 조직교회 및 이 지역의 모교회의 역할을 하였다는 것이다. 그것은 묵방리교회, 화죽교회, 덕천교회를 설립하고, 문의, 쌍수, 외천, 노계, 부강, 탐리, 황청 등에 복음을 전하여 교회를 세웠고, 청주제2교회(1934년)도 설립했다는 역사적 사실이 잘 말해 주고 있다.

둘째, 청주읍교회는 일제하 강점기만이 아니라, 해방정국에서도 신앙과 사상의 베이스 역할을 했다. 또한 일제 강점기에 청주청년회는 충북 민족주의 우익세력의 맹아라고 할 수 있다. 해방정국의 청주와 충북지역에 있어서 좌익보다 우파가 우세했던 것은 해방 전 청주청년회를 근간으로 하는 민족주의 운동이 토대가 되었음을 확인했다. 중요한 것은 청주청년회의 중심 지도자들 및 임원들 대다수가 김태희를 비롯한 청주읍교회 교인들이었다는 것이다. 당시 김태희는 청주읍교회

장로이며 청남학교 교감이었으며, 애국계몽운동 및 독립운동에 매진한 인물이었다.

셋째, 구연직 목사는 한 사람의 목회자로서의 역할을 잘 감당했다는 것을 확인할 수 있었다. 그는 1938년에 청주제일교회에 부임하여 절망스러운 시대를 살아가는 성도들을 신앙으로 보살폈으며, 교회 건축을 통해서 하나된 마음으로 교회가 복음전도의 사명을 잘 감당하도록 했다. 그래서 용암, 외평, 청주 북문, 남산, 대전제일교회 등을 개척하는데 지도적 역할을 했다. 그는 목회자로서도 상당한 명성이 있었는가 하면, 또한 교계 일도 왕성하게 하여 노회장을 7번, 기장측 총회장을 역임하기도 하였다. 아울러 충북 지역사회에서도 그에 대한 덕망과 인격이 널리 알려져 있었다는 것도 앞서 확인했다.

넷째, 구연직 목사는 당시 해방정국의 우리 국민의 생명과 재산에도 위해가 우려되었던 혼란한 상황에서, 청주지역 사회의 질서 유지를 위해 치안유지회를 결성하여 위원장으로 활약을 했다. 그는 또한 청년들에게 태극기를 올바로 그려 게양하도록 했으며, 청주시민들에게 올바른 삶의 방향을 제시했다는 기록들을 발견할 수 있었다. 해방정국의 위기의 상황에 구연직 목사는 청주 및 충북지역의 영향력있는 지도자로서 역할을 했다.

다섯째, 또한 그는 미군정의 고문으로서, 미군정이 우리 국가와 국민을 그리고 현 정세를 잘 파악하고 군정을 안정적으로 실시할 수 있도록 하는데, 귀중한 역할을 감당해 냈다. 윤하영 목사가 도지사로 온 것도 구연직 목사의 역할이 있었다는 기록도 있다. 구 목사는 17명의 도군정 고문 중의 한명이었다. 구연직 목사와 윤하영 목사는 청주와 충북의 앞으로의 국가건설에 있어서 사상적 흐름에 중요한 영향을 끼쳤을 것으로 판단된다.

여섯째, 구연직 목사는 독립촉성국민회 충북도지부장으로, 지방정세를 보고하는 도 대표로의 역할을 감당해왔으며, 이후 독립촉성국민회의 중심부라고 할 수 있는 민족통일총본부 충북도지부장의 직책도 감당해 나갔다. 독립촉성국민회는 해방정국의 자생적 우익청년단의 구심적 역할을 했고, 아울러 충북지역의 강연회, 토론회, 그리고 반탁을 위한 총궐기 등에 지도적인 역할을 했다. 당시 신탁반대를 위한 3만여 명의 시민의 궐기는 주목할 만 하다. 이러한 활동들을 통하여 해방정국의 좌익과 우익의 첨예한 대립상황에서 구연직 목사는 자유민주주의 대한민국의 국가건설에 귀중한 역할을 하였던 것이다.

일곱째, 청주제일교회 교인들인 홍정흠, 권태윤, 홍이식 등을 중심으로 한 백골단을 비롯하여 충북의 기독교청년단 및 우익반공청년단의 활동은 대단했다. 좌익의 선전과 폭력을 제지하고 충북도민들을 감언이설로부터 보호하고 공산주의가 아닌, 자유민주주의를 제시하며 선도해 나갔다. 청산폭동사건, 이월폭동사건, 삼충사 좌익거점 분쇄사건, 대규모 적색시위 진압 등 위험을 무릅쓰고 좌익에 대응하여 적극적인 활동을 지속해 나갔다. 해방정국의 국가 건설과정에 있어서 이들 한 사람 한 사람의 역할이 너무도 귀중한 시대였다. 물론 여기에 독촉국민회 충북지부가 구심적 역할을 하였다.

마지막으로 구연직 목사의 국가건설의 또 하나의 비전인 교육을 보았다. 그는 젊은 시절부터 나라를 살리는 일은 오직 후학을 기르며 인재를 양성하는 것이라는 인식을 깊이 하고 있었다. 해방 직후 기독교 학교인 세광중·고등학교를 설립하여 기독교 인재양성을 통하여 사회와 민족을 섬기고 국가발전을 위하여 귀중한 역할을 감당하기를 소망했다.

〈참고문헌〉

1. 영문 및 번역 문헌

Rhodes, Harry A., *History of The Korea Mission Presbyterian Church U.S.A*(1884-1934), Vol. 1. Chosun Missions, Presbyterian Church, USA., 1934.

Bruce Cumings(브루스 커밍스), *The Origins of The Korean War*『한국전쟁의 기원』 김자동 역, 서울: 일월서각, 1986.

2. 국내 단행본

곽안련, 『장로교회사전휘집』, 경성: 조선야소교서회, 1935.

김수진, 『황등교회 60년사』, 황등교회60년사 발간위원회, 서울: 쿰란출판사, 1989.

김승태·박혜진, 『내한 선교사 총람(1884-1984)』, 서울: 한국기독교역사연구소, 1994.

김행선, 『해방정국 청년운동사』, 서울: 선인, 2004.

도진순, 『한국민족주의와 남북관계』, 서울: 서울대출판부, 1997.

박명수 외 공저, 『대한민국 건국과 기독교』, 서울: 선학사(북코리아), 2014.

박용규, 『한국기독교회사』 2권, 서울: 생명의말씀사, 2004.

백낙준, 『한국개신교사(1832-1910)』, 서울: 연세대출판부, 1993.

변태섭, 『한국사통론』, 서울: 삼영사, 1993.

세광학원 50년사 편찬위원회, 『세광학원50년사』, 청주: 세광학원, 2005.

손동희, 『나의 아버지』, 서울: 아가페북스, 2014.

유영익, 『건국대통령 이승만』, 서울: 일조각, 2013.

이덕주, 『충청도 선비들의 믿음 이야기』, 서울: 도서출판 진흥, 2006.

이승만, 『독립정신』, 김충남·김효선 풀어씀, 서울: 동서문화사, 2010.

이승우, 『도정(道政) 반세기』, 청주: 충청리뷰사, 1996.

이종구, 『건국대통령 이승만』, 서울: 글벗사, 2005.

전순동, 『충북기독교 100년사』, 청주: 충북기독교선교100주년기념사업회, 2002.

전순동·최동준, 『기독교와 충북근대교육 -일제 강점기 청주지방을 중심으로-』, 청주: 동해출판사, 2003.

정용욱, 『미군정 자료 연구』, 서울: 선인, 2004.

조선예수교장로회전북노회, 『전북노회 제 26회 노회록』(1932년 5월 31일).

_____, 『전북노회 제 30회 노회록』(1936년 5월 5일).

_____, 『전북노회 제 32회 제 2차 임시 노회록』(1938년 10월 31일).

차재명 편,『조선예수교장로회 사기』상권, 경성: 조선기독교창문사, 1928.

청원군지편찬위원회 편,『청원군지』하권, 청원군: 청원군지편찬위원회, 2006.

청주근세 60년사화편찬위원회,『청주근세60년사화』, 청주: 청주근세 60년사화편
　　　찬위원회, 1985.

청주문화원,『청주의 역사와 사람늘』, 청주: 청주문화원, 2009.

청주시지출판위원회,『청주시지(淸州市誌)』, 청주: 한국문화재보호협회 청주시
　　　지부, 1976.

최상오·홍선표 외 공저,『이승만과 대한민국 건국』, 서울: 연세대학교 출판부,
　　　2010.

충청노회사 편찬위원회,『충북선교 100주년 충청노회사』, 서울: 한국장로교출판
　　　사, 2000.

충북개발연구원,『충북100년』, 청주: 충청북도, 1997.

충청북도지 편찬위원회,『충청북도지(忠淸北道誌)』, 청주: 청주문화원, 1975.

한국기독교장로회 충북노회,『충북교회사료집』, 청주: 동해출판사, 1998.

한국기독교역사학회 편,『한국기독교의 역사』Ⅱ, 서울: 기독교문사, 2014.

홍원길,『청곡회고록』, 서울: 태양출판사, 1978.

3. 학위 및 학술 논문

김동군,「기독교의 충북지역 활동-일제 강점기를 중심으로-」,「청주대학교 교육
　　　대학원 석사학위 논문(2002)」.

김보영,「대한독립촉성국민회의 조직과 활동」,「한양대학교 석사학위논문(1994. 2)」.

김수자,「해방정국 이승만의 대동단결론과 단체통합 운동」,『이승만과 대한민국
　　　건국』, 최상오·홍선표 외 공저, 서울: 연세대학교 출판부, 2010.

박명림,「지방에서의 한국전쟁(1)-충북(1945-1953)」,『아세아연구』40(2), 1972. 12.

박명수,「해방 후 건국준비위원회와 기독교의 역할」, 박명수 외 공저,『대한민국
　　　건국과 기독교』, 서울: 북코리아, 2014.

안건호,「1920년 전반기 청년운동의 전개」,『한국근현대청년운동사』, 서울: 풀빛,
　　　1995.

이상훈,「해방 후 대한독립총성국민회의 국가건설 운동」,『학림』제30집.

이영식,「한국장로교회와 복음의 대 민족적 책임(1984-1945)」,「총신대학교 박사
　　　논문(2014)」.

이진호,「애국 애족의 전통 이어온 충북지역의 어머니교회 -청주제일교회-」,『새
　　　가정』제 47권 통권 511호(2000년 4월호).

이충호,「해방직후 청주지역 우익세력의 형성과 활동」,「한국교원대학교 대학원 석사학위논문(2013)」.

장병일,「생각은 먼데 인생은 짧고- 구연직 목사편-」,『기독교사상』9(7)(1965. 7).

전순동,「일제 강점기 청주청년회의 성립과 그 배경」,『인문학지』제 28집(2004).

_____,「일제강점기 청주청년회의 활동과 그 의의」,『인문학지』제 29집(2004).

전순동·최동준,「해방 후의 기독교 교육기관 - 세광학원」,『기독교와 충북근대교육』. 청주: 동해출판사, 2003.

4. 일간신문

"청주청년회 조직,"『동아일보』, 1920년 5월 30일자.

"청주청년발기총회,"『동아일보』, 1920년 6월 18일자.

"청주청년창립총회"『동아일보』, 1920년 6월 24일자.

"청주청년회총회,"『동아일보』, 1921년 10월 6일자.

"독립촉진에 가일편 독촉지방대표회의결의,"『동아일보』, 1946년 2월 7일자.

"대한독립촉성국민회에서 순회강연,"『동아일보』, 1946년 3월 29일자.

"대한독립촉성국민회 10일 전체 회의를 개최 기관에서,"『동아일보』, 1946년 4월 11일자.

"충북도민대회성황,"『동아일보』, 1946년 5월 20일자.

"국민운동에 추진력,"『조선일보』, 1946년 2월 21일자.

『동아일보』, 1921년 5월 4일자.

『동아일보』, 1923년 1월 20일자.

『동아일보』, 1927년 7월 20일자.

『동아일보』, 1927년 8월 8일자.

『동아일보』, 1927년 11월 24일자.

『동아일보』, 1927년 12월 25일자.

『동아일보』, 1927년 12월 23일자.

『동아일보』, 1928년 12월 3일자.

『동아일보』, 1928년 8월 16일자.

『동아일보』, 1935년 1월 18일자.

『동아일보』, 1937년 6월 16일자.

『동아일보』, 1946년 1월 18일자.

『서울신문』, 1946년 6월 4일자.

『조선일보』, 1946년 2월 8일자.

5. 인터뷰

≪최동준 장로 통화인터뷰≫ 1차(2017년 10월 26일 오후 5시:17분~6시:27분).
≪최동준 장로 통화인터뷰≫ 2차(2017년 10월 28일 오후 5시:15분~5시:43분).

6. 인터넷

https://ko.wikipedia.org/wiki/%EC%97%AC%EC%9A%B4%ED%99%8D, 2017년 10월
       20일 확인.
http://terms.naver.com/entry.nhn?docId=2574711&cid=51890&categoryId=53707, 2017년
       10월 20일 확인.
http://www.ilyosisa.co.kr/news/articleView.html?idxno=129158, 2017년 8월 23일 확인.
http://skhs.hs.kr/index.jsp?SCODE=S0000000728&mnu=M001, 2017년 8월 23일 확인.

김창근 목사의 충남·대전지역 정치활동

장금현

1. 시작하는 말

해방 직후 장로교와 감리교를 중심으로 조직된 조선기독교단 남부대회(남부대회)는 기독교가 나갈 두 가지 노선을 채택하였다. 독립을 위한 정치참여와, 훼절된 신앙회복과 파괴된 교회재건 역점이 바로 그것이다.[1] 독립촉성중앙협의회(독촉중협) 중앙집행위원과 민주의원을

[1] "조선기독교남부대회,"「기독교공보」제1회(1946.1.17.), 1.; 김양선,『한국기독교 해방 100년사』, 서울: 대한예수교장로회 종교교육부, 1956, 47~51쪽. 남부대회는 일제 주도하에 조직된 일본기독교조선교단(조선교단)을 모태로 탄생했다. 해방 후에 조선교단을 그대로 유지할 것인가 아니면 이름을 달리해 하나의 교회를 지양할 것인가에 대한 논쟁이 있었다. 일부의 반대가 있었지만, 1945년 9월 8일 새문안 교회에서 장로교에서는 김영주, 송창근, 김종대, 함태영 등이, 감리교에서는 강태희, 김영섭, 심명섭 등이 주축이 되어 모임을 가졌다. 그 결과 조선교단을 남부대회로 변경하고 11월 27-30일 제1회 남부대회를 열었다. 남부대회에서 결의한 19가지는 크게 두 가지로 요약된다. 하나는 자주독립과 신탁문제에 대한 대응이었고, 다른 하나는 신앙회복과 그와 관련된 체계복구였다.; 일부는 남부대회를 불법적인 모임으로 규정하고 부정

역임했던 박용희 목사는 기독신민회 회장자격으로 1946년 9월 20일 "기독신민회에 대하여 동지제위께 고함"이라는 성명서를 발표하였다.[2] 핵심은 해방정국에서 일제 강점기처럼 정교분리가 더 이상 필요하지 않고, 분리해서도 안 된다는 것이다. 박용희 목사와 같은 인식이 정도의 차이는 있었지만 대부분의 기독교인들은 정치참여를 자연스럽게 받아들였다. 해방정국에서 '전면적이고 적극적인 사회참여' 혹은 '총체적 정치화' 현상은 두드러졌고, 신학의 진보나 보수를 떠난 일반적인 현상이었다.[3]

많은 기독교인들이 해방정국에서 현실정치에 참여했음에도, 관련 연구물들은 빈약했다. 그동안 기독교 관련 연구가 일제 강점기에 집중되어 있었기 때문이다. 그러나 최근에 해방정국에서 기독교 관련 연구물들이 눈에 띄기 시작하고 있다.[4] 이런 긍정적인 변화에도 불구하고

하기도 했다. "朝鮮基督敎南部大會에 對한 決議," 한국교회사 문헌연구원(편), 『기독교관계 문서철』, 서울: 한빛 출판사, 1990. 그럼에도 전체적으로 보면, 남부대회는 해산된 1946년 5월까지 기독교를 대표하는 기관이었다.

2) 박용희, "기독시민회에 대하여 동지제위께 고함," 한국교회사 문헌연구원(편), 3. 독촉중협은 이승만을 중심으로 조직된 우파 정치단체이며, 미군정기에 가장 강력한 정치세력을 형성하였다. 독촉중협의 정신은 대한독립촉성국민회로 이어졌고, 중심인물들은 남조선임시입법의원과 제헌국회에서 주축세력을 형성하였다.; 정병준, "주한 미군정의 '임시한국행정부' 수립 구상과 독립촉성중앙협의회," 「역사와 현실」 19호, 1996: 135~174쪽; 이상훈, "해방 후 대한독립촉성국민회의 국가건설운동," 「學林」 30호, 2009, 1~168쪽; 양동안, "45-58년 기간에 있어서 이승만의 정치활동에 관한 연구," 「정신문화연구」 25호, 2002, 187~227쪽; 장금현, "해방정국에서 기독교의 정치참여: 독립촉성중앙협의회를 중심으로 (1945.10.-1946.2.)," 「성경과 신학」 82호, 2017.4., 251~297쪽.

3) 민경배, 『대한예수교장로회백년사』, 서울: 대한예수교장로회 총회교육국, 1984, 536~537쪽.

4) 김동선, "미군정기 미국선교사 2세와 한국정치세력의 형성," 「민족운동사연구」 제91호, 2017, 203~244쪽; 김명섭, "공산주의 대 파시즘의 관념충돌과 기독교: 조선/한국 기독교 지도자들의 선택을 중심으로," 「한국정치외교사논총」 제39

최소한 두 가지 점에서 한계를 가지고 있다. 하나는 연구대상이 주로 중앙정치에 편중되어 있다는 점이다. 지방중심의 기독교 관련 연구물은 김상태의 "근현대 평안도 출신 사회지도층 연구"와 박명수의 "평안남도 건국준비위원회와 조만식"5) 외에는 거의 없다. 또 하나는 연구대상자들이 한국기독교의 주류 즉 장로교와 감리교에 소속된 목회자나 평신도 지도자에 한정되었다는 점이다. 이 때문에 해방정국에서 한국기독교를 이해하는데 한쪽으로 경도될 가능성이 있다. 따라서 본 논문에서는 중앙이 아닌 지방에서 활동한 기독교인에 초점을 맞추었다. 동시에 장로교나 감리교가 아닌 작은 교단에 소속된 정치인을 대상으로

집 1호, 2017, 179~214쪽; 박명수, "해방 후 건국준비위원회와 기독교의 역할." 『대한민국 건국과 기독교』, 서울: 북코리아, 2014; 박명수 『조만식과 해방 후 한국 정치』, 서울: 북코리아, 2015; 박명수 안교성 외 8명, 『대한민국 건국과 기독교』, 서울: 북코리아, 2014; 박창훈, "전재민구호활동과 기독교," 「한국교회사학회지」 제46집, 2017, 327~361쪽; 양준석, "1948년 한국의 유엔 승인외교와 기독교," 「한국정치외교사논총」 제39집 1호, 2017, 215~254쪽; 양준석, "해방공간에서의 한반도와 동유럽: 공산화 과정과 기독교 탄압을 중심으로," 「동유럽발칸연구」 제41권 3호, 2017, 209~243쪽; 이은선, "대한독립촉성국민회와 기독교," 「한국교회사학회지」 제46집, 2017, 287~325쪽; 이은선, "대한독립촉성국민회 지방 조직과 기독교," 「한국개혁신학」 제55권, 2017, 192~236쪽; 이은선, "제헌국회와 기독교 국회의원," 「한국교회사학회지」 제47집, 2017, 199~244쪽; 장규식, "미군정하 흥사단 계열 지식인의 냉전 인식과 국가건설 구상," 「한국사상사학」 38호, 2011, 245~285쪽; 장금현, "독립촉성중앙협의회와 조선기독교단 남부대회와의 관계," 「복음과 선교」 제40호, 2017, 169~228쪽; 장금현, "해방정국에서 기독교의 정치참여: 독립촉성중앙협의회를 중심으로 1945.10.-2016.2.," 「성경과 신학」 제82권, 2017, 251~297쪽; 최현종, "사회자본으로서의 종교: 미군정기 관료채용을 중심으로," 「한국교회사학회지」 제47집, 2017, 285~319쪽; 허명섭, "대한민국 건국과 종교," 「성결교회와 신학」 33호, 2015, 34~66쪽.

5) 김상태, "근현대 평안도 출신 사회지도층 연구," 서울대학교 국사학과 박사학위논문, 2002; 박명수, "평안남도 건국준비위원회와 조만식," 「한국기독교와 역사」 41호, 2014, 37~76쪽.

삼았다. 중앙이 아닌 지방과 주류교단보다는 작은 교단의 교차점에 성결교회 김창근 목사가 있다. 그는 대전중앙성결교회 담임목사이면서 대한독립촉성국민회(독촉국민회) 충남부원장 · 대전지부장 · 남조선과도입법의원(입법의원)을 역임하였다. 성결교회는 1943년 12월 교단해산의 아픔을 겪었고, 김창근도 목회하던 대전중앙교회가 폐쇄되는 비운을 겪어야 했다. 해방되자 폐쇄된 교회들이 힘겹게 복구되었지만 대부분 자립하기에도 버거웠던 상황이었다. 성결교회가 주류교단에 편입된 것은 60년대 이후였기 때문에, 해방직후 성결교회는 작은 교단에 불과했다.

중앙정치에 편중된 연구만큼이나 주류 교단에 편중된 기독교인의 정치활동 연구는 결국 한쪽으로 경도되게 만든다. 지방 기독교인의 정치활동 연구가 중앙과 지방정치의 균형을 위한 것인 것처럼, 작은 교단의 지도자 연구도 한국기독교의 균형을 위해 바람직하다. 『한국성결교회 100년사』에서도 해방정국에서 성결교회 소속 지도자들의 정치활동에 대하여 거의 기술하지 않았다.[6] 스스로를 교회회복에 한정시켜, 혼란스러웠던 해방정국에서 한국사회에 이바지 한 사실들에 침묵하였다. 따라서 본 논문에서는 해방정국에서 충남과 대전을 중심으로 활동했던, 일제 강점기에 폐쇄된 바 있는 성결교회 목사인 김창근의 정치활동을 추적하고, 그의 활동을 평가하고자 한다.

본 논문은 그가 정치에 발을 들여다 놓기 시작한 1946년 2월부터 1947년 3월까지로 시기를 한정했다. 이 시기는 그의 정치활동 기간이기 때문이다. 해방직후 열린 성결교회 재흥총회에서 서기로 선임된 그는 성결교회를 대표해서 비상국민회의에 참여했다. 일제에 의해 강제

---

6) 서울신학대학교 성결교회역사연구소,『한국성결교회 100년사』, 서울: 기독교대한성결교회 출판부, 2007, 402~426쪽.

로 폐쇄당한 교회를 재건하는 일이 김창근의 일차적인 과업이었지만, 그에 못지않게 그는 현실정치에 뛰어 들어 독촉국민회 대전지부장과 충남을 대표한 입법의원으로 활동하였다. 그러다 1947년 재흥총회에서 부회장으로 선출됨으로 정치일선에서 물러났다. 김창근은 일제 강점기에 폐쇄된 교단을 복구하는 일에 매진하기 위하여 1947년 3월 21일 입법의회 본회의에 사임서를 제출한 것이다. 따라서 본 논문은 이 기간 동안 김창근의 정치행적을 추적해보고, 그에 의의를 찾아 평가하는 것을 본 목적으로 삼았다.

2. 해방 후 충청남도와 대전의 정치상황

해방직후 충남과 대전에서는 다른 지역보다 좌파가 우세하였다. 그 이유는 다른 지역에 비하여 미군이 늦게 배치되었기 때문이다. 미군은 1945년 9월 8일 인천에 도착했으나, 충남은 그보다 훨씬 늦었다. 충남 군정도지사로 102군정단장 카프(William Karp) 중령이 임명 받은 때가 10월 9일이고, 대전에 주둔하여 작전을 수행하기 시작한 때가 10월 28일이었다.[7] 미군의 충남 진주가 늦어질수록, 인민위원회는 충남 전역에 걸쳐서 행정 및 경찰 업무를 쉽게 장악할 수 있었다.[8] 미군이 입국하기 전에 기득권을 확보하고자 여운형을 중심으로 1945년 9월 6일 결성된 조선인민공화국(인공)은 기존 건국준비위원회 지방조직을 흡수하였다. 지방조직은 좌파 성향의 인민위원회로 개편되어, 우파에 대립

7) 국사편찬위원회, "해제," 『미군정기 군정단·군정중대 문서 I』, 서울: 천세, 2000, 12쪽.; HUSAFIX, 서울: 돌베개, 1988, 26쪽, 49쪽.
8) HUSAFIK, 506쪽.

하는 조직으로 자리 잡아갔다. 충남에는 9월말까지 충남인민위원회와 시·군단위의 인민위원회가 결성되었다. 충남인민위원회는 대전시청을 장악하고 지역내 각 군의 인민위원회들을 통제하였다.[9] 커밍스(Bruce Cumings)는 미군방첩부대 보고서를 인용하여, 초기 미군징은 인민위원회가 장악한 충남을 다루기 힘들었다고 한다.[10] 이유는 일제와 미군정 통치 사이의 긴 공백기 때문이었다. 군정충남도지사 카프는 대전 경찰서장을 포함한 옛 일제하의 경찰관 40명을 유임시키고, 대전 인민위원회를 그들의 통제 하에 두었다. 그리고 충남의 주요 통신 매체들을 장악하면서 장악력을 높여 나갔다.[11]

시간이 지나면서 인민위원회가 장악한 충남은 미군에게 순조롭게 이양되었다. 커밍스는 비교적 짧은 기간에 미군정이 충남 전역을 인민위원회의 세력을 제압할 수 있었던 것은 교통과 통신의 상대적 용이함 때문으로 보았다. 또한 그는 해방 후 타 지역에 비하여 유입인구가 적어 미군정의 통제가 빠르게 정착될 수 있었음을 강조하였다.[12]

1946년에 들어서 좌파는 우파 확산을 제지하고자 민주주의민족전선위원회(민전)을 조직하였다. 이승만과 김구 중심으로 1946년 2월 1일 비상국민회의와 2월 8일 독립촉성국민회(독촉국민회)를 발족하자, 박헌영과 여운형은 세력을 규합하여 2월 15일 민전을 조직하였다.[13] 민전을 서울 YMCA에서 조직한 후에, 세력을 지방으로 확대하고자 대전

---

9) Bruce Cuming, 『한국전쟁의 기원』, 김자동 역, 서울: 일월서각, 1986, 420쪽.
10) "충주 미군방첩대 보고(1946. 10.10)," Bruce Cumings, 421쪽 재인용.
11) Bruce Cumings, 『한국전쟁의 기원』, 422쪽.
12) Bruce Cumings, 『한국전쟁의 기원』, 419쪽, 423~424쪽.
13) 민주주의민족전선선전부, 「議事錄」1947.2.15.-16. 민전에 소속된 단체와 명단, 구조와 방향 등이 모두 담겨 있다. 이 의사록을 참고하면 독촉국민회와 대척점에 서서 조직한 민전의 전체적인 방향과 지향점을 이해할 수 있다.

의 한 극장에서 회의를 가졌다. 회의에서는 주로 이승만과 김구를 공격하였다.[14] 여운형은 민전을 조직하기 전인 2월 6일 대전에서 인민위원회를 개최하였다. 그는 인민위원회와 인민당의 방향성을 제시하면서 미군정과 우파에 대하여 어떤 태도를 취해야 하는지를 전달하였다. 그는 인민위원회와 지도자들에게 무기를 소지하여 숨겨둘 것을 제안하였다.[15] 그의 과격한 발언은 인민위원들을 자극시키기에 충분했다. 3월 4일 G-2 보고서에 따르면, 미군정은 대전에서 2개의 기병도, 1개의 일제 소총, 150발의 실탄이 소유하고 있었던 조기호를 체포하였다. 미군정에서 조사한 바에 따르면, 그는 결사대원으로 암살집단의 일원이었음이 밝혀졌다.[16] 비록 이 사건은 미수에 그쳤지만, 미군정에 대한 저항이나 우파에 대한 테러는 곳곳에서 계속되었다.

부여와 논산에서는 총 60명이 불법시위에 가담하여 체포되었다. 논산 시위는 인공의 부대가 주도한 것으로, 이들은 붉은 기를 들고 소련 노래를 부르며 시위하였다.[17] 다음은 부여의 공산주의 동조자들과 서울의 민전 간의 주고받은 편지의 일부다.

민족전선은 충청남도 전역에 조직되어 현재 확장 중입니다. 인민들은 이에 매우 호응하고 있습니다. 그러나 진정 중요한 것은 상황파악을 못하는 군정청의 묵인 하에 반동분자들이 테러전술을 구사하고 있다는 것입니다.[18]

---

14) "G-2 일일보고서(1946.3.19),"『미군정정보고서』제2권, 233쪽. 대전 민전의 재정은 1백만 엔을 확보하고 있었고, 20만 엔은 사무실 유지를 위하여, 40만 엔은 선전용으로, 40만 엔은 기타 경비로 분배하였다.
15) "G-2 일일보고서(1946.2.24.),"『미군정정보고서』제2권, 114쪽.
16) "G-2 일일보고서(1946.3.10.),"『미군정정보고서』제2권, 188쪽.
17) "G-2 일일보고서(1946.3.8.),"『미군정정보고서』제2권, 183쪽.
18) "G-2 일일보고서(1946.4.11.),"『미군정정보고서』제2권, 310쪽.

민전이 충남 전역에서 확장되고 있으나, 반동분자들이 미군정의 비호아래 자신들에게 테러를 일삼는다는 내용이다. 여기에서 반동분자는 우파를 의미한다. 충남인민위원회는 여론전을 펼치면서, 세력 확산에 전력을 나하였다. 미군정에 따르면, 북한 지도자로 닉짐 빈은 김일성이 군대를 이끌고 남한으로 내려와 장악할 것이라는 내용이 여론전에 포함되었다고 한다.

> 충남도에서 여러 인민위원회의 멤버들이 듣기로 계획이 공식화되어서 북한 공산주의 지도자인 김일성이 가까운 미래에 군대를 이끌고 남한으로 쳐들어와 모든 노동자와 산업계를 맡아 조절한다는 것이다. 또한 그 멤버들이 듣기로, 자신들이 조사해서 모든 산업관계를 잘 파악해서 김일성이 도착했을 때 모든 관련 정보들이 그의 수중에 들어오게 하여야만 한다는 것이다.[19]

인민위원회에서는 위와 같은 여론전과 함께 폭력과 저항을 시도하였지만, 미군정의 압박으로 소기의 목적을 달성하기 어려웠다. 대전에서 개최된 군(郡)인민위원회 당직자 회의에서는 경찰의 박해로 자신들의 조직 활동이 어렵다고 토로하였다.[20] 그 결과 1946년 3월 초 기준으로 충남의 공산당 세력은 1,500명으로 다른 지방보다 적었다.[21]

미군정이 좌파의 폭력적인 방법을 제거하는 동안 우파인 독립촉성중앙위원회(독촉중협)은 산하에 선전총본부를 두고 지방으로 세를 확산시켰다. 지방조직을 강화시키려는 독촉중협의 시도는 어느 정도 성

---

19) "G-2 일일보고서(1946.3.10.)," 『미군정정보고서』 제2권, 114쪽.
20) "G-2 Weekly Report" 제24호, 1946년 2월 17-24일.
21) "G-2 일일보고서(1946.3.3.)," 『미군정정보고서』 제2권, 150~151쪽. 충북 1,800명, 전북 2,000명, 전남 3,000명, 경북 2,000명, 경남 2,000명, 경기도 3,000명, 강원도 3,000명으로 충남이 가장 적었다.

공을 거두었다. 1945년 12월 23일 출범한 독촉중협이 이듬해 1월 초에 이미 80여개의 지부를 결성하였다.[22] 1946년 2월 8일 결성된 독촉국민회는 독촉중협의 지방지부를 이어받았다. 독촉국민회가 두 가지 활동에 역점을 두었는데, 첫째는 지방차원 특히 도(道)단위에서 좌파의 지도력을 대체하는 것이고, 둘째는 우파전선을 구축해 통합대표로 자리매김하는 것이다.[23]

독촉국민회는 비상국민회의와 뿌리가 같다. 모두 이승만의 독촉중협과 김구의 임정세력이 그 중심에 있었다. 1946년 2월 8일 독촉중협의 선전총본부와 임정의 신탁통치반대 총동원위원회가 통합하여 독촉국민회를 조직하였다.[24] 당시 남부대회의 주요 인물들은 독촉국민회 지도자이며 기독교인이었던 이승만·김구·김규식 등과 깊게 연결되어 있었다.[25] 기독교 지도자들은 이들을 적극적으로 지지하였고, 독촉국민회의의 중앙조직 혹은 지방조직에 참여하였다. 독촉국민회과 기독교는 자주적인 독립과 반탁지지라는 공통분모가 있었기 때문에 서로 힘을 모으는데 어려움이 없었다.

독촉국민회의 전신인 독촉중협은 서울 중심의 중앙조직과 8개도에 지방지도부대표부(지방대표부)를 조직했었다. 지방대표부는 독촉중협

---

22) "八十餘處에 支部設置 中協 宣傳總部의 成果,"『동아일보』, 1946.1.11.

23) 정병준,『우남 이승만 연구』, 서울: 역사비평사, 2013, 547쪽.

24) 이은선, "대한독립촉성국민회와 기독교,"「한국교회사학회지」제82권, 2017. 5, 287~326쪽; 이은선, "대한독립촉성회국민회 지방 조직과 기독교,"「한국개혁신학」제55권, 2017.8, 192~236쪽.; 독촉국민회가 두 가지 활동에 중점을 두었는데, 첫째는 지방차원 특히 도단위에서 좌익의 지도력을 대체하는 것이었고, 둘째는 통합된 우익전선을 구축해 대표로 미소공위에 제출하는 것이다. 정병준,『우남이승만 연구』, 서울: 역사비평사, 2013, 547쪽.

25) 이들은 남부대회에 참석하여, "기독교적 국가 설립" 혹은 "建國과 建敎"를 주장하였다.『활천』신년호, 제229호, 1946, 3쪽.

중앙본부에 예속되었으며, 산하 지방조직을 관리하였다. 그러면서 각 지부의 성과를 보고받고, 계속될 사업을 논의하고 결정하였다.[26] 이런 역할을 독촉국민회가 이어받았다. 충남에 독촉국민회 대전지부가 조직될 때, 김창근이 충남부원장과 대전지부장으로 선임되었다.

3. 김창근 목사의 생애와 정치인식

독촉국민회가 지방에 지부를 조직할 때, 김창근은 성결교회를 대표하여 조직하는 일에 참여했다. 그의 주된 활동지역은 충남과 대전이었다. 독촉국민회의 충남도부원장과 대전지부장으로 선출된 그는 독촉국민회가 충남과 대전에서 뿌리내리고 조직화하고 확산되는데 정점에서 있던 인물이다.

1) 김창근의 생애

김창근은 1908년 3월 2일, 경북 합천군 대양면 오산리의 한학자 김영함의 다섯째 아들로 출생했다.[27] 13살 되던 어느 날, 일본 경찰들이

---

26) 독촉중협은 중앙본부·각도·지방지부·지역분회로 구분되었다. 중앙본부는 각 도에 독촉중협을 세우고, 각도의 독촉중협 대표는 지방지부를 조직하고 관리하였다. 또한 지방지부는 각 읍면에 분회를 설치하였다. 각도대표자회의를 5일 장안빌딩에서 갖고자 했으나, 하루를 연기하여 6일 중앙교회에서 가졌다. "中協各道代表會議,"『동아일보』, 1946.2.2.; "中協 各道代表會議 今日 開催,"『동아일보』, 1946.2.6; "獨立促進에 加一鞭,"『동아일보』, 1946.2.7.

27) "설봉 김창근 목사님 약력,"『불붙는 가시덤불』, 서울: 성광문화사, 1977, 428 ~431쪽. 류재하는 김창근의 출생을 1907년 1월 20일로 언급하였지만, 여기에서는『불붙는 가시덤불』을 기초하였다. 본서는 설봉 김창근의 고희를 맞아 제자들과 지인들의 제작한 기념책자다. 김창근이 성결교회 기관지『활천』에

김창근이 다니던 마을 서당을 폐쇄하자 배움을 갈망했던 그는 십리 길 떨어진 읍내에 있는 보통학교에 입학하였다. 보통학교를 다니던 길목에 교회가 있었는데, 그곳에서 열린 부흥회에 참석하여 회심하였다. 보통학교를 졸업한 김창근은 부친을 2년간 설득하여 일본으로 유학을 떠났다. 도쿄 변두리에 작은 방 하나를 얻어 자취하면서 낮에는 상업 전수학교에서 수학하고, 새벽과 저녁에는 신문 배달하며 고학으로 생활했다. 1928년 21세였던 그는 일본인교회에서 세례를 받고, 이듬해 1월 부흥집회에 참석하여 큰 은혜를 경험하였다. 그리고 목회의 길을 가고자 동경성서학원에 입학한 뒤, 2학년 때 귀국하여 경성성서학원으로 편입하여 학업을 이어갔다.[28]

　김창근은 1931년 5월에 졸업하고[29], 7월에 대전교회 전도사로 파송받아 사역하다가, 1931년 5월 전남 신안군 암태면 도창리 암태교회(현 암태 도창교회)로 사역지를 옮겼다.[30] 1937년 4월 목사안수 받은 김창근은 30세라는 젊은 나이에 김응조 목사를 뒤이어 대전중앙교회 주임목사가 되었다. 대전중앙교회가 장년신자만 5백 명에 육박하자, 충북 영동읍에 영동교회(1937), 공주읍에 공주교회(1940)를 개척하였고, 대

　　실은 글들과 가까운 제자들과 지인들의 경험담이 담겨있다.; 류재하, "교회 연합운동의 태두 작은 거인 이야기 ①: 김창근의 성장과 신앙의 시작,"『한 국성결신문』, 2013.6.12(905호).

28) 류재하, "교회연합운동의 태두 작은 거인 이야기 ②: 일본 유학과 전도자로 헌신," 『한국성결신문』, 2013.6.20(906호).

29) 대전중앙교회 80년사 편집위원회,『대전중앙교회 80년사』, 서울: 삼영사, 1999, 10쪽.

30) 암태는 1931년 암태 도창리 출신 김홍기 청년이 목포북교동교회 이성봉 전도 사에게 은혜를 받고 돌아가 전도한 지역이었고, 후에 북교동교회가 지교회를 세워 100여명이 모이는 교회로 성장시켰다. 또한 김창근은 북교동교회 출신으로 경성성서학원 학생인 문준경 전도사와 협력하여, 1930년대 신안군 동쪽의 섬마을 교회들은 문준경 전도사가, 서쪽의 섬마을 교회는 자신이 개척하였다.

전고등성경학교를 설립해 평신도를 가르쳐 목회자로 세웠다.[31] 이런 활동으로 대전지역에서 그의 역할은 커져 갔다.

1941년 12월 일제가 태평양전쟁 지지연설을 요구하자, 김창근은 그 것을 거설하였다. 그 이유로 그는 투옥되어 일주일간 고문 받고 고문 후유증을 겪기도 했다.[32] 1943년 5월 24일 예수 재림을 강조했다는 이 유로 일제는 전국 성결교회 교역자, 장로, 집사 300여명을 구속하였는 데, 이 때 김창근도 구속되었다. 동년 12월 모든 성결교단이 폐쇄되었 고, 김창근 역시 더 이상 폐쇄된 대전중앙교회에서 목회할 수 없었다.

1945년 8월 15일 일제가 항복하자, 성결교회는 동년 11월 9일 서울신 학교 강당에서 200여 명의 지도자들이 모여 재흥총회를 갖고 교회재건 에 총력을 다하기로 결의했다. 이날 김창근은 서기로 선출되었고 1947 년 10월 재흥총회 때는 부총회장으로 선출되는 등 성결교단의 젊은 지 도자로 급부상하여 성결교회를 재건하는데 매진했다. 그는 경방단에 넘겨진 대전중앙교회 예배당을 미군정으로부터 회수하여 복구하는데 힘을 기울였다. 교세가 빠르게 회복되자, 1947년 서대전교회와 대덕군 진잠리에 진잠교회를 세웠다.[33]

1946년 2월 독촉국민회가 조직될 때, 김창근은 성결교회를 대표하여 참여하였다. 충남독촉국민회부위원장과 대전지부장으로 선출된 그는 정치 일선에 본격적으로 뛰어들었다. 이승만이 남선순행할 때, 김창근 은 대전지부장으로 조직력을 극대화시켜 대전집회를 성공적으로 진행 시켰다. 1946년 12월 충남 독촉국민회 후보로 과도입법의원에 선출된

---

31) 성결교회역사와 문화연구회, 『성결교회 인물전 1집』, 서울: 일정사, 1990, 129쪽.
32) 류재하, "교회연합운동의 태두 작은 거인 이야기 ③: 전남의 섬 교회를 자청 하여 출발한 목회사역," 『한국성결신문』, 2013.7.4(907호).
33) 류재하, "교회연합운동의 태두 작은 거인 이야기 ④:광복된 후, 교회재건과 교회연합운동의 태두로 활동," 『한국성결신문』, 2013.7.11(908호).

김창근은 이듬해인 1947년 3월 입법의원직을 사임하였다.[34] 그의 사임
은 갑작스러운 것이었지만, 성결교단의 서기와 부회장으로 선출되어
교단재건에 전념하기 위해서라는 이유가 타당할 것이다.

> 설봉(雪峰)은 일제말기에 투철한 민족정신으로 일제경찰과 투쟁한
> 전력이 있어 해방직후 대전지방에서 국민운동과 정치운동에 참여할
> 수 있는 기회가 얼마든지 있었다. 그러나 그는 사회의 강력한 요청을
> 외면하고 그리스도의 복음을 가지고 민족구령운동에 헌신하여 평생
> 을 교회봉사를 위해 살아온 분이다.[35]

정치일선에서 물러난 김창근은 성결교회 재건사업과 기독교 연합활
동에 전념하였다. 그는 1945년부터 성결교회 총회 서기 2회, 1947년부
터 부회장 5회, 1953년부터 총회장 2회를 연임하였다. 1952년도에는 감
리교, 장로교, 구세군와 함께 대전기독교연합회를 설립하고, 초대회장
을 역임했다.[36] 이듬해인 1953년 기독교연합회(KNCC) 회장에 피선되
어 활동하였고, 1951년 대한성서공회 회장으로 피선된 후 두 차례 역
임하였다. 그는 연합활동만 아니라 성경반포사업과 성서개역사업에
기여했고, 기독교서회의 회장을 역임하면서 기독교 신앙서적 출판에
힘썼으며, 찬송가위원회 위원장으로 찬송가 개편사업에도 앞장섰다.[37]

---

34) "입법의원 제35차 본회의," 『경향신문』, 1947년 3월 22일.

35) 유호준, "저작선집간행을 축하함," 『불붙는 가시덤불』, 서울: 성광문화사, 1977,
396쪽.

36) 대전광역시기독교연합회 대전기독교역사편찬위원회, 『대전기독교 100년사』,
대전: 대전기독교역사편찬위원회, 2007, 332쪽, 341~345쪽. 1952년 9월 4개 교
단이 대전시 복음화를 위하여 대전기독교연합회를 설립하였다. 설립자는 김
창근, 양화석, 김만제, 이형제, 김창환, 장운복, 전용섭, 김만제 목사 등이다.

37) 류재하, "교회연합운동의 태두 작은 거인 이야기 ④: 광복된 후, 교회재건과
교회연합운동의 태두로 활동," 『한국성결신문』, 2013.7.11.(908호); 한명우,

2) 김창근의 정치인식

김창근이 언제부터 정치에 관심을 가졌는가. 아니면 구체적인 정치
경험이 있었는가. 그러나 그의 생애를 보면, 그가 명확하게 언제부터
정치에 관심을 가졌는지 알 수 없고, 일제 강점기에 정치이력도 없다.
성결교회는 교회가 특히 목회자가 정치에 참여하는 것을 소극적으로
생각하고 있었다. 그러나 해방정국이라는 특수한 상황이 그를 정치에
서 뛰어들게 했다는 점은 분명하다. 그는 글이나 설교에 자신의 정치
인식과 관련된 흔적들을 남겨 두었다.

첫째로 김창근은 정치를 종교와 긴밀한 관계 속에서 이해하였다.

> 정치가는 정치적으로 군략가는 군사적으로 그리고 경제가 산업가는
> 자기의 입장에서 힘쓰도록 하고 종교가는 맡은 바 복음을 전하는 사
> 명의 입장에서 이 민족의 교화구령(敎化救靈)을 위하여 최선을 다해
> 야 할 때이다. (중략) 신년 원단(元旦)에 고요히 주의 제단 앞에 엎드
> 려 저 십자가를 쳐다보며 신혼신(身魂神)을 새로이 주께 바쳐 1년간
> 의 생활을 더 의롭고 거룩하게 살 수 있도록 기도할 것이며 주님을
> 위하여 복음과 교회를 위하여 민족과 국가를 위하여 양과 같이 희생
> 의 제물이 되기를 엄숙히 서약하자![38]

김창근은 기독교의 역할이 민족에게 복음을 전하는 것이었지만, 그
렇다고 종교와 정치를 분리하지 않았다. 그는 그리스도와 교회와 민족
과 국가를 구분하면서도 긴밀한 연계 속에서 접근하였다.

둘째로 김창근은 정치의 중심부에 국가와 민족을 세워두었다. 정치

"내가 겪은 김창근 목사," 『불붙는 가시덤불』, 393~395쪽. 김창근은 교회만
아니라 교육사업과 사회복지사업에 기여한 내용들을 수록하였다.
38) "年頭辭," 『활천』 제255호, 1955.1, 1쪽.

는 국가와 민족을 보호하고 지켜주는 보호막이다. 목사였던 그에게 복음 전하는 것이 일차적인 일이었지만 해방정국에서는 정치에 참여하였고, 6.25이후에는 사회복지사업에 매진하였다. 그가 복음을 전하는 대상자는 한민족이었고, 정치 대상자들도 한민족이었고, 그의 가슴으로 품은 소외되고 헐벗고 굶주린 사람들도 한민족이었다. 김창근은 조국을 위하여 흘리는 눈물을 "거룩하고 의로운 것"으로 이해하고, 을사조약으로 인한 순국의 피의 눈물, 이준열사의 눈물, 안중근의 눈물, 모세의 눈물, 바울의 눈물로 연결시켰다. 더 나아가 십자가에서 희생제물이 되신 그리스도의 눈물도 곧 조국을 위한 것으로 의미를 확장시켰다.[39] 김창근의 정치활동 중심에는 민족에 대한 애정이 자리 잡고 있었다.

셋째로 김창근에게 정치는 혼란스러운 현재를 경계하고, 국민에게 새로운 좌표를 제공하는 도구였다. 그는 "환란과 천국"이라는 설교에서 환란은 하나님의 심판 도구로 이해하였다.

> 저 일본을 보라! 저들이 소위 명치유신 이래 급속도로 발전하며 동양 제일의 강국을 이룩하매 그 교만이 절정에 달하여 마침내 하나님을 대적하기에 이르렀다. 그리하여 기독교를 박해하고 많은 성도들을 희생시켰으며 저들의 소위 천황이나 천조대신이 하나님보다 높다는 망령된 생각과 행동을 자행했다. 그 결과 하나님의 심판의 원자탄은 저들의 머리 위에 떨어지고 말았던 것이다.[40]

김창근에게 일본에 대한 미국의 원폭은 하나님의 심판이었고, 일본의 기독교 박해와 우상숭배는 교만의 극치였다. 결과적으로 일본은 패망할 수 없었다는 것이 김창근의 논리다. 따라서 바른 정치만이 해방

---

39) 김창근, "祖國愛의 눈물," 『불붙는 가시덤불』, 83~85쪽.
40) 김창근, "환란과 천국," 『불붙는 가시덤불』, 133~134쪽.

정국에서 국가의 정체성을 바로 세울 수 있다고 확신했다. 국가의 바른 정체성을 세우기 위하여 김창근은 정치를 선택하였다. 독촉국민회 대전지부장과 입법의원으로의 활동은 그런 맥락의 일환이었다.

4. 김창근 목사의 정치이력과 활동

해방 직후 한국교회를 대표했던 교단은 장로교와 감리교였다. 두 교단은 1945년 11월 조선기독교단 남부대회(남부대회)를 조직하고 정치참여와 교회재건에 역점을 두었다. 반면 일제 강점기에 강제로 폐쇄된 성결교회는 해방과 함께 교회재건에 전념하였다.[41] 그러다 1946년 2월 독촉국민회가 출범할 때, 성결교회는 교단차원에서 참여할 것을 결정했다. 성결교회를 대표하여 정치에 참여한 인물은 당시 대전중앙성결교회 담임목사이며 성결교단의 서기였던 김창근이다.

김창근이 정치에 발을 들여 놓게 된 시기는 김구의 비상정치회의주비회(주비회)와 이승만의 독립촉성중앙회 비상국민대회가 1946년 2월 1일 비상국민회의를 출범시킬 때였다. 장로교와 감리교를 대표한 조선기독교 남부대회와 이북출신의 서북기독교는 비상국민회의가 조직되기 전인 주비회와 독촉중협부터 참여했었다. 반면 성결교회는 성공회와 함께 비상국민회의가 조직된 이후 처음 발을 들여 놓았다.[42] 독촉국민회 참여와 책임자 선정은 성결교회 총회의 임원회 몫이었다. 원래는 총회에서 결정해야 하는 일이지만, 총회가 끝난 뒤에는 통상적으로

---

41) 자세한 내용은 허명섭의 『해방 이후 한국교회의 재형성: 1945-1960)』, 72~76쪽을 참고.
42) 송남헌, 『解放 3年史 I: 1945-1948』, 272~274쪽.

임원회에서 결정하였다. 당시 성결교회 총회 서기였던 김창근은 38세
의 젊은 소장파였다. 중부 이남에서 가장 큰 대전중앙교회를 담임하고
있었고, 총회 서기를 맡았기 때문에 그가 성결교회를 대표해서 비상국
민회의와 독촉국민회에 참여한 것은 자연스러운 일이었다.

김창근이 독촉국민회 대전지부장으로 선임되는 과정에서 대전제일
감리교회 담임목사였던 남천우의 역할이 있었던 것으로 보인다.[43] 남
천우는 이미 1945년 11월 미군정 충남 고문으로, 12월 독촉중협 선전총
본부 총무과 일원으로 활동하고 있었다.[44] 1945년 12월 6일 충남의 각
정치단체 61명의 대표들이 독촉중협 충남지부를 조직할 때, 남천우는
홍긍식과 함께 부회장으로 선출되었다. 1946년 초 임원진이 바뀌어 남
천우가 회장, 성낙서가 부회장, 황재성이 총무를 맡았다.[45] 1946년 2월
6일 독촉중협 중앙본부 8명과 8개 도대표 2명씩 총 24명이 인사동중앙
교회에서 회의를 가졌다. 그 자리에서 독촉중협 선전총본부의 김명동
이 이승만의 독촉중협과 김구의 임정이 합동문제를 타결했음을 밝히
자, 박수로 환영하고 인준하였다.[46] 이 회의에 독촉중협 충남대표자로
남천우가 조동근과 함께 참여하였다. 이 무렵에 조직된 독촉국민회 대
전지부의 장에 김창근과 부지부장겸 감찰위원장에 기독교인인 송진백

---

43) 홍이표, 홍승표, 『대전제일교회 100년사: 1908-2008』, 대전: 대전제일교회, 2008,
 611~622쪽.
44) 『중앙신문』, 1945.12.16.; 『민중일보』, 1945.12.14.
45) 허종, "미군정기 대전 지역의 정치 동향과 국가건설운동," 『한국현대사연구』
 62호, 2012, 220쪽.
46) "두團體 完全握手," 『조선일보』, 1946.2.8.

지역	충북	충남	전북	전남	경북	경남	함북	함남
대표	장응두 김병수	남천우 조동근	배은희 유직양	주형옥 김영학	정운표 장대희	김철수 최석봉	이간구 이충복	이성준 채규항

이 임명받았다.[47]

남천우는 1919년 홍천지구에서 만세운동을 주도하였고, 상해 임정 시절 강원도책임자였다. 1924년 이후부터 그는 강원도에서 주로 활동 하였는데, 1927년에는 신간회 양구책임자로, 1931년에는 감리교회 홍 천지방 감리사가 되어 강원도 양구와 홍천과 춘천을 중심으로 활동하 였다. 1932년 그는 기독교인을 중심으로 한 십자가당을 조직하여 민족 운동에 적극적으로 활동한 바 있다. 그러다 이듬해 일제에 붙잡혀 1년 6개월간 옥고를 치렀다.[48] 그 후 만주와 원산에서 목회하던 남천우는 1943년 말(혹은 1944년 초) 충남 대전제일감리교회로 부임하였고,[49] 해 방 후인 1945년 9월에는 대전 이재동포 원호회장을 맡으며 정치에 발 을 들여놓았다.[50]

대전지역은 1907년 선교사의 구역분할정책에 따라 북감리회가 담당 하였다. 북장로교는 충남의 서천·금산·부여·보령 일부·논산 일부 를, 북감리회는 그곳을 제외한 모든 지역을 담당하였다.[51] 반면 성결

---

47) 송진백은 YMCA 고등과 출신으로 일제 강점기에 인쇄와 운수사업을 했으며, 1948년 제헌국회의원 선거에 독촉국민회 후보로 출마하여 충남 대덕군에서 당선되었다. 그는 독촉청년의 충남도 단장으로 활동하는 등 청년활동의 중심에 있었다. 이경남, 『분단시대의 청년운동(상)』, 서울: 삼성문화개발, 1989, 191쪽.

48) "十字架黨公判 南宮檍十個月 最高一年半求刑 ; 劉福錫 南天祐 金福童," 『동아일보』, 1935.1.19.; "十字架黨判決, 南宮檍老人은 執行猶豫 二名만 體刑言渡 ; 劉福鎭 南天 祐 金福童," 『동아일보』, 1935.2.1.; "십자가당 남궁억 등, 최고 1년반 구형, 판 결언도는 31일," 『조선중앙일보』, 1935.1.19.; "십자가당 사건, 유목석, 남천우 양인 출옥," 『조선중앙일보』, 1936.2.4.

49) 홍이표, 홍승표, 『대전제일교회 100년사: 1908-2008』, 591~592쪽, 1084쪽. 1908 년 설립된 대전제일교회는 처음엔 인동교회로 불리다가 1945년 해방된 후에 현재의 명칭으로 바꾸었다.

50) 홍이표, 홍승표, 『대전제일교회 100년사: 1908-2008』, 614쪽.

51) "Causes for Rejoicing," *KMF*, Vol. II, No.3(Jan. 1906), p.44~47; "General Assembly's Action," *KMF*, Vol. VIII, No.1(Jan. 1913), 26; H. G. Underwood, "Division of

교회는 구역분할정책에 제한 받지 않았기에 충남의 주요 도시를 사역
지로 삼았다. 따라서 대전제일교회는 대전지역 감리교를 대표하였고,
대전중앙교회도 성결교회 남부지역을 대표하고 있었다. 다만 해방 이
전에는 남천우와 김창근이 대전지역에서 교제권을 형성하지는 못했던
것으로 보인다. 대전중앙교회가 폐쇄된 뒤에 남천우가 대전제일교회
에 부임했기 때문이다. 해방된 뒤 일제에 빼앗긴 교회를 되찾고 복구
에 전념했던 김창근은 대전 이재동포 원호회장이었던 남천우와 자연
스럽게 협력관계가 형성될 수 있었다. 그러면서 남천우의 추천으로 김
창근이 독촉국민회 대전지부장에 위촉된 것으로 보인다.

위촉장을 보면, 민족통일로 독립촉성만을 목적으로 하고, 당이나 지
역 색을 일절 배제하고 협력하는데 집중하고, 정치적 모략이나 경제적
유익추구를 금지하였다.[52] 독촉국민회가 완전한 독립을 열망하고, 특
정 정당이나 지역이 아닌 전체가 협력하는데 지향점이 있었기 때문에
성결교단을 대표한 김창근이 참여하는데 어려움이 없었다.

김창근과 독촉국민회 부의장 김구와의 첫 만남은 1946년 4월 10일
오전 10시 기독청년회관에서 열린 독촉국민회 道府郡 지부장회의에서
였다. 독촉국민회 지방대표 88명과 방청인 100여명이 참석한 회의에
김구만 참석하고 이승만과 김규식은 참석하지 않았다.[53] 이승만은 독
촉국민회 의장이었으나, 공식적인 업무를 수행하지 않고 있었기 때문

---

the Field," *KMF*, Vol. V, No.12(Dec. 1909), p.221~223; 충남의 태안 당진 서산
홍성 예산 아산 천안 연기 대전 청양 공주 논산 등은 미감리회가, 충남의 서
천 한산 보령 홍산 임천과 전라남북도는 남장로회가 담당하였다. 한국기독교
역사학회,『한국기독교의 역사 I: 개정판』, 서울: 기독교문사, 2011, 170쪽, 172
쪽. <표5-1> 선교회별 담당구역(1909) 참조.

52) "委囑狀,"『우남 이승만 문집: 동문편』, 중앙일보사, 1998, 507쪽.

53) "독립촉성회, 지부장회의,"『조선일보』, 1946.4.11.

이다. 그는 남선순행을 떠나기 전인 4월 11일에서야 업무에 복귀하였
다.54) 그 사이에 열린 道府郡 지부장회의에 이승만이 불참하면서 김창
근과의 직접적인 만남은 이루어지지 못했다.

김창근과 독촉국민회 의장 이승만과의 첫 만남은 그의 남선순행 과
정에서 가졌던 대전집회에서였다.55) 지방조직확대를 꿈꾸고 있었던
이승만은 남선순행을 정치기반 강화의 기회로 삼았다.56) 남선순행을
통하여 그는 기존 지방조직을 점검하고, 확산시키는 일에 집중하였다.
그가 참석한 대중집회의 주제는 대부분 반탁이었다. 집회 뒤에 가진
주요 단체와의 모임에서도 그는 반탁관련 내용을 주로 다루었다.57) 4
월 16일 서울을 출발하여 온양에 도착한 이승만은 오후 1시 30분 독립
촉성 천안지부장 이병국의 집에서 화교출신들과 간담회를 가졌다.58)
그는 17일 천안제일국민학교에서 지방 첫 집회를 가진 다음날 오전 11
시 독촉국민회 대전지부가 주최한 환영대회에 참석하였다. 대전본정
(本町)국민학교에 3만 여명이 운집한 가운데 진행된 이승만 환영대회
는 환영대회위원장 남천우의 개회사와 대전독촉지부장 김창근의 답사
로 시작되었다. 그 뒤 이승만의 연설이 있었다. 모든 순서를 마친 시간
은 오후 1시로 총 2시간 소요되었다.59)

---

54) "이박사 평유(平癒)로 다시 의장집무,"『조선일보』, 1946.4.11.

55) 이승만의 남선순행은 1차로 4월 15일-5월 9일과 2차 6월 3일-9일에 걸쳐 진행
되었다. 총 1개월 남짓 되는 기간이었지만, 그는 독촉국민회 세력을 지방으로
확산시키는 계기로 삼았다. 자세한 내용은 정병준,『우남 이승만 연구』, 서울:
역사비평사, 2013, 548~563쪽을 참고.

56) 정병준,『우남 이승만 연구』, 543쪽.

57) "이박사, 4만 김천도민에,"『조선일보』, 1946.4.24.

58) "이박사, 천안화교회견,"『조선일보』, 1946.4.10.

59) 이승만이 첫 방문지는 천안이었고, 4월 17일 대중 집회를 갖기 전날인 16일
천안과 가까운 온양에 도착하여 머물렀다. "이박사 암살계획,"『조선일보』,
1946.4.24.; "이박사 온양에 도착,"『동아일보』, 1946.4.18.; "이박사 천안착,"

대회준비와 인원동원에 앞장서야 했던 독촉국민회 대전지부장 김창근의 역할은 성공적으로 보였다.[60] 〈표 1〉에서처럼, 1946년 기준으로 대전인구는 96,207명으로 일제 강점기인 1944년 76,675명보다 19,532명이 증가했다.[61] 약 39.2%나 증가한 숫자다. 대전인구가 96,207명이라고 할 때, 참석자 3만 명은 전체 인구대비 약 31.2%다.

연 도	인 구
1940년	69,712명
1944년	76,675명
1946년	96,207명
1949년	126,704명

〈표 1〉 해방 전후 대전지역의 인구변화

이승만의 대전집회는 대성공이었다. 그것이 가능했던 것은 이승만의 지명도와 독촉국민회 선전총본부의 역할도 있었으나, 당시 독촉국민회 대전지부장이었던 김창근의 공이 컸다. 조직력을 앞세운 성공적인 대전집회로 김창근은 독촉국민회의 입법의원 후보가 되기에 부족함이 없었다. 성공적인 대전집회로 고무된 이승만은 유성온천호텔에 머물면서 미군정 하지(John Reed Hodge)의 정치고문인 굿펠로우(Preston Goodfellow)와 회동을 가졌다. 내용은 밝혀지지 않았지만, 미소공동위원회 제5호성명과 앞으로 세워질 임정(기존 임정과는 다름)

『조선일보』, 1946.4.18. 『조선일보』는 참석인원을 2만 명, 『동아일보』는 3만 명, 『대동신문』은 4만 명으로 집계했으나, 여기에서는 평균인 3만 명으로 잡았다.

60) 김창근의 3녀 김명숙에 따르면, 김창근은 이승만을 직접 수행하며 성공적인 대전집회가 되도록 전력했다고 한다. 2017년 9월 14일 오후 2시 통화.

61) "연혁," 『제55회 대전통계연보』, 대전: 대전광역시, 2016, 36쪽; 『대전사료총서』 제5집, 대전: 대전광역시사편찬위원회, 2010, 269~270쪽.

에 관한 내용을 주제로 2시간 회담한 것으로 알려졌다.[62]

김창근은 독촉국민회 대전지부장으로 임명된 지 얼마 되지 않아 이승만의 대전집회를 진행하였다. 그는 중부이하 지역에서 규모가 가장 큰 성결교회를 담임하고 있었고, 또한 일제 강점기에 여러 번 탄압받고 투옥된 경험으로 사람들의 신뢰를 받고 있었고, 다른 교파 교회들과 인적 네트워크를 형성하고 있었기 때문에 그는 대전지부장으로서 역할을 성공적으로 수행할 수 있었다.[63]

눈여겨 볼 것은 독촉국민회가 산하에 대한독립촉성국민회청년회 총연맹(독촉청년)을 두었다는 점이다. 처음에는 해방 직후인 1945년 11월 7일 18개 청년단체가 청년운동추진회를 결성하였다. 좌파의 운동권에 대항하기 위해 결성된 이 단체는 초기에는 김구와 임정을 지지하였다. 그러다 종교청년단체를 포함하여 43개 청년단체 대표 400여명이 1945년 12월 21일 천교도당에 모여 독촉청년 발족대회를 가졌다. 이들의 강령은 자주독립, 민주정권 수립, 청년의 질적 향상, 세계평화수립에 기여 등을 내걸고 이승만을 총재에 김구를 부총재로 추대하였다. 독촉청년은 독촉중협과 독촉국민회의 지원을 받으며 전국적인 단위로 확장하였다.[64] 독촉국민회가 대중집회를 가질 때, 독촉청년은 안내·동원·경비 등의 업무를 담당했다. 특히 대중집회가 진행될 때 애국가 제창을 선도하였고, 악기를 연주하여 분위기를 한층 돋우었다. 시위행

---

62) "과도정부수립에 중대안건회의?" 『조선일보』, 1946.4.23.; 남한의 단정을 처음 주장한 사람은 굿펠로우였기에 그와 관련된 대화가 이루어졌을 것으로 추정된다. 『자유신문』, 1946. 5. 25.; "굿펠로 박사(하지중장 고문) 이박사와 요담," 『대동신문』, 1946.4.23.

63) 1952년 대전기독교연합회가 조직될 때, 창립 멤버이면서 초대회장을 지닐 정도로 기독교를 중심으로 인적 네트워크가 이전부터 형성되었다.

64) 선우기성, 『한국청년운동사』, 서울: 금문사, 1973, 653~657쪽.

렬에는 16인조 악대가 선두에 서서 전체 분위기를 이끌었다.[65] 대전집
회도 그와 유사했다. 독촉청년(국민회 청년단으로 명칭을 바꿈)의 충
남단장을 맡고 있었던 송진백의 협력도 손꼽을 수 있다. 기독교인이었
던 그는 독촉국민회 부지부장겸 감찰위원장으로 지부장 김창근을 지
근거리에서 도우며 대전집회의 분위기를 이끌었다. 그를 중심으로 한
독촉청년은 김창근과 남천우의 지지를 받으며 이승만의 남선순행에
발을 맞추었다.[66] 독촉청년의 강점은 우파 청년단체들과 긴밀한 관계
를 맺고 있었다는 점이다. 김행선의 『해방정국 청년운동사』에 따르면,
1945년에는 좌파가 3개, 우파가 1개가 조직되었다. 반면 1946년에는 좌
파가 3개(재조직 포함)가 조직된 반면, 우파는 8개가 조직되었다.[67] 이
단체들과 긴밀하게 움직이는 일은 독촉청년의 몫이었다.

---

65) 이경남, 『분단시대의 청년운동(상)』, 서울: 삼성문화개발, 1989, 145쪽.
66) Ibid., p.171.
67) 김행선, 『해방정국 청년운동사』, 서울: 선인, 2004, 380~381쪽.

1945년	1946년
조선학도대 후기(좌파/ 9.25.-1946.1.9.)	재경학생행동통일촉성회 (좌파/1.9.-2월 중순)
조서학병동맹(좌파/ 8.23.)	서울학생통일촉성회(좌파/ 2월 중순)
조선공산주의청년(좌파/ 8.18.)	
조선청년동맹(좌파/ 12.11)	조선민주주의청년동맹(좌파/ 4.12.)
대한독립촉성전국청년회(우파/ 12.21.)	대한민주청년동맹(좌파/ 4.9.)
	반탁전국학생총연맹(우파/ 1.3.)
	한국광복청년회(우파/ 4.15.)
	대한독립촉성국민회청년단(우파/ 5.13.)
	전국학생총연맹(우파/ 7.31.)
	대한독립청년단(우파/ 9.12.)
	조선민족청년단(우파/ 10.9.)
	서북청년회(11.30.)

1945년 기준으로 좌파 청년단체는 우파보다 월등하게 앞섰다. 반면 1946년
좌파는 대부분 이전 조직을 개편하는데 초점을 둔 반면, 우파는 7개 단체를
새롭게 조직하였다. 1946년 말 기준으로 대표적인 좌파 청년단체는 4개이고,
우파는 8개다.

독촉청년 내부에서는 좌파의 조선노동조합전국평의회(전평)에 대항하기 위한 별도의 단체가 필요하다는 인식을 갖게 되었다. 해방과 함께 인공과 좌파는 노동운동을 전면에 내세우며 전평을 조직하고 지원하였다. 이에 대응하기 위하여 독촉청년의 청년부장 김구(金龜)는 미군정 노동부차장 박택을 찾아가 도움을 요청하였다. 그 결과 전평을 상대할 대한독립촉성전국노동총년맹(독촉노동)이 1946년 3월 10일 출범하였다. 독촉노동은 고문으로 이승만을 비롯하여 김구·김규식·안재홍 등을 추대하였다.[68] 이들은 독촉국민회의 중심인물들로 독촉노동이 전국단위로 조직망을 결성할 때, 특히 충남과 대전지역에서도 독촉노동 지부가 결성될 때, 남천우와 김창근의 지원을 받았다.

김창근의 역할 중의 하나는 독촉국민회와 밀접한 우파를 결집시키는 일이었다. 독촉국민회가 제1차 미소공위 개최기간동안 조직을 개편하면서, 산하단체들도 개편하였다. 이 때 1946년 4월 5일 인사동 중앙교회에서 한국애국부인회와 독촉중앙부인단을 통합하여 독립촉성부인회(독촉부인회)를 출범시켰다. 한국애국부인회는 건국부녀동맹에서 좌파와 갈등한 뒤 탈퇴하여 1945년 9월 10일 조직되었고, 독촉중앙부인단은 반탁운동에 조직적으로 참여하고자 1946년 1월 10일 조직되었다. 이 두 단체는 전형적인 우파이며, 2월을 기점으로 이승만과 김구가 독촉국민회로 결집되자 독촉부인회를 결성하여 보조를 맞추었다. 독촉부인회 출범식에 독촉국민회 부의장 김구가 참석하여 축사를 맡았다.[69] 두 단체는 하나로 통합하여 지방 조직화에 나섰다. 1946년 7월 기준으로 독촉부인회 회원은 전국적으로 총 237,965명이었고, 충남은 27,502명, 대전 5,000명이었다.[70] 5,000명의 독촉부인회 대전지부 회원

---

68) 선우기성, 『한국청년운동사』, 657~661쪽.
69) "합동부인회 성대," 『조선일보』, 1946.4.6.

들은 독촉국민회 대전지부장 김창근과 연대하여 이승만의 성공적인
대전환영대회가 되도록 조력했다.

 김창근은 학생 단체인 반탁전국학생총연맹(반탁학련)과도 깊은 관
계를 갖고 있다. 학생들이 정치에 뛰어드는 이유는 반탁과 연결되어 있
었다. 모스크바 3상회의 결과 신탁통치안이 가결되자, 보성전문학교
(고려대학교) 학생들을 중심으로 반탁치 보전학생회를 조직하였다. 여
기에 서울 전역의 각 전문학교 학생들도 참여하여, 결국 1946년 1월 2
일 반탁학련 결성 준비대회를 개최하였다. 의장단으로 선출된 이철승
은 반탁국민총동원위원회에도 참여하여 독촉국민회와도 밀접한 관계
를 맺었다. 결성대회에 국민총동원위원회를 대표한 백남훈과 독촉중
앙청년총연맹을 대표한 김창엽이 참석하여 격려사를 보냈고, 이승만
도 비서실장 윤치영을 보내 격려했다.71) 이들은 비상국민회의에서 선
출한 민주의원이기도 했다. 반탁학련과 중등부연맹은 시위만 아니라
문화 및 계몽활동, 웅변대회, 예술제 등을 통하여 반탁운동에 참여하
였다. 반탁학련을 중심으로 1946년 5월 16일 중앙교회에서 전국학생총
연맹(전학련)이 출범하였다. 전학련이 전국적인 조직망을 형성할 때,
특히 충남과 대전지역에 전학련 충남도 연맹과 대전지구연맹이 결성

---

70) Phillip C. Rowe, Report concerning the Membership, Relations with North Korea,
   and Attitude towards Trusteeship, the Moscow Decision, and the Joint Commission
   of Right Organization (8. Sep. 1945-31. March 1947), 1947.4.25. 양동숙, "해방
   후 독립촉성애국부인회의 조직과 활동연구, 「한국민족운동사연구」 제62호(2010),
   391~392쪽. <표 1> 독촉부인회 전국지부 및 회원수(1946년 7월 기준)과 <표 2>
   독촉부인회 전국지부 및 회원수(1947년 1월 기준) 재인용. 1946년 7월 5일 회
   원 237,965명에서 1947년 1월 3,305,170명으로 급증하였다. 충남에만도 27,502
   명에서 456,950명으로 증가하였다. 전국적으로 1,188%가 증가했다면, 충남에
   서는 1,661%가 증가한 것이다.
71) 한국반탁반공학생운동기념사업회, 『한국학생건국운동사』, 서울: 한국반탁·반
   공학생운동기념사업회출판국, 1986, 129~131쪽.

될 때, 대전지부장 김창근을 비롯하여 충남도지부장 남천우과 대전지
부장겸 감찰위원장 송진백이 적극적으로 후원하였다.[72] 전학련은 독촉
국민회의 산하단체가 아니지만, 합종으로 밀접한 관계를 갖고 있었다.

독촉국민회 대전지부는 독촉국민회 산하 난체들과 여러 우파들을
결집시키고, 읍·면·리의 지부를 조직화시키는데 힘을 기울였다. 노
력의 결과로 이승만 대전 환영대회가 성공적으로 마치게 되었다. 앞서
언급한대로 충남과 대전지역에서 독촉국민회는 조직력에서 좌파에 비
하여 비조직적이었다. 그러나 독촉중협과 독촉국민회의 지속적인 우
파 단체의 결집과 지방조직화로 반전을 꾀할 수 있었다. 결과적으로
김창근을 중심으로 한 조직력과 우파 단체와의 긴밀한 관계가 집회동
원을 극대화시켰다.[73]

김창근의 조직력과 결집력은 입법의원[74] 선거에서 정점에 이르렀
다. 그는 독촉국민회 후보로 참여하여 홍순철, 유영근, 이원생, 유정호
과 함께 당선되었다.[75] 이 5명은 모두 독촉국민회 후보였다. 당시 입

---

72) Ibid., p.357.

73) 이승만의 남선순행은 이승만의 지명도, 독촉국민회의 선전총본부 외에 미군정,
한국인 경찰과 관료들의 직간접 지원은 받은 것은 사실이지만, 독촉국민회
대전지부장의 역할은 그 모든 것에 우선한다.

74) "미군정법령 제118호(1946.10.12.)," 『한국 100년사』, 서울: 한국홍보연구소, 1985.
미군정 하지는 군정장관 러치(Archer L. Lerch)의 건의에 따라 1946년 8월 4일
군정법령 제118호를 선포하고 입법의원을 구성하기로 결정하였다. 목적은 "모
스크바에 규정된 대로 조선 전체의 임시민주정부를 수립한 통일 조선국가가
속히 건설되기를 期하며 과도입법기관을 건설함으로써 정부에 민주적 요소의
참가를 증가하여 민주주의 원칙위에 국가의 발전을 조성함"이었다.; 입법의원
참여에 여운형과 김일성이 논쟁했던 것으로 보인다. 여운형은 참여하여 좌파
확산을 위한 계기로 삼자고 주장했으나, 김일성은 반대하였다. 우파가 우세하
기 때문에 좌파의 활동은 한계가 있다는 것이다. 김일성의 반대가 어운형의 참
여결정에 영향을 끼쳐 결국 여운형은 입법의원에서 사임하였다. 박병엽 구술,
유영구·정창현 엮음, 『김일성과 박헌영 그리고 여운형』, 197쪽.

법의원은 두 가지 형태로 결정되었다. 45명은 국민투표로 선출(민선의
원)하고 45명은 미군정이 임명(관선의원)하여, 입법의원은 총 90명이
었다. 미군청 법령 제118호가 1946년 10월 12일 발표된 뒤, 선거는 10
월 14일부터 10월 말까지 약 18일간 전국적으로 실시되었다.[76] 날자는
지역사정에 따라 달리했다. 제8조에 따라 충남은 20일 里·町선거, 24
일 面·邑·區선거, 25일 郡·府선거, 29일 道선거라는 4단계를 거쳐
입법의원을 선출하였다. 55,000명당 1인을 선출하는 인구비례에 따라
충남은 5명을 선출할 수 있었다.[77] 김창근을 포함해 5명의 독촉국민회
후보 전체가 입법의원으로 당선된 것은 충남과 대전의 조직력과 결집
력이 그만큼 강했다는 것을 의미한다. 반면 김창근이 정치에 발을 들
여 놓는데 일정한 역할을 했던 남천우도 입법의원에 출마했으나 탈락
하였다. 그 이유는 두 가지로 요약된다. 첫째는 그가 대부분 강원도에
서 활동함으로 충남에서의 폭넓은 관계가 부족했고, 둘째는 일제에 의
해 조직된 일본기독교 조선교단 충남교구장을 맡았기 때문으로 여
겨진다. 그가 대전제일교회라는 규모가 큰 교회를 담임하고 있었지만,
이전부터 뿌리내리고 신뢰를 받고 있었던 김창근보다는 조직력에서
약했기 때문으로 보인다.

---

75) 홍순철(洪淳撤)은 법제·사법위원으로 활동하였고 조선공립보통학교 훈도와
    대구교남학교 교장과 제3대 국회의원(충남 아산 자유당)을 역임하였다. 유영
    근(柳英根)은 식량물가대책위원으로 친일 재산문제에 대하여 관심을 가졌다.
    이원생(李源生)은 법률조례기초위원으로 개회가 끝난 뒤 가진 인터뷰에서 입
    법의원을 "과도적인 기관"으로 규정한 바 있다. 유정호(柳鼎浩)는 재정경제위
    원회으로 활동 하였다. "입법상임 특별위원 결정,"『자유신문』, 1947.1.11.;
    "이왕이면 최산을 다한다,"『자유신문』, 1946.12.13.; "한국근현대인물자료,"
    「한국데이타베이스」, 2017.11.11. 오후 2시 기준.
76) "지방선거는 착수준비,"『조선일보』, 1946.10.9.
77) "미군정법령 제118호," 제3조 설치, 제8조 선거방법 참조.; "입법의원 창설,"
    『경향신문』, 1946.10.13.

김창근은 1947년 3월 21일 열린 제35차 본회의에 사임서를 제출하였다. 입법의원에 당선된 그는 입법의원으로 중요한 역할을 수행해야 되는 상황임에도 사임서를 제출한 것이다. 사임 이유가 명확하지는 않다. 다만 추정할 수 있는 한 가지는 성결교회 재선에 몰두해야 하는 상황에서 임원이었던 김창근이 입법의원활동을 계속하기에는 무리였던 것으로 보인다. 사실 성결교회 총회차원에서 진행시켜야 하는 재건사업을 뒤로하고 그가 정치에 전념하기에는 어려웠다. 한 가지 덧붙인다면 당시 교계에서는 교회를 담임하는 목사가 전적으로 정치에 참여하거나 관직에 오르는 것을 제한하였다. 장로교는 1947년 총회에서 관직에는 목회자는 담임목사를 할 수 없음을 결의하였다. 그 결과 정치참여 목회자들에게 총회 대의원 자격은 주어졌지만 담임목사직은 금지되었다.[78]

비록 약 4개월간 입법의원으로 활동했지만, 그가 참여한 반탁결의안은 중요한 입법 활동 중의 하나였다.[79] 미군정하에서 입법의원의 역할

---

[78] 성결교회는 장로교보다는 늦은 1956년 4월 17일 제11회 재흥총회에서 교역자의 정당 및 사회단체 가입금지 법안을 통과시켰다. "성결교회 교역자는 정당 및 사회단체에 참가함과 정치운동에 참여 못할 것"을 규정함으로, 이때부터 성결교회 목회자는 정당이나 관직에 참여할 수 없었다. 증경총회장단, 『기독교대한성결교회 議政史: 1945-1993』, 서울: 일정사, 1990, 140쪽.

[79] "입법의원 제12차 본회의에서 반탁결의안 제출됨," 입의속기록, 제16호(1947. 1.20.). 재석원수 54명 중에서 찬성이 44표, 반대가 1표가 나왔다. 결의안은 크게 두 가지다. 1) 우리는 모스크바三相會議의 조선에 관한 결정 중 신탁통치에 관한 조항은 전 민족의 절대 반대하는 바임에도 불구하고 하지중장이 공동위원회성명서를 第5號에 서명한 것을 모스크바결정의 전면적 지지로 인정하는 것은 민족의 총의를 왜곡하는 것으로서 이에 그 부당성을 지적하여 단호 반대함. 2) 미소공동위원회와 협의하기 위하여 초청된 개인·정당 급 사회단체에 대하여 모스크바결정의 실행에 관한 의사발표의 자유를 구속 내지 금지함은 신탁통치를 조선민족에게 강요하는 것으로서 대서양헌장에 보장된 언론자유의 원칙에 위반될 뿐 아니라 작년 5월 중 미소공동위원회의 결렬 당시에 발

은 한계가 있었고, 실제로 통과시킨 법안도 많지 않았다. 대표적인 입법안이 반탁결의안이라고 할 때, 처음이자 마지막으로 김창근이 그 안을 채택한 것이다. 반탁결의안에는 그동안 자주 독립과 새로운 국가건설을 갈구했던 기독교인의 열망이 담겨있었다. 그것은 기독교인들이 정치에 참여할 이유 중의 하나였다. 입법의원에 당선된 김창근은 일부나마 유의미한 역할을 수행한 것이다.

1949년 제4차 재흥총회에서 김창근은 부총회장직에서 물러난 뒤, 백범 대전추도위원회 총무로서 부회장 남천우와 함께 실무를 담당하며 정치에 다시금 발을 들여 놓았다.[80] 또한 그는 10월에 열린 독촉국민회 충남 시·군·읍·면대표자대회에서 부위원장으로 선출되기도 했다.[81] 그렇지만 그는 1950년도부터 정치에서 완전히 손을 떼었다. 그는 성결교회 부회장 5회와 총회장 2회를 연임하면서 교단재건과 기독교 연합활동과 사회복지사업에 전념하였다.

5. 마무리 및 평가

최근에 중앙정치를 중심으로 혹은 전국적인 지명도가 있는 기독교인들을 중심으로 연구되어왔다. 반면 지방에서 교회를 중심으로 활동한 인물들이 적지 않음에도 거의 연구되지 않았다. 또한 장로교나 감리교에 비하여 작은 교단의 지도자들에 대한 연구는 거의 전무한 실정이다. 해방정국에서 중요한 역할을 했음에도, 두 교단 중심으로 연구

표된 하지중장의 성명에도 배치됨을 지적하고 이에 단호 반대함.
80) "故白凡先生大田府追悼委員會, 추도회절차 결정," 『동방신문』, 1949.6.30.
81) "國民會 충청남도 시·군·읍·면대표자대회 개최," 『동방신문』, 1949.10.10.

되었을 뿐이다. 따라서 본 논문에서는 중앙과 지방정치의 균형을 이루고, 한국기독교의 정치활동의 균형을 이룬다는 차원에서 적합한 인물을 선정하여 연구 대상자로 삼았다. 그는 해방정국에서 충남과 대전을 중심으로 활동한 정치인이며 대전중앙성결교회 담임교역자인 김창근 목사다. 그는 지방 정치인으로 중앙정치인과 대등하게, 또한 작은 교단의 목회자로서 장로교나 감리교 지도자 못지않게 중요한 역할을 수행했던 인물이기에 본 논문에서는 그를 연구 대상으로 삼았다.

오랫동안 대전에서 목회하며 인적 네트워크를 구성하고 있었고, 일제에 옥고를 치루기도 했던 김창근은 중부 이남의 성결교회 중 가장 규모가 큰 교회에서 목회하고 있었다. 그는 성결교단을 대표해서 독촉국민회에 가담하여 충남도부원장과 대전지부장으로 활동하였다. 그가 받은 독촉국민회 대전지부장 위촉장에는 독촉국민회의 방향이 명확하게 적시되었다. 내용에는 민족통일을 위한 독립촉성만을 목적으로 하고, 당이나 지역 색을 일절 배제하고 협력하는데 집중하고, 정치적 모략이나 경제적 유익추구를 금지한다는 내용이 담겨 있다. 독촉국민회가 완전한 독립을 열망하고, 특정 정당이나 지역이 아닌 전체가 협력하는데 지향점이 있었기 때문에 김창근이 참여하는데 어려움이 없었다. 그의 정치활동은 이승만의 대전집회를 준비하면서 극대화되었고, 입법의원 선거과정에서 그 정점을 찍었다. 그러다 1947년 3월 입법의원직에서 자진 사퇴함과 동시에 정치일선에서 물러났다.

김창근에게 정치는 기독교와 긴밀한 관계에 위치하였고, 국가와 민족을 지켜주는 보호막이었고, 혼란스러운 해방정국에서 국가의 정체성을 세우는데 중요한 매개체였다. 그럼에도 김창근은 교회와 정치 사이에서 택일해야 했을 때, 교회를 우선할 수밖에 없었다. 성결교회 임원인 그가 일제 강점기에 폐쇄되었던 교단재건에 앞장서야 할 절박한 이유 때문이었다. 그가 입법의원으로 선출된 지 4개월 만인 3월 21일 사임한 것으로 보면, 그의 뜻은 명료했다. 당시 입법의원은 미군정으로부터 많은 혜택을 받았다. 미군정법령 제118호 제4조에 따르면, 입법의원은 "同 議院議員은 大法院 大法官과 同類의 報償을 받음"으로 규정하여 대법관에 준하는 대우를 받았다. 권한도 커서 미군정이 의탁한 사항에 대하여 법령을 제정하고, 4급 이상 관직자의 임명을 추인하고, 발언에 대하여 면책특권도 주어졌다. 이러한 이익들을 포기할 수 있었던 이유는 그에게 성결교회 재건에 전념해야하는 역할이 주어졌기 때문이었다.

김창근의 정치활동을 연구하면서, 본인은 그에게 몇 가지 정치적 특징이 있음을 인지하게 되었다. 첫째로 김창근은 독촉국민회 충남도부원장과 대전지부장으로서 지방 조직화에 공헌하였다. 독촉국민회가 지방까지 조직화하여 세를 확산시키려면, 하부조직과 지회를 갖추는 것은 필수였다. 김창근은 대전지역에서 자신의 몫을 수행하였고, 위로는 중앙조직과 아래로는 하부조직인 읍면동 지회 사이에서 이음쇠 역할을 담당하였다. 신체의 허리부분과 같은 역할을 한 것이다. 뿐만 아니라 독촉국민회 중앙본부의 예하 조직을 지속적으로 관리하는 것이다. 예를 들어 그는 독촉부인회나 독촉청년회의 대전조직을 지원하며 조직이 원활하게 움직일 수 있도록 협력하고 지원하였다. 또한 그는 대전 지역의 우파들과 긴밀한 유대관계를 맺고 있었다. 독촉국민회의 산하단체는 아니지만, 다양한 우파 단체들이 각 지역에 산재하였다. 그들과의 협력은 우파로 상징되는 독촉국민회의 역량을 확장시키는데 적지 않게 영향을 주었다.

둘째로 그의 정치참여는 교단차원에서 결정한 사항을 충실하게 따른 결과였다. 해방정국에서 성결교회는 장로교나 감리교처럼 주류가 아니었다. 성결교회는 폐쇄된 교회들을 추스르고 회복시켜야 되는 시급한 상황이었고, 개교회들도 독자적으로도 자립하기가 힘들었던 시기였다. 그러나 당시 대표적인 통합교단이었던 남부대회가 독촉중협과 독촉국민회에 가담했던 것처럼, 성결교회도 일정부분의 역할을 감당하였다. 진정한 독립과 국가 정체성 확립과정을 소홀히 할 수 없기에 성결교회도 남부대회처럼 현실정치에 참여하였다. 그 일은 성결교회 총회의 서기로 선출된 젊은 김창근에게 맡겨졌다. 따라서 김창근의 정치활동은 성결교단의 대표성을 가진다고 하겠다.

셋째로 김창근의 정치참여는 교단의 대표성을 가졌지만, 큰 흐름에서 보면 해방 후 기독교인들이 정치에 참여하게 된 이유와 크게 다르지 않았다. 대부분의 기독교인들은 교회재건과 훼절된 신앙의 회복, 진정한 독립과 국가 정체성 확립을 위하여 정치에 참여하였다. 기독교인들이 우파의 입장에서 서서 반탁운동에 참여하게 된 것도 반탁을 독립국가로 나가는데 방해물로 인식했기 때문이다. 또한 그가 입법의원으로 가장 먼저 결의한 것은 반탁결의안이었다. 반탁결의안은 좌우파 입법의원 사이에서 첨예하게 대립하던 법안이었다. 좌파의 조직적인 방해에도 대부분의 우파와 기독교인들은 반탁결의안에 찬성표를 던짐으로 반탁 결의안을 합법화시켰다. 반탁결의안은 독립국가로 나가는 과정이고, 외세의 영향을 벗어나는 길로 생각했기 때문이다.

넷째로 김창근은 종교와 정치를 긴밀한 관계에서 이해하였다. 그렇다고 하나의 통일체로 본 것도 아니다. 서론에서 언급한 박용희 목사 같은 경우에는 정치와 종교를 하나로 보았다. 반면 김창근은 둘 사이를 명확하게 구분했다. 그는 단절이 아닌 연속선상에서 이해하였다. 그가 설교하면서 외쳤던 "하나님을 위하여, 교회를 위하여, 민족을 위하여"에는 그런 의미가 담겨 있다. 둘 사이를 명확하게 구분은 하지만 그렇다고 단절시키지 않았다.

위에서 살펴본 대로, 김창근의 정치활동에는 몇 가지 의미 있는 특징들이 있다. 동시에 한계도 함께 내재되어 있다. 첫째는 김창근이 우파로 대변되는 독촉국민회 대전지부장의 위치에 있었지만, 좌파와 치열하게 대립하며 그 위치에 이른 것은 아니었다. 성결교회가 교단차원에서 지원하고, 남천우 목사의 추천으로 그 자리에 오를 수 있었다. 그가 성결교단의 임원이고 남부지역에서 가장 큰 교회에서 목회하고 있었다는 상징성을 전제해야 하기에, 그에게 치열한 정치과정은 거의 보이지 않는다. 물론 대전지역의 우파를 결집시키고 조직화시키기 위하여 전력을 다했고, 이승만의 성공적인 남선순행을 위하여 공헌한 것은 사실이지만, 독자적인 세력을 확보하지는 못했던 것으로 보인다. 치열함의 부족은 결국 그가 정치보다 교회와 교단을 우선하게 된 원인이기도 했다. 그가 입법의원에까지 올랐으면서도 물러날 수 있었던 것은 역설적으로 치열한 과정을 통하여 그곳에 오른 것이 아니기 때문으로 보인다.

두 번째는 목사라는 한계를 뛰어 넘지 못했다. 김창근은 현실극복을 위한 방안으로 정치를 택하였지만, 그렇다고 정치가 절대적 매개체는 아니었다. 이런 인식은 후에 사회복지사업 참여와 신학교를 세우는 등의 이유와도 상통한다. 그는 정치에서 떠난 뒤, 소외된 이들을 위해 많은 기관과 학교를 세우는데 공헌했다. 그것 역시 한민족을 위한 중요한 매개체였기 때문이다. 같은 맥락에서 그의 정치는 한민족을 위한 중요한 매개체였다. 그러나 자세히 보면, 그에게는 정치가 넘어설 수 없는 그 무엇이 있었다. 그것은 바로 자신의 본질적인 정체성이다. 그가 교회와 정치 사이에서 택일해야 했을 때, 전자를 우선하였다. 교회만 아니라 정치 역시 중요했던 시기다. 그럼에도 교회를 택한 것은 자신의 정체성을 '정치인'이 아닌 '목사'에 두었기 때문이다. 그것은 해방 정국에서 그의 정치활동이 1년여 남짓에 그치고만 이유였다.

이상으로 본 논문을 마무리하면서, 충남과 대전에서 김창근이 세부적인 정치활동과 이승만의 대전집회 준비과정, 예산과 집행에 대한 자료가 부족함을 절감하였다. 많은 기간이 요구되겠지만, 앞으로의 과제는 해방정국에서의 기독교 활동에 대한 자료를 더욱 수집·보완하여 입체적으로 정리하는 것이다.

〈참고문헌〉

1. 1차 자료

『경향신문』, 『동방신문』, 『동아일보』, 『대동신문』, 『민중일보』, 『조선중앙일보』, 『조선일보』, 『중앙신문』, 『한국성결신문』

"남조선과도입법의원 입의속기록 제1차-제35차."
『미군정기 군정단·군정중대 문서 I』, 서울: 천세, 2000.
『미군정정보고서』 제1권, 제2권, 제3권, 서울: 국토통일원, 1989.
HQ, USAFIK, G-2 Periodic Report 1-2, 강원: 한림대학교 아시아문화연구소, 1989.
HUSAFIX I, 서울: 돌베기, 1988.
『제55회 대전통계연보』, 대전: 대전광역시, 2016.

김창근, "성결교회창립 50년 약사," 『활천』 제271호, 1957.5·6.
_____, "年頭辭," 『활천』 제255호(1955.1.).
_____, "第1回 總會를 앞두고," 『활천』 제257호, 1955.4.
_____, "총살직전에 제트기가 와서," 『성결교회 수난기』, 서울: 성광문화사, 1971.
Kim, Kwan Sik, "The Christian in Korea." International Review of Missions, April, 1974, 김응교 역, 『해방 후 기독교회사』, 서울: 다산글방, 1992.
Underwood, H. G. "Division of the Field." KMF, Vol. V, No.12, Dec. 1909, p.221~223.
미국무성 비밀외교문서, 『해방3년과 미국 I: 미국의 대한정책 1945-1948』, 김국태 역, 서울: 돌베개, 1984.
민주주의민족전선선전부, 「議事錄」 1947.2.15.-16.
한국교회사 문헌연구원(편), 『기독교관계 문서철』, 서울: 한빛 출판사, 1990.
"Causes for Rejoicing," KMF, Vol. II, No.3, Jan. 1906, p.44~47.
"General Assembly's Action," KMF, Vol. VIII, No.1, Jan. 1913, p.26.
"미군정법령 제118호(1946.10.12.)," 『한국 100년사』, 서울: 한국홍보연구소, 1985.
"委囑狀," 『우남 이승만 문집; 동문편』, 중앙일보사, 1998, 5
"조선기독교남부대회," 「기독교공보」 제1회, 1946.1.17.

2. 2차 자료

김동선, "미군정기 미국선교사 2세와 한국정치세력의 형성," 「민족운동사연구」 제91호, 2017.

김명섭, "공산주의 대 파시즘의 관념충돌과 기독교: 조선/한국 기독교 지도자들의 선택을 중심으로,"「한국정치외교사논총」제39집 1호, 2017.

박명수, "평안남도 건국준비위원회와 조만식,"「한국기독교와 역사」41호, 2014.

_____, "1946년 3·1절: 해방 후 첫 번째 역사논쟁,"「한국정치외교사논총」38호, 2016.

_____, "1947년 3·1절에 나타난 임정법통론과 인민혁명에 대한 미군정의 대응,"「한국정치외교사논총」39호, 2017.

박창훈, "전재민구호활동과 기독교,"「한국교회사학회지」제46집, 2017.

양동숙, "해방 후 독립촉성애국부인회의 조직과 활동연구,"「한국민족운동사연구」제62호, 2010.

양동안, "45-58년 기간에 있어서 이승만의 정치활동에 관한 연구,"「정신문화연구」25호, 2002.

양준석, "1948년 한국의 유엔 승인외교와 기독교,"「한국정치외교사논총」제39집 1호, 2017.

_____, "해방공간에서의 한반도와 동유럽: 공산화 과정과 기독교 탄압을 중심으로,"「동유럽 발칸연구」제41권 3호, 2017.

이상훈, "해방 후 대한독립촉성국민회의 국가건설운동,"「學林」30호, 2009.

이은선, "대한독립촉성국민회와 기독교,"「한국교회사학회지」제46집, 2017.

_____, "대한독립촉성국민회 지방 조직과 기독교,"「한국개혁신학」제55권, 2017.

_____, "제헌국회와 기독교 국회의원,"「한국교회사학회지」제47집, 2017.

장규식, "미군정하 흥사단 계열 지식인의 냉전 인식과 국가건설 구상,"「한국사상사학」38호, 2011.

장금현, "독립촉성중앙협의회와 조선기독교단 남부대회와의 관계,"「복음과 선교」제40호, 2017.

_____, "해방정국에서 기독교의 정치참여: 독립촉성중앙협의회를 중심으로 (1945.10.-2016.2.),"「성경과 신학」제82권, 2017.

정병준, "주한 미군정의 '임시한국행정부' 수립 구상과 독립촉성중앙협의회,"「역사와 현실」19호, 1996.

최현종, "사회자본으로서의 종교: 미군정기 관료채용을 중심으로,"「한국교회사학회지」제47집, 2017.

허명섭, "대한민국 건국과 종교,"「성결교회와 신학」33호, 2015.

허 종, "미군정기 대전지역의 정치 동향과 국가건설운동,"「한국근대사연구」62호, 2012.

Cumings, Bruce, 『한국전쟁의 기원』, 김자동 역, 서울: 일월서각, 1986.

김창근, 『불붙는 가시덤불』, 서울: 성광문화사, 1977.

김행선, 『해방정국 청년운동사』, 서울: 선인, 2004.

대전광역시기독교연합회 대전기독교역사편찬위원회, 『대전기독교 100년사』, 대전: 대전기독교 역사편찬위원회, 2007.

대전중앙교회 80년사 편집위원회, 『대전중앙교회 80년사』, 서울: 삼영사, 1999.

민경배, 『대한기독교장로회백년사』, 서울: 대한예수교장로회 총회교육국, 1984.

박명수, 『조만식과 해방 후 한국 정치』, 서울: 북코리아, 2015.

_____, "해방 후 건국준비위원회와 기독교의 역할," 『대한민국 건국과 기독교』, 서울: 북코리아, 2014.

박명수·안교성 외 8명, 『대한민국 건국과 기독교』, 서울: 북코리아, 2014.

박병엽 구술, 유영구 정창현 역음, 『김일성과 박헌영 그리고 여운형』, 서울: 선인, 2014.

서울신학대학교 성결교회역사연구소, 『한국성결교회 100년사』, 서울: 기독교대한성결교회출판부, 2007.

선우기성, 『한국청년운동사』, 서울: 금문사, 1973.

송남헌, 『해방 3년사: 1945-1948』, 서울: 도서출판 까치, 1985.

이경남, 『분단시대의 청년운동(상)』, 서울: 삼성문화개발, 1989.

이혜숙, 『미군정기 지배구조와 한국사회』, 서울: 선인, 2009.

정병준, 『우남 이승만 연구』, 서울: 한영문화사, 2013.

증경총회장단, 『기독교대한성결교회 議政史: 1945-1993』, 서울: 일정사, 1990.

한국기독교역사학회, 『한국기독교의 역사 I: 개정판』, 서울: 기독교문사, 2011.

한국반탁반공학생운동기념사업회, 『한국학생건국운동사』, 서울: 한국반탁·반공학생운동기념사업회출판국, 1986.

허명섭, 『해방 이후 한국교회의 재형성: 1945-1960)』, 부천: 서울신학대학교현대기독교역사연구소, 2009.

홍이표·홍승표, 『대전제일교회 100년사: 1908-2008』, 대전: 기독교대한감리회 대전제일교회, 2008.

김상태, "근현대 평안도 출신 사회지도층 연구," 서울대학교 국사학과 박사학위논문, 2002.

장규식, "해방후 홍성지방 중도우파. 사회주의 진영의 국가건설운동," 연세대학교 사학과 석사학위논문, 1992.

배은희 목사의 서울 · 전북지역 정치활동

이은선

1. 시작하는 말

　해방 후 대한민국이 세워지는 과정에서 각 지역 기독교 지도자들과 지역교회들이 중요한 역할을 하였다. 기독교인들 가운데 최문식과 이 재복과 같은 좌파나 김창준과 같은 중도파가 일부 있었지만 대부분은 우파의 정치사상을 가지고 이승만과 김구의 정치활동을 후원하였다. 그런데 기독교인들 가운데 좌파와 중도파에 속한 인물들에 대한 연구는 어느 정도 이루어졌으나,[1] 우파에 속한 인물들에 대한 연구는 별로

---

[1] 연규홍, 「최문식」, 『한국기독교와 역사』 2집, 1992, 79~90쪽; 정태식, 「기독교 사회주의(基督敎社會主義)의 한국적 수용(韓國的 受容)에 대(對)한 일고찰(一考察) -최문식(崔文植) 목사(牧師)의 사상(思想)과 실천(實踐)을 중심(中心)으로」, 『퇴계학과 유교문화』 39집, 2006, 411~449쪽; 김권정, 「일제하 최문식의 사회 운동과 기독교사회주의」, 『숭실사학』 26집, 2011, 145~178쪽; 유영렬, 「기독 교민족사회주의자 김창준에 대한 고찰: 김창준 회고록을 중심으로」, 『한국 독립운동사연구』 25집, 2006, 177~224쪽; 오성주, 「사회복음주의 기독교 교육 론 김창준(1890.5.3-1959.5.7)연구」, 『신학과 세계』 61집, 2008, 186~214쪽.

이루어지지 못했다. 따라서 이승만, 김구, 김규식보다는 중요성이 못한 우파에 속한 기독교 정치인들에 대한 연구가 필요하다고 판단된다. 해방공간에서 이승만 박사를 가장 일관되게 지지하면서 활동했던 인물들 가운데 한 사람이 배은희(1888-1966) 목사이다. 그는 이승만을 국부라고 부르면서 그의 정치활동을 지원하였다.[2] 그는 1946년 1월 독립촉성중앙협의회(이하 독촉중협) 전북 지부를 조직할 때 이승만과 관계를 맺은 후에 1948년 5월 10일 총선거를 통하여 대한민국이 세워질 때까지 다양한 독립활동을 통하여 이승만의 정치활동을 후원하였고, 초대 정부에서는 초대 고시부장을 지냈고 1951년 보궐선거를 통해 2대 국회의원이 되었다.

그래서 본고에서는 배은희 목사의 해방 이후부터 대한민국이 세워질 때까지의 정치활동을 두 가지 측면에서 분석해 보고자 한다. 첫째 이승만이 자신의 정치활동을 위해 조직했던 독촉중협과 대한독립촉성국민회(이하 독촉국민회)의 전북 지부장으로서 전북 우파들과 기독교 세력을 모아 독립운동이란 의식 하에서 전개한 그의 정치활동을 분석해 보고자 한다. 그는 반탁운동을 전개했던 자신의 정치활동을 독립운동이라고 표현하고 있다.[3] 둘째 중앙정치무대에서 독촉국민회와 한민족대표자대회(이하 민대)를 중심으로 총선거를 통해 정부가 수립되는 과정에서 배은희 목사가 이승만을 지지하면서 펼쳤던 정치활동을 분석해 보고자 한다. 배은희는 해방 이후의 자신의 독립운동을 통해 정부가 수립되어 건국이 되었다고 표현하였다.[4] 그는 해방 이후에 독립운

---

[2] 배진구, 「이승만 박사의 건국운동과 배은희 목사」, 『한국논단』 239집, 2009, 171쪽.

[3] 그는 『나는 왜 싸웠나?』, 일한도서주식회사, 1955라는 자신의 저서에서 해방 이후 활동의 제목을 「제2장 해방 후 독립전취(獨立戰取)에 대한 가지가지의 투쟁」이라고 붙이고 있다.

동을 통해 신탁통치를 극복하고 5.10 총선거를 통해 정부를 수립함으로 건국의 목표를 달성하고자 활동하였다는 점을 밝혀보고자 한다.

이러한 해방 이후의 그의 정치활동을 분석하기 전에 해방될 때까지 그의 목회활동과 독립운동에 대해 먼저 기술하고자 한다. 이 연구의 1차 자료는 배은희 목사의 『나는 왜 싸웠나?』라는 저서와 각종 언론 보도이다.

2. 해방이전 배은희 목사의 독립운동

배은희는 경상북도 경산에서 태어나 20세에 전도지를 받고 회심하여 기독교인이 되었다. 그는 1908년 자신의 집에 예배당을 설립했으며 동시에 숭덕학교를 세워 교육을 하였다. 그는 한일합병에 항의하다 잠시 투옥되었는데, 이때의 경험을 "내가 해방 후 목사시무를 중단하고 독립운동에 몸을 바쳐 피의 투쟁을 한 종자가 그 때 뿌려졌던 것"이라고 평가한다.[5]

1915년 평양신학교에 입학하였고, 3.1운동 때 평양에서 시위에 가담하여 태형 40대를 맞았다. 그는 이때의 상황을 "세계 제1차 전쟁이 끝나고 파리강화회의가 열리자 미국 대통령 『웨일손』씨가 민족자결주의의 깃빨을 들고 파리로 건너가자 세계피압박 약소민족들은 이 민족자결주의에 발을 맞추어 벌떼같이 일어나 이곳 저곳에서 독립운동이 벌

---

4) 그는 총선거까지의 자신의 활동에 대해 "유엔총회에서는 한국위원단을 파견하여 한국에 총선거를 감시하여 외국의 간섭이 없는 독립정부를 수립한다는 보도가 전하여졌다... 이것이 우리 민대(한민족대표자대회)운동의 최대 승리이며 건국운동에 최후일각까지의 투쟁이라 하겠다"(『나는 왜 싸웠나?』, 80쪽)고 서술한다.

5) 위의 책, 4쪽.

어졌다"고 서술하였다.[6] 그 후 대구, 부산, 청도 등 여러 지역의 3.1운동에 가담했으나 투옥되지는 않았다. 그는 박승명 목사가 기독교인들을 중심으로 1919년 8월 임시정부를 지원하고자 평양에서 조직한 대한국민회에 평의원으로 참여하였다. 이 조직은 처음에 교회를 활용하여 평남 지역에 퍼졌는데, 10월 중순 평양신학교에서 열린 전선장로회총회(全鮮長老會總會) 때 박승명 목사가 여기에 모인 전국 장로교 목사와 교회지도자들을 대상으로 이 조직의 취지를 밝힌 후 점차 전국으로 조직을 확대해갔으며, 이 과정에서 배은희가 평의원으로 참여했다.[7]

그는 1919년 평양신학교를 졸업하고 1921년부터 전주 서문외교회에서 목회를 하였다. 이 교회에서 3.1운동을 주도했던 김인전 목사가 상해로 망명한 후에 노회는 "전주 서문외교회에서 임시시무 하는 배은희를 해교회에 정식 시무"하도록 허락하였다.[8] 그는 서문외교회에서 시무하면서 항일운동의 방법으로 근대교육운동을 전개하였다.[9] 그는 1921년 10월 호남 최초의 '전주유치원'을 건립하고 어린이 전도 사업을 하며 민족사상을 심어주었다. 1923년 3월에 교회건물을 이용하여 무산자의 아이들을 교육시키자 많은 학생들이 몰려왔다. 학생들을 수용할 수 없게 되자 1934년 후원금을 모아 무산아동을 위한 숭덕학교를 세워 교육하였는데, 학생숫자가 400-600여명에 달하였다.[10] 이러한 그의 활동 배경에는 일본 기독교사회주의자 가가와 도요히꼬(賀川豊彦)에게서 받은 영향이 있었다.[11] 그는 부녀자 성인교육을 위해 1913년에 중

6) 위의 책, 5쪽.
5) 국사편찬위원회, 『한국독립운동사 8권 : 3.1운동 이후 독립운동 1』, 국사편찬위원회, 1990, 37쪽.
8) 백낙준 편, 『조선예수회장로회사기』 하권, 한국교회사학회, 1968, 281쪽.
9) 배은희, 『나는 왜 싸웠나?』, 27쪽.
10) 안대희, 「1893-1945년 전주 서문외교회의 성장과정과 민족운동」, 『지방사와 지방문화』 5집 1호, 2002, 242~244쪽, 246쪽.

단되었던 여자 야학교를 1923년 6월에 다시 시작하였다. 이곳에서 성경교육과 한글교육, 그리고 초보적인 일반 학문을 가르쳐 교육계몽을 실시하였다.

그는 서문외교회 신자들을 중심으로 조직되었던 전주 YMCA에 발기인으로 참가하는 등 일정한 연계를 가지고 있었다.[12] 전주 YMCA가 1925년 9월에 조직될 때 서문외교회 장로이자 신흥학교 교사였던 김가전이 회장이었고 신흥학교 교장인 박정근이 부회장이었으며, 신흥학교 교사이자 서문외교회를 중심으로 신문화운동을 펼치던 현재명이 체육부장이었다.[13] 이렇게 서문외교회 신자들과 신흥학교 교사와 학생들이 중심이 되었던 전주 YMCA에 서문외교회 목사였던 배은희가 일정한 역할을 했을 것으로 보인다.

그는 1927년에 조직된 전주 신간회 회장이 되었다. 그 해 2월에 조직된 신간회는 이상재와 조만식 같이 일본이 주장한 자치운동을 거부하는 비타협적인 민족주의자들과 공산주의자들이 연합하여 조직한 좌우합작의 민족유일당의 항일독립운동단체였다. 공산주의자들은 1924-5년경에 기독교 해체운동을 전개했으나, 순종의 인산날인 1926년 6.10만세 사건에서 공산당 세력의 절반 이상이 검거되자 생존을 위해 통일전선전략을 취하게 되면서 기독교를 포함한 민족주의자들과 연합하게되었다.[14] 전주 신간회는 1927년 4월 1일에 시작되어 5월 11일에 창립되었는데, 배은희목사가 회장이 되었고, 부회장 최경열, 간사에 임택용

11) 배은희는 하천풍언의 『가난한 자의 눈물』, 『노동운동사』, 『기독교형제애사』, 그리고 『농민운동의 실제』를 통해 영향을 받았다. 윤남하, 『믿음으로 살다 간 강순명목사 소전』, 호남문화사, 1983, 87쪽.

12) 전택부, 『한국기독청년회 운동사』, 범우사, 1994, 256쪽.

13) 안대희, 「1893-1945년 전주 서문외교회의 성장과정과 민족운동」, 276쪽.

14) 윤효정, 「신간회 창립과정 연구 - 조선공산당의 활동을 중심으로」, 『민족문화연구』 75집, 2017, 364쪽.

(치과의사), 송주상(전주노동연맹 집행위원장), 송영섭(조선농민총동맹 가담) 등이 선정되었다.[15] 좌우합작으로 조직된 신간회에 YMCA 회장인 김가전, 신현창, 백정목 등 서문외교회 교인들이 다수 참여하였다. 그러나 1928년 후반 전주에서 민족주의와 사회주의의 대결이 심각하게 벌어져 배은희 목사도 상당한 고통을 받았으며 일제의 간섭까지 겹친 결과로 활동이 흐지부지 되고 말았다.[16] 그는 공산주의 문제를 해결하고자 동경에도 가고 여러 시도를 하던 중 금강산 유람 중에 물에 빠져 익사할 뻔하였다. 그는 구출 받은 뒤에 성령 체험을 하면서 확고한 신앙으로 재출발하게 되었다.[17] 그는 이때부터 공산주의에 대한 확고한 반대의 입장을 취하게 되었다.[18]

그는 농촌문제를 해결하고자 1929년부터 '독신전도단'을 조직하여 협동조합운동을 벌였다.[19] 그는 전북과 제주도 일대를 대상으로 독신 남녀들을 훈련시켜 피폐해진 농촌에 복음을 전하여 농촌교회부흥운동을 모색하고 있었다. 이러한 전도 운동 방법에 대해 전북노회가 총회에 문의한 결과 기존 전도회 조직이 있는데 새로운 전도회를 만들 필요가 없다고 각하를 당하였다. 그래서 독신전도단을 '복음전도단'으로

---

15) 『조선일보』, 1927년 5월 13일자.
16) 안대희, 「1893-1945년 전주서문외교회의 성장과정과 민족운동」, 목포대학교 석사학위논문, 2000, 62쪽; 배은희, 『나는 왜 싸웠나?』, 27쪽. 1929년 12월15일 전북도 경찰부와 전주경찰서에서는 신간회 전북지회 임원들에 대한 검거령을 내려 당시 경찰에 의해 체포된 사람은 백용희, 옥용운, 김철, 정우상, 최정백, 김문옥, 김춘배, 오창근, 김지수 등이었다.
17) 배은희, 『나는 왜 싸웠나?』, 14~26쪽.
18) 그는 금강산에서 기도하는 중에 강순명 목사를 알게 되어 독신전도단을 조직하며 강령을 발표했는데 제1조가 "인류는 다 유물(唯物)의 길을 밟는다. 우리는 신국운동(神國運動)을 기(期)함"(『기독신보』, 1928년 8월 1일자)으로 정한 것으로 볼 때 공산주의의 유물론을 거부하고 신국운동을 펼치려고 결단한 것으로 보인다.
19) 위의 책, 32쪽.

개편하여 재출발했으나, 일제당국은 독립운동 단체라고 의심하고 또한 신사참배 문제로 갈등이 생겨나 강제해산 당하였다.[20]

일제는 1936년부터 기독교 학교에 신사참배를 강요했는데, 배은희 목사가 신사참배를 거부하자, 여자야학교는 폐교 당하였고 유치원은 인창식에게, 무산아동학교는 박성근에게 이양하였다.[21] 배은희는 이 때 자신이 민족사상으로 교육시켰던 학생들이 해방 후에 그 정신을 발휘하여 독립운동에 나서게 되었다고 평가한다.[22]

그는 중일 전쟁 후에 신사참배를 거부하여 김가전과 최서양과 함께 투옥되었다 풀려났다. 1941년 태평양 전쟁 후에 다시 투옥되어 가족을 모두 투옥하겠다는 협박에 못 이겨 강제로 한 번 신사참배를 하였고, 그 후에 11일간 금식하며 회개하였다.[23] 이와 같이 배은희 목사는 신사참배를 반대하여 항일운동을 하였다. 해방될 무렵 배은희는 사상적으로 YMCA 등과 연계되어 민족주의 진영에 속하여 일제의 지배에 항거하는 민족의식이 투철하였고, 신간회 실패 경험에 기초하여 유물론에 기초한 공산주의는 반대하지만 무산자들을 돌보려는 기독교사회주의 사상을 받아들이고 있었다.

---

20) 위의 책, 35쪽.
21) 위의 책, 30쪽.『동아일보』1937년 9월 30일자 보도에 따르면 "전주의 숭덕학교 교장 배은희는 도학무과의 신사참배강요에 대하여 폐교하겠다고 답변"했다.
22) 위의 책, 30쪽. 배은희는 정부수립을 위한 자신의 투쟁을 「독립투쟁」이라고 부르는데, 신탁통치에서 벗어나려는 반탁운동을 그러한 성격으로 규정하는 것으로 보인다. (배은희,『나는 왜 싸웠나?』, 51쪽).
23) 위의 책, 37~49쪽.

3. 해방 이후 전주에서의 활동과 독촉중앙협의회 지부들의 조직

배은희 목사는 서문교회를 통해 모범적인 목회활동을 하였고 일제
말기에 신사참배를 거부하여 투옥을 당하는 항일운동의 경력을 가지
고 있었기 때문에 해방 후에 전주지방과 서울까지 활동범위를 넓혀가
면서 기독교계의 가장 중요한 건국활동의 주역이 되었다.

1) 해방 후 전주의 자치위원회 활동

일본 천황이 1945년 8월 15일 정오에 무조건 항복을 요구한 포츠담
선언을 수락한다고 발표한 후, 전주에서는 임시시국대책위원회가 조
직되었다. 8월 16일 전주 풍남초등학교 교정에 수만 명의 시민들이 모
여 시민대회를 열었다. 일제강점기 때 신간회에 참여했거나 항일운동
에 가담했던 인사들을 중심으로 진행된 시민대회에서 배은희 목사를
비롯한 여러 인물들이 민족각성을 촉구하는 연설을 하였다. 그 날 저
녁 최한규 집에서 배은희, 이주상(4.19 후 민선시장), 정우상(변호사),
최홍렬, 오명순(언론인) 등이 모임을 갖고 전주시 임시시국대책위원회
를 조직하였다. 이날 참석자들 가운데 배은희와 이주상, 정우상 등은
우파인 반면에, 최한규와 최홍렬은 좌파였다. 최한규와 최홍렬은 건국
준비위원회(이하 건준)가 9월 6일에 개최했던 전국인민대표자대회 전
주지부대표위원이었다. 그러므로 좌우파가 함께 조직한 시국대책위원
회에서 위원장 배은희, 부위원장 유직량, 총무부장 인창섭, 재무부장
백남혁 등이 선출되었다. 부위원장 유직량은 양조업에 종사하면서 후
에 한민당 전북지부장이 되었다. 총무부장 인창섭과 재무부장 백남혁
은 대지주였고, 인창섭은 서문외교회에서 배은희 목사의 교육 사업을

도왔던 기독교인이었다. 그러므로 시국대책위원회는 좌우가 함께 결
성했지만, 주로 우파들이 중심이 된 조직이었다. 이들은 치안을 담당
하고자 전주청년단을 함께 발족시켰다.24) 또한 이들은 자신들의 활동
을 도민들에게 홍보하고자 '건국시보'라는 신문을 16일 밤에 인쇄하여
17일 새벽에 배달했는데, 해방 후 발행된 전국 최초의 신문이었다.25)

그러나 후에 민주주의민족전선 부의장을 지내는 백용희 외 32명이
논의를 거듭하여 8월 20일 건준 전북지부가 결성되었다. 지부장에는
최홍열이 당선되었고, 김철주, 최한규, 송모씨 등이 임원으로 선출되었
다. 김철주는 1931년 전주지역 혁명적 농조활동을 하였고 해방 후에는
인민위원회 대표로 참석하였다. 송모는 완산과 익산에 600정보가 넘는
토지를 가졌던 송병우로 추정된다.26) 건준 임원들이 대부분 좌파인 점
으로 볼 때, 건준을 조직하는 과정의 주도권 싸움에서 우파가 좌파에
밀렸던 것으로 보인다. 이후 건준은 산하에 청년대와 학도대를 조직하
여 치안유지와 적산관리에 주력하였다.

그러면 건준이 조직된 후에 시국대책위원회는 어떻게 되었을까? 이
에 대해 『서문교회사』는 우파는 배보석 장로 집에 자주 모였고, 좌파
는 최한규 집에 자주 모인 후에 「결국 양측이 협의해 건국 준비를 위
한 조직을 구성하기로 하였다」라고 서술하여27) 좌우연합으로 건준을
조직한 듯한 인상을 준다. 그리고 『대한민국 건국청년운동사』도 건준
과 인공이 조직된 후에 시군구에 조직을 확대한 것을 서술하고, 우파

---

24) 건국청년운동협회편, 『대한민국건국청년운동사』, 건국청년운동협의회총본부,
    1989, 688쪽.
25) 이치백, 「전주, 해방 후 최초의 신문 발간」, 『새전북신문』 2009년 8월 27일자.
26) 박재호, 「미군정기 전북지역 좌·우익의 활동(1945.8-1948.8」, 건국대학교 석사
    학위논문, 1998년, 16쪽.
27) 서문교회100년사편찬위원회, 『전주서문교회 100년사』, 서문교회, 1999, 448쪽.

청년조직은 이승만의 활동을 지원하기 위해 1945년 12월 21일에 대한
독립촉성전국청년총연맹을 결성한 것을 서술하여 좌파가 그 이전 시
기 청년조직을 주도한 것을 인정하고 있다.[28]

서울에서 9월 6일 인공이 선포된 후에 전북에서도 도와 각 군에 인
민위원회가 조직되었다. 백용희와 최홍열이 지도한 전북도 인민위원
회와 군산·옥구, 익산, 김제, 임실, 순창, 남원, 무주 인민위원회는 실
질적인 행정권을 행사했으나, 다른 지역은 인민위원회가 존재했지만
행정권을 행사하지는 못하였다.[29]

전북 지역 우익세력 가운데 대지주들은 일제 강점기의 친일행위와
소작제 하에서의 착취 행위 때문에 전면에 나서기 어려운 경우가 많았
고, 중소지주층들은 지역 주민들과의 괴리가 적었기 때문에 지역의 우
파세력의 중심을 형성하였다. 이들 우파세력들은 인민위원회가 행정
권을 행사하지 못한 지역에서 일정한 영향력을 행사한 것으로 보인다.
우파 세력인 한민당은 김성수, 백관수, 김병로 등의 노력으로 10월 15
일 전주에서 전북 한민당 지부를 조직하였고,[30] 군산에서 10월 24일
선거로 윤석구를 한민당 지부장으로 선출했다.[31]

그러면 미군은 언제 전북에 진주하였나? 미군 6사단 휘하의 전술부
대는 9월 하순 전주에 진주했다가 28보병중대로 교체되었으며, 11월
17일 96군정부대가 진주하였다. 28중대는 11월 23일 이리에 파견되어
익산과 김제를 관리하였다. 12월 9일 갈로지 중령이 전라지사로 배속되
어 행정권을 회복하게 되었다. 13-16명으로 구성된 자문위원회를 구성

---

28) 건국청년운동협회편, 『대한민국건국청년운동사』, 688쪽.
29) 박재호, 「미군정기 전북지역 좌·우익의 활동(1945.8-1948.8)」, 20쪽.
30) 심지연, 『한국민주당연구 II - 한국현대정당론』, 창작과 비평사, 1984년, 227쪽.
31) G-2 Priodic Report no. 52 (1945. 11. 1.)

하여 이들의 도움으로 행정권을 회복하였는데, 11월 19일부터 46년 3월 8일까지 관료들 가운데 111명을 새로 임명하고 41명을 해임하였다.[32]

　이 기간 동안에 배은희는 무슨 활동을 하였을까? 배은희는 자서전에서 임시시국대책위원회 위원장으로 취임한 이후 상황에 대해 "그리하여 전주를 비롯하여 전라북도 일대의 지도자 노릇을 하였다. 얼마 후 미군의 진주에 따라 책임을 그들에게 넘겨주고 독립의 앞길을 위하여 미소양군정과 싸우기 시작하였다"고 서술하였다.[33] 그리고 12월 28일부터 시작된 신탁통치 반대운동의 설명으로 넘어간다. 이러한 사실로 미루어 볼 때, 배은희를 중심한 임시시국대책위원회와 전주청년단들은 좌파보다 세력이 미약하였지만, 그럼에도 불구하고 미군이 진주하기 이전까지는 계속해서 치안유지 등의 일정한 활동을 했던 것으로 보인다.

2) 독촉중협 전북지부 조직

　임시시국대책위원회 활동을 끝낸 후에 배은희는 이승만의 독촉중협과 연결되어 활동하였다. 그의 독촉중협의 지방지부 설명은 두 가지를 배경으로 이루어지고 있다. 첫째는 12월 28일부터 시작된 반탁운동이다. 처음에 반탁의 입장을 견지했던 좌익들이 찬탁으로 입장을 선회하자 지방에서 좌우익의 대립이 매우 심해졌다. 이 때 지방 유지들의 당면 과업은 중앙우익인사들의 운동을 따라 하는 것인데, 이승만 박사의 독촉중협이 조직되었으나 박헌영, 여운형 등의 이탈로 겨우 간판만 붙어 있는 상황이었다. 이와 같이 독촉중협이 별로 영향력을 발휘하지

---

32) 박재호, 「미군정기 전북지역 좌우익의 활동(1945.8-1948.8)」, 31쪽.
33) 배은희, 『나는 왜 싸웠나?』, 52쪽.

못하던 상황에서, 반탁운동이 전개되자 "각 지방에서는 중앙에 호응하여 역시 독립촉성협의회가 이곳저곳에서 아무 지도자도 없이 조직되어" 가고 있었다.[34] 이러한 서술로 볼 때, 전북에서 독촉중협 지부들이 조직되어 간 것은 첫째는 박헌영, 여운형 등의 좌익세력에 반대하여 이승만을 지지하려는 것이요 둘째는 모스크바 삼상회의에서 결정된 신탁통치에 반대하는 반탁운동과 관련되어 있었다.

전북에서 독촉중협 지부는 11월말부터 조직되었다. 군산에서 김구가 귀국한 직후인 11월 27일에 그를 지지하는 사람들을 중심으로 지부가 탄생했다. 윤석구가 지부장이었던 "이 단체는 정당통합과 독립운동을 강화시키기 위해 조직되었으며, 회원은 250명 이었다."[35] 다음으로 이리읍에서 김병수 장로가 12월 초 독립촉성을 위해 힘을 합치는 것이 중요하다는 것을 깨달아 독립촉성익산협의회를 준비 중이었다.[36] 그는 의사로서 해방 후 익산 건준 부위원장으로 활동하다 9월에 건준이 인공으로 개편되자 이에 항의하여 12월에 이리·익산 독촉중협 지부를 조직하였다.[37] 좌익이 강하던 김제군에서 독촉중협 지부가 1945년 12월 26일에 첫 번째 회의를 가졌다.[38]

11월말부터 조직되기 시작한 지부조직 활동은 반탁운동 속에서 더욱 가속화되었다.[39] 고창 지부는 1946년 1월 1일 신탁통치배격 대회를

34) 위의 책, 53쪽.
35) G-2 Periodic Report no. 106 (1945. 12. 16.)
36) 『동아일보』, 1945년 12월 3일자.
37) 세브란스병원, 『세브란스병원 웹진』 154권, 2015.
38) 제28군정중대 G-2 Weekly Report 1945. 12. 29.『한국현대사자료집성』47, 국사편찬위원회, 2000, 113쪽. 그런데 동아일보에 따르면 1월 14일에 "우리들의 완전한 자주독립을 촉성하는 힘을 한 덩치로 합체하는 것을 중요성을 깨달아 조선독립촉성김제군협의회를 조직하"였다.(『동아일보』, 1946년 1월 14일자.)
39) 배은희, 『나는 왜 싸웠나?』, 53쪽.

열었고,[40] 1월 초에 완전한 자주독립을 촉성하고자 김제군 금산면 각 방면 주민들은 독립촉성전라북도연합회 금산면 분회를 결성했는데, 회장은 조영호장로, 부회장은 이원근이었다.[41] 1월 7일에는 독촉전주위원회가 인공과 조공대표에게 반탁결의문을 발송했다.[42] 이리에서는 기독청년 50여 명이 권우진목사와 함께 3일간 단식하며 독립촉성기도회를 열었다.[43] 군산지부에서는 하지에게 전문을 보내 신탁통치에 항의하였고, 전주에서도 다양한 그룹들에서 반탁의 입장을 표명하는 5개의 전문을 보냈다.[44]

전북에서 12월 중순 이후 지부 조직이 활성화되는데, 이는 독촉중협 선전부가 12월 16일에 조직되고 37명을 선전원으로 파견하기로 결정했던 것과 관련이 있다.[45] 현재 남아있는 독촉중협의 출장비 목록 가운데 1945년 12월 22일 전북지방출장비 2000원이 기록되어 있다.[46] 이날 출장을 간 인물은 이관운 목사였으며, 그는 전북 지방과 함께 보령, 서천, 군산 출장비로 2000원을 사용하였다.[47] 이 관운이 전북 지방을 출장 갔다 온 후에 지방 지부들이 조직되는 것을 볼 때, 이러한 조직 독려 활동도 영향을 미쳤고 28일 이후에 일어난 반탁운동도 영향을 미쳤다.

그러면 지방 지부들이 조직되는 가운데 전북도지부는 언제 조직되었

---

40) 『동아일보』, 1946년 1월 11일자.

41) 『동아일보』, 1946년 1월 3일자.

42) 『동아일보』, 1946년 1월 7일자.

43) 『동아일보』, 1946년 1월 21일자.

44) G-2 Periodic Report no. 139 (1946. 1. 30).

45) 『중앙신문』, 1945년 12월 16일자; 『동아일보』, 1945년 12월 17일자.

46) 운남이승만문서편찬위원회, 『운남 이승만문서: 동문편』 13권, 중앙일보사 현대한국학연구소, 1998, 492쪽.

47) 위의 책, 430쪽.

332 해방 후 한국 기독교인의 정치활동

을까?『동아일보』1월 3일자에 따르면 '독립촉성전라북도연합회'가 있
었는데, 언제 조직되었는지 확인할 수 없다. 반면에 서재권의『국민운동
사』에는 배은희가 주도하여 1월 13일에 전라북도 독촉국민회를 조직한
것으로 나온다. 그런데 이 시기에 독촉국민회는 아직 조직되지 않았으
므로 독촉중협 전북 지부라고 보아야 할 것이다. 도지부장 배은희, 부
지부장 유직량과 김병수, 총무 조동민 조직부장 장병선 재정부장 인창
섭, 선전부장 임택용으로 되어 있다.[48] 임원진 가운데 배은희와 유직량
은 임시시국대책위원회에서 함께 활동했고, 김병수는 군산 3.1운동에
가담하여 1년 6개월 간 옥살이를 했던 의사출신 기독교인으로 이리지
부장이었으며, 장병선은 전주지부에서 활동하던 인물이고, 재정부장 인
창섭은 서문교회에서 배은희를 도왔던 재력가이며, 선전부장 임택용은
신간회에서 함께 활동했던 인물들이다. 그러므로 전북지부는 배은희목
사와 오랫동안 함께 활동했던 우파들을 중심으로 조직되었다.

서재권의『국민운동사』에 기록된 지부장들을 보면 전주 유직량 장
병선, 완주 김영진, 익산 김병수, 군산 윤석구, 옥구 이요한, 김제 이기
호, 정읍 차경삼, 고창 오의균, 순창 임병호, 창원 양경수, 진안 오기희,
무주 신현돈, 홍O 진직현 등이다.[49] 당시 전라도는 행정구역상으로 2
부 14군으로 되어 있었는데,[50] 진직현은 임실출신이므로, 남원, 장수,

---

48) 이상훈,「해방후 독립촉성국민회의 국가건설운동」,『학림』30집, 2009, 41쪽
   에서 재인용.
49) 서재권,『독립운동사』, 미간행유고, 이상훈,「해방후 독립촉성국민회의 국가
   건설운동」, 21쪽에서 재인용. 또한 이치백은 독촉계 활동인사는 전주 배은희,
   김덕배, 군산 김형기, 이리 김병수 김원룡, 정읍 은성하, 차경삼, 김홍기, 김제
   최주일 최윤호, 임실 진직현, 완주 류준상, 김영진, 순창 조일수, 진안 김준희,
   장수 류순형, 옥구 이요한, 고창 오의균, 무주 신현돈, 부안 조재면 등이었다
   고 설명한다. (이치백,「전북의 기억 <49> 8·15 해방 당시의 전북인 활동상」,
   『새전북신문』2010년 8월 12일자.)

부안, 금산의 지명이 나타나지 않는다. 그러므로 배은희가 중심이 되어 1946년 1월에 이들 지역을 제외하고 전북 12곳에 독촉중협 지부들이 조직되어 독립운동으로서 반탁운동을 전개하였다.

4. 독촉국민회 조직 과정 참여와 활동

1) 독촉국민회 조직과정 참여

배은희는 독촉중협 전북지부를 조직한 후에 독촉국민회 조직에 가담하였다. 독촉국민회는 독촉중협 선전부와 신탁통치반대국민총동원위원회(이하 반탁총동위)가 통합되어 2월 8일에 조직되었다. 1946년 1월 15일에 열린 독촉중협 제2회 중앙집행위원회에서 독촉국민회 조직이 처음 거론되었고, 선전총본부가 통합의 실무를 책임지기로 하였다.[51] 임정 중심의 비상국민회의가 발족하던 상황에서 선전총본부의 이중근은 대구에 있는 조선독립경북촉진회 대표 김승환, 최성환, 장대희, 그리고 반탁총동위의 유재기와 정식으로 양 단체를 통합함으로 국민운동을 전개할 것을 논의하는 가운데, 1월 27일에 모임을 가졌다. 서재권의 『국민운동사』에 따르면 이 모임에 독촉중협 선전총본부에서 김명동와 이중근 외 3인, 지방 대표로 경북, 충남, 충북, 전남, 경남 대표들과 함께 전북 대표 배은희와 윤석구, 반탁총동위측 유재기와 방응모 외 5인이 참석하였다.[52] 그리고 이들은 이승만과 김구의 의사를 확인

---

50) 2부는 전주와 군산이었고, 14군은 고창, 금산, 김제, 남원, 무주, 부안, 순창, 옥구, 완주, 익산, 임실, 장수, 정읍, 진안이었다.
51) 운남이승만문서편찬위원회, 『운남 이승만문서: 동문편』 13권, 67~68쪽.
52) 이상훈, 「해방후 독립촉성국민회의 국가건설운동」, 24쪽.

하고자 교섭대표로 김명동과 배은희를 선출했다. 그러므로 배은희는 1946년 1월 말에 이르면 독촉국민회 조직을 위한 교섭 대표가 되었다.

그와 함께 배은희는 전북 우파의 대표자로 비상국민회의에 참석하였다. 이승만이 독촉중협을 조직하고 있을 때, 김구의 임정계열이 중심이 되어 비상정치회의를 조직했다. 비상정치회의와 독촉중협 중앙 조직을 통합한 것이 비상국민회의인데, 1946년 2월 1일 195명의 대표자들이 참석하여 개회하였다. 비상국민회의에 김관식, 오화영, 함태영, 배은희 등 다수의 기독교지도자들이 참여했다.[53] 배은희는 비상국민회의에 전북대표로 참여하여 "중앙에서도 그러려니와 지방에서도 갈망하는 것은 정당한 과도정권의 수립"이라는 담화를 발표하여 신속한 '정부 수립'을 주장하였다. 배은희는 "지방인들은 이를 위해 지금도 싸우거니와 앞으로도 생명을 걸고 싸울 것이며, 각 지방 지방마다 단결하고 통합하면 문제는 간단할 것이"라고 발언하였다.[54] 이 시기 배은희의 정치활동 참여의 목적은 정당한 과도정부 수립이었다. 과도정부는 남북한의 통일된 정식 정부가 수립되기 전에 군정에서 벗어나 통치권을 행사하는 남한의 정치조직을 의미한다.

이보다 며칠 뒤인 2월 6일 배은희는 유직량과 함께 독촉국민회 조직을 위한 독촉중협 지방대표자들의 준비모임이 개최될 때, 전북대표로 참석했다.[55] 배은희는 2월 8일 전국대회가 개최되었을 때 회장으로 선

---

53) 김권정, 「해방 후 기독교 세력의 동향과 대한민국 건국운동」, 박명수 외 엮음, 『대한민국 건국과 기독교』, 북코리아, 2014, 42쪽.

54) 『동아일보』, 1946년 2월 2일자.

55) 『조선일보』, 1946년 2월 8일자. 선전총본부: 이중환, 김명동, 구연걸, 유정, 이중근, 이을규, 김익환, 성낙서, 이석규, 곽장범, 성원경, 이관운, 이정규, 김영직; 지방도지부대표들: 충북 장응두 전병수, 충남 남천우 조동근, 전북 배은희 유직량, 전남 주형옥 김영학 경북 정운표 장대희 전남 김철수 최석봉 함북 이간구 이충복 함남 이성준 채규항.

출되어 사회를 보았다.[56] 전국대회에서 이승만을 총재로, 김구를 부총
재로 선출했는데, 김구는 쾌락했으나, 이승만 박사는 승낙하지 않아,
배은희는 "각도 대표들과 함께 돈암장으로 이박사를 처음으로 방문하
였으나"[57] 승낙을 얻지 못했다.

배은희는 독촉국민회 조직에서 5명의 고문 밑에 있는 18명의 참여
가운데 한명으로 선출되었다.[58] 18명의 참여 가운데 기독교인들은 김
관식, 김여식, 배은희, 이규갑 등 4명이고 남상철은 천주교인이다.[59] 김
관식 목사는 일제가 만든 일본기독교조선교단의 총리였던 친일파 인물
이자 기독교계의 대표자였다. 김여식은 안창호가 조직했던 수양동우회
출신이었고, 이규갑 목사는 한성정부를 세우고자 했던 독립운동가였다.

2) 독립운동으로서의 반탁운동 전개

당시 독촉국민회가 당면한 가장 중요한 문제는 미소공위에 대처하
는 일과 함께 반탁운동을 전개하는 것이었다. 배은희는 1946년 미소공
위와 관련하여 1월에 반탁운동을 전개하였다.[60] 1월 16일부터 미소공
위 예비회담이 열렸을 때, 위에서 살펴본 바와 같이 1월 중순 이후에
독촉중협 전북 지부들에서도 반탁운동을 하였다. 그러나 2월 독촉국민
회가 조직되고 나서 미소공위 본 회담이 열렸던 3월 20일 이후에는 반
탁운동이 크게 진행되지 않았다. 당시 남한정치세력들은 미소공위에
대한 대책을 세우며 관망하는 분위기였다. 독촉국민회도 4월 10일에

---

56) 배은희, 『나는 왜 싸웠나?』, 54쪽.
57) 위의 책, 54쪽.
58) 『조선일보』, 1946년 2월 8일자.
59) 이은선, 「대한독립촉성국민회와 기독교」, 『한국교회사학회지』 46집, 2017, 293쪽.
60) 배은희, 『나는 왜 싸웠나?』, 54쪽.

열린 제1차 전국대회에서 "미·소공동의원회에 메시지 보낼 것"을 결정하였다.[61] 4월 17일 공동 성명 제5호에 서명한 자만이 협의대상이 된다는 성명이 발표되자, 남한 17개 단체 대표들과 3개 정당 대표들이 앞을 다투어 제5호 성명이 날인하고 들어갔으나, 독촉국민회는 신탁통치를 논의하는 자리에 참석조차 할 수 없다는 반탁입장의 성명서를 발표했으며, 그 동안 급속도로 군, 면 동까지 조직이 확장되었다.[62] 독촉국민회는 처음에 5호 성명 서명에 반대했으나, 이승만이 서명에 찬성하자 1946년 4월 30일에 지방대표들을 모아 5호 서명을 결정하였다.

그러나 미소공위가 결렬된 직후인 5월 10일에 우익은 독촉국민회를 중심으로 신속히 회의를 소집했으며, 5월 12일부터 대대적인 반탁운동을 시작하기로 결의하였다.[63] 공식적으로 반탁운동으로 명명된 이 집회는 공산주의자와 소련을 비판하는 시위로 발전하였다. 미소공위에서 소련 대표는 공식 정부이건 과도 정부이건 간에 이승만, 김구, 김규식을 포함한 남한의 주요 우익 정당이 참가하는 것을 받아들일 수 없다는 입장을 명확하게 밝혔기 때문에 우익의 이런 행동은 예견된 것이었다. 이 시기 전북에서도 그런 모임들이 지속되었다. 독촉국민회 청년부 전북 지부는 한독당의 엄항섭 선전부장을 초청하여 5월 5-10일 사이에 전주, 군산, 김제, 정읍, 남원에서 순회강연을 하였고[64], 5월 16일에 전주에서 38선 철폐와 즉시 자주독립을 요구하는 청년총궐기 전북대회가 개최되었으며, 김제 독촉국민회가 건국청년회와 함께 20일에 반탁대회를 열었다.[65]

---

61) 『동아일보』, 『서울신문』 1946년 4월 12일자.
62) 배은희, 『나는 왜 싸웠나?』, 54쪽.
63) 『서울신문』, 1946년 5월 12일자.
64) 『동아일보』, 1946년 5월 7일자.
65) 『동아일보』, 1946년 5월 19일자.

이승만은 6월 3일 남선순행을 재개하면서 6만 명이 운집한 정읍집
회에서 "이제 우리는 무기휴회된 공위가 재개될 기색도 보이지 않으며
통일정부를 고대하나 여의케 되지 않으니 우리는 남방만이라도 임시
정부 혹은 위원회 같은 것을 조직하"자는 그 유명한 정읍발언을 하였
다.[66] 그는 그 후에 전주, 이리, 김제, 군산 등지를 방문하였다. 이승만
이 당시 순행했던 지역들은 전북에서 중심지역들인데, 과거에 인민위
원회가 직접 통치하여 그들의 세력이 강했던 곳이면서, 또한 주로 기
독교인들이 지부장이 되어 독촉국민회 지부들이 조직되었던 곳들이었
다. 김제는 최윤호와 최주일, 조영호 장로들이 지부장과 지도자들로
활동하던 곳이었고, 전주는 배은희, 이리는 김병수, 군산은 윤석구, 옥
구는 이요한 등이 지부장들로 활동하던 곳이었다.[67] 그러므로 이들은
이승만의 남선순행에서 중요한 역할을 했을 것으로 추측되나, 기록상
으로 아직 확인하지는 못했다.

3) 독촉국민회 전국지부장회의와 장로교 총회장 선출

이승만 박사가 남선순행을 통해 지방에서 지지 세력을 규합한 후 6월
10일 열린 전국대회에서 배은희 목사는 임시의장이 되어 행사를 진행
하였다.[68] 미소공동위원회 무기휴회와 단독정부수립 논란으로 국내정
계가 복잡 미묘한 가운데 대회가 개최되었다. 이 대회에서 독촉국민회

---

66) 『서울신문』, 1946년 6월 4일자.
67) 6월 10일과 11일에 열린 전국지부장대회에 참석한 전북의 대표 114명의 명단
   이 『대동신문』 1946년 6월 20일자에 게재되어 있는데, 참석자 중에서 배은희,
   김제의 조영호, 최윤호, 최주일, 임실의 진직현이 확인되고, 이요한, 김병수,
   신현돈, 윤석구 등의 이름은 확인되지 않는다.
68) 배은희, 『나는 왜 싸웠나?』, 55쪽.;『자유신문』 1946년 6월 12일자.

는 대한의 완전한 자주독립을 위하여 최후까지 싸우는 정당 정파를 초월한 순수한 국민운동임을 선언하고, 남북과 좌우의 통합을 기하여 지리적으로나 사상적으로나 통일완수를 위하여 사력을 다할 것을 선언하였다.[69] 이 대회에서 탁치반대를 결의하고 탁치정부가 수립될 때는 자율정부 수립을 위해 최후일각까지 최후일인까지 결사 투쟁할 것을 결정하였다.[70] 자율정부는 신탁통치를 받는 정부에 반대하여 외국의 지배를 받지 않는 독립정부를 의미한다. 6월 11일 행사에서 이승만 박사가 여러분이 모인 것은 독립을 달성하기 위한 것이니 대동단결할 것을 강조하며 실질적인 총재권을 달라는 취지의 강연 후에 배은희 목사의 답사가 있었다.[71] 이 때 배은희가 이승만에게 총재취임을 부탁하였는데, 그는 총재취임을 수락했다.

배은희 목사는 이 대회가 끝난 직후인 6월 13일에 장로교 단장으로 선출되었다. 해방 후 장로교단도 일본이 조직했던 기독교조선교단을 해체하고 장로교 남부총회를 조직하여 나갔다. 일본이 패망한 후 1945년 9월 8일 일부 교계 지도자들이 남부기독교회를 재건하고자 했으나, 변홍규와 이규갑 등 감리교 쪽에서 이탈하여 조선감리교회를 재건하여 실패하였다.[72] 11월 27-30일에 200여명이 서울에 모여 제1회 남부대회를 개최하고 김관식 목사를 총회장으로 선출하는 등 남한 교회를 대표하는 기관으로 재기하고자 시도했다. 그 후 제2차 남부대회가 46년 4월 30부터 5월 2일까지 열렸으나, 각 교파로의 환원이 결정되어 사실상 해산되고 말았다.[73]

---

69) 『서울신문』, 1946년 6월 11일자.

70) 배은희, 『나는 왜 싸웠나?』, 56쪽.

71) 『자유신문』, 1946년 6월 12일자.

72) 김양선, 『한국기독교해방10년사』, 대한예수교장로회총회 종교교육부, 1956, 50쪽.

73) 장금현, 「독립촉성중앙협의회와 조선기독교단 남부대회와의 관계 연구」, 『복

장로교는 46년 봄까지 제 노회의 재건을 마쳤으므로 6월 장로교 '남
부총회'가 소집됐다. 6월 11일부터 13일까지 3일간 11개 노회 54명의
총대가 참석한 가운데 서울 승동교회에서 '대한 예수교 장로회 남부총
회'가 조직되었다. 이때 배은희 목사가 회장으로, 함태영 목사가 부회
장으로 선임됐다.[74] 이 총회에서 장로교 제27회 총회가 결정한 신사참
배 결의를 취소하고 1940년에 설립된 조선신학교를 남부총회 직영신
학교로 가결하였다. 배은희 목사는 해방 후 재건된 장로교회에서 첫
번째 총회장이 되었다.

비상국민회의 대표를 선출하기 위한 재경 전북 출신인들의 협의회
를 1946년 6월 15일 개최했는데, 협의회 발기인은 김병로, 배은희, 백
관수, 유엽, 임영신이었다.[75] 배은희는 2월 1일 비상국민회의 전북대
표로 참석했었는데, 비상국민회의 대표를 선출할 전북 협의회를 조직
할 때, 5명의 발기인 중 한 명으로 참석하였다. 이 협의회는 5월 3일에
발표된 비상국민회의 확대강화방침에 기준한 대의원 선거를 준비하기
위한 조직이었다. 9월에 민주의원과 비상국민회의는 5월 3일에 발표한
비상국민회의 확대강화방침에 기준한 대의원 선거를 완료하는 동시에
즉시로 비상국민회의 본회의를 소집하기로 결정하였다.[76] 그러므로
1946년 6월에 배은희는 총회장이 되어 장로교회를 재건하면서 독촉국
민회의 전국대회 회장과 비상국민회의 전북협의회에 가담하여 독립운
동으로서의 반탁활동을 전개하였다. 이 시기까지 배은희는 이승만과
김구의 정치활동을 함께 지원하고 있었다.

음과 선교』38집, 2017, 200쪽.

[74] 김양선,『한국기독교해방10년사』, 52쪽; 박용규,『한국기독교회사』, 한국교회
   사연구소, 2003, 963쪽.

[75]『동아일보』, 1946년 6월 15일자.

[76]『서울신문』,『동아일보』, 1946년 9월 4일자.

배은희는 9월에 열린 독촉국민회 전국대회에서도 전북대표로 참여하여 중앙위원회와 전체회의 사회를 보면서 회의의 전체적인 운영을 이끌어 이승만 중심의 임원선정에 일조를 하였다.[77] 이 회의는 좌우합작의 부당성을 통박하고 하지 장군의 정책을 공격하며 독립촉성을 결의하였다.[78] 이 시기 배은희의 독촉국민회 전주 지부는 "온건 좌파들이 극단주의자들과 결별했으므로," "현재 온건한 좌파조직들을 포섭하려고 시도"하여 성공하였다. 그리고 "미군정에 의해 제안된 바로서 입법의회를 지지하는 것으로 보이며 행정부에서 미군정관리들의 자문기관으로 철수하고, 한국의 부서장들에게 다소간에 그들 자신의 정부를 운영할 기회를 허용하는 것에 동의하였다."[79] 배은희는 온건 좌파까지 흡수하여 전북지부 세력을 확장하고 입법의회를 지지하며 미군정 정책에 협력하여 독립정부를 세우고자 하였다.

5. 이승만 박사의 방미와 배은희 목사 감금 테러 사건

이승만 박사는 한국문제를 유엔과 미국정부에 호소하여 해결하겠다는 계획을 가지고 1946년 12월 2일 방미길에 올랐다. 이승만 방미 후에 임정세력은 독촉국민회 10명의 부장 가운데 6명을 자파로 임명하여 조직을 장악하였고[80] 독촉국민회 본부 간판을 한독당 본부인 운현궁에

---

77) 『조선일보』, 『동아일보』, 『서울신문』, 1946년 9월 10일자.

78) 배은희, 『나는 왜 싸웠나?』, 57쪽.

79) G-2 Periodic Report, no. 337 (1946. 9. 24.).

80) 재정부장 김석황, 조직부장 조상원, 산업부장 유기동, 노동부장 이을규, 청년부장 黃甲永, 부인부장 황기성은 임정계열이었고 총무부장 이운, 조사부장 전호엽, 문교부장 이득년, 선전부장 양우정은 이승만계열이었다. 조상원(1913-2000)

붙였다.[81] 임정세력은 여기서 한 걸음 더 나아가 1947년 1월 12일부터 시작된 제2 반탁운동을 통해 정국주도권을 장악하면서 이승만이 주도하던 독촉국민회와 민족통일총본부(이하 민통)를[82] 김구가 주도하던 비상국민회의에 통합시키고자 하였다. 이 때 시작된 반탁운동은 미소공위 제5호 서명이 실질적으로 반탁운동을 금지하는 것으로 알려진 것이 발단이 되었다. 미국은 "공동위원회와 협의하기 위하여 초청을 받은 개인 정당 及 사회단체는 공동위원회 성명서 제5호에 서명한 후는 공동위원회의 임무에 대해서나 연합국에 대해서나 또는 모스크바 결정의 실천에 대하여 적극적 반대를 교사 선동하지 못함"이라고 규정하여 소련에게 답변을 하였다.[83] 그 때까지 5호에 서명하고 미소공위 참여를 주장했던 한민당이 그 서명을 취소하고 반탁의 길로 나서게 되었다. 이와 함께 임정 세력들은 다시 강력한 반탁운동에 나서게 되었다. 1월 16일 한민당 사무실에서 35개 반탁단체 대표들이 모여 5호 서명을 취소하고 반탁공동성명서를 채택하였다.[84] 입법의원에서 1월 20일 중도파들이 퇴장한 가운데 한민당 의원들이 중심이 되어 찬성 44명

은 비상국민회의 초청자에 포함되어 있고(『자유신문』, 1946년 2월 1일자) 김구 계열 사람들과 함께 대한독립촉성국민회 1주년 기념식에 참여하고 있다.(『자유신문』, 1946년 12월 9일자) 그는 감리교 신자인 유봉진이 강화도에서 주도한 3.1운동에 같이 참여하였고(국사편찬위원회편, 『한국독립운동사자료집』 26권: 三一運動 16, 국사편찬위원회, 1996, 검사신문조서(國漢文) 劉鳳鎭 신문조서), 중국 천진에서 1939년 1월 28일에 김구의 부하로 체포되었으며(『신한민보』, 1939년 2월 2일자), 그 후 현암사를 창간했다. 황갑영은 1947년 3월에 추진된 임정 봉대운동의 주역으로 참여하였다.

81) 배은희, 『나는 왜 싸웠나?』, 57쪽.

82) 이승만은 1946년 6월 말에 자신을 지지하는 세력들을 모아 민족통일총본부를 조직하였다.

83) 『동아일보』, 1947년 1월 12일자.

84) 『동아일보』, 1947년 1월 18일자.

반대 1명으로 반탁지지 결의를 하였다.[85] 임정세력은 반탁세력을 강화하고자 1월 19일부터 21일에 걸쳐 독촉국민회, 비상국민회의, 민통의 세 기관을 통합하고자 했다.[86] 그러나 이승만 지지자들은 이윤영을 통해 이승만의 자문을 받아 민통은 이승만의 회답 전보가 있은 후 이 연석회의에 참석하기로 결정하였다.[87] 이 때 배은희는 독촉국민회 지방지부장들을 통해 통합 활동을 저지하고자 하였다.[88] 그러나 비상국민회의는 2월 17일 회의를 열어 "3단체의 통합 안을 거수가결하고," 명칭을 비상국민의회로 변경하였다.[89] 3월 1일에 독촉국민회에서 "전국국민대표자대회를 개최하고 국민의회의 법통을 승인하여 대한민국임시정부를 봉대한다"는 결정을 하였다.[90] 3월 3일에 국민의회는 임정주석에 이승만을, 부주석에 김구를 추대했으나 수도경찰청은 임시정부 봉대를 문제 삼아 이 결정을 했던 독촉국민회 사무실을 압수수색하고 "수도경찰청장은 남조선에는 미군 군정부가 있을 뿐 이런 것은 아희장난같은 것에 불과한 것이니 이런 것에 민중이 속아서는 안 된다는 담화를 발표"하였다.[91] 결국 이러한 실패에 책임을 지고 독촉국민회의 모든 임원들이 사퇴서를 제출하게 되었으며, 3개 조직을 통합하여 임정을 임시정부로 봉대하려던 운동도 실패하였다.[92]

---

85) "남조선과도입법의원속기록 제16호(1947년 1월 20일)," 여강출판사 편, 『남조선과도입법의원속기록』, 여강출판사, 1984. 반대자 1명은 안재홍이었다.

86) 『경향신문』, 1947년 1월 21일자.

87) 이상훈, 「해방후 독립촉성국민회의 국가건설운동」, 36쪽;『동아일보』, 1947년 1월 23일자.

88) 이상훈, 「해방후 독립촉성국민회의 국가건설운동」, 36쪽.

89) 『서울신문』, 1947년 2월 18일자, 19일자.

90) 『경향신문』, 1947년 3월 2일자.

91) 『서울신문』, 1947년 3월 6일자.

92) 『동아일보』, 1947년 3월 28일자.

배은희 목사는 1947년 3월 1일을 기하여 임시정부를 봉대하려는 움직임에 강력하게 반대하였다. 그는 임정봉대는 국제적으로 불리할 뿐만 아니라 한국독립을 지체시킬 뿐이라고 주장하고 총선거만이 당면 과제임을 주장하였다.[93] 이승만 박사는 4월 25일에 귀국할 예정이었는데, 임정봉대파들은 그가 귀국하기 전인 4월 20일에 국민대회를 열고자 하였다. 그러나 배은희 목사는 김구 주석에게 이승만 박사 귀국 이후로 국민대회 연기를 요청하였고, 김구 주석이 간부들에게 그러한 지시를 하자 임정봉대파들은 자신들의 계획을 반대하는 배은희 목사를 운현궁에 감금하고 테러하였다. 이승만 박사의 외교활동을 후원하고자 조직된 외교후원회 본부에 지방후원금을 전달하러 갔던 그는 4월 16일에 테러를 당하였다.[94] 그를 구해준 것은 청년연맹 중앙감찰위원장인 김윤근이었다.[95] 김구세력과 이승만세력의 갈등 속에 배은희 목사는 임정봉대를 반대하다 테러까지 당하였다. 그러므로 배은희는 1947년에 접어들면서는 임정의 임정봉대론을 반대하면서 총선거를 주장하는 이승만에 대한 지지를 명확하게 선언하였다.

이승만 박사가 도미외교를 떠났을 때, 각도에서는 독촉국민회와 민통 도지부가 중심이 되어 외교후원회 도지부를 12월 6일까지 결성 완료했고, 지방 후원금 모금이 독촉국민회 지방지부장들을 중심으로 진행되었으며, 전북도지부장이었던 배은희도 이 모금활동에 참여하였다. 이 시기에 교회들도 적극적으로 모금활동에 참여했는데, 주로 감리교회들이 많이 참여하였으나, 금액에서는 단연 영락교회와 그 성도들이 3만원을 후원하여 중요한 역할을 하였다. 당시 모금활동에 참여

---

93) 배은희, 『나는 왜 싸웠나?』, 58쪽.
94) 위의 책, 59쪽.
95) 배진구, 「이승만 박사의 건국운동과 배은희 목사」, 172쪽.

했던 교회들과 금액은 다음과 같다.[96]

교파	교회명	금액	교파	교회명	금액
장로교	영락교회	20,000원	장로교	영락교회 교인3인	10,000원
장로교	서교동교회	800원		마산중앙교회[97]	1,272원
감리교	개성북부교회	12,130원	감리교	종교교회	6,855원
	용매리교회(영일)	5,755원		양채구역교회(예산)	3,884원
	거모리교회(군자)	3,000원		청단감리교회	2,865원
	돈암동감리교회	2,725원		강화읍교회	2,470원
	광화문감리교회	2,355원		상동감리교회	2,190원
	춘천중앙감리교회	1,919원		인천중앙감리교회	1,805원
	삼청동중앙감리교회	1,800원		공덕동감리교회	1,720원
	부평읍감리교회	1,690원		북아현동감리교회	1,650원
	중앙감리교회	1,600원		청엽정감리교회	1,570원
	마산중앙교회	1,272원		율방감리교회	1,210원
	의정부중학교회	1,155원		천안감리교회	1,045원
	고천교회(강화)	1,000원		도화동감리교회	1,000원
	수표감리교회	994원		우두리교회(춘천)	813원
	안락리교회(유년부)	762원		흑석동감리교회	621원
	외포리교회(강화)	590원		포천읍감리교회	560원
	서강교회	550원		소사감리교회	500원
	강화조산감리교회	500원		청단교회소년부	285원
	초등교회유년부	200원			

참여교회는 38개 교회인데, 장로교로 확인되는 교회는 3개 교회이고, 나머지는 감리교회이다. 감리교회는 서울과 경기도, 강원, 충청도 등 감리교 선교구역이 중심을 이루고 있는데, 이승만이 감리교도이자 기호지방에 토대를 가졌던 것이 영향을 미쳤던 것으로 보이고, 그러한 관계로 장로교는 소극적이었던 것으로 보인다.

---

[96] 서재권,『국민운동사』, 자제인 서민교수로부터 해당부분을 메일로 전달받았다.(2017. 6. 6)

[97] 마산중앙교회는 1927년에 문창교회에서 분립하여 독립마산예수교회를 세웠으며, 1940년 일제에 의해 마산중앙교회로 이름이 바뀌었으며 1949년에 감리교에 소속되었다.

6. 제2차 미소공동위 개최와 반탁운동전개와 민족대표자 대회 조직

1) 제2차 미소공동위 개최와 반탁운동전개

1947년 5월 21일에 제2차 미소공위가 재개되었을 때, 한민당을 비롯한 대부분의 정치세력들이 미소공위에 참가하기로 결정함으로써 김구와 이승만은 상당한 위기를 맞이하였다. 이러한 위기를 타개하고자 이들은 다시 반탁운동에 나서기로 의견을 모았다.

반탁독립투쟁위원회(이하 반투위)와 독촉국민회는 6월 2일에 회의를 갖고 반탁운동은 민족 절대명제이므로 중앙과 지방을 통해 적극적으로 전개하며 양 단체가 일선을 담당하여 상호 긴밀한 연락 하에 추진할 것을 결정하였다. 6월 2일 독촉국민회 도지부장 모임에 이승만과 김구가 참석하여 반탁의 필요성을 강조하는 개회사와 격려사가 있은 후에 배은희는 "우리의 독립운동은 이제부터 재출발하여야 합니다. 미소공위 반대운동만이 지금 이 단계에서 가장 요청되는 긴급과제이니 구체적으로 토의하여 봅시다"라고 제안하였다.[98] 이날 결정사항은 반대운동은 음력 5월 단오를 기하여 전국적으로 전개하고, 반대운동은 3.1운동과 같이 어느 시기까지 계속하며, 미군정의 방해 행동은 죽음으로써 항거하되 최후일각까지 최후 일인까지 간다는 것이었다.[99]

6월 4일에 민통, 독촉국민회, 그리고 반투위가 연석회의를 하였는데, 미소공위 참여파가 우세하였다. 이 날 참가파의 의견은 "미소공위에 참가하여 그 안에서 신탁통치를 배격하고 자주독립정부를 수립하는

---

98) 배은희,『나는 왜 싸웠나?』, 69쪽.
99) 위의 책, 70쪽.

것이 가장 효과적인 투쟁이다"라고 하였고 반대파들은 "미소공위에 참가하여 세우는 정부는 결국 신탁통치정부이다. 그러므로 참가를 반대한다. 5호성명은 우리의 반탁의사 표명만을 허용했을 뿐 우리의 입장을 존중한다는 보장이 없다"고 주장하였다.[100]

6월 16일에는 공동성명 5호, 6호, 그리고 11호에 기초하여 임시정부가 수립될 것 같은 가능성이 보이자, 반투위는 이 문제를 논의하기 위하여 회합을 가졌으나 입장을 정하지 못하고 대책위원 20명을 선정하는데 그쳤다. 이들은 한민당이 참여를 결정함으로 분위기가 많이 변하였고, 그래서 우익들이 미소공위 참가문제에 의견이 분열되었으나 그들의 근본목표는 '반탁독립정신'에 있음에 일치점을 찾았다.[101] 동 위원회의 반탁의 근본목적은 자주정부 수립에 있는 것이니, 참여와 불참여의 문제를 떠나 상호 유·무형으로 연결하여 이 목적을 달성하자고 하였다.[102] 이승만은 6월 17일 우익진영의 정당 사회단체 30여명을 초청하여 양면작전을 전개하면서 반탁의 목적을 달성하도록 지시하였다. 양면작전은 우익의 일부는 공위에 참여하고 일부는 참여하지 않으나, 양자가 상호 긴밀하게 협력하여 반탁의 목적을 달성하자는 것이었다.[103]

이 때 배은희는 반탁운동의 중심에 섰다. 6월 23일 학생총연맹이 중심이 되어 종로네거리에서부터 '우리는 자율적 정부를 수립한다'고 외치며 덕수궁으로 돌진하였고, 학생연맹 대표 이철승 외 2명이 브라운 소장을 만나 미소공동위원회의 해산을 주장하는 의사를 전달하였다.[104] 이때로부터 연 2주일 동안 계속하여 각 극장 공원 가두 할 것

---

100) 『경향신문』, 1947년 6월 5일자.
101) 『현대일보』, 1946년 6월 17일자.
102) 『현대일보』, 1946년 6월 17일자.
103) 『동아일보』, 1946년 6월 18일자.
104) 배은희, 『나는 왜 싸웠나?』, 71쪽.

없이 대중이 모이는 곳마다 탁치정부의 부당성을 강연하고 미소공위 반대운동을 전개하였다. 특히 종로 네거리에서 수많은 인파가 모여 자동차가 통행할 수 없을 정도였다.[105]

2) 한국민족대표자대회 조직과 총선거결정

2주일 동안 반탁운동을 진행한 후에 배은희는 이승만 박사를 만나 대중운동을 더 이상 지속할 수 없을 뿐만 아니라 공산주의자들이 미군정과 한국인들의 충돌로 악용할 소지가 있으니 조직적 운동으로 전환할 것을 제안하였다. 그 때 이박사는 "나도 이제 (신탁통치를 벗어난) 자율적인 정부를 세웠으면 하겠다"고 말했다.[106] 배은희 목사는 이 때 민주주의적인 방법으로 대의원을 선거하여 의회를 조직하면 그 의회에서 미소공위도 반대할 수 있고, 자율적 정부를 세울 수도 있다고 제안하였다. 미소공위 참가자들은 단체대표들은 되겠지만 민족대표들은 아니므로 배은희는 선거로 민족대표를 뽑자는 입장이었다. 입법의원들은 관선의원들 가운데 좌익내지 중도파가 포함되어 있어 이승만은 이러한 세력들에 불만을 가지고 있었으므로 민주의원을 그대로 유지하면서, 다시 민대를 조직하여 국회의 기능을 수행하도록 하려고 하였다.

이러한 과정을 거쳐 결정된 것이 민대 대의원을 선거하는 방안이었다. 이 선거는 독촉국민회의 각도 지부장들이 미군정의 감시를 피해 군단위로 독촉국민회원들의 투표를 통해 선거하는 방식이었다.[107] 민대 대회를 소집한 것은 이승만주도의 이 조직을 통해 우파중심의 민족

---

105) 위의 책, 72쪽.
106) 위의 책, 73쪽.
107) 배은희는 이 선거를 지하선거라고 불렀다. 배은희,『나는 왜 싸웠나?』, 75쪽.

대표세력을 조직하려는 것이었다. 민통과 독촉국민회 등이 중심이 된 민대 대회는 7월 10일 각 지방 대표 182명이 참석하여 박재영의 사회로 개최되어 회장 배은희, 부회장 박순천과 명제세를 각각 선출한 후 분과를 결성하였다.[108] 미소공위에 대한 각 정당 단체의 답신안을 검토하기 위한 제1분과, 민주정부수립에 관한 정강정책을 입안하기 위한 제2분과 등 5개 분과를 설치하였다.[109] 민대의 목표는 미소공위가 탁치정부를 내놓으면 자율정부를 수립하여 최후 일인까지 일각까지 싸우자는 것이었다.[110]

7월 12일에 열린 민대는 민족세력을 결집하고자 비상국민의회와 통합을 결의하였다. 그리고 배은희와 명제세 등이 국민의회 의장 조소앙을 방문하고 교섭하여 국민의회도 양 기관의 통합을 가결하였다.[111] 그러나 14일 제2항 민주독립정부수립에 기본이 되는 정강정책 검토에 들어가자 임정의 법통을 주장하는 한독당계와 총선거로 정부를 수립하자는 순 독촉국민회 측으로 나누어 대표들이 양분될 위기에 처하였다. 이 문제와 관련하여 17일 최종 연석회의에서 '민족진영의 대동단결은 총선거에서'라는 기치 하에 8월 1일을 기해 대의원대회를 소집하고 총선거실시에 관한 방책을 수립할 것을 결정하였다. 준비위원으로 민대 의장 배은희 부의장 명제세와 박순천 등 9명과 입법의원 측에서 김도연 외 도합 15명이 선출되었다.[112] 최종연석회의에서 보통선거실시의 선포를 하지중장에게 요청할 것을 포함한 4개항을 결정하였다.[113] 이러한 방식으로 배은희는 비상국민의회와 민대의 통합 추진과

---

108) 배은희, 『나는 왜 싸웠나?』, 75쪽. 『동아일보』, 1947년 7월 12일자.
109) 『동아일보』, 1947년 7월 12일자; 『자유신문』, 1947년 7월 12일자.
110) 배은희, 『나는 왜 싸웠나?』, 76쪽.
111) 『조선일보』, 1947년 7월 15일자.
112) 『동아일보』, 1947년 7월 19일자.

함께 입법의회[114)]와 협력하여 총선거 실시를 준비해 나갔다.[115)]

그러나 민대와 국민의회와의 합동은 타협을 보지 못하여 민대 단독으로 8월 1일에 제2차 회의를 소집하였다.[116)] 이승만은 "전민족진영의 대동단결로써 자율적 정부를 수립하여 민족의 독립을 전취(戰取)할 것과 그러기 위하여 민족대표자대회는 허명무실(虛名無實)한 정부조직보다는 미군정 당국의 협조를 얻어 자율정부의 기반으로써 총선거의 준비공작을 과감히 추진시킬 필요가 있다고 강조하였다."[117)] 이 회의에서 장기투쟁을 기도하며 총선거법에 관한 선거대책위원회 구성 등을 결정했다.[118)] 민대는 8월 2일에 정치, 외교 등 8분과위원회를 구성하는 동시에 대회 최고기관으로써의 상무위원 21명을 결정하였다. 상무위원 21명은 배은희와 이남규 등으로 선거대책위원회도 겸직하였다.[119)] 5일차 회의에서 민대가 결정한 보통선거법의 급속한 실시를 미군정에 요구하기로 하였고 비상국민의회와 합동이 결정된 만큼 폐회하기로 하였다.[120)] 그러나 8월 9일의 합동대회는 결국 의견 차이로 무산되었다.

---

113) 『동아일보』, 1947년 7월 19일자.

114) 1946년 2월에 조직된 비상국민회의의 최고정무위원으로 선출된 28명으로 구성된 남조선대한국민대표 민주의원들이 있었으나, 우파들을 중심으로 선거로 선출되지 않아 대표성이 없다는 문제 제기에 따라 1946년 12월 12일에 주민 선거로 선출된 45명과 미군정이 선출한 관선 45명으로 구성되었던 의회를 가리킨다.

115) 이은선, 「대한독립촉성국민회 지방조직과 기독교」, 『한국개혁신학』 55호, 2017, 223쪽.

116) 『동아일보』, 1947년 8월 3일자.

117) 『동아일보』, 1947년 8월 3일자.

118) 한태수, 『한국정당사』, 신태양사, 1961년, 89~90쪽.

119) 『동아일보』, 1947년 8월 5일자.

120) 『동아일보』, 1947년 8월 6일자.

8월 12일 브라운 소장의 설명을 통해 우익진영은 미소공위가 결렬에 직면한 상황을 알게 되었다. 8월 23일에 제3차 민대를 소집하고 국민의회와의 통합을 중단하고, 민대 단독으로 총선거를 진행하기로 결정하고 8월 26일에 민대 의원들과 애국단체 대표 합석 하에 '총선거대책위원회'를 결성하였다.[121] 이때에 김구는 미군정이 인정하지 않는 임정봉대론을 주장하고 있었고, 이승만은 임정봉대론을 보류하고 총선거를 통한 독립된 과도정부를 수립할 것을 주장하였다.[122]

1947년 9월 4일 하지 장군을 방문했을 때, 하지는 4대국 회의에서 10월에 한국문제를 유엔으로 이관할 것이라는 것을 알려주었다. 배은희를 중심한 민대는 이 결정으로 신탁통치가 무산된 것을 알게 되어 3개월간 했던 농성을 끝내고 지방으로 해산하였다.[123] 그 후 10월에 유엔에서 한국위원단을 파견하여 그들의 감시하여 총선거를 실시하여 독립정부를 수립한다는 보도가 전해졌으니 민대의 최대 승리였다.[124] 배은희는 1947년 5월 2차 미소공위가 열릴 때에 반탁운동을 주도하며 민대를 조직하여 총선거를 주장하였는데, 결국 유엔이 그러한 결정을 함으로써 그 목적을 달성하게 되었다.

7. 총선을 통한 정부 수립운동

2차 미소공위 결렬 이후 미군정은 비밀리에 시국대처요강을 작성하여

---

121) 한태수, 『한국정당사』, 90쪽.
122) 김행선, 「미소공동위원회 재개를 전후한 우익진영의 동향과 양면전술」, 『한성사학』 14집, 2002, 46쪽.
123) 배은희, 『나는 왜 싸웠나?』, 79쪽.
124) 위의 책, 80쪽.

중도파를 통해 판무관제를[125] 시행하고자 하였고, 김구는 임정법통론을
내세웠으며, 이승만은 보통선거법에 따른 총선거를 주장하였다.[126]

이러한 가운데 배은희는 이승만의 총선거 입장을 지지하고 나섰다.
배은희는 민대를 대표하여 중국 내전을 시찰하고 1947년 8월 말에서 9
월 초 한국에 왔던 웨드마이어 장군을 만나 탁치정부나 판무관제 정부
는 엽관배 몇몇 사람의 의사이고 온 민족은 이를 반대하는 바인즉 총
선거를 실시하여 한국에 독립정부를 속히 세워달라고 요청하였다.[127]
웨드마이어 장군은 물론 한국에 독립정부를 수립하는 것이 원칙인데,
우리 민족이 두파 세파로 분열되어 있는 점을 지적하였다. 배은희는 한
국 실정을 미군정당국의 말로만 충분히 알기 어려울 터이니 아무쪼록
실정을 잘 파악하여 한국문제에 유감이 없도록 해 달라고 부탁하였다.

한국문제가 9월에 유엔으로 이관되자 우익진영은 독촉국민회를 중
심으로 총선거대책위원회를 구성했고, 이 조직을 통하여 총선거대책
운동을 추진할 목적으로 전국대표자대회를 10월에 개최하였다. 여기
서 총선거와 관련하여 독촉 도부군지부에 총선거대책위원회를 구성하
고, 10월 12일에 총선추진국민대회를 일제히 개최하였으며, 국민운동
의 중요한 시기이니 부위원장을 보강하여 5명을 선출할 것을 결정하
였다.[128]

전국대표자대회는 6일에 보통선거 실시를 재촉하는 건의서를 하지

---

125) 판무관제는 고등 판무관(high commissioner)를 설치하는 제도를 의미한다.
126) 배은희, 『나는 왜 싸웠나?』, 77쪽.
127) 위의 책, 78쪽. 이 때 배은희가 웨드마이어(Albert C. Wedemeyer) 장군에게
1947년 8월 24일에 쓴 6페이지로 된 편지가 박명수 교수에 의해 발굴되었다
(Authority NND 740049). 이 편지에서 배은희 목사는 입법의원에서 통과된
선거법을 가능하면 빨리 공포해 달라고 요청하면서 "민대의 모든 구성원들
은 총선거가 결정될 때까지 서울에 남아있기로 결정하였다"(5)고 말하였다.
128) 『경향신문』, 1947년 10월 10일자.

중장에게 다시 제출하였다.[129] 7일에 정·부위원장 개편과정에서 배은
희는 명제세, 백남훈, 신익희, 이윤영 등과 함께 부회장으로 선출되었
다.[130] 이제 배은희는 지방조직의 중심인물에서 명제세와 신익희 등과
같은 비중 있는 중앙의 지도자의 위치에 오르게 되었다. 이날 남송학
과 전호엽 등 독촉국민회의 대표 4인이 총선에 대해 하지와 면담했을
때 총선거는 UN총회의 결과를 보고 그 실시기일을 발표하겠다고 하였
다. 군정장관대리 헬믹대장은 "남조선과도정부는 총선거에 대한 준비
를 착착 진행 중이다. UN의 결정 여하에 따라 총선거는 곧 시행될 것
이다"라고 답변하였다.[131]

미국이 한국문제를 유엔으로 이관했을 때 이승만과 김구는 비상국
민의회와 민대를 통합하고자 했으나, 12월 2일 장덕수의 암살로 실패
하였다. 그리고 1948년 12월 13일에 열린 25차 민대에서 국내에 들어올
유엔위원단에 적극적으로 협조하고자 한국민족대표단을 결성했는데,
배은희는 오세창, 이시영 등과 함께 의장단에 선출되었다.[132]

1948년 3월에 독촉 제6차 전국대표자대회에서 이승만은 "여러 국민
회동지의 열렬한 애국운동과 더불어 세계 국제우방의 절대한 협력으
로 우리나라의 국권을 회복할 단계가 되는 총선거실시를 보게 되었다"
고 치하하고 공산당을 비롯한 선거방해세력에 주의하고 입후보난립을
방지할 것을 당부하였다. 이 대회에서 배은희는 이윤영, 신익희 등과
함께 부위원장으로 선출되었으나, 총선을 둘러싼 갈등으로 배은희가
사의를 표명하고 대리로 박순천이 취임할 것이라는 보도가 있었다.[133]

---

129) 『조선일보』, 1947년 10월 7일자.
130) 『조선일보』, 1947년 10월 9일자.
131) 『경향신문』, 1947년 10월 9일자.
132) 『조선일보』, 1947년 12월 20일자.
133) 『동아일보』, 『조선일보』, 1948년 3월 20일자.

그러나 이승만은 3월 22일 총선거가 끝나는 5월 9일까지는 현임원진이
유임하도록 조치하였다.[134] 따라서 배은희는 5월 총선까지 독촉국민
회 부위원장직을 유지하며 총선을 지휘하였고, 선거가 끝난 5월 13일
에 부위원장이 박순천으로 교체되었다.[135]

배은희는 5.10총선거에 전주에 출마했으나 낙선하였다. 당시 전주
선거구에 독촉국민회로 출마한 배은희, 청년운동을 하다 무소속으로
나온 이철승, 한독당 계열인데 무소속으로 출마한 신성균 등 5명이 출
마했는데, 신성균이 당선되었다. 배은희는 낙선하였으나, 이승만을 중
심으로 한 독촉국민회는 55명의 국회의원을 배출하여 대한민국 건국
의 가장 중요한 정치세력을 형성하였다. 특히 전북에서는 22개 선거구
가운데 독촉국민회가 6명이 당선되어 27%의 당선률을 보였고, 기독교
인이 6명이 당선되었다.[136]

8. 맺는 말

배은희는 해방공간에서 이승만의 정치활동을 가장 적극적으로 후원
했던 목사였다. 그의 이러한 정치활동은 10대부터 시작된 애국정신과
독립정신에서 기인하였다. 그는 10대 때의 투옥경험을 자신의 독립운
동의 씨앗이 심어진 것이라고 말하였다. 일제 강점기에 전주 서문외

---

134) 『자유신문』, 1948년 3월 23일자.
135) 『동아일보』, 1948년 5월 14일자.
136) 독촉국민회: 조재면(부안), 이요한(옥구), 류준상(완산갑), 정해준(금산), 신현돈
(무주), 진직현(임실); 기독교인 국회의원: 나용균(정읍), 백관수(고창을), 신
현돈(무주), 이요한(옥구), 윤석구(군산), 백형남(익산갑) (이은선, 「제헌국회와
기독교 국회의원」, 『한국교회사학회지』 47집, 2017, 204쪽.)

교회 목사로서 전주 YMCA와 관련을 맺었고 좌우합작의 신간회 회장으로 활동을 하였으며 신사참배에 반대하였다. 그는 해방 후 전주에서 임시시국대책위원회 위원장을 지냈으며, 독촉중협 진북지부장, 독촉국민회 전북 대표로 참여하여 1947년 10월 부회장으로 활동하면서 이승만의 정치활동을 적극적으로 후원하였다. 그는 1947년 7월에는 민대를 조직하여 총선거를 통한 정부수립을 추진하여 독촉국민회와 힘을 합쳐 1948년 5월 10일의 총선거를 실시하는데 크게 기여하였다. 그의 해방 후의 정치활동은 다음의 몇 가지로 평가해 볼 수 있겠다.

첫째 그는 독촉중협 전북지부를 조직하여 반탁운동을 전개하면서 국가의 주권을 되찾는 독립운동이라는 의식을 가지고 일관되게 활동하였다. 그는 1945년 말부터 1월까지의 반탁운동, 1차 미소공위 휴회 후의 반탁운동, 특히 1947년 5월의 제2차 미소공위재개 후의 반탁운동을 전개하면서 신탁통치 정부에 반대하여 자율정부를 세울 것을 주장하였다.

둘째 그는 독촉국민회에 참여하면서 특정 정당 조직이 아닌 국민운동을 통해 국민의 의사를 집결하여 나라의 주권 회복을 위한 독립운동으로서의 정치활동을 하였다. 그는 이러한 관점에서 이승만의 국민운동으로서의 독촉국민회에 동조하여 그 조직에 가담하여 적극적으로 활동하였다.

셋째로 그는 자율정부 내지는 독립정부를 세우는 방편으로 미군정의 판무관제나 임정의 법통론을 거부하고 국민투표를 통해 정부를 세우는 방안을 일관되게 지지하였다. 선거를 통한 정부수립의 방안은 목회활동을 통해 익혔던 민주주의 선거 원리와 함께 선거를 통한 국민주권을 확인해야 정통정부가 수립될 수 있다는 믿음 때문이었다. 그는 "유엔총회에서 한국위원단을 파견하여 한국에 총선거실시를 감시하여

서 외국의 간섭이 없는 독립정부를 수립한다는 보도가 전해"졌던 것을 "민대 운동의 최대 승리"라고 기술하고 있다.[137] 그는 처음에는 이승만과 김구를 함께 지지했으나, 1947년에 접어들어 김구가 임정법통론에 집착하자 총선거를 주장하는 이승만을 적극적으로 지지하였다.

넷째로 그는 선거를 통한 정부수립이 결국 건국이라는 의식을 가지고 있었다. 그는 총선거를 통해 정부가 수립되는 것을 "민대 운동의 최대 승리이며 건국운동에 최후일각까지의 투쟁이라"고 서술한다.[138] 그는 총선거를 통해 정부가 수립되어 주권이 회복될 때 건국이 이루어진다고 이해하였다. 그는 기독교신앙을 가지고 이러한 독립운동이자 정치활동의 논리를 가지고 이승만의 정치활동을 지원하여 총선거를 통한 정부수립과 그를 통한 건국에 기여하였다.

배은희의 해방 후의 정치활동은 이승만의 독립촉성국민회의 국민운동을 통한 우파의 정치세력을 규합하여 민통과 민대 조직까지 동원한 총선거를 통한 민주주의 정부수립에 기여하였다. 그는 일제 강점기 신간회 활동을 하면서 경험했던 공산주의에 대해 분명한 반대 입장을 가지게 되었고, 해방공간에서도 공산주의 세력에 맞서 민주주의 국가를 세우고자 정치활동을 하였다. 해방공간에서 김구와 이승만의 활동에 처음에는 같이 참여하였으나 1947년에 접어들어 김구가 임정법통론에 집착하는 것을 반대하면서 총선거를 주장하는 이승만을 적극적으로 지지하게 되었다. 그러므로 배은희는 해방공간에서 공산주의 세력에 반대하는 우파의 입장에 서서 임정법통론을 주장하는 김구보다는 총선거를 통해 민주주의 국가를 세우려는 이승만을 지지하여 대한민국의 건국에 기여하였다.

---

137) 배은희, 『나는 왜 싸웠나?』, 79~80쪽.
138) 위의 책, 80쪽.

〈참고문헌〉

1. 신문자료

『기독신문』,『경향신문』,『대농신문』,『동아일보』,『신한민보』,『자유신문』,
『조선일보』,『중앙신문』,『현대일보』,『새전북신문』.

2.미정부 및 군정 자료

G-2 Periodic Report.

3. 연구논저

건국청년운동협회 편,『대한민국건국청년운동사』, 건국청년운동협의회총본부, 1989.

국사편찬위원회 편,『한국독립운동사』8권 : 3.1운동 이후 독립운동 1, 국사편찬
　　　　위원회, 1990.

　　　　　　　　,『한국독립운동사자료집』26권: 三一運動 16, 국사편찬위원회,
　　　　1996.

　　　　　　　　,『한국현대사자료집성』47, 국사편찬위원회, 2000.

김권정,「일제하 최문식의 사회운동과 기독교사회주의」,『숭실사학』26집, 2011.

　　　,「해방 후 기독교 세력의 동향과 대한민국 건국운동」, 박명수외 엮음,
　　　『대한민국 건국과 기독교』, 북코리아, 2014.

김양선,『한국기독교해방10년사』, 대한예수교장로회총회 종교교육부, 1956.

김행선,「미소공동위원회 재개를 전후한 우익진영의 동향과 양면전술」,『한성사
　　　학』14집, 2002.

박용규,『한국기독교회사』, 한국교회사연구소, 2003.

박재호,「미군정기 전북지역 좌·우익의 활동(1945.8-1948.8」, 건국대학교 석사학
　　　위논문, 1998.

배은희,『나는 왜 싸웠나?』, 일한도서주식회사, 1955.

배진구,「이승만 박사의 건국운동과 배은희 목사」,『한국논단』239집, 2009.

백낙준 편,『조선예수회장로회사기』하권, 한국교회사학회, 1968.

서문교회100년사편찬위원회,『전주서문교회 100년사』, 서문교회, 1999.

세브란스병원,『세브란스병원 웹진』154권, 2015.

심지연,『한국민주당연구 II - 한국현대정당론』, 창작과 비평사, 1984.

연규홍, 「최문식」, 『한국기독교와 역사』 2집, 1992.

안대희, 「1893-1945년 전주서문외교회의 성장과정과 민족운동」, 목포대학교 석사학위논문, 2000.

_____, 「1893-1945년 전주 서문외교회의 성장과정과 민족운동」, 『지방사와 지방문화』 5집 1호, 2002.

오성주, 「사회복음주의 기독교 교육론 김창준(1890.5.3-1959.5.7)연구」, 『신학과 세계』 61집, 2008.

운남이승만문서편찬위원회, 『운남 이승만문서: 동문편』 13권, 중앙일보사 현대 한국학연구소, 1998.

유영렬, 「기독교민족사회주의자 김창준에 대한 고찰: 『김창준 회고록을 중심으로』」, 『한국독립운동사연구』 25집, 2006.

윤남하, 『믿음으로 살다 간 강순명목사 소전』, 호남문화사, 1983.

윤효정, 「신간회 창립과정 연구 - 조선공산당의 활동을 중심으로」, 『민족문화연구』 75집, 2017.

여강출판사 편, 『남조선과도입법의원속기록』, 여강출판사, 1984.

이상훈, 「해방후 독립촉성국민회의 국가건설운동」, 『학림』 30집, 2009.

이은선, 「대한독립촉성국민회와 기독교」, 『한국교회사학회지』 46집, 2017.

_____, 「대한독립촉성국민회 지방조직과 기독교」, 『한국개혁신학』 55집, 2017.

_____, 「제헌국회와 기독교 국회의원」, 『한국교회사학회지』 47집, 2017.

장금현, 「독립촉성중앙협의회와 조선기독교단 남부대회와의 관계 연구」, 『복음과 선교』 38집, 2017.

전택부, 『한국 기독교청년회 운동사』, 범우사, 1994.

정태식, 「기독교사회주의(基督敎社會主義)의 한국적 수용(韓國的 受容)에 대(對)한 일고찰(一考察) -최문식(崔文植) 목사(牧師)의 사상(思想)과 실천(實踐)을 중심(中心)으로」, 『퇴계학과 유교문화』 39집, 2006.

한태수, 『한국정당사』, 신태양사, 1961.

이남규 목사의 전남지역 정치활동

김정회

1. 시작하는 말

춘곡 이남규(李南圭, 1901~1976)는 일제강점기와 해방공간에서 목회와 정치를 동시에 병행했던 특이한 이력의 소유자였다. 전남지역을 대표했던 목포 양동교회를 담임하면서 목포 건국준비위원회 위원장을 담당했고, 대한독립촉성국민회 목포지부와 전남지부장을 거쳐서 입법의원과 제헌 국회의원을 지냈다. 정부수립 후 초대 전남도지사로 취임하면서 양동교회의 담임목회를 그만두었지만 도지사를 마친 뒤에 다시 양동교회로 복귀했다. 기장 분열 시에 기장에 참여해 부총회장과 총회장을 역임했으며 한국기독교협의회의 회장에 피선되었다. 그리고 제2공화국에서 민주당의 참의원으로 당선되어 정치활동을 계속 이어 갔던 인물이었다. 그는 목포지역을 대표하는 목회자였을 뿐만 아니라 목포를 대표하는 정치인이었다.

그럼에도 목회자와 정치인으로서 그에 대한 연구가 심도 있게 진행되거나 그의 위상에 대한 평가나 조명이 지금까지 이루어지지 않았다는 것은 이해하기 어렵다. 아마도 그것은 이 지역의 교회사 연구가 교회중심의 발전과정에 초점이 맞추어진 측면과 지역정치사가 좌우대결에 초점이 맞추어진 측면 때문으로 여겨진다.

1963년 국회의원 선거를 앞두고 정계복귀를 강하게 권유 받았지만 자신의 사명이 다했다고 받아들이고 당시 목회를 은퇴하고 전념하고 있었던 영흥중학교 일에 몰두하였다. 마지막까지 교육활동에 헌신하다가 1976년 생을 마감했다.

이남규에 대한 연구는 지금까지 다루어진 적이 없었다. 그가 남긴 저작이나 자료들이 거의 남아 있지 않고 회고록이 1995년에 춘곡 이남규 저서 출간위원회가 구성되어 출간된 것이 현재까지 그가 남긴 유일한 저작일 뿐이다. 최근 들어 2016년 5월에 「호남교회춘추」라는 지역 역사연구지에서 한인수의 인물탐구로 이남규를 다루었는데 이 연구는 단순히 회고록을 정리 요약한 정도여서 아쉬움을 남긴다.[1] 그 만큼 이남규에 대한 조명이 이루어지지 않았으며 본 연구에서도 어려운 점은 이남규의 1차 자료를 최대한 확보하지 못하고 있는 한계가 있다.

하지만 그럼에도 이남규에 대한 연구의 필요성은 그가 가지고 있는 한국교회 안에서의 상징성과 해방 직후 전남을 기반으로 정치활동을 했던 정치인 중에서도 전남지역을 대표하는 기독교 정치인이었기 때문이다. 또한 그가 목회를 하면서도 병행하여 정치를 하게 된 동기를 추적하다 보면 한국기독교가 가지고 있었던 정치사회적인 인식을 분명하게 이해하고 있을 뿐만 아니라 그것의 기반이 되었던 신학적 태도와 개념을 이해할 수 있다. 이 연구에서는 해방 직후 전남지역과 목포

---

1) 한인수, "인물탐구 이남규", 「호남춘추」, 2016년 봄호.

지역의 정치상황을 이해하고 좌우세력의 갈등 속에서 전남지역의 기독교회가 취했던 태도와 인식을 살펴볼 것이다. 이를 토대로 목회자였던 이남규가 정치활동을 하게 된 동기와 정치적 업적을 조명하고 이를 토대로 그의 활동이 기반이 되었던 신앙과 정치사상을 규명할 것이다. 그리고 전남 지역 전체를 다루지 않고 이남규의 목회와 정치활동의 중심지였던 목포를 중심으로 전남지역을 조명을 할 것이다. 이는 이남규가 전남 지역 전체를 대표할 정도의 상징성을 지니고 있기 때문이다.

이남규에 대한 연구를 통해 당시 전남지역과 목포지역의 교회들이 가지고 있었던 정치적 위상과 함께 당시 교회가 가지고 있었던 사회적 영향력이 어느 정도였는지를 가늠할 수 있을 것이다.

2. 해방 후 전남지역의 정치상황과 기독교

1) 해방 후 전남지역의 정치적 상황

해방 후에 가장 먼저 광주, 전남 지역을 장악하려고 했던 정치세력은 공산주의 그룹이었다. 1945년 9월 조선공산당 전남도당이 조직되었는데 박헌영이 조선노동당을 발족을 선언하는 성명서를 발표했던 시점과 거의 같은 시기에 이루어진 것이었다.[2] 이는 좌익세력이 이 지역에 존재했던 이전의 지하조직을 재건하기 용이했던 점과 박헌영이 해방이 되기 3년 전부터 광주의 백운동 벽돌공장에서 은거하면서 그의 조직을 중심으로 노동자들에 대한 포섭이 이루어져 화순탄광, 종연방직, 목포의 항만노조 등에 조직원을 상당수 가지고 있었던 원인이 있

---

2) 김남식, 『남로당 연구 Ⅰ』, 서울: 돌베개, 1984, 34쪽.

었다. 이 시기 가장 인구가 많았던 목포에서는 박헌영의 조직선이었던 김백동, 김영재, 윤해광, 김홍배, 권영욱 등이 활동했고, 광주에서는 윤가현, 윤순달, 고항, 이남래, 조주순, 좌혁상 등이 활동했다.[3] 조선노농낭은 광주시당과 목포시당을 중심으로 군단위로 그 조직을 확산시켰고 일부는 여운형의 건국준비위원회에 참여했다. 박헌영 계열은 대부분 당 조직을 중심으로 활동한 반면에 장안파 공산당에 속하는 이정윤 계열은 건준과 인민위원회의 조직에 참여하고 있었다.[4] 이정윤계가 박헌영계에 의해서 밀려나고 박헌영이 좌익계를 장악한 이후 조선공산당은 남한의 3개 좌익정당들(조선공산당, 조선인민당, 조선신민당)을 합쳐 남조선노동당(남노당)을 결성했다. 남노당은 전남지역에서도 군 단위까지 이르는 상당한 조직을 갖추고 있었을 뿐만 아니라 주요한 세력으로 영향력을 드러내고 있었다.

당시 광주보다 큰 도시였던 목포는 해방 이후 큰 폭의 인구증가를 보이며 유동인구가 증가했는데 이는 목포지역이 다른 지역보다 훨씬 급진적인 경향을 갖게 하는 요인이 되었다. 특히 건준이 인민위원회로 개편되었을 때 목포 인민위원회는 사실상 목포의 대부분의 행정조직을 장악하고 있을 정도로 상당한 영향력을 가지고 있었다. 목포 인민위원회를 주도했던 인물이 국순홍과 김백동이었는데 이들이 박헌영의

---

3) 안종철, 『광주·전남 지방 현대사 연구-건준 및 인민위원회를 중심으로』, 서울: 도서출판 한울, 1991, 48쪽.

4) 위의 책, 50쪽. 조선공산당은 1920년대 공산당 조직을 흡수한 박헌영 중심의 경성 콤·그룹과 자생적인 공산주의 그룹인 장안파 공산당 계열로 파벌이 형성되어 있었는데 박헌영은 민족해방운동에 방점을 두고 있었으며 북한의 노동당과 연계되고 있었다. 하지만 장안파 공산당 계열은 국가건설에 참여하기 위해 공개조직인 건준에 참여하고 있었다. 조선공산당은 결국 박헌영 계열이 장악했다. 건준에서 인공으로 넘어갈 때는 이미 좌파가 박헌영 계열을 의미하는 것이었다.

직계였다. 목포 인민위원회는 목포 인근의 지역인 무안, 영암, 함평 등
지에까지 영향력을 미치고 있었다.[5] 미군정이 들어와 행정력을 장악
하고 좌파세력을 몰아낼 때까지 이 지역을 장악하고 있는 세력은 사실
상 좌파세력이었다.

  한편 우파의 경우에는 일제강점기부터 전북의 인촌 김성수와 전남
의 고하 송진우가 전라도를 대표하는 지도자들이었다.[6] 그것은 민족
주의 우파 특히 기독교 민족주의 세력이 전남지방에 형성되어 있음을
의미하는 것이었다. 우파진영에서 가장 먼저 정당조직을 갖춘 곳도 김
성수와 송진우가 중심이 되었던 한민당이었다. 이에 영향을 받은 이들
이 전남지역에 한민당을 결성하기 시작했다. 그러나 한민당의 경우 남
노당과 같이 시군단위까지 조직을 확산시키지 못했다. 광주의 고광표,
순천의 김양수, 목포의 천진철, 여수의 김문평, 해남의 송봉해, 벌교의
서민호, 장흥의 고영완, 영광의 조영규 등이 한민당의 지방조직을 결
성하는 주요 인물들이었다. 한민당에 관여 했던 인사들은 대부분 일본
유학을 했거나 대학을 졸업했던 지식인들이었으며 한해 5천석 이상의
지주출신이라는 공통점을 갖고 있었다. 이들 중에는 학교설립과 민족
교육에 힘썼던 인사들이 여럿 포함되어 있었다.[7]
  김구와 임시정부 인사들이 중심이 되었던 한국독립당은 1946년에
되어서야 전남도당을 결성할 수 있었다. 그러나 정치성향상 겹치는 한
민당에 비해 당세는 그렇게 강하지 못했다. 해방 초기 전남지역은 사

---

5) 전남일보 현대사 기획위원회, 『광주전남현대사』 1, 서울: 실천문학사, 1991,
   81쪽.
6) 인촌 김성수는 전북 부안 출신이고 고하 송진우는 전남 담양출신이다.
7) 김광수, 『지방 정치학의 탐색』, 106쪽.

실상 좌파 세력의 영향력이 상당하게 자리를 잡고 있었으며 건국준비
위원회의 구성에서도 그러한 현상이 나타났다.

전남건준은 중앙건준과 신국가 건설이라는 기본적 성격을 같이하고
있었지만, 중앙과 지방의 통상적인 상하 행정조직과 달리 상부의 지시
없이 독자적으로 지방의 행정업무를 관장했다.[8] 전남의 건준이 나름
대로의 독자성을 가지고 있었던 것이다. 1945년 8월 17일 광주시 창평
상회에서 '매일신보' 전남지사장이었으며 담양출신으로 송진우와 절친
했던 국기열의 주도로 건준 결성식을 거행하고 기독교 목사로 3.1운동
당시 광주와 전남을 대표했으며 광주 YMCA를 설립하고 일제말기 토
굴에 은거하면서 광주시민들의 존경을 받았던 최흥종을 위원장으로 추
대하였다. 부위원장은 광주학생운동에 가담했고 김성수의 족숙(族叔)
이었던 김시중이 선출되었다. 전라남도 건준의 조직은 다음과 같았다.

위원장: 최흥종
부위원장: 김시중, 강해석
총무부장: 국기열
치안부장: 이덕우
재무부장: 고광표
선전부장: 최인식
학무부장: 신순언
산업부장: 한길상
조직부장: 김범수
청년부장: 주봉식[9]

이중 민족주의 우파에 속하는 인물은 앞서 언급한 최흥종, 김시중,

---

8) 안종철, 『광주·전남 지방 현대사 연구-건준 및 인민위원회를 중심으로』, 72쪽.
9) 안종철, 위의 책, 74~75쪽.

국기열과 고광표, 신순언 등이었으며, 좌파에 속하는 인물은 강해석, 이덕우, 최인식, 한길상, 김범수 등이었다. 우파와 좌파가 거의 대등한 위치에서 참여하고 있었다. 1946년 전남지역의 대부분의 건준이 인민 위원회로 전환되었을 때 대부분의 우파 세력은 건준을 떠나 대한독립 촉성국민회와 한민당으로 넘어갔다. 대한독립촉성국민회에 한민당의 구성원들이 다수 참여하고 있었다는 점은 미군정기에 우파를 대변하 고 있었던 정치단체는 대한독립촉성국민회(이하 독촉)였다.

독촉의 주요 구성원은 주로 한민당과 이승만의 정치노선을 따랐다. 전남지역에서 독촉은 1945년 11월 5일 결성되었으며 우파 세력을 대표 하였다. 그리고 제헌 국회의원 선거 때에는 한민당과 함께 전남지역의 대부분의 의석을 차지할 정도로 상당한 영향력을 차지하고 있었다.[10]

여기서 주목해야 할 것이 전남지역에서 우파의 주요한 세력이었던 한민당과 독촉의 주요 구성원들이다. 한민당은 본래 기독교 민족주의 자들의 주도로 해방 직후 창당된 첫번째 정당이었다. 그들은 주로 일 제강점기에 지주와 엘리트 그룹으로 구성되었는데 대부분 사회적 위 치와 요직을 가지고 있었던 인물들이었다. 독촉 또한 전국적인 지부를 결성하면서 주요인물들이 한민당 또는 이승만을 지지하는 인사들이었 다. 이들은 대부분 전남지역의 목회자들이나 교회를 대표하는 인물들 로 기독교인들이 상당수를 차지하고 있었다.

전남지부 회장에 최종섭, 부회장은 정순모, 이남규, 그리고 원창규 외 11명이 각부 부장을 맡았는데 정순모와 이남규는 평양신학교를 졸 업한 목사였으며 모두 광주와 목포에서 독촉으로 제헌 국회의원에 당 선된 인물들이었으며 문교부장이었던 원창규도 기독교인으로 초등학

---

10) 김광수, 『지방 정치학의 탐색』, 127쪽.

교 교사출신이었다. 순천지부장이었던 김양수와 황두연, 강진지부의
차래진이 모두 기독교인이었고, 보성지부의 박창규는 전도사, 보성의
독촉후보로 제헌 국회의원 선거에 나섰던 항보익은 목사였다.

2) 해방공간에서의 목포와 목포교회

전남지역은 광주와 목포를 중심으로 도시가 형성되어 있다. 현재까
지 광주가 전남지역을 대표하는 주도로서의 역할을 담당해 왔다. 하지
만 서울과 뱃길로 연결되었던 목포가 호남의 관문 역할을 하고 있었으
며 기독교의 전래와 더불어 가장 먼저 근대화의 길을 걸었다. 특히 전
남지역의 개신교는 목포를 거점으로 시작되었고 최초의 교회 또한 목
포에 있었다. 주요 학교들이 목포에 세워졌을 뿐만 아니라 항구를 통
해 새로운 사상과 문물이 들어오기에 용이했다. 그것은 해방공간에서
좌와 우의 대립이 가장 치열하게 전개되었던 곳이 바로 목포를 중심으
로 그 주변지역을 의미하는 것이기도 하다.

목포가 본격적으로 발전하기 시작한 것은 1930년대 인구가 6만명을
돌파하면서부터였다. 그리고 이 시기를 거치면서 목포 3대 사업이 추
진되었는데 그 내용은 목포 항만의 수축과 철도부설, 그리고 중학교 설
립 촉진이었다.[11] 목포에 세워졌던 학교들은 일제에 의해서 세워진 공
립학교들과 교회에서 세운 기독교 계통의 학교들이 있었으며 기독교
학교들은 3.1운동과 광주학생운동 시기에 목포의 독립운동을 주도할
정도로 민족의식이 강했다. 그러한 의식의 발원지는 대부분 교회들을
통해서 이루어지고 있었다.[12] 그것은 목포사회에서 이 지역의 교회가

---

[11] 고석규, 『근대 도시 목포의 역사 공간 문화』, 서울: 서울대학교 출판부, 2004,
104쪽.

사실상 지역사회의 리딩그룹으로서 역할을 하고 있었음을 의미한다.

한편 항만의 발달은 이곳에서 일하는 노동자들의 수를 증가시켰다. 이는 일제에 의해 탄압을 받았던 좌익세력이 지하조직으로 들어갈 수 있는 좋은 근거지가 되었다. 해방 직후 광주의 벽돌공장에서 은거했던 박헌영의 전위조직이 목포 항만노조를 중심으로 가장 먼저 조직될 수 있는 조건이 되었던 것이다. 이는 이 지역이 해방 공간에서 치열한 우익과 좌익의 대결이 전개될 것임을 암시하는 것이었다. 해방 직후 목포는 기독교 세력을 중심으로 했던 보수우파와 공산주의 좌파 세력으로 이미 치열한 대립을 예고하고 있었다. 하지만 이러한 대립은 미군정이 들어와 좌익이 주축이었던 인민위원회를 해산함으로써 정리되었다. 목포가 사실상 보수우파의 도시가 된 것이었다.[13] 그것은 민족주의 우파 그룹은 실질적으로 주도하고 있었던 목포지역 교회의 영향력이 강화되었음을 의미하는 것이었다.

해방공간에서 목포의 교회와 기독교인들은 교회의 재건이 최우선의 과제였다. 일제말기에 일본혁신교단으로 통폐합이 이루어지면서 사라졌던 교회들을 다시 세우고 본래의 모습을 회복하는데 주력해야 했다. 그럼에도 사회적 책임을 방기하지 않았다. 그것은 당시 목포지역 교회들이 가지고 있었던 특징이기도 했다. 목포지역의 교회들은 이미 일제강점기 하에서도 민족운동의 중심지로서 역할을 하고 있었다. 특히 신사참배 거부와 일본혁신교단 참여 거부로 인해 투옥되거나 순교하는 인물들이 나오면서 교회가 민족운동의 요람으로까지 인식되고 있었다.[14]

---

12) 현재 목포에 조성되어 있는 '목포 근대역사관'에는 3.1운동과 광주학생운동의 거점 역할을 한 곳으로 목포양동교회를 비중있게 다루어 전시하고 있다.

13) 김광수, 『지방 정치학의 탐색』, 117쪽.

14) 대표적인 인물들이 여수 애양원의 손양원과 목포 양동교회의 박연세, 연동교회 이남규 등이었다.

목포의 교회들은 건국이라는 민족적 과제를 앞에 두고 무관심하거나 외면하지 않았다. 교회가 직접적이지는 않았지만 목회자와 성도들의 참여를 막기보다는 오히려 당연시한데서 알 수 있다. 해방 직후 이남규는 목포 건준의 조직을 준비하고 있었다. 양동교회는 이남규를 담임목사로 청빙하면서 그의 그러한 정치적 활동을 막지 않았다. 오히려 이남규가 목회와 건준의 활동을 병행할 수 있도록 교회적인 차원에서 돕고 있었다.15) 이남규는 1948년 5월 10일 제헌 국회의원 선거에서는 양동교회 교인들과 목포시민들의 절대적인 지지로 제헌 국회의원에 선출되었다.16) 뿐만 아니라 배은희와 윤치영에 의해 천거되어 제1공화국의 첫 번째 전남도지사로 취임하였다. 양동교회의 담임목회자였던 그가 전라남도와 제주도까지를 책임지는 행정의 최고 책임자에까지 오른 것이다. 특이한 것은 정치활동을 그만 둔 뒤에는 다시 양동교회의 담임목회자로 돌아온다는 것이다. 이는 한국교회가 가지고 있었던 정치활동에 대한 인식이 부정적이거나 거부감을 가지고 있지 않았을 뿐만 아니라 당시 교회가 사회의 리딩그룹으로 그 위치를 분명히 하고 있음을 보여준다.

---

15) 이남규, 『온 세상 위하여』, 서울: 삶과 꿈, 1995, 166쪽.
16) 목포양동교회100년사편찬위원회, 『목포양동교회 100년사』, 함평: 도서출판 샛별, 1997, 87쪽.

3. 이남규의 위치와 활동

1) 이남규의 목회와 한국교회사적 위치

이남규는 1901년 2월 29일 전라남도 무안군 청계면 복길리에서 태어났다. 어린시절 한학을 공부했던 그의 생애에서 가장 큰 전환점을 가져 온 것은 서울로 상경해서 종교교회에 출석하면서 예수를 믿게 된 일이었다. 당시 종교교회는 윤치호가 세운 교회로 미국 유학을 마치고 돌아왔던 양주삼이 담임목사로 부임해 있었다. 양주삼으로부터 세례를 받은 이남규는 양주삼의 설교와 신학에 매료되었다. 양주삼은 이미 미국에서 유학하면서 사회복음주의를 체득하고 돌아왔다. 또한 1930년 기독교조선감리회가 출범할 때 '교리적 선언'을 주도하는데 사회복음주의를 명시함으로써 한국감리교회의 신학적 지향을 복음주의에서 사회복음주의로 바꾸어 놓았다. 사회복음주의는 구원의 문제를 개인에서 멈추는 것이 아니라 사회구원을 지향해야 한다고 보았으며 사회의 변화와 변혁을 추구했다.[17] 이남규가 사회복음주의 신학적 영향을 받은 것은 당연했다. 양주삼으로부터 영향을 받았던 사회복음주의 신학은 이남규의 목회와 정치활동 전반에 영향을 주었다.

이 무렵 중동학교에 다니던 이남규는 방학에 고향으로 내려와 교회를 개척했다. 그가 종교교회에서 접했던 신앙의 모습이 그대로 재현되었다. 그에게 그가 교회에서 벌였던 계몽운동은 금연, 금주 운동을 비롯해 우상타파와 제사제도의 개혁과 같은 것이었다.[18] 이는 여기에 회

---

17) Walter Rauschenbusch, *A Theology For The Social Gospel*, NewYork: Abingdon Press, 1945, 47쪽.
18) Walter Rauschenbusch, 위의 책, 111~113쪽.

심이나 전도의 용어들이 등장하지 않는다. 다만 이러한 모습들은 초월
적인 하나님의 유일성에 대한 고백이기도 했지만 신앙생활의 윤리와
문맹퇴치, 경제적 낭비를 계몽하려는 목적이 더 컸다.

이남규는 감리교인으로 출발했지만 자신의 지역이 장로교 지역이었
기 때문에 평양신학교에 들어가 신학을 공부하고 장로교 목사가 되었
다. 사회복음주의 신앙을 접했던 그에게 애초에 교파는 중요한 문제가
아니었다. 후에 기독교연합회 회장에 오를 수 있었던 이유도 그러한 인
식의 발로였다. 사회적 관심과 사명의식을 가지고 있었지만 주류의 한
국교회들이 강조하고 있었던 복음과 교회를 중요시했던 이남규였다.

그는 목포연동교회 초대목사로 시무했으며 신사참배 거부와 목포
지방 장로교가 일본 기독교단으로 통폐합되는 것을 반대하다가 목사
직에서 해임되고 감옥에서 고문을 당했다. 그리고 해방이 될 때까지
개인 회사에 근무하기도 했다. 해방이 되었을 때 가장 먼저 이남규를
부른 곳은 목포 양동교회였다. 양동교회는 미국 남장로교가 전라도지
역에 세운 첫 번째 교회였고, 전라도 지역 선교의 출발점이었던 교회
였다. 3·1운동 당시에는 양동교회가 목포 만세운동의 거점이었다. 목
포와 전남지역의 근대화의 산실이 되었던 영흥학교와 정명여학교가
양동교회가 세운 학교들이었다. 양동교회의 담임목사는 일제강점기
고등보통학교 유치를 위한 준비위원회에도 목포의 유력인사로 참여하
기도 할 정도로 사회적으로도 상당한 영향력을 가지고 있었다. [19]

해방이 될 때까지 목포지역의 대부분의 교회들이 양동교회에 의해
개척되었거나 후원을 받고 있었을 정도로 목포지역에서 양동교회는

---

[19] 고석규, 『근대 도시 목포의 역사 문화 공간』, 서울: 서울대학교 출판부, 2009,
199쪽. 1936년 고등보통학교 유치를 위한 유지좌담회에 양동교회 담임목사였
던 박연세가 참여했다.

모(母)교회와 같은 위치를 가지고 있었다. 이남규가 양동교회의 담임 목사로 추대되었다는 것은 사실상 목포지역교회의 리더가 되었다는 것을 의미했으며 사회적으로도 상당한 위치에 올라있음을 의미하는 것이었다.

해방 직후 한국교회가 신사참배와 일본 기독교단 문제로 몸살을 앓고 있었을 때 이로부터 자유로웠던 인물이 몇 되지 않았다. 목포의 양동교회가 해방이 되자마자 청빙했던 이유는 그러한 뚜렷한 신앙적 지조와 항일의식 때문이었다.[20]

이남규에게서 나타나는 또 다른 특징은 그가 미국 남장로교지역에서 목회를 했으면서도 남장로교선 교사들로부터 영향을 받지 않고 오히려 그들을 극복하려고 했다는 점이다. 이는 그의 신앙적 유형이 남장로교보다는 기청지역 교회의 신앙적 영향을 더 받았기 때문이었다.

이남규는 선교사들의 공로를 인정했지만 이제 한국인들에게 그들의 업적을 계승해 주어야 한다고 생각했다. 따라서 선교사들이 교회의 문제와 재산권의 문제에서 손을 놓아야 한다고 인식했다.[21] 그가 장로교회가 예장과 기장으로 분열될 때 남장로교선교사들이 지지했던 예장이 아닌 기장을 선택하는 요인이 되었다.

기장에서 이남규의 위치는 확고했다. 한국기독교장로회가 출범할 때 초대 총회장이었던 함태영을 보좌했고 1957년에는 총회장에 피선되어 교단을 이끌었으며 1959년에는 한국기독교협의회(NCC) 회장에 피선됨으로써 기독교 지도자로서의 입지를 분명하게 다지고 있었다.

이남규는 복음과 교회를 중시하면서도 사회의 문제를 외면하지 않았고 사회적 책무를 도외시하지 않았다. 그가 사회복음주의 신학의 토

---

20) 김수진, 『양동제일교회100년사』, 서울: 쿰란출판사, 1997, 242쪽.
21) 이남규, 『온 세상 위하여』, 262쪽.

대 위에 있었던 것이다. 이는 1930년대 이후 교회사의 전면에서 사라진 것으로 보였던 사회복음주의 신학이 해방 후에 기독교인의 도덕과 정의 개념, 그리고 정치인식 속에서 그대로 발현되고 있었다는 사실을 확인해 주고 있는 것이다.

2) 정치활동과 계보

목사였던 이남규가 해방과 함께 가장 먼저 했던 일은 목포 건국준비위원회를 조직하는 것이었다. 그것은 목회자가 목회를 내려놓고 잠시 사회적 책무를 맡아보는 것을 의미하지 않았다. 광주 건준의 위원장을 맡았던 최흥종은 건준이 인민위원회로 넘어가면서는 더 이상 활동하지 않고 목회자로 돌아갔지만 이남규는 달랐다. 이남규는 목포 건준의 위원장을 맡는 순간부터 제2공화국에 이르기까지 한국교회사적으로는 호남을 대표하는 장로교의 대표적인 목회자였고, 정치사적으로는 전남을 대표하는 유력한 정치인으로서 자리하고 있을 정도로 그 위치를 다지고 있었다. 목회와 정치활동의 병행은 그를 정치사적으로 조명하고 그가 어디에 위치하고 있었는지를 계보적으로 인식할 때 당시 전남의 기독교인들의 정치적 성향과 사상을 바르게 인식할 수 있음을 의미한다.

그의 첫번째 정치활동은 목포의 건준 위원장이었다. 이남규는 건준을 맡게 된 동기가 사회질서의 유지와 재산과 생명을 지키는 역할을 해야 한다는 사명감이 중요한 원인이었고, 시민들의 추대가 그 역할을 맡게 되는 중요한 요인이었다고 말했다.[22] 그것은 그가 일제하에서 분명한 항일의식과 투옥을 경험하고 살아남았던 인사로 목포 사회에 큰

---

22) 이남규, 위의 책, 181쪽.

영향력을 가지고 있었던 목포양동교회의 담임목사 부임을 앞두고 있었기 때문에 가능한 일이기도 했다.

목포 건준은 민족주의 우파 진영과 공산주의 좌파 간의 대립이 심화되고 있었다. 이 당시 목포 건준에 참여했던 김대중은 자신이 목포 건준의 선전부 과장을 맡고 있었지만 민주주의와 공산주의에 대해 정확하게 몰랐다고 증언한다. 다만 건국에 참여한다는 생각으로 벅차 있었다고 증언한다.

> 목포 지부는 이남규 목사를 중심으로 조직했지만 곧 공산주의자들이 점차 조직을 장악해 나갔다. 공산주의자들은 일제 시대 독립 투쟁을 주도적으로 전개했고, 투옥된 애국지사들 중 상당수가 공산주의 사상에 심취해 있었던 만큼 해방공간에서 그들의 입지는 넓었다. 그것은 부인할 수 없었다.[23]

건준이 인민위원회로 전환되면서 좌파가 장악하기 시작하자 이남규는 건준을 나왔다. 이남규는 이미 일제하에서부터 공산주의에 대한 분명한 인식을 가지고 있었다. 그가 일본에서 유학을 포기하고 고향으로 돌아왔을 때 고향교회에 침투한 공산주의자들과 대립했던 경험을 가지고 있었다. 이는 비단 그만의 문제가 아니었다. 한국교회는 이미 일제하에서 공산주의 세력으로부터 박해를 받고 있었다. 그리고 공산주의의 실체를 경험하면서 공산주의가 가지고 있었던 반기독교성과 반민족성에 대해 분명하게 인식하고 있었다. 이남규 역시도 이미 1920년대 종교교회를 다니면서 1925년부터 시작된 공산주의자들의 반기독교 운동을 목도했을 뿐만 아니라 YMCA를 통해 공산주의에 대한 사상적인 이해와 더불어 그 모순을 파악하고 있었다.

---

23) 김대중, 『김대중 자서전』 1, 서울: 삼인, 2010, 59쪽.

미군정에 대한 아쉬움을 가지고 있으면서도 미군정이 영향을 끼치고 있었던 독립촉성국민회에 참여했던 이유는 공산화를 막고 민주주의 정부를 통한 독립을 이루어야 한다는 생각 때문이었다.[24] 그에게 건국은 자유민주주의 국가를 세우는 것이라는 분명한 인식이 있었던 것이다.

또한 그가 대한독립촉성국민회에서 활동했던 이유는 독촉을 이끌었던 민족주의 우파 특히 이를 주도했던 인물들과의 관계였다. 이남규의 정치참여는 자신의 독자적인 사명감에 의한 것이기도 했지만 이미 그가 교류하고 있었던 대부분의 사람들이 독촉에 참여하면서 자연스럽게 그가 독촉의 일원이 되었던 것이다. 특히 전북을 대표하는 민족주의 우파였던 배은희가 그러한 역할을 하고 있었다.

이남규가 독촉에 가담하고 적극적인 행보를 보이기 시작했다는 것은 정치적으로 이승만의 정치노선에 합류했음을 의미하는 것이었다. 그것은 자유민주주의에 대한 신념과 이승만이 가지고 있었던 기호계 기독교 민족주의의 대표성에 기인하는 것이었다.

독촉에 가담한 이남규가 좌익세력인 인민위원회와 부딪쳤던 문제가 신탁통치 반대의 문제였다. 이남규는 이념의 문제를 떠나서 이 문제를 민족의 문제로 보고 좌우가 한 목소리를 내야 한다고 주장했다. 목포 독립촉성국민회의 회장이었던 그는 신탁통치에 찬성으로 돌아선 좌익세력을 반민족적인 세력으로 맹렬히 비판했다.

> 조국의 독립이란 목적 아래에선 좌·우익이 없이 하나같이 조국을 지키자는 것뿐이었다. 너나할 것 없이 삼천만의 가슴이 하나로 똘똘 뭉쳐 버렸기 때문이다. 그런데도 하룻밤 사이에 놀라운 일이 벌어졌

---

24) 이남규, 앞의 책, 190쪽.

다. 그것은 어제까지도 극렬하게 신탁통치 결사 반대로 고래고래 소
리지르던 좌익 계열들이 오늘에 와서 '신탁통치 절대 지지'라는 플래
카드로 바꾸어 들고 다시 찌푸린 얼굴로 발악적인 고함을 지르고 나
섰다...... 신탁통치에 반대하던 그 가슴에 뛰던 피는 정녕 민족의 피
가 아니었던가! 조국의 혼이 있고 민족의 피를 나누어 받은 사람이라
면, 그것을 볼 때 어찌 가슴이 미어지지 않고 눈에 불꽃이 튀지 않을
수 있었겠는가![25]

이러한 이남규의 정치적 행보는 단순히 목포라는 지역에서 그치지
않았다. 전남 독촉을 조직하는데 주도적인 역할을 했고, 각 지역의 독
촉조직을 탄생시키는 산파역할을 담당했다.[26] 이는 그가 목포와 전남
지역을 대표하는 우파의 지도자로 부각되기 시작했음은 물론 좌익으
로부터 테러의 주요한 표적이 되기도 했다.

당시 대한독촉국민회는 이승만이 주도했던 독립촉성중앙협의회가
그를 지지하고 있었던 한민당 세력과 김구의 한독당까지를 아우르고
있었다. 특히 한민당과 한독당이 주도권 다툼을 벌이고 있었다. 이승
만은 이러한 상황에서 일제강점기에서부터 자신의 계보에 속했던 인
물들이 주를 이루고 있었던 한민당이나 임시정부 인사들이 주축인 한
독당 어디에도 속하지 않았으며 대한독촉국민회를 자신의 전위세력으
로 끌고 가고자 했다. 독촉국민회에 속하는 것은 그 자체로 자신이 이
승만의 계보에 속한다는 것을 드러내는 것을 의미했다. 이남규가 입법
의원 선거에서 자신의 사상과 더 가까워 보였던 한민당을 따라 가지
않고 독촉국민회에서 소속되었던 것은 이승만이 내세웠던 반공과 민
주주의 정부수립이라는 분명한 목표 의식이 자신과 다르지 않다고 여

25) 이남규, 『온 세상 위하여』, 190~191쪽.
26) 이남규, 위의 책, 192쪽.

겼기 때문이었다.[27]

입법의원이었던 이남규가 가장 먼저 직면한 문제는 단정수립이냐 통일정부수립이냐 하는 문제였다. 아직 공식적인 정부가 들어서지 않았던 이 시기에 한국의 주변 정세는 북한이 공산국가로서의 정부수립을 서두르고 있었고, 분단이 기정사실화되어 가고 있었다. 그런 상황에서 정치세력 간에 첨예하게 대립되고 있었던 문제가 바로 정부 수립의 형태였다. 이승만의 독촉과 한민당을 중심으로 한 우익세력은 단정 수립을 주장했고, 김구와 김규식을 위시한 좌우합작파는 통일정부수립을 주장했다. 우익진영의 논리는 남북 통일 정부 수립의 논리가 결국은 공산측의 주장으로 공산화의 시도로 보고 있었고, 좌우합작파는 민족독립의 당위성을 내세우고 있었다. 이남규는 단독정부수립을 당연하게 받아들이고 있었다. 그리고 남한만의 단정이라 할지라도 국제적인 승인을 받은 한국 독립 정부임을 분명히 했다. 입법의원에서 단정을 결의하는데 그가 앞장선 것은 바로 남한의 단독정부 수립 그 자체가 독립을 쟁취하는 것으로 받아들였다.[28]

입법의원이었던 이남규는 1948년 5월 10일 치러진 제헌국회의원 선거에서 독촉 소속으로 목포에서 제헌 국회의원으로 당선되었다. 법사위원회에 소속되어 제헌헌법을 만드는데 기여했으며 절차에 따라 대통령을 선출하는 과정에 참여했다. 국회의원으로서 그가 가장 뿌듯해 했던 일이 단군신전 건립을 저지한 것이었다. 대다수의 의원들이 여기에 찬성하고 있음에도 그가 끝까지 반대하며 이를 무산시킨 것은 단군신전 건립이 일제의 신사참배의 문제와 구조적으로 다르지 않았기 때문이었다.[29]

---

27) 이남규, 위의 책, 197쪽.
28) 이남규, 위의 책, 201쪽.

정치인으로서 이남규를 가장 잘 드러낸 것은 그가 국회의원으로 있다가 초대 전남도지사에 임명되어 활동한 것이었다. 특히 그가 임명될 당시는 여순반란사건이 막 진압된 직후였다.[30] 지방자치제가 본격적으로 시행되기 전이어서 정부가 임명을 해야하는 상황에서 지방의 도백을 뽑는 일은 쉽지 않은 일이었다. 특히 전남도지사의 임명은 제주 4.3 사건과 맞물려 중요한 과제로 인식되었다. 이승만에게 이남규를 천거한 이는 장로교 목사로 전주 서문안교회를 담임했고, 독촉국민회의 전북지부장과 초대 고시위원장을 맡고 있었던 배은희였다. 그는 이승만이 이남규의 강직함에 의문을 표하자 이남규와 친분이 있었던 윤치영 내무장관에게 다시 이남규를 추천했다. 윤치영이 다시 이남규를 추천하자 이승만도 그를 전남도지사로 임명했던 것이다.[31] 이는 그가 정치적으로 이승만의 정치노선을 따르고 있음을 보여주는 것이다. 특히 윤치영이 이남규와 초대 전북도지사를 지낸 신현돈을 언급하면서 일제 강점기에서부터 항일운동을 같이 했다는 점을 강조하고 있는 점은 이남규의 활동이 일제 강점기에서 단순히 목회활동만이 아니라 민족운동으로도 인식되었던 것이다.[32]

그러나 전남도지사로서 그가 마주한 커다란 난관은 여순반란 사건의 수습과 친일인사를 선별하는 작업이었다. 특히 여순반란 사건의 수습과정에서 좌익세력의 테러목표가 된 이남규는 순천으로 가던 중에 자신의 비서와 사위를 테러로 잃었다.[33]

---

29) 이남규, 위의 책, 204쪽.

30) 여순반란사건은 1948년 10월 19일 발발하여 10월 27일에 진압되었다. 이남규는 10월 18일 전남도지사로 임명되었고 22일에 전남에 왔다. 그가 여수를 방문한 것은 11월 18일 이었다.

31) 김석학, 임종명 저, 『격동 30년』, 광주: 전남일보사, 1975, 338쪽.

32) 김석학, 임종명, 위의 책, 339쪽.

이남규는 한국전쟁 직전인 1950년 4월 21일 전남도지사에서 물러났다. 그리고 한국전쟁 직후 그는 정계에서 물러났다. 다시 목포 양동교회와 영흥중고등학교 이사장을 역임하고 있던 이남규는 한국장로교회의 분열과정에서 한국기독교장로회(기장)를 선택하였고 1957년에는 기장 총회장, 1959년에는 한국기독교교회협의회(NCC)회장에 피선되었다. 여기서 눈여겨 보아야 할 것은 그가 기장으로 교단을 선택하면서 따랐던 인물이 있었는데 그가 바로 함태영이었다. 그는 회고록에서 함태영이 기장의 초대 총회장을 할 때 부회장으로 그를 섬겼다. 특히 부통령이었던 함태영이 정치를 병행하고 있었던 만큼 부회장이었던 이남규가 행정을 총괄하고 있었다. 이승만의 정치노선을 따르고 있었던 이남규가 노선을 변경했던 시기가 정치적 공백기였지만 사회적 문제에 적극적이었던 기장교단을 이끌었던 시기였다.

그가 다시 정치로 돌아온 것은 1960년 4.19 혁명으로 내각제 개헌과 함께 집권한 민주당의 천거로 참의원에 출마하면서였다. 이때 그의 소속이 민주당 구파였다. 개정된 헌법에 따라 전체 참의원 58명 중에서 전남에서는 8명을 선출하게 되어있었다. 전남에서 전체 22명이 입후보했는데 이남규는 그중에서 전체 4위로 당선되었다.[34] 이는 당시 이남규의 정치적 위상이 민주당 구파 안에서도 전남을 대표하는 인물이었음을 알 수 있다. 그는 참의원에서 내무분과 위원장을 담당했다. 그의 정치적 위상을 알 수 있는 또 하나의 증거는 1963년 이후 선거에서 윤보선이 직접 자신에게 출마요청을 강권했었다고 증언하는 것이었다.[35] 당시 윤보선은 1963년 대통령선거에서 박정희에게 15만 표차로

---

33) 이남규, 『온 세상 위하여』, 209쪽.
34) 『동아일보』, 1960년 8월 16일자. 이남규의 소속이 민주당 구파로 되어 있다.
35) 이남규, 『온 세상 위하여』, 222~223쪽.

낙선했지만 민주당 구파뿐만 아니라 야당의 실질적인 지도자였을 뿐
만 아니라 박정희와 맞설 수 있는 유일한 인물이었다. 실제로 1963년
11월 총선이 있기 전 목포의 국회의원 후보군에서는 이남규가 민정당
후보로 민주당의 김대중과 함께 유력한 후보로 거론되고 있었다.[36) 비
록 그가 출마하지는 않았지만 그가 목포를 대표하는 정치인으로서 입
지를 굳히고 있었던 것은 분명해 보인다.

　이남규는 이후로는 더 이상의 정치활동을 하지 않았다. 또한 목회일
선에서도 물러나서 1970년까지 영흥중학교의 교장으로 봉직했다. 그
의 정치이력은 묘하게 목회자로서의 삶과 궤적을 같이하고 있다. 다른
대부분의 목사들이 정치활동을 시작할 무렵 목회를 그만두지만 이남
규의 경우에는 정치활동이 끝나면 다시 목회로 돌아갔고, 목회를 하다
가 다시 정치계로 들어왔다. 그에게 있어 목회와 정치가 구분되어 있
지 않았던 것이다. 이는 그에게 있어 기독교적 윤리가 곧 사회윤리로
이해되었으며 기독교 정의 관념이 사회적 정의로 이해되었음을 의미
했다는 것을 말해준다. 그만큼 그의 정치사상은 신앙과 신학과 구분되
는 것이 아니라 하나로 묶여져 있었던 것이다. 또한 그의 정치활동이
정치적 계보를 따라 이루어진 것이 아니라 자신의 확고한 신학적 이상
을 통해 이루어진 것임을 보여준다. 이남규의 사상을 이해하는 중요한
이유가 여기에 있다.

---

36) 『동아일보』, 1960년 10월 18일자.

4. 이남규의 신학과 사상

1) 사회적 책임과 윤리

전남도자사로 부임한 이남규가 제일 먼저 강조했던 것은 당시 모든 정부의 수장들이 그랬던 것처럼 이도(吏道)를 바로세우는 것이었다. 도지사 임명직후 그가 언론에 밝힌 취임 소감은 다음과 같았다.

> 별로 소감도 포부도 없다. 나는 그러한 중책에 역량도 없고 경험도 없을 뿐 아니라 관심조차 없었다. 가고(家故)가 있어 한 20일간 고향에 갔다가 돌아와서 신문에 내정발표가 있었던 날 비로소 지사교섭을 받았다. 급작한 일이라 별의별 생각이 없으나 국회서 일하는 것도 국가와 민족을 위하는 것이지만 향토를 더욱 사랑하고 향토인과 같이 손잡고 일하고 싶다는 마음에서 수락하였으니 전남도민 여러분의 절대적인 협력과 편달로서 전 도민의 행복된 도치(道治)를 위하여 노력을 아끼지 않겠다. 해방 후 탐관오리들로 인하여 몰락된 이도(吏道)를 나 자신이 나가 충성과 열을 다하여 이도(吏道)를 혁신함으로써 관리생활에 명랑화를 기하여 볼까 한다. 오직 도 행정운영에 있어서는 성(誠)과 청렴으로써 대하려 한다.[37]

당시 초대 내무부장관으로 도백을 임명하는 권한을 가지고 있었던 윤치영은 자신의 자서전에서 시장과 도지사의 임명기준 가운데 하나로 부정부패 척결을 위해 이도(吏道)를 바로 세울 청렴결백한 인사를 세우는 것을 최우선으로 하고 있었다.[38] 뿐만 아니라 2대 심계원 원장에 임명되었던 함태영 역시도 자신의 심계원장 취임사에서 공무원들

---

37) 『호남신문』, 1948년 10월 21일자.
38) 윤치영, 『윤치영의 20세기』, 222쪽.

의 이도(吏道)를 세우는 것이 자신의 사명이라고 언급하고 있었다.[39]

이남규의 생애에서 가장 중요하게 나타나고 있는 것은 사회적 책임과 기독교적 윤리의식이었다. 특히 목회를 하면서도 정치활동에 나섰을 때 그가 내세웠던 명분은 '국리민복(國利民福)'이었다.[40] 목포 양동교회의 담임을 맡고 있었지만 시대적 책무에서 오는 사회적 책임을 방기할 수 없었던 것이다. 그의 이러한 사회적 소명의식은 그가 기독교에 입교하던 초기에 형성되었던 기독교 신앙으로부터 영향을 받은 것이었다.

어린 시절 한학을 공부했던 그의 생애에서 가장 큰 전환점을 가져온 것은 서울로 상경해서 종교교회에 출석하면서 예수를 믿게 된 일이었다. 이남규는 당시 이 상황을 자서전에서 다음과 같이 밝히고 있다.

> 그가 예수를 믿기로 결정한 것은 신앙의 위해서라기보다 출세를 하자면 기독교회에 나가야 되겠다고 생각했기 때문이다. 참으로 웃지 못 할 일이었다. 그래서 가까운 곳으로 찾아간 교회가 기독교대한 감리회 종교교회다. 당시 담임은 양주삼 목사였다. 품위가 있었고 설교에서 얻는 감화도 컸다. 여기서 그의 믿음의 싹이 텄다. 그 후 양주삼 목사의 지도에 따라 세례까지 받았다. 이것이 그가 기독교인이 된 내력이다.[41]

그가 종교교회에 출석했던 1922년은 양주삼이 종교교회를 담임한지 3년째가 되던 해였다. 종교교회는 최초의 남감리교인이었던 윤치호가 주도해 세운 교회로 양주삼은 윤치호가 다녔던 중국의 중서서원과 미국

---

39) 『동아일보』, 1949년 12월 6일.
40) 이남규, 『온 세상 위하여』, 177쪽.
41) 이남규, 『온 세상 위하여』, 108쪽. 이남규는 회고록에서 자신을 3인칭 단수인 '그'로 표현했다.

밴더빌트 대학교에서 신학을 공부하고 남감리교 목사가 되어 귀국했을 정도로 윤치호와 연결되어 있었으며 윤치호와 현실인식이나 사상적인 면에서 크게 다르지 않았다.[42] 이남규가 서울에 올라왔을 때 기독교에 매료되었던 가장 큰 원인 중의 하나가 수준 높은 강연회였는데 그 강연회가 열렸던 대부분의 장소가 사회단체로는 YMCA였고, 교회로는 종교교회였다. 이남규가 종교교회에 출석할 때쯤 종교교회에서 개최되었던 강연회는 당시의 지도급 인사들이 국내외 정세와 사상적 흐름 및 사회, 교육, 여성, 절제 등의 주제를 신앙적 입장에서 이해할 수 있게 되었고 다른 교파 교회 지도자들의 설교나 강연을 통해 교회 연합운동의 필요성을 인식하게 했다. 특히 사회적으로 유명세를 타고 있던 민족주의, 사회주의 연사들을 초빙하여 3.1운동 직후 갈등 관계로 변한 민족주의와 사회주의 흐름 속에 교회 가 취해야 할 입장이 무엇인지를 알 수 있도록 이끌고 있었다.[43]

이남규의 기독교 신앙과 사회사상이 모두 이곳 종교교회를 통해서 내연(內燃)되고 있었던 것이다. 사회복음주의 신학에 영향을 받았던 양주삼의 설교에 매료되었던 이남규였다. 그것은 복음이 개인의 구원뿐만 아니라 사회구원으로까지 나아가야 함을 설교를 통해서 깨닫고 있었던 것이다. 그의 사회적 책임의식이 여기에서 출발했을 뿐만 아니라 사회적 책무를 마다하지 않았던 이유도 그러한 신학적 영향이었다.

이남규는 종교교회에 출석하고 있던 중동학교 시절에 여름방학에 교회에 내려와서는 종교교회에서 들었던 내용으로 강연을 했고 예배를 드렸고, 예배당을 지었다. 그가 세운 교회가 복길교회였다. 이남규

---

42) 이덕주, 『종교교회사』, 서울: 도서출판 종교교회, 2005, 222쪽.
43) 이덕주, 위의 책, 229쪽.

는 이 교회를 단순한 신앙적인 장소로만 인식하지 않았다. 기독교 신
앙은 곧 사회계몽을 의미하는 것으로 해석할 정도로 기독교적 의식으
로 사회를 변화시켜야 한다는 생각을 가지고 있었다.[44]

1924년 일본으로 신학을 공부하기 위해 떠났다가 각기병을 얻어
1925년 귀국하였는데 그때 그가 세운 고향 교회에 자신의 죽마고우가
사회주의자가 되어서 교회를 어지럽히고 있었다. 이남규는 이때 사건
으로 사회주의의 한계를 명확하게 보았으며 서로 용납할 수 없다는 결
론을 이미 얻고 있었다.[45] 이런 결론이 가능했던 것은 이 시기에 본격
화하기 시작했던 공산주의자들의 반기독교운동과 YMCA와 그가 종교
교회에서 체득했던 신앙관이 영향을 미치고 있었기 때문이었다.

사회복음주의는 기본적으로 죄의 본질을 이기심에서 찾는다. 그렇
기 때문에 기독교 윤리적 태도를 개인뿐만 아니라 사회와 국가, 국제
질서 안에서도 이를 적용하려고 한다. 사회악의 타파와 죄를 물리치는
것이 사회복음주의의 중요한 목표이기도 했다.[46] 이남규가 정치활동
을 하는데 있어서도 사회복음주의는 그의 행동윤리를 제공해 주었다.

> 해방 후 탐관오리들로 인하여 몰라된 이도(吏道)를 지성과 청렴으로
> 혁신함으로써 관리생활의 명랑화를 기하여 볼까합니다. 청원동지 여
> 러분, 나는 일제의 잔재를 뽑는데 전력을 다 하겠습니다. 특히 앞으
> 로 있을 인사에 있어서도 일제 때부터 종사해 온 직원 가급적 배제
> 할 것을 선언하는 바입니다.[47]

---

44) 이남규, 『온 세상 위하여』, 110~111쪽.
45) 이남규, 위의 책, 118쪽.
46) 월터 라우셴부시, 남병훈 역, 『사회복음을 위한 신학』, 경기: 명동출판사, 2012,
    131쪽.
47) 김석학, 임종명 저, 『격동 30년』, 340쪽.

이남규는 전남도지사 취임연설에서 일제 때의 공무원을 배제하는 것을 원칙으로 한다고 천명했다. 이 일은 당시 전남도청의 공무원들에게는 큰 파장을 불러 일으켰다. 그것은 일제하에서부터 공무원을 일했던 대부분의 인사들을 배제하는 것을 의미했다. 이남규는 항일잔재 청산과 부정부패 청산이 하나로 연결된 것으로 보았다. 공무원의 경험과 능력보다는 그들이 가지고 있었던 윤리의식을 우선시 했던 것이다. 이 문제는 도정(都政)을 운영하기 위해서는 흠이 있더라도 선별해서 활용해야 한다는 내무부 장관 윤치영의 권면과 주변의 권고에 따라 한발 물러서지만 그에게 있어서는 중요한 문제였다.48) 그럼에도 이 문제에 대해서 일정부분 일제 하에서의 공무원을 용인한 것은 그가 도지사로서 가지고 있었던 책임의식 때문이었다. 여순반란 사건 이후 흐트러진 도정을 빠르게 안정시키기 위해서는 명분보다는 실제적으로 현장을 안정시킬 수 있는 경험있는 행정인력이 필요했던 것이다.

당시 한국사회는 갑작스러운 독립으로 인해 요소요소에서 준비되지 않은 부분들이 많이 있었다. 정부가 출범했지만 중앙에서도 항일인사만으로는 행정부의 공백을 메우기 어려웠다. 지방 행정은 말할 것도 없었다. 윤치영은 당시 내무장관으로서의 고충을 다음과 같이 피력했다.

> 나는 먼저 일제하에서 중용되었던 인사들을 배제한다는 전제하에 사람을 골라보았으나 경험과 기술을 요하는 직무에 알맞은 사람을 찾다보니 아무래도 현실적인 여건과 타협을 아니할 수 없음을 절감하였다.49)

---

48) 김석학, 임종명, 위의 책, 343쪽.
49) 윤치영, 『윤치영의 20세기』, 220쪽.

당시의 상황이 항일보다는 새 정부의 안착과 질서의 확립이 더 우선하고 긴급한 것으로 인식되었던 것이다. 전남도지사인 이남규에게도 이러한 문제는 해결해야 할 과제였다. 이남규의 선택은 친일여부보다는 부정부패의 척결이 우선하는 문제였으며 이는 인사의 문제뿐만 아니라 도정을 펼쳐나가는 데에서도 곳곳에 등장했다.

1948년 11월 여순반란 사건이 진압되고 얼마 뒤에 양곡매입법이 통과되면서 양곡이 배급되었는데 이때 심각한 문제가 배급될 양곡을 빼돌리는 부정이 경찰 간부들을 중심으로 일어나고 있었고 이는 조봉암 농림부장관이 이승만 대통령이 주재하는 지방장관 및 경찰청장 연석회의에서 보고되었다. 경찰청장이 이에 반발하자 이남규가 일어나 실제 목포에서 일어났던 일련의 일들을 통해 경찰들이 양곡의 매수와 분배과정에 밀수를 눈감아 주고 있다는 사실을 폭로하며 경찰청장과 격하게 대립했다. 이 갈등은 내무부장관 윤치영이 경찰의 부정부패를 시인할 것과 도지사의 견해를 따를 것을 주문함으로써 일단락되었다. 이남규는 이 문제를 관리하기 위해 직접 양곡매입과 분배를 총지휘했다.[50] 이남규에게 부정부패는 사회악이었으며 반드시 척결해야만 정부의 기틀이 바로 잡히는 문제였다.

이남규는 공무원의 이도(吏道)를 바로세우는 것이 단순히 개인의 윤리관으로만 이루어진다고 보지 않았다. 제도적으로 정비되지 않으면 공무원의 부정과 부패가 근절되지 않는다고 믿었다. 그 중의 하나가 제정된 회계법이 허술해 공무원들이 이를 활용해 부정을 저지른다고 보고 회계의 집행절차 과정을 정비함으로써 재정의 유출과 축적이 가능하게 했다.[51] 개인의 윤리를 단순히 개인에게서만 찾은 것이 아니라

---

50) 김석학, 임종명 저, 『격동 30년』, 350~351쪽.
51) 이남규, 『온 세상 위하여』, 215쪽.

사회적 상황과 제도의 모순 속에서 바라보고 있었던 것이다. 특히 고위공직자들의 부정과 비윤리적인 행태에 대해서는 그 시대에 가혹하리만큼 엄격했다.[52]

2대 심계원 원장을 지내고 부통령을 역임했던 함태영 역시도 심계원 원장으로 취임하면서 그가 내세웠던 취임일성 역시도 이도(吏道)를 바로세우는 것이었다.[53] 함태영은 장로교의 목회자였고, 사회복음주의를 천명했던 적극신앙단의 주요한 인물이었다. 그는 한국장로교회가 예장과 기장으로 분열되었을 때 기장의 초대 총회장을 역임했던 인물로 이남규는 부총회장으로 함태영을 보좌했을 만큼 돈독한 관계를 유지하고 있었다. 이는 두 사람의 생각이 크게 다르지 않았음을 의미한다. 부정부패를 일소하고 정의를 바로세우는 것이 올바른 국가를 건설하는 가장 중요한 문제로 인식하고 있었던 것이다. 이는 당시 정치에 참여했던 기독교인들에게서 공통적으로 나타나는데 이는 사회복음주의가 제공해 주었던 사회적 윤리관이었다.

한편 이남규가 가지고 있었던 경건에 있어서도 한국의 복음주의 신앙이 가지고 있었던 특징과 다른 것이었다. 한국교회는 1907년 이후에 경건의 형태에 있어서 부흥회적인 경건을 그 특징으로 하고 있었다. 부흥회적인 경건의 특징은 하나님을 만나는 체험을 중요시하면서 성서와 성서적 윤리를 갖추어 나가는 것을 의미했다. 뜨거운 기도와 영적 체험이 신앙의 중심에 놓여 있었다. 하지만 이남규는 이러한 경건

---

52) 이남규, 위의 책, 218쪽. 이남규는 음주가무를 즐기고, 직무를 소홀히 하고 행패를 부리거나, 뇌물을 청탁하던 군수들을 파면시켰다.

53) 『동아일보』, 1949년 12월 5일. 함태영은 이미 1930년대 신흥우의 '적극신앙단'에 참여한 핵심인물 중의 한 사람으로 사회복음주의를 받아들이고 있었던 인물이다. 함태영 본인도 목회자이지만 정치에 참여하는 것에 대한 거부감이 없었다.

의 모양에 대해서 비판적으로 바라보고 있었다.[54]

> 그는 해방 전 한때 스스로 부흥강사인 체하고 날뛰어 보고 싶은
> 생각도 가져 보았다. 그때 교회 여기저기서 그를 부흥 강사로 초청했
> 다. 그가 간 곳마다 사람들이 은혜를 받았다고 하는가 하면, 병이 나
> 았다고 안수를 해달라고 하고, 회개를 했다고 떠들어댔다. 그 바람에
> 나는 스스로 어깨가 으쓱해졌고 기운도 나는 것 같았다…… 만일 그
> 가 그대로 부흥 강사로 나간다면 결국에 가서는 순진한 교인들을 속
> 이는 사기꾼이 될 것 같았고, 한국 교회는 미신 종교로 떨어져 복음
> 과는 거리가 멀고 사회의 빈축까지도 받을 것 같았다. 그렇게 하고
> 보니 그는 눈앞이 캄캄해지고 두려운 생각이 들었다…… 그는 한국
> 교회식의 부흥집회는 외면할 수밖에 없었다. 한편 안타까웠던 것은
> 한국 교회 교회인들의 신앙 모습이었다. 흥분이나 박수가 은혜일 수
> 는 없다.[55]

하지만 이남규의 신학과 정치사상은 사회복음주의로 연결되어 있
다. 그러나 그의 사회복음주의는 일방적으로 사회구원만을 향해 있지
않았다. 오히려 사회구원을 전제조건이었던 개인구원과 초월적 하나
님을 소홀히 하지 않았다. 따라서 복음과 교회가 강조되었다. 사회구
원을 위해서 사회개혁을 해야 하는 것이 아니라 개인의 질적 변화가
우선한다는 것이다. 그리고 그러한 변화는 복음과 교회로서만 가능한
것이었다. 이러한 신앙의 구조는 그의 신앙이 출발한 종교교회의 양주
삼의 신학이기도 했다. 뿐만 아니라 그가 평양신학교를 졸업할 즈음에
장로교의 농촌운동을 이끌었던 배민수의 신학과도 다르지 않았다.

---

54) 이남규의 5녀인 이강순 권사도 부친이 부흥회를 싫어했었다고 증언한다.
55) 이남규, 『온 세상 위하여』, 119쪽.

2) 복음과 교회

이남규의 신학은 복음과 교회를 중심으로 한 사회복음주의였다. 이 신학을 바탕으로 그의 목회와 정치활동이 이루어진 것이다. 자신의 신학을 다음과 같이 정의한다.

> 신앙은 보수적이어야 한다. 신앙은 인간의 최고 사상과 감정이요 본능이며, 삶의 최고 환경에 따라 주체성 없이 변화무쌍한 것으로 바꾸어질 수는 없는 것이다. 신앙은 높고 거룩한 위치에서 인간을 부르시고 인도하시며 다스리시고 구원해 주시는 신에게 그 핸들을 맡기고, 인간은 조용히 순종하는 겸손과 반성과 내적인 자아 성장으로 걸어가야 한다는 것이다.
>
> 시간은 시대를 바꾸고, 시대는 시간과 함께 변화를 가져온다. 여기서 발달, 발전이 생긴다. 우리가 살고 있는 20세기는 그 어느 시대보다 더 급진전의 변화를 가져왔고, 그 원동력은 과학의 발달이다. 현대의 사고방식이 이전 시대의 그것과 같을 수는 없다. 옳건 그르건 간에 현대의 것으로 받아들이고, 이를 적절하게 조정할 수밖에 없다.[56)

한국에서 나타난 사회복음주의의 유형은 그 신학을 받아들였던 인물들의 관심에 따라 강조하는 측면이 서로 달랐다. 사회복음주의를 역사의 전면에 가장 먼저 드러냈던 인물이 1920년대 YMCA 총무로 농촌계몽운동을 주도했던 신흥우(申興雨)였다. 그러나 신흥우가 주도했던 사회복음주의는 개인의 복음을 말하지만 사회적인 관심에 더 기울어져 있었다. 하지만 이남규에게 영향을 주었던 양주삼의 경우에는 사회복음주의를 감리교의 교리적 선언으로 채택하는데 상당한 영향을 주었으면서도 사회복음주의를 바탕으로 한 사회적 운동에 나서지 않았

---

56) 이남규, 위의 책, 122쪽.

다. 오히려 신흥우가 주도했던 '적극신앙단' 사건에서도 그들이 교회를
위협하는 것으로 보고 교단적으로 그들을 정죄했다. 이를 주도했던 인
물이 양주삼이었다. 양주삼의 신학은 분명히 사회복음주의를 지향하
지만 그의 강조점은 복음과 교회를 중요시 했다. 그것은 교리적 선언
이 비록 사회복음주의를 천명했다 하더라도 그것은 어디까지나 지향
을 의미하는 것이었지 기존의 신학을 대체하겠다는 의도는 아니었던
것이다. 이 교리적 선언을 신학적으로 해석한 인물이 정경옥(鄭景玉,
1903~1945)이었다.[57]

정경옥은 한국교회의 신학을 복음주의로 정의했다. 그 복음주의는
인간의 타락과 무능, 신앙에 의한 칭의, 구속의 체험을 강조하는 것을
특징으로 한다고 보았다. 그리고 자신도 이러한 복음주의를 가장 건전
하다고 평가했다.[58] 그러나 한국교회가 가지고 있었던 복음주의의 한
계는 기독교의 실천적 지향과 구체적인 규정에 대해서는 무관심하다
는 것이었다. 정경옥은 복음주의가 지나치게 개인적이라고 보았다.

> 나는 "신앙에 있어서 보수주의요, 신학에 있어서 자유주의"라는 입
> 장을 취한다. 신학을 자연신학과 계시신학의 두 가지로 구분하는
> 데... 복음주의적 입장에 있어서의 계시신학을 택할 것이다.
> 그러나 나는 그 계시가 인간의 경험론과 실제상으로나 본질적으로
> 구분된다고는 생각하지 않는다. 나 자신은 신학적으로 보아서 리츨을
> 많이 배웠다. 따라서 칸트(Kant)를 좋아한다. 그러나 나는 어떠한 의

---

57) 정경옥은 YMCA에서 활동하다가 일본 청산학원에 들어갔으며 여기서 사회
복음주의와 바르트 신학을 처음 접했다. 또한 미국유학을 통해 자유주의 신
학을 배웠을 정도로 당시로서는 가장 진보된 신학을 배웠던 인사였다. 양주
삼이 교리적 선언을 신학적으로 해석해달라고 부탁한 이유도 사회복음주의
를 가장 잘 이해했던 신학자가 정경옥이기 때문이었다.
58) 정경옥, '현대신학의 과제', 『신학세계』 24호, 1939. 9.

미로 보든지 리츨리안은 아니다. 이 책을 읽어본 사람은 내가 얼마나
바르트 신학의 근본정신에 찬동하는 것을 쉽게 발견하게 될 것이다.
　혹 경험론적 신학이 좀 어색하게 계시론적 신학과 결합되어 반대
되는 양극을 한꺼번에 가지려고 한다는 인상을 얻을 사람이 있을 것
이다. 그러나 내가 만일 하나님의 절대계시와 인간의 유한성을 강조
한 것이 있다면 이는 "모든 것이 다 하나님이요, 사람은 아무 것도 아
니다"라는 입장에서가 아니요 우리의 실제 종교생활에 있어서 우리
의 신앙이 하나님의 은총에 대한 감격과 신뢰와 복종의 경건한 기독
교 의식을 표현하려 함이다.[59]

　정경옥 자신은 복음주의라는 신학을 포기하거나 그 토대를 버리지
않았음을 강조했다. 자신을 현대주의 즉 자유주의 신학으로 이해하지
않았다. 그가 극복하고 싶었던 것은 사회의 문제에 무기력하고 사회의
부조리와 죄악에 무관심한 복음주의의 한계를 극복하려고 했다. 그가
내세우고 싶었던 것은 복음주의적 사회복음주의였다.

　이남규가 말하는 신학의 진보성 역시 자유주의 신학에 대한 수용을
의미하는 것이 아니었다. 그것은 사회참여에 대한 교회의 진보성에 관
해 말하는 것이었다. 사회는 지속적으로 변하기 때문에 그에 걸맞는
상황인식과 대처가 수구적이어서는 안된다. 특히 자신의 교파만을 정
통이라고 이해하고 이를 지키기 위해 시대를 보는 안목을 가리거나 교
권 투쟁에 골몰하는 것을 종교적 쇄국주의라고까지 일갈했다.[60] 사회
복음주의적 신앙을 배운 이남규였기에 사회에 대한 관심과 사회변혁
적인 태도를 가지고 있는 것은 당연한 것이었다.

　이남규는 자신을 신신학이라고 비판하는 인사들에게 자신이 가지고
있는 복음에 대한 분명한 확신이 있음을 분명하게 말하고 있었다. 여

---

59) 정경옥, 『기독교신학개론』, 서울: 감리교신학대학교 출판부, 2005, 36쪽.
60) 이남규, 『온 세상 위하여』, 121쪽.

기에는 자신이 평양신학교 출신이라는 것에 대한 자부심을 느끼고 있
을 정도였다.[61] 그의 사회복음주의가 갖고 있었던 독특성이 여기에 있
었던 것이다. 그에게 사회구원은 철저하게 복음과 교회가 중심이었다.
그리고 그러한 신앙의 바탕이 이루어져야만 사회적 사명이 완성될 수
있다고 본 것이다

　1930년대 평양신학교는 새로운 신학들에 대한 도전 속에서 성서무
오설을 보다 확고히 하려고 했고 기존의 신학을 굳건히 하려 했지만
학생들은 수준높은 학문을 추구하려 했고, 기존의 신학만을 고집하려
고 하지는 않았다.[62] 이남규의 성향과 크게 다르지 않았던 것이다.

　한편 복음과 교회를 강조했던 그의 신학을 가장 잘 엿볼 수 있는 것
이 바로 신사참배거부와 일본기독교단에 대한 편입을 거부한 모습이
었다. 1938년 평양신학교를 졸업했을 때 그와 같이 졸업했던 인물 중
에는 김종대와 안광국이 있었고, 1년 선배로 강신명, 김양선, 손양원
등이 있었다.[63] 그가 오랜 기간을 신학교 생활을 마무리하던 마지막 1

61) 위의 책, 123쪽.
62) 김명구, 『소죽 강신명 목사』, 광주: 서울장신대학교 출판부, 2009, 84~85쪽.
63) 김인수, 『장로회신학대학교 100년사』, 서울: 장로회신학대학교 출판부, 2002,
　　946쪽. 장로회신학대학교 100년사에 따른 이남규의 졸업연도는 제32기로
　　1939년에 졸업했다. 졸업자 명단은 다음과 같다.
　　강병모, 강순명, 강원모, 강헌집, 곽치서, 김건, 김능백, 김종대, 김득호, 김명
　　선, 김상광, 김상순, 김윤찬, 김의도, 김종섭, 김창수, 김치항, 김효한, 나덕환,
　　박병훈, 박찬식, 박창목, 백영기, 소도열, 손피득, 안광국, 안덕윤, 안명진, 양
　　용근, 원용혁, 원창권, 유재한, 윤동국, 이근택, 이남규, 이수필, 이재봉, 장석
　　인, 장윤성, 정기환, 정창순, 정희수, 조윤승, 주상수, 최문식, 최상은, 최성은,
　　한대식, 한창대, 허웅숙, 황성욱, 황은균 등이다.
　　그들의 1년 선배인 31기(1938년 졸) 명단은 강신명, 계일승, 김규당, 김동선,
　　김석태, 김양선, 김영윤, 김영후, 김예진, 김응율, 김재철, 김준응, 김형모, 김
　　형우, 김희섭, 박기환, 박도홍, 박석현, 박성겸, 박손혁, 박희석, 배운환, 백매
　　수, 백종새, 설명화, 손양원, 엄영기, 우용진, 윤슬용, 이군혁, 이규항, 이상업,

년간 평양신학교는 신사참배 문제로 교수와 학생들이 검거되는 사건이 발생하기도 했고, 총회에서 신사참배가 결의되자 폐교되기에 이르렀다.[64] 이남규는 폐교이전의 평양신학교이 마지막 졸업생이었나. 그에게 신사참배의 문제는 신학이 아닌 신앙의 문제였다. 복음은 절대로 포기할 수 없는 가치였다. 아울러서 교회를 지키는 것이 복음을 수호하는 것이었다.

이남규와 같이 복음주의를 바탕으로 한 사회복음주의를 받아들였던 인물이 함태영과 배민수와 같은 인물이었다. 함태영은 이미 신흥우의 적극신앙단 사건에 연루되어 곤혹을 치른 경험이 있었다. 하지만 그는 적극신앙단에서 사실상 장로교를 대표하는 인물이었다. 뿐만 아니라 사회복음주의를 통해 자신이 법을 통해서 배웠던 정의에 대한 이해를 신학적으로 보다 확고히 하고 있었다. 이것은 그가 해방 후에 심계원 원장과 부통령으로 나설 수 있었던 중요한 이유이기도 했다.[65]

배민수는 보수적인 복음주의 전통에서 말하고 있는 내세적 종말론에 입각한 미래의 하나님 나라 대한 강조보다는 현세에 그리스도인들이 만들어가야 할 하나님의 나라에 대해서 강조했다. 그러기 위해서는 인간이 가지고 있는 죄의 속성, 특히 자기의 이기심을 버리고 그리스도의 사랑을 실현할 것을 역설하고 있다.[66] 그러면서도 그는 사회복음주의라는 용어 대신에 복음주의라는 신학적 용어를 사용했다. 이것은 사회구원의 문제가 철저하게 복음이라는 전제 아래에서 이루어져야

이창섭, 이창철, 이춘증, 이태양, 이학인, 정대혁, 정해규, 조순천, 한정교, 황희섭 등이다.

64) 위의 책, 235쪽.

65) 김정회, "함태영의 정치참여에 대한 사상적 배경", 『해방공간과 기독교』 1, 서울: 선인, 2017, 273쪽.

66) 『農村通信』 2, 1935년 4월 2일.

함을 드러낸 것이었다.[67]

이러한 사회복음주의는 정치적으로 전체주의를 거부한다. 그리고 독재정치와 부정부패의 요소들을 척결하는 것이 사회악을 제거하는 것으로 이해한다. 즉 초월적인 하나님의 나라가 아니라 이 땅에 이루어질 하나님의 나라를 추구한다. 그렇기 때문에 사회복음주의자들은 기본적으로 반공을 지향한다. 그러나 그들에게 있어서 반공이 민주주의를 의미하는 것은 아니다. 민주주의는 하나님의 나라를 가장 잘 실천할 수 있는 정치적 도구이다. 그러나 그들이 말하는 민주주의에는 사회적 정의와 도덕성이 전제되어야 했다.

3) 반공과 민권

이남규에게 정치는 사회복음주의 신앙을 실현시키는 장이었으며 사회 안에서도 하나님의 의가 나타나야 하는 거룩한 자리였다. 이남규는 하나님의 의, 즉 정의(正義)의 실현을 반공과 민권이라고 이해했다.

> 관선의원 중에서는 종교계, 학계, 실업계 등의 대표적인 의원들을 제외하고는 좌우 합작파 의원들로서 군정의 여당과 같은 입장에서 관권을 대변했다. 반면 좌익 계열의 대변자와 같은 경우도 많았다. 반면 민선 의원은 종교계 등 직능의원들을 포함해서 우익의 대변자와 같았으며, 민권을 대변하는 야당과도 같았다. 그러니만큼 입법의원은 좌익과 우익이 싸우는 인상을 주었던가 하면 관권과 민권이 싸우는 것처럼 보일 때도 많았다. 때문에 그는 민선 의원으로서 거기서도 반공과 민권을 위한 투쟁으로 일관했다.[68]

---

67) 『農村通信』 1, 1935년 3월 1일.
68) 이남규, 『온 세상 위하여』, 197쪽.

이남규의 정치활동은 한국전쟁을 전후로 구분된다. 한국전쟁 이전, 그러니까 그가 전남도지사로 재직할 때까지 그에게 있어 가장 중요한 이념은 반공이었다. 그에게 있어 반공은 민주주의를 수호하기 위한 절대적인 명제였다. 이남규는 이미 1920년대 공산주의가 유입되었을 당시부터 이미 공산주의가 가지고 있는 반기독교성에 대해서도 인지하고 있었을 뿐만 아니라 기독교와 공산주의의 차이점에 대해서 분명하게 인식하고 있었다.[69]

해방 직후 공산주의에 대한 경각심과 우려를 가지고 있었던 대표적인 그룹이 한국교회였다. 한국교회는 이미 1920년대부터 공산주의자들이 벌였던 반기독교 운동을 통해 그들의 폭력성을 경험하고 있었다. 또한 YMCA를 중심으로 공산주의에 대한 이론적인 연구와 그들의 이데올로기가 가지고 있는 한계와 문제점들을 분명하게 인식하고 있었다. 서울의 종교교회에서 신앙을 접했던 이남규였다. 그는 종교교회에 출석하며 종교교회와 YMCA 등에서 공산주의에 대한 다양한 강연을 통해 기독교와의 차이점을 분명하게 인식하고 있었다. 또한 그가 일본에서 막 돌아왔을 때 제2회 전조선주일학교를 계기로 공산주의의 반기독교운동이 본격화되면서 그들의 폭력성이 드러나기 시작했고, 지식인들 사이에서도 공산주의에 대한 비판이 거세게 일어나기 시작했다.[70] 여기에 그의 초기신앙을 형성해 주었던 사회복음주의의 입장에서도 전체주의적 체제와 강압적으로 사유재산을 빼앗아 분배하는 공산주의 모습은 분명한 죄였으며 사회악이었다.

이남규에게 있어 해방된 조국의 건국은 반드시 민주주의 국가를 만드는 것이어야 했다. 그리고 이는 반공에 대한 확고한 신념이 전제되

69) 이남규, 위의 책, 116쪽.

70) 민경배, 『한국기독교회사』, 서울: 연세대학교출판부, 2000, 381쪽.

어 있었다. 이러한 신념은 그의 정치노선을 결정하는데 결정적인 역할
을 했다. 그가 건준을 거쳐 우파 민족주의 진영이 집결했던 독촉국민
회에 들어가 정치활동을 한 것은 당연한 것이었다. 이남규는 독촉국민
회의 전남지부를 대표하는 인물이었다. 군정 하에서 입법의원으로 당
선되면서 중앙정치에 발을 들여놓았다. 사실 이남규의 민권에 대한 인
식, 즉 민주주의에 대한 이해는 한민당의 기조와 다르지 않았다.[71] 그
럼에도 그가 한민당에 들어가지 않고 독촉국민회 소속으로 제헌 국회
의원에까지 이른 것은 이때까지만해도 이승만의 정치노선을 그대로
수용했던 것으로 보여진다. 그에게 민주주의는 반공을 의미했다.

그는 도지사로 부임하자마자 여순반란 사건을 수습해야 하는 막중
한 임무를 부여받고 있었다. 그가 목도한 것은 공산주의자들의 잔혹성
과 폭력성이었다. 그는 도지사를 사임하는 날까지 반란지구를 순시를
할 때는 군대와 함께 이동해야 했다. 그것은 그가 전남도자사이었기
때문이기도 했지만 독촉국민회 활동을 시작하면서부터 언제나 공산주
의자들의 표적이었던 전남의 대표적인 우익인사였기 때문이었다.

여순반란 사건이 거의 수습되었던 1950년 4월에 이남규는 전남도지
사직을 물러나면서 자신의 1차 정치활동을 마감했다. 그리고는 다시
목포 양동교회의 담임목회자로 돌아갔다. 그리고 1960년 4.19가 일어
날 때까지 목회에 전념했다. 기장의 총회장을 역임하고 한국기독교교
회협의회의 회장을 지내며 이제는 원로로서 대우를 받고 있었던 그가
정치계로 돌아온 것은 4.19 혁명이 계기였다. 그는 자신이 정치계로
돌아온 이유가 부패한 정권과 싸우던 민주당이 정계의 정화와 쇄신을
위해서 자신을 불렀다고 말했다.[72] 당시 민주당은 이승만의 자유당과

---

71) 이남규, 『온 세상 위하여』, 198쪽. 미군정의 하지 장군과의 대립하고 있던 한
민당 사이에서 이남규는 한민당의 주장을 대변하고 있었다.

치열하게 대립하고 있었고 4.19 혁명으로 사실상 집권세력이나 마찬가
지였다.

그런데 정치계로 돌아온 이남규의 계보가 달라져 있었다. 이승만의
정치적 후원그룹이었던 독촉국민회 소속으로 입법의원과 제헌 국회의
원, 전남도지사를 역임했던 그였다. 이승만을 비롯해, 윤치영과 배은
희 모두 자유당 소속으로 여전히 이승만의 계보 아래에 있었음에도 이
남규가 민주당 구파 소속으로 참의원에 출마하며 정계에 복귀한 명분
은 정계의 정화와 쇄신 때문이었다.

이남규가 정치를 하는데 있어 중요한 것은 사회악을 몰아내는 것이
고 국가와 사회가 정의로운 사회로 정화되어야 한다는 인식이었다. 도
지사로 임직하면서도 그는 부정과 부패를 용납하지 않았다. 그런 그에
게 자유당 정권이 보여주었던 부정과 부패의 모습은 용납할 수 없는
것이었다. 그의 인식 속에 있었던 민주주의는 단순히 반공 이데올로기
로 무장된 정치체제가 아니었다. 이남규에게 있어 반공과 함께 중요한
정치이념은 민권(民權)이었다. 즉 민주주의의 가장 중요한 요소는 바
로 민권이 바로 행사되어지고 민주주의 질서를 확립하는 것이었다.

> 독재 정권이 무너진 직후인지라 잡을 수 없는 자유 아닌 방종의 물
> 결이 들끓고 있는가 하면 그 수족인 경찰조차 마비되었다. 그러한 현
> 실 앞에서는 성급한 권력을 발동할 수도 없고 또 발동해도 아니되었
> 다. 그러므로 그런 상황에 놓여 있는 장 정권은 어느 정도의 시간이
> 요하지 않고서는 그 실력을 발휘할 수가 없게 되었다 그 공과도 시
> 간을 기다려 보지 않고서는 따질 수 없었다. 그런데도 덮어놓고 무력
> 한 정권이라고만 규탄하는 것은 너무 성급하고 잔혹한 속단이 아닐
> 수 없다는 것이 그의 지론이었다.73)

---

72) 이남규, 위의 책, 219쪽.

이승만의 자유당 정권에 독재라는 용어를 사용하기 시작했던 것은 1952년 부산 정치파동 이후의 일이었다. 이 시기에 이승만의 정치적 계보에 속해 있었던 윤보선도 이승만과 결별했다. 그것은 이승만이 내세웠던 일민주의가 민주주의와 맞지 않다고 하는 사상적 거부였으며 민주주의에 대한 그의 확고한 신념을 드러낸 것이었다.[74] 이남규가 윤보선의 천거를 받고 있었다는 것은 정국을 바라보는 시각이 다르지 않았음을 의미하는 것이다. 윤보선은 자신의 민주주의의 주요한 가치를 자유, 정의, 질서에 두고 있었다. 특히 정의에 대한 이해는 자유주의를 기반으로 하는 민주주의에서는 소극적인 개념으로 사용되지만 윤보선에게서는 이 정의는 사회적 정의일 뿐만 아니라 국가적 정의를 의미하는 것이었다. 국가는 사회의 약자를 보호하고 그들이 다시 사회의 구성원으로 다시 일어설 수 있도록 도와야 한다. 기독교에서 말하는 사랑과 나눔이 정의의 핵심이었다. 정의는 강제로 빼앗는 것이 아니라 자발적인 변화에 의해서 발현되어야 한다. 질서 안에서 이루어져야 하는 것이다.[75]

이남규 역시 그러한 민주주의에 동의하고 있었다. 자유는 방종이 되어서는 안되는 것이다. 그 자유는 언제나 질서의 틀 안에서 행사되어야 했다. 공권력은 그러한 자유를 보장하기 위한 것이기도 하지만 자유를 행사할 수 있도록 질서를 유지시켜 주는 것이기 때문에 중요한 것이었다. 그러나 그가 바라보는 장면정권은 이 두 가지 모두가 불안해 보였다. 그가 5·16에 대해서 일말의 기대를 걸었던 것도 그러한 질

---

73) 이남규, 위의 책, 221쪽.

74) 김정회, "한국기독교의 민주주의 이행연구- 해위 윤보선을 중심으로", 서울장신대학교 박사학위논문, 2015, 56쪽.

75) 김정회, 위의 논문, 189~190쪽.

서유지의 문제와 부정부패 척결이라는 그들의 구호 때문이었다.

이남규는 1963년 국회의원 선거를 앞두고 다시 정계복귀에 대한 요청을 듣지만 정계로 돌아오지 않았다. 그것은 더 이상 자신의 사명이 정치에 있다고 보지 않기 때문이었다.[76] 그가 자신의 생에서 마지막 사명을 여기고 있었던 것은 교육이었다. 그는 이때 목포 양동교회가 설립한 영흥중학교가 어려운 상황에 빠졌을 때 수습을 맡아 교장이라는 직책을 맡고 있었다. 그는 교육을 통한 기반이 만들어지지 않으면 참다운 국가, 사회가 이루어지지 않을 것이라고 믿고 있었다. 교육은 정신의 함양이었고, 그 정신적 기반이 쌓여갈 때 비로소 민주주의 사회가 바르게 견인될 수 있다고 본 것이었다.[77]

1963년 국회의원 선거에서 당선된 김대중은 이후 목포를 대표하는 정치인으로 성장했다. 그러나 김대중의 등장 이전에 목포를 대표하는 정치인은 이남규였다. 목포지역 교회의 절대적인 지지를 받고 있었으며 보수우파를 대변하고 있던 인물이었다. 그는 자신의 신학이었던 사회복음주의를 교회뿐만 아니라 정치활동 안에서도 그대로 구현하려 했다. 사회복음주의가 제공해주었던 사회적 책임의식과 윤리, 그리고 반공과 민권을 바탕으로 정치인으로서의 삶을 살았던 그의 모습 속에는 기독교 민주주의와 같은 정치철학적 구조를 가지고 있었다. 이남규는 해방공간에서 기독교와 정치의 관계를 이어줄 수 있는 신학적 태도가 무엇이었는지를 보여주었으며 진정한 민주주의 가치가 기독교 정신 속에 담겨져 있음을 보여주었다.

---

[76] 이남규, 『온 세상 위하여』, 223쪽. 이남규는 윤보선의 강력한 요청에도 1963년 국회의원 출마를 포기했다.

[77] 이남규, 위의 책, 304쪽.

5. 맺는 말

해방공간에서 전남지역은 좌우익 세력의 대결장이었다. 좌익세력이
이미 자리를 잡고 있는 상황에서 해방을 맞이했다. 좌익세력에 대항해
서 우익세력을 결집하고 이끌었던 그룹은 지역의 개신교회들이었다.
특히 목포지역은 교회가 사회의 여론을 주도하고 있을 정도로 상당한
영향력을 가지고 있었다. 대부분의 우파 단체를 이끌었던 인물들이 교
회의 지도자들이었다. 그중에서도 주도적으로 교회와 우파를 이끌었
던 인물이 이남규였다.

이남규는 전남지역에서 가장 영향력 있는 교회였던 목포 양동교회
의 담임목회자였으며 동시에 목포의 유력한 보수 우파 정치인으로서
해방공간에서 목포를 대표하는 인물이었다. 신사참배 거부와 일본혁
신교단과의 통합을 거부하며 옥고를 치를 정도로 항일의식이 분병했
을 뿐만 아니라 이미 일제하에서부터 사회주의에 대한 분명한 거부의
식을 가지고 있었다. 해방 직후 지역의 교회를 재건해야 하는 일이 막
중한 상황에서도 그가 병행했던 일이 건국이라는 시대적 사명을 감당
하는 것이었다. 목포에서 자발적으로 건국준비위원회를 조직하고 위
원자에 올라 직접 목포의 행정과 치안을 담당했다. 더불어 목포양동교
회의 담임으로 청빙을 받아 목회사역을 병행했다. 건준이 인민위원회
로 넘어가자 반공의식이 투철했던 이남규는 우익세력이 집결했던 대
한독립촉성회 전남지부 설립을 주도했다.

그는 미군정 하에서 입법의원에 당선되었고 이어서 국회의원에 당
선되었다. 이는 그가 목포를 대표하는 유력한 정치인으로서 입지를 다
졌음을 의미하는 것이었다. 국회의원으로 제헌 헌법을 만드는 일에 참
여했던 그는 여순반란 사건 직후에 정부수립 후 첫 번째 전남도지사로

임명되었다. 이후에 목회자로 돌아갔지만 4 · 19 혁명이 일어난 이후에 다시 민주당 구파의 추천으로 참의원에 당선되어 내무위원장을 역임했다.

이남규의 목회와 정치활동에 가장 중요한 영향을 미쳤던 것은 그가 기독교 신앙을 받아들이면서부터 접했던 사회복음주의 신학이었다. 사회복음주의는 구원의 문제를 개인의 차원에서 사회의 차원까지 끌어올려서 이해했다. 개인구원을 받은 자는 사회를 구원해야 하는 사명이 있다. 그 사회 속에서 하나님의 나라를 실현시키는 것이 사명이었다. 하나님 나라의 실현은 이기적인 죄와 사회악을 타파하는 것을 의미했다. 이를 위해서는 기독교 윤리와 정의가 바로 서야 했다. 교회가 사회계몽과 변혁을 주도해야 한다고 생각했다. 그리고 자신의 신앙과 윤리적 태도 안에서 신사참배와 일본혁신교단과의 통합을 거부했다. 공산주의는 이미 일제하에서부터 그 모순점을 파악하고 있었다. 해방직후 그가 반공을 기치로 내건 우익세력에 속하는 것은 당연한 것이었다.

이승만의 정치적 후원 역할을 담당했던 독촉 소속으로 입법의원과 국회의원에 당선되었던 그가 4.19 이후에는 민주당 구파 계보로 정치에 복귀하고 있었다. 그것은 그가 정치적 유익을 따른 행보를 하지 않았으며 반공이데올로기에 사로잡혀 민권과 민주주의의 가치질서를 포기하지도 않았다는 것을 보여준다. 오히려 반공이 독재화되고 전체주의화 되었을 때는 과감하게 결별하고 참된 민주주의를 회복해야 한다고 믿었다.

이남규는 목포의 유력한 교회의 담임을 했고 정부수립 후에 두 번에 걸쳐 국회의원이었고 전남도지사를 역임했지만 그는 재물을 모으거나 명예를 누려본 적이 없었다. 그에 대한 평가에 늘 따라다니는 말은 '청렴결백'하다는 것이었다. 그에게 정치는 그의 신학 속에서 늘 떠나지 않았던 사회적 책임의식의 발로였으며 이는 반드시 기독교 윤리의 토대 위에 세워져야 하는 것이었다.

이남규의 사회복음주의의 출발점은 언제나 복음과 교회였다. 복음과 교회가 중심이었으며 그러한 신앙의 토대 위에서 사회변혁이 가능했다. 그가 목회와 정치를 병행할 수 있었던 중요한 신학적 이유였다. 그에게 복음은 개인적인 것인 동시에 사회적인 것이었다. 신학적 가치는 개인에 머무르지 않고 사회 속에서 외연(外延)되어야 했다. 그에게 기독교 정신은 사회를 변화시키고 올바른 가치를 제공하는 원천이었다.

이남규의 신앙과 사상을 이해하는 것은 1920~30년대에 한국교회에 내연되었던 사회복음주의가 해방공간에서 어떻게 정치적으로 외연되었는 지를 보여준다는 점에서 한국교회사적으로 큰 가치를 지닌다. 또한 한국 근현대사에서 기독교와 정치의 상관관계를 이해하는데 있어서도 기독교가 정치에 참여할 때 가지고 어떤 신학적 입장을 가지고 참여했는 지와 신학적 가치가 어떻게 한국의 민주주의 정치발전에 기여했는지를 이해할 수 있다는 점에서 큰 가치를 지닌다고 할 것이다.

〈참고문헌〉

이남규, 『온 세상 위하여』, 서울: 삶과 꿈, 1995.

목포양동교회100년사편찬위원회, 『목포양동교회 100년사』, 전남: 도서출판 샛별, 1997.

김수진, 『양동제일교회100년사』, 서울: 쿰란출판사, 1997.

고석규, 『근대 도시 목포의 역사 문화 공간』, 서울: 서울대학교 출판부, 2009.

김남식, 『남로당 연구 Ⅰ』, 서울: 돌베개, 1984.

김명구, 『소죽 강신명 목사』, 경기: 서울장신대학교 출판부, 2009.

김대중, 『김대중 자서전』1, 서울: 삼인, 2010.

김석학, 임종명 저, 『격동 30년』, 광주: 전남일보사, 1975.

김인수, 『장로회신학대학교 100년사』, 서울: 장로회신학대학교 출판부, 2002.

민경배, 『한국기독교회사』, 서울: 연세대학교출판부, 2000.

안종철, 『광주·전남 지방 현대사 연구-건준 및 인민위원회를 중심으로』, 서울: 도서출판 한울, 1991.

윤치영, 『윤치영의 20세기』, 서울: 삼성출판사, 1991.

이덕주, 『종교교회사』, 서울: 도서출판 종교교회, 2005.

전남일보 현대사 기획위원회, 『광주전남현대사』1, 서울: 실천문학사, 1991.

정경옥, 『기독교신학개론』, 서울: 감리교신학대학교 출판부, 2005.

월터 라우셴부시, 남병훈 역, 『사회복음을 위한 신학』, 경기: 명동출판사, 2012.

Walter Rauschenbusch, *A Theology For The Social Gospel*, NewYork: Abingdon Press, 1945.

정경옥, '현대신학의 과제', 『신학세계』 24호, 1939.

한인수, "인물탐구 이남규", 「호남춘추」, 2016년 봄호

김정회, "함태영의 정치참여에 대한 사상적 배경", 『해방공간과 기독교』1, 서울: 선인, 2017.

_____, "한국기독교의 민주주의 이행연구- 해위 윤보선을 중심으로", 서울장신대학교 박사학위논문, 2015.

『農村通信』1, 『農村通信』2, 『동아일보』, 『호남신문』

김우종 목사의 강원지역 정치활동과 정국인식

김동선

1. 시작하는 말

벽파 김우종(碧波 金宇鍾)은 독립운동가이자, 감리교 목사로 해방직후 강원지역 정치에 상당한 영향력을 행사했던 인물이었다. 그는 일제강점기 학생운동에 참여한 바 있었고, 이후에는 의열단에 가입하여 낙양군관학교의 학생을 모집하였다. 또한 대한민국임시정부 구성원들과도 교류하였다. 그러나 그는 일제강점기 독립운동가로서 활동했을 뿐만아니라, 해방 직후 강원도에서 상당한 정치활동을 했던 인물이었다. 강원도지역 신문 『江原日報』를 펴내고, 언론인으로 활동하기도 하였다. 또한 반민특위 강원도 조사부 책임자로 활동했기 때문에 당시 그의 활동은 해방 직후 강원도 지역의 정치상황과 밀접한 관련이 있었다.

해방 직후 그는 건국준비위원회(이하 건준)에서 위원장으로 활동했었다. 그의 이런 위치를 감안했을 때, 그는 당시 강원도 지역의 민심과 정치동향에도 일정정도 영향력을 미쳤을 것으로 보인다. 그러나 이후 그는 강원도 지역 정치의 핵심인물로 성장하지 못하였다. 그것은 그의 정치적 활동이 원인이 되었다. 그가 취한 정치적 행보가 해방 이후 강원도지역의 정치주류집단과는 달랐기 때문이다. 당시 기독교인들 가운데는 독립촉성국민회(이하 독촉)나 한국민주당(이하 한민당)에 참여하는 경우가 많았다. 그 중 감리교계 인사들은 이승만과 관계를 맺고 정치활동을 하기도 하였다. 그러나 김우종은 미군정기 독촉에 참여하지 않았고, 한국민주당이나 이승만을 지지하지도 않았다. 그는 독촉과 연계점이 없었고, 심지어 대치되는 모습을 보여주었다. 그는 반민특위에 참가하고, 민족자주연맹에 가담하였다. 이러한 그의 활동과 정치적 소외과정 및 성향을 분석하면, 해방 전후 강원도 지역의 전반적 분위기와 정치적 상황을 파악할 수 있을 것이다.[1]

따라서 그에 대한 연구는 일제강점기 독립운동사 및 해방 직후 강원도 지역 연구에 기여할 수 있을 것이라 생각된다. 아울러 기독교인으로 해방 직후 정치에 참여하고 있기 때문에 그의 정치적 성향과 종교

---

[1] 지금까지 해방 전후 강원도 지역사에 대한 연구는 다음과 같다. 許宗,「반민특위 강원도 조사부의 조직과 활동」,『歷史學報』제190집, 歷史學會, 2006. 6, 93~127쪽; 김재웅,「해방 후 북한의 지방 통치체계 : 1946~49년 강원도 인제군을 중심으로」,『역사와 현실』통권60호, 2006. 6, 27~58쪽; 한모니까,「한국전쟁 前後 '수복지구'의 체제 변동 과정 : 강원도 인제군을 중심으로」, 카톨릭대학교 박사학위논문, 2009년; 류승렬,「일제강점기 강원도 출신 만주 이주자의 이주·재이주 실태와 역사적 성격에 대한 고찰」,『한국사연구』156, 한국사연구회, 2012. 3, 191~235쪽; 위경혜,「한국전쟁 이후 극장 문화 로컬리티 (Locality) -강원도 도시를 중심으로」,『대동문화연구』77권, 성균관대학교 동아시아학술원, 2012, 1225~3820쪽; 박명수,「해방 후 건국준비위원회와 기독교의 역할」,『성결교회와 신학』제31호, 현대기독교역사연구소, 2014년 봄, 10~54쪽.

적 관계성에 대해서도 고찰해보고자 한다. 이런 과정을 통해 해방 이후 강원도 지역사회의 정치적 동향과 온건 우익의 활동을 구체적으로 밝힐 수 있을 것이다.

지금까지 김우종에 대한 연구는 진행된 바가 없다.[2] 간헐적으로 신문자료나 각종 자료에 이름이 언급되는 정도가 고작이었다. 다만 그의 반민특위 활동은 허종의 연구를 통해 상당히 구체적으로 서술되었다.

본 논문에서는 다음과 같은 내용에 대해 다루어 보고자 한다. 첫째, 일제강점기 김우종의 독립운동을 살펴보고, 그 과정이 해방 이후 그의 정치활동에 어떠한 영향력을 미쳤는지 분석하려고 한다. 둘째, 미군정기 강원도 내 건준 및 정치활동을 통해 강원도 내 정치상황과 그의 정국인식과 정치성향에 대해 파악할 것이다. 그 과정에서 그가 사장으로

---

[2] 김우종은 1990년 애족장에 추서되었다. 앞서 말했듯이 그에 대한 개별적인 연구성과는 전혀 없다. 다만, 국가보훈처에서 펴낸 독립유공자 공훈록에는 그의 독립운동에 대해 다음과 같이 기재되어 있다. "강원도 洪川 사람이다. 연희전문학교 재학중인, 1928년 1월 19일 경기 기독교청년회(京畿基督敎靑年會) 비밀실에서 대학생, 전문학교학생 및 유지 등 40여명이 「기독동우회(基督同友會)」라는 항일 독립운동단체를 조직하여 활동하였다. 1932년에는 당시 경기도 고양(高陽)군 연희(延禧)면 연희동에 동민학교(洞民學校)를 설립하여 애국정신과 독립사상을 교육하다가 일제 경찰에 피체되어 서대문경찰서에서 29일간 구금당하기도 하였다. 석방된 후 1933년 3월 중국으로 망명하여 남경(南京) 금릉대학(金陵大學)을 다니면서 임시정부 요인과 접촉하여 독립운동가의 자녀교육을 담당하는 한편 의열단(義烈團)에 가입하여 군사훈련을 받기도 하였다. 1936년 8월초에 임시정부의 비밀지령을 받고 귀국했다가 다음 달에 일제 경찰에 피체되어, 1937년 2월 10일 소위 치안유지법 위반으로 징역 2년형을 언도받고 서대문 형무소와 대전형무소에서 옥고를 치렀다. 정부에서는 그의 공훈을 기리어 1990년에 건국훈장 애족장(1977년 대통령표창)을 수여하였다." (http://www.mpva.go.kr/narasarang/gonghun_view.asp?id=1604&ipp=10000) 김우종은 1993년 10월 29일 서울 창천감리교회에서 88세로 별세하였다. (「독립유공자 金宇鍾옹」, 『경향신문』, 1993년 10월 31일자; 「강원일보 김우종씨」, 『한겨레신문』, 1993년 10월 31일자; 「강원일보 명예회장 金宇鍾씨」, 『동아일보』, 1993년 10월 31일자.

재임했던『강원일보』의 기사를 통해 그의 정치노선과 민족의식을 분석하려고 한다. 셋째, 반민특위 강원도 조사부 책임자로서의 활동을 살펴보고자 한다. 당시 그의 행적을 따라가 보면, 강원도 내 반민특위 활동상황과 친일문제에 대한 그의 인식을 파악힐 수 있을 것이다. 마지막으로 그의 사상 및 종교관과 정치노선에 대한 연관성을 찾아볼 것이다. 그의 종교관과 사상은 설교내용 및 그의 스승이었던 남궁억의 영향에 대한 분석을 통해 살펴보려고 한다.

김우종의 활동은 일제강점기와 해방 이후를 망라하기 때문에 연구자료가 해방 전후에 모두 걸쳐있다. 일제강점기 그의 활동은 조선총독부와 일본정보기관에서 생산된 문서와 판결문, 당시 간행된 신문자료를 통해 살펴볼 것이다. 해방 이후 활동은 미군정 자료, 국회속기록, 『강원일보』및 신문자료, 그 외 지역사 관련 서적을 활용하여 고찰하려 한다. 그가 쓴 회고록 역시 1차 사료와 대조하여 사용하려 한다.

2. 성장배경과 항일운동

김우종은 1905년 10월 21일에 강원도 洪川郡 西面 牟谷里에서 金基鎬와 李仁慈의 5남 1녀 중 4남으로 출생했다. 그의 집안은 미곡 1천섬 정도를 추수하는 넉넉한 가세를 가지고 있었다. 그는 13세 되던 1918년 牟谷里尋常學校에 입학했다. 그러나 그의 아버지는 한문공부를 강조하여 신교육을 반대하였다[3]한다. 그로 보아 집안분위기는 유학적인 성격이 강했을 것으로 생각된다. 그는 이 학교에 다니면서 기독교를

---

3) 김우종,『파도를 디디고』, 명지대학출판부, 1975년, 33~36쪽.

접하고 민족의식을 고취하였다. 당시 그는 남궁억의 영향을 깊이 받았다. 남궁억은 1910년 감리교에 입교하여 배화학당에서 근무한 경력이 있었다. 그는 기독교 신앙이 깊었던 인물이었다. 모곡학교는 4년제 학교로 운영되었는데, 남궁억은 역사교육과 국어교육에 상당한 관심을 기울였다. 그는 스스로『東史略』,『조선니약이』,『조선어보충』등의 책을 저술하여 모곡학교에서 교육하였다.4) 때문에 김우종은 모곡학교에서 교육을 받던 중 기독교에 귀의할 것을 결심하였다. 15세 성탄절에 춘천지방 선교사였던 도마련(Marion B. Stokes) 목사로부터 세례를 받았다. 아울러 그는 남궁억의 영향을 받아 대한민국임시정부와 이승만의 존재를 알게 되고, 조선독립에 대한 의지가 싹텄다고 하였다.5)

이후 그는 1923년 培材高等普通學校에 들어가 1928년 졸업하고, 연희전문학교('이하 연전') 문과에 입학하였다.6) 그는 연전에서 연희학생회의 집행위원장 및 기독교청년회의 간사로 활동하였다. 또한 조선학생회와 조선학생과학연구회 등에도 가입하여 활발한 학생운동을 전개하였다.7) 그가 갓 입학한 1928년 11월 그는 종로 중앙기독교청년회 내에서 동아일보사 학술부의 후원으로 보성전문학교 학술부에서 개최한 강연에서 종로경찰서에서 연사에 대한 경찰의 제지를 방해하여 체포되었다.8) 그는 이 사건으로 구류 10일에 처해졌다.9) 또한 이듬해 1월

---

4) 박미영,「翰西 南宮檍의 모곡학교 교육 활동 연구」, 강원대학교, 2007, 23쪽.
5) 김우종, 앞의 책, 37~38쪽.
6) 京城西大門警察署長,「朝鮮民族革命黨員 檢擧에 관한 件」,『思想에 關한 情報(副本)』2, 1937년 1월 21일(한국사데이터베이스 DB자료). 연전에서 그는 사학을 전공하였다고 한다(김우종, 앞의 책, 83쪽).
7) 京畿道知事,「朝鮮民族革命黨員 檢擧에 관한 件」,『思想에 關한 情報綴』3, 1937년 2월 5일 (한국사데이터베이스 DB자료)
8) 京城西大門警察署長,「제목미확인(문서번호: 京鍾警高秘)」,『學生盟休에 關한 情報綴』, 1928년 12월 5일.

에도 중앙기독교청년관에서 개최된 학생웅변대회의 연사로 나와 '不
穩 過激'한 언동을 하였다는 혐의로 체포되어 10일간 구류되었다.[10]

1929년 광주학생운동으로 인해 전국에 동맹휴교와 학생운동이 활발
하게 전개되었다. 그 역시 동맹휴교 사건으로 일제에 의해 탄압 당했
다. 1930년 1월 17일에는 연전에서 동맹휴교를 감행하였다. 그는 이 사
건의 주모자였다. 그는 광주사건과 그와 관련하여 구금된 남녀 학생을
석방할 것과 이 사건으로 인해 퇴교 또는 정학에 처해진 자를 복교시
키라고 주장하고, 등교하지 말자는 결의문을 제출하였다.[11] 이 사건은
2월에 학생들의 등교로 마무리 지어졌다.[12]

1932년 그는 연전을 졸업하고 미국으로 유학을 떠나려했으나 자금
이 부족하였다. 이런 까닭에 이듬해 8월 연전 문과 과장이던 白樂濬과
예수교 조선감리사 총리사이던 梁柱三의 소개로 중국 南京金陵神學校
에 입학하였다. 그는 유학을 떠나기 전인 1933년 8월경 그는 무허가로
프롤레타리아 신파극을 해서 서대문형무소에 3일간 구속처분을 받기
도 했다. 그리고 이후에도 기회가 있을 때마다 반일본적인 발언을 하
여 일제에게 탄압을 당했다. 그는 1933년 11월 중국 남경에서 江原道
隣提郡 內面 栗田里출신 義烈團 간부 金龍基(이명 金文)을 소개받았
다. 그는 김용기로부터 의열단이 조선민족주의자의 혁명단체이며, 즉
조선을 일본의 굴레에서 벗어나게 하여 독립을 도모하는 단체라는 것

---

9) 「檢束된學生 拘留에處分」, 『동아일보』, 1928년 12월 7일자.

10) 京畿道知事, 「朝鮮民族革命黨員 檢擧에 관한 件」, 『思想에 關한 情報綴』 3, 1937년
  2월 5일 (한국사데이터베이스 DB자료).

11) 京城 서대문 경찰서장, 「사립 연희전문학교의 동맹휴교에 관한 건」, 『思想에
  關한 書類』 1, 1929년 2월 1일 (한국사데이터베이스 DB자료, 본 자료의 연도
  는 오기인 것으로 보인다)

12) 京城 서대문 경찰서장, 「사립연희전문학교의 동요에 관한 건」, 『思想에 關한
  情報綴』 2, 1930년 2월 5일 (한국사데이터베이스 DB자료)

을 듣고 의열단에 가입하였다.[13] 김용기가 훈련단 제2기교관인 관계
상 의열단 제2기 훈련생이 된 것 같다.[14] 이런 활동 속에서 그는 대한
민국임시정부의 요인들과 접촉하게 되었다. 회고에 따르면 그는 이시
기 崔東旿, 申翼熙, 趙素昻, 金奎植, 尹琪燮, 安公根, 金枓奉, 金元鳳,
申基彦 등과 교류하였다고 한다. 이들 중 신익희, 김규식, 김두봉, 안
공근 등과는 열혈 청년들을 뽑아 낙양군관학교에서 훈련받도록 해야
한다는 의견도 나누었다고 하였다. 그는 특히 최동오, 김두봉, 김규식
과 가까웠던 것으로 보이는데, 이들의 자녀과도 1년간 가깝게 교류한
것으로 보인다.[15] 그는 김두봉을 수행하기도 하였는데, 1934년 군관학
교와 독립단을 모집하기 위한 활동에 함께하였다.[16]

 1934년 3월 1일과 10월 3일에는 의열단 간부 廉溫東의 권유로 의열
단원 및 군관학교 관계자를 중심으로, 남경중앙대학교 교실에서 약 30
명이 모였다. 그리고 의열단간부 李光濟의 사회로 3·1기념식투쟁 및
당의 확대강화를 도모하는 집회에 참여하였다. 이듬해 4월 그는 염온
동과 만나 남경을 중심으로 혁명운동의 내외정세를 논하고, 당시 분산
된 혁명운동을 통일·강화하여 조선을 독립시키자고 하였다. 9월 초순
에는 금릉신학원 뜰 앞에서 김용기와 만나고 1932년 韓國對日戰線統
一同盟 결성 이후 각 혁명단체의 활동상황에 관해 비평하였다. 그리고
조선민족혁명당 간부 염온동과 금릉대학교 안 五台山에서 모여 협의

---

13) 京城 西大門警察署長, 「朝鮮民族革命黨員 檢擧에 關한 件」, 『思想에 關한 情報綴』
   3, 1937년 1월 21일(한국사데이터베이스 DB자료).

14) 朝鮮總督府 編, 『용의조선인명부』, 彰文閣, 1978, 61쪽(한국사데이터베이스 DB
   자료).

15) 김우종, 앞의 책, 93~95쪽.

16) 국사편찬위원회, 「증인 玄東完 신문조서」, 『韓民族獨立運動史資料集』45권, 국
   사편찬위원회, 1999년(한국사데이터베이스 DB자료).

한 뒤 韓國對日戰線統一同盟을 중심으로 각 혁명단체대표자들이 남경
에 모여 힘을 모아 강력한 조선민족혁명당을 조직하였다는 경과 등을
비평한 후 협력을 권유 받았다. 그리고 1935년 10월 초순 경 김용기의
소개로 조선민족혁명당에 가입하였다. 한편 그는 금릉신학원 재학 중
군관학교 洛陽分校 관계자 吳龍成(이명 : 王衛國) 등의 동지와 여러 차
례 모여 장래 혁명전선에 몸을 던지고 적극적으로 활동하자고 격려하
기도 하였다.[17] 회고에 따르면 그는 1936년 8월초에 최동오에게 김구
의 지시를 전달받았다고 한다. 그 내용은 머지않아 중일전쟁이 터질
것이니 즉시로 종교계(기독교 · 천도교)를 중심으로 한 애국청년을 규
합하고, 낙양 군관 학교에 많은 청년을 밀파하라는 것이었다.[18]

1936년 6월 그는 금릉신학원을 졸업하고 직접 미국에 도항하려 하였
다. 그리고 남경 일본영사관에서 여권을 신청하였지만 여권을 받는데
실패하였다. 그는 남경에서 조선으로 돌아왔으나 이미 수배가 되어 있
어 목포경찰서에 체포되었다. 이곳에서 의열단 및 군관학교 관계자로
취조를 받았지만, 사실을 부인하여 석방되었다. 이후 서울에서 취직을
부탁하기 위해 감리회 총감리사였던 양주삼을 방문하고 돌아오다 12
월 12일 서대문서에 체포되었다.[19] 그는 이 사건으로 1937년 2월 9일
경성지방법원에서 治安維持法 위반으로 징역 2년 형을 받았다. 이후
서대문형무소에서 복역하다가 1939년 2월 10일 출옥하였다.[20] 출옥 후

---

17) 京畿道知事, 「朝鮮民族革命黨員 檢擧에 관한 件」, 『思想에 關한 情報綴』 3, 1937년
2월 5일 (한국사데이터베이스 DB자료).

18) 김우종, 앞의 책, 97~98쪽.

19) 조선민족혁명당은 大韓義烈團, 韓國獨立黨, 朝鮮革命黨, 新韓獨立黨, 大韓獨立黨
등으로 결성되었고, 한국대 일본전선을 통제하기 위한 혁명단체였다(京城 西
大門警察署長, 「朝鮮民族革命黨員 檢擧에 關한 件」, 『思想에 關한 情報綴』 3, 1937
년 1월 21일-한국사데이터베이스 DB자료)

20) 「金宇種」, 『일제감시대상인명카드』(한국사데이터베이스 DB자료). 다만, 회고

1940년 4월 그는 당시 李允榮이 원목으로 있었던 平壤 南山峴教會에서 교육담당 목사로 활동했다. 그리고 이곳에서 이윤영의 주선으로 李正淑과 혼인하였다. 그리고 1943년 일제의 압력으로 연회에서 목사직을 박탈당하였다고 한다. 그는 이후 춘천으로 돌아와 槿花洞에서 산양목장을 운영했다.[21]

해방 이전 그의 일련의 활동들은 미군정기 그의 활동과 상당부분 연계되었다. 중국유학 당시 임시정부 요인들과의 교류는 그의 정치적 행보에 상당한 영향을 미쳤다. 그가 교류했던 인물들은 좌·우를 망라하고 있었다. 그는 그들에 대해서 좌·우의 이데올로기적 문제를 지적하기보다 그들의 독립운동에 대해 높은 평가를 하고 있었다. 이런 사실은 김두봉에 대한 평가에 분명하게 드러난다. 그는 일본의 앞잡이 노릇을 하는 한국인 스파이를 만난 부인을 쫓아낸 김두봉에 대해 철저한 민족주의자라고 평가했다. 또한 그 딸들도 아버지의 편을 들어 민족반역자는 어머니가 아니라고 부정하는 태도에서 독립운동자에게는 가정보다 국가가 더 크다는 것을 느꼈다고 회상했다. 다만, 김두봉이 북한에 돌아와서 김일성의 앞잡이 노릇을 하다가 비참한 최후를 마친 것은 유감스럽다고 했다.

> 어느 날 김두봉 댁을 방문했다. … 그는 당시에 딸 형제만 있었다. 그런데 그 부인은 볼 수가 없었다. … 얼마 전에 「상하이」로 쫓아 버렸다는 것이다. … 그의 부인이 얼마 전에 「상하이」에서 일본의 앞잡이 노릇을 하는 한국인 스파이를 만났다는 사실이 발각되었다는 것

록에서 김우종은 1937년 11월 서대문형무소에서 태업과 불복종운동을 하다가 대전감옥으로 이감되어 그곳에서 출감하였다고 밝히고 있다(김우종, 앞의 책 100~101쪽 참조).

21) 김우종, 앞의 책, 103~104쪽.

이다. … 참으로 독립운동자에게는 가정보다도 국가가 더 크다는 것을 다시 느꼈다. 김씨가 불행하게도 후일에 공산당 연안파의 거두로서 북한에 돌아와서 김일성의 앞잡이 노릇을 하다가 비참한 최후를 마친 것은 심히 유감스러운 일이다. 당시 내가 만난 김두봉은 철저한 민족주의자였고 또 주시경 선생의 수제자로서 한글에도 조예가 깊은 사람이었다. 한 가지 더욱 놀란 것은 그의 딸들의 태도였다. … 그런 민족 반역자는 우리의 어머니가 아니라는 것이다.[22]

그는 공산주의를 지지하지 않았다. 심지어 그는 강원도 반탁위원회 회장으로 활동하기도 하였다.[23] 그러나 이시기 그의 체험은 해방이후에도 이념보다는 민족이 더 중요하다는 자세를 취하게 하였다. 한편, 그는 강원도 지역 특히 춘천지역의 유력인사였다. 따라서 그의 이러한 성향들은 미군정기 강원도 특히 춘천지역의 정치적 상황에도 영향을 미칠 수밖에 없었다.

3. 미군정기 치안유지 및 군정자문 활동

1945년 9월 2일 소련군 1개 소대병력 30여명이 장교의 인솔로 춘천에 들어왔다. 이들은 강원도청에 들러 당시 지사였던 孫永穆과 柏栢강원도경찰부장에게 정식으로 행정권과 경찰력을 내놓으라고 요구했다. 그러나 당시는 이미 미군 진주가 확실해지고, 춘천은 38선 이남에 들어갈 것이 분명해진 후였으므로 이들은 그 요구를 거절했다. 소련군은 미군이 들어올 때까지 때때로 38선 경계선을 제멋대로 넘어왔다고 한다.[24]

---

22) 김우종, 앞의 책, 94쪽.
23) 柳在仁, 『江原道秘史』, 강원일보사, 1974, 36쪽.

미군정은 남한을 행정구역에 따라 3개의 사단이 나누어 점령하도록 했다. 군정 기관의 책임 구역에 맞추기 위해서였다. 경기도, 강원도, 충청북도, 충청남도는 제7사단에 배정되었다. 제7사단의 부대들은 동해안의 삼척에 도착했고, 1945년 9월 25일에 지방 광산에서의 심각한 노동 문제를 보고했다. 10월 초에 얼 L. 뮤리닉스(Earl L. Mullinix) 중령이 도군정장관 대행에 지명되었다. 이 기간에 도군정장관은 그 지방에 있는 상부의 전술 사령관에 종속되었다. 이 경우에 전술 사령관은 제32연대 제3대대의 사령관이었다. 이 시기의 전반적인 불확실성에도 불구하고 모든 학교들은 군정 부대가 도착했을 때 운영 중이었다. 10월 12일까지 미군 제32연대는 책임 구역 내 중요한 도시의 통제권을 확보했다. 여기에는 38선 남쪽이면서 水原－原州 철도의 북쪽 지역, 그리고 강원도의 거의 모든 지역이 포함되었다. 三陟의 제1대대가 점령한 도시에 더해서 春川의 제3대대는 러시아 점령지역과의 교통 관리를 위한 바리케이드와 9개의 마을에 수비대를 유지했다.[25]

1945년 10월 28일 100군정단은 강원도를 점령하고, 군정을 실시했다. 춘천과 홍천의 군정은 46군정중대파견대가 맡았고, 영월, 평창, 원주, 횡성, 정선은 52군정중대파견대가 담당했다. 66군정중대파견대는 삼척, 울진, 강릉을 맡았다. 이후 11월 18일 강릉과 정선은 38군정중대 파견대로 담당이 교체되었다. 강원도는 11월 23일까지 뮤리닉스의 관할 하에 있었다. 그리고 11월 27일 강원도 군정장관은 얼 쯔워만(Earl H. Zwermann) 중령으로 교체되었다.[26]

---

24) 柳在仁, 앞의 책, 1974, 30쪽.

25) 『주한미군사』1권(한국사데이터베이스 DB자료)

26) 강원도 도군정장관실, 『강원도 군정 역사보고서 "Historical Report of Military Government in Kangwon Province"』, 1945년 12월 17일(한국사데이터베이스 DB자료)

당시 강원도는 지역마다 산업과 정치적 성향에서 차이를 보이고 있었다. 동해안 지역에서 산업과 어업이 집중되어 있던 삼척과 삼척인근의 지역과 도 소재지였던 춘천은 서로 다른 모습을 보였다. 삼척과 그 인근지역은 지하자원이 풍부하고, 텅스텐과 석탄의 산지였다.[27] 삼척은 이외에도 염소, 비누, 시멘트, 카바이드, 비료 등을 생산하는 화학공장이 있었다. 그에 비해 춘천은 면섬유를 생산하는 鍾淵공장이 주요 산업이었던 것으로 보인다.[28] 정치적으로 삼척은 강원도 내에서 비교적 인민위원회 상당한 영향력을 행사했다고 평가되었다.[29]그러나 서울과 가까웠던 춘천은 비교적 미군정의 영향을 많이 받는다고 하였다.[30]

일본이 항복한 다음날이었던 8월 16일 김우종은 도청에서 강원도청 간부진과 민간 유지급 인사들이 다수 참석한 가운데 행정권을 이양받았다. 그들은 치안위원회를 조직하였고, 김우종은 치안위원회(혹은 자치위원회[31])의 위원장이 되었다. 치안위원회는 곧 건국준비위원회로 전환되었다.[32] 김우종에 따르면 이때 치안위원회와 건준에 참여한 인물은 다음과 같다.

---

27) 강원도 도군정장관실,『강원도 군정 역사보고서 "Historical Report of Military Government in Kangwon Province"』, 1946년 1월 15일.

28) 『강원도 상무국 약사 "Short History of the Commerce Bureau, Kangwon Do"』, 1948(한국사데이터베이스 DB자료)

29) 한배호,『한국현대정치론』1, 오름, 2000, 183쪽.

30) 강원도 도군정장관실,『강원도 군정 역사보고서 "Historical Report of Military Government in Kangwon Province"』, 1946년 1월 15일.

31) 『강원도비사』, 19쪽에는 치안위원회가 아닌 자치위원회라고 표기하였다.

32) 김우종, 앞의 책, 107쪽.

치안위원회			건국준비위원회		
이름	직위	비고	이름	직위	비고
金宇鍾	위원장		金宇鍾	위원장	
李敬重	부위원장	1891년생, 開城郡 松都面 출신, 韓英書院 사범과·중학 졸업, 1923년 東吳大學 예과 졸업, 1917년 5월 私立 韓英書院의 불경죄, 동년 9월 6일 보안법 및 출판법 위반으로 징역 1년, 1923년 西大門町 協成神學校 입학, 신간회 개성지회 활동, 일제에 의해 공산주의자로 평가, 강원도 산업부장, 중앙감리교회 목사	李敬重 申瑛澈	부위원장	
			南宮玲	청년부장	1920년생, 江原道 洪川郡 牟谷里 출신, 춘천고보 졸, 京城감리교회 신학교 수학, 1938년 춘천중학교 맹휴 (상록회사건) 연루, 남궁억의 9촌 조카, 김우종의 오른팔, 6·25 납북
			朴淳澤[33]	조직부장	1901년생, 강원도 춘천군 新北面 출신, 동아일보 춘천지국 지국장, 1927년 전 강원도 사회운동자대회 참석, 1929년 춘천고려공산청년회 사건으로 체포, 1940년 春川合同精米所 이사
申瑛澈	청년부장	1917년생, 1938년 春川公立中學校 재학 시 盟休관계(상록회 사건)로 검거, 조선어학회 회원, 중앙대 국문과 교수, 申玉澈의 동생, 6·25 납북	李炳翰	武警부장	
			黃煥昇	총무부장	춘천상공회, 춘천 反日救援會 선거대의원, 강원도 管財局長, 1954년 독직으로 징역 1년.
柳和青	치안부장	1910년생, 平壤출신, 東京拓殖大學理科·明治大學政治科 수업, 朝鮮日報 江原道特派員, 建準江原道委員會 宣傳部長, 獨促國民會東大門區 副委員長, 同서울市 地區靑年部長, 獨促國民會 中央本部靑年部長, 國靑 初代團長, 韓國民族代表大會東大門區選出議員, 敦岩洞 및 東仙洞會長, 大韓靑年團 中央執行委員, 以北人代表團 事務局長, 大韓食糧公社 理事 겸 總務部長, 태양신문사 부사장, 자유당 중앙당부 총무부장, 한국미곡창고주식회사 취체역 사장, 자유당 부총부장	李昌根	총무차장	1910년생, 강원도지사, 통일주체국민회의 대의원
			柳和青	치안부장	

출처 : 柳在仁, 『江原道秘史』, 강원일보사, 1974년, 20쪽.

위원장인 김우종과 부위원장 이경중, 청년부장 남궁태는 기독교인
이었다. 또한 이후 이들이 활동했던 건준과 독촉, 통일주체국민회의의
성격은 우익적인 성향이 강한 단체였다. 따라서 이때 건준 강원도 지
부의 성격은 전반적으로 우익에 가깝다고 판단된다. 그러나 강원도 지
부에서 활동했던 간부들의 경력을 살펴보면, 이들이 사회주의에 대해
서도 상당한 이해를 가지고 있었을 것으로 보인다. 이것은 1938년 일
제에 의해 작성된 남궁태의 신문조서에서도 확인된다. 그는 신학교 학
생이었으나, 상록회 사건으로 신문 당시 "자산, 즉 경제력의 균등을 주
장"하느냐는 질문에 대해 "그렇다. 현재의 사회 상태를 고찰하면 빈부
의 차가 심한 상태이다. 한가지로 태어나서 사람이 되어 죽도 먹지 못
하는 사람, 이에 반하여 도식하면서 수만, 아니 수백만의 거대한 재산
을 가진 자가 있어, 이를 균등하게 하여 각자 행복한 생활을 영위할 것
을 희망하는 것이다. 그러나 어떻게 해서 빈부의 차를 없게 한다는 등,
그 이상의 생각은 없다."[34]고 대답하였다. 이 대답은 당시 그가 사회주
의에 영향을 받았음을 의미하는 것이다.

김우종에 따르면 미군이 들어온 후에도 일제에 의해 임명된 손정목
은 지사로 있었고, 파면된 이후에도 지사자리는 한동안 공석이었다고
한다.[35] 강원도에서 친일조선인 관료들이 일소된 것은 1945년 11월 3
일 아놀드 장관이 파견한 李炳憲과 金三圭 양인이 파견된 직후였다.
그들은 춘천에서 각 단체대표자와 유력자들을 초청하고, 친일분자와
전직경찰을 일소할 것을 지시했다. 또한 도대표를 뽑고, 구장, 읍면장,

---

33) 자료상 원문에는 朴順澤으로 기재되어 있는데, 주소와 연령으로 보아 동일인
   으로 판단됨.
34) 「南宮珆 신문조서(제四회)」, 『한민족독립운동사자료집 常綠會事件 裁判記錄』 56
   권, 국사편찬위원회, 2003(한국사데이터베이스 DB자료).
35) 柳在仁, 『강원도비사』, 강원일보사, 34쪽.

군수, 서장, 도지사 등에 고문을 설치하도록 했다. 그리고 8일 강원도
청에서 임시로 각 군대표가 모여 민족반역자 관리 숙청과 고문제 실시
를 토의하였다. 이때 김우종은 춘천군 대표로 참석하였다.[36] 또한 16
일에 민족통일전선을 위해 조직된 춘천군 民委員會 및 춘천시민위원
회에서 그는 위원장이 되었다. 춘천시민위원회의 부회장은 金載殷이
었다.[37] 그리고 이듬해 1월 3일 강원도청의 전직원은 내무·재무·민
생 3부장과 경찰부장 대리 이하 각 과장, 춘천군수, 춘천보안서장의 연
명으로 결의문을 발표하고 총사퇴하였다.[38] 당시 김우종은 춘천을 대
표해 미군정의 고문으로 활동하였다.[39] 그의 회고에 따르면 그는 당시
미군정의 고문진은 결코 군정에 참여하지 않겠다는 것이 공통된 생각
이었다고 한다.[40] 그러나 이후 행적을 살펴보면, 그는 군정에 참여하
지는 않았지만 지속적으로 정치에 참여하고 있었다. 1946년 2월 그는
非常國民會議 개막식에 강원도 대표로 참석했다.[41] 그리고 위원선거
를 통해 교통위원으로 선정되었다.[42]

그러나 그의 정치적 행보는 계속될 수 없었다. 그가 이미 1946년 1
월 29일 권총휴대혐의로 CIC에 피검되어 있는 상태였고, 2월 10일 징
역 1년을 받았기 때문이다.[43] 김우종은 회고록을 통해 그가 투옥된 까
닭을 춘천의 초대시장이었던 김재은을 다른 사람으로 교체해달라고

36)「親日分子를 一掃 江原道官界肅淸進陟」,『중앙신문』, 1945년 11월 11일자.
37)「市機構改革을 討議 春川市民委員會서」,『중앙신문』, 1945년 11월 28일자.
38)「地方短信」,『동아일보』, 1946년 1월 3일자.
39)「江原 軍政顧問會 決定」,『중앙일보』, 1946년 1월 4일자.
40) 유재인, 앞의 책, 34쪽.
41)「非常國民會議今日開幕」,『동아일보』, 1946년 2월 1일자.
42)「非常國民會議機關 十三部의 委員을 選定發表」,『동아일보』, 1946년 2월 4일자.
43)「金宇鍾拳銃携帶事件 六個月取消코 一個年言渡」,『중앙일보』, 1946년 2월 10일자.

미군정에 건의했기 때문이라고 밝혔다.[44] 1월 8일 그는 춘천시민위원
장으로 위원 수명과 함께 김재은 배척운동을 하였다. 그가 김재은을
배척한 까닭은 다음과 같다. 첫째, 김재은이 모 징당 낭원으로 자기당
의 세력을 부식시키기 위하여 시청을 연락장소로 사용하였다는 것, 둘
째는 공무출장을 빙자하고 1월 20일 모 대회 대표자회의에 대의원으로
출석하였다는 것, 셋째는 정민위원장을 단독으로 임명하여 시민위원
장의 권리를 침해하였다는 것이었다.[45] 김우종은 김재은을 '좌익의 거
두'라고 보았고, 그가 춘천시청을 급진적으로 적화시키고 있다고 보았
다.[46] 이에 대해 당시 미군정에서는 배척운동을 만류하였다. 미군정
담당자는 김재은이 모 정당원이라는 것은 이미 그가 담당자에게 말했
던 사항이라고 하였다. 그리고 그가 정당원으로서 행세한 적도 없다고
해명했다. 또한 시민위원회는 민간단체일 뿐 정부기간이 아니기 때문
에 시장의 권리인 인사에 관여할 수 없다고 규정하였다. 또한 춘천시
장은 5만 시만의 총의로 선거된 것이기 때문에 배척도 민주주의 원칙
아래 총의에 의해서만 성립될 수 있다고 하였다.[47] 김우종은 본인이
투옥당한 원인이 바로 이 사건 때문이라고 보았다. 그러나 그의 공식
적인 혐의는 권총휴대였다. 1946년 3월 9일 미군정 보고서에 의하면

---

44) 김우종, 앞의 책, 110쪽. 원 자료 상에서나 김우종의 회고에서는 김재은을 춘
   천시장이라고 표현하였지만, 이때는 춘천은 아직 邑이었다. 춘천이 시격인 府
   로 승격된 것은 1945년 5월 23일 미군정 법령84호가 발표된 이후의 일이다.
   이 법령에 따르면 春天邑은 府로 승격하고, 江原道 春天郡은 春城郡으로 명칭이
   교체되었다(「제84호 지방행정의 변경」, 『미군정관보』 1946년 5월 23일). 그러
   나 본고에서는 원자료에 기술되어 있는대로 시장이라는 명칭을 사용하기로
   한다.
45) 「春川市長排斥問題 記者會서 眞相調査發表」, 『중앙일보』, 1946년 2월 1일자.
46) 김우종, 앞의 책, 110쪽.
47) 「春川市長排斥問題 記者會서 眞相調査發表」, 『중앙일보』, 1946년 2월 1일자.

춘천시장은 서울에서 개인사업을 하기 위해 사퇴를 희망했다. 그는 대략 한 주 정도 춘천에 남아있을 것이고, 새 시장은 아직 선출되지 않았다고 하였다.[48] 이를 통해 볼 때, 자의인지 타의인지는 알 수 없으나, 김재은은 배척사건이 일어난 지 2달여 만에 물러난 것을 알 수 있다. 때문에 김우종의 주장대로 미군정이 김재은을 일방적으로 감쌌다거나, 이 문제로 김우종을 투옥시킬 만큼 큰 사건이었는지는 판단하기 어렵다. 그러나 분명한 것은 형을 받은 이후 그는 한동안 정치활동을 하지 못했다는 것이다. 그는 투옥 당한지 6개월만인 8월 15일에 출감하였다.[49] 출옥 이후 미군정기 그의 공식적인 활동은 民族統一 강원도 사무국(민족통일총본부 강원도 사무국으로 보임- 필자)의 경제부장으로 선출된 것뿐이다.[50] 이런 점을 고려할 때, 그는 강원도 내에서 정치적 비중이 상당히 축소된 것으로 보인다. 그가 마지막으로 관여했던 민족통일총본부는 친 이승만 단체라고 할 수 있으나, 그와 관련된 활동은 보이지 않는다.

한편 투옥이전 강원도 내 그의 입지를 생각했을 때도 그가 독립촉성국민회(이하 '독촉')에 직접 참여하지 않았다는 점도 주목할만하다. 그가 독촉에 참여하지 않은 것은 그가 한민당 계통의 인맥을 가지고 있지 않았으며, 그들과 다른 정국인식을 가지고 있었다는 의미라고 할 수 있다. 그와 가까이 교류하던 이윤영도 이승만과 가까운 인물이기는 하였으나, 서북출신의 조선민주당 관계자로 실질적으로 한민당과 가

---

48) 제46 군정중대(Major E. E. Weaver), "Weekly Military Occupational Activities Report (Covering week ending 2400 Saturday 9 Mar 1946) (Area reported on Chun-Chon and Hong-Chon)" (주간 군사점령 활동보고서- 춘천, 홍천 지역보고), 1946년 3월 9일.

49) 김우종, 앞의 책, 111쪽.

50) 「獨促江原事務局 部署를 決定發表」, 『동아일보』, 1946년 9월 24일자.

깝다고 하기는 어려운 인물이었다. 그는 비록 감리교에 속해 있었으나, 해방 이전 임정인물들과 관련을 맺은 바 있었다. 그 과정에서 그는 김구를 비롯한 다양한 독립운동가들과 교류하였다. 해방 이후에도 그는 김구세력이 중심이 된 비상국민회의 교통위원으로 선정되었다. 따라서 그는 한민당 관련 인물들보다는 임정소속 우익세력들과 유사한 정국인식을 가졌을 가능성이 크다. 이것은 이 시기 그의 행적을 통해서도 증명되고 있다.

4. 정치성향과 反民族行爲特別調査委員會 활동

1) 『江原日報』 운영과 민족자주연맹 활동

김우종은 1946년 8월 출옥 후 『江原日報』를 창설[51]하고, 그 초대사장으로 취임하였다. 강원일보는 적산인 久武印刷所를 불하받아 인쇄소를 옮겼는데, 그 과정에서 당시 강원도 내무국장이던 姜致奉[52]의 역할이 컸다고 한다.[53] 강원일보의 운영과정은 순탄치 않았던 것 같다.

---

[51] 全國主要企業體名鑑(1956년판)에 따르면 강원일보는 강원도 춘천시 중앙로 1가 4에 위치해 있었다(한국사데이터베이스 DB자료).

[52] 인쇄소 불하 시기는 불분명하다. 다만 강치봉이 1947년 5월 적산을 관리하던 관재처장으로 근무하였으므로, 인쇄소는 이때 불하받았을 가능성이 크다. (「적산가옥의 임대방법을 경신」, 『자유신문』, 1947년 05월 14일자) 그러나 김우종은 불하 당시 강치봉이 강원도 내무국장이었다고 하였다. 강치봉이 내무국장이 된 것은 1949년 1월 15일로 시기상 늦은 감이 있다. (「人事」, 『자유신문』, 1949년 1월 15일자)

[53] 『강원일보』의 전신은 『彭吳通信』이다. 이 통신은 남궁태, 金學仁, 宋漢雄, 權五昌, 崔相基, 金世漢, 李鍾基 등이 시작했다. 1945년 11월 20일 강원인쇄소에서 강원일보로 창간하였는데, 그 창간일은 팽오통신의 창간일인 1945년 10월 24일로

김우종에 따르면 강원도는 빈약한 도라서 예산에서 광고료가 한정되어 있고, 도내의 큼직한 광고원은 중앙지로 빼앗기는 상황이었다고 한다. 또한 그가 정치에 관심을 가지고 있었으므로, 소위 정적으로 보는 층에서는 방해하는 점도 있었다고 한다.[54] 이를 통해 그가 정치활동을 하고 있었다는 것을 알 수 있다.

그는 1946년 11월 남조선과도입법의원 선거에 나가서 낙선하였다.[55] 김규식은 "강원도에서는 도의 방침에 의해 지방관리가 도내의 각 지구선거를 관리하기로 했음에도 獨促 각 지구부장이 입법의원선거대책위원회를 조직하여 이것이 주동이 되어 선거를 관리하게 하였다. 그러므로 도지사도 이를 관리하지 못하게 되어 강원도 내무부장 姜致奉씨를 10월 27일에 상경시켜서 하지 중장과 상의하고 귀환하게 하였는데 선거는 벌써 종료되었다."라고 하면서 선거가 비합법적이라는 보고서를 하지에게 제출하였다.[56] 김규식은 하지에게 강원도 지역에서 재선거를 요구하였다.[57] 독촉 강원지부는 이에 대해 반발했으나[58], 재선이 치러졌다. 그러나 김우종은 끝내 낙선했다.[59]

1949년 2월 김우종은 民族自主聯盟(이하 민련)의 중앙집행위원에 보

정하게 되었다(김우종, 앞의 책, 111쪽). 단, 『강원일보』 자체에는 1946년 2월 1일 제3종우편물허가가 난 것으로 기재되어 있다.

54) 김우종, 앞의 책, 113~114쪽.

55) "제2회 국회의사속기록 제29호(1949년 2월 12일)", 국회사무처, 『제헌국회속기록 제3권』, 선인문화사, 1999, 524쪽.

56) 「民選의違法性을指摘 監視班報告와金博士談話」, 『동아일보』, 1946년 11월 9일자.

57) 랭던(Langdon), 「'10월 폭동' 관련 상황 보고 - 주한 정치고문 랭던이 국무부장관에게(문서번호: 740.00119 Control (Korea)/12-546: Telegram)」, 『FRUS 1946, The Far East』, 1946년 12월 5일.

58) 「"立議"無效宣言을反駁」, 『동아일보』, 1946년 12월 4일자.

59) "제2회 국회의사속기록 제29호(1949년 2월 12일)", 국회사무처, 『제헌국회속기록 제3권』, 선인문화사, 1999, 524쪽.

선되었다.[60] 민련은 1947년 12월 20일 중간노선 정당 사회단체의 통합을 위해 결성된 단체로 민족과 남북의 통일을 내세우고 있었다.[61] 이들을 대체로 남북통일을 강조하는 온건우익 세력이었다. 그의 정치활동은 그가 경영하던 『강원일보』의 기사내용에도 영향을 미쳤다.[62] 1948년 1월부터 1949년 6월까지 『강원일보』의 기사에는[63], 남북회담 및 민련, 韓國獨立黨(이하 한독당) 관련 기사를 비중 있게 다룬 내용이 상당수 실리고 있다. 이시기 『강원일보』에 게제 된 관련기사는 170여 건에 이른다. 같은 시기 『서울신문』[64]과 더불어 최대 부수를 자랑했고, 1947년까지 중간논조를 지녔다고 평가받은 『경향신문』[65]에 실린

---

60) 「民聯中執委補選」, 『조선중앙일보』, 1949년 2월 15일자.

61) 「民聯 노선 천명」, 『자유신문』, 1947년 12월 25일자.

62) 확인한 『강원일보』의 기사는 1947년 10월부터 1949년 6월까지이다. 강원일보의 파일은 국립중앙도서관의 신문데이터베이스 자료를 통해 확인하였다. 다만, 이 사이의 강원일보가 모두 있는 것은 아니다. 상당히 많은 날짜의 신문들이 확인되지 않는다. 여기서는 확인되는 기사만을 분석대상으로 하였다.

63) 이 기간의 『강원일보』를 분석대상으로 삼은 것은 김우종의 활동 및 남아 있는 기사를 고려한 것이다. 『강원일보』 기사는 국립중앙도서관 홈페이지에서 1947년 10월부터 1949년 6월까지 확인가능하다. 다만, 모든 날짜의 신문이 남아 있지는 않다. 분석대상은 남아있는 신문으로 국한한다.

64) 『서울신문』에 대해서는 김동선, 『미군정기 서울신문의 정치성향 연구』, 선인, 2014 참조.

65) 최소미와 윤덕영은 『경향신문』의 성격을 초창기에는 중간논조를 유지하였고, 1947년 이후 편집진용의 변화로 우익지로 변모하였다고 평가하였다. 최소미는 『경향신문』에 대해 "창간 초기 ≪경향신문≫은 비교적 중도적 언론을 표방했으나, 공산주의 진영의 천주교 탄압과 함께 점차 미군정 체제가 힘을 얻어가면서, 보다 우익적 성향으로 전회해 갔다. 남한 단정론으로 기울어 가던 사설의 성향은 그러한 사실을 잘 말해주고 있다. 그리고 그러한 ≪경향신문≫의 논조는 당시 천주교측의 입장과 노선을 같이하는 것이기도 하였다."고 평가하였다(최소미, 「미군정기 ≪경향신문≫의 창간과 초기운영」, 국민대학교 대학원, 2008년, 국문초록). 윤덕영도 "창간호에 배성룡의 좌우합작에 관한 글이 수록되는 등, 정지용과 염상섭의 편집 진용 하에서는 중도적인 편집방식을 유지하였다. 그렇지만 1947년 중반 편집 진용이 바뀌면서 우익지로 변

관련기사가 232건이라는 점을 고려했을 때, 『강원일보』가 남북통일에 깊은 관심을 가지고 있었음을 알 수 있다. 아울러 기사 전체에서 민족자주연맹의 집행위원 및 조직 변동에 대한 상황이 꾸준히 드러나고 있다. 김우종은 1948년 1월 1일 강원일보사 사장으로 연두사를 발표하였다.

> … 우리는 自主獨立을 부르지즈면서 外力依存에 沒頭햇고 民族統一을 口號 하면서 分裂工作에 분忙햇으며 愛國愛族을 高唱하면서 破壞와 民族相殘을 일삼어 와쓰니 이러고서야 어찌 民族統一과 自主獨立달성을 期待할수 잇으리요 … 비로소 事大主義와 依地思想이 그자최를 감출 수 있는 同時에 眞正한 獨立운동이 展開될거시며 따라서 民族分裂과 民族相殘의 悲劇이 止揚될 거시다… 經驗中 通하야 우리는 한큰眞理를 再認識하게 되었으니 그거슨곳 「우리朝鮮의 自主獨立完성은 어떤 外力이 않이라 自力이란거시ㅇ 換言하면 우리 民族團結도 統一政府樹立도 모다 自力이주動이라」는것이다 … 來朝할 UN委員團로 雙手를 털어 歡迎를 할지언정 그들에게 주動役割은 容認할수 없는거시다 즉우리民族에能動的으 政府수立을할때 補조役割을 얼마든지 歡迎하나 주客의 轉倒됨은 排擊할 수밖에 없는거시다 …66)

이 내용에 따르면 그는 민족상쟁과 사대주의를 배격하고, 민족통일과 독립을 자력으로 이루어야한다고 주장하였다. 그는 통일정부 수립을 위해서는 민족이 단결하여 주체가 되어야 한다고 보았다. 정부수립을 위해 입국하는 UN위원단에 대해서도 보조적인 역할을 수행해야 할 뿐 그들이 주된 역할을 한다면 배격해야만 한다고 하였다. 이러한 그의 통일정부인식은 한민당 계열과는 다른 것이었다. 같은 날 『강원일보』

모하여 5·10선거 및 단정 수립과정을 적극 지지하였다"고 하였다. (윤덕영, 「자료소개 해방 직후 신문자료 현황」, 『역사와현실』 제16권, 1995.6, 358쪽)
66) 「自主的인獨立念願 本社社長 金宇種」, 『강원일보』, 1948년 1월 1일자.

에는 김규식, 김구, 홍명희의 연두사가 실렸다. 1월 5일에는 이승만[67]
과 安在鴻의 연두사가 게재되었다. 이들 중 이승만을 제외하고 김규
식, 김구, 안재홍, 홍명희는 남북통일정부 수립과 북과의 협상을 주장
하던 인물들로 민족자주연맹의 주요인사들이었다. 김규식은 『강원일
보』 연두사에서 남북통일정부로 수립되어야 민족의 진실한 자유도 찾
고, 경제문제도 찾을 수 있다고 주장하였다. 아울러 그는 민족전체의
합동과 협력을 촉구하였다.[68] 김구 역시 "우리 민족의 단결"을 강조하
였다.[69] 홍명희 또한 민족을 조각내놓고 자주독립은 이루어질 수 없는
것이라고 하고, 무엇보다도 남북통일이 중요하다고 지적하였다.[70] 안
재홍도 『강원일보』에 "자력으로 살길을 찾자"는 제목으로 연두사를 발
표하였다. 그는 이 글에서 민족상잔을 개탄하고, 자주독립의 통일공작
이 전개되기를 기대한다고 밝혔다.[71] 이들은 모두 남북통일과 협상,
자주독립을 강조하고 있다. 이것들은 김우종의 연두사와 같은 취지라
고 할 수 있다. 이를 통해 보았을 때, 이 무렵 김우종은 자주독립을 위
해서는 남북의 통일이 선행되어야한다는 의식을 가지고 있었음을 알
수 있다. 민련에 참여한 것도 이와 같은 맥락으로 볼 수 있다.

1948년 8월 15일 『강원일보』에는 김구[72], 이승만[73], 김규식[74], 하

---

67) 이승만, 「年頭辭 이承萬博士 民族自決로 나아가자」, 『강원일보』, 1948년 1월 5
일자.

68) 김규식, 「統一政府를 樹立 金奎植博士年頭辭」, 『강원일보』, 1948년 1월 1일자.

69) 김구, 「過誤를 淸算코 團結하자金九氏年頭甘言」, 『강원일보』, 1948년 1월 1일자.

70) 홍명희, 「南北統一冀望 民獨黨洪命憙氏談」, 『강원일보』, 1948년 1월 1일자

71) 안재홍, 「自力으로 살길을 찻자 民政長官安在鴻氏年頭辭」, 『강원일보』, 1948년
1월 5일자.

72) 김구, 「統一獨立에 努力 金九氏八, 一五祝辭」, 『강원일보』, 1948년 8월 15일자.

73) 이승만, 「民國誕生을 慶祝 李大統領記念談話」, 『강원일보』, 1948년 8월 15일자.

지75)의 기념사가 실렸다. 이승만은 대한민국정부수립을 축하였다. 그러나 김구와 김규식의 기념사는 남북에 각각 별개의 정권이 들어선 것을 안타까워하고, 남과 북이 통일하기를 희망하는 내용을 담고 있다. 『강원일보』는 이날 사설에서 남북의 분단이 계속되는 것은 민족의 사멸을 의미하는 것이며, 민족적 자각을 통해 뭉쳐 독립, 민주, 자주 통일을 이루어야한다고 하였다. 또한 남북의 집정자들에게 모든 사리사욕을 떠나 민족의 진의를 묻는 아량을 가져달라고 주문하였다.

> …北의食糧 南의工業의 窮塞은 오로지南北分斷에있고 이대로의繼續은 民族의死滅을意味함이니 우리는 强靭한 民族的自覺을 護身鏡으로하고 굿센團結心을 오로지祖國의存廢를걸고允執하여궐起奮發함으로써 獨立 民主 自主 統一의實革궐中식혀야하겟다. 끝으로 南北兩執政當路者에게 … 모든私利私욕을 떠나 언제든지率直한 心境으로 民族의 眞意를무를 수 있는 雅量을기르기爲하야 努力하여주길바라는바이다…76)

기사내용으로 볼 때, 『강원일보』의 입장은 이승만이나 하지보다는 김구나 김규식과 비슷하다는 것을 짐작할 수 있다. 김우종이 중앙집행위원이 되었던 1949년 2월 민련은 남북평화통일을 위하여 모든 정치단체와의 마찰을 피하려고 한다는 입장을 내놓았다. 또한 정책수정을 통해 정부정책과 부딪힐만한 일절의 요소를 제거할 것이라고 밝혔다.77) 그가 민련에 참여한 것은 이러한 민련의 방향전환과도 관련이 있을 것이다. 『강원일보』의 어조와 민련 참여시기를 고려했을 때, 그가 민련에 참여했던 것은 분단저지와 민족통일을 무엇보다 중요하게 생각했

---

74) 김규식,「統一의 날을 苦待 金奎植博士記念辭」,『강원일보』, 1948년 8월 15일자.
75) 하지,「過政職員의 貢獻多大 하中將感謝聲明發表」,『강원일보』, 1948년 8월 15일자.
76)「社說 自我를찻자(새힘을)」,『강원일보』, 1948년 8월 15일자.
77)「民聯政策修正」,『경향신문』, 1949년 2월 4일자.

기 때문일 것이다. 아울러 일제강점기 교류했던 김규식, 崔東昈, 尹琦燮, 申基彦 등이 민련에 참여하고 있었다는 것도 크게 작용하였을 것이다.[78] 1949년 3월 서울신문사 사상인 河敬德은 서울에서 유엔한국위원단 소속멤버 3인과의 비공식적 대담을 하였다. 그는 위원단멤버들에게 1949년 현재 김구는 충청남북도에서 김규식은 강원도에서 상당한 지지를 얻고 있다고 언급하였다.[79] 1948년 2월 제헌국회 회의에서 김우종은 김규식과 친해서 빨갱이라는 말을 듣고 있었다는 발언이 있었다.[80] 따라서 김규식이 강원도에서 얻었다는 상당한 지지는 김우종과의 교류와 관계가 있었을 것으로 생각된다.

김우종은 춘천시에서 1950년 5월 30일에 치러진 제2대 국회의원 선거에 무소속으로 출마하였다.[81] 그에 따르면 그는 당시 강원도 내에서 인기가 꽤 높았고 특히 춘천지구에서 거의 절대적이라는 평을 듣고 있었다고 한다. 그러나 그는 독촉에서 제외되었고, 대한청년단 강원도단의 고문이었으나 단장인 박승하의 선거운동에 조직이 총력을 기울여 고립된 상태였다고 회고하였다. 또한 투표일을 4, 5일 앞두고 그의 아우(한종)이 이유 없이 춘천경찰서에 구속되었고, 다음날에는 아내가 잡혀갔다. 그리고 선거전날 사복경찰을 풀어 변두리 동리로 다니며 김우종과 그의 가족 전부가 갇혔으니 당선되어도 무효라고 선전했다는 것이다. 당시 이승만은 방송국 마이크를 통하여 이번 총선거에서 공산

---

78) 이들과의 교류는 김우종, 앞의 책, 92~95쪽 참조.

79) 「유엔한국위원단 활동 (Operations of the UN Commission on Korea, 1949.4.4)」, 『UN의 한국문제처리에 관한 미국무부문서 6 (한국현대사자료집성 43)』, 국사편찬위원회, 1999, 233~238쪽.

80) "제2회 국회의사속기록 제29호(1949년 2월 12일)", 국회사무처, 『제헌국회속기록 제3권』, 선인문화사, 1999, 524쪽.

81) 「立候補는江原道가最少」, 『동아일보』, 1950년 5월 9일자.

당, 공산당 동조자, 중간파 그리고 반정부파 등을 제거하라는 방송을 하고, 춘천에 내려와 같은 내용의 월권적 방송을 하였다고 한다. 김우종은 그의 당선을 방해하기 위하여, 경찰이 권력을 남용하여 그를 중간파와 반정부파로 몰아갔다고 하였다.[82] 이 같은 내용으로 미루어보아 그가 중간파 및 민련과 일정한 관계를 가지고 활동을 했던 것은 그의 정치적 활동에도 상당한 영향을 미쳤던 것으로 보인다.

2) 反民族行爲特別調査委員會 활동

제헌국회는 정부수립 전인 1948년 8월부터 反民族行爲處罰法(이하 반민법)을 제정하기 위한 활동을 시작하여, 9월 7일 반민법을 통과시켰다.[83] 10월 11일에는 각 도별로 조사위원이 호선되어 국회에 보고되었다. 강원도에서는 李種淳[84]이 호선되었다.[85] 12월 22일 국회에 도 조사부 책임자로 林祐永이 추천되었다. 그는 당시 대한독립촉성국민회 춘천부 春城郡 총무부장이었다. 그러나 당시 강원도 출신의원이었

---

82) 김우종, 앞의 책, 119~120쪽.

83) 「第三讀會도終了 反民族行爲處罰法案 國會完全通過」, 『경향신문』, 1948년 9월 8일자.

84) 이종순은 1890년 강원도에서 출생하여 조선감리교양성소를 수업한 후 원산 등지에서 전도사 활동을 하였다. 특히 1919년 강원도 양양군 도천면 부월리의 3·1운동을 주도하여 투옥된 적이 있으며, 이후 호산기독교청년회 총무와 춘천청년회 집행위원을 지냈다. 해방 후 대한독립촉성국민회 춘천군지부장과 한국민족대표자 대의원 등을 지냈으며, 제헌국회 초기에는 독촉국민회와 대동청년단 소속 국회의원들이 중심이 된 3·1구락부의 간사로 활동하였다. 후 국회 내에서 비판주의로 정부를 육성편달하는 동시에 국제 도의에 입각한 남북통일을 목표로 결성된 硏友會와 명칭을 개칭한 以正會의 연락부 전임위원으로 활동하였다. 1949년 이정회를 탈퇴하고 이승만을 지지하는 一民俱樂部에 참여하였다(허종, 앞의 글, 97~98쪽).

85) 「反民關係調査委員各道에一人式을選出」, 『동아일보』, 1948년 10월 12일자.

던 金光俊은 임우영이 해방 후 객지에서 온 사람이기 때문에 강원도
사정을 잘 알지 못할 것이라고 우려를 표하였다. 그러면서 강원도의
사정을 잘 알고, 독립운동의 행적도 뛰어난 김우종 같은 이들이 나오
는 것이 좋겠다고 하였다. 결국 임우영의 임명 건은 보류되었다.[86]

　1949년 1월 12일 다시 강원도 도 책임자 선정문제가 국회에서 논의
되었다. 이때 이종순은 임우영의 독촉청년부장, 국민회청년대 강원도
참모장, 독촉국민회 춘천군위원장 경력을 강조하였다. 또한 그를 공산
계열 사람들을 반격하는 맹장이라고 칭하며 강력하게 추천하였다. 그
러나 金振九는 임우영이 해방 전 "벼슬아치"를 했고, 서대문형무소에
있었던 것도 민족정기를 살리는 독립운동이 아니라 반대방향[87]이기
때문에 그가 책임자로 적합하지 않다고 하였다.[88] 이날 표결에서 임우
영의 인선안은 부결되었다.[89]

　1949년 2월 12일 국회에서 조사부 책임자 선정이 재논의 되었다. 여

---

86) "제2회 국회의사속기록 제2호(1948년 12월 22일)", 국회사무처, 『제헌국회속
　　기록 제3권』, 선인문화사, 1999, 17쪽.
87) 해방이전 쌀 배급 문제로 서대문형무소에 1년간 징역을 살았다고 한다. 국회
　　사무처, "제2회 국회의사속기록 제29호(1949년 2월 12일)", 국회사무처, 『제헌
　　국회속기록 제3권』, 선인문화사, 1999, 524쪽.
88) 임우영의 경력은 다음과 같다. 1949년 당시 45세로 경성중앙고등보통학교 졸업.
　　中東學校 수학부 졸업. 日本 早稻田大學 政經科 校外生으로 독학 수료, 京城藥學
　　專門 중퇴. 동양척식주식회사 출장소장. 국민회 春城郡지부 위원장, 자유당 春
　　城郡당 위원장, 호국청년단 춘천시 春城郡단 위원장, 반탁투쟁위원회 춘성군
　　지부 위원장, 반공연맹 춘성군지부 위원장, 국민회 강원도본부 건설국장, 자
　　유당 강원도당부 선전부장, 민의원 의원, 자유당 중앙당부 조직부 차장, 자유
　　당 중앙위원 역임.(『대한민국건국십년지』, 1087쪽; "제2회 국회의사속기록 제
　　4호(1949년 1월 12일)", 국회사무처, 『제헌국회속기록 제3권』, 선인문화사, 1999,
　　91쪽; 허종, 앞의 논문 99쪽 참조).
89) "제2회 국회의사속기록 제4호(1949년 1월 12일)", 국회사무처, 『제헌국회속기
　　록 제3권』, 선인문화사, 1999, 91쪽.

기서 崔泰圭는 해방이전 김우종의 독립운동경력과 건준위원장, 반탁
강원도위원장, 비상국민회의 의원 활동을 소개하고, 추천하였다. 그러
나 崔圭鈺은 그가 건준위원장을 하고 반탁운동을 했지만, 2차 미소공
동위원회 촉진대회에 참여하고 찬탁운동에 참여했다며 그를 반대하였
다. 또한 독촉에서는 특별조사위원회 서기관이며 독촉간부였던 尹英
基에게 "김우종이 김규식과 친하고 한독당에 들어갔으니 파괴분자"라
고 하는 내용의 진정서를 만들었다. 그리고 지역주민들에게 강제로 도
장을 찍도록 하여 투서하기도 하였다. 그러나 金光俊이 윤영기가 학력
과 경력을 속인 인물로 특별조사위원회의 서기관 신분으로 독촉간부
의 역할을 했다는 점을 지적했다.[90] 이러한 내용으로 미루어보아, 당
시 강원도에서 독촉의 영향력이 강했다는 것을 알 수 있다. 그리고 김
우종은 독촉 강원지부와 원만한 관계를 맺지 못했던 것으로 보인다.
논란 끝에 그는 반민족행위특별조사위원회(이하 '반민특위') 강원도 조
사부 책임자가 되었다.[91] 한편 그는 일제강점기와 해방정국에서 같이
활동했거나, 같이 활동했던 자들의 추천을 받아 조사관과 서기관을 기
용하였다.[92] 조사관과 서기는 다음과 같다.

이름	직위	비고
金吉仁	사무부국장 겸 제1조사부 조사관	일제 강점기 중외일보 지국장, 영동기자단 집행위원·강릉청년회 회원, 해방 후 대동청년단
李海鳴	제2조사부(경제분야) 조사관	황포군관학교 졸업, 의열단·민족혁명당·광복군 활동, 해방 후 민족혁명당 활동. 1949년 3월 사퇴. 후임 崔允九(강릉농업학교 중퇴, 1950년 평창군 대회면 의회 의장, 대화면장.

90) "제2회 국회의사속기록 제29호(1949년 2월 12일)", 국회사무처, 『제헌국회속
  기록 제3권』, 선인문화사, 1999, 524쪽.
91) 「國會 特委員補選」, 『동아일보』, 1949년 2월 13일자.
92) 허종, 앞의 논문, 101쪽.

李基用	제3조사부(사회분야) 조사관	1938년 경제통제법 위반 투옥. 1949년 4월초 해임. 후임 李相吉.
尹在寬	서기	미확인
李德根	서기	미확인
朴彬	서기	미확인
趙衡鎭	사무원	미확인
黃圭南	사무원	미확인
金泰元	조사관	미확인
池相豪	특경대장	미확인
金榮澤	호위	
鄭東華	호위	미확인

참고 : 「親日功勞者孫永穆드디여逮捕 道反民特委遂事務 開始 調査官엔 李海鳴, 金吉仁, 李基用三氏」, 『강원일보』, 1949년 3월 1일자; 김우종, 『파도를 디디고』, 명지대학출판부, 1975, 33~36쪽; 許宗, 「반민특위 강원도 조사부의 조직과 활동」, 『歷史學報』 제190집, 歷史學會, 2006. 6, 115~116쪽.

1949년 2월 28일 강원도조사부는 활동을 시작하였다. 김우종은 이날 담화에서 반민특위의 목적과 정신은 "최소한도의 희생으로 최대목적인 민족정기를 살리는데 있다"고 강조하였다.[93] 그는 처벌의 범위를 축소시켜 일제하에 강원도 내에서 고관 또는 중추원 참의를 지낸 자 중 악질적으로 민족에게 손해를 끼친 자 또는 고등경찰로서 독립운동가를 박해 또는 살해한 자 등 거물급 등만을 처벌하겠다고 하였다.[94]

강원조사부는 3월 17일 홍천군 모처에서 申鉉奎를 체포한 것을 시작으로 반민족행위자를 체포하였다.[95] 강원조사부에서 취급한 친일 혐의자는 34명인데 그 가운데 경찰이 24명으로 절대 다수를 차지했다. 이러한 경향은 다른 도조사부에서도 나타나는 일반적인 현상이지만, 강원조사부가 더욱 두드러졌다. 신현규는 1920년대와 1930년대에 金

---

93) 「特委의 경북조사부 집무」, 『조선일보』, 1949년 3월 5일자.
94) 김우종, 앞의 책, 116쪽.
95) 「無窮花事件檢擧指揮者 申鉉奎(平山)警部逮捕」, 『강원일보』, 1949년 3월 18일자.

化·洪川·華川郡 등지에서 사법계와 고등계를 담당하며 독립운동가를 체포하고 독립운동단체를 적발하는 등 독립운동을 탄압하였다.[96] 그는 1933년 11월 홍천경찰서 순사부장으로 있으면서 牟谷학교에서 학생들에게 독립의식을 고취시키고, 무궁화를 재배·보급하였으며, 조선을 독립시키려고 십자가당을 조직하였다는 구실[97]로 南宮檍을 체포하였다.[98] 남궁억은 이때 그에게 당한 고문의 여독으로 세상을 떠났다.[99]

남궁억은 김우종에게 큰 영향을 미친 인물이었다. 김우종이 신학문을 배워야겠다고 생각하게 된 것도 남궁억의 귀향소식을 들었기 때문이었다. 그는 남궁억을 "고매한 인격과 풍부한 지식 그리고 철두철미한 독립 애국정신"을 가진 인물로 평가하고 있었다. 남궁억은 김우종에게 조선의 역사와 위인에 대한 것을 배웠으며, 우리 민족은 절대 일본의 노예로 오래있을 수 없다는 것을 가르쳤다. 남궁억은 김우종을 비롯한 학생들에게 늘 "조선독립은 될 것이며 너희 눈으로 똑똑히 볼 것인즉 절대로 변절하지 말고 어떤 고난을 당하더라도 끝까지 견디라"고 하였다.[100] 따라서 신현규가 강원조사부에 의해 제일 먼저 체포된 것은 당연한 일이었다.

강원도 조사부에서 이처럼 경찰체포에 적극적이었던 것은 김우종의

---

96) 허종, 앞의 논문, 118쪽.

97) 이에 대해서는 「南宮檍 신문조서(1933. 11. 7)」·「南宮檍 신문조서 제2회(1933. 11. 25)」, 『韓民族獨立運動史資料集 47권 三·一運動一週年宣言文 配布事件·十字架黨 事件 1』(한국사데이터베이스 DB자료); 「南宮檍 신문조서 제3회(1933. 12. 10)」·「南宮檍 신문조서 제4회(1933. 12. 13)」, 『韓民族獨立運動史資料集 48권 三·一運動一週年宣言文 配布事件·十字架黨 事件 2』(한국사데이터베이스 DB자료) 참조.

98) 「전 황성신문사장 남궁억 씨 피검, 모곡학교장으로서, 육영사업에 종사하던 중」, 『조선중앙일보』, 1933년 11월 8일자.

99) 「無窮花事件檢擧指揮者 申鉉奎(平山)警部逮捕」, 『강원일보』, 1949년 3월 18일자.

100) 김우종, 앞의 책, 36쪽.

반민족자 인식 때문으로 보인다. 1949년 1월 5일자『강원일보』사설에
는 처벌해야하는 반민자를 "개인의 향락과 출세를 위해 의식적으로 자
발적으로 독립운동을 방해하고, 애국지사를 체포 · 살해한 자와 민족말
살 정책을 지휘 협조한 자"로 규정하고 있다.

> 이제唱하는 處罰해야만할叛逆者란 一個人의地位와 享樂과出世를爲
> 해 意識的으로手段과方法을 分別치않고 自進하야 自發的으로 祖國
> 光復의大業을妨害 乃至破壞하며 愛國志士를逮捕殺害한惡質分子와
> 倭政의高官이되어 所謂大東亞戰爭이며 이民族의말殺政策을 指揮協
> 助한反民族的인者를指稱함일것이다[101]

그는 반민자를 지위의 고하보다 그 행위의 질에 따라 처벌해야한다
고 보았다. 그의 기준에 따른다면 지방에서 가장 적극적인 반민족행위
자는 경찰이라고 할 수 있다. 그가 이런 생각을 갖게 된 것은 그 역시
일제강점기 체포되어 고문을 당한 경험이 있었기 때문으로 보인다. 그
는 1936년 독립운동을 한 일로 일경에 체포되었다. 그때 일주일에 2,
3회씩 고문을 당하여 밤잠을 잘 수 없었고, 소화기도 기능을 상실하여
음식을 먹지 못하고 잠든 경험이 있었다.[102] 또한 그가 존경하던 남궁
억도 일경의 고문 여독으로 죽었다. 강원도 조사부에서 유난히 경찰체
포에 적극적인 데는 이런 배경이 영향을 미쳤을 것이다.

한편, 전국 곳곳에서 반민특위의 활동을 무산시키려는 책동이 나타
나는 가운데 강원조사부의 행보도 순탄치는 않았다. 1949년 3월 강원
조사부에서 체포한 張俊英을 만민특위 조사위원이자 국회의원이던 이
종순이 개인적으로 석방시킨 사건이 일어났다. 장준영은 일제강점기

---

101) 「社說 反民族者 處罰에 際하야」, 『강원일보』, 1949년 1월 5일자.
102) 김우종, 앞의 책, 99~100쪽.

官選道會議員 및 中樞院 參議를 지낸 인물로 14일 서울 관수동에서 강
원도 조사관 李基用에 의해 체포되었다. 장준영을 춘천형무소로 압송
하는 과정에서 잠시 특위본부 특별대장에게 맡겼는데, 이종순이 개인
적으로 장준영을 풀어준 것이다. 결국 장준영은 15일 자유신문사 사장
실에서 재차 체포되었다.[103] 이에 대해 김우종은 "반민자라 할지라도
진정한 민족적 양심으로 전과를 참회하고 전 민족 앞에 단죄를 기다리
는 태도를 취한다면 온정을 베풀 용의"가 있지만, "권력이나 금력을 가
지고 도피의 길을 도모하는 자나 이것을 방조하는 자는 처벌하겠다"는
담화를 발표하였다.[104] 이종순은 강원도 조사부책임자 추천 시에도 자
신과 같은 독촉계열의 인물을 추천한 바 있다. 따라서 김우종과의 관
계는 좋지 않았을 것이고, 자연히 협조가 되지 않았을 것이다. 사건에
연루된 조사관 이기용과 서기 이덕근은 사건 직후 해임되었다.[105]

　장준영 석방사건 직후 친일파와 경찰은 강원도조사부의 활동을 와
해시키기 위해 강원조사부 책임자 김우종을 암살하려고 했다.[106] 1949
년 3월 28일 반민특위조사부 책임자실에서 김우종은 호위경관인 金榮
澤에게 저격당했다. 김영택은 김우종에게 권총 사용법을 알려주겠다
는 구실로 실수한 척하면서 김우종에게 권총을 발사하였다. 이때 김우
종은 총알이 빗나가 갈빗대를 스치는 부상만을 입었다.[107] 김우종 사

---

103)「正義의 斧鉞斲不容許 李氏가釋放한反民張俊英 昨日自由新聞社長室서再逮捕」,『강
　　원일보』1949년 3월 26일자;「反民逮捕隨行記 上 一記者」,『강원일보』, 1949년
　　3월 27일자.
104)「反民幫助者는 同一視 自首者에겐 特別考慮」,『강원일보』, 1949년 3월 29일자.
105)「本道特委李調査官等解任」,『강원일보』, 1949년 4월 13일자.
106) 허종, 앞의 논문, 109쪽.
107)「本道特委金調査部長 겨눈銃은 돈받기위한 計劃的陰謀로 判明」,『강원일보』, 1949
　　년 4월 27자;「特委金調査部長狙擊者 金榮澤과의 瞬談記」,『강원일보』, 1949년 5월
　　3일자.

건을 맡은 중앙 경찰들은 김영택이 北勞黨員으로 판명되었다고 발표
하기도 하였다.[108] 그러나 김영택이 김길인에게 배후관계를 자백하면
서 사건의 실체가 들어나게 되있다. 조사결과 김영택은 오발을 한 것
이 아니고 고의로 발사한 것으로 확인되었다. 4월 18일 김영택은 반민
법 제7조에 적용되어 구속되었다. 김영택은 3월 3일부터 호위형사로
취임하게 됨을 기화로 3월 14·15일경부터 반민자 張某와 결탁하고,
조사부장 김우종을 살해하라는 지령서를 받아 그대로 행했다는 것이
다. 지령서에는 김영택이 조사부장과 특경대장을 살해하면 그의 일생
을 책임지겠다는 것과 예비금을 입금한다는 내용이 포함되었다.[109]

결국 김영택은 반민특위의 활동을 방해한 혐의로 검찰부로 송치되
었지만, 배후 인물에 대해 어떤 조치도 취해지지 않은 채 일단락이 되
었다. 오히려 김영택을 조사하는 동안 친일파와 경찰의 방해공작으로
특별검찰관이 조사에 어려움을 토로할 정도였다.[110] 경찰은 김영택의
석방을 강하게 요구하였다. 치안국장 李澔는 반민특위 위원장 金尙德
에게 만약 김영택을 내놓지 않는다면 실력을 발동하겠다고 협박했
다.[111] 검찰총장 權承烈은 국회에서 이 사건을 단순한 오발사건으로
보고하면서 김영택의 구속이 부당하다고 주장했다.[112] 경찰의 이 같은

---

108) 「背後眞相도거이露出 狙擊犯 金榮澤은北勞黨員으로判明 金調査部長殺害事件續報」,
『강원일보』 1949년 5월 27일자.

109) 「反民者發惡가지가지 警護人을使嗾調査殺害」, 『경향신문』, 1949년 5월 8일자.
국회속기록에 따르면 김영택은 반민혐의자에게 천원을 받았고, 일이 성사되
면 30만원을 받기로 했다고 한다. ("제3회 국회의사속기록 제13호(1949년 6
월 6일)", 국회사무처, 『제헌국회속기록 제3권』, 선인문화사, 1999, 293쪽).

110) 허종, 앞의 논문, 110쪽.

111) "제3회 국회의사속기록 제13호(1949년 6월 6일)", 국회사무처, 『제헌국회속
기록 제3권』, 선인문화사, 1999, 292쪽.

112) "제3회 국회의사속기록 제13호(1949년 6월 6일)", 국회사무처, 『제헌국회속
기록 제3권』, 선인문화사, 1999, 287쪽.

요구가 받아들여지지 않자 6월 6일 강원도조사부에 파견했던 배치경
찰 12명이 철수하였고, 조사부의 무기도 압수하였다. 이일은 단순히
특경대 해산과 무기회수만이 아니고 반민특위 전체의 사업을 지연시
키는 것이었다.113) 이후 반민특위 강원도 지부는 8월 해산될 때까지
별다른 활동을 수행하지 못했다. 그리고 활동이 종료된 이후에는 보복
대상이 되었다.

  반민특위 해산 이후 강원 조사부 특경대 대장 지상호가 구속되었다.
그는 9월 6일 조사를 받던 중 자백서를 써놓고 돌연 권총으로 자살했
다. 당시 언론에서는 그가 김우종 암살기도사건과 관련된 증인을 고문
한 일에 대해 양심의 가책을 느껴 자살한 것으로 보도하였다.114) 그러
나 김우종은 그가 자백서를 쓸 이유도 자살할 이유도 없었다고 밝히
고, 이것은 의문의 죽음이라고 하였다.115) 9월 4일에는 김길인도 김영
택에게 억울한 누명을 씌웠다는 혐의로 구속되었다.116) 김우종은 반민
특위 위원장 李仁에게 김길인의 석방을 부탁하여 겨우 그를 석방시켰
다. 그는 이 같은 반민특위 해산을 "중대한 과오"이며, 오늘날의 우리
민족의 정신세계의 혼란을 가져오게 한 큰 원인 중의 하나"로 평가하
였다. 그는 "민족반역자들의 죄상이 깨끗하게 심판받아 우리민족의 정
기를 확립했어야 앞으로 어떤 경우에 처하더라도 민족반역자 또는 기
회주의자들이 생기지 않을 것인데 이것이 흐려지고 말았으므로 민족
정기는 땅에 떨어지게 되었다"고 평가했다.117)

---

113) 「特委鄭濬裁判官 江原支部視察談」, 『경향신문』, 1949년 6월 12일자.
114) 「特委 강원特警대장 池相昊씨 권총자살」, 『자유신문』, 1949년 9월 9일자.
115) 김우종, 앞의 책, 117쪽.
116) 「反民 조사관, 金吉仁 被逮」, 『자유신문』, 1949년 09월 14일자.
117) 김우종, 앞의 책, 117~118쪽.

5. 기독교의 영향과 민족의식

남궁억은 김우종의 생애와 사상에 상당한 영향력을 미친 인물이다. 그는 남감리회 선교부의 후원을 받아 모곡학교를 세우고[118], 교장이 되어 학생들을 가르쳤다. 일제의 평가에 따르면 그는 모곡학교에서 독립사상과 민족의식을 고취하는 활동을 하였다고 한다.

南宮檍은 日韓併合에 불만을 품고 구한국의 왕정복고를 꿈꾸어 자기가 경영하는 牟谷학교를 이용하여 장래에 자기가 주장하는 주의의 토대를 구축하려고 명치 四三년부터 현재까지 계속적으로 동교 생도에 대하여 민족의식을 고취하는 불온한 역사 및 불온한 창가를 가르치고, 혹은 조선의 독립을 선동하는 듯한 언동을 하여 무고한 아동에게 독립사상을 주입하고, 나아가서는 일반민에 대해서도 무궁화 재배를 장려하고 또는 불온한 역사책을 만들어 발매하면서 전적으로 민족의식의 주입 고취에 전념하고 있었다.[119]

앞서 언급했듯이 김우종은 남궁억이 세운 모곡학교에 다녔다. 그는 남궁억에게 풍부한 지식과 독립애국정신을 배웠다고 회고했다. 또한 남궁억의 영향을 받아 기독교에 귀의했다. 그에 따르면 1937년 2월 일제에 의해 재판을 받을 때, 남궁억을 취조하던 일본인 검사가 논고하

---

118) 모곡학교의 설립연대는 연구와 자료에 따라 다르지만, "모곡학교: 대정 11년 (1922) 9월 22일 설립, 설립자 남궁억, 설립시 생도 85, 현재 생도 78, 교원 4, 교장 남궁억"이라는 기사를 보면 1922년 9월 22일 설립되었음을 알 수 있다(「현저히 발달된 찬연한 지방문화 - 교육기관·경제단체·사회단체 등」, 『동아일보』, 1929년 1월 5일). 한규무, 「한서 남궁억의 사상과 활동」, 『역사와경계』 54, 2005, 8쪽.

119) 申鉉奎, 「범죄보고(1933. 11.5)」, 『韓民族獨立運動史資料集』 47권, 국사편찬위원회(한국사데이터베이스 DB자료)

게 되었다고 한다. 그때 그 일본인 검사는 그에게 "남궁억은 철저한 조선독립운동자이며 극렬한 민족주의자다. 그의 수제자인 너도 틀림없이 철저한 민족주의자일 것이다"라고 했다고 한다.[120] 이런 인연으로 그는 翰西 南宮億선생기념사업회의 회장을 맡아 활동하기도 하였다.[121] 그러므로 그의 민족정신의 시작은 남궁억의 가르침에서 비롯되었다고 할 수 있다.

남궁억에 의해 기독교 귀의하게 된 그의 설교에는 민족주의 색채가 짙다. 그는 우리 국민에게 예수 그리스도를 영접하면 통일된 나라로 참된 자유와 평화가 깃든 아시아 밝은 등불의 역할을 하게 될 것이라고 하였다. 그는 "하나님은 우리민족을 사랑하사 우리의 고통을 덜어 주시고 눈에서 눈물을 씻겨 주십니다. 하나님이 우리에게 열어 주시는 남북통일의 문을 닫을 사람은 없습니다"라고 하였다. 그는 대부분의 설교에서 우리 민족과 인류를 구출을 기원하였다.[122]

또한 기독교인의 시대적 사명을 대혁명이라고 역설하였다. 그는 "자신의 이익과 성공을 위해서는 수단과 방법을 가리지 않는 사고방식, 조국도 민족도 자기의 인권을 위해서는 희생도 불사한다는 사고, 이와 같이 극단적인 이기주의적 사고방식에 일대 혁명의 메스를 가해야한다. 조국과 민족을 위해서라면 자기의 희생도 기쁘게 받아 드릴 수 있고 국가와 민족 안에 자기를 찾는 방향으로 180도 전향해야한다. 예수께서 「나를 따라 오려거든 자기를 버리고 제 십자가를 지고 나를 따르라」고 말씀하신 것은 철저한 자기 혁명 없이 새로운 진리와 생명의 길을 걸을 수 없다"고 주장했다. 그는 우리민족이 고쳐야할 결함으로 6가

---

120) 김우종, 앞의 책, 36쪽, 297쪽.
121) 「金宇鍾 강원일보 會長 南宮億선생 추모세미나」, 『경향신문』, 1989년 3월 31일자.
122) 김우종, 앞의 책, 159쪽, 168쪽.

지 요소를 들었다. 첫째, 단결력의 부족(파벌의식, 작게 생각하는 것, 이기심, 시기심), 둘째, 정직성의 결핍, 셋째, 공정성의 결핍, 넷째, 사람의 결핍, 다섯째, 책임감의 박약, 여섯째, 주체성의 결핍(소위 사대사상)이다.[123] 이처럼 그는 기독교인들이 사회를 바로잡는 근간이 되어야한다고 보았다. 그는 예수를 혁명가라 표현하였다. 그는 예루살렘 성전에서 예수가 불의를 보고, 그것을 바로 잡은 것처럼 젊은 기독교인들에게 우리 사회에 가득한 불의와 과감하게 싸워야한다고 하였다.[124] 그런데 그가 우리민족의 단점으로 든 사대사상, 파쟁심, 이기심은 그의 스승이던 남궁억이 청산해야하는 우리민족의 단점으로 꼽았던 요소이다.[125] 남궁억의 가르침이 그의 설교에 반영되었음을 알 수 있다. 그는 기독교 자체에서 그리스도를 중심으로 한 민족적 정신혁명과 생활혁명이 일어나, 조국통일의 튼튼한 기반이 되어야 한다고 주장하였다.[126]

그는 일제강점기 기독교가 일제의 폭정에 맞서 끊임없이 싸워왔다고 하였다. 3 · 1운동의 민족대표와 임정을 구성원 중 다수가 기독교인이었고, 일제의 기독교 파괴 공작 시도에도 많은 순교자들의 희생으로 기독교가 생명을 유지했다는 것이다. 그는 기독교인들에게 이런 투쟁을 계속해야 한다고 촉구하였다. 그는 기독교인들이 이러한 태도를 가질 때, 새로운 조국과 세계의 역사가 창조된다고 강조하였다.[127]

이러한 그의 설교내용과 행적을 살펴보면, 그는 기독교를 민족과 국가를 번영시키고 통일을 가능하게 할 기재로 보았음을 알 수 있다. 때

---

123) 김우종, 앞의 책, 192~193쪽.
124) 김우종, 앞의 책, 218쪽.
125) 김우종, 앞의 책, 34쪽.
126) 김우종, 앞의 책 197쪽.
127) 김우종, 앞의 책, 217쪽.

문에 그는 종교적인 활동에 머무르지 않고, 정치와 언론 분야 활동을 전개했을 것이라 생각된다. 그에게 있어 기독교는 현실에서 멀리 떨어진 것이 아니라 현실을 변화시킬 수 있는 핵심 요소였기 때문이다. 또한 예수와 같이 '의분'을 가지고 항일투쟁과 반민특위 활동에 참여했던 것이다. 그에게 있어 기독교는 민족과 괴리된 것이 아닌 민족을 구원하는 키워드였다고 할 수 있을 것이다.

6. 맺는 말

김우종은 강원도 지역의 독립운동가이자 목사로 독립운동사와 지역사에 일정한 영향을 미쳤던 인물이다. 그럼에도 불구하고, 그는 해방 직후 정치노선의 문제로 주류가 되지 못하였고, 단독으로 연구대상이 되지도 못하였다. 그러나 그는 일제강점기 대한민국임시정부, 의열단 및 조선민족혁명당 활동에 참여하였고, 해방 이후에는 강원도 건준, 비상국민회의, 민련 등의 활동에 참여하였다. 또한 강원일보사의 사장으로 지역 언론사를 경영하기도 하였다. 따라서 그에 대한 연구는 민족운동사와 해방직후 강원도 지역의 정치상황과 온건 우파의 성격과 활동을 살펴볼 수 있는 단초가 될 수 있을 것이다.

그는 어린 시절 모곡학교에서 수학하였다. 이곳에서 그는 남궁억의 영향을 받아, 기독교와 독립사상을 가지게 되었다. 그는 1928년 연전에 입학하면서 학생운동에 참여하였고, 1932년 중국 남경금릉신학대학에 입학하게 되었다. 그는 유학시절 남경에서 의열단과 조선민족혁명당에 가입하고, 대한민국임시정부 요인과 접촉하였다. 그는 특히 최동오, 김두봉, 김규식과 가까이 지내게 되었다. 당시 그가 교류한 인물들

은 좌·우를 망라하였다. 그는 공산주의를 지지하지는 않았으나, 교류
하던 좌익계 독립운동가에 대해서도 부정적인 평가를 하지는 않았다.
일제강점기 그의 이러한 체험은 해방 이후 이념에 얽매이기보다 민족
을 중시하는 자세를 취하도록 만들었다.

  해방 이후 그는 강원도청 간부진에게 행정권을 이양 받아 치안위원
회를 조직하게 되었다. 이 치안위원회는 곧 건국준비위원회로 전환되
었다. 당시 강원도 건국준비위원회의 활동은 대체로 우익적인 성향이
강했으나, 사회주의 활동을 하던 인물도 포함되어 있다. 그리고 나머
지 간부들도 과거의 행적을 보았을 때, 사회주의에 대한 상당한 이해
가 있었던 인물들로 보인다. 그는 미군정 고문으로 활동하고, 비상국
민회의 개막식에 강원도 대표로 참석하기도 하였다. 그러나 그의 정치
활동은 곧 중단된다. 춘천시장이었던 김재은을 보이콧하던 중에 일어
난 권총휴대 혐의 때문이었다. 그는 공산주의자였던 김재은을 배척하
였는데 그 과정에서 미군정과 마찰을 일으켰다. 그러던 중 불법적으로
총기를 휴대했다는 혐의로 투옥된 것이다. 총기휴대만의 문제였는지
정치적 문제였는지는 불분명하나 그는 6개월간 투옥 당했다. 그리고
그 과정에서 강원도 내 정치적 비중이 상당히 줄어들었다. 그는 당시
독촉에 참여하지 않았다. 그가 독촉에 참여하지 않은 것은 그가 한민
당계 인물들이나 이승만과 관계가 깊다고 하기는 어려웠기 때문이다.
오히려 그는 김구 중심의 비상국민회의에 가담하는 등 임정계 인물들
과 유사한 정국인식을 가졌을 공산이 크다.

  출옥 후 그는 강원일보사 사장이 되었다. 따라서 『강원일보』의 보도
내용은 그의 정치적 입장을 반영하고 있었다. 1946년 11월 그는 과도
입법의원 선거에 출마하였다가 낙선하였다. 이 때 김규식은 강원도 지
역 독촉의 선거관여 등을 이유로 재선거를 요구하기도 하였다. 이후

그는 민련의 중앙집행위원으로 보선되었다. 이런 정치성향『강원일보』
기사내용에도 반영되었다. 1948년 1월 1일『강원일보』에 발표된 연두
사에서 그는 민족상쟁과 사대주의를 배격하고 민족통일과 자주를 주
장하였다. 아울러 김규식, 김구, 홍명희, 안재홍의 연두사가『강원일보』
에 실렸다. 1948년 8월 15일에도 김구와 김규식의 기념사가 각각 실렸
다. 그들은 연두사에서 남북의 분단을 안타까워하고, 독립 · 민주 · 자
주통일을 강조하였다. 1950년 5월 치러진 2대 국회의원 선거에서 그는
춘천지구에 출마하였다. 그때 강원도 지역 경찰들은 김우종이 중간파
이며 반정부파라고 하며 그의 당선을 방해하였다. 이를 통해 볼 때, 그
는 중간파 및 민련과 일정한 관계를 유지했던 것으로 보인다.

　1949년 2월 그는 독촉계 지방인사들의 방해에도 불구하고, 국회에서
반민특위 강원도 조사부의 책임자로 임명되었다. 이때 그는 "최소한의
희생으로 최대목적인 민족정기를 살리는데" 그 목표를 두었다. 그는
친일혐의자의 지위의 고하보다는 악질적으로 민족에 손해를 끼친 자
나 고등경찰로 독립운동가를 박해 · 살해한 자를 주로 처단하겠다고
밝혔다. 그의 이러한 인식은 고문여독으로 죽은 남궁억과 독립운동 당
시 체포되었던 경험이 영향을 미친 것으로 보인다. 그러나 그는 호위
경관인 김영택에 의해 암살당할 뻔하고, 이 일로 강원도 반민특위 조
사부는 거의 활동을 하지 못하고 와해되었다. 그는 반민특위의 실패로
민족정기를 땅에 떨어진 것이라 평가하고 안타까워하였다.

　그는 기독교인이자 민족주의자였다. 그는 기독교를 민족과 국가를
번영시키고 통일을 가능케 할 기재로 보았다. 따라서 기독교는 예수와
같이 사회를 바로잡는 혁명가가 되어야한다고 보았다. 이런 까닭에 그
는 목사임에도 불구하고 종교적인 활동에 치중하지 않고, 정치와 언론
활동을 전개하였던 것으로 보인다. 그는 예수와 같이 '의분'을 가지고

항일투쟁과 반민특위에 참여했을 것이다. 그에게 있어 기독교는 민족과 괴리된 것이 아니라 민족을 구원하는 중요요소였던 것이다.

그의 활동은 일제강점기 독립운동사와 해방 후에 광범위하게 걸쳐 있다. 따라서 그에 대한 연구는 민족운동사적인 부분뿐만 아니라 해방 후 정치사 및 지역사적인 면에서도 의의가 있다. 특히 해방 직후 강원도에서의 그의 행적을 통해 당시의 지역의 동향과 상황을 살펴볼 수 있다. 아울러 그의 활동은 이 지역에서의 온건우익의 활동과 정국인식을 보여주는 좋은 예라고 할 수 있을 것이다.

〈참고문헌〉

『강원일보』,『경향신문』,『동아일보』,『미군정관보』,『서울신문』,『조선일보』,
『조선중앙일보』,『중앙일보』,『자유신문』

『思想에 關한 書類』1, 1929년 2월 1일.

『思想에 關한 情報(副本)』2, 1937년 1월 21일.

『思想에 關한 情報綴』3, 1937년 2월 5일.

『思想에 關한 情報綴』第2冊, 1930년 2월 5일.

『일제감시대상인명카드』

『學生盟休에 關한 情報綴』, 1928년 12월 5일.

G-2 Weekly Summary.

FRUS 1946, The Far East, 1946.

『강원도 군정 역사보고서 "Historical Report of Military Government in Kangwon Province"』, 1945.

『강원도 상무국 약사 "Short History of the Commerce Bureau, Kangwon Do"』, 1948.

『유엔한국임시위원단관계문서 5 (大韓民國史資料集 5)』, 국사편찬위원회, 1989.

『UN의 한국문제처리에 관한 미국무부문서 6 (한국현대사자료집성 43)』, 국사편찬위원회, 1999.

『UN의 한국문제처리에 관한 미국무부문서 7 (한국현대사자료집성 44)』, 국사편찬위원회, 1999.

『한민족독립운동사자료집 常綠會事件 裁判記錄』56권, 국사편찬위원회, 2003.

국회사무처,『제헌국회속기록 제3권』, 선인문화사, 1999.

김동선,『미군정기 서울신문의 정치성향 연구』, 선인, 2014.

김우종,『파도를 디디고』, 명지대학출판부, 1975.

박명수,「해방 후 건국준비위원회와 기독교의 역할」,『성결교회와 신학』제31호, 현대기독교역사연구소, 2014 봄.

박미영,「翰西 南宮檍의 모곡학교 교육 활동 연구」, 강원대학교, 2007.

柳在仁,『江原道秘史』, 강원일보사, 1974.

朝鮮總督府 編,『용의조선인명부』, 彰文閣, 1978.

주한미군군사실,『주한미군사』1권, 돌베개, 1979.

최소미,「미군정기 ≪경향신문≫ 의 창간과 초기운영」, 국민대학교 대학원, 2008.

한규무, 「한서 남궁억의 사상과 활동」, 『역사와경계』 54, 2005.

한배호, 『한국현대정치론』 1, 오름, 2000.

許 宗, 「반민특위 강원도 조사부의 조직과 활동」, 『歷史學報』 제190집, 歷史學
　　　會, 2006.

번호	신문명	게재날짜	기사제목
1	강원일보	1948.8.7	「特委」委員道別選擧
2	강원일보	1948.8.14	反逆者處罰法案 特委案을 採擇
3	강원일보	1948.8.18	國會 第42次會議 反族行爲處罰法質疑 또 「하느님한테」가 말성
4	강원일보	1948.8.20	反族官吏除外建議 國議員도 不遠審査
5	강원일보	1948.8.21	長官, 處長等四名의 反族行爲증거收集
6	강원일보	1948.8.21	極惡者嚴重處斷 反民族者問題에 韓民談話
7	강원일보	1948.8.22	親日派登用은 忌避 商務次官은 不遠更迭
8	강원일보	1948.8.22	反族行爲處斷法 國會第一讀會完了
9	강원일보	1948.8.26	反族法第二讀會서 無期를 死刑으로
10	강원일보	1948.8.27	反族法忌避 國會議長等에 脅迫狀
11	강원일보	1948.8.28	反民法案討議中 傍聽席서 삐라散布
12	강원일보	1948.8.29	反族處斷法逐條討議 第四條原案대로 通過
13	강원일보	1948.8.31	反族處斷法討議繼續 第四條六號修正案通過
14	강원일보	1948.9.1	反族法四條一部修正通過 國會十二月까지 延期
15	강원일보	1948.9.2	反族法五條無修正通過 尹遞相問題로 一時紛糾
16	강원일보	1948.9.3	公職追放條項을 揷入 憲兵高警經歷者에 適用
17	강원일보	1948.9.4	反族法十三條까지 通過 國務總理回翰에 物議
18	강원일보	1948.9.4	反民族行爲處罰法 第七十三條內
19	강원일보	1948.9.8	反對謀略工作克服코 待望의 反族法制定
20	강원일보	1948.9.10	反民族行爲處罰法案(上)
21	강원일보	1948.9.11	反民族行爲處罰法(中)
22	강원일보	1948.9.12	反民族行爲處罰法(完)
23	강원일보	1948.9.15	親日派汚吏徹底肅淸 米穀收集方法도 是正
24	강원일보	1948.9.24	親日派肅淸問題를 第七三次國會서 論戰
25	강원일보	1948.9.26	反族法實施準備進行
26	강원일보	1948.9.26	反民法該當者 法曹界에도10名
27	강원일보	1948.9.28	反族法無視라고 國議員尹長官과 質疑
28	강원일보	1948.10.3	反民族者調査委員會 道選任者國會에 報告
29	강원일보	1948.10.3	反民族特委員選出에 黃海道넝자고甲論乙駁
30	강원일보	1948.11.26	國會調査人員은 極少數로 反民法兩機關組織法通過

31	강원일보	1948.12.23	反民族調査 特別連席會議
32	강원일보	1949.1.5	反民族者 處罰에 際하야
33	강원일보	1949.1.5	社說 反族者審判의 날 遂到來 今日부터 斷罪開始
34	강원일보	1949.1.5	反民調委開始
35	강원일보	1949.1.5	惡質分子들은 斷乎處斷킬 要望
36	강원일보	1949.1.5	審判官은 公正無私히 早速處斷킬 要望
37	강원일보	1949.1.7	反民法該當者는 不採用
38	강원일보	1949.1.7	最初의 對象은 國會議員 反民者調査着着進行
39	강원일보	1949.1.11	渡美하려든 朴興植 反民特委서 逮捕收監
40	강원일보	1949.1.11	逃亡할 憂慮있어 먼저 着手했다
41	강원일보	1949.1.12	民族正氣의 斧鉞續閃 第二次로 李鍾형 收監
42	강원일보	1949.1.14	反民族行爲調査本格 國會議員肅靜에도着手
43	강원일보	1949.1.16	狡猾한 親日走狗들
44	강원일보	1949.1.16	崔麟, 方義錫等 密船逃走直前에逮捕
45	강원일보	1949.1.22	먼저 自家肅淸하라 特委大統領과申議長께要請
46	강원일보	1949.1.26	金雨英河判落도 逮捕收監
47	강원일보	1949.1.26	盧德述 李原輔도逮捕收監
48	강원일보	1949.1.28	이번엔"나쓰야마시게루"인 警防團長曹柄相逮捕
49	강원일보	1949.1.29	盧德述事件關係等
50	강원일보	1949.2.2	有名한巡査部長林昌洙逮捕 反民特委公州서도活動
51	강원일보	1949.2.4	金特別委員長談話發表
52	강원일보	1949.2.4	民族正氣를 爲해서도 法에 依하여 斷乎行動
53	강원일보	1949.2.5	盧德述釋放問題로 大統領對特委論議
54	강원일보	1949.2.10	南北統一도 不遠實現 反民者處斷時間問題
55	강원일보	1949.2.10	反民行爲證據品
56	강원일보	1949.2.10	崔麟等六名 特檢部에送致
57	강원일보	1949.2.11	反民特委聲名發表
58	강원일보	1949.2.11	調査中止란 理解困難 民衆은 疑아注視한다
59	강원일보	1949.2.13	反民公務員調査保留
60	강원일보	1949.2.13	反民道責任者票決
61	강원일보	1949.2.13	委員團歡迎國民大會
62	강원일보	1949.2.13	反民特委本道責任者에 金宇鍾氏87對2로 決定

63	강원일보	1949.2.16	反民調査中止設로 論戰
64	강원일보	1949.2.16	反民法一部改正을 指示
65	강원일보	1949.2.16	反民被疑者保釋
66	강원일보	1949.2.17	反民法改政案問題로 各議員間에論爭展開
67	강원일보	1949.2.19	反民法을 曲解했다
68	강원일보	1949.2.20	張宇燮逮捕收監
69	강원일보	1949.2.22	反民法에 對해서
70	강원일보	1949.2.22	孫永穆等大擧逮捕? 緊張된 反民特委空氣
71	강원일보	1949.2.24	反民法改正案組上코 開會始作부터 激論展開
72	강원일보	1949.2.24	反民法改案이란 안될말
73	강원일보	1949.2.25	反民法改正案遂廢棄
74	강원일보	1949.2.25	改正案廢棄에 反民特委當局談
75	강원일보	1949.2.25	反民者摘發46명 三月中旬頃부터公判
76	강원일보	1949.2.26	反民處斷의 意義
77	강원일보	1949.2.26	親日運動의先鋒者 每申專務金東進逮捕
78	강원일보	1949.2.26	李相協도 召喚問招
79	강원일보	1949.2.27	辯護人을 댈수는 있다 反民者公判과各界見解
80	강원일보	1949.3.1	反民者處斷에 全力 特委三一節에談話
81	강원일보	1949.3.1	親日功勞者孫永穆드디여逮捕
82	강원일보	1949.3.1	反民朴興植起訴
83	강원일보	1949.3.3	政府, 國會內 反民者調査無回答
84	강원일보	1949.3.5	先着者는 누구? 特委遂活動開始
85	강원일보	1949.3.5	政府內反民肅淸開始?
86	강원일보	1949.3.5	先着者는 누구? 特委遂活動開始
87	강원일보	1949.3.6	反民特委, 公判問題等 無慮三時間討議
88	강원일보	1949.3.8	그아버지와 그아들 反民父親處斷은 痛快
89	강원일보	1949.3.8	特委에 自首狀
90	강원일보	1949.3.9	國會側報告書完成
91	강원일보	1949.3.9	反民法第五條實施問題로
92	강원일보	1949.3.9	反民者를 連絡하라
93	강원일보	1949.3.9	自首는 "悔悟"의 "表象"總摘發六十一名 前中樞院參議李瑾洙第一먼저自首

94	강원일보	1949.3.10	反民特委後援會準備
95	강원일보	1949.3.10	現金提署長李成燁逮捕
96	강원일보	1949.3.11	金相敦氏問題
97	강원일보	1949.3.11	公判은 起訴順으로
98	강원일보	1949.3.11	慶北特委高等係刑事를逮捕
99	강원일보	1949.3.11	民族正氣로 南北統一
100	강원일보	1949.3.11	金富一도 逮捕收監
101	강원일보	1949.3.11	靜中動의 "特委"
102	강원일보	1949.3.11	朴은28日被疑者公判日決定
103	강원일보	1949.3.12	反民法第五條愼重考慮
104	강원일보	1949.3.15	特警隊組織交涉中 特委金副委員長會見談
105	강원일보	1949.3.15	宋秉畯의 아들 宋鍾憲 吳景八高等刑事逮捕
106	강원일보	1949.3.15	金在煥 鄭海封 逮捕收監
107	강원일보	1949.3.16	李鍾榮은 이런者-反民李鍾형起訴內容- 李義植特委檢察官發表
108	강원일보	1949.3.17	慶北特委서 安世泰收監
109	강원일보	1949.3.18	本道反民者드디어 斷罪台에! 逐逆徒에 第一刀 無窮花事件檢擧指揮者 申鉉奎(平山)警部逮捕
110	강원일보	1949.3.18	기특한 日帝忠犬 金丙起도 逮捕
111	강원일보	1949.3.18	反民處斷은 妥當
112	강원일보	1949.3.19	초록은 同色인가
113	강원일보	1949.3.19	"꼬마"反民者에게는 緩慢策을講究乎
114	강원일보	1949.3.20	國會內反民問題로 秘密會議열고 激論
115	강원일보	1949.3.20	國會內反民者調査未定 金副議長記者團에 言及
116	강원일보	1949.3.20	創氏志願兵强要한 成禎洙等逮捕
117	강원일보	1949.3.22	特委公判앞두고
118	강원일보	1949.3.23	特委到處서 活動
119	강원일보	1949.3.23	李晟煥逮捕
120	강원일보	1949.3.23	嚴昌燮逮捕
121	강원일보	1949.3.26	正義의 斧鉞斷不容許 李氏가釋放한反民張俊英 昨日自由新聞社長室서再逮捕
122	강원일보	1949.3.27	反民逮捕隨行記

123	강원일보	1949.3.29	反民幇助者는 同一視 自首者에겐 特別考慮
124	강원일보	1949.3.29	民族凝視의 反民公判 드디어 昨日부터 開幕
125	강원일보	1949.3.30	反民逮捕隨行記
126	강원일보	1949.3.30	歷史的斷罪"反民裁判"第二日 二十餘名을 射殺投獄보라! 가짜 愛國者 李鍾형의 罪相을
127	강원일보	1949.3.30	親日牧師金仁善 前高等刑事李俊聖逮捕
128	강원일보	1949.3.30	改過遷善못하는朴興植 "모르오"로 終始一貫
129	강원일보	1949.3.31	傍聽客까지 분노 始終一貫事實을 否認 金泰錫
130	강원일보	1949.3.31	夫婦가革命鬪士 가증스럽다!그변명 李種형
131	강원일보	1949.4.1	收監된 反民者의 이모저모(上)
132	강원일보	1949.4.2	收監된 反民者의 이모저모(下)
133	강원일보	1949.4.3	特委各支部逮捕成績
134	강원일보	1949.4.7	中樞院參議崔養浩
135	강원일보	1949.4.7	金今迷果然惡質?
136	강원일보	1949.4.7	金丙起劉鴻洵送致
137	강원일보	1949.4.15	反民特委裁判官會議
138	강원일보	1949.4.15	지은罪라 甘受하겠오
139	강원일보	1949.4.17	特警隊違法아니다
140	강원일보	1949.4.21	反民法第七條發動
141	강원일보	1949.4.24	反民朴興植保釋問題論難 檢察官辭表却下를可決
142	강원일보	1949.4.26	特委 金溶來 張極天等取調
	강원일보	1949.4.27	本道特委金調査部長 겨눈銃은 돈받기위한 計劃的陰謀로 判明
143	강원일보	1949.4.28	古蹟은 民族精氣의 象徵 反民者의 痕迹一掃하라
144	강원일보	1949.4.28	特委金調査部長狙擊事件續報 背後가反民者以外면 檢察當局에移送?
145	강원일보	1949.4.28	特委第二課長 李相吉氏就任
146	강원일보	1949.4.30	李明欽金鎭奎問招開始
147	강원일보	1949.5.3	議員反民材料蒐集
148	강원일보	1949.5.5	反民議員調査區域을 變更
149	강원일보	1949.5.13	反民李琦鎔言渡
150	강원일보	1949.5.19	反民族者時急處斷하라

151	강원일보	1949.5.20	金調查部長狙擊事件去益擴大?
151	강원일보	1949.5.21	金調查部長저擊事件 意外處에로?
152	강원일보	1949.5.25	拷問致死李顔淳 取調開始
153	강원일보	1949.6.5	特委前示威問題 大統領善處를 言明
154	강원일보	1949.6.7	李鍾殷 送致
155	강원일보	1949.6.7	金晩炯 逮捕
156	강원일보	1949.6.8	特委事件에 國會激憤 閣員總退陣을再決意
157	강원일보	1949.6.8	政府實踐하지않는 限 法律制定해도 別無效果
158	강원일보	1949.6.8	特委搜索은 不法
159	강원일보	1949.6.8	拷問當한特警 赤十字에入院
160	강원일보	1949.6.9	特委活動再開始 反民者問招도 繼續
161	강원일보	1949.6.9	特警隊拷問之事는 特委調查後告訴乎
162	강원일보	1949.6.9	特委事件收拾次 政府國會連席會議
163	강원일보	1949.6.10	警察事態걱정없다 張次官警官決議等言及
164	강원일보	1949.6.12	特警隊解散令執行時 犯法者는 依法處斷 李大統領 聲明發表
165	강원일보	1949.6.12	反民逮捕者 231名
166	강원일보	1949.6.14	特委金委員長等 五氏가 辭表提出
167	강원일보	1949.6.15	萬事는 "事必歸正" 極惡反民者金泰錫無期言渡
168	강원일보	1949.6.16	解散目的은 不純 金特委長特警問題談話
169	강원일보	1949.6.16	拷問은 嚴重調查 張次官特警問題等言及
170	강원일보	1949.6.24	親日事實을 肯定 反民朴基敦第一回公判

번호	신문명	게재날짜	기사제목
1	강원일보	1948.1.22	南北會談을 希望 民聯宣傳局장會見談
2	강원일보	1948.1.29	兩軍撤退後總選擧 金九氏朝委에意見書
3	강원일보	1948.1.29	民意反영을期待 民聯宣傳局談
4	강원일보	1948.2.6	民聯常務委員會 朝委 會議對策討議
5	강원일보	1948.2.7	南北會談召集提案 兩金氏메논議長에 具體案提議
6	강원일보	1948.2.13	南朝鮮代議員만 選擧 南北會談도 斡旋
7	강원일보	1948.2.13	民聯常務委員會 連席會議
8	강원일보	1948.2.14	統一强調國民運動展開 京橋莊과 三淸莊의 往來頻繁
9	강원일보	1948.2.14	三領袖會談內容 金博士正式發表
10	강원일보	1948.2.16	兩金氏中心으로 南北統一運動展開
11	강원일보	1948.2.17	南北要人談話에 韓協談話發表
12	강원일보	1948.2.19	南朝鮮單政은 否認 美國務省官邊言明
13	강원일보	1948.2.21	南北統一選擧等 三具體案을 提示
14	강원일보	1948.2.21	南北朝鮮不問코 別個政權은 反對
15	강원일보	1948.2.23	單選要請動議로 立議會場修羅場化
16	강원일보	1948.2.24	兩軍撤退民統自立 促進協議會 五黨감파
17	강원일보	1948.2.25	朝鮮統一에 失敗면 國際聯盟의 前轍再踏
18	강원일보	1948.3.13	南北單政企圖는 慘禍만을 激成 金九氏等七巨頭共同聲明
19	강원일보	1948.3.18	單選反對로 洪氏金氏와要談
20	강원일보	1948.3.20	後悔할일을 할 우리는 아니다 金九氏멋세氏要旨
21	강원일보	1948.3.23	國土分斷은 不當 洪氏支部結成激勵辭
22	강원일보	1948.3.23	南朝鮮의 單獨選擧는 北朝鮮의 新政府樹立을 促進
23	강원일보	1948.3.30	統一獨立運動者協議會 金九氏金博士中心으로 發起
24	강원일보	1948.4.1	北朝鮮 우리끼리 해봅시다 兩金氏書翰受諾
25	강원일보	1948.4.1	希望의 四月 獨立統一의 꿈도 이달
26	강원일보	1948.4.9	二四日會談을 兩金氏가 以北에 提案
27	강원일보	1948.4.13	AP週間時事展望 總選擧와 平壤會談 美蘇鬪爭의 別個面
28	강원일보	1948.4.14	協商에 兩金氏出席 各政黨은 自由參加
29	강원일보	1948.4.14	南北會談取材코저 記者團關係各方面에 建議
30	강원일보	1948.4.14	하中將顧問 金博士와 要談
31	강원일보	1948.4.15	兩金氏 曹晩植氏와 平壤서 歷史的會見豫想
32	강원일보	1948.4.16	北은 어디고 南은 어디냐 갓흔피로 통사정해볼뿐
33	강원일보	1948.4.17	民聯協商案決定 代表十氏不日發程
34	강원일보	1948.4.17	民獨黨庶務改編
35	강원일보	1948.4.20	黃昏에 잠긴魔의 三八線 金九氏歷史的越境
36	강원일보	1948.4.20	서울을 떠나면서 金九氏聲明發表

37	강원일보	1948.4.20	四個條項을 들고 金博士特派員 또北行
38	강원일보	1948.4.20	南北協商에 參加 趙素昂氏態度闡明
39	강원일보	1948.4.20	兩金氏北行마시라고 靑年團體서 懇請
40	강원일보	1948.4.21	老博士病軀를 이끌고 今日早朝壯途에!
41	강원일보	1948.4.21	金博士聲明 同族分裂의 危機 南北統一로 克服
42	강원일보	1948.4.21	協商의 北鮮代表 金日成氏以下三十名
43	강원일보	1948.4.21	金博士夫人談 巴里會談에 보내든 그때感想과 비슷하오
44	강원일보	1948.4.21	金九氏 平壤서 第一聲 自決精神으로 團結하여 世界平和의 創造者되자
45	강원일보	1948.4.21	三八線을 넘어가며 北行要人들의 心懷片片
46	강원일보	1948.4.21	겨레가 合心하야 三八標말뽑자 金博士눈물의心懷談
47	강원일보	1948.4.21	白紙로 도라가자 洪命히氏談
48	강원일보	1948.4.21	言論團體도 代表派遣 朝鮮신聞記者會談
49	강원일보	1948.4.21	選擧運動은 合法的으로 府選擧委員會長警告
50	강원일보	1948.4.21	萬事如意確信 趙素앙氏談
51	강원일보	1948.4.21	가슴이압푸다 金將軍은옛弟子 崔東오氏談
52	강원일보	1948.4.21	우리힘으로 趙완九氏談
53	강원일보	1948.4.21	愉快하다 呂運弘氏談
54	강원일보	1948.4.21	물어보자 三角山아-金博士를 따라가면서
55	강원일보	1948.4.23	南北統一政府宣布와 南朝鮮選擧延期決定
56	강원일보	1948.4.23	南北協商에 對해 李博士言及拒否
57	강원일보	1948.4.23	金博士平壤着
58	강원일보	1948.4.23	一次南北連絡會 牡丹峯劇場에서
59	강원일보	1948.4.23	民聯臨時部署決定
60	강원일보	1948.4.24	國家업시 政黨업다 金九氏所信을 披瀝
61	강원일보	1948.4.26	南北協商一사千里로 進展 同胞에 呼訴하는 檄文 16政黨40社會團體可決
62	강원일보	1948.4.26	代表連席會議서可決한 政治情勢決定書
63	강원일보	1948.4.26	參席時日천延으로 義烈黨代表等入北拒否
64	강원일보	1948.4.27	美蘇兩國에 보내는 要請書 南北協商第四回連席會議서 決定
65	강원일보	1948.4.27	우리民族의 일은 우리힘으로 解決 人委招待宴서 金博士祝辭
66	강원일보	1948.4.30	南北協商具體案을 十五氏會談서 決定
67	강원일보	1948.5.6	다른사람은 몰라도 나에겐 三八線이 업다 兩金氏昨日歡呼裡에歸莊

68	강원일보	1948.5.6	統一은 不遠하다 反選態度는 不變 金九氏外人記者에言明
69	강원일보	1948.5.6	南北代表者連席會議는 獨立運動의 歷史的新發足
70	강원일보	1948.5.7	共黨南征說은 不容認 南朝鮮은 腐敗無能 金博士美當局을非難
71	강원일보	1948.5.8	南北會談의 成果期待 民獨黨聲明發表 民獨黨聲明發表
72	강원일보	1948.5.8	北行代表擧皆歸南 洪氏等五氏는 平壤殘留
73	강원일보	1948.5.13	UN朝委兩金氏와 會見
74	강원일보	1948.5.15	平壤會談見解聽取코저 朝委兩金氏와 會談
75	강원일보	1948.5.15	南北代表가 署名捺印한 協商內容은 꼭實現 金九氏朝委와問答
76	강원일보	1948.5.18	關係國民參與必要 美蘇平和會談說에 金九氏言及
77	강원일보	1948.5.24	統一推委設置考慮 韓獨, 民獨, 民聯等動向
78	강원일보	1948.7.3	廣範圍로 政黨網羅 兩金氏運動體組織
79	강원일보	1948.7.16	北朝鮮選擧排擊 兩金氏日間共同聲明? 祖國統一爲해
80	강원일보	1948.7.16	以北決定은 單政路線 韓獨黨排擊聲明發表
81	강원일보	1948.7.20	統一없이는 獨立不能 第二次全政은 獨單 兩金氏以北事態에公同聲明
82	강원일보	1948.7.20	政府參加云謂는 侮辱 金九氏記者와 問答
83	강원일보	1948.7.22	北政權參劃은浪說 金九氏洪氏動靜에言及
84	강원일보	1948.7.23	統獨結成大會 兩金氏臨席下에 開催
85	강원일보	1948.7.23	統一努力에 關心 朝委議長張勉委員에 書翰
86	강원일보	1948.7.31	南北이 各各一種의 獨立 統一할랴면 內亂招來
87	강원일보	1948.8.8	政府는하로바삐 南北을統一하라 韓民黨談話
88	강원일보	1948.8.8	統促 臨時部署決定
89	강원일보	1948.8.11	UN行은 拒絶 金奎植博士談話
90	강원일보	1948.8.13	大韓臨政承認하면 民族統一實現可能 金九와 一文一答
91	강원일보	1948.8.13	民聯의 對北糾彈態勢 金博士不遠重大聲明? 自主統一派歸趨微妙
92	강원일보	1948.8.14	南北統一이 緊急事 朴警察廳長布告文
93	강원일보	1948.8.15	統一獨立에 努力 金九氏八, 一五祝辭
94	강원일보	1948.8.15	統一의 날을 苦待 金奎植博士記念辭
95	강원일보	1948.8.15	社說 自我를 찻자
96	강원일보	1948.8.15	當面課業은 南北統一 春川檢察廳 檢事長 崔世璜
97	강원일보	1948.8.26	全政과는 無關係 民聯傘下團體共同聲明

98	강원일보	1948.8.28	무特使言明 南北統一에 協力
99	강원일보	1948.9.3	統一政府에만 參加 韓獨黨談話發表
100	강원일보	1948.9.15	民主韓獨權泰錫氏 越北後海州서急逝
101	강원일보	1948.9.17	駐屯要請은 民意無視 民聯金宣傳局長談話
102	강원일보	1948.9.19	統一路線貫徹等 韓獨當面政策決定
103	강원일보	1948.9.19	中間政治沒落은 左右對立激化를 招來 워-가氏美占領政策平
104	강원일보	1948.9.24	全國的選擧施行 兩金氏UN에 要請
105	강원일보	1948.9.24	安在鴻, 朴容義氏等 三九一名民獨서脫黨
106	강원일보	1948.9.26	新黨原則에 合意 申,李,趙氏等會合成案
107	강원일보	1948.9.29	兩金氏書翰은 이미 二七日發送
108	강원일보	1948.10.3	民獨黨脫黨 聲名反駁
109	강원일보	1948.10.8	兩金氏支持 韓獨黨談話發表
110	강원일보	1948.10.12	新黨準備委員選出 明日第一次準委會開催
111	강원일보	1948.10.20	安在鴻氏 무特使와 會談
112	강원일보	1948.10.20	韓獨支部長會議에서 新黨運動에 態度表明
113	강원일보	1948.10.24	UN의 公正性期待 儒城에서 金九氏談
114	강원일보	1948.11.18	民族自主聯盟議 十九日發○○集會
115	강원일보	1948.11.18	南北要人會議促進會 不日中共同聲明發表
116	강원일보	1948.11.19	金氏訪問은 問病 副大統領記者와 一問一答
117	강원일보	1948.12.8	27議員으로成仁會組織 綱領 民族社會主義 無血民族統一 靑邱, 同仁과도團結呼
118	강원일보	1948.12.11	趙氏新黨路線闡明 同黨參加議員小數로觀測
119	강원일보	1948.12.15	社說 新韓委來朝와 民族의 나갈길
120	강원일보	1948.12.15	韓國承認에 各政黨談話
121	강원일보	1948.12.15	UN韓國承認을 契期로 三領首團結呼訴
122	강원일보	1948.12.17	내態度는 無變 金九氏合作說等에 言及
123	강원일보	1948.12.18	南北統一은 不遠間 拷問한다면 千萬遺憾 李大統領記者會見談
124	강원일보	1948.12.21	相互協助의 精神으로 統一完成에 이바지하자 國會
125	강원일보	1948.12.23	南北統一不遠實現 內閣補强은 愛國志士로 李副統領記者와 一問一答
126	강원일보	1948.12.31	社說 送年辭
127	강원일보	1948.12.31	남은問題는 南北統一 李國務總理의 送年辭
128	강원일보	1949.1.1	祖國의 繁榮을 爲해 己丑을 團結의 해로 하자 金九先生
129	강원일보	1949.1.7	衆望의 三領袖合作

130	강원일보	1949.1.9	財界消息
131	강원일보	1949.1.11	五黨協議進行中 趙素昂氏會見談
132	강원일보	1949.1.19	金九氏協商案에 朝民黨서 贊成談話
133	강원일보	1949.1.21	呂·張·趙氏等 勢力糾合氣運擡頭
134	강원일보	1949.1.21	民聯서援助 問題에談話
135	강원일보	1949.1.26	政界消息
136	강원일보	1949.2.8	政界消息
137	강원일보	1949.2.10	統一運動協調推進 民聯時局宣言文發表
138	강원일보	1949.2.13	統一撤軍任務遂行
139	강원일보	1949.2.13	韓國統一促成에 盡力 北韓과의 連絡도 準備
140	강원일보	1949.2.13	統一完成과 撤兵監視
141	강원일보	1949.2.24	反民者處斷에 民聯宣傳局談
142	강원일보	1949.2.27	統促常務 委員會開催
143	강원일보	1949.3.1	南北統一을 完遂하자 金九, 金奎植兩氏三一節談話
144	강원일보	1949.3.1	社說 三一精神을 再認하자
145	강원일보	1949.3.1	이精神繼承하여 南北統一完遂하자
146	강원일보	1949.3.5	民聯部署改編
147	강원일보	1949.3.8	韓獨, 民聯서도否認(영수회합)
148	강원일보	1949.3.9	韓委統一方策聽取 李總理다음은金若水氏
149	강원일보	1949.3.11	民族正氣로 南北統一
150	강원일보	1949.3.13	南北統一의 方策은?
151	강원일보	1949.3.15	韓委事務局補助官 金九氏와 要談
152	강원일보	1949.3.16	和平統一方案을 苦待 金九氏韓委會見內容發表
153	강원일보	1949.3.16	新韓委마자政界微妙 韓獨, 民聯動向注目處
154	강원일보	1949.3.19	國會小壯派南北統一 工作再燃 韓委에"멧시지"準備乎
155	강원일보	1949.3.19	오히려 晩時之嘆이요 異口同聲으로 歡聲連發
156	강원일보	1949.3.19	萬化會結成式 崔東吾氏來春
157	강원일보	1949.3.26	무길氏 歸國聲明 和平統一不可能? 內戰을 하느니보다는 分割된채로 忍耐하라고
158	강원일보	1949.3.26	不應者卽分裂者 金九氏平和策에言及
159	강원일보	1949.4.22	社說 三八線視察團 來春에 際하야
160	강원일보	1949.4.23	社說 三八線과 本道=視察團을맞어
161	강원일보	1949.4.23	南北民衆代表의 非公式會談提議 金奎植博士韓委와 會議
162	강원일보	1949.4.26	統一은 韓人自身이 釜山서李大統領談話

163	강원일보	1949.4.26	金博士統一提案=韓獨黨에서 支持
164	강원일보	1949.5.12	左右合致点發見에 努力 民聯 金博士談
165	강원일보	1949.5.12	民族陣營斷結問題等 韓獨中執시長時間討議
166	강원일보	1949.5.17	韓獨江陵黨部 記念式奉行
167	강원일보	1949.5.20	南北協商說에 兩金氏側은冷靜
168	강원일보	1949.5.22	民衆期待에 答하라 金九氏國會奮鬪를要望
169	강원일보	1949.5.25	統一具體案發表必要 趙素昂氏時局問題言明
170	강원일보	1949.6.11	誠意로萬事解決 金九氏記者와一問一答
171	강원일보	1949.6.17	和平統一方案要望 韓獨黨全國大會韓委에멧세-지
172	강원일보	1949.6.17	民國을 統一시키고저 우리도 努力하고 있다 韓委씽氏와 記者會見談
173	강원일보	1949.6.28	社說 巨星사라지다
174	강원일보	1949.6.28	臨時致葬壽備會組織

백남채 장로의 대구지역 정치활동

임희국

1. 시작하는 말

이 글은 1945년 8.15광복 직후부터 1948년 정부수립까지 경상북도 대구지역 기독교(장로교회)인들의 정치활동을 살펴보되 남산교회(장로교) 장로 백남채의 정치활동에 연동시키고자 한다. 일제의 식민지배에서 해방된 직후, 자주적 독립 국가를 건설해야하는 과제 앞에서 이들의 정치활동이 어떤 동기로 시작되었는지 살펴보고 또 이들의 정치활동이 어떻게 전개되었는지 알아보고자 한다.

필자에게 주어진 우선적인 과제는 백남채의 정치활동을 추적하는 것이었는데, 여기에 대한 일차자료를 여러 방면으로 찾는 가운데서 김중순 교수가 지은 백남채의 전기『모퉁이돌. 민족이 미래를 위해 벽돌을 구워 낸 백남채』(2010) 이외에는 별 진척이 없었다.[1] 이 전기가 그

---

[1] 김중순,『모퉁이 돌. 민족의 미래를 위해 벽돌을 구워 낸 백남채』, 소통, 2010 지은이 김중순은 현재 대구 계명대학교의 교수로 재직하고 있으며 영남지역 기독교(개신교)의 역사적 인물들에 관한 여러 권의 전기를 집필했다.

의 생애를 파악할 수 있는 유일한 자료였다. 그래서 그의 발자취를 윤곽적으로 살펴볼 수 있는 기존의 연구 논문들을 읽고 정리하는 연구방법을 선택하기로 했다.[2]

먼저, 백남채의 연보를 소개하고자 한다.[3]

> 1887년 1월 1일 경상북도 경산군 용성면 송림리에서 아버지 백용달
> 과 어머니 안순이의 4형제 중 장남으로 출생
> 1905년 무렵 기독교 신앙에 입문 추정
> 1908년 9월 15일 대구 계성학교에 입학
> 1909년 자인읍교회 집사 임직
> 1910년 중국 협화대학 유학, 이곳에서 독립운동가들과 교제
> 1918년 대구 계성학교 교사로 부임
> 1919년 1월 3일 대구 남산교회 장로로 장립
> 1919년 3월 7일 대구 3.8만세운동을 준비하다가 예비검속으로 구속
> 1919년 6월 27일 보안법 및 출판법 위반으로 징역 2년 선고 후 옥고
> (1년 6개월)

---

[2] 필자가 정독한 논문들은 다음과 같다: 김상숙, 「1946년 10월 항쟁과 대구지역의 진보적 사회운동」, 『민주주의와인권』 제16권2호, 전남대학교5.18연구소, 2016, 200~239쪽; 김일수, 「모스크바삼상회의 결정에 대한 대구지역 정치세력의 대응」, 『史林』 16, 수선사학회, 2001, 75~116쪽; 신용욱, 「우파세력의 단정입법 시도와 조선임시약헌 제정의 정치적 성격」, 『韓國史學報』 28, 고려사학회, 2007, 85~122쪽; 이영도, 「1945~1948년 대구지역 우익세력의 정치조직 결성과 국가건설운동」, 『대구사학』 79, 대구사학회, 2005, 113~140쪽; 정해구, 「미군정의 성격과 민족문제 해방직후 대구지방 정치의 전개과정」, 『역사비평』, 1987, 73~98쪽; 정태식, 「기독교사회주의의 한국적 수용에 대한 일고찰. 최문식 목사의 사상과 실천을 중심으로」, 『退溪學과 韓國文化』 39, 경북대학교퇴계연구소, 2006, 411~449쪽; 정태식, 「근현대 대구·경북지역 기독교의 보수성에 대한 일고찰」, 『사회과학담론과정책』 2권1호, 2009, 1~25쪽; 허종, 「1945~1946년 대구지역 좌파세력의 국가건설운동과 "10월인민항쟁"」, 『대구사학』 75, 대구사학회, 2004, 149~187쪽; 허종, 「1946년 대구공동위원회의 설치와 활동」, 『대구사학』 126쪽, 대구사학회, 2017, 215~247쪽.

[3] 김중순이 지은 백남채의 전기에서 가져왔다.

1920년 7월 석방. 조선연화회사를 설립하여 독립군 군자금 조달
1921년 12월 2일 교남기독청년회(대구 YMCA)의 발기인으로
　　발회식에 참석
1922년 대구 독립운동의 산실인 조양회관 건립 책임을 맡음
1923년 대구 구락부 창립회원
1926년 대구 희도보통학교(희원학교와 순도학교의 병합)의 이사장에
　　취임
1927년 신간회에 자금 지원
1927~1930년 대구학교 평의회 회원
1929~1930년 대구상업회의소 회원
1936년 대구 요업주식회사 대표이사로 취임
1938년 기독교대구연합회 재무위원으로 활동
1945년 8.15광복, 건국준비위원경북치안유지회 부위원장
1945년 11월 대구 미군정청의 내무부장
1946년 한국민주당 대구시지부의 수석총무
1946년 12월 16일 대구 미군정청의 내무부장직 사임
1947년 4월 24일 남조선과도입법의원에 당선
1948년 5월 10일 총선거에서 한국민주당 대구지부 병구에서
　　제헌 국회의원으로 당선
1950년 제2대 국회의원 선거에서 민주국민당 소속으로 출마하여 낙선
1951년 10월 2일 폐암으로 사망
1977년 대구 3.1만세운동에 참여한 공로로 대한민국 대통령표창
　　애족장에 추서

　이 글을 집필하는 순서로는 먼저 1945년 8.15광복 직후부터 1948년
정부수립까지 남한에서 다양한 정치 세력들이 우후죽순 일어나는 가
운데 미군정이 강력하게 정치질서를 잡아나가는 과정을 파악하고, 그
러한 큰 틀에서 형성된 대구지역의 현실 정치에 기독교 지도자들이 어
떻게 참여했는지 살펴보고자 한다.

2. 1945년 8.15광복, 대구지역 기독교(장로교회) 지도자들의 치안질서 유지와 건국준비를 위한 활동

8.15 광복, 곧 1945년 8월 15일은 우리나라가 일제의 식민지배로부터 해방된 날이었다. 이날 아침 7시 서울에서는 일제의 정무총감 엔도오 가 여운형 등 몇몇 한국인들을 초청했다. 그는 이들에게 일제의 항복 이 임박했다고 알리면서 "4,5일 뒤에 붉은 군대(소련군)가 서울에 도착 할 것이고, 그러면 (일제의 군대는) 무장해제 당할 것이라"고 말했다.[4] 이 자리에서 엔도오는 무장해제 이후에 일어날 수 있는 사회적 혼란을 대비하고 방지하기 위하여 여운형에게 치안질서유지를 맡아달라고 부 탁했다. 그 날 경상북도 대구에서도 헌병대장 간다(神田) 대좌가 서상 일에게 치안질서를 안정시켜 달라고 요청했다.

서상일이 그 다음날(8월 16일) 백남채, 배은희, 엄성문, 서동진, 장인 환, 이재영, 송기찬, 정원주, 이경의 등과 함께 치안유지를 담당할 단체 결성을 의논했고, 또 그 다음날(8월 17일) 이들은 '경북치안유지회'를 결성했다. 서상일이 이 단체의 대표로 선출되었다. 그런데, 경북치안 유지가회 결성되기 전 날(8월 16일), 짐작컨대 여운형의 별도 연락과 지시에 따라,[5] '건국준비위원회경북지회'가 조직되었다. 이 단체는 8.15 광복직전 건국동맹 경북지부 조직사건으로 구금되었던 김관제, 정운 해, 이상훈, 이선장, 이재복, 이목, 황태성, 이선장, 이원식 등을 중심으

---

[4] 전현수 편역, 『쉬띠꼬프일기』 1946-1948, 국사편찬위원회, 2004, 179~188쪽: 재인용. 이정식, 『여운형』, 서울대학교출판부, 2008, 496쪽.

[5] 8월 15일 오후 여운형은 서울에서 치안유지를 위한 자치위원회를 조직하지 않고 '건국준비위원회'(이하 건준)를 발족했다. 이것은 치안유지 차원의 조직 을 넘어 독립정부를 수립하기 위하여 각계각층을 총 망라한 거족적인 단체 를 구상한 것이었다.

로 조직되었다. 단 하루의 시차(時差)를 두고 각각 결성된 대구의 치안
유지회와 건국준비위원회는 그 명칭이 그 단체의 성격을 암시하고 있
다. 치안유지회는 8.15광복과 더불어 일제가 무장해제 된 상황에서 치
안유지를 위해 결성되었고, 또한 건국준비위원회는 8.15광복과 더불어
자주 국가를 건설하는 준비를 위해 결성되었다고 짐작한다.

이 두 개의 단체에 각각 참여한 인물들의 이념성향을 분석해서 그
단체의 성격을 규정한 논문들이 있는데,6) 그러나 이 두 개의 단체에
각각 참여한 인물들은 이 지역의 유지(有志)이자 서로 잘 알고 지내는
이웃이었다. 더욱이 이들 중 다수는 대구지역 기독교 지도자(목사, 장
로)들로서 평소에 교계에서 함께 활동하였다. 그러한 연유로 말미암아
이 두 단체는 8월 18일 제일예배당(현재 대구제일교회(예장통합))에서
8.15광복을 축하하는 시민대회를 공동으로 개최했다. 또한 며칠 뒤(8
월 22일)에는 두 단체가 하나로 통합하기로 결정했다. 이 둘은 '조선건
국준비경북치안유지회'(이하, 건준경북치유)로 통합되었다. 두 개가 하
나로 통합된 이 단체는 치안유지와 건국준비를 담당하기로 했다. 건국
준비위원회경북지회에 속해 있던 김관제가 위원장으로, 또 경북치안
유지회에 속해 있던 백남채 장로가 부위원장으로 선출되었다. 최문식
목사는 총무부장, 이재복 목사는 보안부장, 최경학 목사는 외무부장을
맡았다. 새로 조직된 건준경북치유는 당장 지역의 치안유지를 담당하
였고, 그 조직 내에 '청년부'(귀환동포에게 구호활동), '교육부'(초등 교
사 재교육 - 한글문법, 역사 등을 연수), 그리고 '건설부'(기술교육과 기
업생산 실태 등을 조사)를 두었다.

---

6) 예를 들어 김일수, "모스크바삼상회의 결정에 대한 대구지역 정치세력의 대응",
  77~81쪽. 이 글에서 김일수는 건국준비치안유지회에 "민족주의 우파와 민족
  주의 좌파"가 참여했다고 했고 또 건국준비위원회경북지회에는 "민족주의
  좌파와 사회주의 세력"의 연합이라고 했다.

　　건준경북치유에 참여한 인물들의 다수가 기독교 지도자(특히 장로
교회의 목사와 장로)라는 점에서 중요한 질문이 제기된다. 앞에서 언
급한 대로, 1945년 8.15광복 직후 서북지역 장로교회 지도자들은 치안
질서유지와 건국준비 그리고 일제 강점기 신사참배강요에 굴복하여
무너진 교회를 재건하는데 두루 참여했다.[7] 평양에서는 출옥 성도들
이 그리운 가족에게로 돌아가는 대신 산정현교회로 모여서 교회 재건
을 논의했다. 또한 이 도시에서 '평안남도건국준비위원회'가 조직되었
고 조만식 장로가 위원장으로 일하게 되었다. 건국준비위원회는 일제
당국으로부터 전권을 이양 받아 실질적으로 권력을 행사했다.[8] 신의
주에서는 이유필(위원장), 한경직·윤하영(부위원장)이 일제 식민정부
평안북도 지사의 요청에 따라 '신의주자치위원회'를 조직하여 경찰권
을 넘겨받아서 치안질서를 유지했다. 경상북도 안동에서는 8.15광복을
경산 경찰서 유치장에서 맞이한 이원영 목사가 곧 바로 귀향(안동)하여,
건국준비위원회를 맡아 달라는 제의를 거절하고, 교회 재건에 나섰다.
그러나, 대구에서는 장로교회 지도자들이 신사참배로 무너진 교회의 재
건에 나서지 않고 치안질서유지와 건국준비에 들어섰다. 게다가, 이들
중 다수는 불과 얼마 전에만 해도 부일 협력에 참여한 자들이었다.

　　1938년 장로교회 제27회 총회가 신사참배를 결의한 이후, 대구지역
의 장로교회 지도자들은 '국민정신 총동원 조선예수교장로회 경북노
회 지맹'이 결성될 때부터 부일협력을 시작했다. 경북노회 지맹 결성
식을 정재순 목사가 사회를 맡아 인도했다. 그는 이 단체의 이사장이

---

　7) 임희국,『기다림과 서두름의 역사: 한국 장로교회 130년』, 장로회신학대학교
　　 출판부, 2013, 166~169쪽.
　8) 또한 황해도에서는 황해도 건국준비위원회(위원장 김응순 목사)가 결성되었
　　 고, 평안북도에서는 평안북도자치위원회(위원장 이유필 장로)가 조직되었다.

되었다. 김봉도 목사는 간사로 일했다. 경북노회 지맹은 지역의 각 교회로 하여금 일제의 전쟁에 협조하도록 했다(기도회, 국방헌금과 휼병금, 위문대, 시국강연, 유기헌납, 교회 종 헌납 등). 이때부터 1945년 8.15광복이 오기까지 신후식, 김충한, 박재석, 이재복, 강신창, 박래승, 이문주, 유재기, 김정오, 송창근, 허담, 김진호, 우익현, 백남채 등은 이런 저런 친일 행적을 남겼다.[9] 그럼에도 불구하고 이들은 일제 강점기 내내 지역 사회와 교회의 유지(有志)로서 영향력을 행사했고 그리고 8.15광복 직후에도 여전히 부일 협력에 대한 공개적인 반성을 드러내지 않고서 지금까지의 영향력을 그대로 발휘하고자 했다.

3. 미군정기 대구지역 장로교회 지도자들의 정치참여

1) '조선건국준비경북치안유지회' 해산

1945년 9월 8일 미군 24사단이 서울에 진주했다. 하지 중장을 수반으로 한 미군은 이틀 전(9월 6일) 국가조직으로 결성된 '인민공화국'(인공)을 인정하지 않았다.[10] 미군정은 인민공화국의 정체가 한국을 지배하려는 소련의 종합기본계획의 일환이라고 평가했다.[11]

---

9) 이재원, 「일제 강점기 대구·경북 기독교」, 『대구기독교역사논문집』, 자체인쇄, 2006, 169~213쪽.

10) 인민공화국은 조선(한국)이 국제사회에서 국가로 인정받기를 희망하면서 조직되었다. 다름이 아니라, 이제 곧 미군이 조선(한국)에 상륙하게 되면 '건국준비위원회'를 국가로 인정하지 않을 것이 확실하므로, 박헌영 계열이 주도하여서 국호(國號)를 "인민공화국"으로 붙여서 국가조직으로 인정받고자 했다. 이란의 "구술증언": 이정식, 『여운형』, 753쪽.

11) 브루스 커밍스, 『한국 현대사』, 창작과비평사, 2001, 269쪽.

미군이 상륙한 지 1주일이 지난 시점에서, 미군정은 친일파로 비난받는 인사들을 활용해야 한다고 보았다. 8.15광복 직후의 한국 사회에서는 일제 강점기 부일협력자 처단에 대한 요청이 강력하게 일어났는데, 그럼에도 미군정은 이를 외면하고 친일 전력이 있는 세력가들과 접촉했다. 그들은 김성수, 김연수, 송진우, 조병옥, 윤보선, 장택상 등이었다. 미군정의 이러한 행보는 조선의 독립운동 세력을 인정하지 않겠다는 뜻이었다.[12] 이미 그때부터 한국의 장래는 태평양전쟁에서 승리한 승전국(특히 미국과 소련)의 결정에 달려있었다. 미군정은 맨 먼저 좌익 세력을 약화시키는 동시에 우익 세력을 강화시키는 조치를 취했다.[13] 9월 16일 미군정의 후원으로 우익 정치 정당인 '한국민주당'(한민당)이 발기되었다. 이 정당의 기반은 당시 한국 경제력의 대부분을 점유하고 있는 극소수의 지주들이었다. 친일 전력자가 당원의 다수를 차지하는 정당이었기에 대중적 지지기반이 매우 허약했다.

미군정은 이런 식으로 부일협력자 처단에 대한 대중의 요청을 묵살했고 또 자생적으로 조직된 건국준비 단체들을 인정하지 않았다. 동일한 맥락에서, -앞에서 살펴본 경상북도 대구에서 조직된 '조선건국준비경북치안유지회'는 10월 18일 미군정에 의해 해산되었다.

---

12) 이 입장이 1945년 9월 2일 발표된 연합군 최고사령부 '일반명령 제1호'에서 드러났다: 1. 미국 소련 그리고 중국만이 동북아시아지역에서 일본군의 무장 해제와 항복을 접수할 권한을 갖는다. 2. 한국의 독립운동 단체들은 일본의 항복을 받는 권리가 없다. 이에 따라 중국과 조선에서 진행된 한국의 독립운동이 전혀 인정받지 못하게 되었다. 그러므로 국내에서 8.15직후 조직된 건준 등 자치조직들은 일제로부터 어떠한 행정적 사법적 권리도 이양받을 수가 없게 되었다. 일반명령 제1호는 미군정이 설치된 이후 좌익의 인민공화국과 우익의 대한민국임시정부를 동시에 부정할 수 있는 법적 근거가 되었다. 박태균, 『우방과 제국, 한미관계의 두 신화. 8.15에서 5.18까지』, 창작과비평사, 2006, 41쪽.

13) 박태균, 위의 책, 41쪽.

2) '행정위원회' 임명

미군정은 10월 초순에 한국인 11명을 '고문위원회'로 임명했는데, 김성수·송진우 등 한민당 당원 7명이 주축이었고 여운형이 유일한 중도파로서 임명되었다. 그런데 여운형은 고문위원회 참여를 거절했다. 고문위원회는 결국 무위로 돌아갔다. 일이 이렇게 되자, 미군정은 해외에 있는 우익 인사들을 귀국시켜서 이들로 하여금 우익 세력 강화의 구심점 역할을 하도록 추진했다. 미군정은 미국에 있는 이승만과 중국의 임시정부 세력을 주목했고, 이승만을 먼저 귀국하게 했다. 10월 16일 귀국한 이승만은 도중에 일본 동경에서 극동군 사령관 맥아더와 회담했다. 그 자리에는 한국에서 온 하지도 동석했다. 이 회담에서 한국의 정치세력 편성에 대한 구상이 수립되었다.

귀국한 이승만은 '독립촉성중앙협의회'를 설립했다. 미군정은 이승만을 중심으로 우익 세력이 강화되도록 지원했다. 그러나 곧 이승만에 대한 미군정의 기대가 성사되지 못했다. 이승만은 대중의 지지도가 높은 좌익 세력에게 무조건 배타적인 태도로 일관했고, 또 그는 친일 전력자에게 애매모호한 입장을 취함으로써 대중으로부터 정치적 외면을 당하였다. 그러자 미군정은 중국에 있는 김구와 임시정부 인사들을 대안세력으로 구상했다. 미군정은 11월 23일 임시정부의 주석 김구와 부주석 김규식 등 14명(제1진)을 개인자격으로 귀국하게 했다.[14] 미군정은 새로이 '행정위원회'(Governing Commission)'라는 준정부 조직을 만들어서 그 중심에 이승만, 김구, 김규식을 앉히고 우익 세력을 강화시

---

[14] 여운형이 10월 17일 이승만을 찾아가서 인공의 주석직을 제의했으나 거절당했고, 11월 23일 귀국한 김구 일행 또한 여운형을 냉담하게 대했다. 이정식, 『여운형』, 557쪽, 559쪽.

키고자 했다.[15] 이 중에서 이승만과 김규식은 기독교 신앙인이었다.

이 동안에 대구에서는, 조선건국준비경북치안유지회가 해산된 이후 2개의 단체가 조직되었다. 경북치안유지회에 참여했던 인물들은 '(조선)독립경북촉진회'를 조직했다. 여기에 김봉도 목사가 후생부장이 되었고 또 여전도회연합회 간부 김성매는 부녀부장이 되었다. 그리고, 건국준비위원회경북지회에 참여했던 인물들은 '경상북도인민위원회'를 결성했다. 여기에 최문식 목사가 부위원장 겸 내정부장이 되었고 이재복 목사는 보안부장이 되었다. 이에 따라 지역의 기독교 지도자들은 이제 각자의 이념성향에 따라 각각 두 개의 단체에 별도로 참여했다.

11월에 (서울수도 중앙의) 미군정 산하 지방 군정청의 협의기관인 행정위원회(행정고문회의)가 대구에서도 조직되었다. 이 위원회는 관선위원과 민선위원으로 구성되었는데, 전자는 미군정이 임명했고 또 후자는 간접선거로 선출되었다. 미군정(서울)은 관선위원 선출을 위하여 대구출신 한민당 주요 간부인 서상일과 최윤동을 대구지역의 특사로 임명했다. 두 사람은 미군정에 협력할 지역의 인물을 물색하였다. 이들은 일제강점기에 적극적으로 친일했던 자들을 배제시켰고 그러면서 미군정의 정책에 합하는 우익 세력을 형성할 인물들을 찾았다. 이들의 추천에 따라 미군정이 임명한 경상북도 행정위원회(행정고문회의)는 고문에 최종철(의장), 부고문에 박래승 목사, 내무부장에 백남채 장로, 재무부장에 허억 등이었다. 그런데, 임명받은 행정위원회의 60% 이상이 친일 전력자이자 기독교 지도자들이었다.[16] 그 이후로 대구 경

---

15) 박태균,『우방과 제국』, 49쪽. 미군정은 이승만이 귀국하던 즈음에 '조선국민집행위원회'를 조직하여 이 위원회에다 불발로 그친 고문위원회를 통합시키고자 했는데, 조선국민집행위원회를 행정위원회로 바꾸어서 기존의 계획을 실행했다.

16) 정태식, "기독교사회주의의 한국적 수용에 대한 일고찰. 최문식 목사의 사상

북지역에서는 우익 세력이 지방 행정 운영 능력을 키웠을 뿐만이 아니라 지방 행정도 장악해 나갔다. 우익 세력은 미군정을 통해서 정국의 흐름에 대한 다양한 정보를 획득했고 또 이때부터 지역의 현실 정치에 영향력을 펼치기 시작했다. 미군정 또한 남한에서 우익 정치세력을 강화시키고자 본격적인 행보로 걸어 나갔다.

같은 달(11월)에 미군정은 한반도의 38도선 이남을 반공주의 사회로 구축하는데 필요한 정책을 적극적으로 실행했다. 국방사령부를 창설했고(‘국방경비대’, 군사영어학교와 육군사관학교 설립) 또 국립경찰을 창설했으며, 그리고 우익 세력의 정당(한민당)과 협력을 강화했다.[17] 이에 한민당의 조병옥과 장택상을 각각 경무부장과 수도경찰청장에 임명하여서 국립경찰을 운영하게 했다. 일제강점기에 경찰에서 근무했던 한국인 85%가 국립경찰에 채용되었다. 경찰은 우익 세력을 지키고 지주계급을 보호하는데 앞장섰다.

3) 모스크바삼상회의 결의에 대한 반응

1945년 12월 27일 한국에 대한 신탁통치(5년)를 결정한 모스크바삼상회의 소식이 국내에 알려지자, 국민들의 감정을 격발시킨 분노가 마치 들판의 산불처럼 전국으로 확산되었다. 신탁통치란 대다수 국민에게 자주 독립의 시점이 미루어진다는 뜻으로 받아들여졌다. 신탁통치의 결정은 한국 민족의 자존감에 상처를 입히는 사건이었다.

신탁통치 반대운동에 김구가 앞장서서 일으켰다. 12월 30일 총파업이 선포되어 공무원들이 파업했고 상인들이 파시했다. 이 운동이 전국

과 실천을 중심으로”, 14쪽.
17) 브루스 커밍스, 위의 책, 282쪽.

으로 확산되었다. 이 과정에서 김구의 임시정부 세력이 우익 세력의 주도권을 장악했다. 김구는 '비상국민회의'를 조직하여서 임시정부 세력이 우익 세력의 중심이 되고자 했다. 그러자 미군정이 몹시 당황했다. 미군정이 지원하는 우익 세력이 미국의 정책인 신탁통치를 거부하기 때문이었다. 그런데, 미군정이 배제시킨 좌익 세력은 1946년 1월 3일 신탁통치 반대집회로 모였다가 갑자기 신탁통치 지지 세력으로 돌변했다. 이것이 미군정을 한 번 더 당황스럽게 했다.

대구에서도 12월 28일 '조선독립경북촉진회'와 '경북인민위회'가 긴급 간부회의를 소집했다. 이틀 뒤(12월 30일) 두 단체는 합력해서 신탁통치를 반대하는 운동을 전개하고자 '조선신탁관리반대공동투쟁위원회'를 결성했다. 최문식 목사가 이 단체의 내무부를 맡았고, 또 이재복 목사가 실천부를 담당했다. 경상북도 도청 직원 전원이 신탁통치반대운동에 참여했다. 지역 교회의 교인들도 단식기도를 결의했다. 1946년 1월 2일 대구역 광장에서 신탁통치 배격 시민대회가 개최되었다.

그런데, 방금 위에서 언급한 대로, 지역의 좌익 세력이 신탁통치 지지로 돌변하자, 대구에서 진행된 양측의 협력과 연합이 와해되었다. 이때부터 우익 세력은 반소(련) · 반공(산주의) 논리를 바깥으로 표출했으며, 이에 우익 세력과 좌익 세력 사이에 갈등이 형성되었다.[18] 남한 전국의 정치 세력의 지형은 신탁통치를 둘러싸고 좌익과 우익으로 명확하게 양분되었다.

4) '미소공동위원회'

모스크바삼상회의는 한반도의 문제를 해결하는 모든 권한을 '미소

---

18) 김일수, "모스크바삼상회의 결정에 대한 대구지역 정치 세력의 대응", 97쪽.

공동위원회'에게 이양했는데, 이 위원회를 미국·소련 양국의 점령사령관이 조직했다. 3월 20일에 개회된 미소공동위원회는 소련 측의 강력한 문제제기로 말미암아 처음부터 교착상태에 빠졌다. 소련은 신탁통치를 반대하는 우익 세력을 참정권에서 배제시켜야 한다고 주장했다. 이 주장에 대하여 미군정은 국내의 우익 세력을 중심으로 '임시조선민주주의정부'를 조직하여 신탁통치 문제를 해소하고자 했다. 그러나 우익 세력이 미군정의 제안을 완강하게 거부했다. 5월 9일 소련 측 대표 쉬띄코프 대장 일행이 서울을 떠나자, 미소공동위원회는 결렬되었다. 미국은 한국에 대한 신탁통치 계획을 수정할 수밖에 없었다. 이 상황에서, 반탁=애국이라는 명분을 획득한 국내의 우익 세력은 전국적으로 폭넓은 지지기반을 다졌다.[19]

그런데, 대구에서는 좌익 세력과 우익 세력이 이념(정치) 대립을 삼가하고 지역 현실의 현안(예, 경제문제)을 놓고 서로 협력하고자 했다. 예컨대 8.15광복 이후 첫 번째 3.1절 기념식을 좌·우익이 공동으로 기념행사를 거행했다. 다른 지역에서는 모스크바삼상회의 결정을 놓고서 좌·우익 세력 사이에 폭력을 동반한 대립양상이 심각했다. 이와 달리, 대구에서는 좌·우익 세력이 연합하여 3.1절 기념식을 거행했다. 기념식은 최문식 목사(인민당)의 사회로 개회하여 김정오(국민회)의 독립선언서 낭독, 신철수(공산당)·공원상(한독당)·배국인(한민당)·이영식(국민회) 등의 연설이 진행되었다. 이 기념식에서 백남채 장로는 "전 민족이 좌우를 가리지 말고 (...) 단결하여 매진하기 바란다."고 외쳤다.[20] 그 이후에도 대구에서는 좌·우익 세력이 대립하지 않았다.

---

[19] 박태균, 위의 책, 56쪽.
[20] 『영남일보』, 1946.3.1. 재인용, 김일수, 「모스크바삼상회의 결정에 대한 대구지역 정치 세력의 대응」, 108쪽.

그런데 미군정은 좌익 세력을 배제하고 우익 세력을 육성하는 정책을 계속 추진했다. 이 정책에 힘입은 대구의 우익 세력은 1946년 상반기에 본격적으로 정치 조직을 결성했다. 이것은 '대한독립촉성경북국민회'(이하, 독촉경북국민회), '한국민주당(이하, 한민당)', '한국독립당' 등의 결성으로 드러났다. 독촉경북국민회는, 서울 중앙에서 '독립촉성중앙협의회'와 '탁치반대국민총동원위원회'가 통합되어서 '독립촉성국민회'로 결성됨에 따라, 대구에서도 3월 9일 두 중앙 단체의 경북 지부가 통합되어서 독촉경북국민회로 결성되었다. 지역의 유지들이 대거 이 단체에 가입했으며, 기독교 지도자 이영식(부회장)[21]·김봉도(문화부장)·정재순 목사 등도 가입했다. 이들 중 다수는 일제 식민지배 시대 초창기에는 민족 독립운동을 위해 헌신하다가 1930년대 중후반부 이래로 부일 협력으로 돌아섰다. 독촉경북국민회는 4월 23일 이승만의 대구방문과 5월 15일 독립 전취 경북도국민대회를 계기로 세력을 크게 확장하였다. 제1차미소공동위원회가 결렬됨에 따라, 5월 12일 서울에서 독립전취 국민대회가 열렸고, 사흘 뒤에(15일) 대구에서도 동일한 대회가 열렸다. 이 대회에서 "자주 정부의 자율적 수립, 38선 철폐, 자주독립을 부인하는 신탁통치 배격"이 강하게 대두되었다.

한민당의 대구지역 조직은 1946년 6월 9일에 결성되었다.[22] 창립할 때부터 일반 대중에게 "친일파 정당"이라는 따가운 비판을 받은 한민

---

21) 이영식은 1919년 대구지역 3.1운동을 주도하였다. 그는 대구 서문교회, 만주와 일본 등지에서 목사로 활동하면서 일제 협력을 거부했다. 참고, 이영도, "1945~1948년 대구지역 우익 세력의 정치조직 결성과 국가건설운동", 11쪽.

22) 이영도, "1945~1948년 대구지역 우익세력의 정치조직 결성과 국가건설운동", 126쪽. 그런데 1946년판 <경북총감> 5쪽에 한민당 대구지부가 1945년 10월 7일 창립된 것으로 되어 있는데, 당시의 일간지나 신빙성 있는 자료(미군정 자료)에는 이것이 확인되지 않는다고 한다.

당은 대구에서 당의 지부를 조직하기가 수월하지 않았다. 그런데, 대구의 한민당 당원 가운데는 지난 해 11월 미군정의 행정위원회로 선출된 인사들이 있었다. 또한 지역의 자본가들도 이 정당에 가입했다.[23] 백남채 장로도 기업인으로서 이 정당에 참여하였고, 그는 한민당 대구지부 수석총무를 맡았다.[24] 대구의 한민당은 지역의 미군정과 긴밀한 협력관계를 지속했다. 그리고, 그 당시 좌익 세력의 정치 정당은 조선공산당과 조선인민당이었다.

이와 함께, 8.15광복 직후부터 이제까지의 좌·우익 정치 단체가 이제부터는 좌·우익 정치 정당으로 대처되었다.

5) '대구공동위원회'와 '대구 10월항쟁'

1946년 6월 28일 대구에서 조선공산당·조선인민당·한국민주당·한국독립당 등 4개 정당 대표로 구성된 '대구공동위원회'가 미군정의 제안으로 결성되어 경상북도 미군정 회의실에서 첫 회의를 개최했다.[25] 이 위원회의 위원장에 백남규(한국민주당), 부위원장에 이상훈(조선공산당), 집행위원장에 김훈채(한국독립당)·최문식(조선인민당)을 선출

---

23) 예를 들어 엄성문(경북상공대책위원회 위원장), 이원기(동아자동차주식회사 사장), 김태희(대구신흥공업주식회사 이사), 이원만(경북기업주식회사 사장), 박노익(고려화재, 원대양조장) 등이었다.

24) 심지연, 『한국현대정당론』-한국민주당연구 2-, 창작과비평사, 1984, 222쪽. 재인용, 김일수, "모스크바삼상회의 결정에 대한 대구지역 정치 세력의 대응", 103쪽.

25) 이때의 일간 신문들이 '대구공동위원회'는 여러 명칭으로 불렸다. "대구지방회"(『동아일보』, 1946.7.12.), "대구좌우합작촉성회"(『영남일보』, 1946.7.14.), "대구좌우합작회"(『동아일보』, 1946.7.27.), "대구공동위원회"(『남선경제신문』, 1946. 6.29.; 『대구시보』, 1946.6.28.) 현재, 대구공동위원회라는 공식 명칭은 가장 빨리 보도한 남선경제신문과 대구시보를 따른 것이다.

했다. 그 당시는 미소공동위원회가 결렬된 상황이었고, 미군정은 그 위원회가 결렬된 이유를 보수 우익 세력의 신탁통치반대운동이라고 판단했다. 이제 미군정은 중도파 세력(김규식, 여운형)을 중심으로 한 좌·우익의 합작세력을 구상했다.[26] 미군정은 이에 '좌우합작위원회'를 조직하고 이를 지원했다.[27] 그런데 대구지역에서는 서울과 달리 중도파 중심의 합작세력을 조직할 필요가 없었다. 이 지역에서는 지금까지 좌·우익의 정당들이 자발적으로 협력해왔기 때문이다.

대구공동위원회는 비정치적 성격의 기구였다.[28] 지역의 다양한 정치 세력들이 상호 협력하여 식량문제를 비롯한 지역 현안을 논의하고 해결하려는 목적으로 조직되었다. 이 위원회는 산하에 전문위원회를 두었는데, 민생문제대책위원회(식량, 전염병 등)·문화문제대책위원회(대구박물관과 도서관의 기성기금 모금, 달성공원 유원지화 등)·산업경제대책위원회(공장 회사 등의 실태파악, 노동문제 등) 등 이었다.

대구공동위원회의 첫 번째 활동은 부족한 식량을 확보하기 위해 6월부터 약 2개월 동안 여름 곡물(밀, 보리, 호밀, 쌀보리)을 수집하는 작

---

26) 박태균, 위의 책, 56~61쪽.

27) 국내 보수 우익 세력의 신탁통치반대운동으로 미소공동위원회가 결렬되자, 미군정은 기존의 우익 세력 이외에 새로운 우익의 조직을 시도했다. 또한 미군정이 이미 조직했던 우익 세력인 민주위원 역시 대중의 지지를 얻지 못하고 있기에 새로운 우익의 조직이 절실하게 필요했다. 미군정은 새로 조직되는 위원회는 입법기관이어야 한다고 구상했다. 이러한 미군정에게 이제까지 중도파로 평가받던 김규식과 여운형이 부각되었다. 중국에서 대한민국임시정부의 부주석으로 일했던 김규식은 독실한 기독교인으로서 미국식 합리주의에 적합한 정치인이었다. 미군정에게 공산주의자로 의심되던 여운형은 대중적 영향력이 막강했다. 미군정은 김규식을 우익 세력의 대표로 정하고 또 여운형을 좌익 세력의 대표로 정하여서 양측의 합작을 도모하는 '좌우합작위원회'를 조직했다.

28) 허종, "1946년 대구공동위원회의 설치와 활동", 215쪽 이하.

업이었다. 경상북도에 할당된 식량은 28만 2천 여석이었다. 두 번째 활동은 일제의 잔재를 청산하는 것이었다. 광복 1주년을 맞이하는 8월 15일을 계기로 기념행사를 개최하면서 일제의 잔재를 청산하고자 했다. 기념식은 8월 15일 오전 대구역 광장에서 수 만 명이 운집한 가운데 성대하게 개최되었다. 기념식을 마친 후, 일제 침략의 상징물인 충령탑[29] 폭파식이 거행될 예정인 대명동의 공설종합운동장까지 군중이 시가행진을 벌였다.

그런데, 8.15광복기념행사 직후에 좌·우익 세력 사이에 충돌이 발생했다. 기념행사에서 일어난 좌익 세력의 불미스런 행동을 우익 세력이 지적하고 비판했다. 즉, 좌익 세력이 시가행진에서 김일성과 김두봉 등의 초상을 게시하고 스탈린과 여운형 만세를 고창했으며 행사장에서 적기(赤旗)를 흔들며 적기가(赤旗歌)를 합창했고, 게다가 우파 세력을 비난하는 구호를 외쳤다는 것이다. 우익 세력의 비판에 대응한 좌익 세력이 반박성명을 발표했다. 9월에도 양측의 갈등이 수그러들지 않는 가운데서, 미군정은 좌익 세력에 대해 강경한 비판을 가했다.

9월 총파업이 전국으로 진행되는 가운데서,[30] 9월 23일 부산 철도노

---

29) 1936년 11월 11일 일제 침략 전쟁과 만주사변에서 전사한 일본군 유골을 안치하기 위해 건립된 높이 31미터가 넘는 탑이었다.

30) 9월 총파업은 한국 노동운동의 전환으로 평가되고 있다. 이 파업의 과정에서 적어도 1백 만 명 이상이 참여했고, 2백 명 이상의 경찰이 사망했고, 민간인 사망자가 1천 명이상이었으며, 3만 명 이상의 노동자 농민 그리고 좌익 활동가들이 검거된 것으로 추정한다. 총파업의 발단이 된 철도노동자들의 파업이 7월 이후에 격렬해졌다. 서울철도국 경성노동자들은 9월 13일 아침에 작업을 중단하고 미군정 운수부가 임금을 월급제에서 일급제로 바꾼데 대한 설명을 요구했다. 노동자들이 일급제를 반대하고 태업에 들어갔다. 경성공장의 시위에 호응한 부산과 전남지구의 철도노동자들도 동일한 요구를 했다. 부산철도 공장 노동자 7천명도 19일부터 파업에 들어갔다. 성한표, "9월 총파업과 노동운동의 전환", 『해방전후사의 인식』 2, 한길사, 1985, 402~450쪽.

동자의 파업으로 서울행 열차의 운행이 정지되자, 대구 철도노동자 약 1천 1백 명도 24일부터 파업에 들어갔다.[31] 파업은 전국 철도노동자에게 확산되었고, 이에 전국의 열차가 운행정지로 들어갔다. 이 파업이 노는 산업분야로 확산되는 가운데서, 대구에서는 9월 26일부터 40여 개 공장 노동자들이 파업에 들어갔고, 이것이 '대구 10월항쟁'으로 발전했다.[32]

이 항쟁은 10월 2일 대중봉기로 확산되었다. 대구공동위원회는 사태의 수습을 시도했다. 총파업의 주된 원인이 식량배급문제에 있다고 파악한 위원회는 미군정 당국에게 긴급미를 방출하여 사태를 수습하도록 건의했다. 그러나 미군정의 응답은 부정적이었다. 그러자 최문식 목사일행은 식량배급을 요구하는 시위대에게 대구공동위원회를 통해 문제를 해결하겠다고 약속했다.[33] 또한 그와 일행은 당국의 고위 행정 담당자(미군정 지사, 대구부윤, 경찰청장 등)들을 만나서 사태의 수습을 건의했다. 미군정은 최문식에게 라디오 방송으로 노동자에게 질서 유지와 직장 복귀를 설득하게 했다. 항쟁이 차츰 진정되어 갔다.

10월 5일에 미군정의 소집으로 회의가 개최되었다. 그러나 좌익 세력 측에서 3명만 참석하여서 회의가 무산되었다. 이때 우익 세력 측의 위원들이 일부 좌익 세력의 항쟁 가담을 언급하면서 좌익 세력을 위원회에서 배제하라고 요청했다. 그 직후, 좌익 세력의 이선장, 손기채, 김일식, 최문식 등이 항쟁을 주도한 혐의로 구속되었고 황태성과 이재복은 피신했다. 이로써 대구공동위원회의 한 축인 좌익 세력이 무너지

---

31) 성한표, 위의 논문, 419~421쪽.

32) 10월 항쟁은 10월 1일 대구에서 시작되어서 12월 중수 전주에서 종결되었다. 참고, 정해구, "해방 8년사의 총체적 인식", 『해방전후사의 인식』 4, 한길사, 1989, 11~50쪽.

33) 『대구시보』, 1946.10.19., 재인용, 「1946년 대구공동위원회의 설치와 활동」, 25쪽.

면서 위원회는 공식적인 해산 선언 없이 해산되고 말았다.

6월 말에 설치된 대구공동위원회는 10월 항쟁 기간에 종식되었다.

6) 우익 세력의 반공 우익화

서울과 전국의 여러 지역에서는 1946년 5월 제1차 미소공동위원회가 결렬된 직후부터 미군정이 좌익 세력을 본격적으로 탄압했다.[34] 그러나 대구에서는 그러하지 않았다. 대구지역의 미군정은 좌우합작에 대한 지원을 통하여 군정의 지지도를 높이고자 했다. 그러나 몇 달 뒤, 10월 항쟁 직후부터 대구에서도 미군정이 좌익 세력을 아주 거칠게 억압하기 시작했다. 이때부터 1년 동안에 경찰과 극우 단체들이 좌익 세력에게 혹심한 탄압을 가했다. 이 과정에서 다른 지역의 우익 단체들이 대구로 들어왔다. 예컨대 서울에서 파견되었다는 군복차림의 방첩대원들은 경찰보다 더 무서웠다고 한다.[35] 이들은 영장 없이 사람을

---

34) 박태균, 위의 책, 63쪽. 미군정은 좌익계 신문사 3개를 정간시켰고 또 파업으로 맞선 조선공산당 지도부에게 체포령을 내렸다. 이때 남로당 지도부 대다수는 38선 이북으로 피신했다. 미군정은 좌익 세력을 둘로 분리시켜서(박헌영 계열, 여운형 계열) 힘을 약화시켰다. 이때 여운형이 정치적으로 고립되고 큰 타격을 입었다.

좀 더 설명을 덧붙이면: 1946년 5월 하순에 중도좌파 대표인 여운형과 중도우파 대표인 김규식이 중심이 되어 좌우합작운동의 교섭이 시작되었다. 여기에는 한민당을 포함한 전체 우익세력과 공산당을 포함한 전체 좌익세력이 참가했고 게다가 미국과 소련도 각각 참관인을 파견했다. 사회 각계각층이 좌우합작에 참여해서 열띤 토론을 벌였는데, 이 가운데서 토지분배문제와 친일파처리문제가 가장 뜨거운 쟁점이었다. 그런데, 1947년 7월 19일 여운형이 암살되었다. 그 여파로 말미암아 그해 10월에 좌우합작위원회가 해산되었다. 제 2차 미소공동위원회도 같은 시점에 중단되었다. 미국의 요청을 받아들인 유엔 총회는 '조선임시위원단'을 설치하였다.

35) "이목우, <대구 10.1 폭동사건>, 1965.10." 『세대』, 233쪽. 재인용, 이영도, "1945 ~1948년 대구지역 우익세력의 정치조직 결성과 국가건설운동", 19쪽.

체포하고 마구 구타했다는 후문이 있다.

1947년 남한 전역에서 수많은 우익 청년 정치단체들이 출현했다.[36] 이 정치단체들이 출현하면서 파시즘 세력이 생성되었나. 미군정이 후원한 '민족청년단'(이범석)은 맹목적으로 한국적 민족주의(민족, 국가, 혈통)를 추구했다. 간혹 깡패집단 같은 정치단체들은 당국이 적절히 사용하는 지배의 도구였다. 서북청년단은 월남(越南)한 청년들로 조직된 가장 무서운 정치단체였고 "극우 정치요인들을 지지하는 테러리스트단체"였다.[37] 이들은 소위 '빨갱이 평정'이라는 명목 하에 각 지방에 파견대를 보내어 좌익에 대한 테러를 감행했다.[38] 이들의 폭력 행위는 대구에서도 빈번히 일어났다.

이처럼, 10월 항쟁 이후에 대구에서도 미군정이 좌익 세력을 본격적으로 탄압했다. 다른 지역에서 들어온 극우 반공 청년단체들이 휘두르는 공포분위기 속에서 반공 세력이 확산되었다. 이때 기존의 우익 단체인 독립촉성대구시국민회와 우익 정당인 한민당 대구시지부도 확대 개편되었다. 독립촉성대구시국민회(1946년 5월에 결성)는 1947년에 두 차례(6월, 9월) 조직이 개편되었다. 한민당 대구시지부도 또한 같은 시기에 백남채 장로를 수석총무로 하여 조직의 확대가 이루어졌다. 이와 함께 우익 정치정당과 단체들은 반공주의에 접한 청장년층을 대거 영입하면서 반공 우익화 되어 갔다.[39]

---

36) 브루스 커밍스, 위의 책, 293쪽.
37) 브루스 커밍스, 위의 책, 293쪽.
38) 류상영, "해방이후 좌 우익 청년단체의 조직과 활동", 『해방전후사의 인식』 4, 한길사, 1989, 51~107쪽.
39) 이영도, "1945~1948년 대구지역 우익세력의 정치조직 결성과 국가건설운동", 134쪽.

4. 1948년 5월 10일 총선거

방금 언급한 대로, 10월항쟁 직후부터 대구에서는 미군정의 좌익 세력 탄압, 우익 세력을 중심으로 확산된 반공주의, 반공 우익 정치단체들의 결성 등이 두드러졌다. 미군정은 제2차 미소공동위원회를 개최했다. 그러나 이것은 모스크바삼상회의에서 결의했던 신탁통치를 폐기하고 한반도의 문제를 유엔으로 이관하여 분단정부를 수립하기 위한 수순이었다. 그 이후에 미국은 한반도의 38도선 이남에서 분단정부가 수립되도록 적극 추진했다. 이 과정에서 미군정은 한민당이 정치적 주도권을 장악하도록 지원했다. 대구의 우익 세력은 남한에서 단독선거를 통한 정부수립에 합류했다. 우익 세력 가운데서 남북한의 통일총선거를 위해 남북한의 협상을 추진하자는 목소리는 미미했다.[40] 우익 세력이 단독선거에 참여하려는 명분은 남북통일선거를 위한 "남북협상 추진은 (자주적 민족 통일 국가를 수립하기 위한) 현실성(전망)이 없고 (오히려) 미군정의 연장을 초래할 뿐"이라는 입장이었다.[41] 1948년 3월부터 한민당, 국민회, 여성단체들이 본격적으로 남한 단독선거 준비에 착수했다. 그러자 좌익 세력은 단독선거를 파탄시키고자 폭력을 동원하여 공격했다(예, 경찰서 습격, 기관차 및 철도파괴, 파업 등). 그해 5월 7일~11일에 좌익 세력과 우익 세력 사이에서 폭력을 수반한 심각한 충돌이 일어났고, 이에 양 쪽 편에서 사상자가 나왔다.

---

40) 이영도, 위의 논문, 134~135쪽. 계속해서 이영도에 따르면, 우익 세력 내에서 단독정부수립을 반대하고 남북협상을 지지하는 움직임이 있었으나 그 세력이 매우 미약했다. 예를 들어, 1947년 10월말 대구지역 몇몇 교회들과 한독당이 힘을 합쳐서 남북협상에 지지했다. 그 이듬해(1948년) 4월과 5월에 '통일독립운동자경북협의회'가 조직되어서 남북협상을 추진하고자 했다.

41) 『영남일보』, 1948.2.14. 재인용, 이영도, 「1945~1948년 대구지역 우익세력의 정치조직 결성과 국가건설운동」, 23쪽.

그렇지만 5월 10일로 예정된 총선거는 실시되었다. 대구에서는 3개의 선거구(갑, 을, 병)에 12명이 입후보했다. 무소속 후보 6명, 한민당소속 후보 4명, 기타 2명이었다. 선거결과 3개의 신거구에서 한민당 후보 전원이 당선되었다. 한민당의 압승이었다. 갑구에서는 최윤동이, 을구에는 서상일이, 그리고 병구에서는 백남채가 당선되었다. 이것은 전국의 투표결과에서 한민당의 당선이 매우 저조한 것과는 판이하게 다른 현상을 나타냈다.[42] 이 현상에 대한 이영도의 분석에 따르면, "(대구에서는) 친일파(=전력자) 후보등록 금지, 또한 좌익 세력 및 남북협상 추진 세력이 단독선거에 불참 … 이러한 상황에서 유권자는 정당에게 투표하지 않고 후보의 인물됨을 보고 투표에 참여했던 것"으로 평가했다. 인물됨에 관한 평가는 후보의 항일운동경력이 크게 차지했다. 이번 선거에서 당선된 최윤동, 서상일, 백남채의 항일운동이력이 대중에게 각인되어 있었고, 특히 백남채는 장로교 남산교회 장로로서 지역의 대다수 기독교인들에게 지지를 얻었다.[43]

5. 남한 단독 정부수립

남한 단독선거인 총선거(1948.5.10.)에서 198명의 국회의원이 선출되었다.[44] 이 가운데서 기독교인 국회의원이 50명 정도 되었다. 5월 31일

---

[42] 전국적으로 당선자가 소속된 정당 및 단체를 살펴보면, 전체 국회의원 200명 중에서 무소속 85명(42.5%), 독촉국민회 55명(24.6%), 한민당 29명(14%), 대동청년단 12명(6%) 등이다. 중앙선거관리위원회 『대한민국선거사』 I, 1973, 616~617쪽. 재인용, 이영도, 위의 논문, 25쪽.

[43] 정영진, 『선거는 춤춘다. 총선으로 본 대구 정치인물사』, 대일출판사, 1992, 14~21쪽. 재인용, 이영도, 위의 논문, 25쪽.

이승만이 제헌국회의 의장으로 선출되었고, 그는 국회 개회식에서 국
회의원 이윤영 목사에게 개회기도를 요청했다. 이에 이윤영 목사는 개
회기도를 올렸다. 제헌헌법에는 국회가 대통령을 선출하게 되었는데,
7월 20일 이승만이 국회에서 대통령으로 선출되었다. 8월 15일 대한민
국 정부가 수립되었다. 우리나라 최초로 세워진 민주공화국으로서 자
유민주주의의 헌법과 제도를 가진 나라가 수립되었다. 이 날도 대통령
이승만은 취임식서를 기도로 하나님께 호소하여 전국의 국민에게 깊
은 인상을 안겨주었다. 이 예식은 제1공화국시대 내내 국가의식이 기
독교식으로 행해지는 기초가 되었다.

그 이후에 한국 개신교는 초대 대통령 이승만의 친미반공(親美反共)
정책과 그의 북진통일 노선에 밀착되었다. 여러 요인들이 여기에 함께
작용했다. 첫째로, 1945년 말부터 미국 선교사들(혹은 예전의 내한 선
교사 자녀들) 일부가 선교사 자격이 아니라 미군정 자문관 자격으로
내한(來韓)했다.[45] 이들은(H. H. 언더우드 등) 미군정청을 통해 교회
나 교인에게 필요한 물자를 대폭 지원했다.[46] 이러한 지원을 통해 미
군정청(선교사)과 기독교(개신교 여러 교단) 지도자들 그리고 이승만
의 관계가 밀접해졌다. 둘째로, 이승만은 개신교가 요청한 정책 제안
을 받아들여 시행했다. 예컨대, 그는 국기배례가 일제시대 신사참배강
요와 동일하게 신앙양심에 위배되므로 변경해 달라는 장로교회 총회

---

44) 이하의 글은 필자의 책에서 그대로 가져왔다. 임희국,『한국 장로교회 130년.
   기다림과 서두름의 역사』, 198~199쪽.
45) 안종철,『미국 선교사와 한미관계, 1931-1948: 교육철수, 전시협력 그리고 미
   군정』, 한국기독교역사연구소, 2010, 243쪽 이하.
46) 예를 들어, 월남한 교인들이 1946년 4월 '이북기독교신도연합회'를 조직했고,
   이 단체가 피난민 교인 자녀교육을 위해 학교를 설립하기로 하고 미국 교회
   에 재정지원을 요청했다. 미국 교회의 지원으로, 1947년 11월 25일 대광중학
   교가 설립되었다.

(제35회, 1948년)의 진정서를 받아들여서 대통령령으로 주목례로 변경
시켰다.[47] 이승만 정권은 한국전쟁의 전장에서 죽음의 공포에 시달리
는 병사들과 부상당한 병사를 위로하고 그들을 정신적으로 무장시키
는 일을 맡는 군종을 제도적으로 시행해 달라는 기독교의 청원을 받아
들였다. 셋째로, 다수의 기독교 목회자들이 이승만과 개인적인 친분관
계를 통해 수시로 정치 현안이나 인물추천에 개입하였다. 그리하여서
기독교의 지도층은 제1공화국 기간 내내 이승만을 적극 지지하였다.
특히 북한에서 남한으로 피난 온 기독교인 대다수가 이승만의 친미반
공 노선을 적극 지지했다.

6. 맺는 말

1945년 8.15광복 직후에 경상북도 대구에서는 치안질서 유지를 위한
단체와 건국준비를 위한 단체가 각각 따로 조직되었는데, 8월 하순에
이 두 개의 단체가 '조선건국준비경북치안유지회'로 합쳐졌다. 여기에
지역의 기독교(장로교회) 지도자들 다수가 참여했다. 그런데, 이들은
다른 지역의 교회 지도자들과 달리 일제강점기 신사참배 강요에 굴복
하여 무너진 교회를 재건하기 보다는 사회의 치안질서 유지와 새 나라
건설에만 착수했다.

미군정은 8.15광복의 정국을 주도해 나갔다. 당시 전국적으로 국민
여론은 부일협력자 처단에 대한 요청으로 들끓었는데, 이를 미군정이
묵살했다. 한 걸음 더 나아가서, 미군정은 일제 강점기 독립운동 세력
과 8.15광복 직후에 조직된 건국준비 단체들을 인정하지 않았다. 미군

---

47) 『조선예수교장로회 총회 제 35회 회록』, 1949, 74쪽.

정은 좌익 세력 약화와 우익 세력 육성을 동시에 밀고 나갔다. 이 맥락에서, 10월 18일 대구의 조선건국준비경북치안유지회가 미군정에 의해 해산되었다. 11월에 미군정은 한반도의 남쪽(남한)을 반공주의 사회로 구축하는데 필요한 정책을 적극 실행하면서 군대와 경찰을 조직했다. 미군정은 전국에 준정부 조직인 행정위원회를 만들면서 경상북도 행정위원회의 내무부장으로 장로교회 백남채 장로를 임명했다.

  그런데 그해(1945년) 연말, 한국에 대한 5년 동안 신탁통치를 결의한 모스크바삼상회의의 결정이 국민적 저항에 부딪쳤다. 반탁=애국이라는 명분을 획득한 우익 세력은 전국적으로 폭넓은 지지 기반을 다졌다. 우익 세력에 대한 국민적 지지는 미군정을 크게 당황하게 했다. 왜냐 하면 미군정이 지원하는 우익 세력이 미국의 신탁통치 정책에 정면으로 맞서는 대중 운동을 대대적으로 펼치기 때문이었다. 대구에서도 반탁운동이 대대적으로 일어났다. 결국, 미국은 조선(한국)에 대한 신탁통치 계획을 수정하게 되었고, 한반도 문제는 미국과 소련의 점령사령관으로 구성된 미소공동위원회에게 이양되었다.

  1946년 상반기에 대구에서는 계속되는 미군정의 우익 세력 육성에 힘입어 우익 세력이 정치 조직을 결성했다. 백남채 장로는 우익 한민당 대구지부 수석총무가 되었다. 그런데 이곳에서는 다른 여타 지역과 달리 좌익 세력과 우익 세력이 지역의 현안을 놓고 서로 협조했다. 이 맥락에서, 그해 6월 28일 미군정의 제안으로 '대구공동위원회'가 결성되었다. 이 위원회는 여름 곡물을 수집하는 작업과 일제의 잔재를 청산하는 8.15광복 기념행사를 개최했다. 그러나 이 행사가 끝난 직후에 좌익 세력과 우익 세력 사이에서 충돌이 일어났고, 이 상황은 9월에도 지속되었다. '대구 10월항쟁' 기간에 좌익 세력이 무너졌다. 이와 더불어 좌익에 속했던 기독교 지도자들의 세력도 와해되었다.

그 이후로 대구지역에서는 미군정이 좌익 세력을 본격적으로 탄압했다. 1947년 내내 경찰과 극우 정치단체들이 좌익 세력을 혹심하게 억눌렀다. 다른 지역에서 대구로 들어온 우익 청년 정치단체들도 여기에 가세했다. 이와 함께 대구의 우익 정치정당과 단체들이 반공주의 청장년층을 대거 영입하여 세력을 불렸다. 지역의 우익 세력은 이제 남한에서 단독선거를 통한 정부수립에 합류했다.

1948년 5월 10일 전국에서 총선거가 실시되었다. 대구에서는 3개의 선거구(갑, 을, 병)에서 한민당 후보 전원이 당선되었다. 백남채 장로는 병구에서 국회의원으로 당선되었다. 전국의 국회의원 200명 가운데서 기독교인이 50명 정도(약 25%) 당선되었다. 제헌국회 의장으로 선출된 이승만이 국회개회식에서 이윤영 목사에게 개회기도를 요청했다. 그 이후로 한국 기독교(개신교)는 대통령 이승만의 친미반공 정책과 그의 북진통일 노선에 대체로 협조했다.

〈참고문헌〉

김중순,『모퉁이 돌. 민족의 미래를 위해 벽돌을 구워 낸 백남채』, 소통, 2010.
박태균,『우방과 제국, 한미관계의 두 신화. 8.15에서 5.18까지』, 창작과비평사, 2006.
브루스 커밍스,『한국 현대사』, 창작과비평사, 2001.
안종철,『미국 선교사와 한미관계, 1931-1948: 교육철수, 전시협력 그리고 미군정』, 한국기독교역사연구소, 2010.
이재원,『대구기독교역사논문집』, 자체인쇄, 2006.
이정식,『여운형』, 서울대학교출판부, 2008.
임희국,『기다림과 서두름의 역사: 한국 장로교회 130년』, 장로회신학대학교출판부, 2013.

『조선예수교장로회 총회 제 35회 회록』, 1949.

김상숙, "1946년 10월 항쟁과 대구지역의 진보적 사회운동,"『민주주의와인권』 제16권2호, 2016, 200~239쪽.
김일수, "모스크바삼상회의 결정에 대한 대구지역 정치세력의 대응,"『史林』16, 2001, 75~116쪽.
류상영, "해방이후 좌 우익 청년단체의 조직과 활동,"『해방전후사의 인식』4, 한길사, 1989, 51~107쪽.
신용욱, "우파세력의 단정입법 시도와 조선임시약헌 제정의 정치적 성격,"『韓國史學報』28, 2007, 85~122쪽.
성한표, "9월총파업과 노동운동의 전환,"『해방전후사의 인식』2, 한길사, 1985, 402~450쪽.
이영도, "1945~1948년 대구지역 우익세력의 정치조직 결성과 국가건설운동,"『대구사학』79, 2005, 113~140쪽
임희국, "1890년대 조선의 사회 정치적 상황에 대한 내한 선교사들의 이해. 동학농민운동과 단발령을 중심으로,"『선교와신학』제23집, 2009, 181~212쪽.
정병준, "해방이전 교회 국가 관계의 구조적 변화 연구. 개신교회를 중심으로,"『선교와신학』제23집, 2009, 213~248쪽.

정해구, "미군정의 성격과 민족문제 해방직후 대구지방 정치의 전개과정," 『역사비평』, 1987, 73~98쪽.

_____, "해방 8년사의 총체적 인식," 『해방전후사의 인식』 4, 한길사, 1989, 11~50쪽.

성태식, "기독교사회주의의 한국적 수용에 대한 일고찰. 최문식 목사의 사상과 실천을 중심으로," 『退溪學과 韓國文化』 39, 2006, 411~449쪽.

_____, "근현대 대구·경북지역 기독교의 보수성에 대한 일고찰," 『사회과학담론과정책』 2권1호, 2009, 1~25쪽.

허 종, "1945~1946년 대구지역 좌파세력의 국가건설운동과 '10월인민항쟁'," 『대구사학』 75, 대구사학회, 2004, 149~187쪽.

_____, "1946년 대구공동위원회의 설치와 활동," 『대구사학』 126, 2017, 215~247쪽.

윤인구 목사의 경남지역 교육 및 정치활동

이상규

1. 문제와 과제

광복 전후 부산 및 경남지방 기독교 교회의 중요한 인물이 윤인구 (尹仁駒, 1903-1986)였다. 경남 구포 출신인 그는 장로교 목사로서 신학 자이자 목회자였고, 1940년에는 조선신학교 설립에 동참했다. 해방 후 미군정하에서는 교육일반을 관장했던 학무과장 그리고 도(道) 학무국 장이었고, 1946년 5월에는 최초의 민립대학으로 불리는 부산대학교를 설립하는 등 경남지방 교육을 주도했다. 1961년 11월부터 1964년 8월 까지 연세대학교 총장으로 봉사했고, 1965년 이후 부산의 대한예수교 장로회 통합 부산경남노회가 운영하던 장로교신학교에서 가르치며 생 애를 마감했다. 이렇듯 그는 목회자, 신학자, 교육가, 그리고 교육행정 가로 일생을 살았고, 부산교계와 학계, 그리고 정계에도 상당한 영향 을 끼쳤으나 그에 대해서는 깊이 연구되지 못했고 그의 사적(事績)에 대한 합당한 기림이나 검토가 시도되지 못했다.

　부산 기독교계에서도 윤인구에 대해 연구된 바가 전혀 없고, 그의 교육활동에 대한 기록도 매우 단편적이다. 그는 조선신학교 설립과 함께 교수로 추대되었고, 1940년 9월에는 김대현 장로에 이어 제2대 학원장으로 취임하여 2년 남짓 그 직에 있었으나 『한신대학 50년사』에서 그에 대한 언급은 인색하다기보다는 무시되고 있다.[1) 윤인구는 1961년 11월 이후 약 3년간 연세대학교 총장으로 봉직했으나 약 1,400쪽에 달하는 연세대학교사 통사에서 윤인구에 대한 기록 또한 매우 미흡하다. 이사회가 윤인구를 총장으로 선임했다는 사실과 그때의 보직자 명단 소개, 대학 행정에 대한 간략한 기록에 불과하다. 총장으로서의 그의 활동이나 업적에 대해서는 거의 언급되지 않았다.[2) 그가 부산대학교를 설립했으나 부산대학교 역사에서 그의 대학 설립의 과정을 정리한 것은 최근의 일이었고, 설립자 윤인구에 대한 최초의 논구는 '부산대 건학정신 회복을 위하여' 준비위원회에 의해 2013년 11월 1일 개최된 "왜 이 시대에 윤인구인가?"가 처음이었다.[3) '부산대 건학정신 회복을 위하여' 준비위원회는 몇몇 크리스찬 교수들의 임의 조직이었고 부산대학교의 공식적인 기구가 아니었다. 필자는 이 일에 자료를 제공하고

---

1) 『한신대학 50년사』에서 윤인구의 기록은 다음과 같다. "이사회는 1940년 2월 29일 회의에서 윤인구 목사, 김재준 목사 및 미야우찌 아키라 일인 목사를 전임교수로 채용하였다."와 "윤인구 교수는 일본 아오야마 신학원을 거쳐 영국 에딘버러대학에서 조직신학을 전공하였고,"가 전부였다[『한신대학 50년사』, 50년사 편찬위원회, 1990, 24쪽]. 또 "본교 이사회는 윤인구 목사를 2대 원장으로 임명하였다... 윤인구 교수는 원장직을 사임하고 학교를 떠나버렸다."고 부정적인 암시를 주고 있다[『한신대학 50년사』, 25쪽]. 그의 원장 취임일과 사임일에 대해서도 분명하게 정리되지 못했다.

2) 『연세대학교 백년사 2』, 연세대학교, 1985, 67~68쪽.

3) 이때 발표된 3주제는, 김유신(전자공학과), "윤인구의 삶과 사상", 이용재(문헌정보학과), "부산대의 건학 정신: 윤인구를 중심으로", 김재호(전자공학과), "윤인구와 켐퍼스 비전"이었다.

인터뷰에 응하는 등 도움을 준 바 있다.

실제로 윤인구는 한국 신학계에서도 무시되거나 경시되어 왔다. 1930년 전후 활동한 초기 한국 신학자들은 대체적으로 이북 출신이었으나[4] 윤인구는 영남지방 출신이었고, 다수의 인물들이 미국유학파였으나 그가 (일본과 미국에서 수학하기도 했으나) 스코틀랜드에서 공부한 인물이었다는 점에서 그런 대우를 받았다는 의견도 있다.

윤인구에 대해서는 오랫동안 논구된 바 없었으나 필자가 처음으로 그의 삶의 여정을 정리하여 발표한 바 있고,[5] 이병원의 "윤인구의 생애와 교육사상 연구"[6]는 윤인구의 교육관에 대한 최초의 연구라고 할 수 있다.[7] 윤인구 논고에 대한 일차 문헌으로는 부인 방덕수가 편집한,『윤인구 박사, 그 참다운 삶과 정신』(부산: 제일인쇄, 1988)과 윤인구 탄생 110주년을 기념하여 출판된 유고집『진리가 너희를 자유케 하리라』(소정교회 윤인구 추모위원회, 2013)가 전부이다. 전자는 윤인구

---

4) 예컨대, 한국인 최초의 신학(교회사) 전공 박사학위(PhD) 수득자 백낙준(1895-1985)은 평안북도 정주출신이었고, 진보적 인물 김재준(1901-1987)과 송창근(1898-c.1951)은 함경도 경흥 출신이었다. 보수계의 박형룡(1897-1978)은 평안북도 벽동 출신이었고, 한국인으로 구약학을 공부하여 처음으로 박사학위를 얻는 김치선(1899-1968) 또한 함경도 함흥출신이었다. 남궁혁(1882-1950)에 이어 1928년 평양신학교 교수가 되는 이성휘(1889-1950)는 평북 철산 출신이었다.

5) 이상규, "윤인구, 1903-1986,"『부산지방 기독교회의 선구자들』, 고신대학교 출판부, 2011, 288~301쪽.

6)「로고스경영연구」12/4, 2014.12, 1~22쪽.

7) 이 논문에서 저자는, 윤인구는 훌륭한 교육자이자 목회자, 교육행정가였고, 우리나라 최초의 국립대학인 부산대학교를 설립한 인물이라는 점을 지적하고, 그의 생애를 통해 나타난 교육사상은 일곱 가지로 지적했다. 첫째, 민족주의 지향의 교육이었다. 둘째, 사회구원 지향의 교육이었다. 셋째, 삶의 실천 지향의 교육이었다. 넷째, 에큐메니칼 지향의 교육이었다. 다섯째, 청년을 통한 그리스도 복음화였다. 여섯째, 교육 사업을 통한 그리스도 복음화였다. 일곱째, 기독교세계관 지향의 교육이었다가 그것이다.

의 미간행 회고록과 강인선, 고현봉 등 12인의 윤인구 회고기를 편집
한 것이고, 후자는 방덕수 편집본에 수록된 윤인구의 회고록을 재수록
하고 46편의 설교 혹은 짧은 논설을 첨가하여 엮은 문십이다. 전자가
윤인구의 삶의 여정을 이해하는 데는 도움을 주지만, 기억의 착오 등
으로 내용상 오류가 없지 않다. 후자의 경우 윤인구의 유고 설교문으
로 구성되어 있으나 이 문헌이 제공하는 정보는 매우 제한적이다.

　이 글에서는 기간 문헌과 연구를 참고하되 여러 오류를 바로 잡았
고, 윤인구 박사의 생애 여정과 활동, 그리고 그가 부산지방 기독교 형
성에 어떤 기여를 했는가를 그의 삶의 여정을 따라 정리하였다.

2. 윤인구 목사의 출생과 가정배경

　윤인구는 1903년 11월 1일(음력) 경남 동래부(현 부산시) 구포에서
청운(聽雲) 윤상은(尹相殷, 1887-1984)[8])과 박영자(朴英子, 1881-1982)의
4남 2녀 중 장남으로 출생했다. 아버지 윤상은은 파평 윤씨(坡平 尹氏)
가문의 부유한 가정에서 성장한 부산 근대의 대표적인 선각자였고, 지
방 최초의 구포은행을 설립한 자본가이자, 부산 강서구 대저동의 맥도
(麥島)를 일군 농업 경영가였다. 1904년 동래감리서(東萊監理署)[9]) 주사

---

8) 윤상은에 대한 자세는 논의는, 차철욱, "근대 부산의 경제인 윤상은의 생애와
　활동,"『부산의 근대자본가 청운 윤상은의 생애』, 218~227쪽이 있다.
9) 감리서는 1883년 개항장의 제반 사무를 관장하기 위해 설치된 관아로서 처음
　에는 동래부사가 감리를 겸하였다. 이 감리서가 1896년 영주동 봉래초등학교
　자리에 칙령으로 설치되면서 부산항의 외교, 행정, 경찰업무를 수행하게 되
　었다. 감리서에는 사송과(司訟課), 회계과(會計科), 교섭과(交涉課), 서무과(庶務
　課)가 있었는데, 주사는 과장의 역할을 수행했다. 1905년 을사조약이 체결되
　면서 외교권이 박탈당했고 따라서 감리서는 폐지된다.

(主事)와 해방 후 초대 전매국장을 역임한 행정관료였고, 1907년 10월에는 사립구포구명학교(私立龜浦龜明學校, 현 구포초등학교)를 설립한 교육가이도 했다. 그는 사천현감(1887)과 동래부사를 역임한 구포의 명문가 윤홍석(尹洪錫, 1843-1902)의 셋째 아들이었다. 윤홍석은 양산에서 만성재(晩惺齋)를 열어 많은 인재를 길러낸 인물이었고, 그의 자녀들은 구한말 관계에서 활동했다.

윤상은은 1901년 박기종(朴琪淙, 1839-1907)의 넷째이자 막내 딸 박영자와 혼인하게 되는데, 박기종은 역관으로서 1876년과 1880년 일본에 수신사 파견시 통역관으로 동행하여 신문물을 접했고, 근대문물을 도입하고자 했던 인물이다. 그는 한국 최초의 철도회사와 기선(汽船)회사를 설립한 부산개화기의 선각자였다. 1895년 부산항 경무관으로 취임한 후 그 해 부산 최초의 근대학교로서 부산상업학교의 전신인 개성학교[10]를 설립한 인물이었다.

박기종의 사위가 된 윤상은은 장인이 설립한 개성학교에서 1902년 초등 전기(前期) 제3학년의 과정을 수학하고, 앞에서 언급한 바처럼 동래감리서 주사로 일하던 중 사립 구포 구명학교를 설립하게 된 것이다. 1908년에는 민족자본 육성을 위하여 우리나라 지방 금융기관의 시초로 알려진 구포저축주식회사를 설립했는데, 이것이 1911년에는 구포은행으로 발전했다. 구포은행은 후일 경남은행으로 발전하고 윤상은은 전무취체역(현 이사에 해당함)을 맡았다. 그는 상해 임시정부에 특

---

[10] 1895년 설립된 이 학교는 1909년 6월 4일 공립학교로 정식 개교하였고, 1911년 11월 1일에는 부산공립상업학교로, 1922년 4월 1일에는 부산진상업학교로, 1923년 4월1일에는 부산제이공립상업학교로, 1950년 5월 17일에는 부산상업고등학교로 개칭되었고, 2004년 11월 1일 개성고등학교로 명칭변경 되어 오늘에 이르고 있다. 부산근대역사관,『부산의 근대자본가 윤상은의 일생』, 부산근대역사관, 2010, 44쪽.

별융자형식으로 독립자금을 지원했는데, 이 사실이 일경에 알려지자 은행에 손을 떼고 일본으로 도피하여 게이오대학(慶應大學) 경제학부에 수학했다. 34세의 나이였다. 해방 후에는 초대 전매국장을 역임했던 관료로서 부산의 선각자라고 할 수 있다.

윤상은의 동생 윤영은은 일본의 동경공업고등학교를 졸업하고 구포의 구명학교 교사와 교장으로 일했고, 구포청년회를 조직하여 민족운동을 전개하는 한편 야간학교를 열었다. 윤상은의 사촌형 윤정은(尹正殷)은 62세의 나이에도 불구하고 1919년 구포장에서 벌어진 만세운동을 진두지휘 하다 일경에게 체포되어 징역형을 받고 복역 중 순국했던 인물이었다. 윤상은의 조카 윤현진(尹顯振, 1892-1921)[11]은 동래부윤을 지닌 윤필은의 아들로서 대한민국 임시정부 초대 재무차장, 임시의정원 의원을 지낸 독립운동가였다. 이상에서 보는 바처럼 윤인구는 친가나 외가 양측 모두가 근대 선각자이자 독립운동에 관여하는 등 명문가였고, 민족교육을 이끈 지도적인 가문이자, 경제적으로도 부유하여 윤인구는 유복하게 성장했음을 알 수 있다.

3. 학구의 날들

윤인구는 7세 때인 1910년 4월 아버지가 설립한 사립구포구명학교에 입학하였고, 2년 후인 1912년에는 부산진공립보통학교로 전학하였다. 1915년경에는 구포에서 부산진구 좌천동으로 이거하였으나 이곳에서 오래 거주하지는 못했다. 보통학교를 졸업한 윤인구는 1916년 4

---

11) 윤현진에 대한 자세한 논의는 김승, "독립운동가 右山 尹顯振의 생애와 활동" 『부산의 근대자본가 청운 윤상은의 생애』, 228~236쪽이 있다.

월 서울 제일고등보통학교에 입학하였다. 안국동에서 하숙하며 3개월을 수학했으나 그해 7월 장티푸스에 감염되어 더 이상 수학하지 못해 부산으로 돌아왔고, 1917년 4월에는 동래사립고등보통학교에 입학하였다. 이 학교는 동명학교(東明學校)의 후신으로 부산의 개성학교와 쌍벽을 이루는 학교였다. 윤인구의 백부 윤필은(尹弼殷)은 당시 동래부윤(東萊府尹)으로 이 학교 설립자 중의 한 사람이었다. 민족의식이 강한 학교였던 이 학교는 동래고등학교로 개칭되어 존속하고 있다. 이 학교 재학 당시 윤인구의 동료들이 한영교(후일 목사), 손영수(후에 부산시장), 오종식(언론인) 등이었다.

윤인구의 부모는 1918년 영주동으로 이사하게 되는데, 이 무렵 초량교회에 출석하며 기독교 신앙을 받아드린 것으로 보인다. 부친 윤상은은 1917년 5월 4일에,[12] 모친 박영자 여사는 1920년 10월 18일 초량교회에서 학습을 받는다.[13] 불교적 환경에서 성장한 윤인구 또한 이 무렵 모친과 함께 교회에 출석하기 시작한 것으로 보인다.

동래고보 3학년 때인 1919년 독립만세운동이 일어나고 당숙인 윤정은(尹正殷)과 재종형 윤경봉(尹敬奉)이 피검되자 신변의 위험을 느껴 학교를 중퇴하고 상경하여 YMCA 학관에서 수학했다. 17세가 되던

---

12) 윤상은의 신앙생활에 대해서는 논란의 여지가 있으나 부산초량교회 기록에는 그가 1917년 5월 4일 만30세의 나이로 학습을 받은 것으로 기제 되어 있고, 1922년 작성된 초량교회 교인명부에 학습교인으로 등제되어 있다[『초량교회 100년사』, 초량교회, 1994, 117쪽]. 윤인구는 1926년 경 그가 일본 유학 중 귀국하여 동래에서 지낼 때 둥래 수안교회에 출석했고, "아버지도 출석하는 일이 있었다."고 회상했다. 방덕수 편, 『윤인구 박사, 그의 참다운 삶과 정신』, 제일인쇄, 1988, 43쪽.

13) 대한예수교장로회 초량교회 학습인 명부, 34쪽.『초량교회 100년사』, 119쪽. 후에 박영자는 남편 윤상은과 더불어 구포교회에 교회 부지로 논(畓) 148평을 조건 없이 기증하는 등 헌신적인 봉사를 했다. 박영자는 1931년에는 구포교회 초대 권사가 된다.

1920년 1월 윤인구는 동경 유학생 하준석(河俊錫)의 영향으로 일본 동경으로 유학을 떠나 메이쿄우(名教)중학 3학년에 편입했다. 이때 그의 아버지도 은행일을 그만 두고 게이오대학(慶應大學) 이재과(理財科)에 입학했는데, 상해임시정부에 독립운동자금 송금 사건으로 인한 위험을 피하기 위한 의도였다고 한다.[14] 이 때 윤인구는 아버지와 함께 재일본동경조선기독청년회(在日本東京朝鮮基督青年會) 내의 장감연합교회에 출석하기 시작했고, 1922년에는 임종순(林鐘順) 목사에게 세례를 받게 된다.[15]

1920년 9월에는 메이지가꾸인(明治學園) 중학교로 전학하였다. 이 학교에 중학부에서 수학한 이들이 이광수(李光洙, 1892-1950), 백남훈(白南薰, 1885-1967), 주요섭(朱耀燮, 1902-1972), 김락영(金洛永) 등이었다. 1923년에는 이 학교 고등학부 문예과에 입학하였다. 이것은 신학 예과 과정에 해당했다. 이 학교에서 3년간 수학하고 졸업할 때 토마스 아켐피스(Thomas à Kempis)의 '그리스도를 본받음'(Imitatio Christi)에 대한 논문을 썼다고 한다.

졸업과 함께 1926년 3월에는 메이지가꾸인 신학부에 입학하게 된다. 메이지가꾸인은 메이지대학과는 별개의 교육기관이었다. 미국장로교 선교사가 설립한 에이와(英和)학교(중학과정), 츠키지(築地)대학(고등과), 이찌신학교(Union Theological Seminary)가 합쳐져 메이지가꾸인(明治學園)이 된다. 이 학교는 한국의 평양신학교에 비해 훨씬 진보적인 학교였다. 이 학교가 후에는 동경신학대학으로 개칭되는데, 당시 이 학교에서 신학을 가르친 교수들은 구약의 쯔루센지(都留仙次, 1884-196

---

14) 방덕수, 앞의 책, 24쪽.
15) 소정교회 윤인구 목사 추모위원회,『진리가 너희를 자유케 하리라』, 소정교회, 2013, 32쪽.

4)[16], 신약의 무라타 시로우(村田四郎, 1887-1971),[17] 조직신학을 가르침 꾸와다(桑田), 교회사를 가르친 무라타(村田), 기독교윤리를 교수한 카지노스케 이부카(井深 梶之助, 1854-1940)[18] 등이었고, 기독교사상사는 미국 선교사인 Reischauer 교수였다.[19] 윤인구는 당시 이 학교의 신학은 리츨적이었다고 회상했는데,[20] 신정통주의로서 자유주의에 가까웠다. 스코틀랜드의 매킨토시에게 심취한 교수가 조직신학을 가르친 꾸와다(桑田) 교수였다고 회상했다. 그가 말하는 매킨토시(Hugh Ross

16) 나가사끼의 화란 개혁교회가 설립한 선교학교인 동산(東山)학원, 메이지가꾸인 고등부를 거쳐 미국 오번신학교에서 구약을 공부하고 1911년부터 메이지가꾸인에서 구약을 교수했다. 1913년 목사가 되었고, 1921년부터 4년간 고등부장을 역임했다. 관동대지진 때는 두 조선인 학생을 은익해 준 일이 있다. 1926년에는 일본기독교회 목회자로 활동했다. 1949년 미국 요크대학으로부터 명예신학박사 학위를 수여 받았다. 1957년에는 메이지가꾸인 제6대 원장이 된다.

17) 1911년 메이지가꾸인 신학부를 졸업하고 1912년 도미하여 오번신학교에서 수학했다. 1917년 귀국하여 목회하던 중 1919년 메이지 가꾸인 중학부 교사로 가르치기 시작했다. 1948년 4월에는 메이지 가꾸인 제5대 원장이 되어 1957년까지 봉사했다.

18) 1873년 19세의 나이로 세례를 받고 신자가 되었고, 미국선교사 브라운이 설립한 브라운학원에서 수학하고 도쿄 잇치신다이가꾸(一致神學校)에서 수학했다. 우에무라 마사히사(上村正久)와 동기였다. 일본 잇치기독교회 목사가 되었고, 1881년에는 잇치신다이가꾸 교수가 된다. 1883년 5월에는 전국기독교신도대친목회(이 때 이수정이 참석하여 신앙고백을 했음) 일본 잇치교회(一致教會) 대표로 부의장으로 선출된다. 1887년 메이지 가꾸인이 성립되면서 교수로 취임했고, 1891년에는 메이지 가꾸인의 제2대 원장이 된다. 당시 일본을 대표하는 교계 지도자였다.

19) 그의 아들이 일본대사를 역임한 저명한 역사학자이자 외교관이었던-Edwin Oldfather Reischauer(1910-1990)였다. 그가 엔칭연구소 연구원으로 재직하고 있을 당시인 1938년 한국을 방문하고 조지 매큔과 함께 한국어의 로마자 표기법인 '매큔-라이샤워' 표기법을 만들었다. 제2차 세계대전 때는 미군 정보장교로 국무부 특별 보좌관으로 일했고, 1956년에는 하버드대학교 엔칭연구소 소장을 지냈다. 일본 대사로 일한 기간은 1961년부터 1966년까지였다.

20) 방덕수, 앞의 책, 46쪽.

Mackintosh, 1870-1936)는 에딘버러의 뉴칼리지 조직신학 교수로서 스코틀랜드를 대표하는 신학자이자 목회자였는데, 1932년에는 스코틀랜드장로교회(General Assembly of the Church of Scotland) 총회장을 역임했다.

윤인구가 신학을 공부하게 된 구체적인 동기는 알려져 있지 않으나 일본 유학기 점진적으로 형성된 것으로 보인다. 메이지가꾸인 중학 때 산상수훈을 접하고 이때부터 적극적인 신앙생활을 하게 되는데, 이런 학구 기간의 신앙적 확신이 신학도의 길을 가는데 영향을 주었던 것으로 보인다. 메이지가꾸인 출신인 가가와(賀川豊彦)의『사선을 넘어서』와 그의 빈민구호활동과 사회사업, 톨스토이의 작품들, 나까야마(中山昌樹)의 성경해석, 그리고 동경의 조선유학생교회의 임택권 목사의 설교 등이 신학도의 길에 영향을 주었다고 한다.[21] 그래서 고등과에 다닐 때는 신학을 공부하기로 작정했고, 이 무렵 자신의 뜻을 아버지에게 알린 것으로 보인다. 그가 신학공부에 대해 아버지는 강하게 반대했다. 경제학이나 농학, 공학이나 의학 등 실용적인 공부가 한국의 장래를 위해 보다 중요하다고 여겼기 때문이었다. 그러나 신학도의 길을 가려는 아들의 마음을 돌려놓지 못했다.

9년 3개월 간의 일본 유학을 마감하고 1929년 메이지가꾸인 신학부를 졸업한 그는 신약을 가르쳤던 무라다(村田四郞) 교수의 추천으로 미국 프린스톤신학교(Princeton Theological Seminary)로 유학을 떠나게 된다. 26세 때였다. 무라다 교수는 과거 대구 일본인교회 목사로 일한 일이 있었다고 한다. 일본을 거쳐 미국으로의 유학은 당시 한국인들의 일반적인 면학노정이었다. 그가 프린스턴에 갔을 때는 김재준(金在俊,

---

21) 방덕수, 앞의 책, 39쪽.

1901-1987), 송창근(宋昌根, 1898- 1951?)은 프린스턴을 떠나 웨스턴신학교로 간 뒤였고, 한국인은 오직 김성락(金聖樂, ?-2014) 만 있었다. 이때가 미국장로교회에 신학적 논쟁이 일어난 때였는데, 그레샴 메이첸 교수 등이 신학생 일부를 데리고 웨스트민스터신학교로 분리해 나갔기 때문에 학생 수는 약 150여명에 불과했다. 당시 교장은 실천신학 교수였던 스티븐슨(Stevenson)이었고, 찰스 어드만(Charles Eerdman), 프레데릭 로에쳐(Frederick Loetscher) 등이 교수였다. 프린스톤 신학교 대학원 연구과 과정에 입학한 윤인구는 이듬해 "리츨적 신학"(Ritschlian Theology)이라는 제목의 논문으로 신학석사 학위를 수여받았다.[22]

1930년 9월에는 스코틀랜드 에딘버러대학으로 유학을 떠났다. 그가 미국을 떠나 스코틀랜드로 간 것은 메이지가꾸인에서 공부할 당시 메킨토시(H. R. Mackintosh)에게 심취한 꾸와다 교수의 영향이라고 말하지만 또 다른 이유가 있었을 것이다. 그가 수학한 곳은 에딘버러대학 신학대학원이었지 에딘버러대학교의 뉴 칼리지(New College)가 아니었다. 에딘버러에 체류한 기간은 6개월 정도에 불과했다. 6개월간 주로 조직신학을 공부하고 1931년 3월 그곳을 떠나 귀국했다. 그는 후일 "스코틀랜드에 더 있을 필요를 느끼지 않았고, 고국에는 할 일이 너무 많다고 생각했다"고 회고했지만,[23] 매킨토시 문하에서 수학을 갈망하던 그가 불과 6개월 후 귀국을 결심한 것은 이해하기 어렵다.

---

22) 방덕수, 앞의 책, 51쪽.
23) 방덕수, 앞의 책, 54쪽.

4. 진주교회에서의 목회활동

유학생활을 마감하고 귀국한 윤인구는 1931년 4월 16일, 부산 초량교회에 출석하던 방덕수(方德守)와 부산진에 위치한 호주장로교 선교사 위대서(Muriel Withers, 1889-1979) 집에서 초량교회 주기철 목사의 주례로 혼인했다. 방덕수는 방사원의 딸로서 1917년 8월 26일 초량교회에서 세례 받았는데,[24] 서울 정신여학교를 졸업하고 경도의 도시샤여학교(同志社女學校)에 유학한 후 이화여전으로 전학하여 영문학을 공부한 엘리트 여성이었다. 방덕수는 경남노회 종교교육협의회가 발간하는 「복음과 종교교육」 24호에 "인생의 찬가"라는 롱펠로의 시를 번역 게재하기까지 했던 신여성이었다. 윤인구가 그를 처음 만난 것은 일본 유학 중 잠시 귀국했던 1923년이었고, 그해 여름 초량교회에서 함께 여름 성경학교를 운영한 일이 있다. 이후 교제가 계속되었고 약 7년 후 혼인하게 된 것이다.

당시 윤인구는 동래읍교회(현 수안교회)에 적을 두고 있었고, 그 교회의 치리 하에 있었다. 1930년 6월 9일 항서교회에서 개최된 제28회 경남노회의 당회 정황보고 시 동래읍교회는, "본 교회 청년 윤인구씨는 본 노회 천서로 일본 동경 명치학원 신학과를 마치고 작년 5월경에 미국 프린스턴신학교로 가서 금년 4월 말일에 신학사 학위를 얻고 또 영국 스코틀랜드 정통신학을 연구하기 위해 영국으로 건너갈 준비로 지금 뉴욕 한인교회에서 일하는 중이오며"라고 보고했다.[25] 또 이 노회에서 스코틀랜드 에딘버러대학에 추천서를 써 주기로 결의한 바 있다.[26] 이와 같이 노회의 관리 하에 있었기 때문에 귀국한 윤인구의 강

---

24) 『초량교회 100년사』, 116쪽.
25) 『경남노회 회록 2』, 부산경남기독교역사연구회, 2017, 39쪽.

도사 인허요청이 받아드려졌고, 1931년 7월 28일 개최된 경남노회는 윤인구에게 강도사 인허를 허락했다. 노회 기록은 아래와 같다.

> "신학준사 윤인구 씨 강도사 시취 문답을 행할세 신경에 예원배, 신학에 박문찬, 성경내력에 김응진, 교회사기에 심문태, 정치에 김만일, 논문에 주기철, 가도와 성경해석에 최상림 제씨의 문답이 잘 된 줄 알고 강도사 인허하기로 회중이 가결하다. 회장이 윤인구 씨에게 헌법대로 문답하고 기도한 후 강도사 인허함을 회중에 선언하다."[27]

강도사 인허를 받은 윤인구는 진주교회 청빙을 받고 1931년 7월 말 담임교역자로 부임하게 된다. 그의 나이 28세 때였다. 그는 부산 초량교회로 이동한 이약신(李約信, 1898-1957) 목사[28]의 후임이었다. 당시 진주옥봉리교회(晉州玉峯里敎會)로 불린 진주교회는 부산의 초량, 마산의 문창교회와 함께 경남의 유력한 교회였다. 이때부터 1934년 말까지 3년 5개월간 일하게 된다. 일 년 후 진주교회는 그를 위임목사로 청빙했다. 청빙서는 1932년 7월 28일 개최된 제30회 노회 임시회에서 인용되어,[29] 이날 목사 안수를 받았다. 그날 저녁 8시에는 위임식이 거행되었다. 진주교회에 부임한지 약 1년 후 교회당 신축을 시작하여 총건평 115평, 부속실 7,8개, 70평의 기와집 교회당을 총경비 1만원으

---

26) 노회 결의는 다음과 같다. "동래읍교회 당회장 최상림씨 청원에 의하여 영국 스코틀랜드 신학교에 윤인구 씨 천서 주기로 회중이 가결하다."『경남노회 회록 2』, 39쪽.

27) 『경남노회 회록 2』, 97쪽.

28) 평안북도 정주 출신인 이약신은 오산보통학교. 오산중학교를 거쳐 1929년 평양신학교를 졸업하고(제24회) 1929년 4월 진주교회에 부임하여 2년3개월간 시무하고 1931년 8월 초량교회 제4대 목사로 부임했다. 이약신 목사에 대한 자세한 논의는, 이상규,『교회쇄신운동과 고신교회의 형성』, 생명의 양식, 2016, 371~405쪽을 보라.

29) 『경남노회 회록 2』, 125쪽.

로 신축하고, 1932년 성탄절에 입당했다.[30]

　1905년 호주선교부에 의해 설립된 진주교회는 이 지역에 설립된 첫 교회로서 선교부 관할하이 진주지역 거점 교회로 인식되고 있었다. 이 점은 호주빅토리아주 장로교 총회장 매카울리(R. W. Macaulay) 목사가 1934년 내한했을 때 특히 진주교회를 방문한 점에서도 확인된다.[31]

　윤인구는 진주교회에서 목회하는 기간 경남노회 종교교육부, 학무부, 성경학교 이사 등으로 활동했고, 다른 교회나 연합회의 부흥집회를 인도하고 진주성경학교에서 가르치기도 했다.[32] 숭실전문학교 채플에 강사로 초빙되기도 했다.[33] 해방 후 윤인구는 부산시 중구 보수

---

[30] 방덕수, 앞의 책, 63쪽.

[31] 이 때 매카울리 총회장은, 윤인구에게 당시 미국 선교사가 주도하는 평양신학교의 신학이 너무 고루하다고 말했다고 한다. 호주장로교회는 미국선교사들의 신학이 과도하게 보수적이었다고 인식한 것으로 보인다. 윤인구 목사는 일본 메이지가꾸인(靑山學園)과 프린스톤신학교 등에서 공부한 이유로 '신신학자' 혹은 '진보적 신학자'로 인식되어 경원시 되었던 점을 고려해 볼 때 그에게도 보수적 성향에 대한 심리적 거부감이 있었을 것이다. 이 당시 경남노회에서 소위 순육설(純肉說)의 문제로 백남용(白南鏞, 1897-1950)의 교리를 따르는 김형윤, 배철수, 금석호 등이 치리를 받은 일이 있었는데, 이때도 그가 이들을 지지하는 듯한 인물로 의심을 받기도 했다. 윤인구 목사는 이일에 대하여 자신의 입장을 밝히는 "나의 입장"을 「경남노회 종교교육통신」 19호(1932. 7)에 발표한 바 있다.

[32] 『경남노회 회록 2』, 154쪽. 진주성경학교에서 가르친 동료 교수는 교장인 선교사 권임함을 비롯하여 주기철, 최상림, 신문태, 안란애 안다손 등이었다. 『경남노회 회록 2』, 154쪽.

[33] 이 때 설교를 들었던 철학자 김형석(金亨錫, 1920)은 이렇게 회고했다. "설교자는 두 분이었다. 장로교를 대표하는 윤인구 목사와 김창준목사였다. 윤인구 목사는 영국에서 돌아 온지 얼마 안 되는 비교적 젊은 편이었고, 김창준목사는 좀 더 나이가 많아 보였다.... 특히 윤인구 목사의 설교에 감명을 받았다. 지금도 그 제목과 내용을 기억하고 있을 정도였다. 지금 생각해 보면 그 아늑하고 엄숙했던 예배 분위기는 성경에 나오는 말씀의 잔치집을 연상시키는 것이었다. 많은 젊은이가 영혼의 양식을 얻을 수 있었고, 나도 그 중의 한 사람이었다." 김형석, 『선하고 아름다운 삶을 위하여』, 두란노, 2018, 31쪽.

동에 위치한 부산 일본인교회당34)을 인수하여 1945년 11월 25일 대한
예수교장로회 광복교회라는 이름의 교회를 설립했으나 이 교회에서
일한 기간은 6개월에 불과했다. 이때 윤인구는 경상남도 학무과장을
겸하고 있어 김동선, 한영교 목사와 동사했다. 부산대학교에서 일할
당시인 1958년 3월에는 대학생 전도를 위해 부산대학교에서 인접한 곳
에 소정교회를 설립한 바 있으나 목회자로 일한 것은 아니었다. 따라
서 그가 목회자로 일한 기간은 4년에 불과했다. 그 외에도 1959년 9월
이후 9개월 간 구포교회 임시당회장으로 봉사 하는 등 짧은 기간 지역
교회 설교자로 봉사하기도 했다.

5. 교육자로서의 활동

1) 복음농업실수학교

1935년 정월에는 진주교회를 사임하고 마산의 복음농업실수학교
(Gospel Farm School) 교장으로 부임했다. 32세 때였다. 호주장로교 선
교사 부오란(Frank Borland)이 1934년 설립한 이 학교는 농촌지도자들
을 양성하기 위한 본과(本科) 1년, 전수과(專修科) 1년 과정의 농촌지
도자 양성학교였다. 일본 가가와(賀川豊彦)의 농촌학교나 덴마크의 민
중학교(Danish Flok School)가 이 학교의 모델이었다. 교사는 1933년 4
월 폐교된 마산 회원동의 호신(濠信)학교 건물이었다. 애신(愛神), 애린

---

34) 이 일본인교회는 1904년 2월 25일 일본기독교회 秋元茂雄 목사에 의해 설립되
    었는데, 1910년 11월 예배당을 신축했는데, 해방 후 이 예배당을 인수하여 광
    복교회를 설립했다. 이상규, 『부산지방 기독교전래사』, 글마당, 2001, 82쪽.

(愛隣), 애토(愛土)라는 취지로 개교한 이 학교 운영을 위해 한국인 지
도자의 도움이 절실했고 윤인구 목사에게 이 일을 맡기게 된 것이다.

　윤인구 목사가 이 학교와 처음 관련을 맺는 것은 학교 설립이 준비
되던 1933년 7월이었다. 1933년 7월 3일 개최된 경남노회 임시노회는
주기철, 심문태 목사와 더불어 윤인구 목사를 복음농학교 이사로 선정
했는데,[35] 이것이 이 학교와의 관계의 시작이 된다. 1935년에는 이 학
교 이사장이 되는데, 윤인구는 이 학교의 교장을 겸하게 된 것이다. 교
장으로 부임하던 해인 1935년 5월 31일 현재 경남노회에 보고된 '복음
농업실수학교 보고서'에 의하면, 교장 윤인구, 교사 신용우였고, 이 학
교 재학생은 35명(경북 7명, 경남 21명, 전북 5명, 황해도 1명)이었다.
이 중 수세자는 25명, 학습인 4명, 원입 5명으로 구성되어 있었다. 이
들 절대 다수가 농촌교회 교역자를 희망하고 있었다.[36]

　이 학교의 본래 목적은 이름 그대로 농촌지도자 양성이었으나 윤인
구는 일종의 신학교육기관으로 발전시키고 싶어 했다.[37] 신학을 공부
한 사람이 가질 수 있는 당연한 욕심이었을 것이다. 윤인구는 이 학교
운영을 주도했고, 1937년에는 이 학교가 김해군 대저면 대지리로 이전
하였다. 교사와 강당, 기숙사, 사택 등을 건축했고, 교지와 실습지를
매입했다. 윤인구 목사는 4년간 교장으로 일하고 1939년 복음농업실수
학교는 심문태(沈文泰, 1895-1978) 목사에게 인계되었다. 심문태 목사
는 3대 교장으로 일했으나 교사가 전소되는 등 경영의 어려움을 겪다
가 1943년 부실경영이라는 이유로 일제에 의해 강제 폐교되었다. 이
학교는 약 200여명의 졸업생을 배출했다.[38]

---

35) 『경남노회 회록 2』, 306쪽.
36) 『경남노회 회록 2』, 323~325쪽.
37) Edith Kerr, p.61.

2) 조선신학교

복음농업실수학교를 사임한 윤인구는 새로운 신학교 설립을 위해 1939년 3월 서울 용산(龍山)으로 이거하게 된다. 1901년 설립된 평양의 장로교신학교는 1938년 1학기를 끝으로 폐교되자 새로운 신학교 설립안이 제기된 것은 당연한 일이었을 것이다. 이때의 상황을 윤인구는 다음과 같이 회상한다.

"그래서 교역자를 양성할 수 있는 한국의 신학교, 한국 사람의 손으로 운영하는 신학교의 필요성이 대두했다. 새로운 신학교를 설립하려는 논의는 서울에서 활발히 일어났고, 외국에서 신학교를 졸업하고 지방에서 일하고 있는 교역자들도 이에 호응하게 되었다."[39]

새로운 신학교 설립운동은 서울에서 일어나게 되는데, 윤인구 목사도 이 운동에 동참하게 된다. 그런데 조선신학교 측은 이 운동을 주도한 이가 함태영, 김우현, 채필근, 송창근 등이었다고 주장한다. 즉『한신대학 50년사』의 제1장 조선신학교의 설립을 말하는 제1절, '설립위원회 조직과 설립계획'에서,

"1939년 초에 함태영, 김우현, 채필근, 송창근 등 여러 교역자들이 서울에 장로교회 신학교를 설립할 필요성을 인정하고 경향 각지의 장로회 교회 지도자들의 호응을 얻어 동년 3월 27일에 '장로회 신학교 설립 기성회 실행위원회'를 조직하였다.

---

38) 이상규,『부산지방 기독교전래사』, 글마당, 2001, 194쪽.
39) 방덕수, 앞의 책, 68쪽.

위원장 채필근(경성)
서기 김우현(경성), 부서기 윤인구(김해)
회개 이학봉(평양), 부서기 이인식(평양)
위원 조희염(원산) 함태영(경성) 김길창(부산) 차재명(경성)
　　한경직(신의주) 백영엽(선천) 김관식(평양) 김응순(해주)"[40]

라고 하여 윤인구를 신학교 설립을 주도한 이로 간주하지 않고 있
다. 그 후 이사회가 구성되었는데, "설립자겸 이사장은 김대현 장로,
이사는 함태영, 김관식, 오진영, 조희염, 김길창, 김영주, 김영철, 한경
직, 윤인구, 전임교수는 윤인구, 김재준, 미야우찌 아키라(宮內彰)"이었
고, "조선신학교 이사회는 이사장인 김대현 장로를 초대 원장으로 선임
하고 윤인구 목사를 원장직무대리로 임명하였다"고 기술하고 있다.[41]
　　그러나 윤인구는 아빙돈 단권성경주석 역간에 가담했던 평양의 김
관식 신의주의 한경직, 원산의 조희염, 이규용(李奎鎔)과 평양의 송창
근, 김재준이 새로운 신학교 설립에 가담했다는 점을 말하면서도 신학
교 설립을 주도한 이는 자신과 채필근이라고 말하고 있다.

　　"이 분들이 중심이 되어 한국인의 손으로 서울에 신학교를 세울 계획
　　을 했다. 신학교 설립의 주 역활은 서울의 채필근 목사와 나였다. 새
　　로 세워질 신학교의 교육 내용은 주로 나의 구상에 의한 것이었다.
　　계획의 실현을 위하여 서울에서 모임이 있었고, 자금 마련 운동도 했
　　다. 단편적인 인쇄물도 간행했다."[42]

또 학교 운영의 책임을 맡았다고 말한다.

---

40) 『한신대학 50년사』, 11쪽.
41) 『한신대학 50년사』, 20쪽.
42) 방덕수, 앞의 책, 69쪽.

"나는 곧 신학교육 활동을 시작했다. 신학교 인가는 얻지 못했지만 계획했던 대로 일을 진행했다. '조선신학원'이란 간판을 붙이고 4월에 학생을 모집하여 승동교회에서 문을 열었다. 교회의 상하층 예배실에서 수업을 시작했고, 기숙사도 그곳에 마련했다. 간도 용정촌 은진학교 교사로 있다가 서울에 와 있었던 김재준 군은 신학교 운영자금 출자자인 김헌필(金必獻)의 아들과 친구로서 서무를 맡았고, 정필순 이승로 외 몇 목사와 연희전문의 갈홍기, 현재명 씨 등이 강사로 나왔다. 한동안은 당시 연전(延專)교장으로 와 있던 일본인 신학자 松本卓 박사도 강의를 했다. 학교 운영 책임을 맡는 나는 조직신학과 교회사를 강의했고, 김재준 군은 구약을, 전필순, 이승로 목사는 신약을, 갈홍기씨는 철학을, 현재명 씨는 교회음악을 맡아 각각 강의했다."

윤인구 목사가 1939년 3월 서울로 이거하여 서울에 상주하며 지낸 점 등 여러 정황을 고려해 볼 때 윤인구는 경남 지방을 대표하여 신학교 설립 운동에 가담하였고 설립 초기 중요한 역할을 한 것은 분명하지만 차츰 주도권을 상실하였고, 결국 학교를 떠난 것으로 판단된다.

어떻든 윤인구는 1940년 2월 29일 개최된 이사회에서 김재준 목사와 일본인 미야우찌 아키라(宮內彰)과 함께 전임교수로 임명되어 교수하기 시작했으나, 학교의 운영에는 여러 난제들이 있었다. 평양중심의 교계의 반대도 있었고, 학교 인가문제, 타 교파 신학교와의 합동 시도도 무산되었다.[43] 당시 서울에는 성결교신학교와 감리교신학교가 있었는데, 감리교신학교와의 합동을 구상하며 1년간 합동수업을 했다. 그러나 합동은 무산되고 조선신학교 설립에 동참했던 이들 간의 갈등도 빚어져 결국 그는 1943년 조선신학교를 사임했다. 신학교에서 일한 기간은 3년 남짓한 기간이었다.[44] 서울에 체류하는 동안 사적인 어려

---

43) 방덕수, 앞의 책, 74쪽.
44) 윤인구는 "1943년까지 조선신학교 운영에 관계했다"고 말한다. 방덕수, 앞의

움을 겪었는데, 1939년 9월말에는 일경에 검속되어 육군 형법, 보안법, 치안유지법 위반이란 이유로 50일간 구금된 바 있고, 신학교 운영상 갈등으로 심적 고통을 겪기도 했다. 학교를 사임한 그는 다시 고향 김해군 대동면 상동으로 돌아갔다. 이때부터 그는 벌목일을 하며 해방의 날을 기다리고 있었다.

6. 광복 후의 활동: 경상남도 학무국장, 부산대학교의 설립, 연세대학교에서의 봉사

광복은 윤인구의 삶의 여정의 커다란 변화였다. 자신의 표현처럼, 해방은 "우리 민족사의 일대 전환점이었고," 자신에게도 "획기적인 사건이 되었다."[45] 그러했기에 그도 한 편의 시로 해방을 노래했다.

1. 죽음의 쇠사슬 풀리고 자유의 종소리 울린 날
   삼천만 가슴엔 눈물이 샘솟고 삼천리 강산엔 새봄이 오던 날
   아, 동무여 그날을 잊으랴
   우리의 생명을 약속한 그날을 8월 15일 8월 15일.

2. 어둠의 절벽이 문허저 해방의 기빨이 날린날
   삼천만 가슴엔 새노래 샘솟고 삼천리 강산엔 무궁화 피던 날
   아, 동무여 그날을 잊으랴
   우리의 영광을 보여준 그날을 8월 15일 8월 15일.

3. 뭉치세 삼천만 동포여 찾으세 삼천리 강산을

책, 73쪽.

45) 방덕수, 앞의 책, 81쪽.

지고온 쓰라린 멍에를 버리고 새로운 만년의 역사를 써가세
아, 동무여 일어서라 이제
자유의 종소리 힘차게 울린다 8월 15일 8월 15일.

광복 당시에 쓴 글이 아니라 1946년 8월 해방 1주년을 기념하여 쓴 시이지만 해방의 기쁨을 노래했다. 이 시에 곡을 붙인 이가 작곡가 김수현(金守賢, 1919-1992)이었다.[46] 그 역시 독립운동에 연루되어 옥고를 치렀던 인물인데, 이 시는 경상남도 학무과 제정이라 하여 널리 불렸고, 부산진교회 김경석 장로의 회고에 따르면 경남 김해에 소재한 대지교회 찬양대도 이 노래를 부르며 광복을 기렸다고 한다.

1) 경상남도 학무국장

광복과 함께 미군정이 실시되는데, 미군정은 1945년 9월 미군의 인천 상륙에서부터 1948년 8월 대한민국 건국까지 약 2년 11개월에 걸쳐 실시되었다. 1945년 9월에서 1947년 6월 3일까지 약 1년 8개월간은 미군이 직접 정권을 장악하고 통치했던 기간이었고, 그 이후 약 1년 2개월은 이른바 남조선 과도정부라는 이름으로 미군의 임명을 받은 소수의 한국인들이 행정을 담당했다. 통치권 위임이 없지 않았으나 실질적인 통치권은 미군에게 있었다. 1945년 9월 18일부터 기존의 총독부 통치체계의 관직자가 미군 장교들로 임명되었고, 10월 5일 행정고문이라는 이름으로 지도적인 한국인들이 임명되었다. 그들이 김성수(동아일보 사장), 전용순(목사), 이동원(목사), 이용설(세브란스 의전 교수), 송진

---

46) 한글전용 주창자였던 김수현은 후일 그의 이름도 금수현으로 개명했다. 그는 장모였던 여류작가 김말봉(金末峰, 1901-1961)의 '그네'를 작곡하여 세상에 널리 알려지게 되었다.

우(동아일보 사장), 김용무(변호사), 윤기익(목사), 여운형(정치인, 자진 사퇴), 조만식(민족지도자) 등이었다.[47] 이들은 대체로 부유하고 영어를 해독할 수 있는 인물이자 기독교와 관련된 인사가 다수였다. 이때 미군정청은 교육자문기구인 조선교육위원 12명을 임명했는데, 이 가운데 7명이 기독교신자였고 대학교육 이상의 학력을 지닌 이들이었다.[48]

곧 도지사 등 지방 고위관직자가 임명되었는데, 경남지사가 김병규(金秉圭)였다. 경남지방을 관장하는 군정도지사가 부산에 진주했는데, 그가 해리스(Charles S. Harris) 준장이었고 1945년 9월 28일 부임했다. 그 후 질레트(Francis E. Gillette) 대령이 1946년 1월 25일 부임했다.[49] 이때 윤인구 목사는 경상남도 미군정청 해리스 준장에 의해 1945년 11월 경상남도 학무과장에 임명되었다. 학무과는 내무부 산하 기구로서 교육행정을 관장했다. 그후 군정 법령 제114호에 의하여 1946년 10월 23일 중앙행정기구의 개편에 따라 학무과가 학무국으로 개편되었는데,[50] 윤인구는 학무국장(Director of the Bureau of Education)이 되었다. 이때부터 1948년 11월까지 일하고 학무국장직을 사임했다. 학무국장은 지금의 교육감에 해당하는 직책이었다. 그의 아버지 윤상은은 한 달 앞서 1945년 10월 16일자로 재무국장(Director of the Bureau of Finance)으로 임명을 받고 일하고 있었다.[51] 윤인구는 구미(歐美)에서

---

47) 진덕규, "미군정의, 정치사적 인식"『해방전후사의 인식』, 한길사, 1979, 49쪽.
48) 김석준,『미군정시대의 국가와 행정』, 이화여자대학교 출판부, 1996, 428쪽. 허명섭, "한국기독교와 대한민국 건국,"『한국 근대화와 기독교의 역할』, 두란노 아카데미, 2011, 325쪽에서 중인.
49)『미군정기 군정단, 군정중대문서 5』, 국사편찬위원회, n.d., 11쪽.
50) 당시 도지사 휘하에 내무국, 학무국, 농무국, 재무국, 상공국, 노동국, 보건후생국, 토목국 등 8개 국으로 편성되어 있었는데, 학무국에는 서무과, 학무과, 조사기획과, 사회교육과 등 4개 과로 구성되어 있었다.
51) 윤상은은 1947년 3월 3일 미국 군정청 경상남도 고문으로 추대된다.『부산의

유학 한 지식인이라는 점과 영어 구사능력이 있었다는 점이 고려되었
다. 학무국장으로서 그가 한 가장 중요한 일은 교사양성, 부산사범학
교와 부산대학교의 설립이었다.

2) 부산사범학교의 설립

교육행정 관료가 된 그에게 있어서 가장 시급한 현안은 정상적인 학
교 교육을 위해 일본인이 떠나간 자리에 필요한 교원을 확보하는 일이
었다. 광복 당시 부산의 경우, 동래, 부산진, 목도, 부민, 남부민, 수정,
초량, 남항, 대신, 성지, 복정, 유락, 대연, 동항, 동삼, 수영, 해운대, 사
하, 다대, 성북초등학교 등 20개 국민학교(초등학교)가 설치되어 있었
는데, 일본인 교수가 전체의 40%를 점하고 있었다.[52] 그런데 이들 모
두가 귀국했기 때문에 교사가 부족한 현실이었고, 특히 귀환동포의 급
증으로 교사부족현상이 심각했다. 이런 현실에서 교사양성은 시급한
과제였다.

이때 윤인구는 연희전문학교와 일본 유학을 마치고 돌아온 강성갑
(姜成甲, 1912-1950) 목사를 불러 함께 일했다.[53] 윤인구는 교원양성을
위해 임시교원 양성소를 설치하는 등 잠정적이 조치로 약 1,500명의
교사를 양성했다. 이런 노력과 함께 1946년 7월 2일 도립 부산사범학
교를 설립했는데, 1955년 5월에는 부산사범대학으로, 1962년 3월에는
부산교육대학으로, 1981년 3월에는 부산교육대학교로 개칭되어 오늘

근대자본가 윤상은의 일행』, 148쪽.

52) 『부산교육대학교 60년사』, 부산교육대학교, 2006, 14쪽.

53) 강성갑 목사의 생애와 교육활동에 대해서는, 이상규, 『부산경남지방 기독교
회의 선구자들』, 고신대학교 출판부, 2012, 357~367쪽을 보라.

에 이르고 있다.[54] 경상남도 학무국장이었던 윤인구는 부산사범학교 초대교장을 겸했다. 그해 9월 초급과 남녀 90명씩 180명, 본과생 61명, 본과 강습과 31명으로 개교되었다. 부산사범학교 교가도 윤인구가 직접 작사한 것이었다. 작곡자는 박태준이었다.[55] 일 년 후인 1947년 6월 1일에는 강재호 경상남도 학무국장이 교장직을 승계했다.

3) 부산대학교의 설립

이 때 부산에서도 대학 설립을 꿈꾸는 여러 기성회가 조직되었는데, 윤인구는 이들을 통합하고 또 기금을 조성하여 미군정청 문교부장 유억겸(俞億兼)을 통해 대학설립 인가를 받았다. 이때가 1946년 5월 15일이었다. 이 날이 부산대학 설립일이기도 했다. 대학은 국립으로 하되 대학이 어느 정도 자리 잡을 때까지는 기성회가 경비를 충당하는 방식이었다. 이것이 오늘의 부산대학교의 시작이었다. 부산대학은 해방 후 설립된 첫 민립대학이자 국립대학이었다. 처음에는 부산수산전문대학을 통합하여 수산과(水産科) 대학과 인문과 대학으로 이루어진 국립부산종합대학교를 출범시켰고, 그 해 8월에는 선교사로 내한하여 연희대학에서 가르치던 베커(Arthur L. Becker, 1879-1978) 박사를 부산대학 학장으로 추대했다. 미시간대학에서 물리학을 전공하여 박사학위를 취득하고 1903년 감리교 선교사로 내한하여 숭실대학과 연세대학에서 가르쳤던 학자였다.

---

54) 『부산교육대학교 60년사』, 연혁.
55) 『부산교육대학교 60년사』, 66쪽; 방덕수, 83쪽. 교가 첫 구절은 다음과 같다.
    "태백산 정기는 이 땅에 맺히고/ 태평양 물결은 이곳에 부딪혀/ 해방의 새날 앞에 일어난 이 학교/ 아 아름답다 너의 이름 부산사범"

부산대학은 이처럼 어렵게 출발했으나 기존의 부산수산전문대학 학생들의 반발로 학교 운영이 제대로 이루어지지 못했다. 1947년 베커가 미국으로 돌아가 버리자, 그해 7월 16일 윤인구 목사가 부산대학교 인문과 대학 학장 서리에 임명되었다. 그러다가 1948년 5월 종합대학의 한 축을 이루던 수산과 대학이 부산수산대학으로 분리되어 나가면서 '국립부산종합대학교'는 해체되고, 인문과 대학은 '국립부산대학'이라는 교명을 사용하게 되었다.

윤인구는 1948년 11월 대학 재건에 매진하기 위해 경상남도 학무국장직을 사임했다. 이듬해 10월에는 부산대학건설위원회를 도지사 중심으로 개편하여 자신은 부위원장이 되었다. 1949년 11월 23일 부산대학 학장이 된 윤인구의 불굴의 노력으로 부산대학은 1953년에는 문리과 대학, 법과 대학, 상과 대학, 공과 대학, 약학 대학, 의과 대학 등을 갖춘 종합대학으로 발전하였다. 그해 11월 26일, 윤인구는 50세의 나이로 국립부산대학교 초대 총장에 취임하여 오늘의 대학으로 발전하는 기틀을 마련했다. 1954년에는 미 국무성 초청으로 경북대학의 고병간 총장, 전남대의 최상채 총장과 함께 미국 대학들을 순방하며 미국 대학을 시찰했다.

부산시 금정구 장전동의 현재의 교사를 마련한 것은 윤인구 총장의 특별한 기여였다. 대학을 설립했으나 마땅한 교사(校舍)가 없어 수산대, 대신동의 청년학술원 등을 전전하는 동안 윤인구 총장은 학교 부지 마련을 위해 고심했고, 미군 군수기지 사령관 리차드 위트컴(Richard S. Withcom) 준장을 만나 도움을 청했다. 위트컴은 정부와 경상남도 도지사를 설득하여 현재의 부산대학교 교정인 부산 금정구 장전동 캠퍼스 부지 50만평을 무상으로 불하받도록 도움을 준 것이다. 이런 과정을 거쳐 1957년에는 서구 대신동에 있던 캠퍼스를 현재의 위치로 이전하게 된 것이다. 1959년 11월 25일 초대 총장의 임기가 끝나고 총장

연임은 교수회의에서 부결되었다. 문교부가 그를 총장 서리로 임명하여 다시 총장직을 수행했으나 1960년 4·19 혁명 이후 사표를 제출하였다. 이름이 국립대학이지 사립대학으로 이끌어 온 윤인구 박사는 1946년 이래 약 15년간 부산대학을 위해 일하고 물러났으나 그가 일한 것에 비하면 배신감을 느낄 정도로 그에 대한 합당한 예우가 없었다고 한다. 퇴임식이나 퇴직금도 받지 못했다고 한다.[56]

한 가지 논의할 점은 그의 교육관이다. 윤인구 박사는 마음만 있었다면 사립대학으로, 특히 기독교대학으로 출발할 수 있었을 것이다. 그러나 그는 국립대학을 지향했고, "대학교육을 국가적 차원에서 설립 유지해야 한다."고 생각했다.[57] 학교 설립 당시 그가 공인이었다는 점과 광복 이후의 부산의 교육상황에서 볼 때 국립대학을 지행한 점은 이해 할 수 있다. 그는 "진리가 너희를 자유케 하리라"(요8:32)에서 따온 진리와 자유를 부산대학의 이념으로 제시하는 등 기독교적 가치에 무관심하지 않았으나, '대학교육은 국가적 차원에서 수행되어야 한다'는 교육관은 대학교육관은 서구 기독교적 전통에서 볼 때는 이해하기 어려운 측면이 있다. 당시 부산교계가 대학을 설립하거나 운영할 역량을 갖추지 못했다고 판단하여 국립대학을 지향한 점은 충분히 이해할 수 있으나, 서구기독교회는 교육의 주체가 '부모'인가 '국가'인가 하는 점에 대하여 오랜 토론이 전개되었고, 국가주도의 교육은 가치중립적일 수밖에 없다는 점에서 기독교 교육을 위한 생존의 투쟁을 전개한 사례가 있기 때문이다. 예컨대, 화란개혁교회는 '학교전쟁'(school war)이라 불리는 60여 년 간의 사립대학 설립운동을 전개하였고, 그 결과 1880년 자유대학교(Free University)를 설립했던 카이퍼와 기독교국민교

---

56) 방덕수, 앞의 책, 98쪽.
57) 방덕수, 앞의 책, 86쪽.

육협회'(The Society for Christian National Education)의 힘겨운 싸움을 고려한다면 신학을 공부한 목사 윤인구의 가치중립적 교육관은 후일 논의의 주제가 될 수 있다.58)

윤인구는 미국 유학에서 기독교대학, 혹은 기독교 교육을 지향했던 18세기 설립된 윌리엄 메리대학(1693), 예일대학(1701), 뉴저지대학(1746), 햄돈-시드니대학(1783), 킹스 칼리지(1754), 19세기 설립된 하노버대학 (1827), 일리노이즈대학(1829), 웨스트민스터대학(1815), 듀북대학(1852) 등을 알고 있었을 것이다. 또 1954년 미국대학 순방시 인문대학(Liberal Art College) 중심의 기독교대학들에 대해서 모르지 않았을 것이다. 이런 대학이 지향했던 대학이념을 한국적 상황에서 적용하려는 생각을 하지 못했을까 하는 아쉬움이 없지 않다.

---

58) 1880년 10월 아브라함 카이퍼(Abraham Kuyper, 1837-1920)에 의해 설립된 자유대학은 학문의 중립성을 거부하고, 비기독교적 학리에 대항한 기독교적 학리 위에서 보다 일관된 기독교 학문운동을 전개했다. 카이퍼는 이 대학 개교식에서 '영역주권'(Souvereiniteit in Eigen Kring)에 대해 강연했는데 이것은 그의 사상의 중심이었다. 당시 화란에서는 교육은 '국가'가 하는 일이라 하여 국립학교만 인정할 뿐 사립학교는 오랫동안 허용되지 않았다. 비록 공립학교에 반대하고 비공립학교(non-state school)를 설립하기도 했으나 공립학교와 동일한 법적인 권리를 보장받지 못했다. 이런 상황에서 19세기 당시 칼빈주의자들은 종교의 자유와 함께 종교교육의 자유를 주장하며 교육에 있어서 종교적 신념의 허용을 주장하는 기독교 교육을 위한 투쟁을 시작하였다. 이것은 합리주의와 세속주의 그리고 당시, 학교교육에서 영향을 끼치는 19세기 자유주의 신학을 배격하기 위한 노력의 일환이기도 했다. 학교는 국가기관이며 교육은 '부모'가 할 일이 아니라 '국가'가 할 일이라 하여 정부는 사립학교 설립을 반대하였다. 그러나 칼빈주의자들은 자녀들에 대한 교육의 책임은 일차적으로 '부모'에게 있다는 점을 들어 사립학교의 설립을 주창하였고, 사립학교를 통한 신앙교육을 줄기차게 요구하였다. 이들은 학문과 신앙, 혹은 신앙과 학문은 별개일 수 없으며 상호 구별된 이원론적인 실체로 파악할 수 없다고 본 것이다. 이상규, "대학의 역사에서 본 기독교대학"『기독교대학과 교육』, 고신대학교 출판부, 2014, 75~76쪽.

윤인구가 대학설립의 이상과 함께 신앙입국(信仰立國), 곧 기독교대학 혹은 기독교 교육에 대한 이상이 있었더라면 부산의 학교 상황은 크게 달라졌을 것이다. 부산대학이 국립대학으로 출발하였으나 1948년 정부수립 후 첫 문교부 장관이었던 안호상 씨가 부산대학은 윤인구 목사가 설립했다는 점에서 "대한민국 정부가 설립한 대학이 아니라"며 홀대하기까지 한 점을 고려해 볼 때 더욱 그러하다.

부산대학교 총장으로 재임하던 1958년 윤인구 목사는 미국 휴론(Huron) 대학으로부터 명예신학박사 학위를 받았다. 이 학교는 한국선교사 출신인 메쿤(McCune, 尹山溫)이 총장으로 있던 학교였다. 이 대학이 개교 75주년을 기념하여 윤인구에게 학위를 수여하게 된 것이다.

4) 연세대학교 총장으로서의 활동

부산대학을 떠난 윤인구는 연세대학교 총장으로 선임되었다. 1961년 9월 25일 모인 연세대학교 이사회는 그가 목사이자 대학교육 경력자라는 점을 고려하여 총장으로 초빙한 것이다. 그래서 윤인구는 1961년 11월 12일 연세대학교 총장에 취임했다. 1915년 설립된 연희대학과 1901년 시작된 세브란스의과대학이 1957년 통합하여 연세대학교로 개칭되었는데, 윤인구는 백낙준, 고병간에 이어 제3대 총장으로 취임하게 된 것이다.

윤인구는 연세대학교 총장으로서 재임하는 동안 기독교대학에 근본 이념을 둔 교육기관으로서의 육성과 교수진 강화에 역점을 두었다.[59] 또 1962년에는 교수계약제도를 실시했는데 이는 한국에서의 첫 시도

---

59) 『연세대학교백년사 2』, 67쪽.

였고 매우 획기적인 시도였다. 교수의 연구와 교수 활동을 격려하고, 학문의 침체를 자율적으로 방지할 수 있는 제도였으나 반발과 우려가 없지 않았고,[60] 오래지 않아 이 제도는 폐지된다. 또 학생들의 신앙지도를 위해 교목실을 신설하여 기독교 교육과 채플을 체계적으로 운영할 수 있도록 하였고, 서울역전에 있던 세브란스 병원을 신촌캠퍼스로 이전하였다. 그리고 교양교육의 중요성을 인식하여 교양학부를 신설하였는데 이는 그의 교육관을 반영한다. 1964년에는 부산가정대학, 음악대학, 교양학부, 그리고 연합신학대학원을 설립하였다.[61] 그의 재임기에 연합신학대학원을 설립한 일은 후일의 성과를 고려해 볼 때 중요한 기여였다.

그러나 이해에 발생한 기부금 입학과 관련된 '입학사건'으로 총장과 교수, 이사회와 격하게 대립하였고, 총장은 이 일에 책임을 지고 사임을 결정했다.[62] 즉 윤인구는 꼭 3년을 일한 다음 1964년 8월 총장직에서 물러나 부산으로 돌아왔다.[63] 부산대학을 떠날 때와 마찬가지로 연세대학교에서도 내분과 자리다툼을 경험하고 유쾌하지 못하게 학교를 떠났다. 많은 사람들이 높은 자리를 탐하지만 그 자리에서 누리는 특권만큼이나 비감도 적지 않았다.[64]

---

60) 『연세대학교백년사 2』, 67~68쪽.

61) 『연세대학교백년사 2』, 68쪽. 방덕수, 앞의 책, 100~101쪽.

62) 이 사건에 전말에 대한 해명은 방덕수, 앞의 책, 103~104쪽을 보라.

63) 『연세대학교백년사 4』, 연세대학교, 1985, 420쪽.

64) 원일한(H. G. Underwood) 박사는 윤인구의 연세대학교 총장 재직 기를 부정적으로 인식하고 있다. 윤인구는 '자기 소유'의 대학교 총장으로 일했기 때문에 연세대학교와 같은 진정한 법인체 대학교에서 서로 협조하며 운영하는 풍토에 적응을 하지 못했다고 평가했다. 또 윤인구는 "권위주의적으로 학교를 혼자서 운영하려고 하였다. 재단위원회나 행정위원회와 협의도 없이 학교의 고액의 기부금을 낸 가족의 자녀들을 입학시켰다."고 했다. 그리고 그런 일은 '자기 소유'의 대학에서는 흔히 볼 수 있는 일이지만 연세대학교에서는 용납

7. 후기의 날들: 통일주체국민회의 의원

연세대학교 총장직에서 물러난 후 다시 부산으로 돌아온 윤인구는 고혈압으로 3개월가량 투병했고, 다시 건강을 회복하게 되자 대한예수교장로회 통합교단이 운영하는 영남신학교 강사로 혹은 교수로, 그리고 교장 혹은 명예교장으로 활동했다. 이것이 그의 마지막 봉사였다. 1958년 휴론대학으로부터 명예신학박사 학위를 수여받는 그는 동경신학대학에서 다시 명예신학박사 학위를 받았고, 1966년에는 부산대학교에서 명예문학박사 학위를 수여받았다. 그간의 교육활동에 기여한 공로에 대한 인정이었다.

1973년부터 6년간 윤인구 박사는 통일주체국민회의 대의원으로 활동했다. 통일주체국민회의(統一主體國民會議)는 1972년 10월 17일 박정희 대통령이 소위 '10월 유신'을 통해 제4공화국이 출범하면서 헌법에 따라 구성된 간접민주주의 기관이었다. 가장 중요한 기능은 유신헌법의 핵심인 대통령을 간접 선거로 선출하는 것이었다.

법률상으로 통일주체국민회의 의원은 국민의 직접선거로 선출되는데, 대통령을 선출하고 유신정우회로 불리는 국회의원 정수의 3분의 1을 선출하고, 또 국회의 헌법 개정안을 최종 의결하고 통일 정책을 심의하는 기구로 규정되어 있지만, 사실은 통일주체국민회의 의장이자 대통령인 박정희의 거수기 노릇하는 기관이었다. 이 기관은 1979년 10월 26일 박대통령이 사망하자 다음 대통령인 최규하와 전두환을 형식적으로 선출해주는 역할을 맡은 뒤, 이듬해 제5공화국 헌법 발효와 함께 해체되었다. 이런 기관의 대의원이 되겠다고 입후보한다는 것은 그

되지 않는다고 덧붙였다. 원일한,『한국전쟁, 혁명, 그리고 평화』, 연세대학교 출판부, 2002, 284쪽.

〈표 1〉 윤인구 박사의 교육과 중요 활동

구 분		년 도
유초등기	사립구포구명학교 부산진공립보통학교	1903 - 1915
청소년기	동래사립고등보통학교 서울 YMCA학관 수학	1917 - 1919
해외 유학기	名敎中學 3年편입 明治學院 중학부, 고등학부, 신학부 프린스톤신학교 신학석사 에딘버러 대학교 대학원(신학과) 수학	1920 - 1930
목회와 종교활동	진주옥봉(리)교회	1931 - 1934
	부산 광복교회 설립	1947. 11 설립
	부산 소정교회	1953. 3 설립
	구포교회 임시당회장	1959. 9 - 1960. 6
학교설립과 교육활동	복음농업실수학교	1935 - 1939
	조선신학원 교수, 원장	1941 - 1943
	부산대학교 설립, 학장, 총장	1946. 5 - 1960. 4
	연세대학교 3대 총장	1961. 11 - 1964. 8
	부산신학교(영남신학교) 강사, 교장	1969 - ?
행정과 공무 활동	미군정 경남 내무부 학무과장	1945. 11 - 1946. 10
	문교부 학무국장	1946. 10 - 1948. 11
	통일주체국민회의 대의원	1973 - 1979
노년기		1979 - 1986

의 명예에 누가 될 수 있다. 윤인구 목사는 이때의 출마가 자의에 의한 것이 아니었음을 밝히고 있으나[65] 당시 필자는 신학대학원생에 불과했지만 부산 동래지역 전봇대 기둥에 붙어 있는 대의원 후보자 윤인구

---

65) 방덕수, 앞의 책, 114쪽.

박사의 선거벽보를 보고 약간 실망한 일이 있다. 부산대학교와 연세대학교 총장까지 역임한 분이 뭐가 부족해서 이런 기관의 대의원이 되겠다고 출마하실까 하는 생각이 들었다. 그것이 전적으로 자의에 의한 것이 아니었다고 하더라도 그가 걸어갔던 교육자의 여정에 비추어 볼 때 이 점 또한 아쉬운 점이라고 생각했다.

윤인구 박사는 신학을 공부한 학자였지만 목회자 혹은 신학자라기보다는 교육행정가로 활동했다. 물론 해방 이전 조선신학교에서 가르친 일이 있고, 또 연세대학교 총장직에서 은퇴한 후 부산의 부산신학 혹은 영남신학교에서 가르친 일이 있으나 신학자로서의 그의 역할은 미미했다. 또 그는 신학계 주류에서 활동하지 못했다. 평양신학교 출신도 아니었고, 미국에서 학위를 한 것도 아니었고, 또 이북 출신 학자들이 중심이 된 신학교육의 현장에서 경상도 출신이라는 점도 그의 소외에 영향을 주었을 것이다. 그는 신학적으로 볼 때 복음주의적 경향의 신정통주의자였다. 그러나 실제 이상으로 진보적이라는 평가를 받았다. 그래서 평양신학교 중심으로 생각 하던 미국선교사들은 늘 그의 신학을 의심했다. 이런 여러 이유로 한국교계에서의 그의 역할은 제한될 수밖에 없었다.

그는 지도력과 함께 고상한 인품을 지닌 교육자로 알려져 있다. 그의 삶의 여정을 굽어보면, 그는 어느 한곳에 정주하면서 자신의 아성을 구축하고자 하는 일이 없었다. 자신을 필요로 하는 곳이라면 기꺼이 가서 일하며 최선을 다하되 더 이상 자신을 원치 않는다면 깨끗이 물러서는 분이었다. 그러했기에 자신이 설립하거나 설립의 주체였던 조선신학교나 부산대학교를 미련 없이 떠났고, 연세대학교 총장직에도 연연하지 않았던 것이다.

그는 말년에 건강을 잃기도 했으나 1986년 1월 25일, 83세로 하나님의 부름을 받았고, 부산 북구 구포동 산 18번지에 묻혔다. 그의 부인 방덕수 여사는 꼭 9년 뒤인 1995년 11월 7일 하나님의 부름을 받았다.

8. 종합과 평가: 윤인구와 경남 지방 정치

이상에서 고찰한 바처럼 윤인구 박사는 국내외에서의 수학과 유학 이후, 진주교회에서의, 목회 등 종교적인 활동, 조선신학교 설립, 부산 사범학교와 부산대학교의 설립 등 교육활동, 그리고 미군정기 학무국 장으로 일하는 등 종교가, 교육가, 행정가로 일생을 살았다고 할 수 있 지만 그의 가장 중요한 역할은 교육자 혹은 교육행정가로서의 삶이었 다(표 1 참고). 특히 그가 부산교육대학과 부산대학을 설립한 일은 해 방 후 부산지방 학계에 커다란 영향을 끼쳤고, 부산 경남지방 고등교 육사에서 지을 수 없는 공적이라고 할 수 있다.

그러나 해방 후 정치 발전에 끼친 영향은 크지 않는 것으로 평가된 다. 그가 정치인이 아니었기 때문에 그에게서 정치적 역할이나 공헌을 기대하는 것은 논리적이지 않다. 그가 광복 직후인 1945년 11월 미군 정 하의 경상남도 내무부 소속의 학무과장으로, 후에는 학무국장으로 일한 바 있으나 직접적으로 정당에 가입하거나 정계에 투신하지 않았 다. 그의 회고록에서도 당시 정치 현실이나 좌우익의 대립과 같은 정 치현안에 대한 관심을 피력하지 않았다. 이 점은 정치적 현안이나 정 치적 역할은 그가 추구한 삶의 가치가 아니었음을 보여주고 있다. 도 리어 그의 관심은 광복 후의 한국 현실에서 교육입국(敎育立國)을 통 한 봉사였고, 그것을 자신의 역할로 인식한 것으로 볼 수 있다.

그는 단지 정치적 조직으로 볼 수 있는 '조선건국 준비위원회'에 수동적으로 참가한 일이 있다. 해방 후 좌우익의 대립이 심화되었고 부산 경남지역의 경우 좌익 세력이 강했다. 이들이 중심이 되어 8월 17일 건준 경남지부가 결성되었다. 위원장 노백용은 1927년 3차 공산당 경상남북도 책임자였고, 기타 임원들도 좌익계가 독점했다.[66] 박명수는 경남지부가 전국적으로 가장 좌익적인 건준지부였다고 판단하고 있다.[67]

경남건준 지부는 1945년 10월 5일 인민위원회로 개칭되는데, 경남 양산출신 민족운동가 김철수 등이 이에 반발하여 동일 오후 3시 '조선 건국준비위원회 경남연합'이라는 조직을 창립하는데, 윤인구는 이 조직에 수동적으로 참여했을 뿐이다.[68] 윤인구에게 경상남도 교육회의 특별 공로상(1958년)과 부산시 문화상(1959년)을 수여한 것은 부산경남 지역에 끼친 그의 공헌에 대한 공적인 인정이라고 할 수 있을 것이다.

---

66) 박명수, "해방 후 건국준비위원회와 기독교의 역할," 『대한민국 건국과 기독교』, 북코리아, 2014, 96쪽.
67) 박명수, 위의 논문, 96쪽.
68) 신종대, "해방 이후 부산, 경남지방의 변혁운동" 역사문제연구소 편, 『한국 근현대 지역운동사 1: 영남편』, 여강, 1993, 193~227쪽. 박명수, 96쪽에서 중인.

〈참고문헌〉

국사편찬위원회,『미군정기 군정단, 군정중대문서 5』, 서울: 국사편찬위원회, n.d.

김기열,『땅에 한 스승 계셨네 그의 참 삶, 그 옳은 정신』, 서울: 도서출판 그루터기, 1990.

김석준,『미군정시대의 국가와 행정』, 서울: 이화여자대학교 출판부, 1996.

대한예수교 장로회 소정교회,『소정교회 50년사, 1958~2008』, 부산: 도서출판 미남, 2010.

방덕수,『윤인구 박사 그 참다운 삶과 정신』, 부산: 제일인쇄, 1988.

부산교육대학교 60년사편찬위원회,『부산교육대학교 60년사, 1946~2006』, 부산: 부산교육대학교, 2006.

부산근대역사관,『부산의 근대자본가 윤상은의 일생』, 부산: 부산근대역사관, 2010.

연세대학교,『연세대학교백년사』, 서울: 연세대학교 출판부, 1985.

윤인구, "나의 입장,"「경남노회 종교교육통신」 19, 1932. 7.

원일한,『한국전쟁, 혁명, 그리고 평화』, 서울: 연세대학교 출판부, 2002.

이상규,『부산지방 기독교전래서』, 부산: 글마당, 2001.

_____,『부산경남지방 기독교회의 선구자들』, 부산: 고신대학교 출판부, 2012.

_____,『교회쇄신운동과 고신교회의 형성』, 서울: 생명의 양식, 2016.

_____, "대학의 역사에서 본 기독교대학,"『기독교대학과 교육』, 부산: 고신대학교 출판부, 2014.

진덕규, "미군정의, 정치사적 인식,"『해방전후사의 인식』, 서울: 한길사, 1979.

초량교회,『초량교회 100년사』, 부산: 초량교회, 1994.

최병윤,『경남노회 회록 2』, 부산: 부산경남기독교역사연구회, 2017.

한신대학,『한신대학 50년사』, 서울: 한신대학 50년사 편찬위원회, 1990.

허명섭, "한국기독교와 대한민국 건국,"『한국 근대화와 기독교의 역할』, 서울: 두란노 아카데미, 2011.

Edith A. Kerr and George Anderson, *The Australian Presbyterian Mission in Korea*, 1889-1941, Sydney: Australian Presbyterian Board of Missions, 1970.

Evelyn Becker McCune and Heather McCune Thompson, *Michigan to Korea: Arthur Lynn Becker*, Private Publication, 2009.

조남수 목사의 제주지역 정치활동

허명섭

1. 시작하는 말

이 글은 해방 후 한국정치와 기독교인의 역할을 고찰하는데 주된 목적이 있다. 여기서는 특별히 제주지역의 조남수 (1914-1997) 목사를 중심으로 살피고자 한다. 해방 직후 한국 기독교는 한국사회에 중요한 영향력을 행사했다. 최근 박명수의 연구에서 밝혀졌듯이, 기독교를 중심으로 한 민족주의 세력은 해방 직후 한국사회를 구성하는 중요한 세력 가운데 하나였다. "이것은 미군정과 이승만이 한국정치에 등장하기 이전에 이미 전국 도 단위 책임자 8명이 기독교인이었으며, 주요 도시 책임자 역시 기독교인이었다는 사실에서 찾을 볼 수 있다."[1]

해방이 되었을 때, 조남수 목사는 제주지역을 대표하는 유일한 현직 목사였다. 그가 혼자서 제주도내 24개 교회와 2,000여명의 교인을 돌봐

---

[1] 박명수, "해방 후 건국준비위원회와 기독교의 역할," 「성결교회와 신학」 제31호, 2014 봄, 53쪽.

야 하는 형편이었다.[2] 그는 교회당을 빌려 개화운동을 펼치려는 목적
으로 조수교회에 출석하다가 기독교로 개종하였다. 문중과 집안의 박
해가 도리어 그의 믿음을 굳건하게 해 주었다. 결국, 부친의 집요한 구
타 소동을 견딜 수 없어 제주도를 탈출하였다. 목포항에 도착했으나
오갈 데 없는 처량한 신세였다. 외로움과 절망감 속에서 하나님께 눈
물로 호소하다가 하나님의 임재를 체험하고, 늦어도 30세까지는 하나
님께 전적으로 헌신하겠다고 결심했다. 이후 이 서약이 계기가 되어
목회자의 길로 들어서게 되었다. "네 나이 몇이냐 … 30세까지 서약 기
도한 것은 어찌 되었느냐"는 벽력같은 영음(靈音) 앞에 꺼꾸러졌던 것
이다. 1943년 조선신학교를 졸업한 후 협재교회에 부임하여 금성교회
와 애월교회를 함께 돌보았으며, 1944년에는 서귀포교회와 법환교회를
맡아 시무하던 중 목사장립을 받게 되었다. 법환리에서는 일제의 탄압
으로 유치원 사역이 중단되기도 했으며, 서귀포에서는 자선원(慈善院)
을 설립하여 무의탁 노인을 돌보고, 야학교를 개설하여 극빈 청소년들
을 가르치다가 비밀결사 모의하는 죄목으로 끌려가 모진 곤욕을 당하
기도 했다.[3] 하루도 편할 날이 없는 일제 말이었다.

이런 가운데 8.15해방을 맞게 되었다. 이때 조남수 목사는 건국준비
운동에 동참하여 서귀포 건국준비위원회(이하 건준)의 문화부장을 맡
아 각 부락 계몽운동에 힘썼으며,[4] 적산(敵産) 농장 1,400정보를 인수

---

2) 대한예수교장로회 제주노회, 『제주기독교 100년사』, 서울: 쿰란출판사, 2016,
   266~267쪽.
3) 조남수, 『조남수목사 회고록』, 서울: 선경 도서출판사, 1987, 98~99쪽.
4) 이 때문에, 조남수 목사는 1950년 8월에 일어난 "제주도 유지사건"으로 큰 어
   려움을 당하기도 했다. 제주도 유지사건은 제주도 일원에 걸쳐 우익진영의
   핵심적인 인사 160명을 대상으로 벌어진 음모조작 사건이었다. 제주도 유지
   급 인사들에 대해 적대감이 많았던 좌익 성향의 이응하 등이 계엄사에 "인민
   군환영준비위원회"가 전도적으로 조직되었다는 거짓 정보를 흘린 것이 문제

받아 백년대계의 꿈을 키워보기도 했다.5) 그러다가 1947년 7월부터 모슬포교회를 맡아 약 15년 동안 사역하던 중 제주 4·3사건의 참상을 직접 경험하게 되었으며, 한국교회가 기억해야 할 역사적 사건의 주인공으로 자리하게 되었다. 즉, 조남수 목사는 해방 후 제주 사회 및 정치 상황과 관련해 객관적으로 파악할 능력을 갖추었으며, 무엇보다 생지옥 같은 4·3사건의 체험 당사자로 역사적 현장의 생생한 산 증인이었다. 따라서 해방 후 제주 지역의 사회 및 정치와 기독교의 관계를 살피는데 조남수 목사만큼 적합한 인물도 많지 않을 것이다.

이런 맥락에서, 여기서는 해방 직후 한국정치와 제주지역 기독교의 관계를 조남수 목사를 중심으로 살피고자 한다. 이를 위해 먼저 조남수 목사의 건준 활동에 대해 다루고, 이어서 제주 4·3사건의 체험자로서 조남수 목사가 4·3사건을 어떻게 인식하고 있는지를 논하려고 한다. 그리고 조남수 목사가 제주 4·3사건의 대참사 속에서 수행했던 역할과 그 의미에 대해 살핀 후, 논의를 마무리하려고 한다.

2. 제주 건국준비위원회와 조남수 목사

하지(John R. Hodge) 중장이 이끄는 미 24군단이 한국에 진주한 것은 1945년 9월 8일이었다. 다음날, 조선 총독으로부터 항복문서의 서명을 받음으로써, 일제 36년은 막을 내리고 미군정시대가 시작되었다. 이에 앞서 소련군은 8월 26일 평양에 입성하였다. 몇 주 내에 미군과 행정요원의 수는 총 25,000명에 달했다.6)

의 발단이었다. 조남수, 『4·3 진상』, 제주: 관광제주, 1988, 97~100쪽.
5) 조남수, 『조남수목사 회고록』, 126쪽.

미군이 제주에 진주한 것은 1945년 9월 28일이었다. 그린(Roy A. Green) 대령과 사병 38명으로 구성된 일본군 항복접수 팀이었다.[7] 뒤이어 11월 10일, 제59미군 중대가 도착하면서 실질적인 미군정 업무가 시작되었다. 즉, 제주에는 해방 후 약 3개월 정도의 치안공백이 있었는데, 건준과 거기에 뿌리를 둔 인민위원회가 그 자리를 대신했다. 그런데 안타깝게도 이 기간 동안에 일어났던 제주지역의 역사를 알 수 있는 공식적인 자료가 거의 없다. 따라서 이 시기의 역사 서술은 대체로 구미에 맞고 그럴 듯하게 꾸며져 있다. 이런 점에서, 당시 역사의 생생한 증인이었던 조남수 목사의 『회고록』과 『4·3진상』은 이 공백기의 역사를 상당히 메워주고 있으며, 요긴한 사료적 가치를 갖추고 있다.

중앙의 건준은 해방 직후인 8월 16일에 결성되었다. 건준은 중도좌파의 여운형과 중도우파의 안재홍이 주도했고, 공산당 장안파가 합류했다. 송진우의 불참으로 인해 건준은 좌파가 우세한 상황이었다. 게다가 박헌영 중심의 재건파 공산당이 건준에 가담하면서, 건준의 좌파 성향은 더욱 농후해졌다.[8] 미군정 보고서에 의하면, 해방 후 석방된 사람들 중 직업을 얻을 수 없었던 사람들은 대거 공산당에 의해 포섭되었고, 그들의 행동대가 되었다.[9]

박헌영은 프롤레타리아혁명을 강조하며 여운형과 안재홍의 입장을 공격했다.[10] 1945년 8월 20일 박헌영은 이른바 8월 테제에서 "우리 노

6) 브루스 커밍스, 『브루스 커밍스의 한국현대사』, 김동노·이교선·이진준·한기욱 옮김, 서울: 창작과 비평사, 2001, 267쪽.

7) USAFIK, History of the United States Army Forces in Korea (이하 HUSAFIK로 약함), part Ⅰ, chapter Ⅶ, Tokyo and Seoul, 1947·1948, 527~528쪽.

8) 박명수, "해방 후 건국준비위원회와 기독교의 역할," 15쪽.

9) 한국국토통일원, 『미군정 정보 보고서』, 제1권, 서울: 국토 통일원, 1981, 45쪽; 주한미육군 정보사령부정보참모부, 『정보 참모부 일일보고서』, 1945년 9월 11일.

동자, 농민, 도시 하층 주민과 인텔리는 진보적인 민주주의 국가를 희망하고 있지만 조선 민족 부르주아지(지주, 자본가, 상인)는 친일 영향을 벗어나지 못하고 반민주주의 국가건설을 기대하고 있다."11)고 역설하며, "그러므로 반민주주주의적 경향을 가진 반동단체에 대해서는 단호하게 투쟁하여야 한다. '정권을 인민대표회의로'라는 표어를 걸고 진보적 민주주의를 위한 투쟁을 할 것이다."라고 천명했다.12) 여기서 진보적 민주주의란 계급이 주도하는 인민민주주의로 "노동자 농민의 민주주의적 독재정권"을 의미했다.13) 결국, 박헌영의 이런 극좌적 투쟁노선에 밀려 범민족적 연합을 시도했던 건준의 모습은 사라지고 온전히 좌파적인 단체가 되고 말았다. 그 와중에 중도우파의 안재홍을 비롯해 건준 내의 우파들은 좌파 주도의 건준을 탈퇴하였다.14)

　1945년 9월 6일, 건준은 인민공화국을 설립하였다. 미군이 진주한다는 소식을 듣고, 인민공화국을 남한 정부로 인정받으려는 속셈에서 급조된 것이었다.15) 물론 건준은 원래부터 정부를 만들려고 했고, 특히 건준 내의 공산주의자들은 인민공화국을 만들려고 했다. 그러나 미군정은 인민공화국을 인정하지 않았다. 그러나 좌익세력은 9월 11일 조선 당시 유일의 공산당인 조선공산당을 재건하며 세력들의 결집과 확대를 꾀했다.16)

<hr>

10) 민주주의 민족전선 편, 『조선해방 1년사』, 서울: 문우인쇄서관, 1946, 82쪽.; 박명수, "해방 후 건국준비위원회와 기독교의 역할," 16쪽.
11) 박헌영, "현정세와 우리의 임무," 이정박헌영전집편집위원회, 『이정 박헌영 전집 ②』, 서울: 역사비평사, 2004, 49쪽.『박헌영 전집 ②』, 56~59쪽에는 박헌영의 "자필 이력서"가 있다.
12) 박헌영, "현정세와 우리의 임무," 55쪽.
13) 박헌영, "현정세와 우리의 임무," 56쪽.
14) 박명수, "해방 후 건국준비위원회와 기독교의 역할," 19~20쪽.
15) 민주주의민족전선 편, 『조선해방 1년사』, 85~86쪽.; 이만규, 『여운형선생투쟁사』, 서울: 민주문화사, 1947, 214~215쪽.

중앙 건준의 조직과 함께 각 지방에서도 건준이 조직되었다. 지방의
건준 조직은 중앙의 지시나 통제에 의해 이루어진 것이 아니었다.
군·읍·면 등에 생겨난 자치적인 조직들은 명칭도 건국준비위원회,
인민위원회, 자치위원회, 치안유지위원회 등 다양했다. 이런 단체들은
삽시간에 전국으로 번졌고, 건준 지부의 성격을 띤 단체가 8월 말에는
145개소에 결성되었다.[17]

　제주도 건준이 결성된 것은 45년 9월 10일경이었다.[18] 해방 직후 제
주도의 상황은 급박하게 돌아갔다. 서귀지구만 해도 서귀포는 물론 서
호근리, 법환, 서홍리, 토평, 상효, 신효, 하효, 보목 등지에 자생단체들
이 우후죽순처럼 쏟아져 나왔다. 제주 곳곳에서 일본과의 마찰이 있었
다. 서귀포에서는 부면장 김모씨의 내선일체 발언으로 청년들의 추적
소동이 일어났고, 일본인과의 격투가 벌여졌으며, 청년 단체 간에 충
돌이 일어났다. 그리고 건준 문제를 논의하던 강성모·현재탁 등의 인
사들을 일제 경찰이 간섭하였다. 제주읍에서는 제주농업학교 학생들
이 8월 16일 일본군 무기고를 점령하여 대치하는 상황에 이르렀다. 건
준운동을 하던 홍순영·최남식 등도 일제 헌병에 연행되어 협박까지
받았다.[19]

---

16) 박헌영, "자필 이력서," 『이정 박헌영 전집 ②』, 59쪽.

17) 민주주의민족전선 편, 『조선해방 1년사』, 81쪽.; 제주4·3진상규명및희생자명
　　예회복위원회, 『제주 4·3사건 진상조사보고서』, 서울: 도서출판 선인, 2003,
　　75쪽. ※ 이하 『제주 4·3사건 진상조사보고서』로 표기함.

18) 최근 제주도 건준 설립 날짜와 관련해 문제를 제기하는 이들도 있다. 김종민
　　은 "'제주도 건준이 1945년 9월 10일 결성됐고, 건준이 9월 22일 인민위원회
　　로 재편됐다'는 통설과 달리, 제주도 건준은 1945년 9월 23일 조직됐고, 건준
　　이 언제 인민위원회로 재편됐는지는 알 수 없지만 9월 30일까지도 제주도 인
　　민위원회는 조직되지 않았다."고 주장한다. 김종민, "갑작스런 해방 … 제주
　　도 '건준' 결성은 언제?" http://www.ohmynews.com/NWS_Web/View/at_pg.aspx?
　　CNTN_CD=A0002315471 참조.

이런 상황에서 면 단위의 건국준비위원회가 결성되었고, 각 읍면별로 건준운동이 활발하게 전개되었다. 예를 들어, 서귀면 건준은 8월 20일 결성되었다. 주요 임원으로는 위원장 오용국(효돈), 부위원장 강성모(서귀), 총무부장 강○○(서귀), 치안부장 강성건(서귀), 문화부장 조남수(서귀)외 2인, 훈련부장 한천일(서귀), 후생부장 현재탁(서귀)외 4인 등이었다. 여기서 오용국(1904-?)은 당시 서귀면장이었으며, 이후 남조선과도입법의회의원과 제헌국회의원(남제주)에 당선되었다.[20] 그리고 조남수 목사는 해방 직후 제주도 유일의 현직 목사로서, 서귀포교회에서 사역하고 있었다. 그는 처음에 위원장직을 권고 받았다. 미군의 진주를 염두에 둔 배려이자 조처였다. 그가 위원장을 맡는 것이 지방을 위하는 일이자, 미군들과 접촉에도 자연스럽지 않겠느냐 하는 뜻이었다. 그러나 그는 목회자라는 신분과 사정으로 위원장직을 물리치고 대신 요청하면 언제든지 건준의 일을 적극 돕겠다는 조건으로 문화부장을 맡았다. 조 목사는 독실한 천주교 신자였던 강성건 치안부장과 함께 서귀면 각리를 순회하면서 애국가를 가르치고 계몽강연에 열정을 쏟았다.[21]

그러다 9월 10일 제주도 건준을 결성했다. 중앙 건준과의 연계를 위해 도위원회 결성이 필요함을 느꼈기 때문이다. 조남수 목사에 의하면, 이 일에 앞장 선 사람이 오대진이었다.[22] 오대진은 1932년 1월의 '세화리 해녀봉기사건'의 배후로 지목되어 '제주도 야체이카 사건' 관련 인물로 검거 투옥되었다가 해방 직후 출옥한 인물이었다.[23] 이때 투옥

---

19) 조남수, 『4·3 진상』, 18쪽.
20) 「제주신보」 1947년 2월 4일.; 『조선일보』, 1948년 5월 19일; 『경향신문』, 1948년 5월 19일.
21) 조남수, 『4·3 진상』, 10~11쪽, 21쪽.
22) 조남수, 『4·3 진상』, 19쪽.

되었던 관련자 40여명은 해방 공간에서 제주도의 좌익을 움직이는 핵심 세력이 되었다.

제주도 건준은 각 읍면대표 100여명이 제주농업학교 강당에 모인 가운데 출범되었다. 주요 임원진으로는 위원장 오대진(대정면), 부위원장 최남식(제주읍), 총무부장 김정노(제주읍), 치안부장 김한정(중문면), 산업부장 김용해(애월면) 등이었다. 또 집행위원으로 김시탁(조천면), 김필원(조천면), 김임길(대정면), 이원옥(대정면), 조몽구(표선면) 현호경(성산면) 문도배(구좌면) 등 10여명이 선임되었다.[24] 이들 12명 중 오대진, 김정노, 김한정, 김용해, 김시탁, 조몽구, 현호경, 문도배 등 최소한 8명이 "제주도 야체이카 사건"과 관련되어 옥살이 했던 인물들이다. 그리고 여기서 문도배와 김시탁은 이후 남조선과도입법의회의원에 당선되었으나 상경 후 의원사퇴를 선언한 인물들이다.[25] 이처럼 이미 제주도에는 박헌영의 좌파세력이 주도하는 인민공화국의 거센 태풍이 형성되고 있었다. 아직 우익세력에 밀려 그 진면목을 전면에 드러내지 않고 있을 뿐이었다.

한편, 조남수 목사는 강성모, 오대진, 안세운 등과 함께 제주도 건준 7인 위원회의 한 사람으로 활동하였다. 제주도 건준은 일본인 사령관과 만나 권한 이양을 요구했지만 그는 상부의 명령이 없다는 이유로 거부하였다. 이 때문에, 제주도 건준의 권위는 크게 실추되었고, 이후에는 지방 건준이 주도하는 해방 직후의 상태로 돌아가고 말았다.[26]

통설에 따르면, 제주도 건준이 인민위원회로 개편한 것은 1945년 9월

23) 강만길·성대경 엮음,『한국사회주의운동 인명사전』, 서울: 창작과 비평사, 1996, 283쪽.
24) 제주도,『제주도지』제2권, 1993, 49쪽.;『제주 4·3사건 진상조사보고서』, 75쪽.
25) 『조선일보』, 1946년 11월 1일.;『동아일보』, 1946년 12월 15일.
26) 조남수,『4·3 진상』, 12쪽.

22일경이다. 중앙 건준이 인민위원회로 개편됨에 따라서 제주도 건준
도 인민위원회로 개편한 것이다. 대다수 건준 멤버들이 인민위원회의
요원이 되었다.[27] 초기 읍면의 건준이나 인민위원회 위원장들은 대체
로 이념과 무관하게 지역 원로들이 추대되었다. 일제강점기에 면장을
지냈던 사람들도 간부로 포용하는 등 대체로 좌우연합적 성격을 띠었
다.[28] 읍면위원장 가운데 우영하(대정), 김봉규(안덕), 현중홍(남원),
조범구(표선), 김시범(조천) 등은 미군정 하에서 초대 면장을 지냈으며,
김봉규와 현중홍은 4·3발발 이후인 1948년 5월까지 면장에 재직했
다.[29] 다시 말해, 이때까지도 큰 틀에서 볼 때 좌우익 간에는 긴장 속
에서도 동반자 관계를 형성하고 있었다. 그래서 조남수 목사는 이렇게
피력할 수 있었다. '1945년 9월 28일 미군이 상륙할 때까지만 해도, 제
주도 건준에는 좌익과 우익이 없었다. 대정면과 조천면 대의원들 정도
가 좌익성향을 띠었을 뿐 우익일색이었다. 오대진을 도위원장으로 전
형한 것도 그의 열성과 도위원회 모임을 주선한 공로 때문이었다.'[30]

조남수 목사에 의하면, 제주의 좌익세력들이 진면목을 드러낸 것은
10월 이후부터였다.[31] 이 시기는 조선공산당 전남도당 제주도위원회
의 결성 시기와 일치한다. 이 제주도위원회의 결성과 함께 좌우익 간
의 긴장 속 동반자 관계도 막을 내리게 된다. 이때부터 제주도의 좌익

---

27) 김동만, "제주지방 건국준비위원회, 인민위원회 조직과 활동,"「역사비평」12,
1991, 191~196쪽.
28) 제주도 인민위원회 읍면위원장의 명단은 다음과 같다. 현경호(제주읍), 김용
해(애월면), 김현국(한림면), 우영하(대정면), 김봉규(안덕면), 강계일(중문면),
오용국(서귀면), 현중홍(남원면), 조범구(표선면), 성산면(현여방), 문도배(구
좌면), 김시범(조천면).
29) 제민일보 4·3취재반,『4·3은 말한다』①, 서울: 전예원, 1994, 69~70쪽.
30) 조남수,『4·3 진상』, 19쪽.
31) 조남수,『4·3 진상』, 23쪽.

들은 세력화를 꾀하고, 그들만의 건국준비위원회(인민위원회로 추정
됨)를 결성하고 좌우연대로 결성된 기존의 건준을 배척하였다. 10월 9
일은 안세훈(조천)·오대진(대정)·조봉구(성읍)·이도백(대정) 등 좌
익 인사들이 제주극장에서 따로 모여 건준을 좌익일색으로 개편하고
기존의 건준과 결별을 선언한 날이었다.[32]

　여기에 대항하여 일부 우익들은 따로 자신들의 조직을 만들었으나
오래 가지 못하였다. 조남수 목사는 자신의 경험을 이렇게 말한다. "같
은 건준 인사라 할지라도 우익 인사와는 의사가 통하고, 협조 체재가
이루어지면서도 좌익계 건준 인사들과는 의사가 상반될 뿐만 아니라
사사건건 트집과 시비로 나왔기 때문에 은연중 좌익과는 간격이 생기
고, 우익진영 인사들과는 손을 잡을 수밖에 없었다."[33] 이것으로 보아
제주에도 우익이 존재하고 있었지만, 다른 지역보다는 우익의 결속력
이 굳세지 못하였던 것 같다. 교세가 절대 열세였던 제주 기독교도 건
준 내에서의 역할이 약할 수밖에 없었을 것이다.[34]

---

32) 조남수, 『4·3 진상』, 14쪽. 자세한 연구가 필요하지만 45년 10월 9일이 제주도
　인민위원회가 결성된 날일 가능성이 큰 것 같다.

33) 조남수, 『4·3 진상』, 19쪽.

34) 박명수는 해방직후 건준에서의 기독교 역할에 대해 연구 분석한 내용을 여섯
　가지로 정리하였다. 첫째, 전국적으로 볼 때 해방정국에서 결코 좌익이 우세
　라고 말할 수 없다. 둘째, 건준에서 기독교의 역할은 서울에서는 약세였지만
　지방에서는 강세였다. 셋째, 해방 직후 각 지방의 건준 위원장들은 서울을 제
　외하고 총독부로부터 정권을 인수받은 것이 아니라 주민들의 자발적인 의사
　에 의해서 추대되거나 선출되었다는 것이다. 넷째, 해방 직후 건준에 참여한
　기독교 지도자들은 거의가 일제시대 다 민족운동의 경험을 갖고 있는 사람들
　이며 우익의 성향을 갖고 있다. 다섯째, 이렇게 우익주도의 건준은 시간이 흐
　르면서 좌익주도의 인민위원회로 개편되어 주도권을 상실하였다. 여섯째, 좌
　익에게 밀려난 우익세력은 미군이 들어오고, 이승만이 귀국하자 다시 정계에
　복귀하여 우익의 중심세력이 되었다. 일곱째, 몇몇 기독교지도자들은 사회주
　의적인 경향을 갖고 있으며 따라서 해방 직후 좌익에서 활동한 사람들도 상

이때부터 좌익 세력은 제주도민에게 반미 친북 선동과 세몰이를 노골적으로 드러내기 시작했다. 제주읍을 중심으로 좌파세력들을 규합하고, 독서모임과 학습모임 등을 통해 청년과 학생들을 끌어들이기 시작했다.[35] 그리고 1945년 12월까지 제주도 인민위원회, 청년동맹, 소비조합, 협동조합, 제주문화협회 등 좌익단체들을 차례로 결성했다. 이와 함께 좌우익 간의 충돌이 생기고, 반미 시위가 격해지기 시작했다.

해방 직후에는 좌익이라 지목할 수 있는 공산당원이 수명에 불과했다. 이후 제주의 좌익세력은 조선공산당이 신탁통치 반대에서 찬성으로 돌변하는 상황에서 내홍을 겪기도 했지만, 공산당의 절대복종 명령 앞에 순응하여 절대다수가 지지하던 민족의 염원을 배신했다.[36] 그러나 미곡수집정책 등 미군정의 실정을 투쟁의 발판으로 친일청산과 반미를 구호 삼아 좌익들은 그 세력을 키워갔다. 1946년 8월 1일 제주도의 도(道) 승격으로 우익의 입지가 강화되었지만, 좌익세력도 세포조직의 배양을 통해 수백 명으로 증가했다. 박헌영이 미군정에 대한 비합법적 투쟁을 골자로 하는 '신전술' 전략을 천명한 것도 이즈음이었다. 46년 9월의 총파업 사태와 10월의 대구 폭동은 박헌영의 신전술 전략을 적용한 결과였다. 물론 〈스티코프 비망록〉을 통해 밝혀졌듯이 그 배후에는 소련의 지시와 막대한 후원이 있었다.[37]

조선공산당은 10월 폭동으로 치명적인 타격을 입었다. 하지만 1946년 11월 23일의 남조선노동당(남로당) 창당과 47년 초의 당원 배가운동으

당수 존재한다. 박명수 "해방 후 건국준비위원회와 기독교의 역할," 47~52쪽.

35) 조남수, 『4·3 진상』, 14쪽.

36) 김시종, 『조선과 일본에 살다』, 서울: 돌베개, 2016, 128쪽. 이와 동일한 현상이 대구지역에서도 나타났다. 안재성, 『이일재, 최후의 코뮤니스트』, 서울: 인문서원, 2016, 88~90쪽.

37) 중일일보 현대사연구소, "스티코프 비망록," 『중앙일보』, 1995년 5월 11일.

로 난관을 돌파했다. 그런데 10월 폭동의 와중에 제주도의 공산당 조
직은 손상을 입기보다 오히려 세력이 확장 중에 있었다. 10월 폭동에
휘말리지 않았기 때문이다. 그 이유는 제주도의 좌익지형은 온건한 그
룹에 의해 주도되고 있었기 때문이기도 하고, 동시에 박헌영의 신전술
전략을 실행하기에는 아직 좌익세력이 중과부적인 상태였기 때문이라
고도 할 수 있을 것이다. 따라서 미군정청 공보관인 케리 대위가 1947
년 신년사를 통해 제주도에 "육지와 달리 불행한 소요사태가 없었다는
것은 대단히 반가운 일"[38]이라고 감사의 뜻을 전할 수 있었던 것이다.
어쩌면 이것이 이후 4·3사건의 주동인물이 되는 김달삼(본명 이승진)
이 제주도로 파견된 열쇠이기도 할 것이다. 일명 "최후의 코뮤니스트"
로 불리는 이일재의 증언에 의하면, 김달삼이 제주도에 파견된 것은
10월 대구 폭동이 한창이던 와중이었다.[39] 여기에는 과도입법위원 선
거에 참여한 인민위원회 간부 2명(문도배·김시탁)을 지원하고, 제주
4·3사건의 도화선으로 거론되는 1947년 3·1절 기념식을 준비하려는
계획이 있었던 것 같다.[40] 그리고 김달삼이 내도하면서 제주의 좌익들

---

38) 『제주신보』, 1947년 1월 1일.
39) 안재성, 『이일재, 최후의 코뮤니스트』, 129쪽. 이일재의 증언에 의하면(64쪽),
이승진은 제주도 출신으로 대구에 올라온 그의 집안은 버스회사를 경영하던
부잣집으로, 형 이승만은 일본인 상점이던 도야마모자점을 인수 운영하고 있
었다. "돈에 구애받지 않는 이승진은 노동자로 일하지 않고 조직운동만 하러
나녔는데 키가 크고 미남인데다 충동적이고 모험적인 성격이었다." 이승진의
장인은 강문석(혹은 강달삼)으로, 경성콤그룹 멤버이며, 이후 조선공산당 서
기국원, 남로당 중앙위원, 1948년 최고인민위원회 대의원 등을 지냈으며,
1953년 8월에 발생한 남로당계 종파사건에 연루되어 숙청되었다. 김남식,
『남로당연구』, 서울: 돌베게, 1988, 33쪽, 265쪽.; 고문승 편저, 『박헌영과 4·3
사건』, 도서출판 신아문화사, 1989, 31~34쪽.
40) 『서울신문』, 1946년 7월 5일.; 김평선, "제주 4·3의 정치적 원인," 「4·3과 역사」
14·15호, 2015, 241~243쪽.; 박명수, "1947년 3·1절에 나타난 임정법통론과 인민
혁명에 대한 미군정의 대응," 「한국정치외교사논총」 제39집 1호, 2017, 58쪽.

은 강경노선으로 더욱 기울어지기 시작했다. 미조직 상태에 있던 좌파 외곽조직인 민청(1947년 1월 12일), 부녀동맹(1947년 1월 15일) 제주 민전(1947년 2월 23일)을 차례로 결성한 것도 이런 맥락에서 이해할 수 있을 것이다.[41] 이 시기를 전후해 남로당원의 숫자는 3,000여명 정도가 된 것 같다.[42]

좌익은 1946년 3·1절에서 우익에게 패배하였다. 따라서 좌익은 1947년 3·1절 기념식에서는 만회하고자 노력했다. 특히 47년 3·1절은 지방선거와 관련이 있었다. 미군정이 46년 11월 15일 지방정부와 의회선거를 실시할 것을 공고하자, 박헌영은 소련군 사령부 스티코프(Terenty F. Stykov)와 상의하여 이 지방선거에 참여하기로 했다.[43] 이것을 이용해서 각 지방에 인민위원회를 만들고 미군정의 강압정책에 몰리고 있던 좌익세력이 형세를 반전시키고자 했던 것이다.[44]

제주의 좌익단체들은 제주 3·1투쟁 기념준비위원회를 조직하고 본격적인 3·1절 투쟁을 촉진시켰다. 그렇지 않아도, "3·1절 기념도민대회를 미소공동위원회 개최 요구와 결부지어 대대적으로 개최하라"는 남로당 중앙당의 지시가 내려져 있었다.[45] 이런 조직적인 준비과정을

---

41) 『제주 4·3사건 진상조사보고서』, 94~95쪽.

42) 김시종, 『조선과 일본에 살다』, 147쪽. 당시 4·3사건 문서 중 가장 신빙성이 높은 것으로 평가되고 있는 브라운 대령 보고서에 의하면, 4·3사건이 최고조에 달했을 때 인민해방군의 군대는 약 4천명의 장교와 사병을 보유한 것으로 추정되고 있다. 4·3사건의 주역이었던 김봉현은 『제주도인민들의 4·3무장투쟁사』에서 남로당 무장대 세력을 "한때는 무장력이 3천명에 달하였다"고 주장하고 있다. 신상준도 『제주도 4·3사건』에서 핵심적 무장 세력인 남로당 무장대 이외에 부락 자위대를 비롯하여 후방 지원세력이 전성기인 1948년 4월에서 9월 사이에 3천-5천 명 내외였다고 추정하고 있다. 김동일, 『제주 4·3사건 진상조사보고서』, 167쪽.

43) 중일일보 현대사연구소, "스티코프 비망록," 『중앙일보』, 1995년 5월 11일.

44) 『독립신문』, 1947년 1월 25일.

통해 지연과 인맥, 학맥 등 대중동원력을 최대한 발휘하여 총동원하였고, 그 결과 제주도에서 2만5천명이 참여하여 3·1투쟁을 하였다.[46] 이것은 단순히 3·1절 기념식이 아니라 세수도에 인민위원회를 세워서 좌익의 새로운 근거지를 만들려는 계획이었다.[47] 제주 경찰은 이를 염두에 두고 집회는 허가했지만 집회 후의 시위는 허락하지 않았다. 그런데 집회 후 시위가 있었고, 경찰과 충돌이 일어났다. 그 와중에 6명이 경찰 측의 발포에 의해 사망하고 말았다.[48]

이후 3·10파업과 1948년 4·3사건이 발생하기까지 좌익들에 의해 자행된 경찰과 우익계에 대한 크고 작은 공격들은 좌익들의 무차별적 폭력성과 선동 그리고 그들 앞에 숨죽인 제주민심의 격랑을 잘 보여준다고 하겠다.[49] 이들 사건을 계기로 미군정과 경찰은 '제주도 사람은 모두 좌익'이라는 편견을 갖게 되었다.[50] 이때 남로당 무장대가 봉기의 기치로 내건 슬로건은 경찰과 우익청년단의 탄압에 대한 저항, 단선단정 반대와 조국의 통일 독립, 반미구국투쟁이었다.[51] 이것들은 대체로 당시 남로당과 공산당 그리고 좌익계의 대표적인 투쟁 슬로건이

---

45) 김시종, 『조선과 일본에 살다』, 1478.

46) 『조선일보』, 1947년 3월 4일.

47) 박명수, "1947년 3·1절에 나타난 임정법통론과 인민혁명에 대한 미군정의 대응," 59쪽.

48) 『제주 4·3사건 진상조사보고서』, 109쪽.

49) 『제주 4·3사건 진상조사보고서』, 103쪽.; 『독립신문』, 1947년 1월 25일.

50) 현길언, 『섬의 반란, 1948년 4월 3일』, 서울: 백년동안, 2014, 33쪽. "남로당 제주도당은 3·1시위사건 이후 도민 사이에 만연되고 있던 미군정 및 우익세력에 대한 반감을 기화로 1947년 가을부터 당원충원을 시작하였고, 48년 초에는 6만명의 당원과 전체 도민 80%의 지지를 확보했다고 주장했다. 이 무렵 제주도당은 지도부의 조직 개편에 착수, 군사경험이 있고, 교육 수준이 높으며, 급진적이고 젊은 계층으로 당을 정비한다." 고문승 편저, 『박헌영과 4·3사건』, 144쪽.

51) 김봉현·김민주, 『제주도인민들의 4·3무장투쟁사』, 84~85쪽.

었다. 이런 지향점은 5·10선거를 통해 38선 이남 지역 내에서 자유민
주주의 국가를 건설하겠다는 미군정과 국내 단선 지지파들과의 정면
충돌을 예고하는 것이었다. 이제 제주도민들은 자신들의 의지와 크게
상관없이 좌익과 우익의 대결 구도 속으로 휩쓸리게 되었던 것이다.
해방공간에서 대체로 우익의 입장을 견지했던 제주기독교도 그 격랑
을 피해갈 수는 없었다.

3. 조남수 목사의 4·3사건 인식

조남수 목사는 해방 직후 제주의 정치상황과 4·3사건 등에 대해 기
록을 남긴 흔치 않은 증인이었다. 그는 특별히 제주 4·3사건의 피해
당사자이자 많은 피해자를 죽음의 위기에서 건져낸 생생한 증인이었
다. 따라서 그가 제주 4·3사건을 어떻게 이해하였는가를 살펴보는 것
은 매우 의미 있는 일이다.

조남수 목사는 『4·3 진상』에서 이 4·3사건의 발단과 과정 그리고
그 본질적 성격에 대해 이렇게 집약하였다.

> 4·3사건은 1948년 4월 3일에 돌발적으로 일어난 사건이 아니고 남노
> 당 지령에 의하여 1946년부터 태동되고 47년 3·1절 사건으로 서전을
> 이룬다. 계속하여 2·7사건에 이어 4·3사건으로 폭발했으며 6·25동
> 란을 거쳐 1957년 4월 최종 공비 오원권을 생포할 때까지 10년간이나
> 계속된 사건이다. 동시에 많은 제주도민이 학살을 당한 억울한 사건
> 이며 10만 이재민을 발생케 한 엄청난 비극의 사건이다.[52]

---

52) 조남수, 『4·3 진상』, 36쪽.

조남수 목사에 의하면, 제주 4·3사건은 남로당의 지령에 의해 일어
난 계획적인 사건이었다. 즉, "4·3사건은 이 섬을 공산화 하려는 공산
주의자에 의한 폭동이었던 것"이다.[53) 그리고 "4·3사건은 전쟁 아닌
전쟁"이었으며, "이념을 사이에 두고 쌍방이 무기를 가지고 대결한 사
건이다."[54) 동시에 "많은 제주도민이 학살을 당한 억울한 사건"이었다.
토벌대의 과잉 진압을 문제시 하면서도, 기만적인 선동과 무력투쟁을
주도한 남로당에게 그 원초적 책임을 묻고 있는 것이다. 여기서 남로
당은 철두철미한 반(反)종교주의자였던 박헌영에 의해 주도되었던 공
산주의 정당으로, 당의 목적을 위해 폭력과 폭동, 테러 등 수단방법을
가리지 않았던 파괴적인 정당으로 해방공간에서 수많은 인명살상을
초래했다.[55) 조남수 목사는 비극적인 4·3사건의 배후에 있던 남로당
의 실체를 명확히 파악하고 있었던 것이다.

조남수 목사의 4·3사건 인식은 2003년에 간행된『제주 4·3사건 진
상조사보고서』에 기록된 내용과는 차이가 있다. 노무현 정부에 의해
간행된『제주 4·3사건 진상조사보고서』에서는 1948년 제주 4·3사건
의 발발에 대해 다음과 같이 서술하고 있다.

---

53) 조남수,『4·3 진상』, 129쪽.

54) 조남수,『4·3 진상』, 130쪽.

55) 박헌영, "역사상으로 본 기독교의 내면,"「개벽」제63호, 1925년 11월, 66~69
쪽. 김명섭 박사에 의하면, "사회주의자들과 공산주의자들을 나누는 결정적
차이점은 종교에 대한 정치적 입장이었다. 레닌이 이끌던 코민테른은 종교적
신봉을 배격하는 반(反)종교주의를 신봉했다"(99쪽). 그리고 "박헌영이 일도
영단적인 반종교주의자였다면, 김일성은 종교조직을 포섭해서 공산주의에
복속시키고자 했던 반종교주의자였다"(108쪽). 김명섭, "관념충돌로서의 세
계대전과 기독교," [해방공간에서의 한국사회와 기독교 학술토론회 미간행
자료집, 2016. 11. 19.] 참조.; 김명섭, "인류를 위협하는 종교충돌과 반(反)종
교주의,"「지식의 지평」15호, 2013, 104~127쪽 참조.

1948년 4월 3일 새벽 2시를 전후해 한라산 중허리 오름마다 봉화가 붉게 타오르면서 남로당 제주도당이 주도한 무장봉기의 신호탄이 올랐다. 350명의 무장대는 이날 새벽 도내 24개 경찰지서 가운데 12개 지서를 일제히 공격했다. 또한 경찰, 서북청년회 숙소와 독립촉성국민회, 대동청년단 등 우익단체 요인의 집을 지목해 습격하였다. 이는 1954년 9월 21일 한라산 금족지역이 전면 개방될 때까지 6년 6개월 간 지속된 유혈사태의 발발이었다.[56]

이 『제주 4·3사건 진상조사보고서』에 의하면, 제주 4·3사건은 중앙당의 지령 없이 남로당 제주도당이 주체적으로 계획하고 주도한 무장봉기였다. 그런데 이 보고서에는 사실(fact)을 약화시키거나 호도(糊塗)하려는 함정이 숨어있다.[57]

제주 4·3사건 동안, 남로당 무장대(폭도 혹은 인민유격대)는 단지 경찰과 우익단체 요인들을 지목해 습격했던 것이 아니라 젖먹이 어린 아이부터 늙은 노파에 이르는 양민들을 잔인하게 살상했다. 남로당 무장대는 선거관리 위원들을 죽였고, 경찰 가족들과 어린아이들까지 아주 잔인하게 살상했다. 4월 18일 신촌에서는 경찰관 가족이라는 이유로 60세 노모(老母)를 죽이고 목을 자르고 수족을 절단하였고, 그 가족 2명을 중상시켰다.[58] 4월 20일 애월과 화순에서는 만삭된 순경부인과 누이의 배를 갈라 죽였으며, 부모를 찾지 못하면 어린 자식을 난도질했다. 생사람을 곡괭이로 찍어서 살해하는 등 인간으로서는 도저히 상상도 할 수 없는 천인공노할 만행을 저질렀다.[59] 경찰 보고에 따르면, 4월 3일부터 5월 10일 사이에 남로당 무장대에 의해 발생한 피해상황

---

56) 『제주 4·3사건 진상조사보고서』, 167쪽.
57) 김동일, 『제주 4·3사건의 거짓과 진실』, 373쪽.
58) 김대봉, "제주폭동현지답사," 『동아일보』, 1948년 5월 18일자와 5월 20일자.
59) 조남수, 『4·3 진상』, 52쪽.

은 참살된 경찰관 12명, 그 가족 6명, 민간인 58명, 공무원 5명, 방화 35
건, 납치 21명이었다.[60] 남로당 무장대는 심지어 경찰의 직책에 따른
살해 격려금 지급을 내걸었을 정도였다. 직책이 낮은 경찰은 10,000원,
경사는 15,000원, 지서의 차장이나 그 이상일 경우에는 20,000원이었
다.[61] 당시 경무부 공보실장 김대봉은 이 "폭도들의 제1목표는 살인
(殺人)이다"라고까지 했다.[62] 『제주신보』 1957년 4월 3일자 보도에 의
하면, 공비(共匪)에게 참살당한 양민(良民) 만도 1,300여명에 달했다.[63]
남로당의 양민학살은 박헌영의 선전술의 일환으로, 학살과 보복이라
는 악순환의 고리를 만들어 여론을 선동하려는 사악한 계략이 내포되
어 있었던 것이다. 남로당 무장대의 거센 저항과 폭압적 활동의 결과,
5·10총선거는 제주지역 3개 선거구 가운데 1곳에서만 인정되었고, 2
곳에서는 투표율 저조로 인해 무산되고 재선거를 치러야했다.

　이런 맥락에서 볼 때, 『제주 4·3사건 진상조사보고서』의 관점보다
조남수의 입장이 역사적으로 더욱 타당해 보인다. 조남수의 4·3사건
인식은 남로당 무장대의 무자비하고 참혹한 살상의 현장을 목격한 경
험의 맥락에서 나왔던 것이다. 4·3사건의 배후에 남로당 중앙당의 지
령이 있었다는 이런 시각은 남로당 계열의 좌익을 제외하고 4·3사건
을 겪은 대다수 제주도민이 일반적으로 공유하고 있던 정서였다. 그리

---

60) 조남수, 『4·3 진상』, 58쪽. 김대봉이 『동아일보』, 1948년 5월 18일자에 기고한
"제주폭동현지답사"에 의하면, 1948년 5월 3일까지 폭도의 손에 참살된 경찰
관이 12명, 그 가족이 6명, 중경상자가 21명, 그 가족이 3명, 민간인 사망자
37명, 중경상자 58명, 납치된 경찰관 3명, 납치된 양민 19명, 공비사살 5명, 공
비부상 9명이었다.
61) 「주한미육군사령부 정보참모부 일일보고서」 1948년 4월 8일자.
62) 김대봉, "제주폭동현지답사," 『동아일보』, 1948년 5월 18일자와 5월 20일자.
63) 유관종은 「현대공론」 1998년 7월호에 기고한 "제주도 4·3사건의 진상"이라는
글에서 폭도사살(인민해방군 사살)이 7,893명, 자위대 및 동조분자 사살 추정
이 15,600명, 우익계 피살 추정이 4,200명으로 보고 있다.

고 이런 입장은 "공산주의자들은 1948년 2월 중순부터 3월 5일 사이에
폭동을 일으키도록 명령"을 하달하였다는 미군정 보고에 의해서도 뒷
받침된다.[64]

남로당 중앙당이 4 · 3사건에 개입했다는 결정적인 증거는 소위 '1.22
검거사건'에서 노획한 폭동지령문이다.[65] 이 문서에는 "2월 중순부터 3
월 5일 사이에" 제주도에서 폭동을 일으키라는 남로당 중앙당의 지시
가 기록되고 있다.[66] 『제주도 인민유격대 투쟁보고서』에도 "1948년 3
월 중순경 전라남도 당부에서 제주도 당부로 '올구' 이[명장] 동무를 파
견 무장 반격 지령과 함께 … 무장반격에 국경을 최대한으로 동원하도
록 하라는 지시를 하여 왔다."고 적고 있다.[67] 이 투쟁보고서에는 1948
년 3월 15일부터 7월 24일까지 제주 인민해방군의 투쟁 상황이 자세하
게 기록되고 있으며, 김달삼이 해주 인민대표자회의에서 보고용으로

---

64) 「미육군사령부 정보참모부 일일보고서」 (1948년 2월 6일자). "1월 22일 남로
  당 인천지부의 불법총회를 급습하여 획득한 서류에 의하면 공산주의자들이
  2월 중순부터 3월 5일 사이에 제주도에 폭동명령을 내렸고, 또한 경찰간부와
  고위공무원을 암살하고 경찰무기를 탈취하도록 명령을 내렸다고 한다." 남로
  당 제주지부 또한 1948년의 1·22검거사태로 궤멸적인 타격을 입었다. 이때 안
  세훈, 김유환, 김은환, 김용관, 이좌구, 김달삼, 이덕구를 비롯해 제주도당의
  거물 대부분이 체포되었다. 이 1·22검거로 제주에서는 2·7폭동 당시 큰 소요
  가 없었다. 「미육군사령부 정보참모부 일일보고서」 (1948년 2월 7일자); 「김
  동일, 『제주 4·3사건의 거짓과 진실』, 89쪽.
65) 김동일, 『제주 4·3사건의 거짓과 진실』, 91쪽.
66) 『4·3정부보고서』에서는 이 폭동지령문의 실체를 인정하지 않는다. 이 정
  보의 신뢰도가 C-3로 평가되어 있는 것을 들면서, "가능성이 있으나 완전
  히 믿을 수 없다는 뜻을 내포하고 있다"라는 표현으로 거짓 왜곡하고 있
  다. 제주 4·3사건 자료집인 미국 자료집 범례에 의하면, C-3는 정보제공원
  (Source)이 '상당히 설득력이 있으며'(fairly reliable), 정보(Information)가 '사
  실 가능성이 있음(possibly true)을 의미한다. 즉, 정보가 상당히 신빙성이
  높음을 나타낸다. 폭동 지령문의 실체가 폄하되고 부정된 것이다. 4·3중
  앙위원회, 『미국자료집 7집』, 7쪽.
67) 『제주도 인민유격대 투쟁보고서』 참조.

작성한 것이었다.

남로당 중앙당의 제주 4·3사건 개입은 남로당의 조직체계와 운영 방식을 이해하면 명확하게 드리난다. 남로당의 조직 체계는 이원화되어 있었고, 점조직으로 운영되었으며, 지령문서도 암호로 전달될 정도로 베일 속에서 운영되는 당이었다. 중앙당의 지령은 극비사항이었고, 또한 극비로 진행되어야 했다.[68] 그리고 남로당의 모든 회의에는 늘 중앙당의 오르그(조직원)가 참석했다. 오르그는 상부의 지시를 전달하고 지도하는 '조직 지도원'을 말한다. 제주도당 연락원(세포)이었던 김시종은 이렇게 증언한다. "남로당에는 조직부의 그룹회의가 있었다. 이는 각 지역단체의 실무책임자 등에 의한 연락회의로서 도위원회에서는 매년 한 사람의 지도원(오르그)만 참석했다. 지도원은 토의에는 참석하지 않고 최후의 '결어'를 말하고는 곧 자리를 떴다. 그런데 어느 누구도 그 지도원의 이름을 입으로 꺼내지 않고 김 동지, 박 동지 식으로 성만 불렀다."[69] "김달삼 등 군사부 책임자와 9연대 문상길 중위 등이 최종 항쟁 결정을 내리는데 … 뭐 도당에서도 막을 수가 없었지."라는 증언도 이와 동일선상에서 이해할 수 있을 것이다.[70] 즉, 이 증언은 제주도당에서는 봉기를 반대했지만 중앙당의 결정을 막을 수 없었음을 보여준다. 제주도당의 정책결정에는 항상 남로당 중앙당이 버티고 있었던 것이다.[71] 이삼용의 증언에 의하면, 1948년 2월에 있었던 소위

---

68) 김동일,『제주 4·3사건의 거짓과 진실』, 94쪽.

69) 김시종,『조선과 일본에 살다』, 143~144쪽. 제주도당 연락총책이었던 김생민도 이렇게 증언한다. "당에는 반드시 올구가 뒤따릅니다. 남로당을 대표해 가지고 지도하고 회의시키는 감독권을 가진 것이 올구입니다. 중앙당에서는 전라남도 당에 올구를 보내고, 전라남도 당에서는 제주도 당부에 올구를 보냅니다." 제주자유수호협의회,『제주도의 4월 3일은? 2집』, 열림문화, 2010, 219쪽.

70) 제주 4·3연구소,『이제사 말햄수다 1』, 한울, 1989, 163쪽.

71) 김동일,『제주 4·3사건의 거짓과 진실』, 97쪽.

'신촌회의'에서 봉기 문제를 제기한 사람도 김달삼이었다.[72] 두 말할 나위 없이, "4 · 3사건에 남로당 중앙당의 개입이 없었다는 주장은 6.25가 북침이었다는 주장만큼이나 황당한 것이다."[73]

한편, 조남수는 4 · 3사건의 피해가 커진 것은 당국의 과도한 진압에 기인하다고 보았다. 군경토벌대와 서북청년단의 활동은 단순 진압의 수준이 아니라 무법적인 횡포와 폭력 수준이었으며, 국가 공권력의 무자비한 남용이 수많은 무고한 희생을 초래했다는 것이다. "4 · 3사건은 본질적으로 남노당이 단선 단정을 저지하려고 경찰과 우익단체와 양민학살 등 만행으로 공포 분위기를 조성 순진한 도민들을 좌경화하려 할 때 군대와 경찰을 투입하여 진압하기에 이른 것이다. 다만 진압하는 과정에서 과잉 진압한 것이 문제가 될 뿐이지 그 진압이 없었다면 오늘날 어찌되었을까?"[74]

당국의 과잉진압 문제는 당시 제주도 교회지도자들의 공통적인 시각이었다. 당시 4 · 3사건 현장 조사 및 수습차 활동했던 유호준 목사는 이렇게 피력했다. "제주도 교회지도자들의 한결같은 설명은 경찰과 서북청년단이 너무 지나치게 사태를 진압하는 데서 사태가 걷잡을 수 없이 커졌다는 것이었다. 서북청년단은 북한에서 월남한 청년들이 결성한 조직으로 이들이 북한에서 공산당에게 당한 분풀이를 제주도에서 했다는 설명이었다."[75] 군경토벌대 뿐 아니라 서북청년단의 횡포 또한 무고한 양민의 희생을 가져왔던 것이다. 북한의 공산정권에 의해

---

72) 4·3중앙위원회, 『4·3정부보고서』, 158쪽.; 김시종, 『조선과 일본에 살다』, 서울: 돌베개, 2016, 140쪽.

73) 김동일, 『제주 4·3사건의 거짓과 진실』, 83쪽.

74) 조남수, 『4·3 진상』, 머리말 참조.

75) 유호준, 『유호준 목사 회고록, 역사와 교회- 내가 섬긴 교회·내가 살던 역사』, 서울: 대한기독교서회, 1993, 198쪽.

쫓겨 내려온 청년들로 구성된 서북청년단은 반공사상에 투철했으며, 초기에는 영락교회 청년들이 중심이 되었다.[76] 그러나 현기영의 소설 『순이 삼촌』에서도 긍정적으로 묘사되고 있듯이 서북청년단원 모두가 흉악한 것은 아니었다.

조남수에 의하면, 무고한 양민의 피해가 컸던 이유는 무엇보다 양민과 폭도를 구별할 수 없는 상황 때문이었다. 폭도들은 이 점을 최대한 악용했다. 한밤에 관사 등을 습격 방화하고 살상과 약탈을 자행한 후 도주해 버리면, 양민이 억울한 누명을 뒤집어쓰고 폭도 대신 희생을 당해야 했던 경우가 적지 않았다.[77] 이와 관련해 조남수 목사는 이렇게 기록하였다.

> 제주도 4·3사건은 동일한 백의민족끼리 민주, 공산 이념분규로 시작하여 마침내는 좌익과 우익 군경의 틈바구니에서 제주도민 수만명이 무차별 학살을 당한, 참으로 억울하고 비통한 일이다. 공비들은 좌익에 협력하지 않는다고 죽이고 그리고 식량, 의류 등 생필품을 무조건 약탈해 갔다. 군경토벌대는 습격하는 공비와 연락자가 누구냐, 식량, 의류를 낸 사람이 연락하는 게 아니냐 하고 좌익공비가 무서워 떨고 있는 사람에게 공비의 동조자니 협력자니 빨갱이니 하고 죽였다. 범도 무섭고 곰도 무서워 가지도 못하고 오지도 못하는 가련한 도민 그 때 정황을 어떻게 표현하랴. 밤엔 죽창을 가진 자에게, 낮에 권총을 가진 자에게 죽임을 당했으니 무지몽매하고 선량한 도민들에게 억울하게도 누명을 씌우고 죽인 것도 원통하거니와 하물며 40년이 지나도록 연좌제에 묶여 있는 후손들도 있으니 이 얼마나 비통한 일인가?[78]

---

76) 김병희 편저, 『한경직 목사』, 서울: 규장문화사, 1982, 55~56쪽.; 윤정란, 『한국전쟁과 기독교』, 서울: 한울 아카데미, 2015, 제5장 참조.

77) 조남수, 『4·3 진상』, 127쪽.

78) 조남수, 『4·3 진상』, 127쪽.

  무고한 양민의 피해는 1948년 11월 중순부터 전개된 강경진압작전 기간에 집중되었다. 이때부터 1949년 2월까지 약 4개월 간 진압군은 중산간 마을에 불을 지르고 주민들을 집단 살상했다. 4·3사건 과정에서 가장 참혹한 상황이 벌어진 것이다. 문제는 중산간 주민들과 진압군 사이에 불신의 골이 너무 깊었다는 것이다. 해안가로 내려온 주민들도 남로당 무장대와의 연관을 추궁 받으며 억압적인 수사를 받는 일이 잦았다. 남로당 무장대 역시 그런 점들을 악용해 해안가 마을로 내려가면 모두 죽는다며 주민들을 선동해 내려가지 못하도록 했다. 그래도 내려가려는 민간인들은 사살해 버렸다. 또한 무고한 이들을 죽이기까지 하겠냐는 순박한 생각으로 자신의 삶이 터전을 떠나지 못했던 주민들도 희생을 키웠다.[79) 즉, 이 기간에 가장 많은 제주도민들이 희생되었고, 대부분의 중산간 마을이 초토화되었다.[80) 제주 4·3사건진상규명위원회의 보고서에 의하면, 15세 이하 어린이 희생자 중 76.5%, 61세 이상 희생자 중 76.6%가 이 기간에 희생되었다.[81)

  제주 4·3사건의 근원적인 배후에는 제주도를 '해방구'로 만들고자 했던 남로당 좌익세력이 자리하고 있었다. 박헌영은 "제주도의 투쟁은 단선을 반대하여 조선의 통일과 독립을 위하는 남조선 전체 인민투쟁의 일부분입니다."라고 하였다.[82) 여기에 남로당의 선동에 속아 넘어가거나 혹은 그들의 위협에 굴복하여, 아니면 경찰과 극우단체의 과잉진압과 만행에 격분하여, 그것도 아니면 이러지도 못하고 저러지도 못하는 두려움에 사로잡힌 선량한 사람들이 자의반 타의반으로 폭동이

---

79) 김원, 『젊은 대한민국사: 위기』, 45쪽.
80) 『제주 4·3사건 진상조사보고서』, 378쪽.
81) 『제주 4·3사건 진상조사보고서』, 293쪽.
82) 박헌영, "남조선에서 진행된 단선과 관련하여 조성된 남조선정치정세와 통일조선을 위한 투쟁정책에 관한 보고," 『이정 박헌영 전집 ③』, 187쪽.

나 무장봉기에 참여하면서, 4·3사건의 비극과 참상은 확대되었다고 하겠다. 그리고 역사의 아픔이 증언하듯이, 폭력의 시기에는 힘이 없는 무고한 양민의 피해가 눈덩이처럼 커질 수밖에 없었다. 따라서 좌우익의 대립 속에서 좌익세력이 우익인사와 경찰서 습격이라는 투쟁의 방식을 채택했을 때, 경찰과 진압대는 인민무장대와 주민을 구별해야 했다. 이것을 처음부터 분명히 했다면, 훨씬 인명 피해를 줄일 수 있었다. 그리고 그렇게 오랫동안 투쟁에 휘말리지도 않았을 것이다.

4. 제주 4·3사건과 조남수 목사[83]

제주 4·3사건의 희생자는 1948년 10월 10일부터 1949년 3월 1일까지 이르는 주민 집단희생기에 집중적으로 속출하였다.[84] 조남수 목사가 일명 '한국의 쉰들러'라고 불리게 된 계기도 이때 일어났다.

남로당 무장대 간부들은 폭동과 살상의 불을 질러 놓고 7월-8월경에 대거 제주를 탈출했다. 제주 4·3사건의 주동자인 김달삼은 이미 2월에 처가 식구들을 육지로 피신시켜 놓은 상태였다. 김달삼은 8월 초에 제주를 빠져나가 황해도 해주에서 열린 인민대표자회의에 참석했다. 거기서 그는 4·3투쟁의 공로로 국가훈장 2급 수여를 받았으며, 조선

---

83) 이 부분은 다음에 실린 필자의 "4.3사건과 제주 기독교"를 참조하여 재구성하였다. 서울신학대학교 현대기독교역사연구소 엮음, 『해방 공간과 기독교 Ⅰ』, 서울: 도서출판 선인, 2017, 283~311쪽.

84) 『제주 4·3사건 진상조사보고서』에서는 4·3사건의 발발과 전개 과정을 모두 5단계로 구분하여 서술하고 있다. ① 무장봉기와 5·10선거(1948.4.3.-1948.5.10.) ② 초기 무력충돌기(1948.5.11.-1948.10.10.) ③ 주민 집단희생기(1948.10.10.-1949.3.1.) ④ 사태평정기(1949.3.2.-1950.6.24.) ⑤ 사건종결기(1950.6.25.-1954.9.21) 등이다.

민주주의인민공화국 헌법위원회 위원으로 선출되었다.[85] 안타까운 것은 이들의 탈출 후에도 시작된 좌익과 우익의 싸움은 그칠 줄 몰랐고, 이후의 시기에 대량살상이 이루어졌다는 것이다.

이런 상황인데도, 1948년 6월 29일부터 7월 5일까지 평양에서 진행된 '제2차 남북조선 제정당·사회단체 지도자협의회'에서 제주 4·3과 관련해 박헌영은 이렇게 보고했다. "남조선 인민의 단선 항의 투쟁의 가장 빛나는 사실은 제주도 사건입니다. 제주도 인민들의 희생적 투쟁은 벌써 3개월이나 계속됩니다. 이 항쟁을 진압시키려는 경찰과 국방경비대의 모든 시도는 모조리 실패되고 있습니다.… 제주도 항쟁이 진압되지 않는 것은 제주도 인민의 전부가 이것을 지지하는 까닭입니다."[86] 여기서 박헌영이 4·3사건에 대해 비판적이었다는 좌익들의 주장은 왜곡과 조작임을 알 수 있다.[87]

김달삼을 이어 제2대 인민유격대 사령관이 된 이덕구는 제주도를 해방구로 만들겠다는 극단적인 모험주의를 선택했다. 여순반란사건에 대한 오판이 주된 이유였다. 대동청년단 문두천 살해를 시작으로, 이덕구는 15일부터 18일까지 우익인사 살해와 경찰서 방화, 부락민 납치를 자행했다. 10월로 들어서면서 인민유격대는 더욱더 공세를 강화했다. 곳곳에 북한의 조선민주주의인민공화국 깃발을 내걸었고, 10월 23일에는 제주시가에 총격을 가하고 이동 중인 9연대 지프차를 공격했다. 24일에는 인민유격대 사령관의 명의로 대한민국 정부와 군경에 대해 선전포고문을 발표했다. "이 선전포고는 4·3사건이 명백한 반란이

85) 『제주 4·3사건 진상조사보고서』, 240쪽.
86) 박헌영, "남조선에서 진행된 단선과 관련하여 조성된 남조선정치정세와 통일 조선을 위한 투쟁정책에 관한 보고," 『이정 박헌영 전집 ③』, 187쪽.
87) 안재성, 『이일재, 최후의 코뮤니스트』, 119쪽.

며 대한민국을 전복시키려는 내란에 해당한다."는 명백한 단서이다. 또한 11월 2일 남로당 무장대는 국군 9연대 6중대를 타격하여 21명을 살상했다.

이런 상황에서, 군경은 본격적인 진압에 들어갔다. 10월 17일 제주 도경비사령관 9연대장 송요찬은 소개령을 내려 중산간 마을 주민들을 해안가 마을로 이동시켰다. 그리고 중산간 마을에 대한 무단통행을 금 지시켰다. 인민유격대의 게릴라 전략과 파상공세로 피해가 늘어나게 되자, 결국 대한민국 정부는 11월 17일 제주도 전역에 계엄령을 선포 할 수밖에 없었다.[88] 좌우익은 극한 대립으로 치달렸고, 양민들은 그 틈바구니에서 숨조차 크게 쉴 수 없는 상황이었다.

이런 상황 속에서, 조남수 목사는 제주 4·3사건과 관련해 역사적으 로 남을 만한 역할을 하게 되었다. 조남수 목사는 화해의 마중물 역할 과 구명활동, 자수 선무강연, 이재민 구제 사역 등을 감당하였다. 지극 히 어려운 시기에 기독교 정신을 실천했던 것이다.

먼저, 조남수 목사는 상호간의 불신과 두려움 때문에 가로막혔던 군 경과 민간인의 벽을 허무는 데 기여했다. 이 화해의 마중물 사역을 통 해 죄책감과 두려움으로 심령이 꽁꽁 얼어붙었던 사람들이 구명되는 계기가 마련되었다. 조남수 목사의 부임 후 모슬포교회는 부흥일로에 있었다. 그런데 뜻하지 않게 4·3사건으로 자신의 생명마저 위태한 상 태에 놓이게 되었다. 당시에는 피차 대화하다가도 수상하다 싶으면 쏘 아버리는 시절이었다. 따라서 군경과 대화하려는 민간인은 거의 없는 실정이었다. 한마디로 제주도는 글자그대로 경직된 사회였다. 하지만 공비들의 습격으로 죽음의 고비를 넘겼던 조남수 목사는 용기를 내어

---

88) 김원, 『젊은 대한민국사: 위기』, 45쪽.

토벌대장 문형순 대장을 면담하고 화해를 설득하였다. 이때 문형순 대장은 한라산 토벌대가 인민유격대의 근거지를 급습하여 노획한 불온문서를 조남수 목사에게 보여주었다. 그 문서에는 공비들에게 식량 및 각종 생필품을 제공한 부락민들의 명단이 적혀있었다. 이에 조남수 목사는 진짜 공산주의자들과 그 추종자들은 거의 다 죽거나 일본, 북한 등지로 도망친 사실을 언급하며 현재 남아 있는 자들은 극소수의 부화뇌동한 사람들임을 역설하고, 군경이 그들을 품어야 한다고 간청했다.[89]

조남수 목사는 자신의 제안을 믿지 못하는 문형순 대장에게 세 가지 대책을 제시했다. 하나는 계몽정책이었고, 다른 하나는 부락 축성정책, 나머지 하나는 경찰의 공포분위기 해소정책이었다. 전자는 주민들의 의식 구조를 바꾸어 비록 밤중에 생필품을 제공하였을지라도 결코 국군이 죽이지 않는다는 보장이 필요하다는 것이며, 다른 하나는 각 부락에 돌로 3미터 높이의 성을 쌓아서 자체 방어선을 구축하자는 의견이었다.[90]

그 결과, 조남수 목사에게 선무(宣撫) 강연의 길이 열리게 되었다. 조남수 목사는 문형순 대장과 함께 경비대의 허욱 대장을 찾아가 자신의 제안을 설명했다. 이에 허욱 대장은 조남수 목사의 제안에 동의하고 상모리, 하모리, 동일리, 서일리 주민들에게 광장으로 모일 것을 명령했다. 약 6,000명이 광장을 가득 메우자, 허욱 대장이 신분 안전을 보장하겠노라며 자수를 권했다. 하지만 선뜻 나서는 사람이 없었다. 그러자 허욱 대장은 조남수 목사에게 자수 권유 계몽활동을 맡겼다.[91] 이때부터 조남수 목사의 자수 선무강연 활동이 본격적으로 시작되었다.

---

89) 조남수, 『조남수 목사 회고록』, 174~175쪽. 조남수, 『4·3 진상』, 133~136쪽.
90) 조남수, 『4·3 진상』, 136~138쪽.
91) 조남수, 『4·3 진상』, 138~139쪽.

1948년 11월 25일, 조남수 목사는 경비대장과 그 부하들이 자리를 비켜준 가운데 5,000~6,000명의 군중 앞에 섰다. 강연자와 청중이 같이 눈물을 흘림으로써 상호 공감대가 형성되었다. 조남수 목사는 다음과 같이 이들이 자수하지 않을 경우에 당하게 될 처참한 모습을 묘사한 후 신분의 안전을 보장하였다.

> 여러분의 주소와 성명이 기재되어 잇는 명단을 저는 분명히 보았습니다. 그 명단에 기명된 사람들의 생명은 어쩌면 시간문제만 남아 있는지 모릅니다. 여러분, 살 수 있는 길이 하나 있습니다. 사실대로 자수하는 사람에게는 무조건 불문에 부치기로 약속을 받았습니다. 여러분! 여러분이 자수하였다가 그분 중에서 한 사람이라도 죽임을 당하면 나는 여러분 앞에서 할복할 것을 약속합니다. 여러분은 나를 믿고 자수하십시오. 나는 기독교 목사입니다. 내가 강연회 폐회를 선언하고, 군중에게 자수할 사람은 내 뒤를 따르십시오.[92]

조남수 목사의 자수 선무강연에 설득되어 모슬포 경찰서에 따라온 사람은 약 300명가량이었다. 집에서도 수십 명이 기다리고 있는 것을 다시 경찰에 인계하였으며 계속하여 사람들이 밀려들었다. 며칠 동안은 집으로 밀려드는 자수자들을 받아 경찰에 인계하는 일로 즐거운 비명을 울렸다. 이 소식이 요원의 불길처럼 각 부락에 퍼져 나갔다. 대정 지역에서는 각 부락을 빠짐없이 순회하며 자수 강연을 하였으며, 다음은 중문면, 서귀면까지 서쪽으로는 고산, 용수, 두모, 신창, 판포, 월령, 귀덕까지 순회하면서 150여 회의 자수강연을 가졌다. 조남수 목사는 이렇게 약 3,000여 명의 생명을 구할 수 있었다. 이와 관련해 1948년 12월 31일자 동아일보에서는 "제주도민이 군경과 협조하고 있다"고 대서

---

92) 조남수, 『4·3 진상』, 141~142쪽.

특필하였다.93) 이외에도 조남수 목사의 신분보증으로 생명을 얻은 사람이 200여 명이 되었다.94) 이 자수 선무강연운동은 제주 전체로 확산되어 제주읍에서는 1949년 2월에 선무공작대가 조직되었고, 많은 성과를 얻게 되었다.

조남수 목사와 모슬포교회는 이재민 구호에도 힘을 썼다. 모슬포에는 소개령으로 인해 중산간 지역에서 내려온 이재민들이 많이 거주했다. 이를 염두에 두고, 모슬포교회는 4·3사건으로 희생된 교인들의 장례비와 조위금, 구제비를 제직회 결의로 지출했을 뿐 아니라, 특별히 한 주일을 정하여 절식 연보한 약 2만7천원과 의류를 모아서 대정지역 이재민들을 대상으로 구제 사업을 벌이기도 했다.95)

이런 일련의 요건들 때문에, 제주 기독교는 4·3 사건이라는 그 혹독한 시련과 혼란 속에서 오히려 놀라운 성장과 부흥을 이룩했다.96) 4·3사건은 제주도민들에게 교회의 위상을 바르게 인식할 수 있는 계기를 마련해 주었다. 지금까지 기독교는 조상숭배를 배격하는 서양 외래종교로 인식되어 배척당하였지만, 이웃에 대한 사랑을 전할 뿐만 아니라 참으로 생명을 살리는 종교로 인정받게 되었다. 더 나아가서 교회의 목회자에 대한 인식도 달라졌다. 그리고 외지에서 제주도의 치안을 담당하기 위하여 파송된 군인들과 경찰들 가운데 기독교인들이 많았으며, 이들의 배려로 많은 사람들이 생명을 구할 수 있었으므로 이들은 기독교를 다르게 받아들이기 시작하였다.97) 이 시기에 서호교회,

---

93) 조남수, 『4·3 진상』, 142~143쪽.
94) 조남수, 『4·3 진상』, 146~148쪽.
95) 『모슬포교회 100년사』, 280쪽.
96) 제주의 기독교가 4·3사건으로 인하여 입은 피해에 대해서는 다음을 참조하라. 허명섭, "4·3사건과 제주기독교," 295~302쪽.
97) 대한예수교장로회 제주노회, 『제주기독교 100년사』, 257쪽.

강정교회, 표선교회, 애월교회, 예리교회, 판포교회, 봉개교회 등 모두 7개 교회가 세워졌다는 것에서도 제주기독교의 위상 제고를 어느 정도 짐작할 수 있을 것이다.[98]

5. 맺는 말

지금까지 해방 후 제주지역의 정치사회 상황과 기독교의 관계를 조남수 목사를 중심으로 살펴보았다. 조남수 목사는 해방 직후 제주도의 유일한 목사로서, 당시 상황을 제대로 인식하고 있었으며, 건준의 설립과 활동 등 직접 정치 현실에 참여하기도 했다. 그리고 제주 4·3사건의 피해 당사자이자, 죽음의 위기에 처해 있던 수천의 사람들을 살려낸 주인공이자 역사의 생생한 증인이었다.

조남수 목사의 해방 직후 및 제주 4·3사건에 대한 인식은 좌익의 주장과는 많이 달랐다. 조남수 목사에 의하면, 해방 직후 제주도 건준은 좌익이 주도하지 않았으며, 오히려 우익 일색이었다. 제주도 건준의 좌경화 현상은 조선공산당 전남도당 제주위원회가 결성되면서 나타나기 시작했고, 좌익계열의 3개 정당이 합당하여 남로당을 창당하면서 그런 현상을 더욱 두드러졌다. 이때부터 이미 제주 4·3사건의 씨앗은 배태되고 있었다는 것이다.

제주 4·3사건의 주체에 대한 시각도 달랐다. 조남수 목사에 의하면, 제주 4·3사건은 남로당 제주도당에 의해 일어난 자발적인 폭동사건이 아니라 그 배후에 있는 남로당 중앙당의 지령으로 일어난 것이었

---

98) 대한예수교장로회 제주노회, 『제주기독교 100년사』, 258쪽.

다. 그리고 단선단정 반대를 통해 대한민국 정부의 수립을 막기 위해 남로당 세력이 일으킨 반란 사건이었다. 이것이 제주 4·3사건의 본질이었다. 물론 조남수 목사는 서북청년회를 비롯한 토벌대와 군경 진압대의 과잉진압으로 제주 4·3사건의 무고한 희생자가 많이 발생했다고 증언한다. 무고한 양민의 희생은 남로당 무장대를 진압하는 과정에서 피치 못할 일이었지만 얼마든지 피해갈 수 있는 여지가 있었다는 것이다. 그 이유야 여하튼 4·3사건에서 발생한 국가공권력에 의한 과잉진압 또한 잊어버리거나 되풀이 되어서는 안 되는 엄연한 국가폭력이자 과오이며 대한민국의 크나큰 불행이었다. 따라서 대한민국 정부는 무장대와 토벌대 간의 대치로 억울하게 희생된 무고한 양민들의 아픔과 억울함을 보듬어주고 살아남은 자들도 위로해야 한다.

이런 맥락에서, 숨 막히는 상황에서 목숨을 걸고 일구어낸 조남수 목사의 화해의 마중물 사역은 그 가치가 더욱 부각될 수밖에 없다. 좌우익이 모두 미쳐 날뛰는 생지옥 같은 시절, 미치지 않으면 살 수 없는 시절, 무장대의 습격으로 죽음의 위기를 겪은 후 죽으면 죽으리라는 심정으로 진압대를 찾아가 설득함으로 무고한 양민의 죽음을 막아낸 조남수 목사의 행동과 일련의 사역에서 그리스도의 십자가 정신을 발견할 수 있는 것도 그 때문이다. 조남수 목사는 기독교 영성과 정신에 내포된 '용서와 화해' '평화와 인권' '섬김과 나눔' 이라는 소중한 가치를 부각시켰던 것이다.

덧붙여, 글을 맺으며 미로슬라브 볼프(Miroslav Volf)의 다음 글을 음미해본다. "기억의 방패는 종종 날카로운 칼로 바뀌고, 기억의 정의로운 칼은 종종 그것이 수호하려는 선(善)을 제거한다."[99]

---

99) 미로슬라브 볼프, 『기억의 종말』 홍종락 옮김, 서울: IVP, 2016, 36쪽.

〈참고문헌〉

『미군정 정보 보고서』제1권, 서울: 국토통일원, 1981.

『미군정 징보보고서: 주한미육군사령부 정보참모부 일일보고서』제Ⅴ권, 서울: 통일원, 1992.

『미군정 정보보고서: 주한미육군사령부 정보참모부 일일보고서』제Ⅵ권, 서울: 통일원, 1993.

USAFIK, *History of the United States Army Forces in Korea.* Ⅰ-Ⅶ, Tokyo and Seoul, 1947·1948.

『경향신문』

『독립신문』

『동아일보』

『제민일보』

『제주신보』

『조선일보』

강만길·성대경 엮음, 『한국사회주의운동 인명사전』, 서울: 창작과 비평사, 1996.

고문승 편저, 『박헌영과 4·3사건』, 도서출판 신아문화사, 1989.

김남식, 『남로당연구』, 서울: 돌베개, 1988.

김대봉, "제주폭동현지답사," 『동아일보』, 1948년 5월 18일자와 5월 20일자.

김동만, "제주지방 건국준비위원회, 인민위원회 조직과 활동," 「역사비평」 12, 1991, 191~196쪽.

김명섭, "관념충돌로서의 세계대전과 기독교," [해방공간에서의 한국사회와 기독교 학술토론회 미간행 자료집, 2016. 11. 19.].

_____, "인류를 위협하는 종교충돌과 반(反)종교주의," 「지식의 지평」 15호, 2013, 104~127쪽.

김병희 편저, 『한경직 목사』, 서울: 규장문화사, 1982.

김시종, 『조선과 일본에 살다』, 서울: 돌베개, 2016.

김종민, "갑작스런 해방 … 제주도 '건준' 결성은 언제?" http://www.ohmynews.com/ NWS _Web/View/

김평선, "제주 4·3의 정치적 원인," 「4·3과 역사」 14·15호, 2015, 241~243쪽.

김행선, 『해방정국 청년운동사』, 서울: 선인, 2004.

대한예수교장로회 제주노회, 『제주기독교 100년사』, 서울: 쿰란출판사, 2016.

미로슬라브 볼프, 『기억의 종말』, 홍종락 옮김, 서울: IVP, 2016.

민주주의 민족전선 편, 『조선해방 1년사』, 서울: 문우인쇄서관, 1946.

박명수, "1947년 3·1절에 나타난 임정법통론과 인민혁명에 대한 미군정의 대응," 「한국정치외교사논총」 제39집 1호, 2017, 58쪽.

_____, "해방 후 건국준비위원회와 기독교의 역할," 「성결교회와 신학」 제31호, 2014 봄, 53쪽.

박헌영, "남조선에서 진행된 단선과 관련하여 조성된 남조선정치정세와 통일조선을 위한 투쟁정책에 관한 보고," 『이정 박헌영 전집 ③』, 서울: 역사비평사, 2004.

_____, "역사상으로 본 기독교의 내면," 「개벽」 제63호, 1925년 11월, 66~69쪽.

_____, "현정세와 우리의 임무," 이정박헌영전집편집위원회, 『이정 박헌영 전집 ②』, 서울: 역사비평사, 2004.

브루스 커밍스, 『브루스 커밍스의 한국현대사』, 김동노·이교선·이진준·한기욱 옮김, 서울: 창작과 비평사, 2001.

서울신학대학교 현대기독교역사연구소 엮음, 『해방 공간과 기독교 Ⅰ』, 서울: 도서출판 선인, 2017.

안재성, 『이일재, 최후의 코뮤니스트』, 서울: 인문서원, 2016.

유호준, 『유호준 목사 회고록, 역사와 교회- 내가 섬긴 교회·내가 살던 역사』, 서울: 대한기독교서회, 1993.

윤정란, 『한국전쟁과 기독교』, 서울: 한울 아카데미, 2015.

이만규, 『여운형선생투쟁사』, 서울: 민주문화사, 1947.

이혜숙, 『미군정기 지배구조와 한국사회』, 서울: 선인, 2008.

제민일보 4·3취재반, 『4·3은 말한다』 ①, 서울: 전예원, 1994.

제주 4·3진상규명및희생자명예회복위원회, 『제주 4·3사건 진상조사보고서』, 서울: 도서출판 선인, 2003.

제주기독교100년사 편찬위원회, 『제주기독교 100년사』, 제주: 대한예수교장로회 제주노회, 2016.

제주도, 『제주도지』 제2권, 1993.

제주성안교회 100년사 편찬위원회, 『한국교회 첫 선교지, 살리는 공동체 100년,

제주성안교회 100년사, 1908-2008』, 제주: 제주성안교회, 2010.
제주자유수호협의회, 『제주도의 4월 3일은?』 2집, 열림문화, 2010.
조남수, 『4·3 진상』, 제주: 관광제주, 1988.
_____, 『조남수목사 회고록』, 서울: 선경 도서출판사, 1987.
중일일보 현대사연구소, "스티코프 비망록," 『중앙일보』, 1995년 5월 11일.
모슬포교회 100년사 편찬위원회, 『모슬포교회 100년사, 1909-2009』, 제주: 한국
　　　기독교장로회 모슬포교회, 2009.
허명섭, 『해방 이후 한국교회의 재형성』, 부천: 서울신학대학교 출판부, 2009.
현길언, 『섬의 반란, 1948년 4월 3일』, 서울: 백년동안, 2014.
홍영기 책임편집, 『여순사건자료집』 Ⅰ: 국회속기록·잡지편, 서울: 선인, 2001.

III부
전체 종합

해방 후 한국 기독교인의
시기별·지역별 정치활동

양준석 · 최현종

1. 시작하는 말

이 책의 연구는 해방공간에서 한국정치에 기독교가 미친 영향이라는 주제를 중심으로 이와 관련한 기독교 인물연구를 진행했다. 대표적인 기독교계 인물 또는 성직자이면서, 동시에 해방 이후 국가수립과 정치통합이라는 과제를 마주한 한국정치에서 주도적 역할을 한 인물들의 정치참여를 중심으로 연구가 진행되었다. 또한 이 책은 중앙정치뿐 아니라 지방정치 수준에서 진행된 정치세력의 변동과정에 기독교가 미친 영향을 확인하기 위해 각 지역에서 직접적으로 정치에 참여한 핵심적 기독교인들을 선정하였다. 해방공간에서 적극적으로 활동한 기독교인들의 정치참여에 대한 연구는 대한민국 정부수립 과정에 서구 민주주의가 투영되는 맥락과도 깊은 연관이 있다.

이러한 해방공간의 기독교 인물 연구가 갖는 의미에 기초하여 해방 직후 월남한 기독교인 이윤영을 비롯해 6개 지역 11명의 기독인들에 대한 연구가 진행되었다. 구체적으로는 우선 해방식후 월남한 기독교인으로서 해방공간에 주도적 역할을 담당한 이윤영, 서울지역에서 반탁운동을 진행하고, 한독당 내 국민당계의 실질적 리더였던 박용희와 신한민족당에서 우익 정당 통합을 주도했던 이규갑, 충북지역에서 대한독립촉성국민회 지부장 등을 역임한 구연직과 대전지부장, 남조선과도입법의원을 지낸 김창근, 전라지역에서 독립촉성중앙협의회 전북지부를 조직하고, 대한독립촉성국민회를 통해 5.10총선거를 준비한 배은희와 조선건국준비위원회에서 이탈하여 대한독립촉성국민회의 전남지부 부회장을 역임한 이남규, 영남지역에서 한민당 대구지부 수석총무를 지낸 백남채와 부산대학교 설립을 주도한 윤인구, 강원도에서는 강원일보를 창설한 김우종, 제주지역에서 제주4.3사건시 제주도민 피해를 막기 위해 헌신한 조남수 등이 인물연구의 대상이다. 이 글에서는 앞서 진행한 연구들을 바탕으로 해방 직후, 제1차미소공동위원회, 이승만 미국체류, 제2차미소공동위원회, 대한민국 정부수립으로 시기를 구분하여 인물들의 활약을 정리하고, 해당 지역에서 활동한 기독교인들의 정치참여 양상을 분석하도록 할 것이다.

무엇보다도 해방공간의 기독교인 활동에 관한 글이 이렇게 한 권의 책으로 엮일 수 있었던 현실적인 이유는 종교개혁 500주년을 기념하며 그에 대한 한국적 의미를 찾고자 하는 시도에서 출발했다. 박창훈은 마틴 루터와 토마스 뮌처 등의 독일 종교개혁가들, 칼빈의 개혁주의, 그리고 재세례파와 잉글랜드 국교회(성공회)에 이르는 종교개혁의 큰 줄기를 따라, 개신교 주요 교단의 발생배경을 다루면서, 그 정치적 또는 사회적 함의를 드러내고자 했다. 이를 통해 종교개혁은 첫째, 진행

중인 사건이며, 둘째, 교회 안의 타락과 소외와 구태의연함을 극복하여 바꾸려고 삶의 전부를 투여하였던 신앙 공동체 회복운동이었고, 셋째, 개신교인들은 정치적인 의식적 활동을 당연한 것으로 받아들여야 하며, 마지막으로, 교회가 항상 정치적·사회적 약자의 편에 서야 함을 보여준 사건임을 분석했다. 종교개혁500주년을 기념하며 추진된 이 연구들은 역사적 사실들에 입각해 한국사회에 미친 기독교인들의 활동과 영향을 해방공간의 주요 시기와 지역을 중심으로 정리하려 한다.[1]

2. 해방 후 기독교인들의 활동: 시기별

가. 해방 이전 기독교인들의 활동

  박용규는 한국선교초기부터 해방전까지 기독교와 민주·자유독립운동의 연관성을 파악하고 있는데, '춘생문 사건', 독립협회, '을사늑약과 한일병탄', 105인사건, '3.1운동'과 기독교의 관계를 조망하고 있다. 이를 통해 민족독립운동 혹은 민주화운동에서 한국교회가 지대한 영향을 미쳤으며, 미션스쿨의 설립과 복음전도를 통해 단순히 복음만 전하지 않고 서구사상과 서구 자유민주주의를 접할 수 있도록 했다고 주장한다. 또한 초기 한국의 선교사들은 한국인들에게 기독교 신앙과 애국사상이 별개가 아니라는 사실을 교육했고, 민족운동은 선천의 신성학교, 평양의 숭실학교, 서울의 배재학당과 같은 미션스쿨에서 더욱 강하게 일어났으며, 이승만, 이상재, 서재필, 윤치호를 비롯한 초기 한국교회 지도자들의 민족의식은 서양선교사들과 미션스쿨의 서양교육

---

1) 이 연구의 주요 주장과 인용은 이 책의 본문 기술을 기초했다.

의 영향이라는 사실을 부인할 수 없음을 강조했다.

또한 이 시기에 보다 개별적인 지역활동 인물을 추적해볼 필요가 있다. 해방공간에서 월남인들을 대표하여 주도적 활동을 하였던 이윤영의 해방 이전 상황을 파악해보면 평양 산정현교회 장로였던 조만식과 더불어 장로교 못지않게 중요했던 서북지역에서 가장 큰 남산현교회에서 이윤영은 담임목사를 지냈다. 이윤영은 평남 순천에 있을 때 3·1운동이 일어났고, 이 때 자신의 지역에서 독립운동을 주도하다가 평양 감옥에서 1년 6개월 징역을 살았다. 이 때 조만식을 만나게 되었다. 이윤영은 감리교 감독에 출마하기도 했고, 한국과 일본의 감리교를 통합하는데 가장 반대하여 총리원은 이윤영에게 남산현교회를 떠나 신의주로 갈 것을 요청하였고, 이윤영은 여기에 불복하는 등 일제강점기 일본에 억압당한 대표적인 기독교 인물이었다.

다음으로 해방 후 서울지역에서 활동했던 박용희의 해방 이전 활동으로 1910년에는 선교사의 추천을 받아 평양에 위치한 장로교 평양신학교에 입학하였고, 3·1운동에서는 이상재와 박승봉의 지원아래 3·1운동에 깊게 관여하여 민족대표 33인에 버금가는 역할을 담당하였다. 또한 박용희는 교회와 사회개혁을 주장하며 적극적으로 활동했는데, 1930년대 전반 한국교회 신앙 형식화와 현실유리 현상, 이를 유지하려는 보수적 선교사들의 고압적 자세를 비판하며, '사회복음'(社會福音)을 주장한 적극신앙단(積極信仰團)에 주도적으로 참여하였다. 1927년에는 민족주의와 사회주의자들이 연합하여 민족모순의 해결을 목적으로 조직된 신간회운동에 적극 참여하였다. 일제말기 박용희는 전남 순천교회 담임을 맡아 일제의 신사참배 강요에 맞선 거부투쟁에 적극 참여하였다.

또한 서울지역에서 활동한 이규갑은 1919년 3월 1일 만세 시위 후 3

월 초순부터 임시정부 수립에 전력을 다하였고, 홍면희와 함께 '한성
정부'수립의 주역으로서의 역할을 담당하였다. 1919년 4월 2일 인천 만
국공원에서 13도 대표자 국민대회를 개최하고 한성정부를 조직하였고,
4월 10일 상해에 밀파되어 임시정부 수립에 참여하였다. 귀국 이후 목
회를 시작하였는데 1922년 미국 감리교회에서 협동회원으로서 집사목
사 안수를 받았고 1930년에 장로목사 안수를 받아 활동하였다. 이후
10여 년간 블라디보스톡와 만주에서 목회 및 교육과 독립운동에 헌신
했고, 1938년 기독교 탄압으로 검속당해 평양감옥에 수감되는 등 전후
36차례 검거되었다.

충청지역에서 활동하던 김창근은 1937년 대전중앙교회 주임목사가
되고, 영동교회, 공주교회를 개척, 대전고등성경학교를 설립하는 등 대
전지역에서 중요한 역할을 담당했다. 1941년에는 일제의 태평양전쟁
지지연설 요구를 거절하였고 이후 고문을 받고 후유증을 겪기도 했으
며, 1943년 성결교회 교역자 일제 검속으로 다시 수감되었다.

호남지역에서 활동한 배은희는 1915년 평양신학교에 입학하였고
3·1운동 때에 윌슨의 민족자결주의의 영향을 받아 평양에서 시위에
가담하여 태형 40대를 맞기도 했고, 대구시위, 부산, 청도 등의 여러
지역의 3·1운동에 가담하기는 했으나 투옥되지는 않았다. 1919년에
평양신학교를 졸업하고 목사가 되어 1921년부터 전주서문교회에서 목
회를 하며 근대교육운동을 적극적으로 전개하는 형태로 항일운동을
전개했다. 이후 전주에서 신간회가 1927년 창립되었고, 배은희는 회장
직을 지냈고, 1936년 기독교학교에 대한 신사참배 강요에 거부하여 폐
교당하는 사태를 맞기도 했다. 이후 신사참배를 하였다가 11일 간 금
식하며 회개하기도 했다.

호남지역에서 활동한 이남규는 1920년대 초 서울의 종교교회에 출

석하며, 개최 강연회에서 지도급 인사들이 국내외 정세와 사상적 흐름에 대한 주제를 신앙적 입장에서 이해할 수 있게 되었다. 그는 사회복음주의 신학에 영향을 받았던 양주삼의 설교에 매료되었고, 복음이 개인의 구원뿐만 아니라 사회구원, 사회적 책무까지 감당해야 함을 인식했다. 또한 1925년 자신의 고향 교회에서 죽마고우가 사회주의자가 되어 교회를 어지럽히는 사건을 마주하고 사회주의와는 서로 용납할 수 없다는 결론을 얻었다. 복음과 교회를 강조했던 그는 신사참배 거부와 일본기독교단에 대한 편입을 거부했다.

대구지역에서 활동한 백남채는 1919년 1월 3일 대구 남산교회 장로로 장립되었다. 1919년 3월 7일 대구 3.8만세운동을 준비하다가 예비금속으로 구속되었고, 1920년 7월 석방되자, 조선연화회사를 설립하여 독립군 군자금 조달한 인물이었다. 경남지역에서 활동했던 윤인구는 1929년 메이지가꾸인 신학부를 졸업하고, 미국 프린스턴신학교(Princeton Theological Seminary)로 유학하여 신학석사학위를 받은 후 스코틀랜드 에딘버러대학에 6개월간 유학하고 귀국했다. 윤인구는 귀국하여 진주교회에서 목회를 하다 복음농업실수학교의 교장으로 부임했다. 일제에 의한 강제 폐교이후 서울로 이동하여 조선신학교 설립에 동참하였다.

독립운동가이자, 감리교 목사로 해방 직후 강원지역에서 영향력을 행사했던 김우종은 일제강점기에 1923년 배재고등보통학교에 들어가 1928년 졸업하고, 연희전문학교 문과에 입학했다. 1929년 광주학생운동으로 인해 전국에 동맹휴교와 학생운동이 전개되었을 때 연희전문학교에서 이를 주도했다. 1933년 11월 중국 남경에서 김용기를 소개받고 의열단에 가입했으며, 특히 최동오, 김두봉, 김규식과 가까웠고 1935년 10월 김용기의 소개로 조선민족혁명당에 가입하였다. 1936년 남경에서 조선으로 돌아왔을 때 체포되었고, 1939년에 출옥하였으나,

연희전문학교에서 목사직을 박탈당했다. 김동선은 김우종이 공산주의를 지지하지 않았고 강원도 반탁위원회 회장으로 활동하기도 하였으나 해방 이전의 체험으로 인해 이념보다 민족이 더 중요하다는 입장을 가진 것으로 분석했다.

나. 해방 직후 기독교인들의 활동

해방 직후 평양의 이윤영은 감리교회에서 중심인물로서 부상하였고, 조선민주당 부당수로 활동하였으나 공산주의자들의 압박으로 인해 월남하여 38선철폐대회를 추진하는 활동을 펼쳤다. 평남 조선건국준비위원회의 지방부장으로 지방조직과 지도를 맡았으며, 교회를 중심으로 기존 조직을 활용하기 시작했다. 평남인민정치위원회의 위원장은 조만식, 부위원장은 공산당 현준혁, 조선건국준비위원회측 오윤선이었으나, 현준혁이 피살되자 위원회 내부의 좌우 대립이 본격화 되었다. 이후 오윤선이 사표를 낸 자리에 이윤영이 들어갔고 조만식과 협력이 진행되었다. 조만식은 민족주의 세력을 결집시키기 위해서 조선민주당을 창당을 결심했고, 1945년 11월 3일 조선민주당이 창당되었다. 조선민주당은 민족주의자과 김일성의 공산당이 참가하여 당수엔 조만식, 부당수에는 민족주의 진영에선 이윤영, 공산당 측에서는 최용건이 선출되었다. 이윤영이 조선민주당의 부당수로 선출된 것은 자연스러운 일이다. 왜냐하면 그는 38선 이북의 핵심 정치단체인 평남 인민정치위원회의 부위원장이었고, 당시 북한 시민사회의 핵심인 기독교, 특히 감리교의 중심인물이었기 때문이다.

모스크바삼상회의 이후 신탁통치안 거부에 따라 조만식은 평양의 고려호텔에 연금되었고, 이윤영은 자택에 연금되었다. 이윤영은 신탁통치를 반대한다는 서신과 해방 이후 북한의 상황을 기록한 보고서를 이승만과 김구가 보낸 김욱에게 맡겼고, 김욱은 이를 확보하여 월남했다. 1946년 2월 1일자로 『대동신문』에 보도된 이윤영의 서한이 북한에 알려지자 조만식은 이윤영에게 월남할 것을 권유히였고 2월 11일 서울에 도착했다. 이윤영은 월남 후 우선 이남에 북한의 실정을 알리기 위해 서북청년들과 함께 38선 철폐대회를 개최했다.

해방 직후 서울에서 박용희는 국민당을 출범시키며, 독립촉성중앙협의회에서 활동했고, 이규갑은 건국준비위원회에서 공산주의자들의 활동을 반대하며 조선건국준비위원회 활동을 중단했다. 우선 박용희는 1945년 9월 5일 서울 정동교회에서 기독교계 인사들과 함께 '민주국가 건설'을 표방하면서 사회민주당을 조직하였고, 기독교계 원로급의 위상으로 한국민주당 결성에도 참여하였다. 또한 사회민주당은 6개 정당 및 사회단체 대표들과 더불어 국민당을 창립했는데, 국민당은 신민족주의와 신민주주의 정치사상에 기초한 민족통일 독립국가 건설을 선언했다. 이는 박용희를 비롯한 중도파 정치인들의 중도적 정치적 이념과 방향을 잘 보여주었다. 이승만이 10월 23일 독립촉성중앙협의회 출범에 합의하였을 때, 박용희는 국민당 임원으로 참여하였다. 또한 1945년 11월 조선기독교 남부대회가 개최되었으나, 박용희는 참여하지 않고 12월 기독신민회를 새롭게 조직하여 한국교회의 분열상을 하나로 결집하고, 십자가의 건국이념을 현실 정책에 반영시키려는 목표를 추구한 것이다. 그는 김관식, 함태영, 김용주, 김종대 등과 독립촉성기독교중앙협의회를 조직하였다.

이규갑은 해방부터 본격적으로 정치활동을 진행했다. 1945년 8월 15일 조선건국준비위원회를 발족하였고 재무부장에 이규갑이 선정되었다. 이규갑은 감리교의 최고 비중있는 지도자로서 교회 재건운동에 참여하고 일제잔재 청산에 앞장서며 친일파에 대해 강경한 입장을 가지고 있었다. 조선건국준비위원회 활동 시 재정부장인 이규갑은 친일 행적과 관련된 인물에 대해서 강경한 태도를 보임으로써 여운형과 갈등을 일으킬 정도로 친일 문제에 단호했다. 또한 이규갑은 여운형 중심의 조선건국준비위원회 운영을 반대하면서 비판하였다. 결국 이규갑은 조선건국준비위원회가 인민공화국을 만드는 것에 반대하였고 이로 인해 건준 초기에 활동했을 뿐 좌익이 건준을 주도하면서 건준과 관계를 끊게 되었다. 이규갑은 블라디보스톡에서 독립운동을 하던 30대에 이미 공산당의 진면목을 경험하고, "인류의 적이며, 강도와 같은 공산당과 타협할 수 없음은 중언할 여지가 없는 일"이라며 반공 입장을 강력히 견지해 나갔다. 1946년 2월 6일 독립촉성중앙협의회 선전총본부에서 지방지부대표회의를 열고 이승만과 김구의 통합의견에 따라 대한독립촉성국민회에는 함태영, 오화영, 김관식, 이규갑, 배은희, 최태용, 유재기 등 목회자 및 기독교 지도자들이 참여하였다. 대한독립촉성국민회에는 18명의 자문위원 중 김관식, 김여식, 이규갑, 배은희 등 4명이 참여하였던 점도 기독교인의 영향력이 있었음을 보여주는 것이다.

1945년 8월 15일 해방이 되던 날 구연직에 대한 회고에 따르면, "청주제일교회에서는 영남[구연직 목사의 회]의 고증을 받아 청년들이 철야하면서 태극기를 만든 후 이튿날 청주교도소에 수감되었던 정치범을 비롯하여 잡범들 200여명을 초청하여 환영회를 열고 소리 높여 독립만세"를 불렀다. 이후 구연직과 의사인 이명구를 중심으로 하여 충북지역의 치안유지회의 결성을 논의했고, 구연직을 대표로 선출했다. 미군의 도군정은 치안업무를 담당했는데, 구연직은 충북군정장관 고문직을 담당했다. 독립촉성중앙협의회의 충북지부는 1946년 1월 초에 결성되었고, 구연직 목사는 처음부터 활동했던 것으로 이영식은 판단했고, 구연직은 충북지부 도지부장을 담당했다. 김창근은 일제 항복 후 11월 성결교 재흥총회의 서기로 선출되어 교회 재건을 결의했다. 이후 1946년 2월 대한독립촉성국민회국민회 조직시 성결교회를 대표 하여 참여하였고, 충남독축국민회 부위원장과 대전지부장으로 선출되 어 정치일선에 뛰어들었다.

전라도지역의 배은희와 이남규의 활동도 주목할 만하다. 배은희는 전주청년단을 발족하고 건국시보를 발행하는데 주도적 역할을 진행했 다. 해방 이후 전주에서 시민대회가 열리자 배은희는 민족각성을 촉구 하는 연설을 시행했고, 9월 6일 시국대책위원회에 위원장으로 선출되 었고, 위원단은 치안을 담당하기 위하여 전주청년단을 발족시켰다. 해 방의 사실과 함께 자신들의 활동을 도민들에게 널리 알리기 위하여 건 국시보를 발행했는데, 이는 해방 후 최초의 신문이었다. 배은희는 미 군이 진군 후 그들에게 치안유지의 책임을 인계할 때까지 우파들을 중 심으로 나름대로의 활동을 지속했다.

이남규는 건국준비위원회에 참여했으나 결국 독립촉성국민회에 참 여하는 정치적 궤적을 보였다. 해방 후 광주, 전남 지역을 장악하려고 했던 공산주의자들의 의도에 따라 1945년 9월 조선공산당 전남도당이 조직되었다. 해방 초기 남조선노동당은 전남지역에서도 군 단위까지 상당한 조직을 갖추고 있었고, 건국준비위원회의 구성에서도 그러한 현상이 나타났다. 1946년 전남지역의 대부분의 조선건국준비위원회가 인민위원회로 전환되었을 때 대부분의 우파 세력은 건준을 떠나 대한 독립촉성국민회와 한민당으로 넘어갔다. 전남지역에서 독립촉성중앙 협의회는 1945년 11월 5일 결성되었으며 우파 세력을 대표하였다. 독 립촉성중앙협의회의 전남지부 부회장은 정순모, 이남규였는데, 정순 모와 이남규는 평양신학교를 졸업한 목사였으며 모두 광주와 목포에서 대한독립촉성국민회로 제헌 국회의원에 당선된 인물들이었다. 이 남규는 1920년대부터 공산주의자들이 벌였던 반기독교 운동을 통해 그들의 폭력성을 경험하고 있었고, 종교교회와 YMCA 등에서 공산주 의에 대한 다양한 강연을 통해 기독교와의 차이점을 분명하게 인식하 고 있었다. 이남규는 해방 조국의 민주주의 국가 건설을 위해서 확고 한 반공이 전제되어 있었다.

대구지역에서 활동한 백남채는 조선건국준비경북치안유지회가 결 성되자, 부위원장으로 선출되었다. 조선건국준비경북치안유지회에는 다수가 기독교 지도자(특히 장로교회의 목사와 장로)가 참여하였다. 조선건국준비경북치안유지회는 10월 18일 미군정에 의해 해산되었다.

1945년 8월 16일 김우종은 도청에서 강원도청 간부진과 민간 유지급 인사들이 다수 참석한 가운데 행정권을 이양받아 치안위원회를 조직 하였고, 치안위원회 위원장으로 선출됐다. 위원장인 김우종과 부위원 장 이경중, 청년부장 남궁태는 기독교인이었으며, 이들이 활동했던 건 준과 독립촉성중앙협의회, 통일주체국민회의의 성격은 우익적인 성향 이 강한 단체였고, 건준 강원도 지부의 성격은 전반적으로 우익에 가 깝다고 김동선은 분석했다. 1945년 10월 28일 미군정은 강원도를 점령 하고, 군정을 실시했다. 김우종은 춘천을 대표해 미군정의 고문으로 활동하였다. 그의 회고에 따르면 당시 미군정의 고문진은 결코 군정에 참여하지 않겠다는 것이 그의 생각이었다.

해방 직후 제주도에서는 조남수 목사의 활동이 두드러졌다. 조남수 는 제주지역을 대표하는 유일한 현직 목사였고, 홀로 제주도내 24개 교회와 2,000여명의 교인을 책임졌다. 중앙 건국준비위원회 조직과 함 께 각 지방에서도 조선건국준비위원회가 조직되었는데, 제주도에서 결성된 것은 45년 9월 10일경이었고, 읍면까지 활발히 운동이 전개되

었다. 조남수는 해방 직후 제주도 유일의 현직 목사로서, 서귀포교회
에서 사역하고 있었고 처음 위원장직을 권고 받았으나, 문화부장을 맡
았다. 조남수는 강성모, 오대진, 안세운 등과 함께 제주도 조선건국준
비위원회 7인 위원회의 한 사람으로 활동하였다. 제주도 건준은 일본
인 사령관과 만나 권한 이양을 요구했지만 그는 상부의 명령이 없다는
이유로 거부하였다. 조남수에 의하면, 제주의 좌익세력들이 진면목을
드러낸 것은 1945년 10월 이후부터였고, 여기에 대항하여 일부 우익들
은 따로 자신들의 조직을 만들었으나 지속적으로 활동하지는 못했다.

다. 제1차미소공동위원회와 기독교인의 활동

  월남한 이윤영은 1946년 초부터 본격적인 활동을 시작했는데, 38선
이남지역에서 조선민주당을 정당 등록하고, 이승만을 적극 지지했으
며, 이승만의 정읍발언에 대한 분명한 의미를 알리는 활동을 했다.
1946년 초에 한반도에서 미소공위의 참가자격 문제가 중요한 이슈였
고, 여기서 이윤영의 활동은 중요했다. 조만식의 신탁통치 반대 이후
조선민주당의 주요 인사들은 박해를 받게 되었고, 주요 인사들은 1월
에서 3월 사이에서 거의 월남한 상황에서 조만식이 북한대표로 미소
공위에 참여하게 어려워지자, 이윤영은 조선민주당을 조만식 당수, 이
윤영 부당수로 4월 25일 이남에서 정당등록했다. 이윤영은 모스크바
삼상회의 결정사항인 신탁통치를 민족적인 양심으로 받아들일 수 없
었으며, 이것으로 소련의 박해를 받게 되었다고 입장을 밝혔다. 또한
조만식의 이윤영에게 월남을 권유한 의도를 살펴보면, "최대의 애국
자"인 이승만에 협조하라고 전했고, 이윤영은 수차례 논의한 끝에 이
승만을 적극 보조하기로 결정했다.

  특히, 이윤영의 이승만 정읍발언에 대한 회고는 주목할 만하다. 박

명수에 따르면 이윤영은 정읍발언에서 이승만이 단독정부라는 말을 사용하지 않고, 오히려 통일에 대해서 더 강조했으나, 좌익에서는 이를 단독정부를 의미하는 것이라고 해석하여 이승만을 비난하는 점을 지적했다. 이승만은 민족 통일을 주관할 단체를 만들기 위해, 6월 29일 민족통일총본부를 구성했고, 이윤영은 정경부에 속해서 이승만의 최측근으로 건국운동의 중심에 섰다. 1946년 10월 22일 뉴욕 타임즈의 논설위원인 헤일리가 한국을 방문했을 때 민주의원의 대표로는 김규식이 환영사를 했고, 민족통일총본부를 대표해서는 이승만의 주요 참모로서 이윤영이 환영사를 했다.

　서울의 박용희 역시 신탁통치의 물결에 휩싸이며, 반탁운동의 선두로 활동했고, 우익정당통합 차원에서 국민당과 신한민주당이 한독당에 통합시키는데 주도적 역할을 담당했다. 우익정치세력 김구의 임시정부세력이 반탁으로 본격적인 대응을 시작했고, 박용희와 국민당이 여기에 주도적으로 참여하였다. 여운형, 김규식, 안재홍 등은 기본적으로 좌우익 찬탁·반탁이란 극한 대립을 넘어서 신탁통치 안에서 민족통일국가를 신탁통치안이 알려졌을 때, 박용희는 안재홍과 함께 신탁통치를 반대하여 반탁운동의 선두에서 활동하였다. 그러나 당시 안재홍은 모스크바 3상회의 결정사항이 국내에 제대로 알려지며, 회의 결정사항이 한반도에 통일의 방안이 될 수 있음을 수용하고 있었는데, 이 시기 박용희도 안재홍과 같은 입장을 갖게 되었던 것으로 김권정은 분석했다. 이승만의 독립촉성중앙협의회를 중심으로 과도정권 수립을 위한 비상국민회의를 개최가 제안되었으나 비상국민회의를 통한 과도정부 수립운동이 실패하자 우익정당 통합문제를 논의하였다. 이에 1946년 4월 국민당, 신한민족당, 한국독립당, 3당 통합이 이루어졌고, 박용희는 국민당 안재홍 등과 함께 반탁운동의 선두에서 서서 활약했

다. 미소공동위위원회가 추진되자, 박용희는 민족적 역량을 결집하여
신탁통치반대 의지를 관철시키고자 하였다. 제1차 미소공동위가 결렬
이후 박용희는 기독교계 조직 기반 확대에 나섰다.

또한 서울에서 이규갑은 1945년 12월 민족주의 정당들이 모여 합동
한 신한민족당에 참가하여 이갑성과 함께 주도적인 활동을 펼쳤다. 신
한민족당은 1945년 12월 14일 이갑성을 중심으로 한 정당통일기성회와
김여식을 중심으로 한 정당합동준비위원회가 합류하여 만든 단체로
YMCA회관에서 결성되었다. 신한민족당은 1946년 4월 18일 한독당, 국
민당, 신한민족당의 3당 합당을 통해 한국독립당으로 통합되었다.

충청북도에서의 반탁집회는 대대적으로 개최되었고, 구연직을 중심
으로 우익단체들이 주도적으로 활동했다. 당시 1946년 5월 20일 『동아
일보』에는 충북도민대회 성황이라는 제목으로 "대한독립촉성 충북청
년련맹 주최 독립전취도민대회는 지난 15일 청주무심천 강변 대광장
에서 무려 3만 명의 군중 참집하에 성대히 거행"했다는 내용이 보도되
기도 했다. 이후 이승만이 6월 3일 정읍을 거쳐 6월 8일 청주를 방문했
던 시기에 가장 먼저 만난 인물은 최동준 장로에 의하면 구연직이었
다. 이후에도 이승만은 구연직 목사를 충북의 대표적인 인사로 알고
수시로 자문을 구했고, 의견을 전달했다.

김창근은 이승만의 남선순행시 대전지부장으로 활동하며 대전집회
를 성공적으로 진행했다. 이는 김창근의 조직력과 동원력을 극대화시
킨 것이 주요했고, 이에 따라 김창근이 독립촉성국민회의 입법의원 후
보로 선정되었다. 김창근의 조직력과 결집력은 입법의원 선거에도 영
향력을 발휘했다. 장금현은 김창근을 포함해 5명의 대한독립촉성국민
회 후보 전체가 입법의원으로 당선된 것은 충남과 대전의 조직력과 결
집력이 강한 것이었다고 분석한다.

　배은희는 1946년에 본격적으로 정치활동을 진행했는데 이는 1945년
11월 말 조직된 독립촉성중앙협의회 지부를 기반하여 추진되었다. 독
립촉성중앙협의회의 전북지부는 1946년 1월 중순부터 배은희가 주도
하여 조직되었다. 유직량, 김병수, 장병선 등 배은희와 오랜 기간 함께
활동했던 우파세력 인물들을 중심으로 독립촉성중앙협의회 전북지부
가 조직되었고, 배은희는 독립촉성중앙협의회 전북지부를 조직한 후
에 2월 8일에 조직된 대한독립촉성국민회와 전국지부장 회의에서 적
극적인 활동을 전개하였다. 또한 배은희는 전라북도 우파 세력의 대표
자로서 과도정부 수립을 위해 비상정치회의와 독립촉성중앙협의회 중
앙조직을 통합한 비상국민회의에 참여하였다. 4월 16일부터 시작하여
6월 2일 재개된 이승만의 남선순행 당시 순행지역은 전북에서 가장 중
심적인 지역들이었고, 과거에 인민위원회가 직접 통치하여 그들의 세
력이 강했던 곳이었다. 그렇지만 당시 대한독립촉성국민회 지부들이
주로 기독교인들이 지부장이 되어 조직되었던 곳들이었다. 이승만이
남선순행을 하는 동안 천안, 대전, 김천, 대구, 경주, 부산, 순천, 보성,
나주, 정읍 등에서 대한독립촉성국민회 지부의 환영을 받았으며, 이
때 지방에서 지지 세력을 규합한 남선순행이 끝난 6월 10일 전국대회에
서 배은희가 의장이 되어 행사를 진행했다. 또한 이 시기 미군정은 배
은희와 독립촉성국민회의 전라북도 지부가 극단주의자들과 결별한 온
건 좌파들을 포섭했으며, 입법의회를 지지하고 있는 것으로 평가했다.
　또한 이은선은 배은희의 기독교적 행보도 파악하고 있는데, 1946년
6월 13일에 장로교단장으로 선출되었다. 이남지역에서만이라도 총회를
구성하여 한국장로교회를 재건해야 한다는 취지였고, 배은희가 회장으
로 취임했다. 1946년 6월에 배은희는 대한독립촉성국민회 전국대회 회
장, 장로교단총회장, 비상국민회의 전북협의회에 가담하여 활동했다.

영남지역에서 백남채는 미소공동위원회 결렬 이후 한민당의 대구조직이 1946년 6월 9일에 결성되자, 기업인으로서 한민당에 참여하였고, 한민당 대구지부 수석 총무를 담당했다. 윤인구는 1945년 11월 경상남도 학무과장에 부임했고, 재임시 1946년 2월 도립 부산사범학교, 1946년 5월 국립 부산종합대학교 설립을 추진했다. 윤인구는 부산대학을 기독교대학으로 출범할 수 있었지만 대학교육의 국가적 교육 차원을 고려했고, 이에 대해 이상규는 "신학을 공부한 목사 윤인구의 가치중립적 교육관"으로 표현하였다.

강원지역의 김우종은 1946년 1월 29일 권총휴대혐의로 CIC에 피검되어 정치활동이 일시 중지되었다가 1946년 8월 출옥 후 『江原日報』를 창설하고, 그 초대사장으로 취임하였으며 1946년 11월 남조선과도입법의원 선거에 나가서 낙선하였다.

라. 이승만의 미국체류시기 기독교인의 활동

1946년 말에서 1947년 초를 기점으로 국제정세의 급격한 변화에 따라 한반도에서의 정치적의 갈등은 역시 다른 형태로 전개되었다. 이승만이 1946년 말 미국에 체류하는 동안 이윤영과 배은희는 국내에서 이승만 중심으로 정치세력이 재편될 수 있도록 지원했다. 1947년 1월 대대적인 제2의 반탁운동이 일어났고, 김구는 다양한 우익세력을 통합해서 자신의 영향 하에 두려고 하였다. 임정세력은 1946년 1월 12일부터 시작된 제2의 반탁운동을 통해 정국주도권을 장악하면서 대한독립촉성국민회와 민족통일총본부를 비상국민회의에 통합시키고자 하였다. 이윤영은 당시 미국의 이승만에게 전보를 보냈고, "우리 임원들은 '그런 행동이' 현재 우리의 국민운동에 도움이 되지 않기 때문에 반대한다"고 밝히며, 이승만의 부재 상황에서 이윤영은 이승만 중심의 정치

세력화가 유지될 수 있도록 지원했다.

　또한 이런 상황에서 이윤영과 함께 독립촉성중앙협의회 지방조직을 유지한 인물은 배은희였다. 배은희는 장로교 목사로서 이윤영과 함께 이승만의 측근으로서 활동했다. 배은희는 1947년 3월 1일을 기하여 임시정부를 봉대하려는 움직임에 강력하게 반대했고, 또한 임정봉대는 국제적으로 불리할 뿐만 아니라 한국독립이 지체될 뿐이라고 주장하고 총선거만이 당면과제임을 주장했다. 이승만은 4월 25일에 귀국할 예정이었는데, 임정봉대파들은 그가 귀국하기 전인 4월 20일에 국민대회를 열고자 하였다. 그러나 배은희는 김구에게 이승만 박사 귀국 이후로 국민대회를 연기하고자 하였고, 김구 주석이 간부들에게 지시를 하자 임정봉대파들은 자신들의 계획을 반대하는 배은희 목사를 테러했다. 이승만의 도미외교 시기 지방 후원금 모금은 대한독립촉성국민회 지방지부장들을 중심으로 진행되었으며, 전북도지부장이었던 배은희도 모금활동에 참여했다.

　같은 기간 서울의 박용희는 김구의 제2반탁운동에 참여했으나, 본격적인 반탁노선에 가담하지는 않았다. 임시정부의 김구는 반탁을 추진하기 위한 통일기관으로 1월 24일 우익 42개 단체를 망라한 반탁독립투쟁위원회를 발족시켰는데, 위원장 김구, 부위원장 조소앙·김성수, 지도위원은 박용희가 선임되었다. 김권정은 3.1절 기간 임시정부의 김구는 반탁시위를 통해 독자적으로 세력확장을 시도하였고, 박용희는 반탁투쟁위에 임원으로 참가했으나, 대대적인 반탁노선에 일정한 거리를 유지하고 있었다고 파악했다. 박용희는 2월 15일 과도입법의원 보궐선거에서 당선되어 활동했는데, 부일협력자 처벌 법령 내용이 너무 가혹하여 민심이반의 사태가 일어날 수 있음을 지적하며 무조건 반역자로 규정한 것은 문제이므로 조항의 삭제가 필요하다고 보았다.

이 시기 충남지역에서 활동하는 김창근은 1946년 12월 충남 대한독
립촉성국민회 후보로 과도입법의원에 선출되었지만 1947년 3월 입법
의원직을 사임하였다. 그의 사임은 갑작스러운 것이었지만, 성결교난
의 서기와 부회장으로 선출되어 교단재건에 전념하기 위해서라는 이
유일 것이라 장금현은 분석했다.

마. 제2차 미소공동위원회와 기독교인의 활동

제2차미소공동위원회가 진행되던 시기 주요 기독교인들, 특히 이윤
영과 배은희는 중앙 정치에서 주도적 역할을 진행했다. 1947년 5월 21
일 제2차 미소공동위원회가 열리자 조선민주당은 이를 대비해 이북인
대회(위원장 이윤영)를 열기로 결정했고, 이윤영은 또한 미소공위에
참가하는 우익인사들의 의견 통일을 기하고자 하였다. 1947년 8월 말
미국 대통령 특사인 웨드마이어가 한국의 정치적, 경제적, 사회적 상
황을 객관적으로 파악하여 미국의 조선정책에 반영하고자 한국을 방
문하였다. 이윤영은 조선민주당, 배은희는 민족대표자위원회, 한경직
은 북조선기독교인을 대표해서 웨드마이어 사절단과 만났고, 한국인
들에 대한 교육, 미국의 적극적 행동, 총선 실시, 피난민에 대한 도움
등을 요청했다. 특히, 배은희는 웨드마이어 장군을 만나 두 가지를 요
청하였다. 첫째는 "탁치정부나 판무관제 정부는 엽관배 몇몇 사람의
의사이고 온 민족은 이를 반대하는 바인즉 총선거를 실시하여 한국에
독립정부를 속히 세워달라는 것"이다. 둘째는 "한국에 왔으니 공산치
하에 신음하는 이북동포를 한 번 방문하여 달라"고 부탁하였다.

또한 이은선은 이 시기 배은희가 이승만과 '자율적인 정부' 수립을
준비 필요성을 공유했음을 강조했다. 한민당을 비롯한 대부분의 정치
세력들이 미소공위에 참가하기로 결정하자, 김구와 이승만은 다시 반

탁운동에 집중했다. 6월 반탁독립투쟁위원회와 대한독립촉성국민회 모임에서 배은희는 미소공위 반대운동만이 지금 이 단계에서 가장 요청되는 긴급과제라고 주장했다. 이후 배은희는 이승만에게 대중운동을 조직적 운동으로 전환할 것을 제안했고, 이승만은 "자율적인 정부" 수립을 제안했다. 이에 배은희는 한국민족대표자대회와 비상국민의회 통합 추진과 함께 입법의회와 협력하여 총선거 실시를 준비하여 나갔다.

　1947년 6월 23일에 중앙에서 이승만과 김구가 공동으로 대대적인 반탁집회를 주도해 나갈 때, 청주에도 그대로 전개되었다. 당시 구연직은 "스탈린 군이여 자네가 우리 대한민국을 갖다가 남북으로 이렇게 나누고 신탁통치를 한다고 하는데"라고 시작하며 강연과 활동을 통해 반탁운동을 주도했다.

　이에 반해 박용희와 같은 제2차 미소공위에 참가를 주장하는 진영은 반탁진영과 대립이 불가피했다. 이 시기 박용희는 한독당 내 국민당계열의 실질적인 리더역할을 하였다. 하지만 제2차미소공위는 교착상태에 빠져들었고, 1947년 9월 17일 미국이 한국문제를 유엔으로 넘긴 뒤, 10월 21일 완전히 결렬되었다. 박용희는 민족국가의 독립을 목표로 정치적, 경제적 완전 자주를 확보하기 위한 일환으로 민족통일을 지향하는 정당통합운동을 주도적으로 전개했다. 여기에는 좌우합작에 참여한 중도파들이 정당통합운동에 적극 참여하였다. 10월 20일 민주통일당·신한국민당·민중동맹·신진당 등 5개 정당이 통합하여 민주독립당을 창당하였고, 박용희는 이극로 등과 더불어 의장에 선출되었다.

　대구지역의 반공세력은 '대구10월항쟁' 이후에 강화되었고, 독립촉성대구시국민회(1946년 5월에 결성)는 1947년에 두 차례(6월, 9월) 조직이 강화되어 개편되었다. 한민당 대구시지부도 백남채를 수석총무로 조직을 확대했다. 임희국은 이 시기 우익 정치정당과 단체들은 반공주의에 접한 청장년층을 대거 영입하면서 반공우익화되어 갔다고 강조했다.

마. 대한민국 정부수립시기 기독교인의 활동

　한국문제가 미소공위에서 UN으로 이관되자, 이윤영과 배은희는 독립촉성국민회 전국대표자대회 부위원장으로서 본격적으로 총선거를 위한 주도적이며, 구체적인 활동을 진행했다. 이윤영은 통일조선을 건설하기 위해서 남북을 아우르는 선거를 하는 것이 원칙이지만 현 단계에서는 대내외에 책임을 질 수 있는 민의를 대표할 수 있는 기관이 이남지역에서 우선 구성되어야 함을 주장하며 이승만과 인식을 공유했다. 1947년 4월부터 대한독립촉성국민회의와 민족통일총본부가 통합해갔고, 이승만은 미소공위가 끝나는 시점에서 대한독립촉성국민회를 재정비하면서 부위원장으로 백남훈 외에 신익희, 이윤영, 배은희 3명을 추가하였다. 1948년 3월에 열린 대한독립촉성국민회의 전국대표자대회에서 이윤영은 부위원장으로 선출되었고, 핵심인물로 활동했다.

　배은희 역시 이승만의 총선거 입장을 지지하며, 구체적인 총선거 지원 활동을 수행했다. 한국문제가 9월에 유엔으로 이관되자 우익진영은 대한독립촉성국민회를 중심으로 총선거대책위원회를 구성하였으며, 제4차 대한독립촉성국민회 전국대표자대회에 배은희는 부회장이 되었다. 이은선은 이 시기에 배은희가 명제세와 신익희 등과 같은 비중 있는 정치적인 위치에 오르게 되었다고 강조했다. 이윤영과 배은희는 해방정국에서 대한독립촉성국민회와 민족대표자대회를 중심으로 이승만의 총선거운동을 통한 대한민국 정부수립 과정에 가장 적극적이고 주도적으로 참여했던 기독교지도자였다.

　백남채는 5.10총선에 입후보하였다. 대구에서는 3개의 선거구(갑,

을, 병)에 12명이 입후보했다. 무소속 후보 6명, 한민당 소속 후보 4명, 기타 2명이었다. 선거결과 3개의 선거구에서 한민당 후보 전원이 당선되었다. 한민당의 압승이었다. 갑구에서는 최윤동이, 을구에는 서상일이, 그리고 병구에서는 백남채가 한민당 후보로서 당선되었다. 임희국은 백남채의 항일운동경력이 대중에게 각인되어 있었고, 특히 장로교 남산교회 장로로서 지역의 대다수 기독교인들에게 지지를 당선 이유로 분석했다.

같은 시기 이규갑은 제헌국회 당시 이승만 대통령을 지지하는 세력이 만든 정당이 연관되어 대한국민당 창립에 기여했으나, 박용희는 다른 행보를 나타냈다. 과도입법의원들은 남한지역만의 총선거를 촉진하는 결의안 상정을 추진하였으나, 박용희는 과도입법의원으로 남한 단독선거를 실시하자는 촉진결의안에 반발하여 입법의원을 사퇴하였다.

정부수립 이후 전남도지사로 부임한 이남규는 일제 때의 공무원을 배제하는 것을 원칙으로 삼았다. 이남규는 친일잔재 청산과 부정부패 청산이 하나로 연결된 것으로 보았다. 공무원의 경험과 능력보다는 그들이 가지고 있었던 윤리의식을 우선시 했던 것이다. 이남규가 정치를 하는데 있어 중요한 것은 사회악을 몰아내는 것이고 국가와 사회가 정의로운 사회로 정화되어야 한다는 인식이었다. 김정회는 이남규의 민주주의가 단순히 반공 이데올로기로 무장된 정치체제가 아니라 민권이 바로 행사되어지고 민주주의 질서를 확립하는 것으로 파악했다.

김우종의 1948년 1월 강원일보 사장으로서 연두사 내용을 보면 "민족상쟁과 사대주의를 배격하고, 민족통일과 독립을 자력"으로 이루어야한다고 주장하였다. 그는 통일정부 수립을 위해서는 민족이 단결하여 주체가 되어야 한다고 보았다. 정부수립을 위해 입국하는 UN위원단에 대해서도 보조적인 역할을 수행해야 할 뿐 그들이 주된 역할을 한다면 배격해야만 한다고 하였다. 이러한 그의 통일정부 인식은 한민당 계열과는 다른 것이었음을 김동선은 지적한다.

조남수는 비극적인 4·3사건의 배후에 있던 남로당의 실체를 명확히 파악했으며 동시에 4·3사건의 피해가 커진 것은 당국의 과도한 진압에 기인하다고 보았다. 조선공산당은 10월 폭동으로 치명적인 타격을 입었지만 1946년 11월 남조선노동당 창당과 1947년 초의 당원 배가 운동을 추진했다. 제주의 좌익들은 강경노선으로 1947년 초 부녀동맹, 제주 민전을 차례로 결성하였다. 1947년 제주의 좌익단체들은 제주 3·1투쟁 기념준비위원회를 조직하고 본격적인 3·1절 투쟁을 촉진시켰다. 조남수는 제주 4·3사건은 남로당의 지령에 의한 "이 섬을 공산화 하려는 공산주의자에 의한 폭동"인 계획적 사건으로 평가했다. 동시에 "많은 제주도민이 학살을 당한 억울한 사건"이었다. 군경토벌대와 서북청년단의 활동은 단순 진압의 수준이 아니라 무법적인 횡포와 폭력 수준이었으며, 국가 공권력의 무자비한 남용이 수많은 무고한 희생을 초래했다는 것이다. 다만 조남수는 "진압하는 과정에서 과잉 진압한 것이 문제가 될 뿐이지 그 진압이 없었다면 오늘날 어찌되었을까?"하는 물음을 던졌다는 것을 허명섭은 강조했다. 조남수는 제주 4·3사건과 관련한 평가만 한 것이 아니라 당시 제주도민을 위해 구체적으로 행동했다. 조남수는 토벌대장 문형순 대장을 면담하여 현재 남아 있는 자들은 극소수의 부화뇌동한 사람들임을 역설하고, 군경이 그들을 품어야 한다고 간청했다. 또한 조남수의 자수 선무강연 활동이 시작되었고, 150여 회의 자수강연으로 약 3,000여 명의 생명을 구할 수 있었다. 조남수 목사와 모슬포교회는 이재민 구호에도 힘을 썼다.

3. 해방 후 기독교인들의 활동: 지역별

가. 서울지역: 이규갑과 박용희

해방 이후 기독교계는, 비록 일제에 의해 강압적으로 형성되기는 했으나 하나가 된 교회 조직을 유지하고, 또한 해외에서 귀환하는 기독교 지도자들인 이승만·김구·김규식 등을 통하여 기독교적 정권 창출의 기회를 삼아 이를 위해 단합된 기독교의 힘을 보여주고자 조선기독교남부대회를 개최했다. 하지만 남부대회의 활동은 한계가 있었고, 1946년 4월 열린 제2회 남부대회를 계기로 교파 환원을 받아들이기에 이르렀다. 이규갑은 남부대회 1차 모임 벽두에 퇴장한 소위 '감리교 재건파'의 주도 인물로서 활동했다. 교계활동과는 별개로 그는 기독교 세력이 약하였던 조선건국준비위원회에 참여하여, 재무부장을 맡아 활동하였다. 이후 좌익이 조선건국준비위원회를 주도하면서 조선건국준비위원회와는 관계를 끊고, 민족주의 정당들이 모여 합동한 신한민족당에 참가하여 이갑성과 함께 주도적인 활동을 펼쳤다. 이후에는 대한독립촉성국민회에 가담하여 건국활동을 전개하였고, 정부 수립 이후에는 이승만 대통령을 지지하는 세력이 만든 대한국민당 창립에 기여하였다. 1950년에는 아산에서 제2대 국회의원으로 당선되어 활동하기도 하였다.

박용희는 해방 이후의 대표적인 중도우파 인물의 하나이다. 그는 남북분단 상황을 극복하고 자주적인 민족통일 국가를 건설해야 한다는 시대적 과제에 부응하고자 노력했다. 건국준비위원회가 조선공산당 중심의 좌익세력들에 의해 주도권이 장악하면서, 미군 진주 이전에 좌익세력이 국내 정치적 주도권을 가질 수 있다는 위기감이 고조되었고, 이러한 배경에서 기독교 조직을 기반으로 정치단체를 결성하거나, 연합적 정치단체에 참여하려는 대응들이 나타난다. 이러한 흐름 속에서 박용희는 사회민주당을 조직하였고, 이 때 참여한 인물들과 함께 이후에는 국민당, 독립촉성중앙협의회, 기독신민회 등에서 핵심적 역할을 담당하였다. 신탁통치 문제가 불거지자, 박용희는 안재홍 등과 함께 반탁운동에 앞장섰고, 우익정당의 분열을 막기 위해 국민당과 신한민족당을 통합하여 한독당을 결성하였으며, 이후 중도파 세력의 결집체로서 민주독립당을 창당하기도 하였다.

나. 호남지역: 이남규와 배은희

김정회에 의하면 전남지역에서 남노당은 군 단위까지 이르는 조직을 갖추고 있었고, 그 영향력이 상당하였다. 특히, 목포는 해방 이후 큰 폭의 인구증가를 보이며 유동인구가 증가했고, 이는 목포지역이 다른 지역보다 훨씬 급진적인 경향을 갖게 하는 요인이 되기도 한다. 이후 미군정이 들어와 행정력을 장악할 때까지, 이 지역은 좌파세력에 의해 장악되었다. 우파의 경우, 김성수와 송진우 같은 인물들이 전라도를 대표하는 지도자들이었고, 이러한 영향을 받은 이들이 전남지역에 한민당을 결성하기 시작했지만, 남로당과 같이 시군단위까지 조직을 확산시키지는 못했다. 김구와 임시정부 인사들이 중심이 되었던 한국독립당은 1946년에 되어서야 전남도당을 결성할 수 있었는데, 이들은 한민당에 비해서도 당세가 미치지 못했다. 해방 초기 전남지역은 사실상 좌파 세력의 영향력이 상당하게 자리를 잡고 있었으며 건국준비위원회의 구성에서도 그러한 현상이 드러난다.

전남지역에서 우파를 이끌었던 주요 인물들의 상당수가 전남지역의 목회자들이나 기독교인들이었다. 이남규는 이러한 해방 직후의 전남지역을 대표하는 기독교 정치인이었다. 그는 전남지역을 대표할 수 있는 목포 양동교회를 담임하면서 목포건국준비위원회 위원장을 담당했고, 대한독립촉성국민회 목포지부와 전남지부장을 거쳐서 입법의원과 제헌 국회의원을 지냈다. 정부수립 후에는 초대 전남도지사로 취임하면서 양동교회의 담임목회를 그만두었지만 도지사를 마친 뒤에 다시 양동교회로 복귀했다. 그는 제2공화국 시절에도 민주당의 참의원으로 당선되어 정치활동을 계속 이어갔던 인물이었다. 김정회에 의하면, 이러한 이남규의 목회와 정치활동에 가장 중요한 영향을 미쳤던 것은 그의 사회복음주의 신학이었다.

이은선에 의하면, 해방 이후 전북지역에서 처음 결성된 임시시국대책위원회는 좌우가 함께 모여 결성을 했지만, 주로 우파들이 중심이 된 조직이었다. 그러나 이후 조선건국준비위원회에서는 그 임원들이 대부분 좌파인 점으로 볼 때, 주도권 싸움에서 우파가 밀렸던 것으로 보인다. 우파 세력들은 지역 주민들과의 괴리가 적었던 중소지주층들을 중심으로 인민위원회가 행정권을 행사하지 못한 지역에서 어느 정도 영향력을 행사한 것으로 보인다. 특히, 배은희를 중심으로 한 임시시국대책위원회와 전주청년단들은 미군이 진주할 때까지 일정한 세력을 유지하였던 것으로 파악된다.

배은희는 이러한 전북 지역 우파세력의 핵심인물로서, 해방 이후 독립촉성중앙협의회와 대한독립촉성국민회의 전라북도 지부장으로서 국가수립활동에 기여하였고, 나아가 중앙정치무대에서 대한독립촉성국민회와 한민족대표자대회를 중심으로 총선거를 통해 정부가 수립되는 과정에서 이승만을 지지하면서 국가수립에 노력하였다. 무엇보다도 이승만의 총선거운동을 통한 대한민국 정부 수립과정에 가장 적극적으로 참여했던 기독교지도자였다. 이은선은 그를 "해방공간에서 이승만의 정치활동을 가장 적극적으로 후원했던 목회자"로 평가하기도 한다.

다. 충청지역: 구연직과 김창근

장금현과 이영식에 의하면, 해방 후 충청 지역의 정치 지형도는 충남은 1945년까지 조직력에서 좌익이 우세하였지만, 1946년부터는 우익쪽으로 기울기 시작하였고, 충북은 "영동군을 빼놓고는 한국 전체에서 가장 보수적인 도"라는 커밍스의 평가대로 우익이 우세하였다고 볼 수 있다. 이러한 좌우익의 세력 분포에서 지역의 기독교, 혹은 기독교인은 매우 중요한 영향을 미쳤고, 이 책에서는 그 대표적 인물인 구연직과 김창근을 중심으로 이러한 해방 직후 시점에서의 지방 정국의 상황을 분석하였다.

이영식에 의하면 충북의 우익은 주로 기독교인들과 지방의 유력한 유지들로 구성되었다. 그리고 그 중심에서 이들의 지도자 역할을 한 것이 바로 당시 청주읍교회 담임이었던 구연직 목사였다. 이영식의 글은 좌우익의 대립 상황에서 구연직 목사를 중심으로 한 개신교 세력에 초점을 맞춰 지방 정국의 역학 관계를 생생하게 조명하였다. 구연직 목사는 좌익 중심의 조선건국준비위원회에 맞선 우익 조직인 치안유지회의 대표였으며, 미군정 충북 고문위원회의 17명 고문 중 하나였고, 미군정 하에서 초대 충북 도지사로 윤하영 목사가 선임되는데도 중요한 역할을 하였다. 또한 대한독립촉성국민회 충북지부장으로 활동하면서, 충북 도내 각 지부의 임원 및 대표 선임에 영향을 미쳤고, 이승만의 남선순행 중에 청주에 방문하여 강연을 할 때, 면담한 2-3명 중에 한 사람이기도 하였다. 이영식의 평가에 따르면, 이승만의 청주 방문은 구연직 목사를 중심으로 한 우익인사들의 결집을 더욱 강화하는 계기가 되었고, 조직 확대의 기회가 되기도 했다. 충북 대한독립촉성국민회 지회는 9개 지회로 다른 도에 비해 그 규모는 작았지만, 회원 수는 181,263명으로서 전국에서 충남(205,959명) 다음으로 많았다. 1946년

6월 대한독립촉성국민회 중앙에 민족통일총본부를 설치하게 되어, 그 무게중심이 민족통일총본부 쪽으로 옮겨지자, 구연직 목사는 충북도 지부장을 맡게 되었고, 미소공동위원회 이후 독립촉성중앙협의회가 반탁운동을 전개해 나갈 때, 청주 지역의 신탁통치를 반대하는 집회(1946. 5. 15. 와 6. 23.)를 앞장서서 이끌어 갔다. 그는 반탁시위의 최전방에 섰을 뿐 아니라, 그 외 순회강연회와 반탁청원서 서명 운동에도 앞장섰다. 이영식은 또한 대한독립촉성국민회 청년대와 충북지역 우익청년단체에 미친 구연직의 영향력을 중심으로 지방 정치의 역학관계를 조명하기도 하였다.

구연직에 비하면 김창근의 활동은 시기적으로도 짧았고, 그 정도에 있어서도 두드러지지는 않았다. 장금현은 이를 그가 성결교단의 지도자로서 교회재건에 더욱 매진하였기 때문이라고 해석한다. 김창근은 해방 직후 재흥총회에서 교단의 시기로 신임되어 일제에 의해 강제로 폐쇄당한 교회를 재건하고 부흥시키는데 앞장서서 활동하다가, 같은 지역에서 활동하던 목회자 남천우와의 연결고리를 통해 정치활동을 하게 된다. 그는 대한독립촉성국민회 대전지부장과 충남을 대표한 남조선과도입법의원(입법의원)으로 활동하였고, 이승만의 남선순행에서 대전지부장으로서 대전집회를 성공적으로 거행하였다. 하지만, 1947년 성결교 재흥총회에서 교단 부회장으로 선출되면서 정치일선에서 물러난다.

2017년 12월 '종교개혁500주년기념 특별심포지엄'에서 김명구가 지적한 바처럼, 해방정국에서 목사들이 정치활동을 한 배경에 그들의 독특한 기독교관이 있었는지, 혹은 단순한 개인적 성취 욕망이었는지에 대해 분석하는 것은 매우 중요한 작업이다. 그러한 의미에서 장금현이 정리한 김창근 목사의 정치관은 매우 의미 있는 분석이라고 볼 수 있

다. 그에 따르면 김창근은 1) 정치를 종교와 긴밀한 관계 속에서 이해
하여, 정치와 종교라는 선택과정에서 종교를 우선하지만, 국가를 종교
의 하위에 두지는 않았고, 2) 정치의 중심부에는 늘 국가와 민족을 두
었으며, 3) 그 과정에서 정치는 혼란스러운 현재를 경계하고, 국민에게
새로운 좌표를 제공하는 도구로 생각하였다. 장금현은 김창근이 짧은
입법의원으로 활동한 기간 동안 참여한 반탁결의안을 "자주 독립과 새
로운 국가건설을 위해 그와 기독교가 열망했던 내용이 담겨" 있던 것
으로 평가하기도 한다.

　장금현에 의하면, 이러한 정치관은 김창근 목사에 한정되지 않는다.
해방 직후 당시 기독교를 대표했던 조선기독교단 남부대회(남부대회)
는 기독교가 나갈 두 가지 노선을 독립을 위한 정치참여와 훼절된 신
앙회복 및 파괴된 교회재건으로 보았다. 당시 기독신민회의 회장이었
던 박용희 목사 또한 "기독신민회에 대하여 동지제위께 고함"이라는
성명서를 통하여 해방정국에서는 일제 강점기처럼 정교분리는 더 이
상 필요하지 않다고 강조하기도 한다. 이와 같이 해방정국에서 기독교
인의 정치참여는 정도의 차이는 있지만 자연스러운 것이었으며, 이는
신학의 진보나 보수를 떠나 일반적인 현상이었고, 나아가 "정치를 이
상적인 기독교 국가건설이나 폐쇄된 교회를 복구시키는데 지렛대로
삼고자 했다"고 장금현은 기술하고 있다.

　이영식과 장금현의 연구는 또한 개인의 삶의 이력과 정치적인 이력
을 연결하고, 이것이 지역 정치, 나아가 전체 해방 공간에 미친 영향의
입체적으로 분석하는 시도를 하고 있다. 장금현의 예를 들면 이는 교
단 및 남부대회와 비상국민회의의 연결, 대전지역의 정치지형에 있어
서의 개신교를 매개로 한 인적 네트워크와 그에 따른 정치적 전개 상
황의 설명, 이승만(의 남선순행)을 중심으로 한 중앙정치와의 연결점

탐색, 특히, "남선순행은 출범 이후 중앙조직에서는 우세를 점했으나 지방조직에서는 열세였던 대한독립촉성국민회가 지방조직을 강화시키는 계기"였으며, 그런 의미에서 대전 집회의 성공과 이에 기여한 김창근의 역할이 중요하다고 평가한다. 이영식의 연구에서도 대한독립촉성국민회 청년대와 충북지역 우익청년단체에 민친 구연직의 영향력을 중심으로 지방 정치의 역학관계를 조명한 부분은 매우 중요한 서술이라고 할 수 있다.

라. 영남지역: 백남채와 윤인구

임희국에 의하면, 해방 직후 대구지역은 다른 지역에 비해 좌익과 우익의 대립이 심하지 않았던 것으로 나타난다. 임희국은 그 예로 1946년 3·1절 행사의 공동 개최를 들고 있다. 기독교 지도자들도 각자의 이념성향에 따라 '(조선)독립경북촉진위원회'와 '경상북도인민위원회'에 고르게 참여하는데, 임희국은 전자의 대표적 인물로 김봉도 목사와 김성매를, 후자의 대표적 인물로 최문식 목사와 이재복 목사를 들고 있다. 이러한 흐름은 이후 미군정의 중간파 등용에 발맞추어 대구공동위원회 결성으로 이어지지만, '대구 10월항쟁' 이후 좌파 배제와 함께 대구 지역의 정치 지형은 급속도로 반공우익화된 것으로 기술하고 있다.

임희국의 글의 중심 인물인 백남채는 미군정 경상북도 행정위원회에 내무부장으로 활동하였고, 이후 한민당 대구지부 수석총무를 지낸 인물이다. 그는 이후 1948년 5월 10일 치러진 제헌국회 선거에서 한민당 후보로서, 대구 병구에서 당선되기도 한다. 대구지역의 특성상 정당이 아닌 후보 중심의 투표가 이루어졌을 가능성이 높으며, 이러한 환경에서 인물에 대한 평가는 후보의 항일운동 경력이 중요했고, 특히 백남채는 지역의 대다수 기독교인들의 지지를 얻은 것으로 임희국은 분석하고 있다. 하지만 '종교개혁 500주년기념 특별심포지엄'에서 오일환이 지적한 바처럼 지역정치의 미시적인 사례를 좀 더 구체적으로 분석하면서 거시적인 정치를 파악하고자 노력했더라면 하는 아쉬움이 남는다. 글의 제목과는 달리, 전반적인 대구 지역의 정치적 흐름은 조망되었지만, 백남채 장로 개인과 지역 개신교 지도자들의 정치 참여 부분은 상세하게 기술되지는 못하였다.

  이상규는 박명수를 인용하여 경남 조선건국준비위원회 지부를 전국적으로 가장 좌익적인 지부로 소개하고 있다. 하지만 이상규는 윤인구를 정치가라기보다는 교육 행정가로 묘사하고 있고, 따라서 이와 같은 지역 정치의 구도가 그의 활동에 큰 영향을 미치지는 못한 것으로 기술하고 있다. 윤인구가 미군정기에는 경상남도 학무과장, 학무국장을 역임하였고, 지역의 거점대학으로서 부산사범학교(이후 부산교육대학), 부산대학교의 설립을 주도하는 등, 해방 전후 부산교계와 학계에 미친 영향은 분명하지만, 정치 발전에 미친 영향은 크지 않은 것으로 이상규는 평가한다. 그 증거로 "직접적으로 정당에 가입하거나, 정계에 투신하지 않았다"는 점을 들고 있다. 또한 그의 회고록에도 "당시 정치 현실이나 좌우익의 대립과 같은 정치현안에 대한 관심"은 나타나지 않는다. 다만, 경남 조선건국준비위원회 지부가 인민위원회로 개칭된 후 이에 반발하여 결성된 "조선건국준비위원회 경남위원회"에 수동적으로 참여한 것이 그의 정치적 경력의 전부라고 소개한다. 윤인구는 이후 연세대학교 총장(1961.12-1964.8)을 역임하고, 1973년부터 6년간은 통일주체국민회의 대의원으로 활동하기도 하였다.

마. 강원지역: 김우종

김동선에 의하면 해방 직후 강원도는 지역마다 정치적 성향에서 차이를 보이고 있었다. 삼척과 같은 영동지역에는 인민위원회의 영향력이 강했지만, 서울과 가까웠던 춘천은 미군정의 영향을 많이 받았다고 김동선은 기술하고 있다. 김동선은 김우종이 "독립운동가이자, 감리교 목사로 해방 직후 강원지역 정치에 상당한 영향력을 행사했던 인물이었다"고 요약한다. 해방직후에는 강원지역 건국준비위원회에서 위원장으로 활동하기도 했지만, 이후 지역 정치의 핵심인물로 성장하지는 못하는데, 김동선은 그 이유를 "당시의 정치주류집단이었던 독립촉성중앙협의회와 연계점이 없었고, 오히려 반대의 입장에 서 있던 반민특위, 민족자주연맹 등에 가담하였기 때문"으로 분석하고 있다. 조선건국준비위원회 활동 이후 그는 춘천을 대표하는 미군정의 고문으로 활동하기도 하였고, 비상국민회의 개막식에도 강원 대표로 참석하여 교통위원에 선정되기도 하였다. 하지만, 초대 춘천 시장이었던 김재은을 '좌익의 거두'라고 배척하다가 투옥된 이후(공식적인 혐의는 권총휴대였다), 그의 정치적 활동은 상당히 축소되어진다. 정치적 활동은 축소되었지만, 그는 출옥 후인 1946년 8월 강원일보를 창설 초대사장에 취임하고, 언론을 통하여 지속적으로 자신의 정치적 견해를 피력해 나간다.

김동선은 그가 "한민당 관련 인물들보다는 임정소속 우익세력들과 유사한 정국인식을 가졌을 가능성이 크다"고 분석한다(김동선, 자료집: 261). 강원일보에 실린 그의 글에는 "자주독립을 위해서는 남북의 통일이 선행되어야한다는 의식을 가지고 있었음"을 알 수 있으며, 민족자주연맹에 참여(중앙집행위원으로 활동)한 것도 같은 맥락에서 이해할 수 있다. 그의 입장은 "이승만이나 하지보다는 김구나 김규식과 비슷"하며, "김규식이 강원도에서 얻었다는 상당한 지지는 김우종과의 교류와 관계가 있었을 것으로 생각된다"고 김동선은 판단한다. 김우종의 종교관에 대해서 "기독교를 민족과 국가를 번영시키고 통일을 가능하게 할 기재"로 보았고, "민족과 괴리된 것이 아닌 민족을 구원하는 키워드"로 생각하였다고 기술하고 있다.

바. 제주지역: 조남수

미군이 제주에 처음 진주한 것은 1945년 9월 28일이었고, 이후 11월 10일, 제59미군 중대가 도착하면서 실질적인 미군정 업무가 시작되었다. 이전의 해방 후 약 3개월 정도의 시기는 조선건국준비위원회와 거기에 뿌리를 둔 인민위원회가 그 공백을 메웠다. 제주도 건준이 결성된 것은, 허명섭에 의하면 1945년 9월 10일경이었다. 제주도의 건준과 뒤를 이은 인민위원회 위원장들은 대체로 이념과 무관하게 지역 원로들이 추대되었고, 대체로 좌우연합적 성격을 띠었다. 하지만, 조선공산당 전남도당 제주도위원회가 결성된 10월 이후 좌우익 간의 동반자 관계는 막을 내리고, 좌우연대로 결성된 기존의 조선건국준비위원회는 배척되었다. 초기 제주도의 좌익지형은 온건한 그룹에 의해 주도되었으나, 1945년 10월 대구 폭동 이후 김달삼이 제주도로 파견되면서 제주의 좌익들은 강경노선으로 기울어지기 시작한다. 1947년 3.1절을 맞이하면서 본격적인 투쟁을 준비하였고, 이는 이후 3·10파업과 1948년의 4·3사건으로 이어진다.

조남수는 제주도 조선건국준비위원회 7인 위원회의 한 사람으로 활동하였으며, 목회자라는 사정 때문에, 요청하면 언제든지 건준의 일을 적극 돕겠다는 조건으로 문화부장을 맡아 활동하였다. 4·3사건의 와중에서는 '화해의 마중물'의 역할을 맡아 구명활동, 자수 선무강연, 이재민 구제 사역 등을 감당하였다.

조남수는 비극적인 4·3사건의 배후에 있던 남로당의 실체를 명확히 파악했으며 동시에 4·3사건의 피해가 커진 것은 당국의 과도한 진압에 기인하다고 보았다. 조선공산당은 10월 폭동으로 치명적인 타격을 입었지만 46년 11월 남조선노동당 창당과 47년 초의 당원 배가운동을 추진했다. 제주의 좌익들은 강경노선으로 1947년 초 부녀동맹, 제주 민전을 차례로 결성하였다. 1947년 제주의 좌익단체들은 제주 3·1 투쟁 기념준비위원회를 조직하고 본격적인 3·1절 투쟁을 촉진시켰다. 조남수는 제주 4·3사건은 남로당의 지령에 의한 "이 섬을 공산화 하려는 공산주의자에 의한 폭동"인 계획적 사건으로 평가했다. 동시에 "많은 제주도민이 학살을 당한 억울한 사건"이었다. 군경토벌대와 서북청년단의 활동은 단순 진압의 수준이 아니라 무법적인 횡포와 폭력 수준이었으며, 국가 공권력의 무자비한 남용이 수많은 무고한 희생을 초래했다는 것이다. 다만 조남수는 "진압하는 과정에서 과잉 진압한 것이 문제가 될 뿐이지 그 진압이 없었다면 오늘날 어찌되었을까?"하는 물음을 던졌다는 것을 허명섭은 강조했다. 조남수는 제주4·3사건과 관련한 평가만 한 것이 아니라 당시 제주도민을 위해 구체적으로 행동했다. 조남수는 토벌대장 문형순 대장을 면담하여 현재 남아 있는 자들은 극소수의 부화뇌동한 사람들임을 역설하고, 군경이 그들을 품어야 한다고 간청했다. 또한 조남수의 자수 선무강연 활동이 시작되었고, 150여 회의 자수강연으로 약 3,000여 명의 생명을 구할 수 있었다. 조남수 목사와 모슬포교회는 이재민 구호에도 힘을 썼다.

4. 맺는 말

1) 시기별 기독교인들의 활동

해방 이전 기독교인들은 적극적인 항일독립운동과 기독교복음운동에 힘썼다. 이윤영은 평양에서 3·1운동에 참여하여 투옥되었고, 박용희 역시 3·1운동에 깊게 관여했으며, 이규갑은 한성정부 수립에 주역의 역할을 담당하였다. 배은희 역시 근대교육운동을 통해 적극적으로 항일운동을 전개했고, 백남채는 독립군 군자금을 조달했으며, 김우종은 의열단 활동 후 체포되었다. 동시에 이들은 국내에서 뿐만 아니라 블라디보스톡, 만주(이규갑)에서까지 열정적으로 목회활동을 시도했다. 이들은 해방 후 기독교인들은 정치 일선에 뛰어들어 치안을 회복하는데 주력했다. 이윤영은 감리교 핵심인물이었으나 공산주의자들의 핍박으로 월남하여 38선철폐대회를 추진했고, 서울에서 박용희는 한민당 결성에 참여하고, 독립촉성중앙협의회, 국민당에 참여하였고, 이규갑은 건국준비위원회 재무부장이었으나 인민공화국에 반대하며 대한독립촉성국민회에 참여했다. 충청지역 구연직은 독립촉성중앙협의회 충북지부 도지부장으로 치안을 회복하고 교회재건에 힘썼으며, 호남지역 배은희는 전주청년단을 발족하고, 이남규는 반공노선에 기반해 조선건국준비위원회에서 대한독립촉성국민회로 정치활동을 전환했다. 백남채는 조선건국준비경북치안유지회 부위원장으로 활동했고, 강원지역 김우종은 강원도 치안위원회 위원장으로 선출됐다. 제주지역 조남수는 제주지역 조선건국준비위원회에 문화부장으로 참여했고, 1945년 10월부터 공산주의자들의 의도가 드러났다고 판단했다.

제1차미소공동위원회가 진행되던 시기 월남한 이윤영은 이남에서 다시 조선민주당을 출범시키고, 조만식의 권유대로 이승만을 적극적으로 지원했다. 박용희는 활발히 반탁운동과 우익정당 통합을 진행했고, 기독교계 조직 기반을 확대했고, 이규갑은 민족주의 정당 통합 운동을 도왔다. 구연직과 김창근은 각각 충북과 대전에서 이승만의 남선순행을 적극 지원하며 이 활동에 기독교의 조직력을 활용했다. 배은희 역시 이승만의 남선순행 당시 전국대회의 의장을 담당하며 동시에 장로교 단장 활동으로 교회의 재건에 힘썼다.

1946년 말 이승만이 미국에 체류하던 시기에 이윤영은 김구의 제2반탁운동을 반대했고, 배은희 역시 대한독립촉성국민회 지방조직이 임시정부를 봉대하려는 움직임에 강력히 반대하며, 이승만 중심의 정국운영을 주도했다. 박용희는 반탁운동에 참여했으나 대대적인 반탁노선에는 거리를 두었고, 김창근은 교단재건을 위해 입법의원으로 선출된 후 의원직을 사퇴한다.

제2차 미소공동위원회가 진행되던 시기에 이윤영과 배은희는 중앙정치에서 주도적 역할을 하였다. 이윤영은 이북인대회 위원장을 담당하였고, 미소공위에 참가하는 우익을 통합하고자 했다. 배은희는 이승만의 자율정부수립 운동을 지원하며 총선거실시를 준비했고, 구연직은 청주지역에서 반탁운동을 주도했다. 이에 반해 서울지역에서 활동했던 박용희는 중도파 중심의 민족통일을 지향하는 정당 통합운동을 전개하였고, 반탁진영과의 대립을 불가피했다.

대한민국 정부수립시기 이윤영은 이남지역의 선거 실시에 대해 이승만과 인식을 공유하며 대한독립촉성국민회 핵심인물로서 5·10총선을 주도했고 제헌 국회의원에 당선됐다. 배은희 역시 이승만과 입장을 같이하며 총선거를 준비하였고, 주도적으로 참여했으며, 백남채는 대구 병구에서 총선거에 입후보하여 당선되었다. 이규갑 역시 대한국민

당 창당에 기여했만 박용희는 단독선거에 반대하여 입법의원을 사퇴
했고, 김우종은 UN임시위원단의 활동을 경계했다. 이남규는 전남도지
사로서 민주주의질서 확립을 꾀했다. 조남수는 제주 4.3사건이 남로당
의 지령에 의한 공산주의 폭동으로 평가했으며, 사건 당시 약 3,000여
명의 생명을 구하기 위해 자수, 선무강연, 구명활동을 시행했다.

2) 지역별 기독교인들의 활동

　기독교 인물들의 활동을 다시 지역별로 정리해보면, 충북 지역에서
구연직 목사는 좌익 중심의 조선건국준비위원회에 맞선 우익 조직인
치안유지회의 대표, 미군정 고문위원회의 고문, 대한독립촉성국민회
지부장 등으로 활동하였고, 미소공동위원회 이후 독립촉성중앙협의회
가 반탁운동을 전개해 나갈 때, 청주지역의 신탁통치를 반대하는 집회
를 앞장서 이끌어 갔다. 또한 대한독립촉성국민회 청년대와 충북지역
우익청년단체에 미친 영향력이 매우 컸다. 구연직에 비하면 김창근의
활동은 시기적으로도 짧았고, 그 정도에 있어서도 두드러지지는 않았
다. 이는 그가 성결교단의 지도자로서 교회재건에 더욱 매진하였기 때
문인데, 그럼에도 짧은 기간 그는 대한독립촉성국민회 대전지부장과
충남을 대표한 남조선과도입법의원(입법의원)으로 활동하였고, 이승
만의 남선순행에서 대전지부장으로서 대전집회를 성공적으로 거행하
였다.

　백남채는 미군정 경상북도 행정위원회에 내무부장으로 활동하였고,
이후 한민당 대구지부 수석총무를 지냈으며, 1948년 5월 10일 치루어
진 초대 국회의원 선거에서 한민당 후보로서, 대구 병구에서 당선된
다. 윤인구는 정치가라기보다는 교육 행정가였으며, 미군정기에는 경

상남도 학무과장, 학무국장을 역임하고, 지역의 거점대학으로서 부산사범학교와 부산대학교의 설립을 주도하였다. 이후 연세대학교 총장(1961.12-1964.8)을 역임하고, 1973년부터 6년간은 통일주체국민회의 대의원으로 활동하기도 하였다.

이남규는 목포건국준비위원회 위원장을 지냈고, 대한독립촉성국민회 목포지부와 전남지부장을 거쳐서 입법의원과 국회의원, 정부수립 후에는 초대 전남도지사로 활동하였다. 도지사를 마친 뒤에 목포 양동교회로 복귀했다가, 제2공화국 시절에는 민주당의 참의원으로 당선되어 정치활동을 계속 하기도 했다. 배은희는 해방 이후 독립촉성중앙협의회와 대한독립촉성국민회의 전라북도 지부장으로서 국가수립활동에 기여하였고, 나아가 중앙정치무대에서 대한독립촉성국민회와 한민족대표자대회를 중심으로 총선거를 통해 정부가 수립되는 과정에서 이승만을 지지하면서 국가수립에 노력하였다. 무엇보다도 이승만의 총선거운동을 통한 대한민국 정부 수립과정에 가장 적극적으로 참여했던 기독교지도자였다.

김우종은 강원지역 건국준비위원회 위원장으로 활동하였고, 춘천지역 미군정 고문, 비상국민회 강원 대표를 지냈다. 하지만, 초대 춘천시장이었던 김재은을 배척하다가 투옥된 이후 그의 정치적 활동은 상당히 축소되어진다. 하지만, 1946년 8월 강원일보를 창설 초대사장에 취임하고, 언론을 통하여 지속적으로 자신의 정치적 견해를 피력해 나간다. 그의 입장은 김구나 김규식과 비슷했으며, 민족자주연맹에 참여(중앙집행위원으로 활동)하기도 하였다. 1949년 2월에는 국회 반민특위 강원도 조사책임자로 임명되기도 한다. 조남수는 제주도 조선건국준비위원회 7인 위원회의 한 사람으로, 문화부장으로서도 활동하였다. 이후 4·3사건의 와중에서는 구명활동, 자수 선무강연, 이재민 구제 사역 등 화해와 회복을 위해 활동하였다.

이규갑은 기독교 세력이 약하였던 조선건국준비위원회에 참여하여, 재무부장을 맡아 활동하였으며, 이후에는 신한민족당, 대한독립촉성국민회 등을 통해 활동하였다. 정부 수립 이후에는 이승만 대통령을 지지하는 세력이 만든 대한국민당 창립에 기여하였고, 1950년에는 아산에서 제2대 국회의원으로 당선되어 활동하기도 하였다. 박용희는 중도우파 인물로서, 사회민주당, 국민당, 독립촉성중앙협의회, 기독신민회 등에서 핵심적 역할을 담당하였다. 신탁통치 문제가 불거지자, 박용희는 안재홍 등과 함께 반탁운동에 앞장섰고, 이후 중도파 세력의 결집체로서 한독당, 민주독립당을 창당하기도 하였다.

이 책에 소개된 인물 중 정치활동을 거의 하지 않은 윤인구와 조남수를 제외한다면, 구연직, 김창근, 이남규, 배은희, 이규갑 등은 독촉 계열(혹은 이승만지지 세력), 백남채는 한민당, 김우종과 박용희는 중간파와 연결되어 정치활동을 하였다고 볼 수 있다.

▌저자소개(집필순)▐

■ 박창훈(朴昶薰, Changhoon PARK)
　서울신학대학교 신학과 교수
　Drew University 웨슬리신학 전공(Ph.D.)
　대표저작:『존 웨슬리, 역사비평으로 읽기』,『존 웨슬리, 사회비평으로 읽기』,
　　　　　『한국 정치와 기독교 공공정책』(공저)

■ 박용규(Yong Kyu PARK)
　총신대 신학대학원 역사신학 교수
　한국기독교사연구소 소장
　Trinity Evangelical Divinity 역사신학 전공(Ph.D.)
　Yale Divinity School 객원교수
　대표저작:『한국교회사』,『세계부흥운동사』,『근대교회사』,『초대교회사』

■ 박명수(朴明洙, Myung Soo PARK)
　서울신학대학교 교수
　현대기독교역사연구소 소장
　보스턴대학교 기독교역사 전공(Ph.D.)
　한국정치외교사학회 부회장
　미국교회사학회 학회지 Church History편집위원 역임
　한국교회사학회장 역임
　대표저작:『조만식과 해방 후 한국 정치』,『건국투쟁: 인민공화국인기, 민주공
　　　　　화국인가?』

■ 김권정(金權汀, Kwon Jung KIM)

   대한민국역사박물관 학예연구사

   숭실대학교 한국근현대사 전공(Ph.D.)

   한국민족운동사학회 총무이사

   한국기독교역사학회 연구이사

   대표저작:『한국기독교민족운동론과 민족운동』,『근대 전환기 한국사회의 기
        독교수용』

■ 서영석(徐暎錫, YoungSuk Suh)

   협성대학교 교수

   미국 Claremont신학대학원 기독교역사 전공(D. Min)

   협성대학교 신학대학원장, 협성대학교한국교회연구소 소장

   대표저작:『한국 기독교의 인물과 사상』

■ 이영식(李永植, Young Sik LEE)

   총신대학교 신학대학원 및 일반대학원 강사

   총신대학교 역사신학 전공(Ph.D.)

   한국기독교사연구소 실장 역임

   대표저작:『진주노회사』,『목포새한교회 120년사』

■ 장금현(張金炫, Geumhyun JANG)

   서울신학대학교 현대기독교역사연구소 연구교수

   서울신학대학교 한국기독교사 전공(Ph.D.)

   명지대학교 사목, 세계사이버대학 교목실장 역임

   대표저작:『해방공간과 기독교I, II』(공저),『강경교회 100년사』

■ 이은선(李殷善, Eun Seon LEE)
  안양대학교 신학대학 교수
  서울대학교 문학사(역사교육), 총신대학교 교회사 전공(Ph.D.)
  안양대학교 교목실장, 신대원장 역임
  복음주의신학회, 한국개혁신학회, 한국교회사학회
  대표저작:『대한민국 건국과 기독교』,『한국근대화와 기독교의 역할』,『종교
       개혁자들 이야기』

■ 김정회(金正會, Jeong Hoe KIM)
  서울장신대학교 외래교수
  서울장신대학교 한국교회사 전공(Ph.D.)
  대한예수교장로회 통합측 목사
  대표저작:『한국기독교의 민주주의 이행 연구』

■ 김동선(金東仙, Dongsun KIM)
  숭실대학교 한국근현대사 전공(Ph.D.)
  숭실대학교, 중앙대학교 강사 역임
  서울신학대학교 현대기독교역사연구소 연구교수 역임
  대표저작:『미군정기 서울신문의 정치성형 연구』, 「해방전후 河敬德의 활동
       과 건국인식」

■ 임희국(林熙國, Hee-Kuk LIM)
  장로회신학대학교 교수
  스위스 Basel대학교 신학대학, 교회사 및 신학사상사 전공(Dr.theol)
  한국장로교회역사학회 회장, 공적신학과교회연구소 소장
  바른교회아카데미 연구위원장 역임
  대표저작:『공감, 교회역사 공부: 지역교회사』

■ 이상규(李象奎, Sang Gyoo LEE)
　고신대학교 교수
　호주신학대학(ACT) 교회사 전공(Th.D.)
　국제신학저널 *Unio Cum Christo* 편집위원
　한국장로교신학회, 개혁신학회 회장 역임
　대표저작:『초기 기독교와 로마사회』,『한국장로교회의 역사와 신학』

■ 허명섭(許命涉, Myung Sup HEO)
　서울신학대학교 외래교수
　시흥제일교회 담임목사
　서울신학대학교 한국기독교사 전공(D. Min)
　대표저작:『해방 이후 한국 교회의 재형성』

■ 양준석(梁俊錫, Joonseok YANG)
　서울신학대학교 현대기독교역사연구소 연구교수
　연세대학교 정치학박사, 한국국제정치외교사
　한국정치외교사학회 총무이사
　연세대학교 이승만연구원 전문연구원 역임
　대표저작:『해방공간과 기독교 I, II』(공저), "1948년 한국대표단의 유엔 승인외
　　　　교", "1948년 유엔한국임시위원단의 활동과 5·10총선에 대한 미국
　　　　정부와 한국인들의 인식"

■ 최현종(崔玄鍾, Hyun Jong CHOI)
　서울신학대학교 교양학부 교수
　서울신대 현대기독교역사연구소 대학중점연구소 공동연구원
　서울대 심리학과 학사, 서울신학대학교 신학대학원 석사 (M.Div.)
　독일 라이프찌히(Leipzig) 대학 종교사회학 전공(Dr. theol.)
　대표저작:『오늘의 사회 오늘의 종교』

The Political Activities of Korean Christians after Liberation

edited by Institute for the Study of Modern Christianity
Seoul Theological University

Contents

- **Jeong Hoe KIM**

  Lee Nam-Kyu and His Political Activities in Jeonnam

- **Dongsun KIM**

  Kim U-Jong's Political Activities in Gangwon and His Understanding of the Contemporary Political Situation

- **Hee-Kuk LIM**

  Baek Nam-chae and His Political Activities in Daegu and Gyeongbuk: 1945-1948

- **Sang Gyoo LEE**

  Yoon In-Koo and His Educational/ Political Activities in Kyungnam

- **Myung Sup HEO**

  Cho Nam-Soo and His Political Activities in Jeju

- **Joonseok YANG / Hyun Jong CHOI**

  The Political Activities of Korean Christians by Period and Region